Meyer/Höver/Bach

Gesetz über die Entschädigung von Zeugen und Sachverständigen

19. Auflage

Gesetz über die Entschädigung von Zeugen und Sachverständigen

Kommentar

Mitbegründet von
Paul Meyer †
Regierungsrat

Weitergeführt von
Albert Höver
Ministerialrat a. D.

Bearbeitet von
Wolfgang Bach
Regierungsdirektor im
Justizministerium des
Landes Nordrhein-Westfalen

19., neubearbeitete und erweiterte Auflage

Carl Heymanns Verlag KG · Köln · Berlin · Bonn · München

Die Deutsche Bibliothek – CIP-Einheitsaufnahme

Höver, Albert:
Gesetz über die Entschädigung von Zeugen und Sachverständigen : Kommentar / mitbegr. von Paul Meyer. Weitergef. von Albert Höver. Bearb. von Wolfgang Bach. – 19., neubearb. und erw. Aufl. – Köln ; Berlin ; Bonn ; München : Heymann, 1995
ISBN 3-452-22949-1
NE: Meyer, Paul [Begr.]; Bach, Wolfgang [Bearb.]

ISBN 3-452-22949-1

Satz + Druck: ICS Communikations-Service GmbH, Bergisch Gladbach

Vorwort zur 19. Auflage

Durch das zum 1. 7. 1994 in Kraft getretene Gesetz zur Änderung von Kostengesetzen und anderen Gesetzen (Kostenrechtsänderungsgesetz 1994 – KostRÄndG 1994) vom 24. 6. 1994 (BGBl. I S. 1325) sind die zuletzt zum 1. 1. 1987 angehobenen Entschädigungssätze im ZSEG an die seitdem eingetretene allgemeine wirtschaftliche Entwicklung angepaßt worden. Zugleich wurden einzelne Vorschriften des ZSEG strukturell geändert, um insbesondere den Bedürfnissen der Sachverständigen bei der Bemessung und Geltendmachung ihrer Entschädigung besser Rechnung tragen zu können. Die strukturellen Änderungen betreffen vor allem die §§ 3, 7, 8, 11 und 17 a sowie die Anlage zu § 5. Alle Änderungen im ZSEG haben eine gründliche Überarbeitung des Kommentars erforderlich werden lassen. Bei dieser Gelegenheit ist deutlicher als bisher auch auf die Problematik der an das ZSEG angelehnten Entschädigung und Vergütung der mit Betreuungsaufgaben betrauten Personen eingegangen worden. Schließlich sind in die Neuauflage die seit der letzten Auflage bekannt gewordenen Veröffentlichungen im Schrifttum und zur einschlägigen Rechtsprechung eingeflossen.

Eine ursprünglich zum Inkrafttreten des KostRÄndG vorgesehene Anpassung der über § 5 anzuwendenden Regelungen der Gebührenordnung für Ärzte konnte vom Gesetzgeber bisher nicht verwirklicht werden.

Düsseldorf, im August 1994 *Wolfgang Bach*

Inhalt

Vorwort V

Abkürzungen XV

Teil I Amtliche Texte

Bundesrecht

1 ZSEG 1
1.1 Einigungsvertrag – Auszug – 14
1.2 BGB §§ 1835, 1836, 1836 a, 1908 e, 1908 h, 1908 i, 1915 17
1.3 ZPO §§ 91, 401, 407 a, 413, 414 20
1.4 Schiedsamtsverordnung § 17 22
1.5 VO über das Deutsche Patentamt § 19 23
1.6 AuRAG § 6 24
1.7 JGG § 50 25
1.8 SGG § 191 26
1.9 AO 1977 §§ 87, 107, 404, 405 27
1.10 VwVfG §§ 23, 26 29
1.11 AKostG § 7 31
1.12 SGB X §§ 19, 21 32
1.13 UrhSchiedsV §§ 11, 12 34
1.14 OWiG §§ 59, 62 35
1.15 StPO §§ 71, 84, 85, 464 a 36
1.16 GWB § 54 37
1.17 ArbGG § 9 38
1.18 Gesetz über die Schiedsstellen in den Gemeinden § 51 39
1.19 Gesetz nach Artikel 45 c des Grundgesetzes § 5 40
1.20 VwVG § 19 41

Landesrecht

2 Baden-Württemberg 43
2.1 LVwVfG §§ 23, 26 43
2.2 VO über die Schiedsstellen für die Festsetzung der Krankenhauspflegesätze § 11 45
2.3 EinigungsstellenVO § 11 46

2.4 Gesetz über die Gutachterstelle für die freiwillige Kastration und andere Behandlungsmethoden § 14 46
2.5 Gutachterausschußverordnung § 14 47
2.6 Gesetz über den Petitionsausschuß des Landtags § 6 48
2.7 PolG § 27 49
2.8 LMedienG § 76 50
2.9 Gesetz über die Einsetzung und Verfahren von Untersuchungsausschüssen des Landtags § 24 51
2.10 BSHG § 13 52

3 Bayern
3.1 BayVwVfG Art. 23, 26 53
3.2 ZuSEVO §§ 1–5 55
3.3 SchiedsKrPflV § 17 57
3.4 EinigungsV § 7 58
3.5 GutachterausschußV § 7 59
3.6 BayPetG Art. 6 60

4 Berlin
4.1 VO über die Einigungsstelle für Wettbewerbsstreitigkeiten § 11 . . . 61
4.2 ASOG Bln § 20 62
4.3 Gesetz über das Verfahren der Berliner Verwaltung § 1 63
4.4 Gesetz über die Gutachterstelle für die freiwillige Kastration und andere Behandlungsmethoden § 20 63
4.5 VO über die Errichtung und das Verfahren der Schiedsstelle nach dem SGB V § 14 64
4.6 PflSchVO § 10 65
4.7 DVO-BauGB § 12 66
4.8 Gesetz über die Untersuchungsausschüsse des Abgeordnetenhauses von Berlin § 20 66
4.9 BlnSchAG § 47 67

5 Brandenburg
5.1 GAVOB § 19 69
5.2 VO über die Einigungsstellen zur Beilegung von bürgerlichen Rechtsstreitigkeiten nach dem Gesetz über den unlauteren Wettbewerb § 13 70
5.3 HeilBerG §§ 106, 127 71
5.4 Entschädigungsregelung der ehrenamtlichen Mitglieder des Landesausschusses für Berufsbildung Nr. 4 72
5.5 VwVfGBgb §§ 23, 26 73
5.6 SchG § 51 74

6 Bremen
6.1 BremVwVfG §§ 23, 26 75
6.2 BremPolG § 12 77
6.3 VO über die Bildung einer Schiedsstelle für die Festsetzung von Krankenhauspflegesätzen § 12 78
6.4 VO über Einigungsstellen § 10 79
6.5 GutachterausschußVO § 7 80
6.6 Gesetz über die Einsetzung und Verfahren von Untersuchungsausschüssen § 18 81
6.7 VO über die Errichtung und das Verfahren der Landesschiedsstelle nach dem SGB V § 17 82
6.8 Gesetz über die Gutachterstelle für die freiwillige Kastration und andere Behandlungsmethoden § 22 82

7 Hamburg
7.1 VO über die Einigungsstelle zur Beilegung von Wettbewerbsstreitigkeiten § 11 83
7.2 HmbVwVfG §§ 23, 26 84
7.3 Landesschiedsstellenverordnung § 16 85

8 Hessen
8.1 HSOG § 30 87
8.2 HVwVfG §§ 23, 26 88
8.3 HSchAG § 43 90
8.4 VO über die Schiedsstelle für die Festsetzung nach § 18 a Abs. 4 des Krankenhausfinanzierungsgesetzes § 16 91
8.5 Gesetz über die Gutachterstelle für die freiwillige Kastration und andere Behandlungsmethoden § 12 92

9 Mecklenburg-Vorpommern
9.1 Verordnung über Einigungsstellen § 12 93
9.2 GutAVO § 6 94
9.3 SOG MV § 50 95
9.4 VwVfG M-V §§ 23, 26 96

10 Niedersachsen
10.1 Nds. VwVfG § 1 97
10.2 NGefAG § 16 98
10.3 Nds. Gesetz über gemeindliche Schiedsämter § 48 99
10.4 VO über Einigungsstellen nach dem Gesetz gegen den unlauteren Wettbewerb § 7 100

11 Nordrhein-Westfalen
11.1 SchAG NW § 46 101
11.2 VwVfG NW § 26 102
11.3 Gesetz über die Einsetzung und das Verfahren von Untersuchungsausschüssen des Landtags Nordrhein-Westfalen § 26 103
11.4 VO über Einigungsstellen § 11 104
11.5 5. DVO zum Landesplanungsgesetz § 3 105
11.6 LSchV § 16 106
11.7 PolG NW § 10 107
11.8 GAVO NW § 19 108
11.9 VO über die Sachverständigenkommission für bewegliche Bodendenkmäler § 10 109
11.10 AMEG §§ 2, 3 110
11.11 Gesetz über die Gutachterstelle bei den Ärztekammern § 14 111
11.12 BauKaG § 78 112
11.13 SchV § 13 112

12 Rheinland-Pfalz
12.1 LVwVfG § 1 113
12.2 SchO § 37 114
12.3 POG § 12 115
12.4 LVO über die Landesschiedsstelle nach dem SGB V § 12 116
12.5 PflSchVO § 9 117
12.6 LVO über Einigungsstellen § 12 118
12.7 Gutachterauschußverordnung § 4 119
12.8 AGKastrG § 19 120

13 Saarland
13.1 SVwVfG §§ 23, 26 121
13.2 KrPflSV § 9 123
13.3 EinigungsstellenVO § 11 124
13.4 Saarländische Schiedsordnung § 42 125
13.5 LSchV § 16 127
13.6 GutVO § 11 128
13.7 Gesetz über die Gutachterstelle für die freiwillige Kastration und andere Behandlungsmethoden § 12 129

14 Sachsen
14.1 UAusschG § 24 131
14.2 SchiedKrPflV § 17 132
14.3 SächsPetAG § 11 133
14.4 Gutachterausschußverordnung § 14 134
14.5 Einigungsstellenverordnung § 7 135
14.6 SächsPolG § 18 136

15 Sachsen-Anhalt
15.1 VO Gut § 18 139
15.2 VO über Einigungsstellen zur Beilegung von Wettbewerbsstreitigkeiten § 11 139
15.3 SOG LSA § 35 140
15.4 UAG §§ 31, 33 141
15.5 VwVfG LSA §§ 23, 26 142

16 Schleswig-Holstein
16.1 Landesverwaltungsgesetz §§ 82 a, 84 143
16.2 LVO über die Bildung von Gutachterausschüssen und die Ermittlung von Grundstückswerten § 6 145
16.3 SchO § 46. 146
16.4 Untersuchungsausschußgesetz § 27 147
16.5 BSHGSVO § 12 148

17 Thüringen
17.1 UAG § 29. 149
17.2 ThürVwVfG §§ 23, 26 150
17.3 Gutachterausschußverordnung § 4 151
17.4 ThürVO über Einigungsstellen nach dem Gesetz gegen den unlauteren Wettbewerb § 9. 152
17.5 Thür. Pflegesatz-SchiedsstellenVO § 10. 153
17.6 OBG § 16. 154
17.7 ThürLSchV § 18 155
17.8 ThürPetG § 6. 156

Teil II Erläuterungen

§ 1 ZSEG – Geltungsbereich –
Allgemeine Bemerkungen Rz. 1 159
Heranziehende Stellen Rzn. 2–11 159
Anspruchsberechtigte Rzn. 12–27 167
Voraussetzungen für den Entschädigungsanspruch Rzn. 28–46 . . . 185
Entschädigung von Behörden und sonstigen öffentlichen Stellen Rzn. 47–57. 195
Angehörige einer Behörde oder sonstigen öffentlichen Stelle als Sachverständige Rzn.58–70 199

§ 2 ZSEG – Entschädigung von Zeugen –
Entschädigungsberechtigte Rzn. 1–8 217
Entschädigung für Verdienstausfall Rzn. 9–11 229
Bemessung der Verdienstausfallentschädigung Rzn. 12–18 232
Entschädigung für Erwerbslose und Teilzeitbeschäftigte Rzn. 19–23. 238

Entschädigung im Einzelnen Rzn. 24–39 244
Entschädigung nach der Maßgaberegel des Einigungsvertrages Rzn. 40–45 260

§ 3 *ZSEG – Entschädigung von Sachverständigen –*
Allgemeines Rzn. 1–5 263
Kostenmitteilungen des Sachverständigen Rzn. 6–9 268
Verlust des Entschädigungsanspruchs Rzn. 10–18 271
Bemessung der Entschädigung nach Absatz 2 Rzn. 19–43 277
Abgeltungsbereich der Entschädigung nach Absatz 2 Rzn. 44–45 . . 293
Voraussetzungen einer Erhöhung nach Absatz 3 Rzn. 46–53 297
Umfang der Erhöhung nach Absatz 3 Rzn. 54–58 305
Vorherige Bestimmung des Stundensatzes Rz. 59 308
Einzelne Entschädigungsfälle Rz. 60 310
Entschädigung nach der Maßgaberegel des Einigungsvertrages Rzn. 61–65 312

§ 4 *ZSEG – Zu berücksichtigende Zeit* – Rzn. 1–7 314

§ 5 *ZSEG – Besondere Verrichtungen –*
GOÄ Rz. 1 319
Sonstige Erläuterungen Rzn. 2–9 320
Entschädigung nach der Maßgaberegel des Einigungsvertrages Rz. 10 325

§ 6 *ZSEG – Zeugen und Sachverständige aus dem Ausland –*
Rzn. 1–9 326

§ 7 *ZSEG – Besondere Entschädigung –*
Geltungsbereich Rzn. 1–2 331
Einverständniserklärung der Parteien Rzn. 3–6 334
Zahlung eines ausreichenden Betrages an die Staatskasse Rzn. 7–8 . 338
Zahlung an den Sachverständigen Rz. 9 341
Behandlung als Gerichtskosten Rz. 10 342
Nachtragsgutachten Rz. 11 342
Vertrauensschutz des Sachverständigen in eine Zusage des Gerichts Rz. 12 343

§ 8 *ZSEG – Ersatz von Aufwendungen –*
Allgemeine Bemerkungen Rzn. 1–2 345
Aufgewendete Kosten (Absatz 1 Nr. 1) Rzn. 3–9 346
Hilfskräfte (Absatz 1 Nr. 1) Rzn. 10–21 350
Verbrauchte Stoffe und Werkzeuge (Absatz 1 Nr. 1) Rzn. 22–23 . . 356
Aufwendungen nach Absatz 1 Nr. 2 Rz. 24 358
Aufwendungen nach Absatz 1 Nr. 3 Rz. 25 359

Umsatzsteuer (Absatz 1 Nr. 4) Rzn. 26–29. 360
Zuschlag zu den Gemeinkosten (Absatz 2) Rz. 30 364

§ 9 *ZSEG – Fahrtkosten –*
Allgemeine Bemerkungen Rz. 1 366
Wahl des Beförderungsmittels und Reiseweges Rz. 2–3 366
Öffentliche regelmäßig verkehrende Verkehrsmittel Rzn. 4–7. . . . 367
Benutzung anderer als öffentlicher Verkehrsmittel Rzn. 8–12 371
Mehrere Reisen an einem Tag Rz. 13 375
Reisen von bzw. zu einem anderen Ort Rz. 14 376
Reisekosten der Prozeßparteien Rz. 15 378

§ 10 *ZSEG – Entschädigung für Aufwand –*
Aufwandsentschädigung Rzn. 1–4 380
Entschädigung bei Abwesenheit von Aufenthaltsorten Rzn. 5–16. . 381
Termin am Aufenthaltsort Rz. 17 385

§ 11 *ZSEG – Ersatz sonstiger Aufwendungen* – Rzn. 1–7 386

§ 12 *ZSEG – Aufrundung* – Rz. 1 399

§ 13 *ZSEG – Vereinbarung der Entschädigung* – Rzn. 1–4 400

§ 14 *ZSEG – Vorschuß –*
Reisekostenvorschuß Rzn. 1–3 406
Vorschuß auf Leistungsentschädigung und Aufwendungen Rzn. 4–8 407
Festsetzung des Vorschusses Rzn. 9–10 410
Verwaltungsabkommen zwischen den Landesjustizverwaltungen und dem BMJ Rzn. 11–13. 410
Betreuungspersonen Rz. 14 416

§ 15 *ZSEG – Erlöschen des Anspruchs, Verjährung –*
Geltendmachung des Anspruchs Rzn. 1–6 420
Anspruch des Zeugen Rzn. 7–12 423
Anspruch des Sachverständigen Rzn. 13–19 425
Anspruch von Personen, die weder Zeugen noch Sachverständige sind Rz. 20 427
Berechnung und Zahlung der Entschädigung Rzn. 21–29 429
Verjährung, Rückforderung Rzn. 30–34 435

§ 16 *ZSEG – Gerichtliche Festsetzung –*
Festsetzung durch das Gericht Rzn. 1–22 440
Anfechtung der Festsetzung mit der Beschwerde Rzn. 23–42 449

§ 17 *ZSEG – Dolmetscher und Übersetzer –*
Allgemeine Bemerkungen Rz. 1 458
Dolmetscher Rzn. 2–13 458
Übersetzer Rzn. 14–28 462
Einzelfälle in der Rechtsprechung Rzn. 29–30 468
Entschädigung nach der Maßgaberegel des Einigungsvertrages Rzn. 31–32. 470

§ 17 a *ZSEG – Entschädigung Dritter* – Rzn. 1–13 472

§ 18 *ZSEG – Übergangsvorschrift* – Rzn. 1–6 482

Nr. 1 der Anlage zu § 5 – Rzn. 1–3 – 485
Nr. 2 der Anlage zu § 5 – Rzn. 1–13 – 487
Nr. 3 der Anlage zu § 5 – Rzn. 1–4 – 494
Nr. 4 der Anlage zu § 5 – Rzn. 1–7 – 497
Nr. 5 der Anlage zu § 5 – Rzn. 1–9 – 500
Nr. 6 der Anlage zu § 5 – Rzn. 1–6 – 504
Nr. 7 der Anlage zu § 5 – Rzn. 1–3 – 507
Nr. 8 der Anlage zu § 5 – Rzn. 1–9 – 510
Nr. 9 der Anlage zu § 5 – Rzn. 1–5 – 532
Nr. 10 der Anlage zu § 5 – Rzn. 1–11 – 536

Teil III Abschnitt O der Anlage zur GOÄ 543

Stichwortverzeichnis 581

Abkürzungen

a. A.	anderer Ansicht
a. a. O.	am angeführten Ort
ABl.	Amtsblatt
ABl.Saar	Amtsblatt des Saarlandes
Abs.	Absatz
a. F.	alte Fassung
AG	Amtsgericht
AKostG	Auslandskostengesetz
AktG	Aktiengesetz
AllMBl.	Allgemeines Ministerialblatt der Bayerischen Staatsregierung, des Bayerischen Ministerpräsidenten, der Bayerischen Staatskanzlei, des Bayerischen Staatsministeriums des Innern, des Bayerischen Staatsministeriums für . . .
AmtsBl. M-V	Amtsblatt für Mecklenburg-Vorpommern
Anl.	Anlage
Anm.	Anmerkung
AnwBl.	Anwaltsblatt
AO	Abgabenordnung
ArbG	Arbeitsgericht
ArbGG	Arbeitsgerichtsgesetz
Art.	Artikel
Ärztl. Mitt.	Ärztliche Mitteilungen
ASOG Bln	Allgemeines Gesetz zum Schutz der öffentlichen Sicherheit und Ordnung in Berlin
AuRAG	Auslands-Rechtsauskunftgesetz
AV	Allgemeine Verfügung
BAG	Bundesarbeitsgericht
BAnz.	Bundesanzeiger
BArbG	Bundesarbeitsgericht
BAT	Bundesangestelltentarif
BauR	Zeitschrift für das gesamte öffentliche und zivile Baurecht
Ba.-Wü.	Baden-Württemberg
Bayerlein	Praxishandbuch Sachverständigenrecht 1990, Redaktion: *Dr. Walter Bayerlein*

BayGVBl.	Bayerisches Gesetz- und Verordnungsblatt
BayHO	Bayerische Haushaltsordnung
BayJMBl.	Bayerisches Justizministerialblatt
BayLSG	Bayerisches Landessozialgericht
BayObLG	Bayerisches Oberstes Landesgericht
BayStM	Bayerisches Staatsministerium
BayVBl.	Bayerische Verwaltungsblätter
BayVGH	Bayerischer Verwaltungsgerichtshof
BayVwVfG	Bayerisches Verwaltungsverfahrensgesetz
BB	Betriebs-Berater, Zeitschrift für Recht und Wirtschaft
BBiG	Berufsbildungsgesetz
BBl.	Büroblatt für gerichtliche Beamte, Zeitschrift
Begr.	Begründung
Bek.	Bekanntmachung
Beschl.	Beschluß
BetrVG	Betriebsverfassungsgesetz
BeurkG	Beurkundungsgesetz
BFH	Bundesfinanzhof
BGB	Bürgerliches Gesetzbuch
BGBl.	Bundesgesetzblatt
BGH	Bundesgerichtshof
Bleutge	Gesetz über die Entschädigungen von Zeugen und Sachverständigen, Kommentar von *Dr. Peter Bleutge*, 2. Aufl. 1992
BMJ	Bundesjustizminister(ium)
BPflV	Bundespflegesatzverordnung
BRAGO	Bundesgebührenordnung für Rechtsanwälte
BRAO	Bundesrechtsanwaltsordnung
BR-Drucks.	Bundesrats-Drucksache
Breith.	Sammlung von Entscheidungen auf dem Gebiet der Sozialversicherung, Herausgeber: *Dr. Hermann Breithaupt*
Bremer	Der Sachverständige, 2. Aufl. 1972
Brem.GVl.	Gesetzblatt der Freien Hansestadt Bremen
BremPolG	Bremisches Polizeigesetz
BremVwVfG	Bremisches Verwaltungsverfahrensgesetz
BRKG	Bundesreisekostengesetz
Brocke/Reese	Die Entschädigung von Zeugen, Sachverständigen und ehrenamtlichen Richtern, 2. Aufl. 1964
BSG	Bundessozialgericht
BStBl.	Bundessteuerblatt
BStMdJ	Bayerische Staatsminister(ium) für Justiz
BT-Drucks.	Bundestags-Drucksache

BtPrax	Betreuungsrechtliche Praxis, Zeitschrift
BVerfG	Bundesverfassungsgericht
BVerfGG	Gesetz über das Bundesverfassungsgericht
BVerwG	Bundesverwaltungsgericht
BWGBl.	Gesetzblatt für Baden-Württemberg
DAR	Deutsches Autorecht, Zeitschrift
DB	Der Betrieb, Wochenschrift für Betriebswirtschaft-Steuerrecht-Wirtschaftsrecht-Arbeitsrecht
DDR	Deutsche Demokratische Republik
DGVZ	Deutsche Gerichtsvollzieherzeitung
d. h.	das heißt
DJ	Deutsche Justiz, Zeitschrift
DJZ	Deutsche Juristen-Zeitung
DM	Deutsche Mark
DÖD	Der Öffentliche Dienst, Fachzeitschrift für Angehörige des öffentlichen Dienstes
DÖV	Die öffentliche Verwaltung, Zeitschrift
DR	Deutsches Recht, Zeitschrift
DRiZ	Deutsche Richterzeitung
DS	Der Sachverständige, Zeitschrift
DStZ	Deutsche Steuer-Zeitung
DVO-BauGB	Verordnung zur Durchführung des Baugesetzbuches
DWW	Deutsche Wohnungwirtschaft, Zeitschrift
Eb. Schmidt	*Eberhard Schmidt,* Lehrkommentar zur StPO und zum GVG, 1957
EFG	Entscheidungen der Finanzgerichte
Erman	*Erman,* Handkommentar zum BGB, 7. Aufl. 1981
EStG	Einkommensteuergesetz
evtl.	eventuell
EWiR	Entscheidungen zum Wirtschaftsrecht
EZulV	Erschwerniszulagenverordnung
FamRZ	Zeitschrift für das gesamte Familienrecht
FGG	Gesetz über die Angelegenheiten der freiwilligen Gerichtsbarkeit
FGO	Finanzgerichtsordnung
FMBl.	Amtsblatt des Bayerischen Staatsministeriums der Finanzen
FM Bek.	Bekanntmachung des Bayerischen Staatsministers der Finanzen
Fn.	Fußnote
GABl.	Gemeinsames Amtsblatt des Landes Baden-Württemberg

GAVO NW	Verordnung über die Gutachterausschüsse für Grundstückswerte (in Nordrhein-Westfalen)
GBl. Ba.-Wü.	Gesetzblatt für Baden-Württemberg
GBl. Bremen	Gesetzblatt der Freien Hansestadt Bremen
GebOZS	Gebührenordnung für Zeugen und Sachverständige
Gerold/Schmidt/ v. Eicken/Madert	Bundesgebührenordnung für Rechtsanwälte, Kommentar, 10. Aufl.
ggfs.	gegebenenfalls
GKG	Gerichtskostengesetz
GOÄ	Gebührenordnung für Ärzte
GS NW	Sammlung des bereinigten Landesrechts Nordrhein-Westfalen
GV/GVBl./GVOBl.	Gesetz- und Verordnungsblatt
GVBl. Berlin	Gesetz- und Verordnungsblatt für Berlin
GVBl. Hessen	Gesetz- und Verordnungsblatt für das Land Hessen
GVBl. LSA	Gesetz- und Verordnungsblatt für das Land Sachsen-Anhalt
GVBl. Meckl.-Vorp.	Gesetz und Verordnungsblatt für Mecklenburg-Vorpommern
GV NW/GVBl. NW	Gesetz- und Verordnungsblatt für das Land Nordrhein-Westfalen
GVBl. Rhld.Pf.	Gesetz- und Verordnungsblatt für das Land Rheinland-Pfalz
GVG	Gerichtsverfassungsgesetz
GVGA	Geschäftsanweisung für Gerichtsvollzieher
GvKostG	Gesetz über Kosten der Gerichtsvollzieher
GVOBl. SchlH.	Gesetz- und Verordnungsblatt für das Land Schleswig-Holstein
GWB	Gesetz gegen Wettbewerbsbeschränkungen
HambGVbl.	Hamburgisches Gesetz- und Verordnungsblatt
Hartmann	Kostengesetze, Kommentar, 25. Aufl.
Hbg.	Hamburg
HBG	Hessisches Beamtengesetz
Hess.	Hessen
Hess. JMBl.	Justiz-Ministerial-Blatt für Hessen
HFEG	Hessisches Freiheitsentziehungsgesetz
HmbVwVfG	Hamburgisches Verwaltungsverfahrensgesetz
HRR	Höchstrichterliche Rechtsprechung
Hübschmann/ Hepp/Spitaler	Kommentar zur Abgabeordnung und Finanzgerichtsordnung
HVwVfG	Hessisches Verwaltungsverfahrensgesetz

IfS	Institut für Sachverständigenwesen e. V.
i. S.	im Sinne
IM	Innenminister(ium)
JBeitrO	Justizbeitreibungsordnung
JBl. Rhld.-Pf.	Justizblatt Rheinland-Pfalz
Jessnitzer/Frieling	Der gerichtliche Sachverständige, 10. Aufl. 1992
Jessnitzer Dolm.	Dolmetscher 1982
JGG	Jugendgerichtsgesetz
JM	Justizminister(ium)
JMBl.	Justizministerialblatt
JMBl. NW	Justizministerialblatt für das Land Nordrhein-Westfalen
JurBüro	Das juristische Büro, Zeitschrift
Juris	Juristische Datenbank
Justiz	Die Justiz, Amtsblatt des Justizministeriums Baden-Württemberg
JR	Juristische Rundschau, Zeitschrift
JVBl.	Justizverwaltungsblatt, Zeitschrift
JVKostO	Justizverwaltungskostenordnung
JVV	Justizverwaltungsvorschriften, Sammlung
JW	Juristische Wochenschrift
JZ	Juristen-Zeitung
Karlsruher Kommentar	Kommentar zur Strafprozeßordnung und zum Gerichtsverfassungsgesetz
KG	Kammergericht
KLBR	*Korintenberg/Lappe/Bengel/Reimann,* Kommentar zur KostO, 11. Aufl.
KMR	*Fezer/Paulus,* Kommentar zur StPO, 8. Aufl. 1991
Kleinknecht/Meyer	Kommentar zur Strafprozeßordnung, 40. Aufl.
KO	Konkursordnung
KonsG	Konsulargesetz
KostRÄndG 1957	Gesetz zur Änderung und Ergänzung kostenrechtlicher Vorschriften vom 26. 7. 1957 (BGBl. I S. 861)
KostRÄndG 1994	Gesetz zur Änderung von Kostengesetzen und anderen Gesetzen (Kostenrechtsänderungsgesetz 1994 – KostRÄndG 1994) vom 24. 6. 1994 (BGBl. I S. 1325)
KostO	Kostenordnung
KRspr.	Kostenrechtsprechung, Nachschlagewerk wichtiger Kostenentscheidungen
KV-GKG	Kostenverzeichnis zum Gerichtskostengesetz (§ 11 Abs. 1 GKG – Anlage –)

LAG	Landesarbeitsgericht
Lane	Die Gebühren der Dolmetscher, Übersetzer und Fremdsprachensachverständigen
LG	Landgericht
LHO	Landeshaushaltsordnung
LJV	Landesjustizverwaltung
Löwe/Rosenberg	Die Strafprozeßordnung und das Gerichtsverfassungsgesetz, 24. Aufl.
LPVG	Personalvertretungsgesetz für das Land Nordrhein-Westfalen
LRKG	Landesreisekostengesetz
LS	Leitsatz
LSA	Land Sachsen-Anhalt
LSchV	Landesschiedsstellenverordnung
LSG	Landessozialgericht
LStR	Lohnsteuerrichtlinien
LV	Landesverfügung
LVG	Landesverwaltungsgericht
LVwVfG	Verwaltungsverfahrensgesetz für Baden-Württemberg
LwVG	Gesetz über das gerichtliche Verfahren in Landwirtschaftssachen
MBl.	Ministerialblatt
MBl. BAA	Amtliches Mitteilungsblatt des Bundesausgleichsamtes
MBl. LSA	Ministerialblatt für das Land Sachsen-Anhalt
MBl. NW	Ministerialblatt für das Land Nordrhein-Westfalen
MdI	Minister(ium) des Innern
MdJ	Minister(ium) der Justiz
MDR	Monatsschrift für Deutsches Recht
MdFuF	Minister(ium) für Finanzen und Forsten
MedR	Medizinrecht, Zeitschrift
Med.Sachv.	Der Medizinische Sachverständige, Zeitschrift
Meyer-Ladewig	Sozialgerichtsgesetz, Kommentar, 4. Aufl. 1991
MinPräs.	Ministerpräsident
MSchG	Mieterschutzgesetz
MTL	Manteltarifvertrag für Arbeiter der Länder
Müller	Der Sachverständige im gerichtlichen Verfahren, 1988
MWF	Ministerium für Wissenschaft und Forschung des Landes Nordrhein-Westfalen
m. w. N.	mit weiteren Nachweisen
Nds.	Niedersachsen
NdsGVBl.	Niedersächsisches Gesetz- und Verordnungsblatt
NdsMBl.	Niedersächsisches Ministerialblatt

Nds.Rpfl.	Niedersächsische Rechtspflege, Zeitschrift
NdsSOG	Niedersächsisches Gesetz über die öffentliche Sicherheit und Ordnung
NJW	Neue Juristische Wochenschrift
NJW-RR	Neue Juristische Wochenschrift – Rechtsprechungs-Report
NStE	Neue Entscheidungssammlung für Strafrecht
NStZ	Neue Zeitschrift für Strafrecht
NW/NRW	Nordrhein-Westfalen
NZA	Neue Zeitschrift für Arbeits- und Sozialrecht
OLG	Oberlandesgericht
OLGZ	Rechtsprechung der Oberlandesgerichte auf dem Gebiet des Zivilrechts, Sammlung
ÖV	Öffentliche Verwaltung, Zeitschrift
OVG	Oberverwaltungsgericht
OWiG	Gesetz über Ordnungswidrigkeiten
Palandt	BGB, Kommentar, 51. Auflage
PatG	Patentgesetz
Peters/Sautter/Wolff	Sozialgerichtsordnung 4. Aufl.
PflSchVO	Pflegesatz-Schiedsstellenverordnung
PolG NW	Polizeigesetz des Landes Nordrhein-Westfalen
PVG	Polizeiverwaltungsgesetz von Rheinland-Pfalz
PsychKG	Gesetz über Hilfen und Schutzmaßnahmen bei psychischen Krankheiten
RdErl.	Runderlaß
Rdn.	Randnummer
RdSchr.	Rundschreiben
Recht	Das Recht, Zeitschrift
Recht im Amt	Zeitschrift für den öffentlichen Dienst
RegBl.	Regierungsblatt
RG	Reichsgericht
RGBl.	Reichsgesetzblatt
RGR Komm.	Kommentar zum Bürgerlichen Gesetzbuch, herausgegeben von Reichsgerichtsräten und Bundesrichtern
RGZ	Entscheidungen des Reichsgerichts in Zivilsachen
Rhld.-Pf.	Rheinland-Pfalz
Rpfleger	Der Deutsche Rechtspfleger, Zeitschrift
RV/RdVfg	Rundverfügung
Rz.	Randziffer
Sachv.	Der Sachverständige, Zeitschrift
SächsGVBl.	Sächsisches Gesetz- und Verordnungsblatt

SchAG NW	Gesetz über das Schiedsamt in den Gemeinden des Landes Nordrhein-Westfalen
SchlH	Schleswig-Holstein
SchlHA	Schleswig-Holsteinische Anzeigen, Zeitschrift
SchlHOLG	Schleswig-Holsteinisches Oberlandesgericht
SeeUnfUntersG	Gesetz über Untersuchung von Seeunfällen
SG	Sozialgericht
SGB	Sozialgesetzbuch
SGb.	Die Sozialgerichtsbarkeit, Zeitschrift
SGG	Sozialgerichtsgesetz
SjE	Sammlung jugendrechtlicher Entscheidungen, Handbuch des Jugendrechts
SJZ	Süddeutsche Juristenzeitung, Zeitschrift
SMBl. NW	Sammlung des bereinigten Ministerialblattes für das Land Nordrhein-Westfalen
Soergel	BGB, Kommentar, 12. Aufl.
StAnz.	Staatsanzeiger
Stein/Jonas	Zivilprozeßordnung, Kommentar, 20. Aufl.
StGB	Strafgesetzbuch
StPO	Strafprozeßordnung
StV	Strafverteidiger, Zeitschrift
SVwVfG	Saarländisches Verwaltungsverfahrensgesetz
Thür.	Thüringen
Thür.GVBl.	Gesetz- und Verordnungsblatt für das Land Thüringen
Tschischgale, Arb	Kostenrecht in Arbeitssachen, 2. Aufl.
Tschischgale, Soz.	Kostenrecht in Sozialsachen
u. a.	unter anderem
UdG	Urkundsbeamter der Geschäftsstelle
UntGes	Unterbringungsgesetz
UrhSchiedsV	Urheberrechtsschiedsstellenverordnung
UStG	Umsatzsteuergesetz
u. U.	unter Umständen
VerglO	Vergleichsordnung
VersR	Versicherungsrecht, Zeitschrift
VerwGO	Verwaltungsgerichtsordnung
VG	Verwaltungsgericht
VGH	Verwaltungsgerichtshof
vgl.	vergleiche
VO	Verordnung
VOBl.	Verordnungsblatt
VV	Verwaltungsverordnung/Verwaltungsvorschriften

VV-LHO	Vorläufige Verwaltungsvorschriften zur Landeshaushaltsordnung
VwVfG	Verwaltungsverfahrensgesetz
VwVG	Verwaltungs-Vollstreckungsgesetz
Wieczorek	Zivilprozeßordnung und Nebengesetze, Kommentar
wistra	Zeitschrift für Wirtschaft, Steuer und Strafrecht
WM	Wertpapiermitteilungen, Zeitschrift
z. B.	zum Beispiel
ZBR	Zeitschrift für Beamtenrecht
ZIP	Zeitschrift für Wirtschaftsrecht
ZMR	Zeitschrift für Miet- und Raumrecht
Zöller	Zivilprozeßordnung, Kommentar, 17. Aufl.
ZPO	Zivilprozeßordnung
ZSEG	Gesetz über die Entschädigung von Zeugen und Sachverständigen
ZSW	Zeitschrift für das gesamte Sachverständigenwesen
ZuSEVO	Verordnung über die Entschädigung von Zeugen und Sachverständigen in Verwaltungssachen
zust.	zustimmend
z. Z.	zur Zeit
ZZP	Zeitschrift für Zivilprozeßrecht

Teil I Amtliche Texte

Bundesrecht

Nr. 1
Gesetz über die Entschädigung von Zeugen und Sachverständigen

Vom 26. Juli 1957 (BGBl. I S. 861/902)

in der Fassung der Bekanntmachung vom 1. Oktober 1969 (BGBl. I S. 1757), zuletzt geändert durch das Kostenrechtsänderungsgesetz 1994 vom 24. Juni 1994 (BGBl. I S. 1325)

Inhaltsübersicht

	§
Geltungsbereich	1
Entschädigung von Zeugen	2
Entschädigung von Sachverständigen	3
Zu berücksichtigende Zeit	4
Besondere Verrichtungen	5
Zeugen und Sachverständige aus dem Ausland	6
Besondere Entschädigung	7
Ersatz von Aufwendungen	8
Fahrtkosten	9
Entschädigung für Aufwand	10
Ersatz sonstiger Aufwendungen	11
Aufrundung	12
Vereinbarung der Entschädigung	13
Vorschuß	14
Erlöschen des Anspruchs, Verjährung	15
Gerichtliche Festsetzung	16
Dolmetscher und Übersetzer	17
Entschädigung Dritter	17 a
Übergangsvorschrift	18

§ 1 Geltungsbereich

(1) Nach diesem Gesetz werden Zeugen und Sachverständige entschädigt, die von dem Gericht oder dem Staatsanwalt zu Beweiszwecken herangezogen werden.

(2) Dieses Gesetz gilt auch, wenn Behörden oder sonstige öffentliche Stellen von dem Gericht oder dem Staatsanwalt zu Sachverständigenleistungen herangezogen werden.

(3) Für Angehörige einer Behörde oder sonstigen öffentlichen Stelle, die nicht Ehrenbeamte oder ehrenamtlich tätig sind, gilt dieses Gesetz nicht, wenn sie ein Gutachten in Erfüllung ihrer Dienstaufgaben erstatten, vertreten oder erläutern.

§ 2 Entschädigung von Zeugen

(1) Zeugen werden für ihren Verdienstausfall entschädigt. Dies gilt auch bei schriftlicher Beantwortung einer Beweisfrage (§ 377 Abs. 3 der Zivilprozeßordnung).

(2) Die Entschädigung beträgt für jede Stunde der versäumten Arbeitszeit 4 Deutsche Mark bis 25 Deutsche Mark. Die letzte, bereits begonnene Stunde wird voll gerechnet. Die Entschädigung richtet sich nach dem regelmäßigen Bruttoverdienst.

(3) Ist ein Verdienstausfall nicht eingetreten, erhält der Zeuge die nach dem geringsten Satz bemessene Entschädigung. Wer nicht erwerbstätig ist und einen eigenen Haushalt für mehrere Personen führt, erhält eine Entschädigung von 20 Deutsche Mark je Stunde. Satz 2 gilt ensprechend für Teilzeitbeschäftigte, die außerhalb ihrer vereinbarten regelmäßigen Arbeitszeit herangezogen werden. Die Entschädigung nach Satz 2 und 3 wird nicht gewährt, soweit dem Zeugen Kosten einer notwendigen Vertretung erstattet werden. Der Zeuge erhält keine Entschädigung, wenn er durch die Heranziehung ersichtlich keinen Nachteil erlitten hat.

(4) Gefangene, die keinen Verdienstausfall aus einem privatrechtlichen Arbeitsverhältnis haben, erhalten Ersatz einer entgangenen Zuwendung der Vollzugsanstalt.

(5) Die Entschädigung wird für höchstens zehn Stunden je Tag gewährt, die Entschädigung nach Absatz 3 Satz 2 jedoch für höchstens acht Stunden je Tag; Teilzeitbeschäftigten wird die Entschädigung nach Absatz 3 Satz 2 höchstens für die Zeitdauer gewährt, die zusammen mit der vereinbarten regelmäßigen Arbeitszeit acht Stunden je Tag nicht überschreitet.

§ 3 Entschädigung von Sachverständigen

(1) Sachverständige werden für ihre Leistungen entschädigt.

(2) Die Entschädigung beträgt für jede Stunde der erforderlichen Zeit 50 bis 100 Deutsche Mark. Für die Bemessung des Stundensatzes sind der Grad der erforderlichen Fachkenntnisse, die Schwierigkeit der Leistung, ein nicht anderweitig abzugeltender Aufwand für die notwendige Benutzung technischer Vorrichtungen und besondere Umstände maßgebend, unter denen das Gutachten zu erarbeiten war; der Stundensatz ist einheitlich für die gesamte erforderliche Zeit zu bemessen. Die letzte, bereits begonnene Stunde wird voll gerechnet; dies gilt jedoch nicht, soweit der Sachverständige für dieselbe Zeit in einer weiteren Sache zu entschädigen ist.

(3) Die nach Absatz 2 zu gewährende Entschädigung kann bis zu 50 vom Hundert überschritten werden

a) für ein Gutachten, in dem der Sachverständige sich für den Einzelfall eingehend mit der wissenschaftlichen Lehre auseinanderzusetzen hat, oder

b) nach billigem Ermessen, wenn der Sachverständige durch die Dauer oder die Häufigkeit seiner Heranziehung einen nicht zumutbaren Erwerbsverlust erleiden würde oder wenn er seine Berufseinkünfte zu mindestens 70 vom Hundert als gerichtlicher oder außergerichtlicher Sachverständiger erzielt.

Die Erhöhungen nach den Buchstaben a und b können nicht nebeneinander gewährt werden.

§ 4 Zu berücksichtigende Zeit

Bei Zeugen gilt als versäumt und bei Sachverständigen gilt als erforderlich auch die Zeit, während der sie ihrer gewöhnlichen Beschäftigung infolge ihrer Heranziehung nicht nachgehen können.

§ 5 Besondere Verrichtungen

(1) Soweit ein Sachverständiger oder ein sachverständiger Zeuge Verrichtungen erbringt, die in der Anlage bezeichnet sind, richtet sich die Entschädigung nach der Anlage.

(2) Für Leistungen der in Abschnitt O des Gebührenverzeichnisses für ärztliche Leistungen (Anlage zur Gebührenordnung für Ärzte) bezeichneten Art erhält der Sachverständige in entsprechender Anwendung dieses Gebührenverzeichnis eine Entschädigung nach dem 1,1fachen Gebührensatz. § 4 Abs. 2, 3 und 4 Satz 1, § 10 der Gebührenordnung für Ärzte gelten entsprechend; im übrigen bleiben die §§ 8 und 11 unberührt.

(3) Für die zusätzlich erforderliche Zeit wird eine Entschädigung in Höhe der Mindestentschädigung nach § 3 Abs. 2 für jede Stunde gewährt. Wird eine Tätigkeit zu außergewöhnlicher Zeit oder unter außergewöhnlichen Umständen notwendig, kann die Gesamtentschädigung nach Absatz 1 oder 2 um bis zu 65 Deutsche Mark erhöht werden.

§ 6 Zeugen und Sachverständige aus dem Ausland

Zeugen und Sachverständigen, die ihren gewöhnlichen Aufenthalt im Ausland haben, können unter Berücksichtigung ihrer persönlichen Verhältnisse, insbesondere ihrer regelmäßigen Erwerbstätigkeit, nach billigem Ermessen höhere als die in den §§ 2 bis 5 bestimmten Entschädigungen gewährt werden.

§ 7 Besondere Entschädigung

(1) Haben sich die Parteien dem Gericht gegenüber mit einer bestimmten Entschädigung für die Leistung des Sachverständigen oder mit einem bestimmten Stundensatz einverstanden erklärt, so ist die bestimmte oder die nach dem bestimmten Stundensatz berechnete Entschädigung zu gewähren, wenn ein ausreichender Betrag an die Staatskasse gezahlt ist.

(2) Die Erklärung nur einer Partei genügt, wenn das Gericht zustimmt. Bei der Festlegung eines bestimmten Stundensatzes soll die Zustimmung nur erteilt werden, wenn die nach § 3 zulässige Entschädigung nicht überschritten wird. Vor der Zustimmung hat das Gericht die andere Partei zu hören. Die Zustimmung und die Ablehnung der Zustimmung sind unanfechtbar.

§ 8 Ersatz von Aufwendungen

(1) Dem Sachverständigen werden ersetzt

1. die für die Vorbereitung und die Erstattung des Gutachtens aufgewendeten Kosten, einschließlich der notwendigen Aufwendungen für Hilfskräfte sowie die für eine Untersuchung verbrauchten Stoffe und Werkzeuge;
2. für die Anfertigung von im Gutachten verwendeten Lichtbildern je ersten Abzug 4 Deutsche Mark und für jeden weiteren Abzug 1 Deutsche Mark;
3. für die Erstellung des schriftlichen Gutachtens einschließlich der notwendigen Aufwendungen für Hilfskräfte je angefangene Seite 4 Deutsche Mark;
4. die auf seine Entschädigung entfallende Umsatzsteuer, sofern diese nicht nach § 19 Abs. 1 des Umsatzsteuergesetzes unerhoben bleibt.

(2) Ein auf die Hilfskräfte (Absatz 1 Nr. 1) entfallender Teil der Gemeinkosten des Sachverständigen kann durch einen Zuschlag bis zu 15 vom Hundert auf den Betrag abgegolten werden, der als notwendige Aufwendung für die Hilfskräfte zu ersetzen ist.

§ 9 Fahrtkosten

(1) Zeugen und Sachverständigen werden die Fahrtkosten bis zur Höhe der Kosten für die Benutzung des preisgünstigsten öffentlichen Beförderungsmittels oder bei einer Gesamtstrecke bis zu 200 Kilometern bis zur Höhe der Kosten für die Benutzung eines eigenen oder unentgeltlich von einem Dritten zur Verfügung gestellten Kraftfahrzeuges ersetzt. Höhere Fahrtkosten werden ersetzt, soweit durch die Benutzung eines anderen als durch die Benutzung des preisgünstigsten öffentlichen Beförderungsmittels die Entschädigung insgesamt nicht höher wird oder höhere Fahrtkosten wegen besonderer Umstände notwendig sind.

(2) Bei Benutzung von öffentlichen, regelmäßig verkehrenden Beförderungsmitteln werden die wirklichen Auslagen einschließlich der Kosten für die Beförderung des notwendigen Gepäcks bis zur Höhe der Tarife, bei Benutzung der Eisenbahn oder von Schiffen bis zum Fahrpreis der ersten Wagen- oder Schiffsklasse, ersetzt. Der Ersatz der Beförderungsauslagen ist nach den persön-

lichen Verhältnissen des Zeugen oder Sachverständigen zu bemessen. Die Mehrkosten für zuschlagspflichtige Züge werden erstattet.

(3) Bei Benutzung eines eigenen oder unentgeltlich von einem Dritten zur Verfügung gestellten Kraftfahrzeuges sind zu erstatten

1. dem Sachverständigen zur Abgeltung der Anschaffungs-, Unterhaltungs- und Betriebskosten sowie der Abnutzung des Kraftfahrzeugs 0,52 Deutsche Mark und
2. dem Zeugen zur Abgeltung der Betriebskosten sowie der Abnutzung des Kraftfahrzeugs 0,40 Deutsche Mark

für jeden gefahrenen Kilometer zuzüglich der durch die Benutzung des Kraftfahrzeuges aus Anlaß der Reise regelmäßig anfallenden baren Auslagen, insbesondere der Parkgebühren.

(4) Für Reisen während der Terminsdauer werden die Fahrtkosten nur insoweit ersetzt, als dadurch Mehrbeträge an Entschädigung erspart werden, die beim Verbleiben an der Terminsstelle gewährt werden müßten.

(5) Tritt der Zeuge oder Sachverständige die Reise zum Terminsort von einem anderen als dem in der Ladung bezeichneten oder der ladenden Stelle unverzüglich angezeigten Ort an oder fährt er zu einem anderen als zu diesem Ort zurück, so werden, wenn die dadurch entstandenen Gesamtkosten höher sind, höchstens die Kosten ersetzt, die für die Reise von dem in der Ladung bezeichneten oder der ladenden Stelle angezeigten Ort oder für die Rückreise zu diesem Ort zu ersetzen wären. Mehrkosten werden nach billigem Ermessen ersetzt, wenn der Zeuge oder Sachverständige zu diesen Fahrten durch besondere Umstände genötigt war.

§ 10 Entschädigung für Aufwand

(1) Zeugen und Sachverständige erhalten für den durch Abwesenheit vom Aufenthaltsort oder durch die Wahrnehmung eines Termins am Aufenthaltsort verursachten Aufwand eine Entschädigung. Die Entschädigung ist nach den persönlichen Verhältnissen des Zeugen oder Sachverständigen zu bemessen.

(2) Die Entschädigung für den durch Abwesenheit vom Aufenthaltsort verursachten Aufwand soll nicht den Satz überschreiten, der Richtern in der Reisekostenstufe B nach den Vorschriften über die Reisekostenvergütung der Richter im Bundesdienst als Tagegeld zusteht. Die Vorschriften, nach denen bei Reisen, die an demselben Kalendertag angetreten oder beendet werden, sich das Tagegeld vermindert oder ein Tagegeld nicht gewährt wird, gelten entsprechend. Bei Abwesenheit bis zu sechs Stunden werden die notwendigen Auslagen bis zu 6 Deutsche Mark erstattet. Mußte der Zeuge oder Sachverständige außerhalb seines Aufenthaltsortes übernachten, so erhält er hierfür Ersatz seiner Aufwendungen, soweit sie angemessen sind.

(3) Bei Terminen am Aufenthaltsort des Zeugen oder Sachverständigen sind Zehrkosten bis zu 6 Deutsche Mark für jeden Tag, an dem der Zeuge oder Sachverständige länger als vier Stunden von seiner Wohnung abwesend sein mußte, zu ersetzen.

§ 11 Ersatz sonstiger Aufwendungen

(1) Auch die in den §§ 8 bis 10 nicht besonders genannten baren Auslagen werden, soweit sie notwendig sind, dem Zeugen oder Sachverständigen ersetzt. Dies gilt besonders von den Kosten einer notwendigen Vertretung und für die Kosten notwendiger Begleitpersonen.

(2) Für Abschriften und Ablichtungen, die auf Erfordern, notwendigerweise oder für die Handakten des Sachverständigen gefertigt worden sind, bemißt sich die Höhe der Schreibauslagen nach den für die gerichtlichen Schreibauslagen im Gerichtskostengesetz bestimmten Beträgen.

§ 12 Aufrundung

Die dem Zeugen oder Sachverständigen zu zahlende Gesamtentschädigung wird auf 10 Deutsche Pfennige aufgerundet.

§ 13 Vereinbarung der Entschädigung

Mit Sachverständigen, die häufiger herangezogen werden, kann die oberste Landesbehörde oder die von ihr bestimmte Stelle eine Entschädigung im Rahmen der nach diesem Gesetz zulässigen Entschädigung vereinbaren.

§ 14 Vorschuß

(1) Geladenen Zeugen und Sachverständigen ist auf Antrag ein Vorschuß zu bewilligen, wenn sie nicht über die Mittel für die Reise verfügen oder wenn ihnen, insbesondere wegen der Höhe der entstehenden Reisekosten, nicht zugemutet werden kann, diese aus eigenen Mitteln vorzuschießen.

(2) Dem Sachverständigen ist ferner auf Antrag ein Vorschuß zu bewilligen, wenn er durch eine geforderte Leistung für eine zusammenhängende Zeit von wenigstens dreißig Tagen seiner regelmäßigen Erwerbstätigkeit ganz oder überwiegend entzogen wird oder wenn die Erstattung des Gutachtens bare Aufwendungen erfordert und dem Sachverständigen, insbesondere wegen der Höhe der Aufwendungen, nicht zugemutet werden kann, eigene Mittel vorzuschießen.

(3) § 16 gilt sinngemäß.

§ 15 Erlöschen des Anspruchs, Verjährung

(1) Zeugen und Sachverständige werden nur auf Verlangen entschädigt.

(2) Verlangt der Zeuge nicht binnen drei Monaten nach Beendigung der Zuziehung Entschädigung bei dem zuständigen Gericht ober bei der zuständigen Staatsanwaltschaft, so erlischt der Anspruch.

(3) Das Gericht (§ 16 Abs. 1) kann den Sachverständigen auffordern, seinen Anspruch innerhalb einer bestimmten Frist zu beziffern. Die Frist muß mindestens zwei Monate betragen. In der Aufforderung ist der Sachverständige über die Folgen einer Versäumung der Frist zu belehren. Die Frist kann auf Antrag vom Gericht verlängert werden. Der Anspruch erlischt, soweit ihn der Sachverständige nicht innerhalb der Frist beziffert. War der Sachverständige ohne sein Verschulden verhindert, die Frist einzuhalten, so ist ihm auf Antrag Wiedereinsetzung in den vorigen Stand zu erteilen, wenn er innerhalb von zwei Wochen nach Beseitigung des Hindernisses den Anspruch beziffert und die Tatsachen, die die Wiedereinsetzung begründen, glaubhaft macht.

(4) § 196 Abs. 1 Nr. 17 des Bürgerlichen Gesetzbuches bleibt unberührt.

(5) Ansprüche auf Erstattung zuviel gezahlter Entschädigungen verjähren in zwei Jahren; § 10 Abs. 3 des Gerichtskostengesetzes gilt entsprechend.

§ 16 Gerichtliche Festsetzung

(1) Die einem Zeugen oder Sachverständigen zu gewährende Entschädigung wird durch gerichtlichen Beschluß festgesetzt, wenn der Zeuge oder Sachverständige oder die Staatskasse die richterliche Festsetzung beantragt oder das Gericht sie für angemessen hält. Zuständig ist das Gericht oder der Richter, von dem der Zeuge oder Sachverständige herangezogen worden ist. Ist der Zeuge oder Sachverständige von dem Staatsanwalt herangezogen worden, so ist das Gericht zuständig, bei dem die Staatsanwaltschaft errichtet ist.

(2) Gegen die richterliche Festsetzung ist die Beschwerde zulässig, wenn der Wert des Beschwerdegegenstandes einhundert Deutsche Mark übersteigt. Beschwerdeberechtigt sind nur der Zeuge oder Sachverständige und die Staatskasse. Die Beschwerde ist nicht an eine Frist gebunden. Eine Beschwerde an einen obersten Gerichtshof des Bundes ist nicht zulässig. Die Beschwerde wird bei dem Gericht eingelegt, das die angefochtene Entscheidung erlassen hat. Das Gericht kann der Beschwerde abhelfen.

(3) Anträge, Erklärungen und Beschwerden können zu Protokoll der Geschäftsstelle gegeben oder schriftlich ohne Mitwirkung eines Rechtsanwalts eingereicht werden.

(4) Entscheidungen nach Absatz 1, 2 wirken nicht zu Lasten des Kostenschuldners.

(5) Das Verfahren über die Beschwerde ist gebührenfrei. Kosten werden nicht erstattet.

§ 17 Dolmetscher und Übersetzer

(1) Für Dolmetscher und Übersetzer gelten die Vorschriften dieses Gesetzes sinngemäß.

(2) Für ihre Leistungen werden Dolmetscher wie Sachverständige, Übersetzer ausschließlich nach den folgenden Vorschriften entschädigt.

(3) Die Entschädigungen für die Übersetzung eines Textes aus einer Sprache in eine andere Sprache beträgt 2 Deutsche Mark je Zeile. Ist die Übersetzung erschwert, insbesondere wegen der Verwendung von Fachausdrücken oder wegen schwerer Lesbarkeit des Textes, so kann die Entschädigung bis auf 5,80 Deutsche Mark, bei außergewöhnlich schwierigen Texten bis auf 8,40 Deutsche Mark je Zeile erhöht werden. Für eine oder für mehrere Übersetzungen aufgrund desselben Auftrags beträgt die Entschädigung mindestens 25 Deutsche Mark.

(4) Als Zeile gilt die Zeile der angefertigten schriftlichen Übersetzung, die durchschnittlich 50 Schriftzeichen enthält. Werden in der angefertigten Übersetzung keine lateinischen Schriftzeichen verwendet, war aber ein Text mit lateinischen Schriftzeichen zu übersetzen, so sind die Zeilen dieses Textes maßgebend. Angefangene Zeilen von mehr als 30 Schriftzeichen gelten als volle Zeile, angefangene Zeilen von 30 oder weniger Schriftzeichen werden zu vollen Zeilen zusammengezogen.

§ 17 a Entschädigung Dritter

(1) Für Dritte, die auf Grund eines Beweiszwecken dienenden Ersuchens der Strafverfolgungsbehörde

1. Gegenstände herausgeben (§ 95 Abs. 1, § 98 a der Strafprozeßordnung) oder die Pflicht zur Herausgabe entsprechend einer Anheimgabe der Strafverfolgungsbehörde abwenden,
2. Auskunft erteilen,
3. die Überwachung und Aufzeichnung des Fernmeldeverkehrs ermöglichen (§ 100 b Abs. 3 der Strafprozeßordnung) oder
4. durch fernmeldetechnische Maßnahmen die Ermittlung
   a) von solchen Telefonanschlüssen ermöglichen, von denen ein bestimmter Telefonanschluß angewählt wurde (Fangeinrichtung),
   b) der von einem Telefonanschluß hergestellten Verbindungen ermöglichen (Zählvergleichseinrichtung),

gelten die Vorschriften diese Gesetzes sinngemäß; sie gelten nicht für die Zuführung der telefonischen Zeitansage, die betriebsfähige Bereitstellung und die Überlassung von Wählanschlüssen; sie gelten nicht für die betriebsfähige Bereitstellung von Festverbindungen, die nicht für bestimmt Überwachungsmaßnahmen eingerichtet werden. Artikel 3 § 13 des Gesetzes zur Beschränkung des Brief-, Post, und Fernmeldegeheimnisses findet keine Anwendung.

(2) Die Dritten werden wie Zeugen entschädigt.

(3) Bedient sich der Dritte eines Arbeitnehmers oder einer anderen Person, so werden ihm die Aufwendungen dafür (§ 11) im Rahmen des § 2 Abs. 2 und 5 ersetzt.

(4) Die notwendige Benutzung einer eigenen Datenverarbeitungsanlage für Zwecke der Rasterfahndung wird entschädigt, wenn die Investitionssumme für die im Einzelfall benutzte Hardware und Software zusammen mehr als 20 000 Deutsche Mark beträgt. Die Entschädigung beträgt bei einer Datenverarbeitungsanlage mit einer Investitionssumme bis zu 50 000 Deutsche Mark für jede Stunde der Benutzung 10 Deutsche Mark; die gesamte Benutzungsdauer ist auf volle Stunden aufzurunden. Bei sonstigen Datenverarbeitungsanlagen wird

1. die Benutzung der Anlage bei der Entwicklung eines für den Einzelfall erforderlichen, besonderen Anwendungsprogramms durch einen Zuschlag von 20 Deutschen Mark für jede Stunde, für die insoweit nach Absatz 2 oder 3 eine Entschädigung zu zahlen ist, abgegolten;
2. für die übrige Dauer der Benutzung einschließlich des hierbei erforderlichen Personalaufwandes eine Rechenpauschale in Höhe von einem Zehnmillionstel der Investitionssumme je Sekunde für die Zeit erstattet, in der die Zentraleinheit belegt ist (CPU-Sekunde); der Betrag je CPU-Sekunde ist auf volle 0,05 Deutsche Mark aufzurunden und beträgt höchstens 3 Deutsche Mark.

Die Höhe der Investitionssumme und die verbrauchte CPU-Zeit sind glaubhaft zu machen.

(5) Der eigenen elektronischen Datenverarbeitungsanlage steht eine fremde gleich, wenn die durch die Auskunftserteilung entstandenen direkt zurechenbaren Kosten (§ 11) nicht sicher feststellbar sind.

(6) Abweichend von den Absätzen 2 und 3 ist in den Fällen des Absatzes 1 Nr. 3 für die betriebsfähige Bereitstellung einer Festverbindung je Ende, das nicht in Einrichtungen des Betreibers der Festverbindung liegt, ein Betrag von 300 DM für eine zweiadrige und ein Betrag von 600 DM für eine vier- oder mehradrige Festverbindung zu ersetzen; für die Benutzung von Festverbindungen und die Nutzung von Wahlverbindungen sind die in den allgemeinen Tarifen dafür vorgesehenen Entgelte zu ersetzen.

§ 18 Übergangsvorschrift

Bei einer Änderung dieses Gesetzes richtet sich die Entschädigung für Sachverständige und Übersetzer für die gesamte Zeit nach dem bisherigen Recht, wenn der Auftrag vor dem Inkrafttreten einer Gesetzesänderung erteilt wurde. Dies gilt auch, wenn Vorschriften geändert werden, auf die dieses Gesetz verweist.

Anlage (zu § 5)

Nr.	Bezeichnung der Leistung	Entschädigung in Deutsche Mark
1	Der Arzt, der eine Leiche, Teile einer Leiche oder eine Leibesfrucht besichtigt oder bei einer richterlichen Leichenschau mitwirkt, erhält hierfür und für seinen zur Niederschrift gegebenen Bericht . . .	75
	Für mehrere solche Verrichtungen bei derselben Gelegenheit erhält der Arzt höchstens . . .	185
	Sind Berichte schriftlich zu erstatten oder nachträglich zur Niederschrift zu geben, so erhält der Arzt für jeden Bericht . . .	40
	höchstens . . .	130
2	Jeder Obduzent erhält	
	a) für die Leichenöffnung . . .	305
	Bei einer Obduktion unter besonders ungünstigen äußeren Bedingungen beträgt die Entschädigung . . .	430
	Bei einer Obduktion unter anderen besonders ungünstigen Bedingungen (Zustand der Leiche etc.) beträgt die Entschädigung . . .	620
	b) für die Sektion von Teilen einer Leiche oder die Öffnung einer nicht lebensfähigen Leibesfrucht . . .	130
	Bei einer Sektion oder Obduktion unter besonders ungünstigen Bedingungen beträgt die Entschädigung . . .	185
	Die Entschädigung umfaßt auch den zur Niederschrift gegebenen Bericht einschließlich des vorläufigen Gutachtens.	
3	Der Arzt erhält für die Ausstellung des Befundscheins oder die Erteilung einer schriftlichen Auskunft ohne nähere gutachtliche Äußerung . . .	20 bis 40
	Bei einer außergewöhnlich umfangreichen Tätigkeit erhält der Arzt bis zu . . .	70
4	Der Arzt erhält für das Zeugnis über einen ärztlichen Befund mit kurzer gutachtlicher Äußerung oder für ein Formbogengutachten, wenn sich die Frage auf Vorgeschichte, Angaben und Befund beschränken und nur ein kurzes Gutachten erfordern . . .	60
	Bei einer außergewöhnlich umfangreichen Tätigkeit erhält der Arzt bis zu . . .	115
5	Für die Untersuchung eines Lebensmittels, Bedarfsgegenstandes, Arzneimittels, von Luft, Gasen, Böden, Klärschlämmen, Wässern oder Abwässern und dgl. und eine kurze schriftliche, gutachtliche Äußerung beträgt die Entschädigung für jede Einzelbestimmung je Probe . . .	5 bis 80

Nr.	Bezeichnung der Leistung	Entschädigung in Deutsche Mark
	Bei außergewöhnlich umfangreichen oder schwierigen Untersuchungen beträgt die Entschädigung bis zu	2000
6	a) Für die mikroskopische, physikalische, chemische, toxikologische, bakteriologische, serologische Untersuchung, wenn das Untersuchungsmaterial von Menschen oder Tieren stammt, beträgt die Entschädigung je Organ oder Körperflüssigkeit . . .	8 bis 80
	Bei außergewöhnlich umfangreichen oder schwierigen Untersuchungen beträgt die Entschädigung bis zu	2000
	b) Herstellung einer DNA-Probe und ihre Überprüfung auf Geeignetheit (z. B. Hochmolikularität, humane Herkunft, Ausmaß der Degradation, Kontrolle des Verdaus) bis zu . . .	320
	Die Entschädiguing umfaßt das verbrauchte Material, soweit es sich um geringwertige Stoffe handelt, und eine kurze gutachterliche Äußerung.	
7	Die Entschädigung beträgt für	
	a) jede elektrophysiologische Untersuchung eines Menschen. . .	20 bis 180
	b) die raster-elektronische Untersuchung eines Menschen oder einer Leiche, auch mit Analysenzusatz	20 bis 470
	Die Entschädigung umfaßt auch eine kurze gutachtliche Äußerung und den mit der Untersuchung verbundenen Aufwand	
8	Bei Blutgruppengutachten beträgt die Entschädigung für jede zu untersuchende Person	
	a) für die Bestimmung der AB0-Blutgruppe	20
	für die Bestimmung der Untergruppe	15
	b) für die MN-Bestimmung	15
	c) für die Bestimmung der Merkmale des Rh-Komplexes (C, C^w, c, D, E, e und weitere), je Merkmal	20
	insgesamt höchstens	110
	d) für die Bestimmung der Blutgruppenmerkmale P, K, S und weitere, falls direkt bestimmbar, je Merkmal	20
	insgesamt höchstens	110
	e) für die Bestimmung indirekt nachweisbarer Merkmale (D^u, s, Fy und weitere) je Merkmal	35
	insgesamt höchstens	135
	f) für die Gesamttypisierung der HLA-Antigene der Klasse I mittels Lymphozytotoxizitätstests mit mindestens 180 Antiseren	560

Nr.	Bezeichnung der Leistung	Entschädigung in Deutsche Mark
	g) für den zusätzlich erforderlichen Titrationsversuch	40
	h) für den zusätzlich erforderlichen Spezialversuch (Absättigung, Bestimmung des Dosiseffekts usw.)	45
	i) für die Bestimmung der Typen der sauren Erythrozyten-Phosphatase, der Phosphoglucomutase, der Adenylatkinase, der Adenosindesaminase, der Glutamat-Pyruvat-Transaminase, der Esterase D, der 6-Phosphogluconat-Dehydrogenase und weiterer Enzymsysteme	45
	k) für die Bestimmung der Merkmale des Gm-Systems oder des Inv-Systems je Merkmal	45
	insgesamt höchstens	145
	l) für die Bestimmung eines Systems mit Proteinfärbung oder vergleichbarer Färbung nach Elektrophorese oder Fokussierung (Hp, Pi, Tf, C 3 und weitere) je Merkmal	45
	m) für die Bestimmung eines Systems mit Immunfixation oder Immunoblot nach Elektrophorese oder Fokussierung (Gc, PLG, ORM, F XIII und weitere) je Merkmal	60
	n) für die Bestimmung eines VNTR-DNA-Systems oder eines vergleichbar effizienten Systems für jede Person und jede verwendete Sonde	220
	je Person höchstens	1250
	Die Entschädigung umfaßt auch die Aufbereitung des Materials (z. B. die Isolierung, den Verdau und die Trennung von humanen Nukleinsäuren).	
	o) Eine in den Buchstaben a bis n nicht genannte Merkmalbestimmung wird wie eine an Arbeitsaufwand vergleichbare Bestimmung entschädigt.	
	p) Für das schriftliche Gutachten beträgt die Entschädigung für jede untersuchte Person	25
	Die Entschädigung umfaßt das verbrauchte Material, soweit es sich um geringwertige Stoffe handelt; im Falle des Buchstaben f umfaßt die Entschädigung das Material einschließlich höherwertiger Stoffe und Testseren.	
9	Für jede Blutentnahme beträgt die Entschädigung	13
	Die Entschädigung umfaßt auch eine Niederschrift über die Feststellung der Identität.	
10	Bei erbbiologischen Abstammungsgutachten nach den anerkannten erbbiologischen Methoden beträgt die Entschädigung	

Nr.	Bezeichnung der Leistung	Entschädigung in Deutsche Mark
	a) für die Leistung des Sachverständigen	
	aa) wenn bis zu drei Personen untersucht werden	1115
	bb) für die Untersuchung jeder weiteren Person	275
	b) für die bei der Vorbereitung und Erstattung des Gutachtens aufgewendeten Kosten	
	aa) wenn bis zu drei Personen untersucht werden	335
	bb) für die Untersuchung jeder weiteren Person	85
	Hat der Sachverständige Einrichtungen einer Körperschaft, Anstalt oder Stiftung des öffentlichen Rechts benutzt, so erhält er die Entschädigung nach Buchstabe b nur bis zur Höhe der tatsächlich aufgewendeten Kosten, höchstens jedoch die Beträge nach Buchstabe b.	
	Die Entschädigung nach den Buchstaben a und b umfaßt die gesamte Tätigkeit des Sachverständigen und etwaiger Hilfspersonen, insbesondere die Untersuchung, die Herstellung der Lichtbilder einschließlich der erforderlichen Abzüge, die Herstellung von Abdrücken, etwa notwendige Abformungen und dgl. sowie die Auswertung und Beurteilung des gesamten Materials; sie umfaßt ferner die Entgelte für Post- und Telekommunikationsdienstleistungen sowie die Kosten für die Anfertigung des schriftlichen Gutachtens in drei Stücken und für einen Durchschlag für die Handakten des Sachverständigen.	
	Die Entschädigung umfaßt nicht die Leistungen nach den Nummern 6, 7, 8 und 9 dieser Anlage, dem Abschnitt O des Gebührenverzeichnisses für ärztliche Leistungen (Anlage zur Gebührenordnung für Ärzte) und die Begutachtung etwa vorhandener erbpathologischer Befunde durch Fachärzte.	

Nr. 1.1
Gesetz zu dem Vertrag vom 31. August 1990 zwischen der Bundesrepublik Deutschland und der Deutschen Demokratischen Republik über die Herstellung der Einheit Deutschlands – Einigungsvertragsgesetz – und der Vereinbarung vom 18. September 1990

Vom 23. September 1990 (BGBl. II S. 885)

Auszug

Der Bundestag hat mit Zustimmung des Bundesrates das folgende Gesetz beschlossen; Artikel 79 Abs. 2 des Grundgesetzes ist eingehalten:

Artikel 1 Zustimmung zum Vertrag

Dem in Berlin am 31. August 1990 unterzeichneten Vertrag zwischen der Bundesrepublik Deutschland und der Deutschen Demokratischen Republik über die Herstellung der Einheit Deutschlands einschließlich des Protokolls und der Anlagen I bis III sowie der in Bonn und Berlin am 18. September 1990 unterzeichneten Vereinbarung wird zugestimmt. Der Vertrag und die vorgenannten weiteren Urkunden sowie die dazugehörige Vereinbarung werden nachstehend veröffentlicht.

...

Vertrag
zwischen der Bundesrepublik Deutschland und der
Deutschen Demokratischen Republik
über die Herstellung der Einheit Deutschlands – Einigungsvertrag –

...

Kapitel I
Wirkung des Beitritts

Artikel 1 Länder

(1) Mit dem Wirksamwerden des Beitritts der Deutschen Demokratischen Republik zur Bundesrepublik Deutschland gemäß Artikel 23 des Grundgesetzes am 3. Oktober 1990 werden die Länder Brandenburg, Mecklenburg-Vorpommern, Sachsen, Sachsen-Anhalt und Thüringen Länder der Bundesrepublik Deutschland. Für die Bildung und die Grenzen dieser Länder untereinander sind

die Bestimmungen des Verfassungsgesetzes zur Bildung von Ländern in der Deutschen Demokratischen Republik vom 22. Juli 1990 – Ländereinführungsgesetz – (GBl. I Nr. 51 S. 955) gemäß Anlage II maßgebend.

(2) Die 23 Bezirke von Berlin bilden das Land Berlin.

. . .

Kapitel II
Grundgesetz

Artikel 3 Inkrafttreten des Grundgesetzes

Mit dem Wirksamwerden des Beitritts tritt das Grundgesetz für die Bundesrepublik Deutschland in der im Bundesgesetzblatt Teil III, Gliederungsnummer 100-1, veröffentlichten bereinigten Fassung, zuletzt geändert durch Gesetz vom 21. Dezember 1983 (BGBl. I S. 1481), in den Ländern Brandenburg, Mecklenburg-Vorpommern, Sachsen, Sachsen-Anhalt und Thüringen sowie in dem Teil des Landes Berlin, in dem es bisher nicht galt, mit den sich aus Artikel 4 ergebenden Änderungen in Kraft, soweit in diesem Vertrag nichts anderes bestimmt ist.

Kapitel III
Geschäftsbereich des Bundesministers der Justiz

Sachgebiet A: Rechtspflege

Abschnitt III

Bundesrecht tritt, soweit sich nicht aus den nachfolgenden Maßgaben ein anderer Geltungsbereich ergibt und vorbehaltlich der Sonderregelung für das Land Berlin in Abschnitt IV, in dem in Artikel 3 des Vertrages genannten Gebiet mit folgenden Maßgaben in Kraft:

. . .

25. Gesetz über die Entschädigung von Zeugen und Sachverständigen in der Fassung der Bekanntmachung vom 1. Oktober 1969 (BGBl. I S. 1756), zuletzt geändert durch Artikel 4 Abs. 18 des Gesetzes vom 8. Juni 1989 (BGBl. I S. 1026)

mit folgenden Maßgaben:

a) Die sich aus § 2 Abs. 3 Satz 2, §§ 3, 5 Abs. 1, 2 und 3 Satz 1, §§ 17 und 17 a Abs. 1 bis 3 ergebende Entschädigung sowie die in § 2 Abs. 2 und § 5 Abs. 3 Satz 2 festgesetzten Höchstbeträge ermäßigen sich für Beteiligte, die ihren Wohnsitz oder Sitz in dem in Artikel 3 des Vertrages genannten Gebiet haben, um 20 vom Hundert. Die Entschädigung kann im Einzelfall unter Berücksichtigung aller Umstände bis zu den Höchstsätzen dieses Gesetzes festgesetzt werden, wenn die sich nach Satz 1 ergebende Entschädigung unbillig wäre.

b) § 18 gilt auch für das Inkrafttreten dieses Gesetzes in dem in Artikel 3 des Vertrages genannten Gebiet.

...

27. Für die Kostengesetze gilt im übrigen die folgende

allgemeine Maßgabe:

Der Bundesminister der Justiz wird ermächtigt, durch Rechtsverordnung die jeweils in den Buchstaben a) der Maßgaben zum Gerichtskostengesetz, zur Kostenordnung, zum Gesetz über die Kosten der Gerichtsvollzieher, zum Gesetz über die Entschädigung der ehrenamtlichen Richter, zum Gesetz über die Entschädigung von Zeugen und Sachverständigen und zur Bundesgebührenordnung für Rechtsanwälte bestimmten Ermäßigungssätze zur Anpassung an die wirtschaftlichen Verhältnisse neu festzusetzen oder aufzuheben. Die Rechtsverordnungen bedürfen der Zustimmung des Bundesrates, wenn sie sich auf Gesetze beziehen, die der Zustimmung des Bundesrates bedürfen.

Nr. 1.2
Bürgerliches Gesetzbuch (BGB)

Vom 18. August 1896 (RGBl. S. 195), zuletzt geändert durch Gesetz vom 24. Juni 1994 (BGBl. I S. 1406)

Auszug

§ 1835 Ersatz von Aufwendungen

(1) Macht der Vormund zum Zwecke der Führung der Vormundschaft Aufwendungen, so kann er nach den für den Auftrag geltenden Vorschriften der §§ 669, 670 von dem Mündel Vorschuß oder Ersatz verlangen. Das gleiche Recht steht dem Gegenvormunde zu.

(2) Aufwendungen sind auch die Kosten einer angemessenen Versicherung gegen Schäden, die dem Mündel durch den Vormund oder Gegenvormund zugefügt werden können oder die dem Vormund oder Gegenvormund dadurch entstehen können, daß er einem Drittem zum Ersatz eines durch die Führung der Vormundschaft verursachten Schadens verpflichtet ist; dies gilt nicht für die Kosten der Haftpflichtversicherung des Halters eines Kraftfahrzeugs. Satz 1 ist nicht anzuwenden, wenn der Vormund oder Gegenvormund eine Vergütung nach § 1836 Abs. 2 erhält.

(3) Als Aufwendungen gelten auch solche Dienste des Vormundes oder des Gegenvormundes, die zu seinem Gewerbe oder seinem Berufe gehören.

(4) Ist der Mündel mittellos, so kann der Vormund Vorschuß und Ersatz aus der Staatskasse verlangen. **Die Vorschriften über das Verfahren bei der Entschädigung von Zeugen hinsichtlich ihrer baren Auslagen gelten sinngemäß.**

(5) Das Jugendamt oder ein Verein kann als Vormund oder Gegenvormund für Aufwendungen keinen Vorschuß und Ersatz nur insoweit verlangen, als das Vermögen des Mündels ausreicht. Allgemeine Verwaltungskosten einschließlich der Kosten nach Absatz 2 werden nicht ersetzt.

§ 1836 Vergütung des Vormundes

(1) Die Vormundschaft wird unentgeltlich geführt. Das Vormundschaftsgericht kann jedoch dem Vormund und aus besonderen Gründen auch dem Gegenvormund eine angemessene Vergütung bewilligen. Die Bewilligung soll nur erfolgen, wenn das Vermögen des Mündels sowie der Umfang und die Bedeutung der vormundschaftlichen Geschäfte es rechtfertigen. Die Vergütung kann jederzeit für die Zukunft geändert oder entzogen werden.

(2) Werden jemandem Vormundschaften in einem solchen Umfang übertra-

gen, daß er sie nur im Rahmen seiner Berufsausübung führen kann, so ist ihm eine Vergütung auch dann zu bewilligen, wenn die Voraussetzungen des Absatzes 1 Satz 2 und 3 nicht vorliegen. Die Vergütung entspricht dem Höchstbetrag dessen, was **einem Zeugen als Entschädigung für seinen Verdienstausfall** gewährt werden kann. Die Vergütung kann bis zum Dreifachen erhöht werden, soweit die Führung der Vormundschaft besondere Fachkenntnisse erfordert oder mit besonderen Schwierigkeiten verbunden ist; sie kann bis zum Fünffachen erhöht werden, wenn im Einzelfall Umstände hinzutreten, die die Besorgung bestimmter Angelegenheiten außergewöhnlich erschweren. **§ 1835 Abs. 4** gilt entsprechend.

(3) Vor der Bewilligung, Änderung oder Entziehung soll der Vormund und, wenn ein Gegenvormund vorhanden oder zu bestellen ist, auch dieser gehört werden.

(4) Dem Jugendamt oder einem Verein kann keine Vergütung bewilligt werden.

§ 1836 a Aufwandsentschädigung

Zur Abgeltung geringfügiger Aufwendungen kann der Vormund als Aufwandsentschädigung für jede Vormundschaft, für die ihm keine Vergütung zusteht, einen Geldbetrag verlangen, der für ein Jahr dem Fünfzehnfachen dessen entspricht, was **einem Zeugen als Höchstbetrag der Entschädigung für eine Stunde versäumter Arbeitszeit gewährt werden kann** (Aufwandsentschädigung). Hat der Vormund für solche Aufwendungen bereits Vorschuß oder Ersatz erhalten, so verringert sich die Aufwandsentschädigung entsprechend. Die Aufwandsentschädigung ist jährlich zu zahlen, erstmals ein Jahr nach Bestellung des Vormunds. **§ 1835 Abs. 4** und § 1836 Abs. 4 gelten entsprechend.

§ 1908 e

(1) Ist ein Vereinsbetreuer bestellt, so kann der Verein Ersatz für Aufwendungen nach § 1835 Abs. 1 und 4 und eine Vergütung nach § 1836 Abs. 1 Satz 2 und 3 und Abs. 2 verlangen. Allgemeine Verwaltungskosten werden nicht ersetzt.

(2) Der Vereinsbetreuer selbst kann keine Rechte nach den §§ 1835 bis 1836 a geltend machen.

§ 1908 h

(1) Ist ein Behördenbetreuer bestellt, so kann die zuständige Behörde Ersatz für Aufwendungen nach § 1835 Abs. 1 verlangen. § 1835 Abs. 5 gilt entsprechend.

(2) Der zuständigen Behörde kann eine Vergütung nach § 1836 Abs. 1 Satz 2 und 3 bewilligt werden.

(3) Der Behördenbetreuer selbst kann keine Rechte nach den §§ 1835 bis 1836 a geltend machen.

§ 1908 i

(1) Im übrigen sind auf die Betreuung § 1632 Abs. 1 bis 3, §§ 1784, 1787 Abs. 1, § 1791 a Abs. 3 Satz 1 zweiter Halbsatz und Satz 2, §§ 1792, 1795 bis 1797 Abs. 1 Satz 2, §§ 1798, 1799, 1802 Abs. 1 Satz 1, Abs. 2 und 3, §§ 1803, 1805 bis 1821, 1822 Nr. 1 bis 4, 6 bis 13, §§ 1823 bis 1825, 1828 bis 1831, **1833 bis 1836 a,** 1837 Abs. 1 bis 3, §§ 1839 bis 1841, 1843, 1845, 1846, 1857 a, 1888, 1890, 1892 bis 1894 sinngemäß anzuwenden. Durch Landesrecht kann bestimmt werden, daß Vorschriften, welche die Aufsicht des Vormundschaftsgerichts in vermögensrechtlicher Hinsicht sowie beim Abschluß von Lehr- und Arbeitsverträgen betreffen, gegenüber der zuständigen Behörde außer Anwendung bleiben.

(2) § 1804 ist sinngemäß anzuwenden, jedoch kann der Betreuer in Vertretung des Betreuten Gelegenheitsgeschenke auch dann machen, wenn dies dem Wunsch des Betreuten entspricht und nach seinen Lebensverhältnissen üblich ist. § 1857 a ist auf die Betreuung durch den Vater, die Mutter, den Ehegatten oder einen Abkömmling des Betreuten sowie auf den Vereinsbetreuer und den Behördenbetreuer sinngemäß anzuwenden, soweit das Vormundschaftsgericht nichts anderes anordnet.

§ 1915

(1) Auf die Pflegschaft finden die für die Vormundschaft geltenden Vorschriften entsprechende Anwendung, soweit sich nicht aus dem Gesetz ein anderes ergibt.

(2) Die Bestellung eines Gegenvormundes ist nicht erforderlich.

Nr. 1.3
Zivilprozeßordnung (ZPO)

In der Fassung vom 12. September 1950 (BGBl. S. 533), zuletzt geändert durch das Kostenrechtsänderungsgesetz 1994 vom 24. Juni 1994 (BGBl. I S. 1325)

Auszug

§ 91 Grundsatz und Umfang der Kostenpflicht

(1) Die unterliegende Partei hat die Kosten des Rechtsstreits zu tragen, insbesondere die dem Gegner erwachsenen Kosten zu erstatten, soweit sie zur zweckentsprechenden Rechtsverfolgung oder Rechtsverteidigung notwendig waren. Die Kostenerstattung umfaßt auch die Entschädigung des Gegners für die durch notwendige Reisen oder durch die notwendige Wahrnehmung von Terminen entstandene Zeitversäumnis; **die für die Entschädigung von Zeugen geltenden Vorschriften sind entsprechend anzuwenden.**

(2) Die gesetzlichen Gebühren und Auslagen des Rechtsanwalts der obsiegenden Partei sind in allen Prozessen zu erstatten, Reisekosten eines Rechtsanwalts, der nicht bei dem Prozeßgericht zugelassen ist und am Ort des Prozeßgerichts auch nicht wohnt, jedoch nur insoweit, als die Zuziehung zur zweckentsprechenden Rechtsverfolgung oder Rechtsverteidigung notwendig war. Der obsiegenden Partei sind die Mehrkosten nicht zu erstatten, die dadurch entstehen, daß der bei dem Prozeßgericht zugelassene Rechtsanwalt seinen Wohnsitz oder seine Kanzlei nicht an dem Ort hat, an dem sich das Prozeßgericht oder eine auswärtige Abteilung dieses Gerichts befindet. Die Kosten mehrerer Rechtsanwälte sind nur insoweit zu erstatten, als sie die Kosten eines Rechtsanwalts nicht übersteigen oder als in der Person des Rechtsanwalts ein Wechsel eintreten mußte. In eigener Sache sind dem Rechtsanwalt die Gebühren und Auslagen zu erstatten, die er als Gebühren und Auslagen eines bevollmächtigten Rechtsanwalts erstattet verlangen könnte.

(3) Zu den Kosten des Rechtsstreits im Sinne der Absätze 1, 2 gehören auch die Gebühren, die durch ein Güteverfahren vor einer durch die Landesjustizverwaltung eingerichteten oder anerkannten Gütestelle entstanden sind; dies gilt nicht, wenn zwischen der Beendigung des Güteverfahrens und der Klageerhebung mehr als ein Jahr verstrichen ist.

§ 401 Zeugenentschädigung

Der Zeuge wird nach dem Gesetz über die Entschädigung von Zeugen und Sachverständigen entschädigt.

§ 407 a

(1) Der Sachverständige hat unverzüglich zu prüfen, ob der Auftrag in sein Fachgebiet fällt und ohne die Hinzuziehung weiterer Sachverständiger erledigt werden kann. Ist das nicht der Fall, so hat der Sachverständige das Gericht unverzüglich zu verständigen.

(2) Der Sachverständige ist nicht befugt, den Auftrag auf einen anderen zu übertragen. Soweit er sich der Mitarbeit einer anderen Person bedient, hat er diese namhaft zu machen und den Umfang ihrer Tätigkeit anzugeben, falls es sich nicht um Hilfsdienste von untergeordneter Bedeutung handelt.

(3) Hat der Sachverständige Zweifel an Inhalt und Umfang des Auftrages, so hat er unverzüglich eine Klärung durch das Gericht herbeizuführen. Erwachsen voraussichtlich Kosten, die erkennbar außer Verhältnis zum Wert des Streitgegenstandes stehen oder einen angeforderten Kostenvorschuß erheblich übersteigen, so hat der Sachverständige rechtzeitig hierauf hinzuweisen.

(4) Der Sachverständige hat auf Verlangen des Gerichts die Akten und sonstige für die Begutachtung beigezogene Unterlagen sowie Untersuchungsergebnisse unverzüglich herauszugeben oder mitzuteilen. Kommt er dieser Pflicht nicht nach, so ordnet das Gericht die Herausgabe an.

(5) Das Gericht soll den Sachverständigen auf seine Pflichten hinweisen.

§ 413 Sachverständigenentschädigung

Der Sachverständige wird nach dem Gesetz über die Entschädigung von Zeugen und Sachverständigen entschädigt.

§ 414 Sachverständige Zeugen

Insoweit zum Beweise vergangener Tatsachen oder Zustände, zu deren Wahrnehmung eine besondere Sachkunde erforderlich war, sachkundige Personen zu vernehmen sind, kommen die Vorschriften über den Zeugenbeweis zur Anwendung.

Nr. 1.4
Verordnung über die Schiedsämter für die kassenärztliche (kassenzahnärztliche) Versorgung (Schiedsamtsverordnung)

Vom 28. Mai 1957 (BGBl. I S. 570), zuletzt geändert durch Gesetz vom 20. Dezember 1988 (BGBl. I S. 2477)

Auszug

§ 17 Entschädigung für Sachverständige und Zeugen

Sachverständige und Zeugen, die auf Beschluß des Schiedsamtes hinzugezogen worden sind, erhalten eine Entschädigung entsprechend dem Gesetz über die Entschädigung von Zeugen und Sachverständigen.

Nr. 1.5
Verordnung über das Deutsche Patentamt

Vom 5. September 1968 (BGBl. I S. 997), zuletzt geändert durch Gesetz vom 24. Juni 1988 (BGBl. I S. 914)

Auszug

§ 19 Entschädigung von Zeugen und Sachverständigen

Zeugen und Sachverständige werden entsprechend dem Gesetz über die Entschädigung von Zeugen und Sachverständigen in der Fassung vom 26. September 1963 (BGBl. I S. 757, 758), geändert durch Gesetz vom 20. Dezember 1967 (BGBl. I S. 1246), entschädigt.

Nr. 1.6
Gesetz zur Ausführung des Europäischen Übereinkommens betreffend Auskünfte über ausländisches Recht und seines Zusatzprotokolls (Auslands-Rechtsauskunftgesetz – AuRAG –)

Vom 5. Juli 1974 (BGBl. I S. 1433), geändert durch Gesetz vom 21. Januar 1987 (BGBl. II S. 58).

Auszug

§ 6 Weiterleitung von Auskunftsersuchen an rechtskundige Personen

(1) Die Empfangsstelle kann ein Auskunftsersuchen an einen bei einem deutschen Gericht zugelassenen Rechtsanwalt, einen Notar, einen beamteten Professor der Rechte oder einen Richter mit deren Zustimmung zur schriftlichen Beantwortung weiterleiten (Artikel 6 Abs. 2 des Übereinkommens). Einem Richter darf die Beantwortung des Auskunftsersuchens nur übertragen werden, wenn auch seine oberste Dienstbehörde zustimmt.

(2) Auf das Verhältnis der nach Absatz 1 bestellten Person zur Empfangsstelle finden die Vorschriften der §§ 407, 408, 409, 411 Abs. 1, 2 und des § 412 Abs. 1 der Zivilprozeßordnung entsprechende Anwendung. **Die nach Absatz 1 bestellte Person ist wie ein Sachverständiger nach dem Gesetz über die Entschädigung von Zeugen und Sachverständigen zu entschädigen.** In den Fällen der §§ 409, 411 Abs. 2 der Zivilprozeßordnung und des § 16 des Gesetzes über die Entschädigung von Zeugen und Sachverständigen ist das Amtsgericht am Sitz der Empfangsstelle zuständig.

Nr. 1.7
Jugendgerichtsgesetz (JGG)

In der Fassung der Bekanntmachung vom 11. Dezember 1974 (BGBl. I S. 3427), zuletzt geändert durch Gesetz vom 16. Februar 1993 (BGBl. I S. 239)

Auszug

§ 50 Anwesenheit in der Hauptverhandlung

(1) Die Hauptverhandlung kann nur dann ohne den Angeklagten stattfinden, wenn dies im allgemeinen Verfahren zulässig wäre, besondere Gründe dafür vorliegen und der Staatsanwalt zustimmt.

(2) Der Vorsitzende soll auch die Ladung des Erziehungsberechtigten und des gesetzlichen Vertreters anordnen. **Die Vorschriften über** die Ladung, die Folgen des Ausbleibens und **die Entschädigung von Zeugen gelten entsprechend.**

Nr. 1.8
Sozialgerichtsgesetz (SGG)

Vom 3. September 1953 (BGBl. I S. 1239) in der Fassung der Bekanntmachung vom 23. September 1975 (BGBl. I S. 2535), zuletzt geändert durch Gesetz vom 13. Juni 1994 (BGBl. I S. 1229)

Auszug

§ 191 Vergütung von baren Auslagen und Zeitverlust

Ist das persönliche Erscheinen eines Beteiligten angeordnet worden, so werden ihm auf Antrag bare Auslagen und Zeitverlust **wie einem Zeugen vergütet;** sie können vergütet werden, wenn er ohne Anordnung erscheint und das Gericht das Erscheinen für geboten hält.

Nr. 1.9
Abgabenordnung (AO 1977)

Vom 16. März 1976 (BGBl. I S. 613, 1977 S. 269), zuletzt geändert durch Gesetz vom 25. August 1992 (BGBl. I S. 1548)

Auszug

§ 87 Amtssprache

(1) Die Amtssprache ist deutsch.

(2) Werden bei einer Finanzbehörde in einer fremden Sprache Anträge gestellt oder Eingaben, Belege, Urkunden oder sonstige Schriftstücke vorgelegt, kann die Finanzbehörde verlangen, daß unverzüglich eine Übersetzung vorgelegt wird. In begründeten Fällen kann die Vorlage einer beglaubigten oder von einem öffentlich bestellten oder beeidigten Dolmetscher oder Übersetzer angefertigten Übersetzung verlangt werden. Wird die verlangte Übersetzung nicht unverzüglich vorgelegt, so kann die Finanzbehörde auf Kosten des Beteiligten selbst eine Übersetzung beschaffen. **Hat die Finanzbehörde Dolmetscher oder Übersetzer herangezogen, werden diese in entsprechender Anwendung des Gesetzes über die Entschädigung von Zeugen und Sachverständigen entschädigt.**

(3) Soll durch eine Anzeige, einen Antrag oder die Abgabe einer Willenserklärung eine Frist in Lauf gesetzt werden, innerhalb deren die Finanzbehörde in einer bestimmten Weise tätig werden muß, und gehen diese in einer fremden Sprache ein, so beginnt der Lauf der Frist erst mit dem Zeitpunkt, in dem der Finanzbehörde eine Übersetzung vorliegt.

(4) Soll durch eine Anzeige, einen Antrag oder eine Willenserklärung, die in fremder Sprache eingehen, zugunsten eines Beteiligten eine Frist gegenüber der Finanzbehörde gewahrt, ein öffentlich-rechtlicher Anspruch geltend gemacht oder eine Leistung begehrt werden, so gelten die Anzeige, der Antrag oder die Willenserklärung als zum Zeitpunkt des Eingangs bei der Finanzbehörde abgegeben, wenn auf Verlangen der Finanzbehörde innerhalb einer von dieser zu setzenden angemessenen Frist eine Übersetzung vorgelegt wird. Andernfalls ist der Zeitpunkt des Eingangs der Übersetzung maßgebend, soweit sich nicht aus zwischenstaatlichen Vereinbarungen etwas anderes ergibt. Auf diese Rechtsfolge ist bei der Fristsetzung hinzuweisen.

§ 107 Entschädigung der Auskunftspflichtigen und der Sachverständigen

Auskunftspflichtige und Sachverständige, die die Finanzbehörde zu Beweiszwecken herangezogen hat, werden auf Antrag in entsprechender

Anwendung des Gesetzes über die Entschädigung von Zeugen und Sachverständigen entschädigt. Dies gilt nicht für die Beteiligten und für die Personen, die für die Beteiligten die Auskunftspflicht zu erfüllen haben.

§ 404 Steuer- und Zollfahndung

Die Zollfahndungsämter und die mit der Steuerfahndung betrauten Dienststellen der Landesfinanzbehörden sowie ihre Beamten haben im Strafverfahren wegen Steuerstraftaten dieselben Rechte und Pflichten wie die Behörden und Beamten des Polizeidienstes nach den Vorschriften der Strafprozeßordnung. Die in Satz 1 bezeichneten Stellen haben die Befugnisse nach § 399 Abs. 2 Satz 2 sowie die Befugnis zur Durchsicht der Papiere des von der Durchsuchung Betroffenen (§ 110 Abs. 1 der Strafprozeßordnung); ihre Beamten sind Hilfsbeamte der Staatsanwaltschaft.

§ 405 Entschädigung der Zeugen und der Sachverständigen

Werden Zeugen und Sachverständige von der Finanzbehörde zu Beweiszwecken herangezogen, so werden sie nach dem Gesetz über die Entschädigung von Zeugen und Sachverständigen entschädigt. Dies gilt auch in den Fällen des § 404.

Nr. 1.10
Verwaltungsverfahrensgesetz (VwVfG)

Vom 25. Mai 1976 (BGBl. I S. 1253), geändert durch Gesetz vom 12. September 1990 (BGBl. I S. 2002)

Auszug

§ 23 Amtssprache

(1) Die Amtssprache ist deutsch.

(2) Werden bei einer Behörde in einer fremden Sprache Anträge gestellt oder Eingaben, Belege, Urkunden oder sonstige Schriftstücke vorgelegt, soll die Behörde unverzüglich die Vorlage einer Übersetzung verlangen. In begründeten Fällen kann die Vorlage einer beglaubigten oder von einem öffentlich bestellten oder beeidigten Dolmetscher oder Übersetzer angefertigten Übersetzung verlangt werden. Wird die verlangte Übersetzung nicht unverzüglich vorgelegt, so kann die Behörde auf Kosten des Beteiligten selbst eine Übersetzung beschaffen. **Hat die Behörde Dolmetscher oder Übersetzer herangezogen, werden diese in entsprechender Anwendung des Gesetzes über die Entschädigung von Zeugen und Sachverständigen entschädigt.**

(3) Soll durch eine Anzeige, einen Antrag oder die Abgabe einer Willenserklärung eine Frist in Lauf gesetzt werden, innerhalb deren die Behörde in einer bestimmten Weise tätig werden muß, und gehen diese in einer fremden Sprache ein, so beginnt der Lauf der Frist erst mit dem Zeitpunkt, in dem der Behörde eine Übersetzung vorliegt.

(4) Soll durch eine Anzeige, einen Antrag oder eine Willenserklärung, die in fremder Sprache eingehen, zugunsten eines Beteiligten eine Frist gegenüber der Behörde gewahrt, ein öffentlich-rechtlicher Anspruch geltend gemacht oder eine Leistung begehrt werden, so gelten die Anzeige, der Antrag oder die Willenserklärung als zum Zeitpunkt des Eingangs bei der Behörde abgegeben, wenn auf Verlangen der Behörde innerhalb einer von dieser zu setzenden angemessenen Frist eine Übersetzung vorgelegt wird. Andernfalls ist der Zeitpunkt des Eingangs der Übersetzung maßgebend, soweit sich nicht aus zwischenstaatlichen Vereinbarungen etwas anderes ergibt. Auf diese Rechtsfolge ist bei der Fristsetzung hinzuweisen.

§ 26 Beweismittel

(1) Die Behörde bedient sich der Beweismittel, die sie nach pflichtgemäßem Ermessen zur Ermittlung des Sachverhalts für erforderlich hält. Sie kann insbesondere

1. Auskünfte jeder Art einholen,
2. Beteiligte anhören, Zeugen und Sachverständige vernehmen oder die schriftliche Äußerung von Beteiligten, Sachverständigen und Zeugen einholen,
3. Urkunden und Akten beiziehen,
4. den Augenschein einnehmen.

(2) Die Beteiligten sollen bei der Ermittlung des Sachverhalts mitwirken. Sie sollen insbesondere ihnen bekannte Tatsachen und Beweismittel angeben. Eine weitergehende Pflicht, bei der Ermittlung des Sachverhalts mitzuwirken, insbesondere eine Pflicht zum persönlichen Erscheinen oder zur Aussage, besteht nur, soweit sie durch Rechtsvorschrift besonders vorgesehen ist.

(3) Für Zeugen und Sachverständige besteht eine Pflicht zur Aussage oder zur Erstattung von Gutachten, wenn sie durch Rechtsvorschrift vorgesehen ist. Falls die Behörde **Zeugen und Sachverständige** herangezogen hat, **werden** sie auf Antrag **in entsprechender Anwendung des Gesetzes über die Entschädigung von Zeugen und Sachverständigen entschädigt.**

Nr. 1.11
Auslandskostengesetz (AKostG)

Vom 21. Februar 1978 (BGBl. I S. 301)

Auszug

§ 7 Auslagen

(1) Auslagen der Auslandsvertretungen und der Honorarkonsularbeamten, die im Zusammenhang mit den in § 1 Abs. 1 genannten Amtshandlungen entstehen, sind zu erstatten.

(2) Für Amtshandlungen des Auswärtigen Amtes werden folgende Auslagen erhoben:

1. Fernsprechgebühren im Fernverkehr, Telegrafen- und Fernschreibgebühren,
2. Schreibauslagen für Ausfertigungen, Abschriften und Auszüge, die auf besonderen Antrag erteilt werden; die Höhe der Schreibauslagen bestimmt sich nach § 136 Abs. 3 bis 5 der Kostenordnung,
3. Aufwendungen für Übersetzungen, die auf besonderen Antrag gefertigt werden,
4. Kosten, die durch öffentliche Bekanntmachung entstehen, mit Ausnahme der hierbei erwachsenden Postgebühren,
5. **die in entsprechender Anwendung des Gesetzes über die Entschädigung von Zeugen und Sachverständigen zu zahlenden Beträge;** erhält ein Sachverständiger auf Grund des § 1 Abs. 3 jenes Gesetzes keine Entschädigung, so ist der Betrag zu erheben, der ohne diese Vorschrift nach dem Gesetz zu zahlen wäre,
6. die bei Geschäften außerhalb der Dienststelle den Verwaltungsangehörigen auf Grund gesetzlicher oder vertraglicher Bestimmungen gewährten Vergütungen (Reisekostenvergütung, Auslagenersatz) und die Kosten für die Bereitstellung von Räumen,
7. die Beiträge, die anderen in- und ausländischen Behörden, öffentlichen Einrichtungen oder Beamten zustehen; und zwar auch dann, wenn aus Gründen der Gegenseitigkeit, der Verwaltungsvereinfachung und dergleichen an die Behörden, Einrichtungen oder Beamten keine Zahlungen zu leisten sind.

Nr. 1.12
Sozialgesetzbuch (SGB)
Zehntes Buch (X)
– Verwaltungsverfahren –

Vom 18. August 1980 (BGBl. I S. 1469, 2218), zuletzt geändert durch Gesetz vom 13. Juni 1994 (BGBl. I S. 1229)

Auszug

§ 19 Amtssprache

(1) Die Amtssprache ist deutsch.

(2) Werden bei einer Behörde in einer fremden Sprache Anträge gestellt oder Eingaben, Belege, Urkunden oder sonstige Schriftstücke vorgelegt, soll die Behörde unverzüglich die Vorlage einer Übersetzung innerhalb einer von ihr zu setzenden angemessenen Frist verlangen, sofern sie nicht in der Lage ist, die Anträge oder Schriftstücke zu verstehen. In begründeten Fällen kann die Vorlage einer beglaubigten oder von einem öffentlich bestellten oder beeidigten Dolmetscher oder Übersetzer angefertigten Übersetzung verlangt werden. Wird die verlangte Übersetzung nicht innerhalb der gesetzten Frist vorgelegt, kann die Behörde eine Übersetzung beschaffen und hierfür Ersatz ihrer Aufwendungen in angemessenem Umfang verlangen. **Falls die Behörde Dolmetscher oder Übersetzer herangezogen hat, werden sie auf Antrag in entsprechender Anwendung des Gesetzes über die Entschädigung von Zeugen und Sachverständigen entschädigt;** mit Dolmetschern oder Übersetzern kann die Behörde eine Entschädigung vereinbaren.

(3) Soll durch eine Anzeige, einen Antrag oder die Abgabe einer Willenserklärung eine Frist in Lauf gesetzt werden, innerhalb deren die Behörde in einer bestimmten Weise tätig werden muß, und gehen diese in einer fremden Sprache ein, beginnt der Lauf der Frist erst mit dem Zeitpunkt, in dem der Behörde eine Übersetzung vorliegt.

(4) Soll durch eine Anzeige, einen Antrag oder eine Willenserklärung, die in fremder Sprache eingehen, zugunsten eines Beteiligten eine Frist gegenüber der Behörde gewahrt, ein öffentlich-rechtlicher Anspruch geltend gemacht oder eine Sozialleistung begehrt werden, gelten die Anzeige, der Antrag oder die Willenserklärung als zum Zeitpunkt des Eingangs bei der Behörde abgegeben, wenn die Behörde in der Lage ist, die Anzeige, den Antrag oder die Willenserklärung zu verstehen, oder wenn innerhalb der gesetzten Frist eine Übersetzung vorgelegt wird. Andernfalls ist der Zeitpunkt des Eingangs der Übersetzung maßgebend. Auf diese Rechtsfolge ist bei der Fristsetzung hinzuweisen.

§ 21 Beweismittel

(1) Die Behörde bedient sich der Beweismittel, die sie nach pflichtgemäßem Ermessen zur Ermittlung des Sachverhalts für erforderlich hält. Sie kann insbesondere

1. Auskünfte jeder Art einholen,
2. Beteiligte anhören, Zeugen und Sachverständige vernehmen oder die schriftliche Äußerung von Beteiligten, Sachverständigen und Zeugen einholen,
3. Urkunden und Akten beiziehen,
4. den Augenschein einnehmen.

(2) Die Beteiligten sollen bei der Ermittlung des Sachverhalts mitwirken. Sie sollen insbesondere ihnen bekannte Tatsachen und Beweismittel angeben. Eine weitergehende Pflicht, bei der Ermittlung des Sachverhalts mitzuwirken, insbesondere eine Pflicht zum persönlichen Erscheinen oder zur Aussage, besteht nur, soweit sie durch Rechtsvorschrift besonders vorgesehen ist.

(3) Für Zeugen und Sachverständige besteht eine Pflicht zur Aussage oder zur Erstattung von Gutachten, wenn sie durch Rechtsvorschriften vorgesehen ist. Eine solche Pflicht besteht auch dann, wenn die Aussage oder die Erstattung von Gutachten im Rahmen von § 407 der Zivilprozeßordnung zur Entscheidung über die Entstehung, Erbringung, Fortsetzung, das Ruhen, die Entziehung oder den Wegfall einer Sozialleistung sowie deren Höhe unabweisbar ist. Die Vorschriften der Zivilprozeßordnung über das Recht, ein Zeugnis oder ein Gutachten zu verweigern, über die Ablehnung von Sachverständigen sowie über die Vernehmung von Angehörigen des öffentlichen Dienstes als Zeugen oder Sachverständige gelten entsprechend. Falls die Behörde **Zeugen und Sachverständige** herangezogen hat, **werden** sie auf Antrag **in entsprechender Anwendung des Gesetzes über die Entschädigung von Zeugen und Sachverständigen entschädigt;** mit Sachverständigen kann die Behörde eine Entschädigung vereinbaren.

(4) Die Finanzbehörden haben, soweit es im Verfahren nach diesem Gesetzbuch erforderlich ist, Auskunft über die ihnen bekannten Einkommens- oder Vermögensverhältnisse des Antragstellers, Leistungsempfängers, Erstattungspflichtigen, Unterhaltsverpflichteten, Unterhaltsberechtigten oder der zum Haushalt rechnenden Familienmitglieder zu erteilen.

Nr. 1.13
Verordnung über die Schiedsstelle für Urheberrechtsstreitfälle (Urheberrechtsschiedsstellenverordnung – UrhSchiedsV)

Vom 20. Dezember 1985 (BGBl. I S. 2543), geändert durch das Kostenrechtsänderungsgesetz 1994 vom 24. Juni 1994 (BGBl. I S. 1325)

Auszug

§ 11 Ehrenamtliche Mitglieder

(1) Wird die Schiedsstelle mit ehrenamtlichen Mitgliedern besetzt, so erhalten sie auf Antrag eine Entschädigung nach Maßgabe der §§ 2 bis 5 und 9 bis 11 des Gesetzes über die Entschädigung der ehrenamtlichen Richter.

(2) Die Entschädigung wird von der Aufsichtsbehörde festgesetzt.

(3) Das ehrenamtliche Mitglied kann die gerichtliche Festsetzung beantragen. Über den Antrag entscheidet das Amtsgericht, in dessen Bezirk die Schiedsstelle ihren Sitz hat. Der Antrag ist bei der Aufsichtsbehörde einzureichen oder zu Protokoll der Geschäftsstelle zu erklären. Die Aufsichtsbehörde kann dem Antrag abhelfen. Kosten werden nicht erstattet.

§ 12 Entschädigung von Zeugen und Sachverständigen

(1) **Zeugen und Sachverständige erhalten eine Entschädigung nach Maßgabe der §§ 2 bis 6, 8 bis 12 und 14 des Gesetzes über die Entschädigung von Zeugen und Sachverständigen; § 7 Abs. 1, Abs. 2 Satz 1, 2 und § 15 dieses Gesetzes sind entsprechend anzuwenden.**

(2) § 11 Abs. 2 und 3 ist entsprechend anzuwenden.

(3) Die Festsetzung wirkt nicht zu Lasten des Kostenschuldners.

Nr. 1.14
Gesetz über Ordnungswidrigkeiten (OWiG)

In der Fassung der Bekanntmachung vom 19. Februar 1987 (BGBl. I S. 602), zuletzt geändert durch das Kostenrechtsänderungsgesetz 1994 vom 24. Juni 1994 (BGBl. I S. 1325)

Auszug

§ 59 Entschädigung von Zeugen und Sachverständigen

Für die Entschädigung von Zeugen und Sachverständigen gelten die Vorschriften des Gesetzes über die Entschädigung von Zeugen und Sachverständigen entsprechend.

§ 62 Rechtsbehelf gegen Maßnahmen der Verwaltungsbehörde

(1) Gegen Anordnungen, Verfügungen und sonstige Maßnahmen, die von der Verwaltungsbehörde im Bußgeldverfahren getroffen werden, können der Betroffene und andere Personen, gegen die sich die Maßnahme richtet, gerichtliche Entscheidung beantragen. Dies gilt nicht für Maßnahmen, die nur zur Vorbereitung der Entscheidung, ob ein Bußgeldbescheid erlassen oder das Verfahren eingestellt wird, getroffen werden und keine selbständige Bedeutung haben.

(2) Über den Antrag entscheidet das nach § 68 zuständige Gericht. Die §§ 297 bis 300, 302, 306 bis 309 und 311 a der Strafprozeßordnung sowie die Vorschriften der Strafprozeßordnung über die Auferlegung der Kosten des Beschwerdeverfahrens gelten sinngemäß. Die Entscheidung des Gerichts ist nicht anfechtbar, soweit das Gesetz nichts anderes bestimmt.

Nr. 1.15
Strafprozeßordnung (StPO)

In der Fassung der Bekanntmachung vom 7. April 1987 (BGBl. I S. 1074, ber. S. 1319), zuletzt geändert durch das Kostenrechtsänderungsgesetz 1994 vom 24. Juni 1994 (BGBl. I S. 1325)

Auszug

§ 71 Zeugenentschädigung

Der Zeuge wird nach dem Gesetz über die Entschädigung von Zeugen und Sachverständigen entschädigt.

§ 84 Sachverständigenentschädigung

Der Sachverständige wird nach dem Gesetz über die Entschädigung von Zeugen und Sachverständigen entschädigt.

§ 85 Sachverständige Zeugen

Soweit zum Beweis vergangener Tatsachen oder Zustände, zu deren Wahrnehmung eine besondere Sachkunde erforderlich war, sachkundige Personen zu vernehmen sind, gelten die Vorschriften über den Zeugenbeweis.

§ 464 a Kosten des Verfahrens; notwendige Auslagen

(1) Kosten des Verfahrens sind die Gebühren und Auslagen der Staatskasse. Zu den Kosten gehören auch die durch die Vorbereitung der öffentlichen Klage entstandenen sowie die Kosten der Vollstreckung einer Rechtsfolge der Tat. Zu den Kosten eines Antrags auf Wiederaufnahme des durch ein rechtskräftiges Urteil abgeschlossenen Verfahrens gehören auch die zur Vorbereitung eines Wiederaufnahmeverfahrens (§§ 364 a und 364 b) entstandenen Kosten, soweit sie durch einen Antrag des Verurteilten verursacht sind.

(2) Zu den notwendigen Auslagen eines Beteiligten gehören auch

1. die **Entschädigung für eine notwendige Zeitversäumnis nach den Vorschriften, die für die Entschädigung von Zeugen** gelten, und
2. die Gebühren und Auslagen eines Rechtsanwalts, soweit sie nach § 91 Abs. 2 der Zivilprozeßordnung zu erstatten sind.

Nr. 1.16
Gesetz gegen Wettbewerbsbeschränkungen (GWB)

In der Fassung der Bekanntmachung vom 20. Februar 1990 (BGBl. I S. 235), geändert durch Gesetz vom 27. Dezember 1993 (BGBl. I S. 2378)

Auszug

§ 54

(1) Die Kartellbehörde kann alle Ermittlungen führen und alle Beweise erheben, die erforderlich sind.

(2) Für den Beweis durch Augenschein, **Zeugen und Sachverständige** sind § 372 Abs. 1, §§ 376, 377, 380 bis 387, 390, 395 bis 397, 398 Abs. 1, §§ **401,** 402, 404, 404 a, 406 bis 409, **411 bis 414**[1] der Zivilprozeßordnung **sinngemäß anzuwenden**; Haft darf nicht verhängt werden. Für die Entscheidung über die Beschwerde ist das Oberlandesgericht zuständig.

(3) Über die Aussagen der Zeugen soll eine Niederschrift aufgenommen werden, die von dem ermittelnden Mitglied der Kartellbehörde und, wenn ein Urkundsbeamter zugezogen ist, auch von diesem zu unterschreiben ist. Die Niederschrift soll Ort und Tag der Verhandlung sowie die Namen der Mitwirkenden und Beteiligten ersehen lassen.

(4) Die Niederschrift ist dem Zeugen zur Genehmigung vorzulesen oder zur eigenen Durchsicht vorzulegen. Die erteilte Genehmigung ist zu vermerken und von dem Zeugen zu unterschreiben. Unterbleibt die Unterschrift, so ist der Grund hierfür anzugeben.

(5) Bei der Vernehmung von Sachverständigen sind die Bestimmungen der Absätze 3 und 4 entsprechend anzuwenden.

(6) Die Kartellbehörde kann das Amtsgericht um die Beeidigung von Zeugen ersuchen, wenn sie die Beeidigung zur Herbeiführung einer wahrheitsgemäßen Aussage für notwendig erachtet. Über die Beeidigung entscheidet das Gericht.

1 §§ 401, 413, 414 ZPO abgedruckt unter Nr. 1.3.

Nr. 1.17
Arbeitsgerichtsgesetz

In der Fassung der Bekanntmachung vom 2. Juli 1979 (BGBl. I S. 853, ber. S. 1036); zuletzt geändert durch das Kostenrechtsänderungsgesetz 1994 vom 24. Juni 1994 (BGBl. I S. 1325)

Auszug

§ 9 Allgemeine Verfahrensvorschriften

(1) Das Verfahren ist in allen Rechtszügen zu beschleunigen. Die Vorschriften des Gerichtsverfassungsgesetzes über Gerichtsferien sind nicht anzuwenden.

(2) Die Vorschriften des Gerichtsverfassungsgesetzes über Zustellungs- und Vollstreckungsbeamte, über die Aufrechterhaltung der Ordnung in der Sitzung, über die Gerichtssprache, über die Wahrnehmung richterlicher Geschäfte durch Referendare und über Beratung und Abstimmung gelten in allen Rechtszügen entsprechend.

(3) Die Vorschriften über die Wahrnehmung der Geschäfte bei den ordentlichen Gerichten durch Rechtspfleger gelten in allen Rechtszügen entsprechend.

Als Rechtspfleger können nur Beamte bestellt werden, die die Rechtspflegerprüfung oder die Prüfung für den gehobenen Dienst bei der Arbeitsgerichtsbarkeit bestanden haben.

(4) **Zeugen und Sachverständige werden nach dem Gesetz über die Entschädigung von Zeugen und Sachverständigen entschädigt.**

(5) Alle mit einem befristeten Rechtsmittel anfechtbaren Entscheidungen enthalten die Belehrung über das Rechtsmittel. Soweit ein Rechtsmittel nicht gegeben ist, ist eine entsprechende Belehrung zu erteilen. Die Frist für ein Rechtsmittel beginnt nur, wenn die Partei oder der Beteiligte über das Rechtsmittel und das Gericht, bei dem das Rechtsmittel einzulegen ist, die Anschrift des Gerichts und die einzuhaltende Frist und Form schriftlich belehrt worden ist. Ist die Belehrung unterblieben oder unrichtig erteilt, so ist die Einlegung des Rechtsmittels nur innerhalb eines Jahres seit Zustellung der Entscheidung zulässig, außer wenn die Einlegung vor Ablauf der Jahresfrist infolge höherer Gewalt unmöglich war oder eine Belehrung dahin erfolgt ist, daß ein Rechtsmittel nicht gegeben sei; § 234 Abs. 1, 2 und § 236 Abs. 2 der Zivilprozeßordnung gelten für den Fall höherer Gewalt entsprechend.

Nr. 1.18 (DDR-Recht) Gesetz über die Schiedsstellen in den Gemeinden[1]

Vom 13. September 1990 (GBl. I S. 1527)

Auszug

§ 51

(1) Die Schiedsstelle erhebt

1. Schreibauslagen für die Aufnahme von Anträgen, für Mitteilungen an die Parteien sowie für Ausfertigungen und Abschriften von Protokollen und Bescheinigungen; die Höhe der Schreibauslagen bestimmt sich nach § 136 Abs. 3 des Gesetzes über die Kosten in Angelegenheiten der freiwilligen Gerichtsbarkeit (Kostenordnung);
2. die bei der Durchführung einer Amtshandlung entstehenden notwendigen Auslagen in tatsächlicher Höhe.

(2) Die Entschädigung eines hinzugezogenen Dolmetschers zählt zu den baren Auslagen. Vor Hinzuziehung eines Dolmetschers hat die Schiedsstelle grundsätzlich einen die voraussichtlichen Kosten deckenden Vorschuß einzufordern. Wer die Kosten der Inanspruchnahme eines Dolmetschers zu tragen hat, bestimmt sich nach § 47 dieses Gesetzes. Die Höhe der Entschädigung richtet sich nach **dem Gesetz über die Entschädigung von Zeugen und Sachverständigen.** Die Entschädigung ist auf Antrag der Schiedsstelle oder des Dolmetschers von dem Kreisgericht, in dessen Bereich die Schiedsstelle ihren Sitz hat, durch richterlichen Beschluß festzusetzen; § 16 Absatz 2 bis 5 des Gesetzes über die Entschädigung von Zeugen und Sachverständigen ist auf das Festsetzungsverfahren entsprechend anzuwenden.

1 Das Gesetz über die Schiedsstellen in den Gemeinden vom 13. September 1990 (GBl. I Nr. 61 S. 1527) gilt nach Anlage II Kapitel III Sachgebiet A Abschnitt I Nr. 3 des Einigungsvertrages vom 31. August 1990 in Verbindung mit Artikel 1 des Gesetzes vom 23. September 1990 (BGBl. II S. 885, 1153) für das in Artikel 3 des Einigungsvertrages genannte Gebiet fort.

Nr. 1.19
Gesetz über die Befugnisse des Petitionsausschusses des Deutschen Bundestages (Gesetz nach Artikel 45 c des Grundgesetzes)

Vom 19. Juli 1975 (BGBl. I S. 1921)

Auszug

§ 5

Der Petent, Zeugen und Sachverständige, die vom Ausschuß geladen worden sind, werden **entsprechend dem Gesetz über die Entschädigung von Zeugen und Sachverständigen** in der Fassung der Bekanntmachung vom 1. Oktober 1969 (Bundesgesetzbl. I S. 1756), geändert durch Artikel 6 des Gesetzes zur Entlastung der Landgerichte und zur Vereinfachung des gerichtlichen Protokolls vom 20. Dezember 1974 (Bundesgesetzbl. I S. 3651), entschädigt.

Nr. 1.20
Verwaltungs-Vollstreckungsgesetz (VwVG)

Vom 27. April 1953 (BGBl. I S. 157; BGBl. III 204–4), zuletzt geändert durch das Einführungsgesetz zur Abgabenordnung vom 14. Dezember 1976 (BGBl. I S. 3341)

Auszug

§ 19 Kosten

(1) Für Amtshandlungen nach diesem Gesetz werden Kosten (Gebühren und Auslagen) gemäß § 337 Abs. 1, §§ 338 bis 346 der Abgabenordnung erhoben. Für die Gewährung einer **Entschädigung an Auskunftspflichtige, Sachverständige** und Treuhänder **gelten §§ 107**[1] und 318 Abs. 5 der Abgabenordnung.

(2) Für die Mahnung nach § 3 Abs. 3 wird eine Mahngebühr erhoben. Sie beträgt eins vom Hundert des Mahnbetrages bis 100 Deutsche Mark einschließlich, ein halbes vom Hundert von dem Mehrbetrag, mindestens jedoch 1,50 Deutsche Mark und höchstens 100 Deutsche Mark. Die Mahngebühr wird auf volle 10 Deutsche Pfennige aufgerundet.

1 s. Nr. 1.9

Landesrecht

2. Baden-Württemberg

Nr. 2.1
Verwaltungsverfahrensgesetz für Baden-Württemberg (Landesverwaltungsverfahrensgesetz – LVwVfG)

Vom 21. Juni 1977 (BWGBl. I S. 227)

Auszug

§ 23 Amtssprache

(1) Die Amtssprache ist deutsch.

(2) Werden bei einer Behörde in einer fremden Sprache Anträge gestellt oder Eingaben, Belege, Urkunden oder sonstige Schriftstücke vorgelegt, soll die Behörde unverzüglich die Vorlage einer Übersetzung verlangen. In begründeten Fällen kann die Vorlage einer von einem öffentlich bestellten und beeidigten Urkundenübersetzer angefertigten oder beglaubigten Übersetzung verlangt werden. Wird die verlangte Übersetzung nicht unverzüglich vorgelegt, so kann die Behörde auf Kosten des Beteiligten selbst eine Übersetzung beschaffen. **Hat die Behörde Dolmetscher oder Übersetzer herangezogen, werden diese in entsprechender Anwendung des Gesetzes über die Entschädigung von Zeugen und Sachverständigen entschädigt.**

(3) Soll durch eine Anzeige, einen Antrag oder die Abgabe einer Willenserklärung eine Frist in Lauf gesetzt werden, innerhalb deren die Behörde in einer bestimmten Weise tätig werden muß, und gehen diese in einer fremden Sprache ein, so beginnt der Lauf der Frist erst mit dem Zeitpunkt, in dem der Behörde eine Übersetzung vorliegt.

(4) Soll durch eine Anzeige, einen Antrag oder eine Willenserklärung, die in fremder Sprache eingehen, zugunsten eines Beteiligten eine Frist gegenüber der Behörde gewahrt, ein öffentlich-rechtlicher Anspruch geltend gemacht oder eine Leistung begehrt werden, so gelten die Anzeige, der Antrag oder die Willenserklärung als zum Zeitpunkt des Eingangs bei der Behörde abgegeben, wenn auf Verlangen der Behörde innerhalb einer von dieser zu setzenden angemessenen

Frist eine Übersetzung vorgelegt wird. Andernfalls ist der Zeitpunkt des Eingangs der Übersetzung maßgebend, soweit sich nicht aus zwischenstaatlichen Vereinbarungen etwas anderes ergibt. Auf diese Rechtsfolge ist bei der Fristsetzung hinzuweisen.

§ 26 Beweismittel

(1) Die Behörde bedient sich der Beweismittel, die sie nach pflichtgemäßem Ermessen zur Ermittlung des Sachverhalts für erforderlich hält. Sie kann insbesondere

1. Auskünfte jeder Art einholen,
2. Beteiligte anhören, Zeugen und Sachverständige vernehmen oder die schriftliche Äußerung von Beteiligten, Sachverständigen und Zeugen einholen,
3. Urkunden und Akten beiziehen,
4. den Augenschein einnehmen.

(2) Die Beteiligten sollen bei der Ermittlung des Sachverhalts mitwirken. Sie sollen insbesondere ihnen bekannte Tatsachen und Beweismittel angeben. Eine weitergehende Pflicht, bei der Ermittlung des Sachverhalts mitzuwirken, insbesondere eine Pflicht zum persönlichen Erscheinen oder zur Aussage, besteht nur, soweit sie durch Rechtsvorschrift besonders vorgesehen ist.

(3) Für Zeugen und Sachverständige besteht eine Pflicht zur Aussage oder zur Erstattung von Gutachten, wenn sie durch Rechtsvorschrift vorgesehen ist. Falls die Behörde **Zeugen und Sachverständige** herangezogen hat, **werden** sie auf Antrag **in entsprechender Anwendung des Gesetzes über die Entschädigung von Zeugen und Sachverständigen entschädigt.**

Nr. 2.2
Verordnung der Landesregierung über die Schiedsstellen für die Festsetzung der Krankenhauspflegesätze

Vom 3. Februar 1986 (BWGBl. 1986 S. 29)

Auszug

§ 11 Entschädigung

(1) Der Vorsitzende erhält Reisekosten nach den für die Beamten des Landes geltenden reisekostenrechtlichen Vorschriften nach Reisekostenstufe C. Für sonstige Barauslagen und Zeitverlust erhält er einen Pauschalbetrag, dessen Höhe die in der Schiedsstelle vertretenen Organisationen einvernehmlich festsetzen; kann das Einvernehmen nicht hergestellt werden, entscheidet die zuständige Landesbehörde. Der Anspruch richtet sich gegen die Geschäftsstelle.

(2) Die übrigen Mitglieder der Schiedsstelle erhalten Reisekosten sowie Ersatz für sonstige Barauslagen und Zeitverlust von den sie bestellenden Organisationen nach deren Regelungen.

(3) **Sachverständige und Zeugen erhalten eine Entschädigung entsprechend dem Gesetz über die Entschädigung von Zeugen und Sachverständigen.**

Nr. 2.3
Verordnung der Landesregierung über die Errichtung von Einigungsstellen bei Industrie- und Handelskammern nach dem Gesetz gegen den unlauteren Wettbewerb (EinigungsstellenVO)

Vom 9. Februar 1987 (BWGBl. 1987 S. 64)

Auszug

§ 11 Entschädigung

(1) Dem Vorsitzenden und den Beisitzern werden auf Antrag die notwendigen Auslagen erstattet. Dem Vorsitzenden kann die geschäftsführende Kammer zusätzlich eine Entschädigung für seine Tätigkeit gewähren.

(2) Zeugen und Sachverständige, die mit Zustimmung der Einigungsstelle erschienen oder angehört worden sind, erhalten von der geschäftsführenden Kammer auf Antrag eine Entschädigung wie die Beisitzer. Zeugen erhalten außerdem auf Antrag eine angemessene Entschädigung für Verdienstausfall: **Sachverständige erhalten eine Entschädigung nach § 3 des Gesetzes über die Entschädigung von Zeugen und Sachverständigen.**

Nr. 2.4
Gesetz über die Gutachterstelle für die freiwillige Kastration und andere Behandlungsmethoden

Vom 18. Dezember 1970 (BWGBl. 1970 S. 516)

Auszug

§ 14 Kostenerstattung

(1) Das Land erstattet der Landesärztekammer am Schluß eines jeden Rechnungsjahres gegen Nachweis

1. die den Mitgliedern gezahlte Vergütung und den ihnen ersetzten Aufwand (§ 6 Abs. 2) in der sich für Sachverständige **nach dem Gesetz über die Entschädigung von Zeugen und Sachverständigen** ergebenden Höhe,
2. Kosten, die durch die Beiziehung von Sachverständigen entstanden sind,
3. die Vergütung für den Leiter der Geschäftsstelle (§ 8).

(2) Das Land kann statt dessen im Einvernehmen mit der Landesärztekammer die dieser entstandenen Kosten im Sinne des Absatzes 1 ganz oder teilweise durch einen jährlichen Pauschalbetrag abgelten.

(3) Verletzt ein Mitglied in Ausübung seiner Tätigkeit die ihm einem Dritten gegenüber obliegende Amtspflicht, so trifft die Verantwortlichkeit das Land.

Nr. 2.5
Verordnung der Landesregierung über die Gutachterausschüsse, Kaufpreissammlungen und Bodenrichtwerte nach dem Baugesetzbuch (Gutachterausschußverordnung)

Vom 11. Dezember 1989 (BWGBl. 1989 S. 541)

Auszug

§ 14 Entschädigung der Mitglieder des Gutachterausschusses

(1) Die Mitglieder des Gutachterausschusses werden für ihre Leistung entschädigt. Die Leistung umfaßt auch die Teilnahme an der Beratung. Die Entschädigung ist nach der erforderlichen Zeit zu bemessen. **Für jede begonnene Stunde ist der im Gesetz über die Entschädigung von Zeugen und Sachverständigen vorgesehene Mindeststundensatz für Sachverständige zu gewähren; eine nach diesem Gesetz zulässige Überschreitung der Entschädigung kommt nicht in Betracht. Die Vorschriften dieses Gesetzes über die zu berücksichtigende Zeit, die Fahrtkosten und das Wegegeld, die Entschädigung für Aufwand, den Ersatz sonstiger Aufwendungen, die Aufrundung und das Erlöschen des Anspruchs gelten entsprechend.**

(2) Die Mitglieder des Gutachterausschusses, die hauptberuflich dem öffentlichen Dienst der Gemeinde angehören, bei der der Gutachterausschuß gebildet ist, oder die im Falle des § 1 Abs. 1 Satz 2 hauptberuflich im öffentlichen Dienst einer der der Verwaltungsgemeinschaft angehörenden Gemeinden stehen, werden für ihre innerhalb der regelmäßigen Arbeitszeit erbrachte Leistung insoweit entschädigt, als ihnen Fahrtkostenersatz, Entschädigung für Aufwand und Ersatz sonstiger Aufwendungen nach Absatz 1 Satz 5 zustehen. Dasselbe gilt für die gemäß § 2 Abs. 2 bestellten Mitglieder. Die Entschädigung für die außerhalb der regelmäßigen Arbeitszeit geleistete Arbeit richtet sich nach Absatz 1 Satz 4 und 5.

Nr. 2.6
Gesetz über den Petitionsausschuß des Landtags

Vom 20. Februar 1979 (BWGBl. 1979 S. 85)

Auszug

§ 6 Entschädigung

Auskunftspersonen und Sachverständige, die vom Petitionsausschuß geladen worden sind, werden nach dem **Gesetz über die Entschädigung von Zeugen und Sachverständigen** entschädigt; Petenten, die vom Ausschuß geladen worden sind, können nach diesem Gesetz eine Entschädigung erhalten. Die Entschädigung wird von der Verwaltung des Landtags festgesetzt.

Nr. 2.7
Polizeigesetz (PolG)

In der Fassung vom 13. Januar 1992 (BWGBl. S. 1)

Auszug

§ 27 Vorladung

(1) Die Polizei kann eine Person vorladen, wenn
1. Tatsachen die Annahme rechtfertigen, daß die Person sachdienliche Angaben machen kann, die zur Wahrnehmung polizeilicher Aufgaben erforderlich sind, oder
2. dies zur Durchführung erkennungsdienstlicher Maßnahmen erforderlich ist.

(2) Bei der Vorladung soll deren Grund angegeben werden. Bei der Festsetzung des Zeitpunkts soll auf die beruflichen Verpflichtungen und die sonstigen Lebensverhältnisse des Betroffenen Rücksicht genommen werden.

(3) Leistet ein Betroffener der Vorladung ohne hinreichenden Grund keine Folge, so kann sie zwangsweise durchgesetzt werden, wenn dies
1. zur Abwehr einer Gefahr für Leben, Gesundheit oder Freiheit einer Person oder für bedeutende fremde Sach- oder Vermögenswerte oder
2. zur Durchführung erkennungsdienstlicher Maßnahmen

erforderlich ist.

(4) Eine über § 20 Abs. 1 hinausgehende Auskunftspflicht besteht nur in den Fällen des Absatzes 3 Nr. 1. Zur Verweigerung der Auskunft ist ein Betroffener in entsprechender Anwendung von § 52 Abs. 1, §§ 53, 53 a und 55 der Strafprozeßordnung berechtigt, soweit er durch die Auskunft sich selbst oder einen Angehörigen der Gefahr aussetzen würde, wegen einer Straftat oder einer Ordnungswidrigkeit verfolgt zu werden oder ihm auf Grund seines Berufes ein Zeugnisverweigerungsrecht zusteht. § 20 Abs. 1 bleibt unberührt.

(5) Für die Entschädigung eines auf Vorladung erscheinenden Zeugen oder Sachverständigen gilt das Gesetz über die Entschädigung von Zeugen und Sachverständigen entsprechend.

Nr. 2.8
Landesmediengesetz Baden-Württemberg (LMedienG)

In der Fassung vom 17. März 1992 (BWGBl. 1992 S. 189)

Auszug

§ 76 Vorsitz, Verfahren

(1) Der Medienrat wählt aus seiner Mitte einen Vorsitzenden und zwei Stellvertreter für die Dauer der Amtszeit des Medienrats. § 72 Abs. 4 Satz 2 gilt entsprechend. Der Vorsitzende beruft die Sitzungen des Medienrats ein und leitet sie.

(2) Der Medienrat ist beschlußfähig, wenn alle Mitglieder geladen worden sind und mehr als die Hälfte der Mitglieder anwesend ist. Ist die Beschlußfähigkeit nicht gegeben, sind alle Mitglieder innerhalb einer angemessenen Frist erneut zu laden. In der folgenden Sitzung ist der Medienrat beschlußfähig, wenn mindestens zehn Mitglieder anwesend sind. Ist eine Angelegenheit in der Ladung nach Satz 1 als eilbedürftig bezeichnet worden, kann der Vorsitzende abweichend von Satz 2 bestimmen, daß über die Angelegenheit im schriftlichen Verfahren Beschluß gefaßt wird.

(3) Der Medienrat faßt seine Beschlüsse mit der Mehrheit der abgegebenen Stimmen, soweit nicht ausdrücklich etwas anderes bestimmt ist. Einem Beschluß müssen mindestens zehn Mitglieder zustimmen.

(4) Der Medienrat kann Sachverständige mit beratender Stimme zu seinen Sitzungen heranziehen, soweit dies zur Erfüllung der Aufgaben nach § 73 erforderlich ist. **Die Sachverständigen erhalten Entschädigung, Ersatz von Aufwendungen und Ersatz der notwendigen Fahrtkosten in entsprechender Anwendung der § 3 Abs. 1 und 2, §§ 4, 8 bis 10 des Gesetzes über die Entschädigung von Zeugen und Sachverständigen.**

(5) Der Medienrat gibt sich mit einer Mehrheit von zwei Dritteln seiner Mitglieder eine Geschäftsordnung. Er kann beratende Ausschüsse bilden.

Nr. 2.9
Gesetz über die Einsetzung und Verfahren von Untersuchungsausschüssen des Landtags

Vom 3. März 1976 (BWGBl. 1976 S. 194), zuletzt geändert durch Gesetz vom 11. Oktober 1993 (BWGBl. 1993 S. 605)

Auszug

§ 24 Kosten und Auslagen

(1) Die Kosten der Untersuchung trägt das Land. **Zeugen und Sachverständige werden nach dem Gesetz über die Entschädigung von Zeugen und Sachverständigen entschädigt.** Die Entschädigung wird von der Verwaltung des Landtags festgesetzt. Der Zeuge und Sachverständige kann beim Amtsgericht Stuttgart die gerichtliche Festsetzung beantragen; § 16 des Gesetzes über die Entschädigung von Zeugen und Sachverständigen gilt entsprechend.

(2) Dem Betroffenen können die notwendigen Auslagen, welche durch die Wahrnehmung der ihm nach diesem Gesetz zustehenden Rechte entstanden sind, ganz oder teilweise erstattet werden. Hierüber entscheidet der Untersuchungsausschuß auf Antrag des Betroffenen nach pflichtgemäßem Ermessen. Die Höhe der erstattungsfähigen Auslagen wird von der Verwaltung des Landtags festgesetzt; die Entschädigung nach Absatz 1 ist anzurechnen. Absatz 1 Satz 4 gilt entsprechend.

Nr. 2.10
Verordnung der Landesregierung über die Schiedsstelle nach § 94 des Bundessozialhilfegesetzes (Schiedsstellenverordnung – BSHG)

Vom 30. Mai 1994 (BWGBl. 1994 S. 297)

Auszug

§ 13 Entschädigung

(1) – (2) . . .

(3) **Sachverständige und Zeugen erhalten eine Entschädigung entsprechend dem Gesetz über die Entschädigung von Zeugen und Sachverständigen.**

(4) Ansprüche auf Entschädigung nach den Absätzen 1 bis 3 sind bei der Geschäftsstelle geltend zu machen.

3. Bayern

Nr. 3.1
Bayerisches Verwaltungsverfahrensgesetz (BayVwVfG)

Vom 23. Dezember 1976 (BayGVBl. 1976 S. 544)

Auszug

Art. 23 Amtssprache

(1) Die Amtssprache ist deutsch.

(2) Werden bei einer Behörde in einer fremden Sprache Anträge gestellt oder Eingaben, Belege, Urkunden oder sonstige Schriftstücke vorgelegt, soll die Behörde unverzüglich die Vorlage einer Übersetzung verlangen. In begründeten Fällen kann die Vorlage einer beglaubigten oder von einem öffentlich bestellten oder beeidigten Dolmetscher oder Übersetzer angefertigten Übersetzung verlangt werden. Wird die verlangte Übersetzung nicht unverzüglich vorgelegt, so kann die Behörde auf Kosten des Beteiligten selbst eine Übersetzung beschaffen. **Hat die Behörde Dolmetscher oder Übersetzer herangezogen, werden diese in entsprechender Anwendung des Gesetzes über die Entschädigung von Zeugen und Sachverständigen entschädigt.**

(3) Soll durch eine Anzeige, einen Antrag oder die Abgabe einer Willenserklärung eine Frist in Lauf gesetzt werden, innerhalb deren die Behörde in einer bestimmten Weise tätig werden muß, und gehen diese in einer fremden Sprache ein, so beginnt der Lauf der Frist erst mit dem Zeitpunkt, in dem der Behörde eine Übersetzung vorliegt.

(4) Soll durch eine Anzeige, einen Antrag oder eine Willenserklärung, die in fremder Sprache eingehen, zugunsten eines Beteiligten eine Frist gegenüber der Behörde gewahrt, ein öffentlich-rechtlicher Anspruch geltend gemacht oder eine Leistung begehrt werden, so gelten die Anzeige, der Antrag oder die Willenserklärung als zum Zeitpunkt des Eingangs bei der Behörde abgegeben, wenn auf Verlangen der Behörde innerhalb einer von dieser zu setzenden angemessenen Frist eine Übersetzung vorgelegt wird. Andernfalls ist der Zeitpunkt des Eingangs der Übersetzung maßgebend, soweit sich nicht aus zwischenstaatlichen Vereinbarungen etwas anderes ergibt. Auf diese Rechtsfolge ist bei der Fristsetzung hinzuweisen.

Art. 26 Beweismittel

(1) Die Behörde bedient sich der Beweismittel, die sie nach pflichtgemäßem Ermessen zur Ermittlung des Sachverhalts für erforderlich hält. Sie kann insbesondere

1. Auskünfte jeder Art einholen,
2. Beteiligte anhören, Zeugen und Sachverständige vernehmen oder die schriftliche Äußerung von Beteiligten, Sachverständigen und Zeugen einholen,
3. Urkunden und Akten beiziehen,
4. den Augenschein einnehmen.

(2) Die Beteiligten sollen bei der Ermittlung des Sachverhalts mitwirken. Sie sollen insbesondere ihnen bekannte Tatsachen und Beweismittel angeben. Eine weitergehende Pflicht, bei der Ermittlung des Sachverhalts mitzuwirken, insbesondere eine Pflicht zum persönlichen Erscheinen oder zur Aussage, besteht nur, soweit sie durch Rechtsvorschrift besonders vorgesehen ist.

(3) Für Zeugen und Sachverständige besteht eine Pflicht zur Aussage oder zur Erstattung von Gutachten, wenn sie durch Rechtsvorschrift vorgesehen ist. Falls die Behörde **Zeugen und Sachverständige** herangezogen hat, **werden** sie auf Antrag **in entsprechender Anwendung des Gesetzes über die Entschädigung von Zeugen und Sachverständigen entschädigt.**

Nr. 3.2
Verordnung über die Entschädigung von Zeugen und Sachverständigen in Verwaltungssachen (ZuSEVO)

Vom 10. Mai 1978 (BayGVBl. 1978 S. 177), zuletzt geändert durch VO vom 28. November 1989 (BayGVBl. 1989 S. 684).

Auf Grund des Art. 25 Abs. 1 Nr. 2 des Kostengesetzes erläßt die Bayerische Staatsregierung folgende Verordnung:

§ 1

(1) Zeugen, Sachverständige, Dolmetscher und Übersetzer erhalten in Verwaltungssachen eine Entschädigung nach dem Gesetz über die Entschädigung von Zeugen und Sachverständigen in der Fassung der Bekanntmachung vom 1. Oktober 1969 (BGBl. I S. 1756) in der jeweils geltenden Fassung, soweit in dieser Verordnung nichts anderes bestimmt ist. Dies gilt nicht, wenn die Tätigkeit außerhalb des Gebiets der Bundesrepublik Deutschland vorgenommen wird.

(2) Abweichend von § 3 Abs. 3 des Gesetzes über die Entschädigung von Zeugen und Sachverständigen kann die nach Absatz 1 in Verbindung mit § 3 Abs. 2 des Gesetzes über die Entschädigung von Zeugen und Sachverständigen zu gewährende Entschädigung bis zu 100 v. H. überschritten werden.

§ 2

(1) Wird eine Behörde im Sinne des Art. 1 Abs. 2 des Bayerischen Verwaltungsverfahrensgesetzes als Sachverständiger tätig, bemißt sich die Entschädigung nach den für sie geltenden kostenrechtlichen Vorschriften. Soweit solche nicht vorhanden sind, bemißt sich die Entschädigung nach den Sätzen des Gesetzes über die Entschädigung von Zeugen und Sachverständigen und § 1 Abs. 2.

(2) Werden Angehörige von Behörden im Sinne des Art. 1 Abs. 2 des Bayerischen Verwaltungsverfahrensgesetzes zu Sachverständigenleistungen herangezogen, die sie in Erfüllung ihrer Dienstaufgaben erbringen, ist die Entschädigung an die Behörde zu zahlen. Absatz 1 gilt entsprechend.

§ 3

Die einem Zeugen, Sachverständigen, Dolmetscher oder Übersetzer zu gewährende Entschädigung wird von der Behörde festgesetzt, die die Heranziehung des Zeugen, Sachverständigen, Dolmetschers oder Übersetzers verfügt hat.

§ 4

Für bestimmte Verwaltungssachen können von den zuständigen Staatsministerien im Einvernehmen mit dem Staatsministerium der Finanzen abweichende Sonderregelungen getroffen werden.

§ 5

(1) Diese Verordnung tritt am 1. Juli 1978 in Kraft.

(2) Gleichzeitig tritt die Verordnung über die Entschädigung von Zeugen und Sachverständigen in Verwaltungssachen vom 21. Mai 1973 (GVBl. S. 264), geändert durch Verordnung vom 8. Dezember 1976 (GVBl. S. 484), außer Kraft.

Nr. 3.3
Verordnung über die Schiedsstellen für die Festsetzung der Krankenhauspflegesätze (SchiedKrPflV)

Vom 17. Dezember 1985 (BayGVBl. 1985 S. 825)

Auszug

§ 17

Zeugen und Sachverständige, die auf Beschluß der Schiedsstelle hinzugezogen worden sind, erhalten eine Entschädigung nach dem Gesetz über die Entschädigung von Zeugen und Sachverständigen.

Nr. 3.4
Verordnung über Einigungsstellen zur Beilegung bürgerlicher Rechtsstreitigkeiten auf Grund des Gesetzes gegen den unlauteren Wettbewerb (Einigungsstellenverordnung-EinigungsV)

Vom 17. Mai 1988 (BayGVBl. 1988 S. 115)

Auszug

§ 7 Vergütung und Entschädigung

(1) Die Industrie- und Handelskammer kann dem Vorsitzenden der Einigungsstelle eine Vergütung für seine Tätigkeit gewähren. Die Beisitzer erhalten von der Industrie- und Handelskammer auf Antrag eine Entschädigung entsprechend den Bestimmungen des Gesetzes über die Entschädigung der ehrenamtlichen Richter. Die Entschädigung setzt der Vorsitzende fest, wenn der Beisitzer oder die Industrie- und Handelskammer eine Festsetzung beantragt.

(2) **Auskunftspersonen, die mit Zustimmung der Einigungsstelle erschienen oder angehört worden sind, erhalten von der Industrie- und Handelskammer auf Antrag eine Entschädigung entsprechend den Bestimmungen des Gesetzes über die Entschädigung von Zeugen und Sachverständigen.** Die Entschädigung setzt der Vorsitzende fest, wenn die Auskunftsperson oder die Industrie- und Handelskammer eine Festsetzung beantragt.

Nr. 3.5
Verordnung über die Gutachterausschüsse, die Kaufpreissammlungen und die Bodenrichtwerte nach dem Baugesetzbuch (GutachterausschußV)

Vom 23. Juni 1992 (BayGVBl. 1992 S. 167)

Auszug

§ 7 Entschädigung der Gutachter

(1) Die Gutachter erhalten für ihre Tätigkeit eine Entschädigung. Die Bediensteten der Kreisverwaltungsbehörde, bei der der Gutachterausschuß gebildet ist, und die Gutachter nach § 2 Abs. 3 und 4 werden für ihre Leistungen nur insoweit entschädigt, als sie außerhalb der normalen Dienstzeit tätig geworden sind. **Für die Bemessung der Entschädigung gilt das Gesetz über die Entschädigung von Zeugen und Sachverständigen (ZSEG) in seiner jeweils gültigen Fassung entsprechend.**

(2) Die Entschädigung wird von der Geschäftsstelle nach Zustimmung des Vorsitzenden festgesetzt.

(3) Zur Leistung der Entschädigung ist die Körperschaft verpflichtet, für deren Bereich der Gutachterausschuß gebildet ist.

Nr. 3.6
Gesetz über die Behandlung von Eingaben und Beschwerden an den Bayerischen Landtag nach Art. 115 der Verfassung (Bayerisches Petitionsgesetz – BayPetG)

Vom 9. August 1993 (BayGVBl. 1993 S. 544)

Auszug

Art. 6 Aufklärung des Sachverhalts

(1) Der für die Petition zuständige Ausschuß hat das Recht auf Unterrichtung durch die Staatsregierung, um über die Petition beschließen zu können. Dazu kann er von der Staatsregierung oder einem Mitglied der Staatsregierung bzw. deren Beauftragten schriftliche oder mündliche Stellungnahmen, Berichte, Auskünfte und die Beantwortung von Fragen verlangen.

(2) Der Ausschuß kann die Person, die die Petition eingereicht hat oder für die sie eingereicht worden ist sowie amtlich anerkannte Sachverständige anhören und Ortsbesichtigungen durchführen.

(3) – (5) . . .

(6) **Werden Sachverständige im Landtag angehört (Absatz 2), so werden sie entsprechend dem Gesetz über die Entschädigung von Zeugen und Sachverständigen entschädigt.**

4. Berlin

Nr. 4.1
Verordnung über die Einigungsstelle für Wettbewerbsstreitigkeiten bei der Industrie- und Handelskammer zu Berlin

Vom 29. Juli 1958 (GVBl. Berlin 1958 S. 732), zuletzt geändert durch VO vom 28. Dezember 1987 (GVBl. Berlin 1987 S. 2577)

Auszug

§ 11 Vergütung und Entschädigung

(1) Die Kammer kann dem Vorsitzenden der Einigungsstelle eine Vergütung für seine Tätigkeit gewähren. Die Beisitzer erhalten auf Antrag Ersatz ihrer notwendigen Auslagen.

(2) Zeugen und Sachverständige, **die mit Zustimmung der Einigungsstelle erschienen oder vernommen worden sind, erhalten von der Kammer auf Antrag Ersatz ihrer notwendigen Auslagen. Zeugen erhalten außerdem auf Antrag eine angemessene Entschädigung für Verdienstausfall, Sachverständige Entschädigung nach § 3 des Gesetzes über die Entschädigung von Zeugen und Sachverständigen vom 26. Juli 1957 (BGBl. I S. 902/GVBl. S. 927).**

Nr. 4.2
Allgemeines Gesetz zum Schutz der öffentlichen Sicherheit und Ordnung in Berlin (Allgemeines Sicherheits- und Ordnungsgesetz – ASOG Bln –)

Vom 11. April 1992 (GVBl. Berlin 1992 S. 119)

Auszug

§ 20 Vorladung

(1) Die Ordnungsbehörden und die Polizei können eine Person schriftlich oder mündlich vorladen, wenn

1. Tatsachen die Annahme rechtfertigen, daß die Person sachdienliche Angaben machen kann, die für die Erfüllung einer bestimmten ordnungsbehördlichen oder polizeilichen Aufgabe erforderlich sind,
2. das zur Durchführung erkennungsdienstlicher Maßnahmen erforderlich ist.

(2) Bei der Vorladung soll deren Grund und die Art der beabsichtigten erkennungsdienstlichen Maßnahmen angegeben werden. Bei der Festsetzung des Zeitpunkts soll auf den Beruf und die sonstigen Lebensverhältnisse der betroffenen Person Rücksicht genommen werden.

(3) Leistet eine betroffene Person der Vorladung ohne hinreichenden Grund keine Folge, so kann sie von der Polizei zwangsweise durchgesetzt werden,

1. wenn die Angaben zur Abwehr einer Gefahr für Leib, Leben oder Freiheit einer Person erforderlich sind,
2. zur Durchführung erkennungsdienstlicher Maßnahmen.

(4) **Für die Entschädigung von Personen, die auf Vorladung als Zeugen erscheinen oder die als Sachverständige herangezogen werden, gilt das Gesetz über die Entschädigung von Zeugen und Sachverständigen entsprechend.**

Nr. 4.3
Gesetz über das Verfahren der Berliner Verwaltung

Vom 8. Dezember 1976 (GVBl. Berlin 1976 S. 2735)

Auszug

§ 1 Anwendungsbereich

(1) Für die öffentlich-rechtliche Verwaltungstätigkeit der Behörden Berlins gilt das **Verwaltungsverfahrensgesetz (VwVfG) vom 25. Mai 1976 (BGBl. I S. 1253/GVBl. S. 1173)**[1] in der jeweils geltenden Fassung entsprechend, soweit nicht in den §§ 2 bis 4 dieses Gesetzes etwas anderes bestimmt wird.

Nr. 4.4
Gesetz über die Gutachterstelle für die freiwillige Kastration und andere Behandlungsmethoden

Vom 29. Januar 1971 (GVBl. Berlin 1971 S. 324)

Auszug

§ 20 Ersatz von Auslagen

(1) Der Ärztekammer sind am Schluß eines jeden Kalenderjahres vom Land Berlin zu ersetzen:

1. notwendige Reisekosten, die Mitgliedern der Gutachterstelle anläßlich von Untersuchungen, Anhörungen oder Aufklärungen außerhalb Berlins tatsächlich erwachsen sind, höchstens jedoch in Höhe der Landesbeamten der Besoldungsgruppe A 15 zustehenden Reisekostenvergütung,
2. Vergütungen, die Mitgliedern der Gutachterstelle nach § 5 Abs. 2 Satz 2 zu zahlen sind, oder Kosten, die durch Aufträge nach § 12 Abs. 1 Satz 2 entstanden sind, in Höhe der für Sachverständige geltenden Sätze **nach dem Gesetz über die Entschädigung von Zeugen und Sachverständigen,**
3. Entschädigungen für den mit der Tätigkeit der Mitglieder der Gutachterstelle verbundenen Aufwand in Höhe der für Sachverständige geltenden Sätze **nach dem Gesetz über die Entschädigung von Zeugen und Sachverständigen.**

(2) Die Ärztekammer erhält zur Abgeltung von Auslagen, die nicht nach Absatz 1 gedeckt werden, einen Zuschuß nach Maßgabe des Haushaltsplans von Berlin.

1 s. Abschnitt I Nr. 1.10

Nr. 4.5
Verordnung über die Errichtung und das Verfahren der Schiedsstelle und der erweiterten Schiedsstelle nach dem Sozialgesetzbuch Fünftes Buch (V) – Gesetzliche Krankenversicherung – (SGB V)

Vom 2. Oktober 1990 (GVBl. Berlin 1990 S. 2155)

Auszug

§ 14 Entschädigung für Zeugen und Sachverständige

Sachverständige und Zeugen, die auf Beschluß der Schiedsstelle hinzugezogen worden sind, erhalten eine Entschädigung entsprechend dem Gesetz über die Entschädigung von Zeugen und Sachverständigen vom 1. Oktober 1969 (BGBl. I S. 1756/GVBl. S. 2083), zuletzt geändert durch Gesetz vom 9. Dezember 1986 (BGBl. I S. 2326/GVBl. S. 2667).

Nr. 4.6
Verordnung über die Schiedsstelle für die Festsetzung von Krankenhauspflegesätzen (Pflegesatz-Schiedsstellenverordnung – PflSchVO)

Vom 13. Juni 1986 (GVBl. Berlin 1986 S. 966)

Auszug

§ 10 Aufwandsentschädigung und Auslagenersatz

(1) Der Vorsitzende und sein Stellvertreter erhalten Reisekosten nach den für die Beamten des Landes geltenden reisekostenrechtlichen Vorschriften nach Reisekostenstufe C sowie für sonstige Barauslagen und Zeitverlust einen Pauschalbetrag, dessen Höhe die beteiligten Organisationen gemeinsam festsetzen. Die Ansprüche richten sich gegen die Vertragsparteien als Gesamtschuldner.

(2) Die übrigen Mitglieder der Schiedsstelle und deren Stellvertreter erhalten Reisekosten sowie für sonstige Barauslagen und Zeitverlust einen Betrag nach den bei den Organisationen, die sie vertreten, geltenden Regelungen. Die Ansprüche richten sich gegen die jeweils entsendenden Organisationen.

(3) **Sachverständige und Zeugen erhalten eine Entschädigung entsprechend dem Gesetz über die Entschädigung von Zeugen und Sachverständigen in der Fassung vom 1. Oktober 1969 (BGBl. I S. 1756/GVBl. S. 2083), zuletzt geändert durch das Gesetz vom 26. November 1979 (BGBl. I S. 1953/ GVBl. S. 2058/2063).** Die Ansprüche richten sich gegen die Vertragsparteien als Gesamtschuldner.

Nr. 4.7
Verordnung zur Durchführung des Baugesetzbuchs (DVO-BauGB)

Vom 22. September 1989 (GBVl. Berlin 1989 S. 1738)

Auszug

§ 12 Entschädigung für die Mitglieder des Gutachterausschusses

Die ehrenamtlichen Mitglieder des Gutachterausschusses, die nicht Bedienstete Berlins sind, erhalten **eine Entschädigung nach dem Gesetz über die Entschädigung von Zeugen und Sachverständigen in der Fassung vom 1. Oktober 1969** (BGBl. I S. 1756/GVBl. S. 2083), zuletzt geändert durch Gesetz vom 9. Dezember 1986 (BGBl. I S. 2326/GVBl. S. 2067).

Nr. 4.8
Gesetz über die Untersuchungsausschüsse des Abgeordnetenhauses von Berlin

Vom 22. Juni 1970 (GVBl. Berlin S. 925), zuletzt geändert durch Gesetz vom 24. Juni 1991 (GVBl. Berlin S. 154)

Auszug

§ 20 Kosten und Auslagen

(1) Die Kosten des Untersuchungsverfahrens trägt das Land Berlin. **Zeugen und Sachverständige werden auf Antrag nach dem Gesetz über die Entschädigung von Zeugen und Sachverständigen entschädigt.** Der Antrag kann nur binnen drei Monaten nach Beendigung des Untersuchungsverfahrens gestellt werden.

(2) Die Entschädigung setzt der Untersuchungsausschuß durch Beschluß fest, nach Beendigung des Untersuchungsverfahrens der Präsident des Abgeordnetenhauses von Berlin. Gegen den Beschluß des Untersuchungsausschusses können die betroffenen Personen Antrag auf gerichtliche Entscheidung stellen. Über den Antrag entscheidet das Amtsgericht Tiergarten ohne mündliche Verhandlung; § 17 Abs. 2 gilt entsprechend.

Nr. 4.9
Berliner Schiedsamtsgesetz (BlnSchAG)

Vom 7. April 1994 (GBVl. Berlin 1994 S. 109)

Auszug

§ 47 Auslagen

(1) Als Auslagen werden erhoben

1. Schreibauslagen für die Aufnahme von Anträgen, für Mitteilungen an die Parteien sowie für Ausfertigungen und Abschriften von Protokollen und Bescheinigungen,
2. die bei der Durchführung einer Amtshandlung entstehenden notwendigen baren Auslagen in tatsächlicher Höhe.

Die Höhe der Schreibauslagen (Satz 1 Nr. 1) bestimmt sich nach § 136 Abs. 3 der Kostenordnung.

(2) Die Entschädigung hinzugezogener Dolmetscher zählt zu den baren Auslagen (Absatz 1 Nr. 2). **Ihre Höhe richtet sich nach dem Gesetz über die Entschädigung von Zeugen und Sachverständigen.** Die Entschädigung ist auf Antrag der Schiedsperson oder des Dolmetschers vom Amtsgericht Tiergarten festzusetzen. § 7 Abs. 1 und § 16 Abs. 2 bis 5 des Gesetzes über die Entschädigung von Zeugen und Sachverständigen sind entsprechend anzuwenden.

5. Brandenburg

Nr. 5.1
Verordnung über die Gutachterausschüsse für Grundstückswerte (Gutachterausschußverordnung B – GAVOB)

Vom 18. Juni 1991 (GVBl. Brandenburg 1991 S. 272)

Auszug

§ 19 Entschädigung der ehrenamtlichen Gutachter

Die ehrenamtlichen Gutachter erhalten eine Entschädigung wie Sachverständige nach dem Gesetz über die Entschädigung von Zeugen und Sachverständigen. Die Entschädigung wird von der Geschäftsstelle festgesetzt.

Nr. 5.2
Verordnung über Einigungsstellen zur Beilegung von bürgerlichen Rechtsstreitigkeiten nach dem Gesetz gegen den unlauteren Wettbewerb

Vom 16. August 1991 (GVBl. Brandenburg 1991 S. 376)

Auszug

§ 13 Entschädigung

(1) Der Vorsitzende und die Beisitzer erhalten auf Antrag eine Entschädigung für Fahrtkosten, Aufwand und sonstige Aufwendungen in entsprechender Anwendung der §§ 3 bis 5 des Gesetzes über die Entschädigung der ehrenamtlichen Richter. Die Industrie- und Handelskammer kann dem Vorsitzenden und den Beisitzern auf Antrag eine Entschädigung für deren Zeitversäumnis in entsprechender Anwendung des § 2 des Gesetzes über die Entschädigung der ehrenamtlichen Richter gewähren.

(2) Die Industrie- und Handelskammer kann dem Vorsitzenden der Einigungsstelle eine Vergütung für seine Tätigkeit gewähren.

(3) **Zeugen und Sachverständige,** die mit Zustimmung der Einigungsstelle erschienen oder angehört worden sind, **erhalten** von der Industrie- und Handelskammer auf Antrag **eine Entschädigung nach dem Gesetz über die Entschädigung von Zeugen und Sachverständigen.**

Nr. 5.3
Heilberufsgesetz (HeilBerG)

Vom 28. Januar 1992 (GVBl. Brandenburg 1992 S. 30)

Auszug

§ 106

(1) Die dem Beschuldigten erwachsenen notwendigen Auslagen sind im Falle einer Entscheidung nach § 90 Abs. 2 oder § 93 der Staatskasse aufzuerlegen.

...

(8) Zu den notwendigen Auslagen gehören auch

1. **die Entschädigung für eine notwendige Zeitversäumnis nach den Vorschriften, die für die Entschädigung von Zeugen gelten,**
2. die Gebühren und Auslagen eines Rechtsanwaltes, soweit sie nach § 91 Abs. 2 der Zivilprozeßordnung zu erstatten wären, sowie die Auslagen eines sonstigen Beistandes.

Abschnitt 9 Gutachterstelle bei der Landesärztekammer Brandenburg nach dem Kastrationsgesetz

§ 127

(1) Das Verfahren vor der Gutachterstelle ist gebühren- und auslagenfrei.

(2) Das Land erstattet der Ärztekammer am Schluß eines jeden Haushaltsjahres

1. die Kosten, die durch die Zahlung von Vergütungen an einzelne Mitglieder der Gutachterstelle gemäß § 120 Abs. 2 Satz 2 entstanden sind,
2. die Kosten für die Zuziehung von Sachverständigen nach § 124 Abs. 2, und zwar bei ärztlichen Sachverständigen in Höhe der Sätze des Gebührenverzeichnisses der Gebührenordnung für Ärzte, **bei anderen Sachverständigen entsprechend den Vorschriften des Gesetzes über die Entschädigung von Zeugen und Sachverständigen.**

(3) Das Land kann statt dessen im Einvernehmen mit der Ärztekammer die dieser entstandenen Kosten im Sinne des Absatz 2 ganz oder teilweise durch einen jährlichen Pauschalbetrag abgelten.

Nr. 5.4
Entschädigungsregelung der ehrenamtlichen Mitglieder des Landesausschusses für Berufsbildung

Erlaß des Ministers für Wirtschaft, Mittelstand und Technologie des Landes Brandenburg vom 16. April 1992 – ABl.Brandenburg Nr. 33 vom 22. Mai 1992 –

Auszug

4. Ersatz für Verdienstausfall

Ausschußmitglieder im Sinne der Ziff. 1 werden für ihren nachgewiesenen Verdienstausfall entschädigt.

Die Entschädigung richtet sich nach dem regelmäßigen Bruttoverdienst. Sie wird nach Stunden der versäumten und in Rechnung gestellten Arbeitszeit gewährt; dabei ist für jede Stunde höchstens der Betrag anzusetzen, **der einem Zeugen nach dem Bundesgesetz über die Entschädigung von Zeugen und Sachverständigen als Höchstbetrag zusteht.**

Nr. 5.5 Verwaltungsverfahrensgesetz für das Land Brandenburg (VwVfGBbg)

Vom 26. Februar 1993 (GV.BB. I 1993 S. 26)

Auszug

§ 23 Amtssprache

(1) Die Amtssprache ist deutsch.

(2) Werden bei einer Behörde in einer fremden Sprache Anträge gestellt oder Eingaben, Belege, Urkunden oder sonstige Schriftstücke vorgelegt, soll die Behörde unverzüglich die Vorlage einer Übersetzung verlangen. In begründeten Fällen kann die Vorlage einer beglaubigten oder von einem öffentlich bestellten oder beeidigten Dolmetscher oder Übersetzer angefertigten Übersetzung verlangt werden. Wird die verlangte Übersetzung nicht unverzüglich vorgelegt, so kann die Behörde auf Kosten des Beteiligten selbst eine Übersetzung beschaffen. **Hat die Behörde Dolmetscher oder Übersetzer herangezogen, werden diese in entsprechender Anwendung des Gesetzes über die Entschädigung von Zeugen und Sachverständigen entschädigt.**

(3) . . .

§ 26 Beweismittel

(1) Die Behörde bedient sich unter Beachtung des § 3 a der Beweismittel, die sie nach pflichtgemäßem Ermessen zur Ermittlung des Sachverhalts für erforderlich hält. Sie kann insbesondere

1. Auskünfte jeder Art einholen,
2. Beteiligte anhören, Zeugen und Sachverständige vernehmen oder die schriftliche Äußerung von Beteiligten, Sachverständigen und Zeugen einholen,
3. Urkunden und Akten beiziehen,
4. den Augenschein einnehmen.

(2) . . .

(3) Für Zeugen und Sachverständige besteht eine Pflicht zur Aussage oder zur Erstattung von Gutachten, wenn sie durch Rechtsvorschriften vorgesehen ist. **Falls die Behörde Zeugen und Sachverständige herangezogen hat, werden sie auf Antrag in entsprechender Anwendung des Gesetzes über die Entschädigung von Zeugen und Sachverständigen entschädigt.**

Nr. 5.6 Gesetz über die Schiedsstellen in den Gemeinden (Schiedsstellengesetz – SchG)

In der Fassung vom 14. Juni 1993 (GV. BB. I 1993 S. 346)

Auszug

§ 51

(1) Die Schiedsstelle erhebt

1. Schreibauslagen für die Aufnahme von Anträgen, für Mitteilungen an die Parteien sowie für Ausfertigungen und Abschriften von Protokollen und Bescheinigungen; die Höhe der Schreibauslagen bestimmt sich nach § 136 Abs. 3 des Gesetzes über die Kosten in Angelegenheiten der freiwilligen Gerichtsbarkeit (Kostenordnung);
2. die bei der Durchführung der Amtshandlung entstehenden notwendigen Auslagen in tatsächlicher Höhe.

(2) Die Entschädigung eines hinzugezogenen Dolmetschers zählt zu den baren Auslagen. Vor Hinzuziehung eines Dolmetschers hat die Schiedsstelle grundsätzlich einen die voraussichtlichen Kosten deckenden Vorschuß einzufordern. Wer die Kosten der Inanspruchnahme eines Dolmetschers zu tragen hat, bestimmt sich nach § 47 dieses Gesetzes. **Die Höhe der Entschädigung richtet sich nach dem Gesetz über die Entschädigung von Zeugen und Sachverständigen.** Die Entschädigung ist auf Antrag der Schiedsstelle oder des Dolmetschers von dem Kreisgericht[1], in dessen Bereich die Schiedsstelle ihren Sitz hat, durch richterlichen Beschluß festzusetzen; § 16 Abs. 2 bis 5 des Gesetzes über die Entschädigung von Zeugen und Sachverständigen ist auf das Festsetzungsverfahren entsprechend anzuwenden.

1 jetzt Amtsgericht

6. Bremen

Nr. 6.1
Bremisches Verwaltungsverfahrensgesetz (BremVwVfG)

Vom 15. November 1976 (BremGBl. 1976 S. 243)

Auszug

§ 23 Amtssprache

(1) Die Amtssprache ist Deutsch.

(2) Werden bei einer Behörde in einer fremden Sprache Anträge gestellt oder Eingaben, Belege, Urkunden oder sonstige Schriftstücke vorgelegt, soll die Behörde unverzüglich die Vorlage einer Übersetzung verlangen. In begründeten Fällen kann die Vorlage einer beglaubigten oder von einem öffentlich bestellten oder beeidigten Dolmetscher oder Übersetzer angefertigten Übersetzung verlangt werden. Wird die verlangte Übersetzung nicht unverzüglich vorgelegt, so kann die Behörde auf Kosten des Beteiligten selbst eine Übersetzung beschaffen. **Hat die Behörde Dolmetscher oder Übersetzer herangezogen, werden diese in entsprechender Anwendung des Gesetzes über die Entschädigung von Zeugen und Sachverständigen entschädigt.**

(3) Soll durch eine Anzeige, einen Antrag oder die Abgabe einer Willenserklärung eine Frist in Lauf gesetzt werden, innerhalb deren die Behörde in einer bestimmten Weise tätig werden muß, und gehen diese in einer fremden Sprache ein, so beginnt der Lauf der Frist erst mit dem Zeitpunkt, in dem der Behörde eine Übersetzung vorliegt.

(4) Soll durch eine Anzeige, einen Antrag oder eine Willenserklärung, die in fremder Sprache eingehen, zugunsten eines Beteiligten eine Frist gegenüber der Behörde gewahrt, ein öffentlich-rechtlicher Anspruch geltend gemacht oder eine Leistung begehrt werden, so gelten die Anzeige, der Antrag oder die Willenserklärung als zum Zeitpunkt des Eingangs bei der Behörde abgegeben, wenn auf Verlangen der Behörde innerhalb einer von dieser zu setzenden angemessenen Frist eine Übersetzung vorgelegt wird. Andernfalls ist der Zeitpunkt des Eingangs der Übersetzung maßgebend, soweit sich nicht aus zwischenstaatlichen Vereinbarungen etwas anderes ergibt. Auf diese Rechtsfolge ist bei der Fristsetzung hinzuweisen.

§ 26 Beweismittel

(1) Die Behörde bedient sich der Beweismittel, die sie nach pflichtgemäßem Ermessen zur Ermittlung des Sachverhalts für erforderlich hält. Sie kann insbesondere

1. Auskünfte jeder Art einholen,
2. Beteiligte anhören, Zeugen und Sachverständige vernehmen oder die schriftliche Äußerung von Beteiligten, Sachverständigen und Zeugen einholen,
3. Urkunden und Akten beiziehen,
4. den Augenschein einnehmen.

(2) Die Beteiligten sollen bei der Ermittlung des Sachverhalts mitwirken. Sie sollen insbesondere ihnen bekannte Tatsachen und Beweismittel angeben. Eine weitergehende Pflicht, bei der Ermittlung des Sachverhalts mitzuwirken, insbesondere eine Pflicht zum persönlichen Erscheinen oder zur Aussage, besteht nur, soweit sie durch Rechtsvorschrift besonders vorgesehen ist.

(3) Für Zeugen und Sachverständige besteht eine Pflicht zur Aussage oder zur Erstattung von Gutachten, wenn sie durch Rechtsvorschriften vorgesehen ist. Falls die Behörde **Zeugen und Sachverständige** herangezogen hat, **werden** sie auf Antrag **in entsprechender Anwendung des Gesetzes über die Entschädigung von Zeugen und Sachverständigen entschädigt.**

Nr. 6.2
Bremisches Polizeigesetz (BremPolG)

Vom 21. März 1983 (BremGBl. 1983 S. 141)

Auszug

§ 12 Vorladung

(1) Die Polizei darf eine Person schriftlich oder mündlich vorladen, wenn

1. Tatsachen die Annahme rechtfertigen, daß die Person sachdienliche Angaben zur Aufklärung des Sachverhalts in einer bestimmten polizeilichen Angelegenheit machen kann oder
2. das zur Durchführung erkennungsdienstlicher Maßnahmen (§ 31) erforderlich ist.

(2) Bei der Vorladung soll deren Grund angegeben werden. Die Festsetzung des Zeitpunkts soll auf den Beruf und die sonstigen Lebensverhältnisse des Betroffenen Rücksicht nehmen.

(3) Die Polizei darf die Vorladung nicht mit Zwangsmitteln durchsetzen, es sei denn, daß der Betroffene zum Zwecke der Identitätsfeststellung gemäß § 11 Abs. 2 Nr. 8 zur Dienststelle gebracht werden darf oder daß dies zur Durchführung erkennungsdienstlicher Maßnahmen erforderlich ist.

(4) **Für die Entschädigung von Personen, die auf Vorladung als Zeugen erscheinen oder die als Sachverständige herangezogen werden, gilt das Gesetz über die Entschädigung von Zeugen und Sachverständigen entsprechend.**

Nr. 6.3
Verordnung über die Bildung einer Schiedsstelle für die Festsetzung von Krankenhaus-Pflegesätzen

Vom 3. Juni 1986 (BremGBl. 1986 S. 117)

Auszug

§ 12 Entschädigung von Zeugen und Sachverständigen.

Sachverständige und Zeugen erhalten eine Entschädigung entsprechend dem Gesetz über die Entschädigung von Zeugen und Sachverständigen.

Nr. 6.4
Verordnung über Einigungsstellen zur Beilegung von bürgerlichen Rechtsstreitigkeiten aufgrund des Gesetzes gegen den unlauteren Wettbewerb (Verordnung über Einigungsstellen)

Vom 16. Februar 1988 (BremGBl. 1988 S. 17)

Auszug

§ 10 Vergütung und Entschädigung

(1) Der Vorsitzende und die Beisitzer der Einigungsstelle erhalten auf Antrag Ersatz ihrer notwendigen Auslagen.

(2) Die Kammer kann dem Vorsitzenden der Einigungsstelle eine Vergütung für seine Tätigkeit gewähren.

(3) **Für die Entschädigung der Zeugen und Sachverständigen, die mit Zustimmung der Einigungsstelle erschienen oder gehört worden sind, gelten die Bestimmungen des Gesetzes über die Entschädigung von Zeugen und Sachverständigen in der jeweils geltenden Fassung.**

(4) Die Auslagen nach den Absätzen 1 und 3 setzt der Vorsitzende fest. Die Vergütung nach Absatz 2 setzt die Kammer nach billigem Ermessen fest.

Nr. 6.5
Verordnung über die Gutachterausschüsse für Grundstückswerte nach dem Baugesetzbuch

Vom 4. September 1990 (BremGBl. 1990 S. 261), geändert durch VO vom 4. Juni 1991 (BremGBl. 1991 S. 183)

Auszug

§ 7 Entschädigung der ehrenamtlichen Gutachter

Die ehrenamtlichen Gutachter erhalten **eine Entschädigung nach dem Gesetz über die Entschädigung von Zeugen und Sachverständigen in der jeweils geltenden Fassung.** Das gilt nicht für Gutachter, die hauptberuflich im Dienst der betroffenen Stadtgemeinde stehen.

Nr. 6.6
Gesetz über Einsetzung und Verfahren von Untersuchungsausschüssen

Vom 15. November 1982 (BremGBl. S. 329), geändert durch Gesetz vom 23. Februar 1988 (BremGBl. S. 17)

Auszug

§ 18 Kosten und Auslagen

Die Kosten des Untersuchungsverfahrens bei der Bürgerschaft trägt die Freie Hansestadt Bremen. **Zeugen und Sachverständige werden nach dem Gesetz über die Entschädigung von Zeugen und Sachverständigen** entschädigt. Die Festsetzung erfolgt durch die Verwaltung der Bürgerschaft und kann vor dem zuständigen Gericht angefochten werden.

Nr. 6.7
Verordnung über die Errichtung und das Verfahren der Landesschiedsstelle und der erweiterten Landesschiedsstelle nach dem Fünften Buch Sozialgesetzbuch

Vom 17. Dezember 1991 (BremGBl. 1992 S. 9)

Auszug

§ 17 Entschädigung für Zeugen und Sachverständige

Sachverständige und Zeugen, die auf Beschluß der Landesschiedsstelle oder der erweiterten Landessschiedsstelle hinzugezogen worden sind, erhalten eine **Entschädigung nach dem Gesetz über die Entschädigung von Zeugen und Sachverständigen** in der jeweils geltenden Fassung. Die Entschädigung wird von der Geschäftsstelle festgesetzt.

Nr. 6.8
Gesetz über die Gutachterstelle für die freiwillige Kastration und andere Behandlungsmethoden

Vom 11. Juli 1972 (BremGBl. 1972 S. 148)

Auszug

§ 22 Erstattung von Auslagen

Der Ärztekammer sind am Schluß eines jeden Rechnungsjahres von der Freien Hansestadt Bremen zu erstatten

1. die den Mitgliedern gezahlte Aufwandsentschädigung (§ 5 Absatz 2) in der sich **aus dem Gesetz über die Entschädigung von Zeugen und Sachverständigen** ergebenden Höhe,
2. Reisekosten, die Mitgliedern der Gutachterstelle anläßlich von Untersuchungen, Anhörungen oder Aufklärungen erwachsen sind,
3. Kosten, die durch Aufträge nach § 13 Absatz 1 Satz 2 entstanden sind.

7. Hamburg

Nr. 7.1
Verordnung über die Einigungsstelle zur Beilegung von Wettbewerbsstreitigkeiten.

Vom 27. Januar 1959 (HambGVBl. 1959 S. 11), geändert durch VO vom 23. Dezember 1986 (HambGVBl. 1986 S. 368)

Auszug

§ 11 Vergütung und Entschädigung

(1) Die Handelskammer kann dem Vorsitzenden der Einigungsstelle eine Vergütung für seine Tätigkeit gewähren.

(2) **Zeugen und Sachverständige, die mit Zustimmung der Einigungsstelle erschienen oder angehört worden sind, erhalten von der Handelskammer auf Antrag eine Entschädigung nach den Bestimmungen des Gesetzes über die Entschädigung von Zeugen und Sachverständigen vom 26. Juli 1957 (Bundesgesetzblatt I Seite 902).**

Nr. 7.2
Hamburgisches Verwaltungsverfahrensgesetz (HmbVwVfG)

Vom 9. November 1977 (HambGVBl. 1977 S. 333)

Auszug

§ 23 Amtssprache

(1) Die Amtssprache ist deutsch.

(2) Werden bei einer Behörde in einer fremden Sprache Anträge gestellt oder Eingaben, Belege, Urkunden oder sonstige Schriftstücke vorgelegt, soll die Behörde unverzüglich die Vorlage einer Übersetzung verlangen. In begründeten Fällen kann die Vorlage einer beglaubigten oder von einem öffentlich bestellten oder beeidigten Dolmetscher oder Übersetzer angefertigten Übersetzung verlangt werden. Wird die verlangte Übersetzung nicht unverzüglich vorgelegt, so kann die Behörde auf Kosten des Beteiligten selbst eine Übersetzung beschaffen. **Hat die Behörde Dolmetscher oder Übersetzer herangezogen, werden diese in entsprechender Anwendung des Gesetzes über die Entschädigung von Zeugen und Sachverständigen entschädigt.**

(3) Soll durch eine Anzeige, einen Antrag oder die Abgabe einer Willenserklärung eine Frist in Lauf gesetzt werden, innerhalb deren die Behörde in einer bestimmten Weise tätig werden muß, und gehen diese in einer fremden Sprache ein, so beginnt der Lauf der Frist erst mit dem Zeitpunkt, in dem der Behörde eine Übersetzung vorliegt.

(4) Soll durch eine Anzeige, einen Antrag oder eine Willenserklärung, die in fremder Sprache eingehen, zugunsten eines Beteiligten eine Frist gegenüber der Behörde gewahrt, ein öffentlich-rechtlicher Anspruch geltend gemacht oder eine Leistung begehrt werden, so gelten die Anzeige, der Antrag oder die Willenserklärung als zum Zeitpunkt des Eingangs bei der Behörde abgegeben, wenn auf Verlangen der Behörde innerhalb einer von dieser zu setzenden angemessenen Frist eine Übersetzung vorgelegt wird. Andernfalls ist der Zeitpunkt des Eingangs der Übersetzung maßgebend, soweit sich nicht aus zwischenstaatlichen Vereinbarungen etwas anderes ergibt. Auf diese Rechtsfolge ist bei der Fristsetzung hinzuweisen.

§ 26 Beweismittel

(1) Die Behörde bedient sich der Beweismittel, die sie nach pflichtgemäßem Ermessen zur Ermittlung des Sachverhalts für erforderlich hält. Sie kann insbesondere

1. Auskünfte jeder Art einholen,
2. Beteiligte anhören, Zeugen und Sachverständige vernehmen oder die schriftliche Äußerung von Beteiligten, Sachverständigen und Zeugen einholen,
3. Urkunden und Akten beiziehen,
4. den Augenschein einnehmen.

(2) Die Beteiligten sollen bei der Ermittlung des Sachverhalts mitwirken. Sie sollen insbesondere ihnen bekannte Tatsachen und Beweismittel angeben. Eine weitergehende Pflicht, bei der Ermittlung des Sachverhalts mitzuwirken, insbesondere eine Pflicht zum persönlichen Erscheinen oder zur Aussage, besteht nur, soweit sie durch Rechtsvorschrift besonders vorgesehen ist.

(3) Für Zeugen und Sachverständige besteht eine Pflicht zur Aussage oder zur Erstattung von Gutachten, wenn sie durch Rechtsvorschrift vorgesehen ist. Falls die Behörde **Zeugen und Sachverständige** herangezogen hat, **werden** sie auf Antrag **in entsprechender Anwendung des Gesetzes über die Entschädigung von Zeugen und Sachverständigen entschädigt.**

Nr. 7.3
Verordnung über die Landesschiedsstelle nach dem Fünften Buch Sozialgesetzbuch (SGB V) – Gesetzliche Krankenversicherung – (Landesschiedsstellenverordnung)

Vom 10. Dezember 1991 (HambGVBl. 1991 S. 415)

Auszug

§ 16 Entschädigung für Zeugen und Sachverständige

Sachverständige und Zeugen, die auf Beschluß der Landesschiedsstelle oder der erweiterten Schiedsstelle hinzugezogen worden sind, erhalten von der Geschäftsstelle eine Entschädigung, die nach den Bestimmungen des **Gesetzes über die Entschädigung von Zeugen und Sachverständigen in der Fassung vom 1. Oktober 1969** (Bundesgesetzblatt I Seite 1757), zuletzt geändert am 17. Dezember 1990 (Bundesgesetzblatt I Seiten 2847, 2859), in der jeweils geltenden Fassung von der Geschäftsstelle festgesetzt wird.

8. Hessen

Nr. 8.1
Hessisches Gesetz über die öffentliche Sicherheit und Ordnung (HSOG)

In der Fassung vom 31. März 1994 (GVBl. Hessen 1994 S. 174)

Auszug

§ 30 Vorladung

(1) Die Gefahrenabwehr- und die Polizeibehörden können eine Person schriftlich oder mündlich vorladen, wenn Tatsachen die Annahme rechtfertigen, daß die Person sachdienliche Angaben machen kann, die für die Erfüllung einer bestimmten gefahrenabwehrbehördlichen oder polizeilichen Aufgabe erforderlich sind. Die Polizeibehörden können eine Person ferner schriftlich oder mündlich vorladen, wenn dies zur Durchführung erkennungsdienstlicher Maßnahmen erforderlich ist.

(2) Bei der Vorladung soll deren Grund angegeben werden. Bei der Festsetzung des Zeitpunkts soll auf den Beruf und die sonstigen Lebensverhältnisse der betroffenen Person Rücksicht genommen werden.

(3) Leistet eine betroffene Person der Vorladung ohne hinreichenden Grund keine Folge, so kann sie zwangsweise durchgesetzt werden,

1. wenn die Angaben der betroffenen Person zur Abwehr einer Gefahr für Leib, Leben oder Freiheit einer Person erforderlich sind oder
2. zur Durchführung erkennungsdienstlicher Maßnahmen.

(4) Die zwangsweise Vorführung bedarf außer bei Gefahr im Verzug der richterlichen Anordnung. Für das Verfahren gilt § 33 Abs. 2 mit der Maßgabe, daß das Amtsgericht zuständig ist, in dessen Bezirk die Gefahrenabwehr- oder die Polizeibehörde ihren Sitz hat.

(5) **Für die Entschädigung von Personen, die auf Vorladung als Zeuginnen oder Zeugen erscheinen oder die als Sachverständige oder als Dolmetscherinnen oder Dolmetscher herangezogen werden, gilt das Gesetz über die Entschädigung von Zeugen und Sachverständigen entsprechend.**

Nr. 8.2
Hessisches Verwaltungsverfahrensgesetz (HVwVfG)

Vom 1. Dezember 1976 (GVBl. Hessen 1976 S. 454)

Auszug

§ 23 Amtssprache

(1) Die Amtssprache ist deutsch.

(2) Werden bei einer Behörde in einer fremden Sprache Anträge gestellt oder Eingaben, Belege, Urkunden oder sonstige Schriftstücke vorgelegt, soll die Behörde unverzüglich die Vorlage einer Übersetzung verlangen. In begründeten Fällen kann die Vorlage einer beglaubigten oder von einem öffentlich bestellten oder beeidigten Dolmetscher oder Übersetzer angefertigten Übersetzung verlangt werden. Wird die verlangte Übersetzung nicht unverzüglich vorgelegt, so kann die Behörde auf Kosten des Beteiligten selbst eine Übersetzung beschaffen. **Hat die Behörde Dolmetscher oder Übersetzer herangezogen, werden diese in entsprechender Anwendung des Gesetzes über die Entschädigung von Zeugen und Sachverständigen entschädigt.**

(3) Soll durch eine Anzeige, einen Antrag oder die Abgabe einer Willenserklärung eine Frist in Lauf gesetzt werden, innerhalb deren die Behörde in einer bestimmten Weise tätig werden muß, und gehen diese in einer fremden Sprache ein, so beginnt der Lauf der Frist erst mit dem Zeitpunkt, in dem der Behörde eine Übersetzung vorliegt.

(4) Soll durch eine Anzeige, einen Antrag oder eine Willenserklärung, die in fremder Sprache eingehen, zugunsten eines Beteiligten eine Frist gegenüber der Behörde gewahrt, ein öffentlich-rechtlicher Anspruch geltend gemacht oder eine Leistung begehrt werden, so gelten die Anzeige, der Antrag oder die Willenserklärung als zum Zeitpunkt des Eingangs bei der Behörde abgegeben, wenn auf Verlangen der Behörde innerhalb einer von dieser zu setzenden angemessenen Frist eine Übersetzung vorgelegt wird. Andernfalls ist der Zeitpunkt des Eingangs der Übersetzung maßgebend, soweit sich nicht aus zwischenstaatlichen Vereinbarungen etwas anderes ergibt. Auf diese Rechtsfolge ist bei der Fristsetzung hinzuweisen.

§ 26 Beweismittel

(1) Die Behörde bedient sich der Beweismittel, die sie nach pflichtgemäßem Ermessen zur Ermittlung des Sachverhalts für erforderlich hält. Sie kann insbesondere

1. Auskünfte jeder Art einholen,
2. Beteiligte anhören, Zeugen und Sachverständige vernehmen oder die schriftliche Äußerung von Beteiligten, Sachverständigen und Zeugen einholen,
3. Urkunden und Akten beiziehen,
4. den Augenschein einnehmen.

(2) Die Beteiligten sollen bei der Ermittlung des Sachverhalts mitwirken. Sie sollen insbesondere ihnen bekannte Tatsachen und Beweismittel angeben. Eine weitergehende Pflicht, bei der Ermittlung des Sachverhalts mitzuwirken, insbesondere eine Pflicht zum persönlichen Erscheinen oder zur Aussage, besteht nur, soweit sie durch Rechtsvorschrift besonders vorgesehen ist.

(3) Für **Zeugen und Sachverständige** besteht eine Pflicht zur Aussage oder zur Erstattung von Gutachten, wenn sie durch Rechtsvorschrift vorgesehen ist. Falls die Behörde Zeugen und Sachverständige herangezogen hat, **werden** sie auf Antrag **in entsprechender Anwendung des Gesetzes über die Entschädigung von Zeugen und Sachverständigen entschädigt.**

Nr. 8.3
Hessisches Schiedsamtsgesetz (HSchAG)

Vom 23. März 1994 (GVBl. Hessen 1994 S. 148)

Auszug

§ 49 Auslagen

(1) Als Auslagen werden erhoben

1. Schreibauslagen für die Aufnahme von Anträgen, für Mitteilungen an die Parteien sowie für Ausfertigungen und Abschriften von Protokollen und Bescheinigungen; die Höhe der Schreibauslagen bestimmt sich nach § 136 Abs. 3 bis 5 des Gesetzes über die Kosten in Angelegenheiten der freiwilligen Gerichtsbarkeit (Kostenordnung) in der Fassung vom 26. Juli 1957 (BGBl. I S. 861), zuletzt geändert durch Gesetz vom 17. Dezember 1990 (BGBl. I S. 2847);
2. die bei der Durchführung einer Amtshandlung entstandenen notwendigen baren Auslagen in tatsächlicher Höhe.

(2) **Die Entschädigung hinzugezogener Dolmetscherinnen und Dolmetscher zählt zu den baren Auslagen. Sie richtet sich nach dem Gesetz über die Entschädigung von Zeugen und Sachverständigen in der Fassung vom 1. Oktober 1969 (BGBl. I S. 1302), zuletzt geändert durch Gesetz vom 15. Juli 1992 (BGBl. I S. 1302). Die Entschädigung ist auf Antrag des Schiedsamts oder der Dolmetscherin oder des Dolmetschers von dem Urkundsbeamten der Geschäftsstelle des für den Schiedsamtsbezirk zuständigen Amtsgerichts festzusetzen.**

Nr. 8.4
Verordnung über die Schiedsstelle für die Festsetzung nach § 18 a Abs. 4 des Krankenhausfinanzierungsgesetzes

Vom 22. Mai 1986 (GVBl. Hessen 1986 S. 150)

Auszug

§ 16 Entschädigung für Sachverständige und Zeugen

Sachverständige und Zeugen erhalten eine Entschädigung entsprechend dem Gesetz über die Entschädigung von Zeugen und Sachverständigen.

Nr. 8.5
Gesetz über die Gutachterstelle für die freiwillige Kastration und andere Behandlungsmethoden

Vom 15. Juli 1970 (GVBl. Hessen 1970 S. 409)

Auszug

§ 12 Unmittelbarkeit

(1) Die Gutachterstelle trifft die Maßnahmen nach den §§ 10 und 11 durch ihre Mitglieder. Sie kann andere Personen als Sachverständige mit deren Einverständnis zuziehen.

(2) Als Sachverständige zugezogene Personen werden nach Maßgabe **des Gesetzes über die Entschädigung von Zeugen und Sachverständigen in der jeweils geltenden Fassung** entschädigt.

(3) Ersuchen der Gutachterstellen anderer Länder dürfen nicht abgelehnt werden.

9. Mecklenburg-Vorpommern

Nr. 9.1
Verordnung über Einigungsstellen zur Beilegung von bürgerlichen Rechtsstreitigkeiten aufgrund des Gesetzes gegen den unlauteren Wettbewerb (Verordnung über Einigungsstellen)

Vom 19. September 1991 (GVBl. Meckl.-Vorp. S. 384)

Auszug

§ 12 Entschädigung

(1) Der Vorsitzende und die Beisitzer erhalten auf Antrag eine Entschädigung für Fahrtkosten, Aufwand und sonstige Aufwendungen in entsprechender Anwendung der §§ 3 bis 5 des Gesetzes über die Entschädigung der ehrenamtlichen Richter in der Fassung der Bekanntmachung vom 1. Oktober 1969 (BGBl. I S. 1753), zuletzt geändert durch das Gesetz vom 9. Dezember 1986 (BGBl. I S. 2326).

(2) Die Industrie- und Handelskammer kann dem Vorsitzenden und den Beisitzern auf Antrag eine Entschädigung für deren Zeitversäumnis in entsprechender Anwendung des § 2 des Gesetzes über die Entschädigung der ehrenamtlichen Richter gewähren. Die Entschädigung für das Zeitversäumnis des Vorsitzenden kann bis zum Zweifachen der nach § 2 des Gesetzes über die Entschädigung ehrenamtlicher Richter zulässigen Höhe angehoben werden.

(3) **Zeugen und Sachverständige,** die mit Zustimmung der Einigungsstelle erschienen oder angehört worden sind, **erhalten von der Industrie- und Handelskammer auf Antrag eine Entschädigung nach dem Gesetz über die Entschädigung von Zeugen und Sachverständigen,** in der Fassung der Bekanntmachung vom 1. Oktober 1969 (BGBl. I S. 1756), zuletzt geändert durch Rechtspflegevereinfachungsgesetz vom 17. Dezember 1990 (BGBl. I S. 2847).

9.2 Landesverordnung über die Bildung von Gutachterausschüssen für Grundstückswerte – Gutachterausschußverordnung (GutAVO)

Vom 6. Juli 1992 (GVBl. Meckl.-Vorp. 1992 S. 401)

Auszug

§ 6 Entschädigung der ehrenamtlichen Mitglieder des Gutachterausschusses

(1) Die ehrenamtlichen Mitglieder des Gutachterausschusses erhalten von der Gebietskörperschaft, für deren Bereich er gebildet ist,

1. soweit sie nicht hauptberuflich im öffentlichen Dienst stehen, **eine Entschädigung wie Sachverständige nach dem Gesetz über die Entschädigung von Zeugen und Sachverständigen in der Fassung der Bekanntmachung vom 1. Oktober 1989 (BGBl. I S. 1756), zuletzt geändert durch Gesetz vom 17. Dezember 1990 (BGBl. I S. 2847),**

2. . . .

(2) Die Entschädigung wird von der Geschäftsstelle festgesetzt.

Nr. 9.3
Gesetz über die öffentliche Sicherheit und Ordnung in Mecklenburg-Vorpommern (Sicherheits- und Ordnungsgesetz – SOG MV –)

Vom 4. August 1992 (GVBl. Meckl.-Vorp. S. 498)

Auszug

§ 50 Vorladung

(1) Eine Person kann schriftlich oder mündlich vorgeladen werden, wenn,

1. Tatsachen die Annahme rechtfertigen, daß die Person sachdienliche Angaben machen kann, die für die Erfüllung einer bestimmten Aufgabe der Ordnungsbehörde oder der Polizei erforderlich sind, oder
2. dies zur Durchführung einer gesetzlich zugelassenen erkennungsdienstlichen Maßnahme erforderlich ist.

(2) – (5) . . .

(6) **Für die Entschädigung von Personen, die auf Vorladung als Zeugen erscheinen oder die als Sachverständige oder Dolmetscher herangezogen werden, gilt das Gesetz über die Entschädigung von Zeugen und Sachverständigen entsprechend.**

Nr. 9.4
Verwaltungsverfahrens- und Zustellungsgesetz des Landes Mecklenburg-Vorpommern (Verwaltungsverfahrensgesetz – VwVfG MV)

Vom 21. April 1993 (GVBl. Meckl.-Vorp. 1993 S. 482)

Auszug

§ 23 Amtssprache

(1) Die Amtssprache ist deutsch.

(2) Werden bei einer Behörde in einer fremden Sprache Anträge gestellt oder Eingaben, Belege, Urkunden oder sonstige Schriftstücke vorgelegt, soll die Behörde unverzüglich die Vorlage einer Übersetzung verlangen. In begründeten Fällen kann die Vorlage einer von einem öffentlich bestellten oder beeidigten Dolmetscher oder Übersetzer angefertigten oder beglaubigten Übersetzung verlangt werden. Wird die verlangte Übersetzung nicht unverzüglich vorgelegt, so kann die Behörde auf Kosten des Beteiligten selbst eine Übersetzung beschaffen. **Hat die Behörde Dolmetscher oder Übersetzer herangezogen, werden diese in entsprechender Anwendung des Gesetzes über die Entschädigung von Zeugen und Sachverständigen entschädigt.**

(3) ...

§ 26 Beweismittel

(1) Die Behörde bedient sich der Beweismittel, die sie nach pflichtgemäßem Ermessen zur Ermittlung des Sachverhalts für erforderlich hält. Sie kann insbesondere

1. Auskünfte jeder Art einholen,
2. Beteiligte anhören, Zeugen und Sachverständige vernehmen oder die schriftliche Äußerung von Beteiligten, Sachverständigen und Zeugen einholen,
3. Urkunden und Akten beiziehen,
4. den Augenschein einnehmen.

(2) ...

(3) Für Zeugen und Sachverständige besteht eine Pflicht zur Aussage oder zur Erstattung von Gutachten, wenn sie durch Rechtsvorschrift vorgesehen ist. **Falls die Behörde Zeugen und Sachverständige herangezogen hat, werden sie auf Antrag in entsprechender Anwendung des Gesetzes über die Entschädigung von Zeugen und Sachverständigen entschädigt.**

10. Niedersachsen

Nr. 10.1
Vorläufiges Verwaltungsverfahrensgesetz für das Land Niedersachsen (Nds. VwVfG)

Vom 3. Dezember 1976 (Nds. GVBl. 1976 S. 311)

Auszug

§ 1

(1) Für die öffentlich-rechtliche Verwaltungstätigkeit der Behörden des Landes, der Gemeinden, der Landkreise und der sonstigen der Aufsicht des Landes unterstehenden Körperschaften, Anstalten und Stiftungen des öffentlichen Rechts gelten die Vorschriften des **Verwaltungsverfahrensgesetzes vom 25. Mai 1976 (Bundesgesetzbl. I S. 1253)**;[1] geändert durch Artikel 7 Nr. 4 des Adoptionsgesetzes vom 2. Juli 1976 (Bundesgesetzbl. I S. 1749), mit Ausnahme der §§ 1, 2, 61 Abs. 2, §§ 78, 94, 95 Abs. 2 und §§ 97 bis 103 sowie die Vorschriften dieses Gesetzes. Das Verwaltungsverfahrensgesetz und dieses Gesetz finden nur Anwendung, soweit nicht Rechtsvorschriften des Landes inhaltsgleiche oder entgegenstehende Bestimmungen enthalten.

1 S. Abschnitt I Nr. 1.10.

Nr. 10.2
Niedersächsisches Gefahrenabwehrgesetz (NGefAG)

In der Fassung vom 13. April 1994 (Nds. GVBl. 1994 S. 173)

Auszug

§ 16 Vorladung

(1) Die Verwaltungsbehörden und die Polizei können eine Person schriftlich oder mündlich vorladen, um sie nach § 11 a zu befragen oder wenn dies zur Durchführung erkennungsdienstlicher Maßnahmen erforderlich ist.

(2) Bei der Vorladung soll deren Grund angegeben werden. Bei der Festsetzung des Zeitpunkts soll auf den Beruf und die sonstigen Lebensverhältnisse des Betroffenen Rücksicht genommen werden.

(3) Leistet ein Betroffener der Vorladung ohne hinreichenden Grund keine Folge, so kann sie mit Zwangsmitteln durchgesetzt werden,

1. wenn ihre Angaben zur Abwehr einer Gefahr für Leib, Leben oder Freiheit einer Person erforderlich sind oder
2. wenn erkennungsdienstliche Maßnahmen durchgeführt werden sollen.

(4) **Das Gesetz über die Entschädigung von Zeugen und Sachverständigen ist auf die darin genannten Personen entsprechend anzuwenden, wenn diese nach Absatz 1 vorgeladen oder herangezogen werden.**

Nr. 10.3
Niedersächsisches Gesetz über gemeindliche Schiedsämter

Vom 1. Dezember 1989 (Nds. GVBl. 1989 S. 389)

Auszug

§ 48

(1) Die Schiedsperson erhebt

1. Schreibauslagen für die Aufnahme von Anträgen, für Mitteilungen an die Parteien sowie für Ausfertigungen und Abschriften von Protokollen und Bescheinigungen: die Höhe der Schreibauslagen bestimmt sich nach § 136 Abs. 3 der Kostenordnung:
2. die bei der Durchführung einer Amtshandlung entstehenden notwendigen baren Auslagen in tatsächlicher Höhe.

(2) **Die Entschädigung eines hinzugezogenen Dolmetschers zählt zu den baren Auslagen. Die Höhe der Entschädigung richtet sich nach dem Gesetz über die Entschädigung von Zeugen und Sachverständigen.** Die Entschädigung ist auf Antrag der Schiedsperson oder des Dolmetschers von dem Amtsgericht, in dessen Bezirk das Schiedsamt seinen Sitz hat, durch richterlichen Beschluß festzusetzen. § 16 Abs. 2 bis 5 des Gesetzes über die Entschädigung von Zeugen und Sachverständigen ist auf das Festsetzungsverfahren entsprechend anzuwenden.

Nr. 10.4
Verordnung über Einigungsstellen nach dem Gesetz gegen den unlauteren Wettbewerb

Vom 21. Februar 1991 (Nds. GVBl. 1991 S. 139)

Auszug

§ 7 Entschädigung, Auslagenersatz

(1) Die Industrie- und Handelskammer kann den Vorsitzenden eine angemessene Entschädigung für jedes einzelne Verfahren gewähren. Die Mitglieder der Einigungsstelle erhalten auf Antrag Ersatz ihrer notwendigen Auslagen für Fahrt, Unterkunft und Verpflegung.

(2) **Auskunftspersonen,** die mit Zustimmung der **Einigungsstelle** erschienen oder angehört worden sind, **erhalten auf Antrag eine Entschädigung entsprechend den Bestimmungen des Gesetzes über die Entschädigung von Zeugen und Sachverständigen.** Die Entschädigung setzt der oder die Vorsitzende fest, wenn die Auskunftsperson oder die Industrie- und Handelskammer eine Festsetzung beantragt.

11. Nordrhein-Westfalen

Nr. 11.1
Gesetz über das Schiedsamt in den Gemeinden des Landes Nordrhein-Westfalen (Schiedsamtsgesetz – SchAG NW)

Vom 16. Dezember 1992 (GV. NW. 1993 S. 32)

Auszug

§ 46 Auslagen

(1) Als Auslagen werden erhoben

1. Schreibauslagen für die Aufnahme von Anträgen, für Mitteilungen an die Parteien sowie für Ausfertigungen und Abschriften von Protokollen und Bescheinigungen; die Höhe der Schreibauslagen bestimmt sich nach § 136 Abs. 3 des Gesetzes über die Kosten in Angelegenheiten der freiwilligen Gerichtsbarkeit (Kostenordnung);
2. die bei der Durchführung einer Amtshandlung entstehenden notwendigen baren Auslagen in tatsächlicher Höhe.

(2) **Die Entschädigung hinzugezogener Dolmetscherinnen und Dolmetscher zählt zu den baren Auslagen (Absatz 1 Nr. 2). Sie richtet sich nach dem Gesetz über die Entschädigung von Zeugen und Sachverständigen. Die Entschädigung ist auf Antrag der Schiedsperson oder der Dolmetscherin oder des Dolmetschers von dem für den Schiedsamtsbezirk zuständigen Amtsgerichts festzusetzen. § 7 Abs. 1 und § 16 Abs. 2 bis 5 des Gesetzes über die Entschädigung von Zeugen und Sachverständigen sind entsprechend anzuwenden.**

Nr. 11.2
Verwaltungsverfahrensgesetz für das Land Nordrhein-Westfalen (VwVfG.NW.)

Vom 21. Dezember 1976 (GV. NW. S. 438), zuletzt geändert durch Gesetz vom 24. November 1992 (GV. NW. S. 446)

Auszug

§ 26 Beweismittel

(1) Die Behörde bedient sich unter Beachtung des § 3 a der Beweismittel, die sie nach pflichtgemäßem Ermessen zur Ermittlung des Sachverhalts für erforderlich hält. Sie kann insbesondere

1. Auskünfte jeder Art einholen,
2. Beteiligte anhören, Zeugen und Sachverständige vernehmen oder die schriftliche Äußerung von Beteiligten, Sachverständigen und Zeugen einholen,
3. Urkunden und Akten beiziehen,
4. den Augenschein einnehmen.

(2) Die Beteiligten sollen bei der Ermittlung des Sachverhalts mitwirken. Sie sollen insbesondere ihnen bekannte Tatsachen und Beweismittel angeben. Eine weitergehende Pflicht, bei der Ermittlung des Sachverhalts mitzuwirken, insbesondere eine Pflicht zum persönlichen Erscheinen, zur Angabe von personenbezogenen Daten oder von Betriebs- und Geschäftsgeheimnissen oder zur Aussage, besteht nur, soweit sie durch Rechtsvorschrift besonders vorgesehen ist. Der Auskunftspflichtige kann die Auskunft auf solche Fragen, zu deren Beantwortung er durch Rechtsvorschrift verpflichtet ist, verweigern, wenn deren Beantwortung ihn selbst oder einen der in § 383 Abs. 1 Nrn. 1 bis 3 der Zivilprozeßordnung bezeichneten Angehörigen der Gefahr strafgerichtlicher Verfolgung oder eines Verfahrens nach dem Gesetz über Ordnungswidrigkeiten aussetzen würde.

(3) Für Zeugen und Sachverständige besteht eine Pflicht zur Aussage oder zur Erstattung von Gutachten, wenn sie durch Rechtsvorschrift vorgesehen ist. **Falls die Behörde Zeugen und Sachverständige herangezogen hat, werden sie auf Antrag in entsprechender Anwendung des Gesetzes über die Entschädigung von Zeugen und Sachverständigen entschädigt.**

Nr. 11.3
Gesetz über die Einsetzung und das Verfahren von Untersuchungsausschüssen des Landtags Nordrhein-Westfalen

Vom 18. Dezember 1984 (GV. NW. 1985 S. 26)

Auszug

§ 26 Kosten und Auslagen

Die Kosten des Untersuchungsverfahrens trägt das Land. **Zeugen und Sachverständige werden nach dem Gesetz über die Entschädigung von Zeugen und Sachverständigen entschädigt.** Die Entschädigung wird durch die Verwaltung des Landtags festgesetzt. Der Zeuge oder Sachverständige kann bei dem zuständigen Gericht die gerichtliche Festsetzung der Entschädigung beantragen; § 16 des Gesetzes über die Entschädigung von Zeugen und Sachverständigen gilt entsprechend.

Nr. 11.4 Verordnung über Einigungsstellen zur Beilegung von bürgerlichen Rechtsstreitigkeiten aufgrund des Gesetzes gegen den unlauteren Wettbewerb (Verordnung über Einigungsstellen)

Vom 15. August 1989 (GV. NW. 1989 S. 460)

Auszug

§ 11 Entschädigung

(1) Der Vorsitzende und die Beisitzer erhalten auf Antrag eine Entschädigung für Fahrtkosten, Aufwand und sonstige Aufwendungen in entsprechender Anwendung der §§ 3 bis 5 des Gesetzes über die Entschädigung der ehrenamtlichen Richter in der Fassung der Bekanntmachung vom 1. Oktober 1969 (BGBl. I S. 1753), zuletzt geändert durch Gesetz vom 9. Dezember 1986 (BGBl. I S. 2326). Die Industrie- und Handelskammer kann dem Vorsitzenden und den Beisitzern auf Antrag eine Entschädigung für deren Zeitversäumnis in entsprechender Anwendung des § 2 des Gesetzes über die Entschädigung der ehrenamtlichen Richter gewähren.

(2) Die Entschädigung für das Zeitversäumnis des Vorsitzenden kann bis auf das Zweifache der nach § 2 des Gesetzes über die Entschädigung ehrenamtlicher Richter zulässigen Höhe angehoben werden.

(3) **Zeugen und Sachverständige, die mit Zustimmung der Einigungsstelle erschienen oder angehört worden sind, erhalten von der Industrie- und Handelskammer auf Antrag eine Entschädigung nach dem Gesetz über die Entschädigung von Zeugen und Sachverständigen in der Fassung der Bekanntmachung vom 1. Oktober 1969 (BGBl. I S. 1756), zuletzt geändert durch Gesetz vom 9. Dezember 1986 (BGBl. I S. 2326).**

Nr. 11.5
Verordnung über die Entschädigung der Mitglieder der Bezirksplanungsräte und des Braunkohlenausschusses (5. DVO zum Landesplanungsgesetz)

Vom 24. Oktober 1989 (GV. NW. 1989 S. 537), geändert durch Verordnung vom 14. Juli 1994 (GV. NW. 1994 S. 545)

Auszug

§ 3 Ersatz für Verdienstausfall

(1) Mitglieder, die einen Verdienstausfall nachweisen oder glaubhaft machen, erhalten eine Entschädigung in Höhe dieses Ausfalls, **höchstens jedoch in Höhe des in § 2 Abs. 2 des Gesetzes über die Entschädigung von Zeugen und Sachverständigen in der jeweils geltenden Fassung festgesetzten Betrages.** Die letzte Stunde wird voll gerechnet.

(2) **Ist ein Verdienstausfall nicht eingetreten, erhalten die Mitglieder eine Entschädigung in entsprechender Anwendung des § 2 Abs. 3 des Gesetzes über die Entschädigung von Zeugen und Sachverständigen.**

Nr. 11.6
Verordnung über die Landesschiedsstelle nach dem Sozialgesetzbuch – Gesetzliche Krankenversicherung – (SGB V) (Landesschiedsstellenverordnung – LSchV)

Vom 28. November 1989 (GV. NW. 1989 S. 641)

Auszug

§ 16 Entschädigung für Zeugen und Sachverständige

Sachverständige und Zeugen, die auf Beschluß der Landesschiedsstelle oder der erweiterten Schiedsstelle hinzugezogen worden sind, erhalten eine Entschädigung nach dem Gesetz über die Entschädigung von Zeugen und Sachverständigen in der jeweils geltenden Fassung.

Nr. 11.7
Polizeigesetz des Landes Nordrhein-Westfalen (PolG NW)

In der Fassung der Bekanntmachung vom 24. Februar 1990 (GV. NW. 1990 S. 70), geändert durch Gesetz vom 24. November 1992 (GV. NW S. 446)

Auszug

§ 10 Vorladung

(1) Die Polizei kann eine Person schriftlich oder mündlich vorladen, wenn
1. Tatsachen die Annahme rechtfertigen, daß die Personen sachdienliche Angaben machen kann, die für die Erfüllung einer bestimmten polizeilichen Aufgabe erforderlich sind,
2. das zur Durchführung erkennungsdienstlicher Maßnahmen erforderlich ist.

(2) Bei der Vorladung soll deren Grund angegeben werden. Bei der Festsetzung des Zeitpunkts soll auf den Beruf und die sonstigen Lebensverhältnisse des Betroffenen Rücksicht genommen werden.

(3) Leistet ein Betroffener der Vorladung ohne hinreichenden Grund keine Folge, so kann sie zwangsweise durchgesetzt werden,
1. wenn die Angaben zur Abwehr einer Gefahr für Leib, Leben oder Freiheit einer Person erforderlich sind,
2. zur Durchführung erkennungsdienstlicher Maßnahmen.

Die zwangsweise Vorführung darf nur auf Grund richterlicher Anordnung erfolgen, es sei denn, daß Gefahr im Verzug vorliegt.

(4) § 136 a der Strafprozeßordnung gilt entsprechend.

(5) **Für die Entschädigung von Personen, die auf Vorladung als Zeugen erscheinen oder die als Sachverständige herangezogen werden, gilt das Gesetz über die Entschädigung von Zeugen und Sachverständigen entsprechend.**

Nr. 11.8
Verordnung über die Gutachterausschüsse für Grundstückswerte (Gutachterausschußverordnung NW – GAVO NW)

Vom 7. März 1990 (GV. NW. 1990 S. 156)

Auszug

§ 19 Entschädigung der ehrenamtlichen Gutachter

Die ehrenamtlichen Gutachter erhalten eine Entschädigung wie Sachverständige nach dem Gesetz über die Entschädigung von Zeugen und Sachverständigen in der Fassung der Bekanntmachung vom 1. Oktober 1969 (BGBl. I S. 1756), zuletzt geändert durch Gesetz vom 8. Juni 1989 (BGBl. I S. 1026). Die Entschädigung wird von der Geschäftsstelle festgesetzt.

Nr. 11.9 Verordnung über die Sachverständigenkommission für bewegliche Bodendenkmäler

Vom 9. Januar 1991 (GV. NW. 1991 S. 34)

Auszug

§ 10 Entschädigung

Die Mitglieder der Sachverständigenkommission und die hinzugezogenen Sachverständigen (§ 8 Abs. 2 dieser Verordnung) erhalten eine **Entschädigung wie Sachverständige nach dem Gesetz über die Entschädigung von Zeugen und Sachverständigen** in der jeweils geltenden Fassung. Die Entschädigung wird von der Geschäftsstelle festgesetzt.

Nr. 11.10
Gesetz über die Entschädigung der ehrenamtlichen Mitglieder von Ausschüssen (Ausschußmitglieder-Entschädigungsgesetz – AMEG)

Vom 13. Mai 1958 (GV. NW. S. 193), zuletzt geändert durch VO vom 14. August 1985 (GV. NW. S. 552)

Auszug

§ 2 Verdienstausfall

(1) Die Ausschußmitglieder werden für ihren Verdienstausfall entschädigt.

(2) Die Entschädigung richtet sich nach dem regelmäßigen Bruttoverdienst. Sie wird nach Stunden der versäumten Arbeitszeit berechnet; dabei ist für jede Stunde höchstens der Betrag anzusetzen, der **einem Zeugen nach dem Bundesgesetz über die Entschädigung von Zeugen und Sachverständigen** als Höchstbetrag zusteht. Die letzte angefangene Stunde wird voll gerechnet.

§ 3 Vertretungskosten

Ist durch die Dienstleistung eine Vertretung notwendig geworden, so können die Vertretungskosten an Stelle der Verdienstausfallentschädigung mit gleichem Höchstbetrag wie diese erstattet werden.

Nr. 11.11
Gesetz über die Gutachterstellen bei den Ärztekammern

Vom 16. Juni 1970 (GV. NW. S. 2122), zuletzt geändert durch Art. 5 des RBG 84 vom 18. Dezember 1984 (GV. NW. S. 806)

Auszug

§ 14 Kosten

(1) Die Verfahren vor den Gutachterstellen sind gebühren- und auslagenfrei.

(2) Das Land erstattet den Ärztekammern am Schluß eines jeden Rechnungsjahres

1. die Kosten, die durch die Zahlung von Vergütungen an einzelne Mitglieder der Gutachterstellen gemäß § 7 Abs. 2 Satz 2 entstanden sind,
2. die Kosten für die Zuziehung von Sachverständigen nach § 11 Abs. 2, und zwar bei ärztlichen Sachverständigen in Höhe der Sätze des Gebührenverzeichnisses der Gebührenordnung für Ärzte, **bei anderen Sachverständigen entsprechend den Vorschriften des Gesetzes über die Entschädigung von Zeugen und Sachverständigen.**

(3) Das Land kann statt dessen im Einvernehmen mit der Ärztekammer die dieser entstandenen Kosten im Sinne des Absatzes 2 ganz oder teilweise durch einen jährlichen Pauschalbetrag abgelten.

Nr. 11.12
Gesetz über den Schutz der Berufsbezeichnungen „Architekt“, „Architektin“, „Stadtplaner“ und „Stadtplanerin“ sowie über die Architektenkammer, über den Schutz der Berufsbezeichnung „Beratender Ingenieur“ und „Beratende Ingenieurin“ sowie über die Ingenieurkammer-Bau – Baukammergesetz (BauKaG NW) –

Vom 15. Dezember 1992 (GV. NW. 1992 S. 534)

Auszug

§ 78 Auslagen

(1) Die dem Beschuldigten erwachsenen notwendigen Auslagen sind im Falle eines Freispruchs oder einer Einstellung nach § 69 Abs. 1 der Staatskasse aufzuerlegen.

(2) – (7) ...

(8) Zu den notwendigen Auslagen gehören auch

1. **die Entschädigung für eine notwendige Zeitversäumnis nach den Vorschriften, die für die Entschädigung von Zeugen gelten,**
2. ...

Nr. 11.13
Verordnung über die Schiedsstellen nach dem Bundessozialhilfegesetz (Schiedstellenverordnung – SchV)

Vom 14. Juni 1994 (GV. NW. 1994 S. 264)

Auszug

§ 13 Entschädigung von Zeugen und Sachverständigen

Sachverständige und Zeugen, die auf Beschluß der Schiedsstelle hinzugezogen worden sind, erhalten eine **Entschädigung nach dem Gesetz über die Entschädigung von Zeugen und Sachverständigen in der jeweils geltenden Fassung.**

12. Rheinland-Pfalz

Nr. 12.1
Landesgesetz über das Verwaltungsverfahren in Rheinland-Pfalz (Landesverwaltungsverfahrensgesetz – LVwVfG –)

Vom 23. Dezember 1976 (GVBl. Rhld. Pf. 1976 S. 2735)

Auszug

§ 1 Anwendungsbereich

(1) Für die öffentlich-rechtliche Verwaltungstätigkeit der Behörden des Landes, der Gemeinden und Gemeindeverbände sowie der sonstigen der Aufsicht des Landes unterstehenden juristischen Personen des öffentlichen Rechts gelten die §§ 2 bis 5 sowie die Bestimmungen des **Verwaltungsverfahrensgesetzes (VwVfG) vom 25. Mai 1976 (BGBl. I S. 1253)**[1] in der jeweils geltenden Fassung mit Ausnahme der §§ 1, 2, 61 Abs. 2 Satz 1, §§ 78, 80, 94, 96 Abs. 4 und §§ 97 bis 103, soweit nicht Rechtsvorschriften inhaltsgleiche oder entgegenstehende Bestimmungen enthalten.

1 s. Abschnitt I Nr. 1.10

Nr. 12.2
Schiedsamtsordnung (SchO)

In der Fassung vom 12. April 1991 (GVBl. Rhld. Pf. 1991 S. 209)

Auszug

§ 37 Auslagen

(1) Als Auslagen werden erhoben

1. für Ausfertigungen und Abschriften, die auf Antrag erteilt werden, Schreibauslagen nach Maßgabe des § 136 Abs. 3 der Kostenordnung,
2. für jeden Weg, den die Schiedsperson zur Durchführung einer Amtshandlung außerhalb ihres Geschäftsraums zurücklegen muß, ein Wegegeld von 3,– Deutsche Mark,
3. die der Schiedsperson bei der Durchführung einer Amtshandlung entstehenden notwendigen baren Auslagen in tatsächlicher Höhe; Fahrkosten jedoch nur insoweit, als sie das Wegegeld nach Nummer 2 übersteigen,

Die erste nach § 26 erteilte Ausfertigung oder Abschrift ist für jede Partei von Schreibauslagen frei.

(2) Die Entschädigung eines nach § 18 Abs. 2 Satz 4 hinzugezogenen Dolmetschers zählt zu den baren Auslagen. Die Höhe der Entschädigung richtet sich nach dem **Gesetz über die Entschädigung von Zeugen und Sachverständigen in der Fassung vom 1. Oktober 1969 (BGBl. I S. 1756) in der jeweils geltenden Fassung.** Die Entschädigung ist auf Antrag der Schiedsperson oder des Dolmetschers von dem Amtsgericht, in dessen Bezirk die Schiedsperson ihren Dienstsitz hat, festzusetzen. § 16 Abs. 2 bis 5 des Gesetzes über die Entschädigung von Zeugen und Sachverständigen findet entsprechende Anwendung.

Nr. 12.3
Polizei- und Ordnungsbehördengesetz (POG)

In der Fassung vom 9. Juli 1993 (GVBl. Rhld.-Pf. 1993 S. 407)

Auszug

§ 12 Vorladung

(1) Die Polizei kann eine Person schriftlich oder mündlich vorladen, wenn

1. Tatsachen die Annahme rechtfertigen, daß die Person sachdienliche Angaben machen kann, die für die Erfüllung einer polizeilichen Aufgabe erforderlich sind, oder
2. das zur Durchführung erkennungsdienstlicher Maßnahmen erforderlich ist.

Die gleiche Befugnis steht den allgemeinen Ordnungsbehörden im Falle des Satzes 1 Nr. 1 zu, soweit dies zur Erfüllung ordnungsbehördlicher Aufgaben erforderlich ist.

(2) – (4) . . .

(5) **Für die Entschädigung von Personen, die als Zeugen oder als Sachverständige herangezogen werden, gilt das Gesetz über die Entschädigung von Zeugen und Sachverständigen in der Fassung vom 1. Oktober 1969 (BGBl. I S. 1756), zuletzt geändert durch Artikel 9 des Gesetzes vom 15. Juli 1992 (BGBl. I S. 1302), entsprechend.**

Nr. 12.4
Landesverordnung über die Landesschiedsstelle nach dem Fünften Buch Sozialgesetzbuch

Vom 21. Juli 1992 (GVBl. Rhld.-Pf. 1992 S. 275)

Auszug

§ 12 Entschädigung für Zeugen und Sachverständige

Die nach § 9 Abs. 6 Satz 2 hinzugezogenen Zeugen und Sachverständigen haben einen Anspruch auf Entschädigung. **Das Gesetz über die Entschädigung von Zeugen und Sachverständigen in der Fassung vom 1. Oktober 1969 (BGBl. I S. 1756) findet in der jeweils geltenden Fassung mit Ausnahme seiner §§ 5, 16 und 17 a entsprechende Anwendung.** Die Entschädigung wird von der Geschäftsstelle festgesetzt.

Nr. 12.5
Pflegesatz-Schiedsstellenverordnung (PflSchVO)

Vom 27. Februar 1986 (GVBl.Rhld.Pf. 1986 S. 64)

Auszug

§ 9 Erstattungen und Entschädigungen

(1) Der Vorsitzende erhält Reisekostenvergütung in entsprechender Anwendung der Bestimmungen des Landesreisekostengesetzes vom 23. Dezember 1966 (GVBl. S. 369, BS 2032–30) in der jeweils geltenden Fassung. Fahrkosten werden erstattet wie sie Dienstreisenden der Besoldungsgruppe B 2 bis B 11 zustehen. Für die Bemessung des Tage- und Übernachtungsgeldes ist die Reisekostenstufe C zugrunde zu legen. Für sonstige Barauslagen und für Zeitverlust erhält er eine Pauschale, die die beteiligten Organisationen vereinbaren; kommt eine Einigung nicht zustande, entscheidet das Ministerium für Umwelt und Gesundheit nach Anhörung der beteiligten Organisationen. Die Geschäftsstelle zahlt die Erstattung und Entschädigung aus.

(2) Die übrigen Mitglieder der Schiedsstelle erhalten Reisekosten und Ersatz für sonstige Barauslagen sowie eine Entschädigung für Zeitverlust von den sie bestellenden Organisationen. Maßgebend sind die Vorschriften, die für die Mitglieder der Organe der bestellenden Organisationen gelten.

(3) **Die von der Schiedsstelle hinzugezogenen Zeugen und Sachverständigen erhalten eine Entschädigung. Insoweit findet das Gesetz über die Entschädigung von Zeugen und Sachverständigen in der Fassung vom 1. Oktober 1969 (BGBl. I S. 1756) in der jeweils geltenden Fassung mit Ausnahme seines § 16 entsprechende Anwendung.** Die Geschäftsstelle zahlt die Entschädigung aus.

Nr. 12.6
Landesverordnung über Einigungsstellen

Vom 2. Mai 1988 (GVBl. Rhld. Pf. 1988 S. 102)

Auszug

§ 12 Entschädigung

(1) Die Industrie- und Handelskammer kann dem Vorsitzenden eine Entschädigung für seine Tätigkeit bis zum Betrage von einhundert Deutsche Mark je Verfahren gewähren. Die Beisitzer erhalten auf Antrag eine Entschädigung entsprechend den Bestimmungen des Gesetzes über die Entschädigung der ehrenamtlichen Richter in der Fassung vom 1. Oktober 1969 (BGBl. I S. 1753) in der jeweils geltenden Fassung.

(2) **Zeugen und Sachverständige, die mit Zustimmung der Einigungsstelle erschienen oder angehört worden sind, erhalten von der Industrie- und Handelskammer auf Antrag eine Entschädigung entsprechend den Bestimmungen des Gesetzes über die Entschädigung von Zeugen und Sachverständigen in der Fassung vom 1. Oktober 1969 (BGBl. I S. 1756) in der jeweils geltenden Fassung.**

Nr. 12.7
Landesverordnung über Gutachterausschüsse, Kaufpreissammlungen und Bodenrichtwerte (Gutachterausschußverordnung)

Vom 15. Mai 1989 (GVBl. Rhld. Pf. 1989 S. 153)

Auszug

§ 4 Entschädigung von Gutachtern und Sachverständigen

(1) **Die ehrenamtlichen Gutachter sowie die nach § 197 Abs. 1 Satz 1 BauGB herangezogenen Sachverständigen erhalten für ihre Tätigkeit eine Entschädigung, wie sie das Gesetz über die Entschädigung von Zeugen und Sachverständigen für Sachverständige vorsieht.** Die Gutachter nach § 2 Abs. 4 erhalten für ihre Tätigkeit bei der Ermittlung von Bodenrichtwerten nach § 196 BauGB keine Entschädigung.

(2) Die Entschädigungen nach Absatz 1 Satz 1 werden von der Geschäftsstelle des Gutachterausschusses festgesetzt.

Nr. 12.8
Landesgesetz über die Gutachterstelle für die freiwillige Kastration und andere Behandlungsmethoden (Landesgesetz zur Ausführung des Kastrationsgesetzes – AGKastrG –)

Vom 22. Dezember 1970 (GVBl. Rhld. Pf. 1971 S. 26)

Auszug

§ 19 Erstattung von Auslagen

(1) Das Land erstattet der Landesärztekammer am Schluß eines jeden Rechnungsjahres

1. die Aufwandsentschädigung (§ 6 Abs. 2) und die Vergütungen für die zugezogenen Ärzte und Psychologen (§ 10 Satz 2) in Höhe der Sätze **des Gesetzes über die Entschädigung von Zeugen und Sachverständigen in der Fassung der Bekanntmachung vom 1. Oktober 1969 (BGBl. I S. 1756) in der jeweils geltenden Fassung,**
2. den Aufwand für notwendige Dienstreisen der Mitglieder der Gutachterstelle zu auswärtigen Dienstgeschäften in Höhe der Reisekostenvergütung, die Angehörige der Besoldungsgruppe A 15 nach den Vorschriften des Landesreisekostengesetzes vom 23. Dezember 1966 (GVBl. S. 369), zuletzt geändert durch Landesverordnung vom 14. April 1969 (GVBl. S. 101), BS 2032-30, in der jeweils geltenden Fassung erhalten.

(2) Das Land kann im Einvernehmen mit der Landesärztekammer die nach Absatz 1 zu erstattenden Auslagen ganz oder teilweise durch Zahlung eines jährlichen Pauschalbetrages abgelten.

13. Saarland

Nr. 13.1
Gesetz Nr. 1056
Saarländisches Verwaltungsverfahrensgesetz (SVwVfG)

Vom 15. Dezember 1976 (ABl. Saar 1976 S. 1151)

Auszug

§ 23 Amtssprache

(1) Die Amtssprache ist deutsch.

(2) Werden bei einer Behörde in einer fremden Sprache Anträge gestellt oder Eingaben, Belege, Urkunden oder sonstige Schriftstücke vorgelegt, soll die Behörde unverzüglich die Vorlage einer Übersetzung verlangen. In begründeten Fällen kann die Vorlage einer beglaubigten oder von einem öffentlich bestellten oder beeidigten Dolmetscher oder Übersetzer angefertigten Übersetzung verlangt werden. Wird die verlangte Übersetzung nicht unverzüglich vorgelegt, so kann die Behörde auf Kosten des Beteiligten selbst eine Übersetzung beschaffen. **Hat die Behörde Dolmetscher oder Übersetzer herangezogen, werden diese in entsprechender Anwendung des Gesetzes über die Entschädigung von Zeugen und Sachverständigen entschädigt.**

(3) Soll durch eine Anzeige, einen Antrag oder die Abgabe einer Willenserklärung eine Frist in Lauf gesetzt werden, innerhalb deren die Behörde in einer bestimmten Weise tätig werden muß, und gehen diese in einer fremden Sprache ein, so beginnt der Lauf der Frist erst mit dem Zeitpunkt, in dem der Behörde eine Übersetzung vorliegt.

(4) Soll durch eine Anzeige, einen Antrag oder eine Willenserklärung, die in fremder Sprache eingehen, zugunsten eines Beteiligten eine Frist gegenüber der Behörde gewahrt, ein öffentlich-rechtlicher Anspruch geltend gemacht oder eine Leistung begehrt werden, so gelten die Anzeige, der Antrag oder die Willenserklärung als zum Zeitpunkt des Eingangs bei der Behörde abgegeben, wenn auf Verlangen der Behörde innerhalb einer von dieser zu setzenden angemessenen Frist eine Übersetzung vorgelegt wird. Andernfalls ist der Zeitpunkt des Eingangs der Übersetzung maßgebend, soweit sich nicht aus zwischenstaatlichen Vereinbarungen etwas anderes ergibt. Auf diese Rechtsfolge ist bei der Fristsetzung hinzuweisen.

§ 26 Beweismittel

(1) Die Behörde bedient sich der Beweismittel, die sie nach pflichtgemäßem Ermessen zur Ermittlung des Sachverhalts für erforderlich hält. Sie kann insbesondere

1. Auskünfte jeder Art einholen,
2. Beteiligte anhören, Zeugen und Sachverständige vernehmen oder schriftliche Äußerung von Beteiligten, Sachverständigen und Zeugen einholen,
3. Urkunden und Akten beiziehen,
4. den Augenschein einnehmen.

(2) Die Beteiligten sollen bei der Ermittlung des Sachverhalts mitwirken. Sie sollen insbesondere ihnen bekannte Tatsachen und Beweismittel angeben. Eine weitergehende Pflicht, bei der Ermittlung des Sachverhalts mitzuwirken, insbesondere eine Pflicht zum persönlichen Erscheinen oder zur Aussage, besteht nur, soweit sie durch Rechtsvorschriften besonders vorgesehen ist.

(3) Für Zeugen und Sachverständige besteht eine Pflicht zur Aussage oder zur Erstattung von Gutachten, wenn sie durch Rechtsvorschriften vorgesehen ist. Falls die Behörde **Zeugen und Sachverständige** herangezogen hat, **werden** sie auf Antrag in **entsprechender Anwendung des Gesetzes über die Entschädigung von Zeugen und Sachverständigen entschädigt.**

Nr. 13.2
Verordnung über die Schiedsstelle für die Festsetzung der Krankenhauspflegesätze (Krankenhauspflegesatz-Schiedsstellenverordnung – KrPflSV)

Vom 7. April 1986 (ABl. Saar 1986 S. 349)

Auszug

§ 9 Entschädigungs- und Kostenregelung

(1) Der Vorsitzende erhält Reisekosten nach den für die Beamten des Landes geltenden reisekostenrechtlichen Vorschriften nach Reisekostenstufe C. Für sonstige Barauslagen und Zeitverlust erhält er einen Pauschalbetrag, dessen Höhe die beteiligten Organisationen einvernehmlich festsetzen; kann das Einvernehmen nicht hergestellt werden, entscheidet die zuständige Landesbehörde. Die Bearbeitung obliegt der Geschäftsstelle.

(2) Die übrigen Mitglieder der Schiedsstelle erhalten Reisekosten sowie Ersatz für sonstige Barauslagen und Zeitverlust von den sie bestellenden Organisationen nach deren Regelungen.

(3) **Sachverständige und Zeugen erhalten eine Entschädigung entsprechend dem Gesetz über die Entschädigung von Zeugen und Sachverständigen in der Fassung vom 1. Oktober 1969 (BGBl. I S. 1756), zuletzt geändert durch Gesetz vom 26. November 1979 (BGBl. I S. 1953).**

(4) Das Verfahren vor der Schiedsstelle ist gebührenfrei.

(5) Die Kosten der Schiedsstelle einschließlich der Kosten der Geschäftsstelle tragen die Saarländische Krankenhausgesellschaft e. V. einerseits und die Landesverbände der Krankenkassen (einschließlich der Ersatzkassen, der Bundesknappschaft), der Landesverband der Betriebskrankenkassen Rheinland-Pfalz – handelnd für die im Saarland tätigen Betriebskrankenkassen –, der Landesausschuß Saarland des Verbandes der privaten Krankenversicherung e. V. andererseits je zur Hälfte; letztere legen ihren Anteil intern im Verhältnis ihrer Pflegetage um.

Nr. 13.3
Verordnung über die Einigungsstelle bei der Industrie- und Handelskammer des Saarlandes zur Beilegung von bürgerlichen Rechtsstreitigkeiten auf Grund des Gesetzes gegen den unlauteren Wettbewerb (EinigungsstellenVO)

Vom 21. Januar 1988 (ABl. Saar 1988 S. 89)

Auszug

§ 11 Vergütung und Entschädigung

(1) Die Kammer kann dem Vorsitzenden der Einigungsstelle eine Vergütung für seine Tätigkeit gewähren. Die Beisitzer erhalten auf Antrag Ersatz ihrer notwendigen Auslagen.

(2) **Zeugen und Sachverständige, die mit Zustimmung der Einigungsstelle erschienen oder angehört worden sind, erhalten von der Kammer auf Antrag Entschädigung entsprechend den Bestimmungen des Gesetzes über die Entschädigung von Zeugen und Sachverständigen.**

13.4
A.
Gesetz Nr. 1248 über eine Saarländische Schiedsordnung und zur Änderung des Landesjustizkostengesetzes

Vom 6. September 1989 (ABl. Saar 1989 S. 1509)

Auszug

§ 42

(1) Es werden erhoben

1. Schreibauslagen für die Aufnahme von Anträgen, für Mitteilungen an die Parteien sowie für Ausfertigungen und Abschriften von Protokollen und Bescheinigungen: die Höhe der Schreibauslagen bestimmt sich nach § 136 Abs. 3 des Gesetzes über die Kosten in Angelegenheiten der freiwilligen Gerichtsbarkeit (Kostenordnung);
2. die bei der Durchführung einer Amtshandlung entstehenden notwendigen baren Auslagen in tatsächlicher Höhe.

(2) **Die Entschädigung hinzugezogener Dolmetscher zählt zu den baren Auslagen (Absatz 1 Nr. 2). Sie richtet sich nach dem Gesetz über die Entschädigung von Zeugen und Sachverständigen.** Die Entschädigung ist auf Antrag des Schiedsmanns oder der Schiedsfrau oder der Dolmetscher von dem Urkundsbeamten der Geschäftsstelle des für den Schiedsbezirk zuständigen Amtsgerichts festzusetzen. § 7 Abs. 1 und § 16 Abs. 2 bis 5 des Gesetzes über die Entschädigung von Zeugen und Sachverständigen sind auf das Festsetzungsverfahren entsprechend anzuwenden.

B.
Verwaltungsvorschriften zur Saarländischen Schiedsordnung (VV SSCHO). Gemeinsamer Erlaß des Ministeriums der Justiz und des Ministeriums des Innern (3180 – 18)

Vom 17. Juli 1990 (ABl. Saar. 1990 S. 929)

Auf Grund des Artikels 3 Nr. 3 des Gesetzes über eine Saarländische Schiedsordnung und zur Änderung des Landesjustizkostengesetzes vom 6. September

1989 (Amtsbl. S. 1509) bestimmen das Ministerium der Justiz und das Ministerium des Innern folgendes:

. . .

VV zu § 42

. . .

2 Entschädigung des Dolmetschers

2.1 Wer die Kosten der Inanspruchnahme eines Dolmetschers zu tragen hat, bestimmt sich nach § 38. Als veranlassende Person im Sinne des § 38 Abs. 1 ist die antragstellende Partei des Verfahrens anzusehen.

2.2 Vor Zuziehung eines Dolmetschers ist grundsätzlich ein die voraussichtlichen Kosten deckender Vorschuß einzufordern.

2.3 Für die Höhe der Entschädigung des Dolmetschers sind die Vorschriften des Gesetzes über die Entschädigung von Zeugen und Sachverständigen (ZuSEG) maßgebend, sofern sich die Parteien und der Dolmetscher nicht auf eine abweichende Entschädigung geeinigt haben und ein entsprechender Betrag vorschußweise gezahlt worden ist (§ 42 Abs. 2 Satz 2 i. V. m. § 7 Abs. 1 ZuSEG).

2.4 Wird ein Antrag auf gerichtliche Festsetzung der Entschädigung gestellt, hat der Schiedsmann/die Schiedsfrau dem Gericht eine Abschrift des Protokolls und etwa vorhandene, die Entschädigung des Dolmetschers betreffende schriftliche Erklärungen der Parteien vorzulegen.

Nr. 13.5
Verordnung über die Errichtung und das Verfahren einer Landesschiedsstelle (Landesschiedsstellenverordnung – LSchV)

Vom 19. Februar 1990 (ABl. Saar 1990 S. 283)

Auszug

§ 16 Entschädigung für Zeugen und Sachverständige

Sachverständige und Zeugen, die auf Beschluß der Landesschiedsstelle oder der erweiterten Schiedsstelle hinzugezogen worden sind, erhalten eine Entschädigung nach dem Gesetz über die Entschädigung von Zeugen und Sachverständigen in der jeweils geltenden Fassung. Die Entschädigung wird von der Geschäftsstelle ausbezahlt.

Nr. 13.6
Verordnung über die Gutachterausschüsse, Kaufpreissammlungen und Bodenrichtwerte nach dem Baugesetzbuch (Gutachterausschußverordnung – GutVO –)

Vom 21. August 1990 (ABl. Saar 1990 S. 957)

Auszug

§ 11 Entschädigung

(1) Die ehrenamtlichen Gutachter und die nach § 197 Abs. 1 Satz 1 BauGB herangezogenen Sachverständigen erhalten eine Entschädigung, wie sie das Gesetz über die Entschädigung von Zeugen und Sachverständigen für Sachverständige vorsieht. Die Entschädigung wird durch die Geschäftsstelle des Gutachterausschusses nach Anhörung des Vorsitzenden festgesetzt.

(2) Die im Gutachterausschuß tätigen Bediensteten der Gebietskörperschaft, für deren Bereich der Ausschuß gebildet ist, und die Gutachter nach § 4 Abs. 3 werden für ihre Tätigkeit nur insoweit entschädigt, als diese außerhalb ihrer Dienstzeit erfolgt. Die Entschädigung ist nach Zeitaufwand gemäß dem Gesetz über die Entschädigung von Zeugen und Sachverständigen zu bemessen.

Nr. 13.7
Gesetz Nr. 948 über die Gutachterstelle für die freiwillige Kastration und andere Behandlungsmethoden

Vom 22. März 1972 (AmtsBl. Saarld. 1972 S. 227)

Auszug

§ 12 Gebührenfreiheit und Auslagenerstattung

(1) Das Verfahren vor der Gutachterstelle ist gebühren- und auslagenfrei.

(2) Das Saarland erstattet der Ärztekammer am Ende eines jeden Rechnungsjahres

1. die den Mitgliedern der Gutachterstelle gezahlte Entschädigung nach § 6 Abs. 2,
2. die Kosten, die durch die Beauftragung von Sachverständigen nach § 7 Abs. 1 Nr. 1 und
3. die Kosten, die durch die Anhörung des Ehegatten und die Vernehmung von Zeugen entstanden sind.

Die Erstattung nach Nr. 1 bis 3 ist jedoch nur bis zur Höhe des Betrages möglich, der sich **aus dem Gesetz über die Entschädigung von Zeugen und Sachverständigen in der Fassung vom 1. Oktober 1969 (Bundesgesetzbl. I S. 1757) in der jeweils geltenden Fassung** ergibt. Der Ehegatte gilt hierbei als Zeuge.

14. Sachsen

Nr. 14.1
Gesetz über Einsetzung und Verfahren von Untersuchungsausschüssen des Sächsischen Landtages (Untersuchungsausschußgesetz – UAusschG)

Vom 12. Februar 1991 (Sächs. GVBl. S. 29)

Auszug

§ 24 Kosten und Auslagen

(1) Die Kosten der Untersuchung trägt das Land. **Zeugen und Sachverständige werden nach dem Gesetz über die Entschädigung von Zeugen und Sachverständigen entschädigt.** Die Entschädigung wird von der Verwaltung des Landtages festgesetzt. Der Zeuge und der Sachverständige kann beim Kreisgericht die gerichtliche Festsetzung beantragen; § 16 des Gesetzes über die Entschädigung von Zeugen und Sachverständigen gilt entsprechend.

(2) Dem Betroffenen können die notwendigen Auslagen, welche durch die Wahrnehmung der ihm nach diesem Gesetz zustehenden Rechte entstanden sind, ganz oder teilweise erstattet werden. Hierüber entscheidet der Untersuchungsausschuß auf Antrag des Betroffenen nach pflichtgemäßen Ermessen. Die Höhe der erstattungsfähigen Auslagen wird von der Verwaltung des Landtages festgesetzt; Entschädigung nach Absatz 1 ist anzurechnen. Absatz 1 Satz 4 gilt entsprechend.

Nr. 14.2
Verordnung über die Schiedsstelle für die Festsetzung der Krankenhauspflegesätze (SchiedKrPflV)

Vom 16. April 1991 (Sächs. GVBl. S. 62)

Auszug

§ 17

Zeugen und Sachverständige, die auf Beschluß der Schiedsstelle hinzugezogen worden sind, erhalten eine Entschädigung nach dem Gesetz über die Entschädigung von Zeugen und Sachverständigen.

Nr. 14.3
Gesetz über den Petitionsausschuß des Sächsischen Landtags (Sächsisches Petitionsausschußgesetz – SächsPetAG)

Vom 11. Juni 1991 (Sächs. GVBl. S. 90)

Auszug

§ 11 Entschädigung

Petenten, Auskunftspersonen und Sachverständige, die vom Petitionsausschuß geladen worden sind, **werden entsprechend dem Gesetz über die Entschädigung von Zeugen und Sachverständigen** entschädigt. Die Verwaltung des Landtags setzt die Entschädigung fest.

Nr. 14.4
Verordnung der Sächsischen Staatsregierung über die Gutachterausschüsse, Kaufpreissammlungen und Bodenrichtwerte nach dem Baugesetzbuch (Gutachterausschußverordnung)

Vom 27. August 1991 (Sächs. GVBl. S. 324)

Auszug

§ 14 Entschädigung der Mitglieder des Gutachterausschusses

(1) Die Mitglieder des Gutachterausschusses werden für ihre Leistungen **nach dem Gesetz über die Entschädigung von Zeugen und Sachverständigen entschädigt.** Für jede Stunde der erforderlichen Zeit ist der nach diesem Gesetz vorgesehene Mindeststundensatz für Sachverständige zu gewähren.

(2) Die Mitglieder des Gutachterausschusses, die hauptberuflich dem öffentlichen Dienst der Gebietskörperschaft, für deren Bereich der Gutachterausschuß gebildet ist, der örtlich zuständigen Finanzbehörde gem. § 2 Abs. 4 oder der örtlich zuständigen Vermessungsbehörde angehören, erhalten eine Entschädigung für ihre Leistungen nur für die außerhalb der regelmäßigen Arbeitszeit geleistete Arbeit. Im übrigen bleibt Absatz 1 unberührt.

(3) Die Entschädigung wird von der Geschäftsstelle nach Weisung des Vorsitzenden festgesetzt. Die Entschädigung trägt die Verwaltung, die die Aufgaben der Geschäftsstelle wahrnimmt.

Nr. 14.5
Verordnung der Sächsischen Staatsregierung über Einigungsstellen zur Beilegung von bürgerlichen Rechtsstreitigkeiten aufgrund des Gesetzes gegen den unlauteren Wettbewerb (Einigungsstellenverordnung)

Vom 30. April 1992 (Sächs. GVBl. 1992 S. 170)

Auszug

§ 7 Entschädigung

(1) Die Industrie- und Handelskammer kann dem Vorsitzenden der Einigungsstelle eine angemessene Entschädigung für seine Tätigkeit gewähren. Die Beisitzer erhalten von der Industrie- und Handelskammer auf Antrag eine Entschädigung entsprechend den Bestimmungen des Gesetzes über die Entschädigung der ehrenamtlichen Richter in der Fassung vom 1. Oktober 1969 (BGBl. I S. 1753), zuletzt geändert durch Artikel 5 des Gesetzes vom 9. Dezember 1986 (BGBl. I S. 2326). Die Entschädigung setzt der Vorsitzende fest, wenn der Beisitzer oder die Industrie- und Handelskammer eine Festsetzung beantragt.

(2) **Auskunftspersonen, die mit Zustimmung der Einigungsstelle erschienen oder angehört worden sind, erhalten von der Industrie- und Handelskammer auf Antrag eine Entschädigung entsprechend den Bestimmungen des Gesetzes über die Entschädigung von Zeugen und Sachverständigen in der Fassung vom 1. Oktober 1969 (BGBl. I S. 1756), zuletzt geändert durch Gesetz vom 17. Dezember 1990 (BGBl. I S. 2847).** Die Entschädigung setzt der Vorsitzende fest, wenn die Auskunftsperson oder die Industrie- und Handelskammer eine Festsetzung beantragt.

Nr. 14.6
Polizeigesetz des Freistaates Sachsen (SächsPolG)

Vom 30. Juli 1991 (Sächs. GVBl. 1991 S. 291), geändert durch Gesetz vom 24. Mai 1994 (Sächs. GVBl. 1994 S. 929)

Auszug

§ 18 Befragung, Vorladung, Vernehmung

(1) Die Polizei kann eine Person befragen, wenn tatsächliche Anhaltspunkte die Annahme rechtfertigen, daß die Person sachdienliche Angaben machen kann, die zur Erfüllung einer bestimmten polizeilichen Aufgabe erforderlich sind. Für die Dauer der Befragung kann die Person angehalten werden.

(2) Die Polizei kann eine Person vorladen, wenn

1. Tatsachen die Annahme rechtfertigen, daß die Person sachdienliche Angaben machen kann, die zur Wahrnehmung einer bestimmten polizeilichen Aufgabe erforderlich sind oder
2. dies zur Durchführung erkennungsdienstlicher Maßnahmen erforderlich ist.

(3) Eine Person, deren Befragung oder Vorladung nach den Absätzen 1 oder 2 zulässig ist, hat auf Verlangen der Polizei anzugeben:

1. Familiennamen,
2. Vornamen, unter Kennzeichnung des gebräuchlichen Vornamens (Rufname),
3. frühere Namen,
4. Tag und Ort der Geburt,
5. Anschrift, gegebenenfalls Haupt- und Nebenwohnung,
6. Staatsangehörigkeiten.

(4) Bei der Vorladung ist deren Grund anzugeben. Bei der Festsetzung des Zeitpunkts soll auf die beruflichen Verpflichtungen und die sonstigen Lebensverhältnisse des Betroffenen Rücksicht genommen werden.

(5) Leistet ein Betroffener der Vorladung ohne hinreichenden Grund keine Folge, so kann sie zwangsweise durchgesetzt werden, wenn dies

1. zur Abwehr einer Gefahr für Leben, Gesundheit oder Freiheit einer Person oder für bedeutende fremde Sach- oder Vermögenswerte, oder
2. zur Durchführung erkennungsdienstlicher Maßnahmen erforderlich ist.

(6) Eine über Absatz 3 hinausgehende Auskunftspflicht besteht, soweit gesetzlich nichts anderes bestimmt ist, nur in den Fällen des Absatzes 5 Nr. 1.

Zur Verweigerung der Auskunft ist ein Betroffener in entsprechender Anwendung der §§ 52, 53, 53 a, und 55 Abs. 1 der Strafprozeßordnung berechtigt, soweit er durch die Auskunft sich selbst oder einen Angehörigen der Gefahr strafgerichtlicher Verfolgung oder eines Verfahrens nach dem Gesetz über Ordnungswidrigkeiten aussetzen würde oder ihm auf Grund seines Berufes ein Zeugnisverweigerungsrecht zusteht. Vor der Vernehmung ist der Betroffene über sein Recht zur Verweigerung der Auskunft zu belehren.

(7) **Für die Entschädigung eines auf Vorladung erscheinenden Zeugen oder Sachverständigen gilt das Gesetz über die Entschädigung von Zeugen und Sachverständigen entsprechend.**

(8)–(9) . . .

15. Sachsen-Anhalt

Nr. 15.1
Verordnung über die Gutachterausschüsse für Grundstückswerte (VO Gut)

Vom 14. Juni 1991 (GVBl. LSA 91.131)

Auszug

§ 18 Entschädigung der ehrenamtlichen Gutachter

Die ehrenamtlichen Gutachter erhalten **eine Entschädigung nach dem Gesetz über die Entschädigung von Zeugen und Sachverständigen** in der Fassung vom 1. Oktober 1969 (Bundesgesetzbl. I S. 1756), zuletzt geändert durch Artikel 7 Abs. 20 des Rechtspflege-Vereinfachungsgesetzes vom 17. Dezember 1990 (BGBl. I S. 2847), in der jeweils gültigen Fassung.

Nr. 15.2
Verordnung über Einigungsstellen zur Beilegung von Wettbewerbsstreitigkeiten

Vom 21. Januar 1992 (GVBl. LSA 1992 S. 39)

Auszug

§ 11 Entschädigung

(1) Der Vorsitzende und die Beisitzer erhalten auf Antrag eine Entschädigung für Fahrtkosten, Aufwand und sonstige Aufwendungen in entsprechender Anwendung der §§ 3 bis 5 des Gesetzes über die Entschädigung der ehrenamtlichen Richter in der Fassung vom 1. Oktober 1969 (BGBl. I S. 1753), zuletzt geändert durch Artikel 5 des Gesetzes zur Änderung von Kostengesetzen vom 9. Dezember 1986 (BGBl. I S. 2326). Die Industrie- und Handelskammer kann dem Vorsitzenden und den Beisitzern auf Antrag eine Entschädigung für deren Zeitversäumnis in entsprechender Anwendung des § 2 des Gesetzes über die Entschädigung der ehrenamtlichen Richter gewähren.

(2) Die Entschädigung für das Zeitversäumnis des Vorsitzenden kann bis auf das Zweifache der nach § 2 des Gesetzes über die Entschädigung ehrenamtlicher Richter zulässigen Höhe angehoben werden.

(3) **Zeugen und Sachverständige,** die mit Zustimmung der Einigungsstelle erschienen oder angehört worden sind, erhalten von der Industrie- und Handelskammer auf Antrag eine **Entschädigung nach dem Gesetz über die Entschädigung von Zeugen und Sachverständigen** in der Fassung vom 1. Oktober 1969 (BGBl. I S. 1753), zuletzt geändert durch Artikel 7 Abs. 20 des Rechtspflege-Vereinfachungsgesetzes vom 17. Dezember 1990 (BGBl. I S. 2847).

Nr. 15.3
Gesetz über die öffentliche Sicherheit und Ordnung des Landes Sachsen-Anhalt (SOG LSA)

Vom 19. Dezember 1991 (GVBl. LSA 1991 S. 538), zuletzt geändert durch Gesetz vom 26. Mai 1994 (GVBl. LSA 1994 S. 616)

Auszug

§ 35 Vorladung

(1) Die Verwaltungsbehörden und die Polizei können eine Person schriftlich oder mündlich vorladen, wenn Tatsachen die Annahme rechtfertigen, daß die Person sachdienliche Angaben machen kann, die für die Erfüllung einer bestimmten verwaltungsbehördlichen oder polizeilichen Aufgabe erforderlich sind. Die Polizei kann eine Person ferner schriftlich oder mündlich vorladen, wenn dies zur Durchführung erkennungsdienstlicher Maßnahmen erforderlich ist.

(2) Bei der Vorladung soll deren Grund angegeben werden. Bei der Festsetzung des Zeitpunkts soll auf den Beruf und die sonstigen Lebensverhältnisse der Person Rücksicht genommen werden.

(3) Leistet eine betroffene Person der Vorladung ohne hinreichenden Grund keine Folge, so kann sie zwangsweise durchgesetzt werden,

1. wenn ihre Angaben zur Abwehr einer Gefahr für Leib, Leben oder Freiheit einer Person erforderlich sind, oder
2. zur Durchführung erkennungsdienstlicher Maßnahmen.

(4) Die zwangsweise Vorführung darf außer bei Gefahr im Verzuge nur durch den Richter angeordnet werden. Für das Verfahren gilt § 38 Abs. 2 mit der Maßgabe, daß das Amtsgericht zuständig ist, in dessen Bezirk die Verwaltungsbehörde oder die Polizei ihren Sitz hat.

(5) Für die Entschädigung von Personen, die auf Vorladung als Zeugen erscheinen oder die als Sachverständige oder Dolmetscher herangezogen werden, gilt das Gesetz über die Entschädigung von Zeugen und Sachverständigen entsprechend.

Nr. 15.4
Gesetz über die Einsetzung und das Verfahren von Untersuchungsausschüssen (Untersuchungsausschußgesetz – UAG)

Vom 29. Oktober 1992 (GVBl. LSA 1992 S. 757)

Auszug

§ 31 Gerichtszuständigkeit

(1) Örtlich zuständig ist das für den Sitz des Landtags zuständige Gericht.

. . .

§ 33 Kosten

(1) Die Kosten des Untersuchungsverfahrens trägt das Land. **Zeugen und Sachverständige werden nach dem Gesetz über die Entschädigung von Zeugen und Sachverständigen entschädigt.** Die Entschädigung wird durch die Verwaltung des Landtags festgesetzt. Der Zeuge oder Sachverständige kann bei dem zuständigen Gericht (§ 31) die gerichtliche Festsetzung der Entschädigung beantragen. § 16 des Gesetzes über die Entschädigung von Zeugen und Sachverständigen gilt entsprechend.

(2) Den Zeugen können die durch die Beiziehung eines Beistandes entstandenen notwendigen Auslagen ganz oder teilweise erstattet werden. Hierüber entscheidet der Untersuchungsausschuß nach pflichtgemäßem Ermessen. Die Höhe der erstattungsfähigen Auslagen wird von der Verwaltung des Landtages festgesetzt. Die Entschädigung nach Absatz 1 ist anzurechnen. Absatz 1 Satz 4 gilt entsprechend.

Nr. 15.5
Verwaltungsverfahrensgesetz für das Land Sachsen-Anhalt (VwVfG LSA)

Vom 18. August 1993 (GVBl. LSA 1993 S. 412)

Auszug

§ 23 Amtssprache

(1) Die Amtssprache ist deutsch.

(2) Werden bei einer Behörde in einer fremden Sprache Anträge gestellt oder Eingaben, Belege, Urkunden oder sonstige Schriftstücke vorgelegt, soll die Behörde unverzüglich die Vorlage einer Übersetzung verlangen. In begründeten Fällen kann die Vorlage einer beglaubigten oder von einem öffentlich bestellten oder beeidigten Dolmetscher oder Übersetzer angefertigten Übersetzung verlangt werden. Wird die verlangte Übersetzung nicht unverzüglich vorgelegt, so kann die Behörde auf Kosten des Beteiligten selbst eine Übersetzung beschaffen. **Hat die Behörde Dolmetscher oder Übersetzer herangezogen, werden diese in entsprechender Anwendung des Gesetzes über die Entschädigung von Zeugen und Sachverständigen entschädigt.**

(3) ...

§ 26 Beweismittel

(1) Die Behörde bedient sich der Beweismittel, die sie nach pflichtgemäßem Ermessen zur Ermittlung des Sachverhalts für erforderlich hält. Sie kann insbesondere

1. Auskünfte jeder Art einholen,
2. Beteiligte anhören, Zeugen und Sachverständige vernehmen oder die schriftliche Äußerung von Beteiligten, Sachverständigen und Zeugen einholen,
3. Urkunden und Akten beiziehen,
4. den Augenschein einnehmen.

(2) ...

(3) Für Zeugen und Sachverständige besteht eine Pflicht zur Aussage oder zur Erstattung von Gutachten, wenn sie durch Rechtsvorschrift vorgesehen ist. **Falls die Behörde Zeugen und Sachverständige herangezogen hat, werden sie auf Antrag in entsprechender Anwendung des Gesetzes über die Entschädigung von Zeugen und Sachverständigen entschädigt.**

16. Schleswig-Holstein

Nr. 16.1
Bekanntmachung der Neufassung des Landesverwaltungsgesetzes

Vom 2. Juni 1992 (GVOBl. Schl.-H. 1992 S. 243), geändert durch Gesetz vom 11. März 1993 (GVOBl. Schl.-H. 1993 S. 128)

Auszug

§ 82 a Amtssprache

(1) Die Amtssprache ist Deutsch.

(2) Werden bei einer Behörde in einer fremden Sprache Anträge gestellt oder Eingaben, Belege, Urkunden oder sonstige Schriftstücke vorgelegt, kann die Behörde die Vorlage einer Übersetzung verlangen. In begründeten Fällen kann die Vorlage einer beglaubigten oder von einer öffentlich bestellten oder beeidigten Dolmetscherin oder Übersetzerin oder einem öffentlich bestellten oder beeidigten Dolmetscher oder Übersetzer angefertigten Übersetzung verlangt werden. Wird die verlangte Übersetzung nicht unverzüglich vorgelegt, so kann die Behörde auf Kosten der oder des Beteiligten selbst eine Übersetzung beschaffen. **Hat die Behörde Dolmetscherinnen oder Dolmetscher oder Übersetzerinnen oder Übersetzer herangezogen, werden diese in entsprechender Anwendung des Gesetzes über die Entschädigung von Zeugen und Sachverständigen entschädigt.**

(3) . . .

§ 84 Beweismittel

(1) Die Behörde bedient sich der Beweismittel, die sie nach pflichtgemäßem Ermessen zur Ermittlung des Sachverhalts für erforderlich hält. Sie kann insbesondere

1. Auskünfte jeder Art einholen,
2. Beteiligte anhören, Zeugen und Sachverständige vernehmen oder die schriftliche Äußerung von Beteiligten, Sachverständigen und Zeugen einholen,
3. Urkunden und Akten beiziehen,

4. den Augenschein einnehmen.

(2) . . .

(3) Für Zeuginnen und Zeugen sowie Sachverständige besteht eine Pflicht zur Aussage oder zur Erstattung von Gutachten, wenn sie durch Rechtsvorschrift vorgesehen ist. **Falls die Behörde Zeuginnen und Zeugen sowie Sachverständige herangezogen hat, werden sie auf Antrag in entsprechender Anwendung des Gesetzes über die Entschädigung von Zeugen und Sachverständigen entschädigt.**

Nr. 16.2
Landesverordnung über die Bildung von Gutachterausschüssen und die Ermittlung von Grundstückswerten

Vom 6. Dezember 1989 (GVOBl. Schl.-H. 1989 S. 181)

Auszug

§ 6 Entschädigung der ehrenamtlichen Mitglieder des Gutachterausschusses

(1) Die **ehrenamtlichen Mitglieder des Gutachterausschusses erhalten** von der Gebietskörperschaft, für deren Bereich er gebildet ist

1. **soweit sie nicht hauptberuflich im öffentlichen Dienst stehen, eine Entschädigung wie Sachverständige nach dem Gesetz über die Entschädigung von Zeugen und Sachverständigen,**
2. soweit sie hauptberuflich im öffentlichen Dienst stehen, Reisekostenvergütung nach Reisekostenstufe B des Bundesreisekostengesetzes in der Fassung der Bekanntmachung vom 3. November 1973 (BGBl. I S. 1621), zuletzt geändert durch Verordnung vom 7. November 1985 (BGBl. I S. 2084). Für jeden Sitzungstag steht ihnen ohne Rücksicht auf die Dauer der Tätigkeit ein volles Tagegeld (§ 9 Abs. 1 des Bundesreisekostengesetzes) zu, auch wenn sie im Gemeindegebiet wohnen.

(2) Die Entschädigung wird von der Geschäftsstelle festgesetzt.

Nr. 16.3
Schiedsordnung für das Land Schleswig-Holstein (SchO)

Vom 10. April 1991 (GVOBl. Schl.-H. 1991 S. 232)

Auszug

§ 46 Auslagen

(1) Als Auslagen werden erhoben

1. Schreibauslagen für die Aufnahme von Anträgen, für Mitteilungen an die Parteien sowie für Ausfertigungen und Abschriften von Protokollen und Bescheinigungen; die Höhe der Schreibauslagen bestimmt sich nach § 136 Abs. 3 der Kostenordnung,
2. die bei der Durchführung einer Amtshandlung entstehenden notwendigen baren Auslagen in tatsächlicher Höhe.

(2) Die Entschädigung hinzugezogener Dolmetscherinnen oder Dolmetscher zählt zu den baren Auslagen (Abs. 1 Nr. 2). Ausgenommen sind in Schlichtungsverfahren in Strafsachen die Entschädigungen, die entstanden sind, um Erklärungen oder Schriftstücke zu übertragen, auf deren Verständnis die Antragsgegnerin oder der Antragsgegner angewiesen ist. **Die Entschädigung richtet sich nach dem Gesetz über die Entschädigung von Zeugen und Sachverständigen.** Die Entschädigung ist auf Antrag der Schiedsfrau oder des Schiedsmanns oder der Dolmetscher von dem zuständigen Amtsgericht festzusetzen und von der Schiedsfrau oder dem Schiedsmann auszuzahlen. § 16 Abs. 2 bis 5 des Gesetzes über die Entschädigung von Zeugen und Sachverständigen ist entsprechend anzuwenden.

Nr. 16.4
Gesetz zur Regelung des Rechts der parlamentarischen Untersuchungsausschüsse (Untersuchungsausschußgesetz)

Vom 17. April 1993 (GVOBl. Schl.-H. 1993 S. 145)

Auszug

§ 27 Kosten und Auslagen

(1) Die Kosten des Untersuchungsverfahrens trägt das Land.

(2) **Auskunftspersonen werden nach dem Gesetz über die Entschädigung von Zeugen und Sachverständigen entschädigt.** Die Entschädigung wird durch die Landesverwaltung festgesetzt. Die Auskunftsperson kann beim Amtsgericht Kiel die gerichtliche Festsetzung der Entschädigung beantragen. § 16 des Gesetzes über die Entschädigung von Zeugen und Sachverständigen gilt entsprechend.

(3) . . .

Nr. 16.5
Landesverordnung über die Schiedsstelle nach § 94 des Bundessozialhilfegesetzes (BSHG – Schiedsstellenverordnung – BSHGSVO)

Vom 12. Juli 1994 (GVOBl. Schl.-H. 1994 S. 389)

Auszug

§ 12 Entschädigung

(1) Die Vorsitzende oder der Vorsitzende erhält Reisekosten nach den für Beamtinnen und Beamte des Landes Schleswig-Holstein geltenden reisekostenrechtlichen Vorschriften nach der Reisekostenstufe B. Für sonstige Barauslagen und Zeitaufwand erhält sie oder er einen Pauschalbetrag, dessen Höhe die Beteiligten Organisationen zu Beginn der Amtsperiode gemeinsam festlegen. Kommt eine Regelung nicht zustande, so wird der Pauschalbetrag von der Ministerin für Arbeit, Soziales, Jugend und Gesundheit festgesetzt. Das gleiche Verfahren gilt für die Stellvertreterin oder den Stellvertreter.

(2) Die übrigen Mitglieder der Schiedsstelle erhalten Reisekosten sowie Ersatz für sonstige Barauslagen und Zeitaufwand von den Organisationen, die sie bestellt haben, nach deren Regelungen.

(3) **Sachverständige erhalten eine Entschädigung entsprechend dem Gesetz über die Entschädigung von Zeugen und Sachverständigen in der Fassung der Bekanntmachung vom 1. Oktober 1969 (BGBl. I S. 1756), zuletzt geändert durch Gesetz vom 15. Juli 1992 (BGBl. I S. 1302).**

(4) Ansprüche auf Entschädigungen nach den Absätzen 1 und 3 sind bei der Geschäftsstelle geltend zu machen.

17. Thüringen

Nr. 17.1
Landesgesetz über die Einsetzung und das Verfahren von Untersuchungsausschüssen (Untersuchungsausschußgesetz – UAG –)

Vom 7. Februar 1991 (Thür. GVBl. 1991 S. 36)

Auszug

§ 29 Kosten und Auslagen

(1) Die Kosten des Untersuchungsverfahrens trägt das Land.

(2) **Zeugen und Sachverständige werden nach dem Gesetz über die Entschädigung von Zeugen und Sachverständigen entschädigt. Die Entschädigung wird durch die Verwaltung des Landtags festgesetzt. Der Zeuge oder Sachverständige kann bei dem Kreisgericht Erfurt die gerichtliche Festsetzung der Entschädigung beantragen. § 16 des Gesetzes über die Entschädigung von Zeugen und Sachverständigen in der Fassung vom 1. Oktober 1969 (BGBl. I S. 1756), zuletzt geändert durch Artikel 4 Abs. 18 des Gesetzes vom 8. Juni 1989 (BGBl. I S. 1026), gilt entsprechend.**

(3) . . .

Nr. 17.2
Thüringer Verwaltungsverfahrensgesetz (ThürVwVfG)

Vom 7. August 1991 (Thür. GVBl. 1991 S. 293)

Auszug

§ 23 Amtssprache

(1) Die Amtssprache ist deutsch.

(2) Werden bei einer Behörde in einer fremden Sprache Anträge gestellt oder Eingaben, Belege, Urkunden oder sonstige Schriftstücke vorgelegt, soll die Behörde unverzüglich die Vorlage einer Übersetzung verlangen. In begründeten Fällen kann die Vorlage einer beglaubigten oder von einem öffentlich bestellten oder beeidigten Dolmetscher oder Übersetzer angefertigten Übersetzung verlangt werden. Wird die verlangte Übersetzung nicht unverzüglich vorgelegt, so kann die Behörde auf Kosten des Beteiligten selbst eine Übersetzung beschaffen. **Hat die Behörde Dolmetscher oder Übersetzer herangezogen, werden diese in entsprechender Anwendung des Gesetzes über die Entschädigung von Zeugen und Sachverständigen entschädigt.**

(3) . . .

§ 26 Beweismittel

(1) Die Behörde bedient sich der Beweismittel, die sie nach pflichtgemäßem Ermessen zur Ermittlung des Sachverhalts für erforderlich hält. Sie kann insbesondere

1. Auskünfte jeder Art einholen,
2. Beteiligte anhören, Zeugen und Sachverständige vernehmen oder die schriftliche Äußerung von Beteiligten, Sachverständigen und Zeugen einholen,
3. Urkunden und Akten beiziehen,
4. den Augenschein einnehmen.

(2) . . .

(3) Für Zeugen und Sachverständige besteht eine Pflicht zur Aussage oder zur Erstattung von Gutachten, wenn sie durch Rechtsvorschrift vorgesehen ist. **Falls die Behörde Zeugen und Sachverständige herangezogen hat, werden sie auf Antrag in entsprechender Anwendung des Gesetzes über die Entschädigung von Zeugen und Sachverständigen entschädigt.**

Nr. 17.3
Verordnung über Gutachterausschüsse, Kaufpreissammlungen und Bodenrichtwerte (Gutachterausschußverordnung)

Vom 5. August 1991 (Thür. GVBl. S. 342)

Auszug

§ 4 Entschädigung von Gutachtern und Sachverständigen

(1) Die ehrenamtlichen Gutachter sowie die nach § 197 Abs. 1 Satz 1 BauGB herangezogenen Sachverständigen erhalten für ihre Tätigkeit eine Entschädigung, **wie sie das Gesetz über die Entschädigung von Zeugen und Sachverständigen für Sachverständige** vorsieht. Die Gutachter nach § 2 Abs. 4 erhalten für ihre Tätigkeit bei der Ermittlung von Bodenrichtwerten nach § 196 BauGB keine Entschädigung.

(2) Die Höhe der Entschädigung wird von der Geschäftsstelle des Gutachterausschusses nach Anhörung des Vorsitzenden festgesetzt.

(3) Entschädigungspflichtig ist das Land Thüringen.

Nr. 17.4
Thüringer Verordnung über Einigungsstellen nach dem Gesetz gegen den unlauteren Wettbewerb

Vom 10. Dezember 1991 (Thür. GVBl. 1991 S. 666)

Auszug

§ 9 Entschädigung, Auslagenersatz

(1) Die Industrie- und Handelskammer kann dem Vorsitzenden eine angemessene Entschädigung für jedes einzelne Verfahren gewähren. Die Mitglieder der Einigungsstelle erhalten auf Antrag Ersatz ihrer notwendigen Auslagen für Fahrt, Unterkunft und Verpflegung.

(2) **Auskunftspersonen,** die mit Zustimmung der Einigungsstelle erschienen oder angehört worden sind, erhalten von der Industrie- und Handelskammer auf Antrag eine **Entschädigung entsprechend den Bestimmungen des Gesetzes über die Entschädigung von Zeugen und Sachverständigen.**

Nr. 17.5
Thüringer Pflegesatz-Schiedsstellenverordnung

Vom 17. August 1992 (Thür. GVBl. 1992 S. 436)

Auszug

§ 10 Erstattung der Auslagen, Entschädigungen

(1) Der Vorsitzende und sein Stellvertreter erhalten von der Geschäftsstelle Reisekosten nach den für die Beamten des Landes geltenden reisekostenrechtlichen Vorschriften nach Reisekostenstufe C. Ein Pauschalbetrag für sonstige Barauslagen und als Entschädigung für Zeitverlust je Schiedsstellenverfahren wird durch die an der Schiedsstelle beteiligten Organisationen im Benehmen mit dem Vorsitzenden und seinem Stellvertreter festgelegt. Ist eine einvernehmliche Festlegung im Sinne des Satzes 2 nicht möglich, so entscheidet hierüber auf Antrag einer oder mehrerer der in der Schiedsstelle vertretenen Organisationen die zuständige Landesbehörde.

(2) Die übrigen Mitglieder der Schiedsstelle und ihre Stellvertreter erhalten Reisekosten sowie Ersatz für sonstige Barauslagen und Zeitverlust nach den Regelungen, welche für die Organisation gelten, der das jeweilige Mitglied angehört. Der Anspruch richtet sich gegen die Organisation, der das Mitglied angehört.

(3) **Zeugen und Sachverständige, die auf Beschluß der Schiedsstelle hinzugezogen worden sind, erhalten eine Entschädigung entsprechend dem Gesetz über die Entschädigung von Zeugen und Sachverständigen.** Die Geschäftsstelle setzt die Entschädigung fest und zahlt sie aus.

Nr. 17.6
Thüringer Gesetz über die Aufgaben und Befugnisse der Ordnungsbehörden (Ordnungsbehördengesetz – OBG)

Vom 18. Juni 1993 (Thür. GVBl. 1993 S. 323)

Auszug

§ 16 Befragung, Auskunftspflicht und Vorladung

(1) Die Ordnungsbehörden können eine Person befragen, wenn tatsächliche Anhaltspunkte die Annahme rechtfertigen, daß die Person sachdienliche Angaben zur Aufklärung des Sachverhalts in einer bestimmten ordnungsbehördlichen Angelegenheit machen kann. Im Falle der Abwehr einer Gefahr kann sie zum Zwecke der Befragung angehalten werden.

(2) – (3) . . .

(4) Die Ordnungsbehörden können unter den Voraussetzungen des Absatzes 1 eine Person schriftlich oder mündlich vorladen. Bei der Vorladung soll deren Grund angegeben werden. Bei der Festsetzung des Zeitpunkts soll auf den Beruf und die sonstigen Lebensverhältnisse Rücksicht genommen werden.

(5) . . .

(6) **Für die Entschädigung von Personen, die auf Vorladung nach Absatz 4 als Zeugen erscheinen oder die als Sachverständige herangezogen werden, gilt das Gesetz über die Entschädigung von Zeugen und Sachverständigen in der Fassung vom 1. Oktober 1969 (BGBl. I S. 1756), zuletzt geändert durch Artikel 7 Abs. 20 des Gesetzes vom 17. Dezember 1990 (BGBl. I S. 2847), in der jeweils geltenden Fassung entsprechend.**

Nr. 17.7
Thüringer Verordnung über die Landesschiedsstelle nach dem Fünften Buch Sozialgesetzbuch (Thüringer Landesschiedsstellenverordnung – ThürLSchV –)

Vom 15. April 1994 (Thür. GVBl. 1994 S. 430)

Auszug

§ 18 Entschädigung von Zeugen und Sachverständigen

Sachverständige und Zeugen, die auf Beschluß der Landesschiedsstelle oder der erweiterten Schiedsstelle hinzugezogen worden sind, erhalten eine Entschädigung entsprechend dem Gesetz über die Entschädigung von Zeugen und Sachverständigen. § 17 Satz 3[1] gilt entsprechend.

1 Die Geschäftsstelle setzt die Entschädigung fest und zahlt sie aus.

Nr. 17.8
Gesetz über die Behandlung von Petitionen (Thüringer Petitionsgesetz – ThürPetG)

Vom 28. Juni 1994 (Thür. GVBl. 1994 S. 797)

Auszug

§ 6 Zeugen und Sachverständige

(1) Der Petitionsausschuß kann im Rahmen seiner Zuständigkeit die Beteiligten sowie Zeugen und Sachverständige anhören.

(2) Ein Rechtsanspruch des Petenten auf Anhörung besteht nicht.

(3) Zeugen und Sachverständige, die vom Petitionsausschuß geladen worden sind, werden entsprechend dem **Gesetz über die Entschädigung von Zeugen und Sachverständigen**, Petenten können nach diesem Gesetz entschädigt werden. Die Verwaltung des Landtags setzt die Entschädigung fest.

Teil II Erläuterungen

Gesetz über die Entschädigung von Zeugen und Sachverständigen

Vom 26. Juli 1957 (BGBl. I S. 861/902),

in der Fassung der Bekanntmachung vom 1. Oktober 1969 (BGBl. I S. 1757), zuletzt geändert durch das Kostenrechtsänderungsgesetz 1994 vom 24. Juni 1994 (BGBl. I S. 1325)

§ 1 Geltungsbereich

(1) Nach diesem Gesetz werden Zeugen und Sachverständige entschädigt, die von dem Gericht oder dem Staatsanwalt zu Beweiszwecken herangezogen werden.

(2) Dieses Gesetz gilt auch, wenn Behörden oder sonstige öffentliche Stellen von dem Gericht oder dem Staatsanwalt zu Sachverständigenleistungen herangezogen werden.

(3) Für Angehörige einer Behörde oder sonstigen öffentlichen Stelle, die nicht Ehrenbeamte oder ehrenamtlich tätig sind, gilt dieses Gesetz nicht, wenn sie ein Gutachten in Erfüllung ihrer Dienstaufgaben erstatten, vertreten oder erläutern.

Übersicht

I. Allgemeine Bemerkungen

Entschädigungsgrundlage 1

II. Heranziehende Stellen

Gerichte. 2
Staatsanwaltschaft 3
Polizei 4
Verwaltungsbehörden, Ausschüsse 5
Ordnungsbehörden in NRW. 6
Justizverwaltung 7
Gerichtsvollzieher 8
Schiedspersonen 9
Notar 10
Bürgermeister. 11

III. Anspruchsberechtigte Einzelpersonen

Zeuge . . . 12
Sachverständiger Zeuge . . . 13
Sachverständiger . . . 14
Dolmetscher . . . 15
Übersetzer . . . 16
Partei . . . 17
Erziehungsberechtige/gesetzliche Vertreter . . . 18
Eltern . . . 19
Vormund, Betreuer, Pfleger . . . 20
Dritte . . . 21
Beteiligte im Sozialgerichtsverfahren . . . 22
Freigesprochene Beschuldigte . . . 23
Auskunftsperson . . . 24
Bewährungshelfer . . . 25
Sequester/Konkursverwalter . . . 26
Einigungsstellenmitglieder . . . 27

IV. Voraussetzungen für den Entschädigungsanspruch

Heranziehung . . . 28
Ausschluß des Entschädigungsanspruchs . . . 29
Versehentlich geladene Personen . . . 30
Abbestellte Personen . . . 31
Verspätet erschienene Personen . . . 32
Zeugnis-/Gutachtenverweigerung . . . 33
Beauftragung eines anderen Sachverständigen . . . 34
Entschuldigter Zeuge . . . 35
Verzicht auf Entschädigung . . . 36
In Strafverfahren unmittelbar geladene oder gestellte Personen . . . 37
In Zivilsachen gestellte Personen . . . 38
Personen, die zufällig an Gerichtsstelle anwesend sind . . . 39
Personen, die auch aus anderem Anlaß anwesend sind . . . 40
Prozeßbevollmächtigter als Zeuge . . . 41
Zwangsweise vorgeführter Zeuge . . . 42
Schriftliche Zeugenaussage . . . 43
Personen, die zur Blutentnahme oder Untersuchung herangezogen sind . . . 44
Kreditinstitute oder andere Stellen . . . 45
Wiedereinziehung der Entschädigungsleistungen . . . 46

V. Entschädigung von Behörden und sonstigen öffentlichen Stellen

Behördengutachten . . . 47
Gesundheitsämter . . . 48
Gutachterausschuß nach dem Bundesbaugesetz . . . 49
Juristische Person . . . 50
Technischer Überwachungsverein . . . 51
Bayer. Fachbehörden der Wasserwirtschaft . . . 52
Landesanstalt für Immissionschutz Nordrhein-Westfalen (LIS) . . . 53
Zahlungsverzicht . . . 54
Anhörung einer Behörde . . . 55
Gutachten der Rechtsanwaltskammer . . . 56
Amtshilfe . . . 57

VI. Angehörige einer Behörde oder sonstigen öffentlichen Stelle als Sachverständige

Behördenangehörige . . . 58
Kein persönlicher Erstattungsanspruch . . . 59
Umfang der Dienstaufgaben . . . 60
Anstaltsärzte . . . 61
Ärzte der Gesundheitsämter . . . 62
Weitere Sachverständigenleistungen als Dienstaufgaben . . . 63
Wirtschaftsfachkraft . . . 64
Sachverständigenleistungen als Nebentätigkeit . . . 65
Sachverständigentätigkeit, die nicht zu den Dienstaufgaben gehört . . . 66
Justizbedienstete als Dolmetscher, Übersetzer . . . 67
Ehrenamtliche Tätigkeit . . . 68
Reisekosten . . . 69
Anweisungsstelle . . . 70

I. Allgemeine Bemerkungen

Entschädigungsgrundlage 1

Ein Anspruch auf Entschädigung nach den Bestimmungen des ZSEG besteht nur, soweit das Gesetz eine solche Entschädigung ausdrücklich vorsieht. Während bis zum KostRÄndG 1957 in den jeweiligen Prozeßordnungen (z. B. in der ZPO, der StPO etc.) bestimmt war, daß und wofür Zeugen und Sachverständige zu entschädigen sind und die GebOZS nur in Ausführung der Prozeßordnungen nähere Bestimmungen über die Höhe und Geltendmachung des Entschädigungsanspruchs traf, wird seitdem einheitlich der Entschädigungsanspruch durch das ZSEG selbst abschließend nach Grund und Höhe geregelt[1]. Soweit in verschiedenen Gesetzen über gerichtliche Verfahren hinsichtlich der Entschädigung der heranzuziehenden Zeugen und Sachverständigen unmittelbar und mittelbar auf das ZSEG verwiesen wird, haben die Verweisungen nur noch deklaratorische Bedeutung. Der Entschädigungsanspruch der in gerichtlichen Verfahren herangezogenen Beweispersonen sowie das Verfahren bei der Geltendmachung des Anspruchs werden unmittelbar durch das ZSEG geregelt.

II. Heranziehende Stellen

Gerichte 2

Das ZSEG gilt aufgrund des Absatz 1 unmittelbar in **gerichtlichen Verfahren aller Gerichtsbarkeiten,** in denen Zeugen oder Sachverständige von einem Gericht (Richter oder Rechtspfleger) zu Beweiszwecken herangezogen werden. 2.1

Hierbei spielt es keine Rolle, ob es sich um ein Gericht der ordentlichen Gerichtsbarkeit (Amtsgericht, Landgericht, Oberlandesgericht, Bundesgerichtshof), um ein Gericht der Verwaltungs-, Finanz-, Arbeits- oder Sozialgerichtsbarkeit, um ein Verfassungsgericht, um ein Berufs- oder Ehrengericht handelt.

Die Bestimmungen des ZSEG finden unmittelbar Anwendung auch auf die Entschädigung der von den Gerichten der neuen Bundesländer Brandenburg, Mecklenburg-Vorpommern, Sachsen, Sachsen-Anhalt und Thüringen sowie des östlichen Teiles des Landes Berlin herangezogenen Beweispersonen, allerdings mit den einschränkenden Maßgaberegelungen des Einigungsvertrages[2].

Zeugen, die vor ein **ausländisches Gericht** geladen werden, oder Sachverständige, die zur Erstattung eines Gutachtens von einem solchen Gericht unmittelbar aufgefordert werden, haben einen Anspruch auf Entschädigung nur nach den 2.2

1 BGH in Rpfleger 79.259; *Bleutge*, Rdn. 6 zu § 1.

2 s. Abschnitt I Nr. 1.1.1.

dort geltenden Bestimmungen. Auch Zeugen, die aufgrund eines Rechtshilfeersuches eines deutschen Gerichts im Ausland vernommen werden, haben keinen Entschädigungsanspruch nach § 1[3].

2.3 Im Verfahren vor dem **Ehrengericht der Rechtsanwaltskammer,** vor dem **Ehrengerichtshof für Rechtsanwälte** bei dem Oberlandesgericht, vor dem **Senat für Anwaltssachen** bei dem Bundesgerichtshof und vor den **Disziplinargerichten für Notare** (§ 99 BNotO) ergibt sich die Anwendbarkeit des ZSEG unmittelbar aus § 1.

Im Verfahren vor dem Ehrengericht der Rechtsanwaltskammer haftet die Rechtsanwaltskammer nach § 198 Abs. 2 BRAO für die Entschädigung der herangezogenen Zeugen und Sachverständigen, in den anderen Verfahren ist die Entschädigung aus der Staatskasse zu zahlen.

3 Staatsanwaltschaft

3.1 Zeugen und Sachverständige, die von einer deutschen **Staatsanwaltschaft** zu Beweiszwecken herangezogen werden, sind nicht nur in Strafsachen oder Bußgeldverfahren unmittelbar nach dem ZSEG zu entschädigen, sondern auch in den von der Staatsanwaltschaft wahrzunehmenden Zivilsachen.

3.2 Auch die von einem **Amtsanwalt** vernommenen Beweispersonen sind »von der Staatsanwaltschaft« herangezogen. Nach § 142 Abs. 1 Ziff. 3 GVG wird das Amt der Staatsanwaltschaft bei den Amtsgerichten durch Staatsanwälte oder Amtsanwälte wahrgenommen.

3.3 Wegen der Entschädigung von Zeugen und Sachverständigen, die aufgrund eines Ersuchens der Staatsanwaltschaft von der **Polizei** vernommen werden, wird auf die Erläuterungen in nachstehender Rz. 5 verwiesen.

3.4 Zur Entschädigung der von einer **Strafverfolgungsbehörde** in Anspruch genommenen Dritten siehe die Erläuterungen zu § 17 a ZSEG.

4 Polizei

4.1 Auf Zeugen und Sachverständige, die von der Polizei vernommen oder herangezogen werden, findet das **ZSEG keine unmittelbare Anwendung.** Hierbei ist es unbeachtlich, ob die Inanspruchnahme des Zeugen oder Sachverständigen durch die Polizei zum Zwecke der Gefahrenabwehr, der Aufrechterhaltung der öffentlichen Sicherheit und Ordnung oder im Rahmen der Strafverfolgung im Sinne der §§ 163, 163 a StPO erfolgt[4].

§ 1 Abs. 1 sieht eine Entschädigung nach dem ZSEG nur in »gerichtlichen Verfahren« und »wegen der engen Verbindung mit dem gerichtlichen Verfahren«

3 OLG Düsseldorf in MDR 93.392 = JurBüro 93.367.
4 SchlHOLG in SchlHA 90.133.

auf die von »der Staatsanwaltschaft« zu Beweiszwecken herangezogenen Zeugen und Sachverständigen vor[5]. Eine Ausdehnung des unmittelbaren Anwendungsbereichs des ZSEG auf die von der Polizei oder anderen Behörden herangezogenen Zeugen, Sachverständigen, Dolmetschern oder Übersetzern war vom Gesetzgeber nicht beabsichtigt. Die Formulierung »herangezogen« ist gewählt worden, um sowohl den Fall zu erfassen, daß ein geladener Zeuge später nicht vernommen wird, als auch den Fall, daß ein nicht geladener (gestellter) Zeuge vernommen wird. Die Fassung war weiter erforderlich, um klarzustellen, daß auch die Entschädigung von Sachverständigen, die lediglich ein schriftliches Gutachten erstatten, oder von Zeugen, die zu Beweiszwecken schriftlich gehört werden, sich nach dem ZSEG richtet.

»Herangezogen« im Sinne des Absatz 1 sind nur die von dem Gericht oder dem Staatsanwalt unmittelbar in Anspruch genommenen Beweispersonen.

Zeugen und Sachverständige, die **im Auftrage oder auf Ersuchen der Staatsanwaltschaft oder nach Beratung mit dem Staatsanwalt** von der Polizei vernommen werden, werden von der Staatsanwaltschaft lediglich mittelbar in Anspruch genommen; sie werden »unmittelbar« von der Polizei »herangezogen«. 4.2

Die von einem Teil der Rechtsprechung[6] vertretene gegenteilige Auffassung vermag nicht zu überzeugen. Staatsanwaltschaft und Polizei sind voneinander getrennte selbständige Behörden mit einer jeweils eigenen Haushaltsführung. Nach § 161 StPO kann die Staatsanwaltschaft Vernehmungen selbst durchführen oder durch »Beamte des Polizeidienstes« vornehmen lassen. Im letzteren Fall wird die Polizeibehörde zwar auf Ersuchen der Staatsanwaltschaft tätig, veranlaßt aber das Erforderliche in eigener Zuständigkeit. Sie zieht auch die Beweispersonen unmittelbar heran mit der Folge, daß die Beweispersonen einen Entschädigungsanspruch – wenn auch nicht unmittelbar aus § 1 – nur gegen die Polizeibehörde haben, der dann auch nur aus den Haushaltsmitteln der Polizeibehörde zu befriedigen ist[7].

So hat z. B. ein im Wege der »Rechtshilfe« vernommener Zeuge einen Entschädigungsanspruch nur gegen das »ersuchte« Gericht, denn nur dieses hat den Zeugen »herangezogen« – s. a. § 15 Rz. 11, § 16 Rz. 14 –. Ein Entschädigungsanspruch gegenüber dem »ersuchenden« Gericht besteht nicht. Aus demselben Grund hat auch eine durch die Polizeibehörde herangezogene Beweisperson keinen Entschädigungsanspruch gegen die »ersuchende« Staatsanwaltschaft. Wird jedoch ein Sachverständiger mit der Erstellung eines Gutachtens durch die

5 Begründung zum Entwurf des KostÄndG 1957, BT-Drucks. 2545 S. 213 u. 215 –; Höver in JVBl. 58.192; LG Würzburg in JurBüro 74.772; *Brocke-Reese*, Anm. 2 zu § 1 ZSEG; OLG Hamm in NJW 73.260.

6 LG Landau in JVBl. 68.22 mit abl. Anm. von Höver; OLG Nürnberg in JurBüro 79.1336; OLG Düsseldorf in JurBüro 89.1459 = MDR 89.1022.

7 s. a. *Bach* in JurBüro 90.681.

Staatsanwaltschaft unter Zuhilfenahme der Polzei »als Bote« beauftragt, so ist er durch die Staatsanwaltschaft herangezogen und durch diese aus dem Justizhaushalt zu entschädigen[8].

4.3 Entsprechendes gilt, wenn im Rahmen der §§ 161, 163 StPO **andere Behörden** auf Ersuchen der Staatsanwaltschaft Vernehmungen von Zeugen vornehmen oder Sachverständigengutachten in Auftrag geben, wie z. B. die Finanzbehörden in Steuerstrafverfahren, die Steuer- und Zollfahndungsämter in den Fällen des § 404 AO oder die Verwaltungsbehörden, wenn die Staatsanwaltschaft die Verfolgung einer Ordnungswidrigkeit übernommen hat. Auch in diesen Fällen liegt eine »Heranziehung durch die Behörden« und nicht etwa »durch den Staatsanwalt« vor. – s. a. Rz. 5 –

4.4 In einigen Bundesländern ist nach **Landesrecht** eine entsprechende Anwendung des ZSEG vorgesehen[9], oder durch Verwaltungsvorschrift bestimmt, daß sich die Entschädigung der durch die Polizei herangezogenen Zeugen und Sachverständigen nach den Bestimmungen des ZSEG richtet. Im übrigen sollen Zeugenvernehmungen bei der Polizei nach Möglichkeit so durchgeführt werden, daß keine Kosten entstehen. Soweit Kosten unvermeidbar anfallen, werden Fahrtkosten und in der Regel auch Verdienstausfall ersetzt, wobei die Beträge des ZSEG als Höchstsätze gelten[10].

Es kann davon ausgegangen werden, daß sich die Entschädigung der von der Polizei herangezogenen Beweispersonen ganz überwiegend entsprechend den Regelungen des ZSEG bestimmt.

Soweit einzelnen Sachverständigen durch die Polizei eine höhere Vergütung als die Entschädigung nach dem ZSEG gewährt wird, z. B. die Vergütung von ärztlichen Leistungen für Blutentnahme zur Feststellung von Alkohol im Blut[11], ist diese Praxis nicht unbedenklich. Die Mehrkosten, um die die gewährte Vergütung eine Entschädigung nach den Beträgen des ZSEG übersteigt, fallen allein dem Fiskus zur Last. Von einem Kostenschuldner können die von der Polizei verauslagten Sachverständigenkosten nur in Höhe der nach dem ZSEG zu berechnenden Beträge wieder eingezogen werden (Nr. 9012 KV-GKG bzw. § 107 Abs. 3 OWiG). – s. a. Rz. 46.1 –.

4.5 Für von der Polizei als Strafverfolgungsbehörde (§ 163 StPO) zu Beweiszwecken

8 OLG Düsseldorf in MDR 92.1089 = JurBüro 93.494.

9 s. Abschnitt I Nr. 2.7, 3.2, 4.2, 6.2, 8.1, 9.3, 10.2, 11.7, 12.3, 14.6 und 15.3.

10 Ba.-Wü.: Verwaltungsvorschrift des Innenministeriums über die Entschädigung von Zeugen, die von der Polizei im Rahmen eines Ermittlungsverfahrens wegen einer Straftat oder einer Ordnungswidrigkeit herangezogen werden vom 4. 10. 1988 – 3.6065/151 – GABl. 1988 S. 1119 –; NRW: Verwaltungsvorschrift zum Polizeigesetz des Landes NRW – VVPolG NW –, RdErl. d. IM vom 19. 4. 1991 in MBl. NW. S. 698 –, Nr. 10.5 VVPolG.

11 NRW: RdErl. d. IM vom 24. 1. 1983 in MBl. NW. S. 210, geändert durch RdErl. v. 23. 5. 1985 in MBl. NW. S. 860/SMBl. NW. 20510.

in Anspruch genommenen Dritten gilt abweichend von § 1 Abs. 1 die Regelung des § 17a unmittelbar. – s. a. Rz. 3 zu § 17a –.

Verwaltungsbehörden, Ausschüsse **5**

Nach § 1 erstreckt sich der Geltungsbereich des ZSEG unmittelbar nur auf gerichtliche Verfahren und auf Verfahren der Staatsanwaltschaft.

Ob und inwieweit Zeugen, Sachverständige, Dolmetscher, Übersetzer oder sonstige Personen in anderen Verwaltungsverfahren nach den Bestimmungen des ZSEG zu entschädigen sind, richtet sich – ebenso wie bei der Inanspruchnahme durch die Polizei – nach den bestehenden bundes- oder landesrechtlichen Gesetzen oder Verwaltungsvorschriften. Nur wenn in diesen Bestimmungen hinsichtlich der Entschädigung der betreffenden Personen auf die Regelungen des ZSEG verwiesen wird, kann in anderen als gerichtlichen oder staatsanwaltschaftlichen Verfahren hierauf zurückgegriffen werden[12].

Insbesondere in jüngster Zeit ist in zahlreichen Vorschriften eine entsprechende Anwendung des ZSEG auf die Entschädigung von Beweispersonen in Verwaltungsverfahren vorgesehen worden, so daß die Regelungen des ZSEG weit über den Geltungsbereich des § 1 hinaus an Bedeutung gewonnen haben. So sind die Bestimmungen des ZSEG anzuwenden

- in Verwaltungsverfahren nach den **Verwaltungsverfahrensgesetzen** des Bundes und der Länder[13]; **5.1**
- in Verwaltungsverfahren nach dem **Sozialgesetzbuch** – SGB –[14]; **5.2**
- für die Entschädigung von Beweis- und Auskunftspersonen einschließlich von Dolmetschern und Übersetzern bei **Finanz- und Zollbehörden**[15]; **5.3**
- im **Bußgeldverfahren** nach dem OWiG[16]; **5.4**
- im Verfahren vor dem **Patentamt**[17]; **5.5**
- im Verfahren nach der VO über Schiedsämter für die kassenärztliche (kassenzahnärztliche) Versorgung (**Schiedsamtsverordnung**)[18]; **5.6**
- im Verfahren vor der **Schiedsstelle für Urheberrechtsstreitfälle**[19]; **5.7**
- in **Verwaltungssachen in Bayern**[20]; **5.8**

12 s. a. *Höver,* Die entsprechende Anwendung des ZSEG in JVBl. 71.219.
13 s. Abschnitt I Nrn. 1.10, 2.1, 3.1, 4.3, 5.5, 6.1, 7.2, 8.2, 9.4, 10.1, 11.2, 12.1, 13.1, 15.5, 16.1 und 17.2.
14 s. Abschnitt I Nr. 1.12.
15 s. Abschnitt I Nr. 1.9.
16 s. Abschnitt I Nr. 1.14.
17 s. Abschnitt I Nr. 1.5.
18 s. Abschnitt I Nr. 1.4.
19 s. Abschnitt I Nr. 1.13.
20 s. Abschnitt I Nr. 3.2.

5.9 – in Verfahren vor den **Einigungsstellen zur Beilegung von Wettbewerbsstreitigkeiten** in der gewerblichen Wirtschaft[21];

5.10 – in Verfahren vor den **Schiedsstellen für die Festsetzung der Krankenhauspflegesätze**[22];

5.11 – auf die Entschädigung der Mitglieder der **Gutachterausschüsse für Grundstückswerte**[23];

5.12 – für die Vergütung der als Fachbeisitzer hinzugezogenen Sachverständigen in der **Schlichtungsstelle für Zivilsachen** (§ 3 Abs. 3 des RdErl. d. MdJ vom 8. 4. 1986 – 3180 GII-II/7 – 1028/84/JMBl. Hessen S. 241 –);

5.13 – für die Entschädigung von Dolmetschern und Übersetzern, die zur **Überwachung des Schriftverkehrs und der Besuche Untersuchungsgefangener** herangezogen werden (RV d. JM NRW vom 18. 12. 1984 – 4420 – IV B.32 –; VV d. Thür. JM vom 4. 6. 1991 – JMBl. Thür. S. 51 –);

5.14 – auf den Ersatz von Verdienstausfall der **Mitglieder der Bezirksplanungsräte und des Braunkohlenausschusses**[24];

5.15 – in Verfahren nach der **Landesschiedsstellenverordnung**[25];

5.16 – bei **Amtshandlungen des Auswärtigen Amtes**[26];

5.17 – in Verfahren vor den **Untersuchungsausschüssen des Landtags**[27];

5.18 – auf die Entschädigung von Sachverständigen in der **Sachverständigenkommission für bewegliche Bodendenkmäler**[28];

5.19 – auf die Entschädigung der **ehrenamtlichen Mitglieder von Ausschüssen**[29];

5.20 – auf die Entschädigung der von dem **Petitionsausschuß** geladenen Petenten, Zeugen und Sachverständigen[30];

5.21 – auf die den Ärztekammern zu erstattenden Kosten für die Zuziehung nichtärztlicher Sachverständiger in den **Gutachterstellen bei den Ärztekammern**[31];

21 s. Abschnitt I Nrn. 2.3, 3.4, 4.1, 5.2, 6.4, 7.1, 9.1, 10.4, 11.4, 12.6, 13.3, 14.5, 15.2, 17.4.
22 s. Abschnitt I Nrn. 2.2, 3.3, 4.6, 6.3, 8.4, 12.5, 13.2, 14.2, 17.5.
23 s. Abschnitt I Nrn. 2.5, 3.5, 4.7, 6.5, 9.2, 11.8, 12.7, 13.8, 14.4, 15.1, 16.2, 17.3.
24 s. Abschnitt I Nr. 11.5.
25 s. Abschnitt I Nrn. 4.5, 6.7, 7.3, 11.6, 12.4, 13.5, 17.7.
26 s. Abschnitt I Nr. 1.11.
27 s. Abschnitt I Nrn. 4.8, 6.6, 11.3, 14.1, 15.4, 16.3, 17.1.
28 s. Abschnitt I Nr. 11.9.
29 s. Abschnitt I Nr. 11.10.
30 s. Abschnitt I Nrn. 1.19, 2.6, 14.3, 17.8.
31 s. Abschnitt I Nrn. 5.3, 11.11.

– auf die Entschädigung von Auskunftspersonen und Sachverständigen in Verfahren nach dem **Verwaltungs-Vollstreckungsgesetz** (VwVG)[32]; 5.22

– auf die Entschädigung der Mitglieder der **Gutachterstellen für die freiwillige Kastration und anderer Behandlungsmethoden** sowie auf die Entschädigung der von der Gutachterstelle zugezogenen Zeugen und Sachverständigen[33]; 5.23

– auf die Entschädigung der vom **Medienrat** hinzugezogenen Sachverständigen[34]; 5.24

– auf die Verdienstausfallentschädigung der ehrenamtlichen Mitglieder des **Landesausschusses für Berufsbildung**[35]; 5.25

– in Verfahren vor den **Kartellbehörden** (§ 54 Abs. 2 GWB)[36]; 5.26

– in Verfahren vor den Schiedsstellen nach dem Bundessozialhilfegesetz[36a]. 5.27

Soweit in einzelnen Bestimmungen die entsprechende Anwendung des ZSEG »in der Fassung vom . . .« vorgesehen wurde, ohne daß später eine Anpassung an die geänderte geltende Fassung des Gesetzes erfolgte, dürften für die jeweilige Entschädigung auch nur die Sätze der konkret angesprochenen Fassung des ZSEG herangezogen werden können. Zur Vermeidung von Mißverständnissen sollten die Verweisungsvorschriften auf eine Anwendung des ZSEG »in der jeweils geltenden Fassung« aktualisiert werden.

Ordnungsbehörden in NRW 6

Für die Ordnungsbehörden in Nordrhein-Westfalen gelten nach § 24 des Ordnungsbehördengesetzes – OBG – vom 13. 5. 1980 (GVBl. NW S. 528/SGV NW 2060) u. a. die Vorschriften des § 10 Abs. 5 PolG NW – s. Abschnitt I Nr. 11.7 – entsprechend. Die von den Ordnungsbehörden herangezogenen Zeugen und Sachverständigen erhalten eine Entschädigung nach den Bestimmungen des ZSEG.

Justizverwaltung 7

Zeugen oder Sachverständige, die in Justizverwaltungsangelegenheiten vernommen werden, sind nicht vom »Gericht« herangezogen. Justizverwaltungsangelegenheiten sind keine gerichtlichen Verfahren. Das ZSEG findet auf die Entschädigung der von der Justizverwaltung herangezogenen Beweispersonen keine unmittelbare Anwendung.

32 s. Abschnitt I Nr. 1.20.
33 s. Abschnitt I Nrn. 2.4, 4.4, 6.8, 8.5, 12.8, 13.7.
34 s. Abschnitt I Nr. 2.8.
35 s. Abschnitt I Nr. 5.4.
36 s. Abschnitt I Nr. 1.16.
36a s. Abschnitt I Nr. 11.13.

Entsprechend anwendbar ist das ZSEG nach § 26 Abs. 3 Satz 2 in Verb. mit § 2 Abs. 3 Nr. 1 VwVfG und den im wesentlichen gleichlautenden Ländervorschriften nur in den Justizverwaltungsangelegenheiten, über deren Rechtmäßigkeit nicht die ordentlichen Gerichte, sondern die Verwaltungsgerichte entscheiden.

Für die Geltendmachung des Entschädigungsanspruchs und für Einwendungen gegen die Höhe der Entschädigung gelten dann auch nicht die §§ 15 und 16. Der Anspruch ist ggfs. im Klagewege zu verfolgen.

8 **Gerichtsvollzieher**

8.1 **Zeugen,** die nach § 759 ZPO von einem Gerichtsvollzieher bei einer Zwangsvollstreckungshandlung zugezogen werden, sind auf Verlangen von dem Gerichtsvollzieher zu entschädigen. Auf die Entschädigung findet das ZSEG keine Anwendung.

Die Entschädigung soll jedoch in der Regel die Beträge nicht übersteigen, die einem Zeugen nach den Bestimmungen des ZSEG zu gewähren sind (§ 108 Nr. 2 GVGA).

8.2 Auch auf die Entschädigung eines **Sachverständigen,** der vom Gerichtsvollzieher zur Schätzung gepfändeter Sachen nach § 813 ZPO herangezogen, oder des Dolmetschers, der nach § 10a GVA zugezogen wird, findet das ZSEG keine Anwendung.

Dem Sachverständigen oder Dolmetscher ist eine Vergütung nach dem ortsüblichen Preis der Leistung zu gewähren. Nur soweit ein ortsüblicher »Preis« nicht feststeht, sind für die Bemessung der Entschädigung die Sätze des ZSEG maßgebend.

Über Einwendungen gegen die Bemessung der Entschädigung entscheidet nach § 766 ZPO das Vollstreckungsgericht (§ 150 Nr. 4 GVGA).

9 **Schiedspersonen**

9.1 Auf die von Schiedspersonen (Schiedsmann/Schiedsfrau) in einem Güteverfahren herangezogenen **Zeugen** oder **Sachverständigen** findet das ZSEG keine Anwendung. Sie erhalten im Schiedsverfahren in der Regel keine Entschädigung.

9.2 Eine Sonderregelung besteht lediglich für den von der Schiedsperson hinzugezogenen **Dolmetscher;** dieser ist ggfls. nach den Bestimmungen des ZSEG zu entschädigen[37].

37 s. Abschnitt I Nrn. 1.18, 5.6, 8.3, 10.3, 11.1, 12.2, 13.4, 16.3.

Notar 10

Für den von einem Notar nach § 16 BeurkG zugezogenen **Dometscher** bzw. für einen durch den Notar anch § 22 f. BeurkG herangezogenen **Beurkundungszeugen** gelten die Regelungen des ZSEG nicht.

Bürgermeister 11

Ein von dem Bürgermeister nach § 2249 Abs. 1 Satz 2 BGB zur Beurkundung hinzugezogener **Zeuge** erhält in Baden Württemberg eine Vergütung von 5,– DM für jede angefangene Stunde seiner Inanspruchnahme[38].

III. Anspruchsberechtigte Einzelpersonen

Zeugen 12

Einen Anspruch auf Entschädigung nach nach den Regelungen des ZSEG haben die von Gerichten und Staatsanwaltschaften oder einer sonstigen in Abschnitt II genannten Stelle herangezogene Zeugen. 12.1

Ein Zeuge ist **eine natürliche Person, die über von ihr wahrgenommene Tatsachen Auskunft geben kann** – s. a. § 2 Rz. 1 –.

Auch Zeugen, die ihren gewöhnlichen Aufenthalt **im Ausland** haben, sind nach dem ZSEG zu entschädigen, wenn sie vor einem deutschen Gericht oder einer deutschen Behörde vernommen werden. § 6 enthält für diese Zeugen eine Sonderregelung, die einen größeren Ermessensspielraum bei der Bemessung der Entschädigung zuläßt – siehe hierzu die Erläuterungen zu § 6 –. 12.2

Im übrigen spielt die **Staatsangehörigkeit** einer Beweisperson für die Anwendung des ZSEG keine Rolle. 12.3

Sachverständiger Zeuge 13

Auch ein sachverständiger Zeuge gibt Auskunft über eigene Wahrnehmungen; er ist hierzu jedoch nur aufgrund seiner besonderen Fachkenntnisse in der Lage. Er ist in der Regel wie ein Zeuge zu entschädigen – s. § 2 Rz. 2 –.

Sachverständiger 14

Einen Entschädigungsanspruch nach dem ZSEG haben die **im Rahmen des § 1** von den Abschnitt II genannten Stellen hinzugezogenen Sachverständigen. 14.1

Zur Abgrenzung zwischen Zeugen, sachverständigen Zeugen und Sachverständigen wird auf die Erläuterungen zu § 2 Rz. 3 verwiesen.

38 § 15 Landesjustizkostengesetz vom 25. 3. 1975 (BWGBl. S. 261), zuletzt geändert durch Gesetz vom 15. 12. 1992 (BWGBl. S. 797).

14.2 Ist eine **Entschädigung nach dem ZSEG nicht vorgesehen,** so richtet sich der Vergütungsanspruch des Sachverständigen nach § 632 BGB. Soweit im Einzelfall für die Tätigkeit des Sachverständigen eine bestimmte Gebührenordnung nicht besteht und die »übliche Vergütung« auch sonst nicht feststeht, kann u. U. das ZSEG für die Bemessung der »üblichen Vergütung« entsprechende Anwendung finden.

14.3 Hat ein Sachverständiger in der **irrigen Annahme,** er sei zum gerichtlichen Sachverständigen ernannt worden, ein Gutachten erstellt, so kann die Leistung ganz oder teilweise in entsprechender Anwendung der Vorschriften des ZSEG entschädigt werden, soweit das Gutachten oder Teile davon zu Beweiszwecken verwertet werden können[39].

14.4 Der in Erfüllung einer gerichtlichen Weisung **von dem Betroffenen zu Therapiegesprächen aufgesuchte Arzt** ist von dem Gericht nicht zu »Beweiszwekken« herangezogen worden. Er hat keinen Anspruch auf Entschädigung nach dem ZSEG. Die Justizbehörden haben dem Arzt auch nicht das dem Betroffenen nach der GOÄ berechnete Honorar zu ersetzen[40].

14.5 Auch eine **im Bewährungsbeschluß enthaltene Weisung** an den Betroffenen, sich nach der bedingten Entlassung einmal monatlich zur therapeutischen Nachbetreuung einem Facharzt vorzustellen, ist keine Heranziehung durch das Gericht im Sinne des § 1 ZSEG. Der die Nachbetreuung ausführende Arzt ist kein Sachverständiger im Sinne des ZSEG und hat keinen Anspruch nach diesem Gesetz[41].

15 Dolmetscher

Der im Rahmen des § 1 hinzugezogene Dolmetscher hat einen Entschädigungsanspruch nach dem ZSEG wie ein Sachverständiger – s. § 17 Rzn. 2–13 –.

16 Übersetzer

Der nach § 1 zugezogene Übersetzer hat einen Entschädigungsanspruch ausschließlich im Rahmen des § 17 Abs. 3 und 4 – s. § 17 Rzn. 14–28 –.

17 Partei

17.1 Das ZSEG regelt nur den öffentlich-rechtlichen **Entschädigungsanspruch der Beweisperson gegen den Staat.**

17.2 Wenn eine Partei einen Zeugen oder Sachverständigen, z. B. einem im Ausland wohnenden Zeugen, der zum Erscheinen vor einem deutschen Gericht nicht verpflichtet ist, oder einem Sachverständigen, der nach § 407 ZPO, § 75 StPO

39 LSG NRW in SGb. 88.71 LS.
40 LG Paderborn in MDR 91.1099.
41 LG Paderborn in JurBüro 93.492.

zur Erstattung eines Gutachtens nicht verpflichtet ist, eine Entschädigung zusagt, so berührt das den Entschädigungsanspruch des Zeugen oder Sachverständigen gegen die Staatskasse nicht. Die weitergehende, auf einem privatrechtlichen Vertragsverhältnis zwischen der Partei und dem Zeugen oder Sachverständigen beruhende, Entschädigung gehört nicht zu den erstattungsfähigen Kosten des Verfahrens. Als **notwendige Kosten im Sinne des § 91 ZPO**[42] sind nur die nach dem ZSEG aus der Staatskasse zu zahlenden Entschädigungen anzusehen.

Eine über die Sätze der §§ 3 bis 6 hinausgehende Entschädigung kann einem Sachverständigen nur unter den Voraussetzungen des § 7 gezahlt werden. Die **nach § 7 gezahlte höhere Entschädigung** ist eine nach dem ZSEG gezahlte Entschädigung und zählt damit zu den erstattungsfähigen notwendigen Verfahrenskosten. 17.3

Parteien, die ein **Privatgutachten** einholen und im Rechtsstreit vorlegen, sind hinsichtlich der an den Sachverständigen zu zahlenden Vergütung nicht an die Sätze des ZSEG gebunden. Sofern die Kosten eines Privatgutachtens grundsätzlich als erstattungsfähig angesehen werden, ist die Höhe der erstattungsfähigen Kosten nicht begrenzt auf die nach dem ZSEG einem von dem Gericht herangezogenen Sachverständigen zu gewährende Entschädigung[43]. Erstattungsfähig sind die »angemessenen« Kosten. Über die Angemessenheit der als notwendige Auslagen zu erstattenden Kosten entscheidet der Rechtspfleger im Kostenfestsetzungsverfahren. Die Grundsätze des ZSEG können jedoch als Richtlinien für die Frage der Angemessenheit von Bedeutung sein[44]. 17.4

Auslagen für die Entschädigung von Zeugen, **die von der Partei selbst entschädigt** worden sind, können, wenn die Partei grundsätzlich Anspruch auf Erstattung der von ihr an einen Zeugen gezahlten Beträge hat, im Kostenfestsetzungsverfahren nur bis zur Höhe der nach dem ZSEG zulässigen Entschädigung berücksichtigt werden[45]. 17.5

Allerdings wird bereits die Frage, ob die Partei hinsichtlich ihrer Aufwendungen für Zahlungen an die von ihr benannten Zeugen einen Anspruch nach § 91 Abs. 1 ZPO gegen den unterlegenen Prozeßgegner hat, in Rechtsprechung und Schrifttum uneinheitlich beantwortet. Mit der wohl überwiegend vertretenen

42 s. Abschnitt I Nr. 1.3.

43 KG in Rpfleger 62.158 LS; OLG Düsseldorf in JVBl. 59.258; OLG München in JVBl. 63.103; OLG Koblenz in NJW 64.462; OLG Bamberg in JurBüro 75.941; BayVGH in BayVBl. 80.298.

44 OLG Koblenz in JurBüro 86.447; in JurBüro 88.878; SchlHOLG, Beschl. v. 11. 3. 1991 – 9 W 6/91 – in Juris/ZSEG; BayVGH in BayVBl. 91.605.

45 KG in JurBüro 75.815 = NJW 75.1422 = Rpfleger 75.258 = MDR 75.762; OLG Frankfurt in JurBüro 83.1253; OLG Karlsruhe in JurBüro 91.1514.

Auffassung[46] bin ich der Ansicht, daß es für die Frage der Erstattungsfähigkeit dieser Aufwendungen nur darauf ankommen kann, ob diese zur zweckentsprechenden Rechtsverfolgung notwendig waren. Wird die Notwendigkeit der von der Partei beigebrachten Beweismittel – hier: der Zeugen – anerkannt, so sind die Aufwendungen dafür auch als notwendige Kosten der zweckentsprechenden Rechtsverfolgung anzusehen. Hierbei ist es unbeachtlich, ob die Entschädigung der Zeugen durch die Staatskasse erfolgt und der Erstattungsanspruch dann über den Gerichtskostensatz gegen den Kostenpflichtigen geltend gemacht wird oder ob die Entschädigung der Zeugen durch die Partei vorgenommen wird und diese ihren Erstattungsanspruch über § 91 Abs. 1 ZPO im Wege der Kostenfestsetzung verfolgt. Das muß auch dann gelten, wenn ein Zeuge gegenüber der Staatskasse ausdrücklich auf eine Entschädigung verzichtet oder seinen Anspruch nicht innerhalb der Frist des § 15 geltend macht, weil er z. B. bereits durch die Partei entschädigt worden ist. Die Nichtinanspruchnahme der Staatskasse durch den Zeugen beseitigt nicht die Einstufung der Parteiaufwendungen für den Zeugen als notwendige Kosten der Rechtsverfolgung oder Rechtsverteidigung im Sinne des § 91 Abs. 1 Satz 1 ZPO.

17.6 Nach § 91 Abs. 1 ZPO sind bei der Bemessung der **Entschädigung des Prozeßgegners** für die durch notwendige Reisen oder durch die notwendige Wahrnehmung von Terminen entstandene Zeitversäumnis »die für die Entschädigung von Zeugen geltenden Vorschriften entsprechend anzuwenden«. Auch für die Erstattung der Reisekosten – nicht nur der Zeitversäumnis – sind die Sätze des ZSEG Berechnungsgrundlage[47].

17.7 Beauftragt die Partei im amtsgerichtlichen Prozeß einen **Jurastudenten** mit der Wahrnehmung ihrer Interessen, so sind dessen Reisekosten in entsprechender Anwendung der Sätze des ZSEG wie auch eine geltend gemachte Aufwandsentschädigung in Höhe des tatsächlichen Zeitverlustes nach § 3 ZSEG erstattungsfähig, soweit dadurch die Kosten eines anwaltlichen Prozeßbevollmächtigten nicht überschritten werden[48].

17.8 Ist eine **juristische Person** Prozeßpartei, so kann sie in der Regel keinen Verdienstausfall nach § 2 Abs. 2 geltend machen. Sie erhält jedoch die Nachteils-

46 OLG Frankfurt in JurBüro 66.342; OLG Düsseldorf in JurBüro 72.440; OLG Hamm in JurBüro 73.57; OLG München in JurBüro 81.1245; OLG Karlsruhe, a. a. O. – Fn. 45 –; Münchener Kommentar zur ZPO, Bd. 1, Rz. 98 zu § 91 ZPO; *Hartmann*, ZPO, 20. Aufl., Anm. »Zeuge und Sachverständiger« zu § 91 ZPO;
a. A.: OLG Hamburg in JurBüro 72.332; OLG Bamberg in JurBüro 77.1619; OLG Hamburg in MDR 87.147; Wiescorek, ZPO, 2. Aufl., Anm. E III b 2 zu § 91 ZPO.

47 OLG Düsseldorf in Rpfleger 74.232 = JurBüro 74.738 = MDR 74.590 = JMBl. NW 74.142; BVerwG in KRspr. § 9 Nr. 13 m. w. N.; OVG Rhld.-Pf. in JurBüro 91.260 = Anw.Bl. 91.164;
a. A.: OLG Karlsruhe in Justiz 69.224.

48 LG Bonn in JurBüro 91.546.

entschädigung nach § 2 Abs. 3, »es sei denn, daß sie durch die Heranziehung ersichtlich keine Nachteile erlitten hat«[49].

Einer **juristischen Person des öffentlichen Rechts** steht für die Terminswahrnehmung durch einen ihrer Bediensteten ein Erstattungsanspruch wegen Zeitversäumnis nicht zu[50]. Sie kann auch eine Verdienstausfallentschädigung für die Zeitversäumnis eines beamteten oder angestellten Bediensteten zwecks Unterrichtung ihres Prozeßbevollmächtigten regelmäßig nicht beanspruchen[51]. 17.9

Erziehungsberechtigte/gesetzliche Vertreter 18

Das ZSEG findet kraft ausdrücklicher Bestimmung auch in anderen Fällen Anwendung, in denen es sich nicht um Zeugen und Sachverständige handelt. So sind z. B. der Erziehungsberechtigte und der gesetzliche Vertreter, die in einer Jugendgerichtssache nach § 50 Abs. 2 JGG[52] zur Hauptverhandlung geladen sind, nach Satz 2 dieser Vorschrift wie Zeugen zu entschädigen, obwohl sie nicht als »Zeugen zu Beweiszwecken herangezogen worden sind«.

Eltern 19

Der nach § 640 e ZPO zur mündlichen Verhandlung geladene Elternteil ist nicht Zeuge im Sinne des § 1 und hat daher keinen Entschädigungsanspruch nach dem ZSEG[53].

Vormund, Betreuer, Pfleger 20

Durch das Gesetz zur Reform des Rechts der Vormundschaft und Pflegschaft für Volljährige (**Betreuungsgesetz** – BtG) vom 12. 9. 1990 (BGBl. I S. 2002) sind die Regelungen des ZSEG über die Entschädigung von Zeugen in nicht unbeträchtlichem Umfang auf die Entschädigung von Vormündern, Betreuern und Pflegern (**Betreuungspersonen**) anzuwenden. 20.1

Die alleinige **gesetzliche Grundlage für die Entschädigung und Vergütung** der mit Betreuungsaufgaben betrauten Personen bilden die §§ 1835, 1836, 1836 a BGB. 20.2

49 OLG Koblenz in JurBüro 82.1056 mit Anm. von *Mümmler;* KG in JurBüro 86.277; OLG Hamburg in JurBüro 91.1089 mit Anm. von *Mümmler.*

50 BVerwG in Rpfleger 89.255; OLG Bamberg in JurBüro 90.210; VGH Mannheim in MDR 92.108;
a. A.: OLG Stuttgart in Justiz 90.185 = MDR 90.635 = JurBüro 90.889 mit abl. Anm. von *Mümmler;* OLG Bamberg in JurBüro 92.242.

51 SchlHOLG in JurBüro 90.622 = SchlHA 90.73; VGH Ba.-Wü. in Justiz 90.341 = JurBüro 90.1005;
a. A.: OLG Karlsruhe in Rpfleger 93.484.

52 s. Abschnitt I Nr. 1.7.

53 LG Schweinfurt in JurBüro 71.890 mit zust. Anm. von *Mümmler.*

Die zunächst auf den **Vormund** ausgerichteten Bestimmungen finden über § 1908 i BGB auf den gerichtlich bestellten **Betreuer** und über § 1915 BGB auf den **Pfleger** entsprechende Anwendung. Zu dem Pfleger im Sinne von § 1915 BGB zählt auch der in Betreuungssachen nach § 67 FGG und der in Unterbringungssachen nach § 70 b FGG bestellte **Verfahrenspfleger**[54].

Vormund, Betreuer und Pfleger (**Betreuungspersonen**) haben danach bei Vorliegen der entsprechenden Voraussetzungen Anspruch auf

- Aufwendungsersatz nach § 1835 BGB,
- Vergütung nach § 1836 BGB und
- Aufwandsentschädigung nach § 1836 a BGB[55].

Soweit sich die Ansprüche bei Mittellosigkeit des Betroffenen gegen die Staatskasse richten, sind die Verfahrensregelungen bei der Entschädigung von Zeugen entsprechend anzuwenden (§ 1835 Abs. 4 Satz 2 BGB).

Schließlich sind die Vergütung nach § 1836 BGB und die Aufwandsentschädigung nach § 1836 a BGB an die Höhe der Entschädigung eines Zeugen für Arbeitszeitversäumnis gebunden. – s. hierzu die Anm. zu § 2 –.

20.3 Die Betreuungspersonen haben zunächst Anspruch auf **Erstattung ihrer Aufwendungen** (§ 1835 Abs. 1 BGB), die ihnen im Rahmen der ihnen übertragenen Aufgabe erwachsen. Die Erforderlichkeit der Aufwendungen ist nach § 670 BGB zu beurteilen. Als erforderlich werden alle die Auslagen angesehen werden können, die die Betreuungsperson im Interesse und für den Betroffenen aufwenden mußte. Beträge, die die Betreuungsperson im »eigenen Interesse«, etwa bei der Geltendmachung von Entschädigungs- oder Vergütungsansprüchen gegen den Betroffenen oder die Staatskasse, aufwenden mußte, zählen nicht zu den Aufwendungen im Sinne des § 1815 Abs. 1 BGB. Sie sind nicht »zum Zwecke der Führung der Betreuung« entstanden.

Im allgemeinen wird die Höhe der Auslagen durch entsprechende Belege nachgewiesen werden können.

Zu den Aufwendungen können aber auch solche Ausgaben gehören, über die keine Belege anfallen. Hierzu zählen insbesondere Schreibauslagen, die Entgelte

54 LG Oldenburg in JurBüro 92.630 mit zust. Anm. von *Mümmler;* LG Braunschweig in Nds. Rpfl. 92.218 = JurBüro 93.113; LG Frankfurt in JurBüro 92.696; LG Münster in JurBüro 92.695 = Rpfleger 93.21; *Kirsch* in Rpfleger 92.379; LG Bielefeld in Rpfleger 93.21; *Ständeke-Otto* in BtPrax 93.16; *Mümmler* in JurBüro 93.202; LG Wuppertal in JurBüro 93.479; s. a. kritische Ausführungen von *Rogalla* in BtPrax 93.146; LG Augsburg in AnwBl. 93.533; LG Stuttgart in Justiz 93.456; LG Kiel in SchlHA 94.23 = JurBüro 94.415 in SchlHA 94.25 = JurBüro 94.411; LG Mainz in Rpfleger 94.242 LS; LG Wiesbaden in Rpfleger 94.243 LS; LG Verden in Rpfleger 94.243 LS; LG Münster in Rpfleger 94.243 LS; LG Bonn in Rpfleger 94.243 LS – mit Anm. von *Kirsch* –; a. A.: LG Göttingen in Nds. Rpfl. 94.19; LG Duisburg in Rpfleger 94. 243 LS.

55 s. Abschnitt I Nr. 1.2.

für Post- und Telekommunikationsdienstleistungen und Fahrtauslagen bei Benutzung des eigenen Kraftfahrzeuges. Für die Höhe dieser Aufwendungen gibt es keine verbindliche gesetzliche Regelung.

Ein **Schreibaufwand** wird dann anfallen, wenn die Betreuungsperson aus trifti- **20.3.1**
gen Gründen Abschriften oder Ablichtungen anfertigen mußte. Siehe hierzu § 11 Rz. 7.9.

Als Aufwand für die Inanspruchnahme von **Post- und Telekommunikationslei- 20.3.2**
stungen können nur die Entgelte für die im Einzelfall erforderlichen Dienstleistungen – Portokosten, Ferngesprächsentgelte – angesehen werden, nicht dagegen anteilige Kosten für die Beschaffung oder Einrichtung der technischen Geräte oder Anlagen.

An **Fahrtkosten** werden die im Einzelfall tatsächlich angefallenen Aufwendun- **20.3.3**
gen ersetzt. Benutzt die Betreuungsperson ein öffentliches regelmäßig verkehrendes Beförderungsmittel, so sind die für die einzelne Fahrt aufgewendeten Beträge als Aufwendungsersatz zu erstatten. Aufwendungen für eine »Zeitkarte« können nur dann erstattet werden, wenn die in einer Einzelsache erforderlichen Fahrten den Erwerb einer Zeitkarte rechtfertigen. Verwendet die Betreuungsperson eine privat beschaffte Zeitkarte auch für Fahrten in einer Betreuungangelegenheit, kann ein Fahrtkostenersatz nicht – auch nicht ein anteiliger – in Betracht kommen.

Für die Berechnung der »Betriebskosten« eines für Betreuungsfahrten verwendeten eigenen Kraftfahrzeuges ist im § 1835 Abs. 1 BGB eine gesetzliche Vorgabe nicht vorhanden. In der Regel greift die Praxis hier – wohl wegen der Verweisungen auf das ZSEG an anderer Stelle – auf die entsprechende Regelung der Fahrtkostenentschädigung für Zeugen in § 9 Abs. 3 zurück und gesteht der Betreuungsperson eine Fahrtkostenentschädigung in Höhe von –,40 DM für jeden angefangenen Kilometer des Hin- und Rückweges zu[56].

M. E. dürfte es auch gerechtfertigt sein, einer Betreuungsperson den erhöhten Sachverständigenentschädigungssatz von –,52 DM/km zu gewähren. Der höhere Entschädigungssatz für Sachverständige ist damit begründet worden, »daß bei Sachverständigen von der überwiegenden oder zumindest sehr häufigen beruflichen Nutzung des Kraftfahrzeuges, hingegen bei Zeugen eine überwiegend private Nutzung anzunehmen sei«[57]. Dieser Begründung folgend sind auch die entsprechenden Entschädigungssätze für Rechtsanwälte (§ 28 Abs. 2 BRAGO), Notare (§ 153 Abs. 4 KostO) und für ehrenamtliche Richter (§ 3 Abs. 3 EhrRiEG) auf 0,52 DM/km festgesetzt worden. Dieselben Voraussetzungen wie bei dem vorgenannten Personenkreis liegen auch bei den Betreuungspersonen vor, die ihre Betreuungsaufgaben ganz oder überwiegend beruflich wahrnehmen und dabei ihr eigenes Kraftfahrzeug benutzen. Eine verfas-

56 LG Duisburg in JurBüro 93.283; LG München in Rpfleger 93.110.
57 BT-Drucksache 12/6962 Seite 97/98.

sungskonforme Anwendung der Regelungen des ZSEG auf die Entschädigung der Betreuungspersonen rechtfertigt es daher, den »beruflichen« Einsatz des eigenen Kraftfahrzeuges in Betreuungsangelegenheiten mit 0,52 DM/km zu entschädigen.

Neben der Kilometerpauschale sind zu erstatten notwendige Parkentgelte.

20.3.4 Zu den erstattungsfähigen Aufwendungen der Betreuungsperson gehören nach § 1835 Abs. 2 BGB **die Kosten einer angemessenen Versicherung** gegen Schäden,

– die dem Betroffenen durch das Verhalten der Betreuungsperson oder
– die der Betreuungsperson dadurch entstehen können, daß sie einem Dritten zum Schadensersatz verpflichtet ist, weil sie diesem bei der Führung der Betreuungsangelegenheiten einen Schaden zugefügt hat.

Dagegen zählen die Kosten einer Versicherung gegen die Risiken eines der Betreuungsperson durch den Betroffenen zugefügten Schadens nicht zu den erstattungsfähigen Aufwendungen.

Keinen Aufwendungsanspruch nach § 1835 Abs. 2 BGB haben das Jugendamt oder ein Verein (§ 1835 Abs. 5 Satz 2 BGB) ferner ein Vereinsbetreuer oder ein Behördenbetreuer und auch nicht an seiner Stelle der Verein oder die Behörde, bei der er beschäftigt ist (§§ 1908 e, 1908 h BGB).

Die Aufwendungen der angemessenen Versicherung kann ferner nicht beanspruchen die Betreuungsperson, der eine Vergütung nach § 1836 Abs. 2 BGB gewährt worden ist (§ 1835 Abs. 2 Satz 2 BGB)[58].

20.3.5 Schließlich ist von Bedeutung die Regelung des § 1835 Abs. 3 BGB, wonach als Aufwendung solche **Dienste der Betreuungsperson** gelten, **die zu seinem Gewerbe oder seinem Berufe gehören.**

Die Regelung folgt dem Gedanken, daß der Betroffene nicht dadurch einen Vorteil erlangen soll, weil die fachkundige Betreuungsperson eine berufsspezifische Angelegenheit für den Betroffenen wahrnimmt, für die der Betroffene sonst eine entsprechende Fachkraft hätte hinzuziehen müssen. Erstellt z. B. ein zum Betreuer bestellter Architekt ein Wertgutachten über ein dem Betroffenen gehörendes Grundstück, so kann er sein dafür nach der Berufsgebührenordnung berechnetes Honorar als Aufwendung nach § 1835 Abs. 3 BGB geltend machen.

Dasselbe gilt für einen zur Betreuungsperson bestellten **Rechtsanwalt.** Zwar zählt eine Tätigkeit des Rechtsanwalts als gerichtlich bestellter Vormund, Betreuer oder Pfleger, die auch jede andere geeignete Person wahrnehmen könnte, grundsätzlich nicht zur Berufstätigkeit im Sinne der BRAGO (§ 1 Abs. 2 Satz 1 BRAGO). Das schließt jedoch nicht aus, daß er für eine anwaltliche Tätigkeit – etwa eine anwaltliche Vertretung des Betroffenen in einer streitigen Angelegenheit – eine nach den Bestimmungen der BRAGO berechnete Vergütung als Aufwendung beanspruchen kann (§ 1 Abs. 2 Satz 2

58 S. a. *Barth/Wagenitz* in FamRZ 94.71.

BRAGO, § 1835 Abs. 3 BGB)[59]. Das ist für eine innerhalb einer Vormundschaft, Betreuung oder Pflegschaft wahrgenommene anwaltliche Tätigkeit unstreitig.

In Rechtsprechung und Schrifttum ist jedoch die Frage umstritten, ob nicht auch im Einzelfall die Wahrnehmung der gesamten Betreuungstätigkeit als anwaltliche Leistung im Sinne des § 1835 Abs. 3 BGB angesehen werden kann und dann nach den Bestimmungen der BRAGO zu entschädigen ist[60]. § 1 Abs. 2 BRAGO verbietet das m. E. nicht. Diese Vorschrift schließt in Satz 1 im Grundsatz aus, daß in den dort genannten Fällen eine Vergütung nach der BRAGO berechnet wird, läßt jedoch in Satz 2 die Regelung des § 1835 BGB unberührt. Das bedeutet, daß dann, wenn für die Wahrnehmung der Betreuungsaufgaben die Rechtskenntnisse eines Rechtsanwalts erforderlich sind, auch die beruflichen Dienste des Rechtsanwalts als Aufwendungen im Sinne des § 1835 Abs. 3 BGB angesehen werden können. Es wäre geradezu unverständlich, wenn in einer rechtlich schwierigen Angelegenheit, in der der Betroffene zur Wahrnehmung seiner Rechte gehalten gewesen wäre, einen Rechtsanwalt zu beauftragen, und das Gericht aus Anlaß der Behinderung des Betroffenen wegen der erforderlichen Rechtskenntnisse gerade einen Rechtsanwalt zum Betreuer bestellt hat, diesem die Geltendmachung seiner Aufwendungen nach § 1835 Abs. 3 BGB zu verwehren.

Gleiches muß gelten, wenn in Unterbringungssachen wegen der im Einzelfall vorliegenden Umstände gerade ein Rechtsanwalt im Hinblick auf dessen Rechtskenntnisse von dem Gericht nach § 70 b FGG zum Verfahrenspfleger[61] bestellt worden ist. Ich komme daher zu dem Schluß, daß immer dann, wenn unter sachlichen Gesichtspunkten die anwaltliche Vertretung des Betroffenen geboten ist, ein zum Betreuer oder Pfleger bestellter Rechtsanwalt seine nach der BRAGO berechnete Vergütung als Aufwand nach § 1835 Abs. 3 BGB geltend machen kann[62].

Hinsichtlich der Berechnung der Vergütung (Gebühren und Auslagen) ist der Rechtsanwalt einem von dem Betroffenen beauftragten Rechtsanwalt gleichzu-

59 OLG Zweibrücken in AnwBl. 83.470; BayObLG in FamRZ 89.214; OLG Frankfurt in NJW 66.554; LG Braunschweig in FamRZ 68.471; *Mümmler* in JurBüro 93.202.

60 bejahend: *Kirsch* in Rpfleger 92.379; *Klüsener* in Rpfleger 92.466; LG Oldenburg in BtPrax 93.34 = Nds. Rpfl. 93.49; *Mümmler* in JurBüro 93.202.
verneinend: LG Hannover in Nds. Rpfl. 92.285; LG Braunschweig in Nds. Rpfl. 92.218 = JurBüro 93.113; LG Hildesheim in JurBüro 94.410.

61 LG Stuttgart in AnwBl. 93.580; LG Verden in Rpfleger 94.243 LS; LG Heilbronn in Rpfleger 94.243 LS = JurBüro 93.480 = MDR 93.449;
a. A.: LG Braunschweig u. LG München in JurBüro 93.113.

62 LG Kiel in JurBüro 93.414; LG Münster in JurBüro 93.415 = MDR 93.450 = AnwBl. 94.145; BayObLG in JurBüro 93.726 = AnwBl. 93.640 = MDR 93.1248 = Rpfleger 93.483; LG Stuttgart in Mitt. RAKam. Köln 93.157 = Justiz 93.456.

stellen; er hat Anspruch auf die volle Wahlanwaltsvergütung[63]. Ein zum Betreuer oder nach § 70 b FGG zum Verfahrenspfleger bestellter Rechtsanwalt ist z. B. kein »beigeordneter« Rechtsanwalt im Sinne des § 121 Abs. 1 oder des § 112 Abs. 4 BRAGO[64]. Sein Aufwendungsanspruch richtet sich nach § 1835 Abs. 3 BGB[65] und kann auch nicht auf die niedrigeren Sätze eines beigeordneten Rechtsanwalts beschränkt werden[66]. Der zum Verfahrenspfleger bestellte Rechtsanwalt wird auch dann nicht als ein »beigeordneter« Anwalt im Sinne des § 112 Abs. 4 BRAGO angesehen werden können, wenn das Gericht ihn nach § 70 b FGG »beigeordnet« hat[67]. Wird das Vorliegen der Voraussetzungen des § 1835 Abs. 3 BGB für einen zur Betreuungsperson bestellten Rechtsanwalt verneint und kann er auch nicht als Berufsbetreuungsperson eingestuft werden, so hat er einen Anspruch auf Aufwendungsersatz nur im Rahmen des § 1835 Abs. 1 BGB. Die einschlägigen Auslagenvorschriften der BRAGO finden dann auf ihn keine Anwendung.

20.3.6 Aufwendungsersatz im Sinne des § 1835 BGB kann im übrigen grundsätzlich nur für Aufwendungen in Betracht kommen, die während einer laufenden Betreuung anfallen. Eine Betreuung endet beispielsweise mit dem Tod des Betreuten. Führt die Betreuungsperson ihre Aufgaben in Unkenntnis dieses Ereignisses fort, so werden ihr die nach dem Tode des Betroffenen erwachsenen Aufwendungen nur im Rahmen des § 1698 a BGB nach § 1835 BGB erstattet werden können. Für Aufwendungen, die in Kenntnis des Todes des Betroffenen von der Betreuungsperson veranlaßt worden sind, können die Regelungen des § 1835 BGB – ebenso wie die Bestimmungen der §§ 1836, 1836 a BGB – nicht herangezogen werden. Insbesondere scheidet insoweit ein Anspruch gegen die Staatskasse aus.

20.3.7 Obwohl gesetzessystematisch hinter § 1836 BGB eingeordnet, stellt § 1836 a BGB eine Sonderregelung zu § 1835 Abs. 1 BGB dar. § 1836 a BGB gibt der Betreuungsperson die Möglichkeit, zur Abgeltung geringfügiger Aufwendungen

63 *Ständeke-Otto* in BtPrax 93.16.

64 LG Lübeck in JurBüro 93.37; LG Frankfurt in JurBüro 92.696; LG Münster in JurBüro 92.695; LG Berlin in Rpfleger 93.174;
a. A.: AG Hildesheim in Nds. Rpfl. 93.155.

65 LG Itzehoe und LG Flensburg in JurBüro 93.413, 414.

66 LG Flensburg a. a. O. Fn. 65; LG Hannover in JurBüro 92.598 = Rpfleger 93.65; LG Oldenburg in Rpfleger 93.65; LG Münster in MDR 93.450 = JurBüro 93.415 = AnwBl. 94.415;
a. A.: LG Bonn in JurBüro 92.630; LG Oldenburg in Nds. Rpfl. 93.49; BayObLG a. a. O. Fn. 62; – s. a. die ausführliche Darstellung des Meinungsstreites in LG Osnabrück in BtPrax 93.93 = JurBüro 93.539 = Rpfleger 93.399; *Deinert* in JurBüro 93.513 –; LG Stuttgart in Mitt. RAKam. Köln 93.157 = Justiz 93.456.

67 LG Münster a. a. O. Fn. 66;
a. A: OLG Oldenburg in JurBüro 93.412 mit abl. Anmerkung von *Mümmler* = AnwBl. 93.579.

im Sinne des § 1835 Abs. 1 BGB unter bestimmten Voraussetzungen eine **Aufwandsentschädigung** geltend zu machen. Durch die Regelung des § 1836 a BGB soll die Betreuungsperson von der Verpflichtung entbunden werden, über geringfügige Aufwendungen Aufzeichnungen führen und ggfls. Belege sammeln zu müssen. Als geringfügig anzusehen sind etwa Portokosten für Standardbriefe, Telekomentgelte im Nahbereich, Fahrtkosten im Ortsbereich etc., die im Einzelfall einen Betrag von 5,– DM nicht erreichen[68].

Einzelaufwendungen in Höhe von 5,– DM und mehr gelten nicht mehr als geringfügig. Sie sind der Betreuungsperson über § 1835 Abs. 1 BGB **neben** der Aufwandsentschädigung zu erstatten[69].

Voraussetzung für den Anspruch auf Aufwandsentschädigung ist, daß die Betreuungsperson keine Vergütung erhält und nicht ein Verein, eine Behörde, ein Vereinsbetreuer oder ein Behördenbetreuer ist. Diesen wird zugemutet, regelmäßig auch geringfügige Aufwendungen einzeln abzurechnen und nach § 1835 Abs. 1 BGB geltend zu machen.

Anspruchsberechtigt sind in der Regel die vielen Betreuungspersonen, die die Betreuungsaufgaben im übrigen ehrenamtlich als Nebentätigkeit ohne Entgelt wahrnehmen. Eine bestehende Verwandtschaft »Eltern/Kind-Beziehung« beseitigt den Anspruch nicht[70].

Die pauschalierte Aufwandsentschädigung orientiert sich am Höchstsatz des § 2 Abs. 2. Der Höchstsatz beträgt seit dem 1. 7. 1994 25,– DM. Die Aufwandsentschädigung beträgt für jedes Jahr der Betreuungsangelegenheit das Fünfzehnfache des Höchstbetrages, das sind 375,– DM. Die Aufwandsentschädigung ist jährlich nachträglich zu zahlen. Der Führung eines Nachweises über einen entsprechenden Aufwand durch die Betreuungsperson bedarf es nicht. Das muß auch dann gelten, wenn die Betreuungsperson weniger als ein Jahr tätig ist. In derartigen Fällen dürfte es allerdings gerechtfertigt sein, die pauschalierte Aufwandsentschädigung entsprechend zu kürzen.

Hat eine Betreuungsperson eine Jahresvergütung von weniger als 375,– DM erhalten, so kann sie in Höhe des Unterschiedsbetrages zwischen der Höhe der Vergütung und des Betrages von 375,– DM die pauschalierte Aufwandsentschädigung beanspruchen.[71]

68 BT-Drucks. 11/4528 Seite 112.

69 Münchener Kommentar zum BGB, 3. Aufl. 1992, Rz. 4 zu § 1836 a BGB; *Palandt*, BGB, 52. Aufl. 1993, Anm. 7 zu § 1836 a BGB; *Knittel*, Betreuungsgesetz, Stand: 1. 11. 1992, Anm. 2 zu § 1836 a BGB; *Jürgens/Kröger/Marschner/Winterstein*, Das neue Betreuungsrecht, Rz. 284; *Sonnenfeld* in Rpfleger 93.97; *Soergel*, BGB, Ergänzungsband zur 12. Aufl., Rz. 4 zu § 1836 a BGB.

70 LG Kaiserslautern in JBl. Rhld.-Pf. 93.253 und in BtPrax 94.34;
a. A.: LG Passau in JurBüro 93.734.

71 *Soergel*, a. a. O., Anm. 3 zu § 1836 a BGB.

20.3.8 Eine Vermögenseinbuße, die eine ansonsten berufstätige Betreuungsperson dadurch erleidet, daß sie infolge der Wahrnehmung einer für den Betreuten dringend erforderlichen Angelegenheit (z. B. Aufsuchen des Betreuten bei dessen akuter Erkrankung) ihrer regelmäßigen Arbeitstätigkeit nicht nachgehen konnte und dadurch einen **Verdienstausfall** hat, zählt nicht zu den »baren Aufwendungen« im Sinne des § 1835 Abs. 1 BGB[72]; diese Vorschrift enthält auch keine dem § 91 Abs. 1 Satz 2 ZPO vergleichbare Regelung. Eine dem § 2 Abs. 2 ZSEG entsprechende Verdienstausfallentschädigung sieht § 1835 Abs. 1 BGB jedenfalls nicht vor. Aus demselben Grund wird einer einen Mehrpersonenhaushalt führenden Betreuungsperson die Nachteilsentschädigung nach § 2 Abs. 3 ZSEG nicht gewährt werden können, wenn sie infolge einer Betreuungstätigkeit die »Hausarbeit« nicht ausführen konnte und diese zu anderer Zeit nachholen mußte.

Mit Rücksicht darauf, daß im Rahmen des Betreuungsrechts gerade der persönliche Umgang mit dem Betreuten stärker in den Vordergrund getreten ist, erscheint die Schaffung einer dem § 2 ZSEG entsprechenden »Zeitversäumnisentschädigung« insbesondere für die ehrenamtliche Betreuungsperson durchaus sachgerecht.

Hat eine Betreuungsperson aus Anlaß eines dringenden Besuches bei dem Betreuten für die Erledigung der ihr sonst obliegenden Hausarbeit oder für die Beaufsichtung ihrer Kinder eine Vertretung engagiert, so werden die Aufwendungen dafür nach § 1835 Abs. 1 BGB zu ersetzen sein.

20.4 Der **Anspruch** auf Aufwendungsersatz nach § 1835 Abs. 1 bis 3 BGB und der Anspruch auf Aufwandsentschädigung nach § 1836 a BGB richten sich in erster Linie **gegen den Betroffenen.** Dieser ist im Rahmen seiner Vermögens- und Einkommensverhältnisse zur Zahlung an die Betreuungsperson verpflichtet.

Eine gerichtliche Festsetzung der Ansprüche gegen den Betroffenen ist im Gesetz nicht vorgesehen.

Unterliegt das Vermögen des Betroffenen der Verwaltung durch die Betreuungsperson, so kann diese die ihr zustehenden Beträge dem Vermögen entnehmen.

Hat die Betreuungsperson keine unmittelbare Zugriffsmöglichkeit auf das Vermögen des Betroffenen, so muß sie diesen zur Zahlung auffordern. Verweigert der Betroffene die Zahlung, ist die Betreuungsperson zur Durchsetzung ihres Anspruches auf den Klageweg angewiesen.

Das gilt auch, wenn ein Rechtsanwalt seine Vergütung als Aufwendung nach § 1835 Abs. 3 BGB geltend macht. Eine Festsetzung des Aufwandsanspruches nach § 19 BRAGO ist mangels Anwendbarkeit dieser Vorschrift nicht möglich.

Auch der von der Rechtssprechung[73] gewählte Weg, die Kosten eines nach

72 A. A.: *Soergel-Damrau*, BGB. 12. Aufl., Anm. 3 zu § 1835 BGB m. w. N.

73 LG Heilbronn in MDR 93.449 = JurBüro 93.480 = Rpfleger 94.243 LS mit kritischen Anm. von *Kirsch*.

§ 70 b FGG zum Verfahrenspfleger bestellten Rechtsanwalts unabhängig von der Zahlungsfähigkeit des Betroffenen nach § 13 a Abs. 1 Satz 1 FGG der Staatskasse aufzuerlegen, begegnet erheblichen rechtlichen Bedenken. Es erscheint schon zweifelhaft, ob die Staatskasse überhaupt als Beteiligte im Sinne des § 13 a Abs. 1 Satz 1 FGG anzusehen ist[74]. Nach meiner Überzeugung kann der Anspruch eines Verfahrenspflegers gegen die Staatskasse ausschließlich über § 1915 BGB in Verbindung mit § 1835 Abs. 4 BGB geltend gemacht werden. Ein Anspruch des Verfahrenspflegers gegen die Staatskasse bei einem vermögenden Betroffenen ist gesetzlich ausgeschlossen und kann auch nicht über eine Entscheidung nach § 13 a Abs. 1 Satz 1 FGG herbeigeführt werden.[75]

Ist der Betroffene mittellos und daher zur Zahlung von Aufwendungsersatz und Aufwandsentschädigung nicht in der Lage, so richtet sich der **Anspruch** der Betreuungsperson **gegen die Staatskasse.** 20.4.1

Die Frage, wann von der Mittellosigkeit des Betroffenen im Sinne des § 1835 Abs. 4 Satz 1 BGB ausgegangen werden kann, wird in der Rechtsprechung und im Schrifttum äußerst unterschiedlich beantwortet. Hierbei wird das Vorliegen der Mittellosigkeit des Betroffenen bejaht,

- wenn die Voraussetzungen für die Bewilligung von Prozeßkostenhilfe ohne Ratenzahlungen vorliegen[76],
- wenn sein Einkommen die Unpfändbarkeitsgrenze nach § 850 c Abs. 1 ZPO um nicht mehr als 15 v. H. übersteigt und er über kein nach Sozialhilfegrundsätzen zu berücksichtigendes Vermögen verfügt[77],
- wenn die Voraussetzungen für die Bewilligung von Sozialhilfe gegeben sind,
- wenn er nicht in der Lage ist, die erforderlichen Kosten aufzubringen[77a].

Im übrigen kommt es maßgeblich auf die tatsächlichen Einkommens- und Vermögensverhältnisse des Betroffenen im konkreten Einzelfall an[78]. Die vom 3. Vormundschaftsgerichtstag vertretene Auffassung, eine Mittellosigkeit des Betroffenen anzunehmen, wenn entsprechend § 92 Abs. 2 Satz 1 KostO das Vermögen des Betreuten nach Abzug der Verbindlichkeiten nicht mehr als 50 000,– DM beträgt[79], stellt eine praktikable Lösung dar. Immerhin verzichtet

74 *Bassenge/Herbst*, FGG/RpflG, 6. Aufl., Anm. 2. a).

75 Ebenso *Mümmler* in Anm. zu LG Heilbronn in JurBüro 93.481.

76 *Kirsch* Rpfleger 94.240 m. w. N.; LG Berlin in BTPrax 94.104 mit krit. Anm. von *Jochum*.

77 LG Hannover in Nds.Rpfl. 92.285; BayObLG in Rpfleger 94.241 LS; LG Paderborn in Rpfleger 94.242 LS.

77a LG Münster in JurBüro 94.410.

78 LG Duisburg in Rpfleger 93.196; in Rpfleger 94.242 LS; s. a. *Weiß* in Rpfleger 94.51.

79 s. a. *Bienwald* in Anm. zu LG Frankfurt in FamRZ 93.218; *Jochum* in Anm. zu LG Berlin in BtPrax 94.105.

der Gesetzgeber unter den vorgenannten Voraussetzungen auf die Geltendmachung der staatlichen Gerichtskostenforderung (Gebühren und ggfls. nicht unbeträchtliche Auslagen – etwa Sachverständigenentschädigung –) gegen den Betroffenen. Dann scheint es auch vertretbar in diesen Fällen von der »Mittellosigkeit« des Betroffenen auszugehen. Die Mittellosigkeit ist von Amts wegen festzustellen[80]. Der entsprechende Nachweis wird nicht in jedem Fall von der Betreuungsperson verlangt werden können. So wird z. B. ein zum Verfahrenspfleger bestellter Rechtsanwalt, der keinen Einblick in die Vermögensverhältnisse des Betroffenen hat, zum Nachweis der Mittellosigkeit des Betroffenen garnicht in der Lage sein. Ergeben die von Amts wegen durchgeführten Ermittlungen keinen Hinweis auf eine Zahlungsfähigkeit des Betroffenen, wird zugunsten der Betreuungsperson von der Mittellosigkeit des Betroffenen auszugehen sein. Es dürfte jedenfalls nicht zu vertreten sein, der Betreuungsperson den Anspruch gegen die Staatskasse zu versagen, nur weil ein positiver Nachweis der Mittellosigkeit nicht geführt werden konnte.

Keinen Anspruch gegen die Staatskasse haben das Jugendamt oder ein Verein (§ 1835 Abs. 5 Satz 1 BGB) sowie die Behörde für den von ihr beschäftigten Behördenbetreuer (§ 1908 h BGB).

Der Anspruch des Vereins gegen die Staatskasse für den bei ihm beschäftigten Vereinsbetreuer beschränkt sich auf den Anspruch nach § 1835 Abs. 1 BGB (§ 1908 e Abs. 1 Satz 1 BGB). Voraussetzung ist allerdings, daß der Vereinsmitarbeiter in eigener Person als Vereinsbetreuer bestellt worden ist[81].

Ein Anspruch der Betreuungsperson gegen die Staatskasse bei einem vermögenden Betroffenen ist gesetzlich ausgeschlossen und kann auch nicht über eine Entscheidung nach § 13 a Abs. 1 Satz 1 FGG herbeigeführt werden[82].

Für das **Verfahren gegen die Staatskasse** gelten die Vorschriften über das Verfahren bei der Entschädigung von Zeugen hinsichtlich ihrer baren Auslagen entsprechend (§ 1835 Abs. 4 Satz 2 BGB in Verb. mit § 1836 a Satz 3 BGB). Das bedeutet, daß der Anspruch der Betreuungsperson entweder

– im Verwaltungsweg unter haushaltsrechtlichen Aspekten festgestellt und zur Auszahlung angewiesen oder
– nach § 16 gerichtlich festgesetzt und dann zahlbar gemacht

werden kann.

– Siehe auch Rzn. 20 f. zu § 15 ZSEG –

20.5 Grundsätzlich sind eine Vormundschaft, eine Betreuung oder eine Pflegschaft

80 LG Frankfurt in FamRZ 93.218 mit Anm. von *Bienwald;*
a. A.: LG Kiel in SchlHA 94.23 = JurBüro 94.415 – bejaht eine Mitwirkung des Gerichts bei der Feststellung der Mittellosigkeit –.

81 LG Traunstein in JurBüro 93.732.

82 Ebenso *Mümmler* in Anm. zu LG Hildesheim in JurBüro 93.481.

unentgeltlich zu führen (§ 1836 Abs. 1 Satz 1 BGB). Das Gericht kann jedoch einer Betreuungsperson eine **angemessene Vergütung** bewilligen, wenn das Vermögen des Betroffenen sowie der Umfang und die Bedeutung der Betreuungsangelegenheit dies rechtfertigen (§ 1836 Abs. 1 Satz 2 und 3 BGB). Die Höhe der Vergütung ist in das freie Ermessen des Gerichts gestellt; sie ist insbesondere nicht an die Regelungen und Sätze des ZSEG gebunden. Die Vergütung soll über den Ersatz von Kosten hinaus ein angemessenes Honorar für den Betreuer erbringen. Im allgemeinen werden als Vergütung bestimmte Prozentsätze des Vermögens der Betreuten festgesetzt[83]. Die Angemessenheit der Vergütung kann sich aber auch von den Honoraren ableiten, die allgemein in der betreffenden Berufsgruppe bezahlt werden, der die Betreuungsperson angehört, u. U. kann auf die Vergütung ähnlicher Berufsgruppen mit vergleichbarer Ausbildung zurückgegriffen werden[84].

Das Jugendamt oder ein Verein haben keinen Anspruch auf Bewilligung einer Vergütung (§ 1836 Abs. 4 BGB). Jedoch kann einer Behörde für die Tätigkeit ihres Bediensteten als Behördenbetreuer (§ 1908 h Abs. 2 BGB) oder dem Verein für die Tätigkeit des bei ihm angestellten Vereinsbetreuers (§ 1908 e Abs. 1 Satz 1 BGB) eine Vergütung nach § 1836 Abs. 1 BGB bewilligt werden.

Anders als bei dem Aufwendungsersatz und der Aufwandsentschädigung ist zur Geltendmachung einer Vergütung eine gerichtliche Bewilligung erforderlich. Durch die Bewilligung des Gerichts wird die Vergütung dem Grunde und der Höhe nach festgestellt. Der Vergütungsanspruch richtet sich gegen den Betroffenen. Bei der Bewilligung nach § 1836 BGB handelt es sich jedoch nicht um eine »Festsetzung« der Vergütung gegen den Betroffenen. Die Betreuungsperson kann auf Grund der Bewilligung die Vergütung aus dem ihrer Verwaltung unterliegenden Vermögen des Betroffenen entnehmen. Ist das nicht möglich und leistet der Betroffene die Vergütung nicht freiwillig, so muß die Betreuungsperson die ihr bewilligte Vergütung gegen den Betroffenen im Klageweg geltend machen.

Eine Zahlung der nach § 1836 Abs. 1 BGB bewilligten Vergütung aus der Staatskasse ist ausgeschlossen.

Liegen die Voraussetzungen auf Bewilligung einer Vergütung nach § 1836 Abs. 1 Satz 2 und 3 BGB nicht vor, weil **20.5.1**

- das Vermögen des Betroffenen nicht entsprechend hoch ist oder
- der Umfang und die Bedeutung der Betreuungsangelegenheit eine Vergütung nicht rechtfertigen,

ist einer Betreuungsperson gleichwohl eine Vergütung zu bewilligen, wenn ihr Betreuungsaufgaben in einem solchen Umfang übertragen worden sind, daß sie

83 LG Berlin in BtPrax 94.103.

84 BayObLG in MDR 93.1209 = FamRZ 94.124.

diese nur im Rahmen ihrer Berufsausübung wahrnehmen kann (§ 1836 Abs. 2 Satz 1 BGB), d. h. wenn die Betreuungsperson als **Berufsvormund, -betreuer oder -pfleger** einzustufen ist. Voraussetzung hierfür ist, daß die Betreuungsperson mehrere Vormundschaften, Betreuungen oder Pflegschaften führt. Dabei kommt es auf die Zahl der Fälle nicht an. Entscheidend ist vielmehr die Arbeitsbelastung der Betreuungsperson durch die von ihr wahrzunehmenden Betreuungsangelegenheiten[85].

Die Ausübung nur einer Betreuungstätigkeit rechtfertigt die Bewilligung einer Vergütung nach § 1836 Abs. 2 BGB nicht, auch wenn die Betreuungsperson durch diese Tätigkeit in nicht unbeträchtlichem Umfang zeitlich in Anspruch genommen wird. So kann ein Sozialarbeiter, der neben seiner sonstigen Tätigkeit nur eine Betreuung wahrnimmt, oder ein Rechtsanwalt, der nur in einem Fall zum Verfahrenspfleger bestellt worden ist, nicht als »Berufsbetreuungsperson« behandelt werden.

Dem Jugendamt oder einem Verein kann die »Berufsbetreuervergütung« nicht bewilligt werden (§ 1836 Abs. 4 BGB). Dasselbe gilt für einen Behördenbetreuer.

Dagegen steht einem Verein für die Tätigkeit eines bei ihm angestellten Vereinsbetreuers eine Vergütung nach § 1836 Abs. 2 BGB zu; Voraussetzung ist allerdings auch hier, daß der Vereinsmitarbeiter in eigener Person zum Vereinsbetreuer bestellt worden ist und er – nicht der Verein – mehrere Betreuungen führt.

Auch der Vergütungsanspruch nach § 1836 Abs. 2 BGB richtet sich grundsätzlich gegen den Betroffenen. Hat dieser zwar kein Vermögen, aber ein ausreichendes Einkommen, aus dem er – ggfls. in Teilbeträgen – die bewilligte Vergütung zahlen kann, so muß sich auch der Berufsbetreuer wegen seines Anspruch an den Betroffenen halten und ggfls. zur Durchsetzung seines Anspruches den Klageweg beschreiten.

Ist der Betroffene dagegen mittellos, d. h. zur Zahlung aus seinem Vermögen und Einkommen nicht in der Lage, kann die »Berufsbetreuungsperson« die Zahlung der ihr bewilligten Vergütung aus der Staatskasse begehren. – Wegen der Höhe der aus der Staatskasse zu zahlenden Vergütung siehe die Anmerkungen zu § 2 Rz. 6 –.

20.6 Auch dem nach § 1961 BGB bestellten **Nachlaßpfleger** kann bei vermögenslosem Nachlaß eine Vergütung nach Maßgabe des § 1836 Abs. 2 BGB aus der Staatskasse gewährt werden, sofern der Nachlaßpfleger diese Tätigkeit im Rahmen seines Berufes ausübt.

– s. a. § 11 Rz. 34.4 –

85 LG Göttingen in Nds. Rpfl. 93.191 – 11 Betreuungen –; LG Kiel in SchlHA 94.24 – 5 Betreuungen neben dem ausgeübten Beruf, 10 Betreuungen ohne weitere berufliche Tätigkeit –; AG Hannover in Rpfleger 94.242 LS – 2 aufwendige Betreuungen –.

Dritte 21

Dritte, die auf Ersuchen der Strafverfolgungsbehörde Gegenstände herausgeben, die Überwachung des Fernmeldeverkehrs ermöglichen oder Auskünfte erteilen, werden nach § 17 a wie Zeugen entsprechend den Vorschriften des ZSEG entschädigt. Wegen der Einzelheiten hierzu wird auf die Erläuterungen zu § 17 a verwiesen.

Beteiligte im Sozialgerichtsverfahren 22

Nach § 191 SGG[86] werden im Sozialgerichtsverfahren einem **Beteiligten, dessen persönliches Erscheinen angeordnet ist,** auf Antrag bare Auslagen erstattet und Zeitverlust wie einem Zeugen entschädigt. 22.1

Ein Beteiligter kann auch entschädigt werden, wenn er ohne Anordnung erscheint und **das Gericht das Erscheinen für geboten hält.** 22.2

§ 191 SGG gilt nicht für Mitglieder oder Vertreter juristischer Personen oder Behörden[87]. 22.3
– s. a. § 15 Rzn. 7.2, 20.2 –.

Ein Kläger, der sich auf Anordnung des Gerichts nach § 191 SGG **zu einer ärztlichen Untersuchung** begibt, ist wie ein Zeuge zu entschädigen[88]. 22.4

Freigesprochene Beschuldigte 23

Zu den einem freigesprochenen Beschuldigten gemäß § 467 StPO aus der Staatskasse zu erstattenden notwendigen Auslagen gehört nach § 464 a Abs. 2 Nr. 1 StPO[89] auch die »Entschädigung für eine notwendige Zeitversäumnis nach den Vorschriften, die für die Entschädigung von Zeugen gelten«. 23.1

Für die Bemessung der Entschädigung finden daher die Bestimmungen des ZSEG Anwendung. Ob die Zeitversäumnis nur insoweit zu erstatten ist, als sie aus der Heranziehung des Beschuldigten durch den Staatsanwalt oder das Gericht entstanden ist oder ob auch der Verdienstausfall zu erstatten ist, der durch notwendige Reisen zu dem Verteidiger oder durch polizeiliche Vernehmungen entstanden ist, ist in der Rechtsprechung umstritten[90]. Nach der in der Rechtsprechung und im Schrifttum wohl überwiegenden Auffassung[91] wird die Verweisung in § 464 a Abs. 2 Nr. 1 StPO nicht als eine Rechtsgrund-, sondern als eine Rechtsfolgenverweisung angesehen werden können. Danach ist einem Freigesprochenen nicht nur die durch eine staatsanwaltliche oder gerichtliche

86 s. Abschnitt I Nr. 1.8.
87 *Meyer-Ladewig,* Anm. 2 zu § 191 SGG.
88 LSG Stuttgart in NJW 67.319; BayLSG in KRspr. § 191 SGG Nr. 1.
89 s. Abschnitt I Nr. 1.15.
90 OLG Braunschweig in KRspr. StPO § 464 a Nr. 16 mit Anm. von *Herget.*
91 *Löwe-Rosenberg,* StPO, 24. Aufl., Rzn. 25, 26 m. w. N.

Hinzuziehung bedingte Zeitversäumnis zu entschädigen, vielmehr wird es darauf abzustellen sein, **ob die Zeitversäumnis »verteidigungsbedingt« notwendig war**[92]. Somit ist auch eine durch die notwendige Information eines Verteidigers bedingte Zeitversäumnis entsprechend § 2 zu entschädigen.

23.2 Die Höhe der einem freigesprochenen Beschuldigten zu ersetzenden Reisekosten richtet sich nach der Regelung des § 9. Hat der Beschuldigte die Reise nach einem anderen als dem in der Ladung bezeichneten Ort angetreten, so ist § 9 Abs. 5 Satz 1 ggfls. Satz 2 entsprechend anzuwenden[93].

24 Auskunftsperson

24.1 Personen, denen nach dem **Auslands-Rechtsauskunftsgesetz**[94] die Beantwortung eines Auskunftsersuchens übertragen wird, sind nach § 6 Abs. 2 a. a. O. wie Sachverständige nach dem ZSEG zu entschädigen. Für Entscheidungen nach § 16 ZSEG ist das Amtsgericht am Sitz der Empfangsstelle zuständig, das ist das Amtsgericht Bonn.

Leitet die Empfangsstelle das Ersuchen an eine von der Landesregierung bestimmte Stelle weiter, so ist für die Entscheidung nach § 16 das Amtsgericht am Sitz der von der Landesregierung bestimmten Stelle zuständig.

24.2 Auskunftspflichtige, die im **Besteuerungsverfahren von der Finanzbehörde** zu Beweiszwecken herangezogen werden (§ 107 AO), werden in entsprechender Anwendung des ZSEG auf Antrag entschädigt. Auskunftspersonen im Sinne des § 107 AO sind nicht nur natürliche Personen sondern auch juristische Personen, z. B. Banken[95]. Keine Entschädigung erhalten die Beteiligten des Besteuerungsverfahrens und diejenigen Personen, die für die Beteiligten die Auskunftspflicht zu erfüllen haben.

25 Bewährungshelfer

Werden Bewährungshelfer in dieser Eigenschaft vom Gericht oder von der Staatsanwaltschaft zu Beweiszwecken herangezogen oder in der Hauptverhandlung informatorisch über Verhältnisse ihrer Probanden gehört, so werden sie ausschließlich nach dem ZSEG abgefunden[96].

92 OLG Karlsruhe in MDR 86.694.
93 LG Baden-Baden in Rpfleger 89.254.
94 s. Abschnitt I Nr. 1.6.
95 BFH in BB 81.1142.
96 RV d. JM NRW v. 7. 3. 1973 (2123 – I C. 19/JVV).

Sequester/Konkursverwalter 26

Der nach § 75 KO mit der Erstellung eines schriftlichen Gutachtens betraute Sequester oder Konkursverwalter ist als Sachverständiger nach dem ZSEG zu entschädigen. Der Entschädigungsanspruch besteht neben dem Anspruch auf Vergütung als Sequester oder Konkursverwalter[97].

Einigungsstellenmitglieder 27

Für die Vergütung der **Einigungsstellenmitglieder nach § 76 a BetrVG** können die Sätze des § 3 als Orientierungshilfe herangezogen werden[98]. 27.1

Dem **Vorsitzenden der Einigungsstelle nach § 67 LPVG NW** kann eine Entschädigung für Zeitaufwand gewährt werden (§ 67 Abs. 2 Satz 3 LPVG NW); die Entschädigung richtet sich nach § 3[99]. 27.2

IV. Voraussetzungen für den Entschädigungsanspruch

Heranziehung 28

Jeder Zeuge oder Sachverständige, der vom Gericht oder dem Staatsanwalt zu Beweiszwecken herangezogen wird, hat Anspruch auf Entschädigung nach den Bestimmungen des ZSEG.

Herangezogen ist auch der Zeuge oder Sachverständige, der aufgrund einer Ladung vor dem Gericht oder der Staatsanwaltschaft erscheint, zu dessen Vernehmung es jedoch nicht kommt. Auch er hat einen Anspruch auf Entschädigung nach den Bestimmungen des ZSEG.

Das gleiche gilt auch für Zeugen und Sachverständige, die nach § 273 ZPO vorsorglich vom Gericht geladen sind oder für Zeugen, die zwangsweise vorgeführt werden, die sich auf Anordnung des Gerichts einer Blutentnahme oder einer Untersuchung unterziehen (s. a. Rzn. 40, 42). Herangezogen sind auch Zeugen, denen nach § 377 Abs. 3, 4 ZPO nachgelassen ist, eine Beweisfrage schriftlich zu beantworten. (Wegen der Entschädigung s. a. § 2 Rz. 4).

Entstehen und Ausschluß des Entschädigungsanspruchs 29

Der öffentlich-rechtliche **Entschädigungsanspruch** eines Zeugen, Sachverständigen oder Dritten **entsteht,** wenn diesem aufgrund der Anordnung des Gerichts, der Staatsanwaltschaft oder sonstigen Behörde Aufwendungen erwachsen, die nach den Bestimmungen des ZSEG zu erstatten sind. 29.1

97 LG Bielefeld in Rpfleger 81.28; LG Itzehoe in ZIP 83.478.

98 ArbG Frankfurt a. M. in BB 75.1635; *Löwisch* in DB 89.223; *Bengelsdorf* in NZA 89.489;
a. A.: *Bauer/Röder* in DB 89.224.

99 Nr. 14 Satz 2 d. RV. d. JM NRW vom 6. 10. 1977, zuletzt geändert durch RV. d. JM vom 13. 12. 1988 – 2700 – I B. 10/JVV –.

29.2 Das ZSEG enthält keine Regelungen über den **Ausschluß oder Verlust des Entschädigungsanspruchs** aufgrund des Verhaltens einer Beweis- oder Auskunftsperson. Der Entschädigungsanspruch fällt grundsätzlich ohne Rücksicht auf die Verwertbarkeit der erbrachten Leistung (Erscheinen, Aussage, Beeidigung pp.) an. Er ist nur dann zu versagen, wenn die bestimmungsgemäße Entschädigung grob unbillig wäre, weil die Beweisperson die Unverwertbarkeit der ihr obliegenden Leistung vorsätzlich oder fahrlässig herbeigeführt hat[100].

29.3 Zum **Verlust der Sachverständigenentschädigung** wird auf die Erläuterungen in Abschnitt III zu § 3 – Rzn. 10–19 – verwiesen.

29.4 Ein Ausschluß oder Verlust des Entschädigungsanspruchs ist von der Anweisungsstelle oder im Verfahren nach § 16 vom Gericht festzustellen.

29.5 Der Anspruch eines **Berufspflegers** auf Vergütung nach § 1836 Abs. 2 BGB entsteht unabhängig davon, ob im Zeitpunkt der Bestellung des Pflegers die Voraussetzungen für die Anordnung der Pflegschaft überhaupt vorlagen. Ein objektiv rechtsfehlerhafter Bestellungsbeschluß ist kein Grund, die bewilligte Vergütung zu ändern oder zu entziehen[101].

30 Versehentlich geladene Personen

30.1 Personen, die versehentlich geladen sind oder denen etwa aufgrund einer **Personen- oder Namensverwechslung** die Ladung zugeht, haben, wenn sie aufgrund dieser Ladung erscheinen, einen Entschädigungsanspruch, wenn sie nicht erkennen konnten, daß die Ladung ihnen irrtümlich zugegangen ist und sie nicht vor Gericht zu erscheinen brauchten[102]. Einen Entschädigungsanspruch wird man ihnen jedoch dann nicht zubilligen können, wenn sie bei Aufwendung der ihnen nach ihren persönlichen Verhältnissen zumutbaren Sorgfalt die Unrichtigkeit unzweifelhaft erkennen mußten.

30.2 Einem **Sachverständigen,** der richterlich herangezogen wurde, kann im Festsetzungsverfahren nicht entgegengehalten werden, er hätte nicht beauftragt werden dürfen[103].

30.3 Ein vom Gericht irrtümlich als Sachverständiger geladener **sachverständiger Zeuge** ist zunächst als Sachverständiger hinzugezogen und hat einen Anspruch auf Entschädigung für die Zeit, die zur Vorbereitung des Gutachtens erforderlich war, wenn der Irrtum für ihn nicht erkennbar war[104].

100 OLG München in MDR 84.948 = JurBüro 84.1876; SchlHOLG in SchlHA 90.59.
101 OLG Naumburg in Rpfleger 94.295.
102 Ebenso: *Stein-Jonas,* Rz. 2 zu § 401 ZPO; OLG Frankfurt/M. in JVBl. 67.286 = JurBüro 67.992.
103 OLG Düsseldorf in KRspr. § 16 Nr. 93 LS.
104 KG in JurBüro 92.633 – siehe hierzu auch *Jessnitzer* in DS 6/93 Seite 2 –.

Abbestellte Personen 31

Eine Beweisperson, die trotz Abbestellung erscheint, hat dann einen Entschädigungsanspruch, wenn ohne ihr Verschulden die Abbestellung sie nicht mehr erreichte. Ob ein Verschulden des Zeugen oder Sachverständigen vorliegt, muß im Einzelfall nach billigem Ermessen unter Berücksichtigung aller in Betracht kommenden Umstände beurteilt werden. Daß der Zeuge in allen Fällen eine etwaige Abbestellung abwarten und deshalb die letzte Reisegelegenheit benutzen oder die vorzeitige Abreise oder einen Ortswechsel wegen einer möglichen Abbestellung anzeigen müsse, kann in der Regel nicht verlangt werden[105].

Daß er einen Wechsel seines Aufenthaltsortes nicht angezeigt hat, kann nicht als ein den Entschädigungsanspruch ausschließendes Verschulden angesehen werden, wenn er mit einer Abbestellung nicht rechnen konnte[106].

Ist dem Zeugen, der mitgeteilt hat, daß er sich zum Zeitpunkt des Termins in Urlaub befinde, aufgegeben worden, die Reise zum Termin vom Urlaubsort aus anzutreten, so ist er ohne besondere gerichtliche Anordnung nicht verpflichtet, seine Urlaubsanschrift mitzuteilen. Wird der Termin verlegt und der Zeuge erscheint, weil er wegen des Fehlens der Urlaubsanschrift nicht abbestellt werden konnte, so hat er einen Anspruch auf Entschädigung[107]. Hat das Gericht aus besonderen Gründen ein Interesse daran, den Aufenthalt des Zeugen oder Sachverständigen jederzeit zu kennen, so wird die Verpflichtung der Beweisperson, einen Wechsel des Aufenthaltsortes anzuzeigen, in der Ladung besonders anzuordnen sein.

Verspätet erschienene Personen 32

Ein verspätet erschienener Zeuge oder Sachverständiger hat, wenn er vernommen wird, einen Anspruch auf Entschädigung. Ist die Vernehmung wegen der Verspätung nicht mehr durchführbar, so besteht ein Entschädigungsanspruch nur dann, wenn die Verspätung unverschuldet war.

Ist auf die Vernehmung des verspätet erschienenen Zeugen oder Sachverständigen bereits vor seinem Erscheinen verzichtet worden, so hat dieser einen Entschädigungsanspruch, wenn seine Verspätung unverschuldet war oder bei verschuldeter Verspätung auch dann, wenn auch ohne die eingetretene Verspätung auf seine Vernehmung verzichtet worden wäre.

105 OLG Köln in JurBüro 53.416.
106 siehe auch § 9 Rz. 32.
107 OLG Hamm in JMBl. NW 60.47.

33 **Zeugnis-/Gutachtenverweigerung**

33.1 Zeugen und Sachverständige, die ihr Zeugnis oder Gutachten verweigern, verlieren, wenn sie zu der **Weigerung gesetzlich berechtigt** waren, durch ihre Weigerung nicht den Anspruch auf Entschädigung für das Erscheinen in dem zur Vernehmung bestimmten Termin.

Ein Zeuge wird, wenn er erschienen ist, nicht darauf verwiesen werden können, daß er nach § 386 ZPO die Möglichkeit hatte, seine Weigerung schriftlich oder zu Protokoll der Geschäftsstelle zu erklären. Hat er seine Weigerung schriftlich oder zu Protokoll erklärt und ist er darauf hingewiesen worden, daß er zum Erscheinen im Termin nicht verpflichtet ist, so wird ihm ein Entschädigungsanspruch nicht zuzubilligen sein.

Der Sachverständige, der nicht nach § 407 ZPO, § 75 StPO zur Erstattung des Gutachtens verpflichtet ist, muß, wenn er der Heranziehung keine Folge leisten will, dies schriftlich mitteilen. Erscheint er trotzdem im Termin, so hat er keinen Anspruch auf Entschädigung[108].

33.2 Ein Sachverständiger, der die Erstattung des Gutachtens **ohne ausreichenden Grund verweigert,** hat keinen Anspruch auf Entschädigung für geleistete Vorarbeiten. Justizfiskus und Sachverständiger stehen in einem öffentlich-rechtlichen Vertragsverhältnis, aus dem für den Sachverständigen ein Entschädigungsanspruch erst entsteht, wenn er die Gutachterpflicht vollständig erfüllt hat. Eine Entschädigung für Teilleistungen kommt nur in Frage, wenn der Sachverständige die Beendigung der Arbeit aus einem zureichenden Grunde verweigern kann und verweigert[109] oder wenn die erbrachte Leistung auch als Teilleistung für die Behörde verwertbar ist[110].

33.3 In einem **Termin über die Rechtmäßigkeit der Weigerung** (§ 387 bis 389 ZPO) ist der Zeuge oder Sachverständige Partei. Er hat daher keinen Anspruch auf Entschädigung nach dem ZSEG. Über die Kosten ist nach §§ 91 ff. ZPO zu entscheiden. Sie sind ggfs. im Kostenfestsetzungsverfahren geltend zu machen. Verzichtet der Zeuge oder Sachverständige in dem Termin über die Rechtmäßigkeit der Zeugnisverweigerung nachträglich auf sein Zeugnisverweigerungsrecht und wird er anschließend sofort vernommen, so erwächst ihm dadurch noch nicht ein Anspruch auf Entschädigung für den vorangegangenen Termin, jedoch wird man ihm einen Entschädigungsanspruch zugestehen müssen, soweit ihm durch die anschließende Vernehmung Mehraufwendungen entstehen.

33.4 Zur Entschädigung des Sachverständigen, wenn das in Auftrag gegebene **Gutachten nicht erstattet wird,** wenn der Sachverständige mit Erfolg abgelehnt

108 *Hartmann,* Rz. 45 zu § 1 ZSEG.
109 OLG Hamm in JVBl. 60.214 = Rpfleger 61.131.
110 OLG Hamm in JVBl. 63.160 = Rpfleger 63.314 = BB 64.534; LSG Baden-Württemberg in Justiz 78.416 LS; *Hesse* in NJW 69.2263.

wird oder das Gutachten aus einem anderen Grunde unverwertbar ist, siehe auch § 3 Rzn. 9–19.

Beauftragung eines anderen Sachverständigen 34

Ist der von dem Gericht beauftragte Sachverständige nicht in der Lage, das geforderte Gutachten zu erbringen und beauftragt er deshalb einen anderen Sachverständigen, so hat dieser mangels eines entsprechenden Auftragsverhältnisses keinen Anspruch auf Erstattung der Sachverständigenentschädigung gegen die Staatskasse. Der vom Gericht beauftragte Sachverständige ist nicht befugt, namens des Gerichts einen anderen Sachverständigen heranzuziehen (§ 407 a Abs. 2 Satz 1 ZPO). Die Auswahl eines Sachverständigen obliegt grundsätzlich dem Gericht[111].

Entschuldigter Zeuge 35

Ein ordnungsgemäß entschuldigter Zeuge, dem Auslagen für die Beschaffung eines ärztlichen Zeugnisses oder sonstige Auslagen (z. B. Anwaltskosten für das Entschuldigungsschreiben) entstanden sind, hat Anspruch auf Ersatz dieser Auslagen[112]. – s. a. § 11 Rz. 1 –.

Verzicht auf Entschädigung 36

Ein Zeuge, der auf Entschädigung verzichtet hat, hat keinen Anspruch auf Entschädigung gegen die Staatskasse. Wird ihm trotz des Verzichtes Zeugenentschädigung ausgezahlt, ist der Zeuge um den erhaltenen Betrag ungerechtfertigt bereichert.

Die Staatskasse muß die zu Unrecht ausgezahlte Entschädigung von dem Zeugen zurückfordern. Sie ist nicht berechtigt, die gezahlte Entschädigung als Auslage dem Kostenschuldner gemäß Nr. 9005 KV-GKG in Rechnung zu stellen[113].

Die dem Gericht zugegangene Verzichtserklärung des Zeugen ist nicht frei widerruflich, sondern nur nach den Regeln des öffentlichen Rechts, die hier mit den Grundsätzen des BGB übereinstimmen, anfechtbar[114]. Ein Widerruf des Verzichts auf Zeugenentschädigung wegen Wegfalls der Geschäftsgrundlage muß unverzüglich nach Eintritt der maßgeblichen Umstände und jedenfalls vor der Vernehmung dem Gericht gegenüber erklärt werden[115].

Hat der Zeuge vor seiner Vernehmung auf Entschädigung in der erkennbaren

111 LG Frankental in Rpfleger 82.242.
112 *Stein-Jonas;* Rz. 2 zu § 401 ZPO; *Wieczorek,* Anm. A I zu § 401 ZPO; OLG Hamburg in Rpfleger 71.269 = Anw. Bl. 71.316 = MDR 71.685.
113 OLG Nürnberg in JVBl. 58.246.
114 *Varrenstrapp* in NJW 62.903; OLG Frankfurt/M. in KRspr. § 15 Nr. 3; OLG München in Rpfleger 75.406 = JurBüro 75.1646 = NJW 75.2108 = KRspr. § 15 Nr. 7.
115 OLG München a. a. O. – Fn. 114.

Erwartung verzichtet, er werde im Wege der Rechtshilfe an seinem Wohnsitzgericht vernommen, so darf ihm dieser Verzicht nicht entgegengehalten werden, wenn sich nachträglich eine Vernehmung durch das Prozeßgericht erforderlich erweist[116].

Hat die obsiegende Partei die Aufwendungen des Zeugen, der auf Entschädigung gegenüber dem Gericht verzichtet hat, getragen, so kann sie im Kostenfestsetzungsverfahren Erstattung dieser Aufwendungen im Rahmen der Sätze des ZSEG verlangen, wenn die Zahlung der Entschädigung durch die Partei notwendig i. S. des § 91 ZPO war[117].

37 **In Strafverfahren unmittelbar geladene oder gestellte Personen**

Personen, die im Strafverfahren von dem Angeklagten, dem Privatkläger oder Nebenkläger nach §§ 220, 386 Abs. 2, 397 StPO unmittelbar als Zeugen oder Sachverständige geladen werden, sind gem. § 220 Abs. 2 StPO zum Erscheinen verpflichtet, wenn ihnen bei der Ladung die gesetzliche Entschädigung für Reisekosten und Versäumnis bar dargeboten oder deren Einzahlung bei der Gerichtskasse nachgewiesen wird[118].

Ordnet das Gericht gemäß § 220 Abs. 3 StPO durch Beschluß oder im Urteil an, daß dem erschienenen Zeugen (Sachverständigen) die gesetzliche Entschädigung zu gewähren ist, so ist er in gleicher Weise nach den Vorschriften des ZSEG aus der Staatskasse zu entschädigen wie ein vom Gericht geladener Zeuge. Beträge, die der Zeuge oder Sachverständige jedoch bereits nach § 220 StPO von dem Angeklagten erhalten hat oder die von dem Angeklagten für ihn hinterlegt sind, sind anzurechnen. Nur der verbleibende Mehrbetrag ist aus der Staatskasse zu zahlen[119].

Die gesetzliche Entschädigung nach § 220 Abs. 3 StPO erfaßt nur die ab der Ladung zur Vernehmung erbrachten Leistungen eines Sachverständigen, nicht auch die Kosten eines zuvor im Auftrag des Angeklagten erstellten schriftlichen Gutachtens[120].

Auch der Zeuge oder Sachverständige, der von dem Angeklagten nicht gemäß § 220 StPO unmittelbar geladen, sondern zur Sitzung mitgebracht, d. h. zur

116 OLG Düsseldorf in MDR 91.66 = AnwBl. 91.56 = JurBüro 91.126.

117 *Friese* in NJW 54.259; LG München in MDR 58.47; *Schneider* in JurBüro 66.721 ff.; OLG Hamm in JMBl. NRW 72.242 = Rpfleger 72.415; OLG Düsseldorf in Rpfleger 72.180; *Stein-Jonas* Rz. 31 zu § 91 ZPO; *Zöller*, Rn. 13 zu § 91 ZPO Stichwort: Zeugengebühren;
a. A.: OLG Koblenz in Rpfleger 73.368 m. w.N.

118 Die Behandlung der eingezahlten Beträge ist in Verwaltungsvorschriften der Länder geregelt, z. B. NRW: RV d. JM v. 29. 8. 1980 – 5221 – I B. 33/JVV –.

119 *Loewe-Rosenberg*, § 220 StPO Anm. 35; KMR § 220 StPO Rz. 15;
a. A.: bei hinterlegtem Betrag, *H. Schmidt*, in MDR 67.966.

120 OLG München in Rpfleger 81.498 = JurBüro 81.1851 = MDR 81.1037.

Verhandlung gestellt worden ist, hat nach der herrschenden Meinung den gleichen Entschädigungsanspruch wie der nach § 220 StPO unmittelbar geladene Zeuge[121].

Eine Anordnung des Gerichts, daß der unmittelbar geladene oder gestellte Zeuge oder Sachverständige aus der Staatskasse zu entschädigen ist, ergeht nur auf Antrag des Vernommenen, des Angeklagten oder der Staatsanwaltschaft. Der Antrag kann in der Hauptverhandlung oder nach der Hauptverhandlung noch innerhalb der Dreimonatsfrist des § 15 ZSEG gestellt werden[122]. Nach § 220 Abs. 3 StPO ist die Anordnung der Entschädigung aus der Staatskasse abhängig.

1. von einem entsprechenden Antrag und
2. davon, daß nach dem Ergebnis der Hauptverhandlung die Vernehmung der unmittelbar geladenen Person zur Aufklärung der Sache dienlich war. Die Frage, ob die Vernehmung einer gestellten Beweisperson zur Aufklärung der Sache dienlich war, ist unabhängig von der Frage zu beurteilen, ob ihre Aussage den Angeklagten be- oder entlastet hat. Die Sachdienlichkeit ist auch nicht gleichbedeutend mit Entscheidungserheblichkeit. Vielmehr kommt es darauf an, ob die Vernehmung die zu fällende Entscheidung oder den weiteren Verfahrensgang beeinflußt hat[123].

In Zivilsachen gestellte Zeugen 38

38.1 In Zivilsachen gilt für die Entschädigung der von **einer Partei gestellten Zeugen** folgendes:

Ein auf Veranlassung des Gerichts von einer Partei gestellter Zeuge ist hinsichtlich seiner Entschädigung wie ein geladener Zeuge zu behandeln. Ein sonst von einer Partei gestellter Zeuge hat Anspruch auf Entschädigung nur dann, wenn das Prozeßgericht die Zweckdienlichkeit der Gestellung anerkannt hat[124]. Bei auswärtigen Zeugen wird in der Regel darauf abzustellen sein, ob das Gericht ihn zum Termin geladen oder seine Vernehmung durch den ersuchten Richter angeordnet hätte. Gibt das Gericht dem Zeugen im Voraus zu verstehen, es sei damit einverstanden, daß er im Termin gestellt werde, ist er wie ein geladener Zeuge zu entschädigen[125].

Die Entschädigung kann jedoch in Zivilsachen von einer entsprechenden Vorschußzahlung durch die beweispflichtige Partei abhängig gemacht werden, da

121 *Loewe-Rosenberg,* § 220 StPO Anm. 26; KMR § 220 StPO Anm. 10.
122 *Loewe-Rosenberg,* § 220 StPO Anm. 37; KMR § 220 StPO Anm. 12; *Kleinknecht/Meyer,* § 220 StPO Rz. 10; Karlsruher Kommentar, Rz. 12 zu § 220 StPO.
123 OLG Hamm – Beschl. v. 4. 9. 1990 – 1 Ws 64/90 – in Juris/ZSEG
124 OLG Stuttgart in MDR 64.857 = Rpfleger 65.153; OLG Koblenz in NJW 67.1866; KG in NJW 75.1422.
125 KG in Rpfleger 86.283.

sonst eine Umgehung der Vorschußpflicht (§§ 379, 402 ZPO, § 68 GKG) möglich wäre.

Ein Zeuge hat auch dann Anspruch auf Entschädigung nach dem ZSEG, wenn er von der Partei in der Sitzung gestellt, aber vom Gericht nicht vernommen worden ist, sofern die Gestellung nur zweckmäßig war[126].

38.2 Hat eine Partei einen von ihr gestellten Zeugen, der vernommen worden ist, **selbst entschädigt,** so ist, wenn diese Zahlung nach einer Entscheidung des Prozeßgerichts zur zweckentsprechenden Rechtsverfolgung notwendig war, der gezahlte Betrag erstattungsfähig. Die Partei kann jedoch vom Gegner Erstattung (§ 91 ZPO) nur bis zur Höhe der Entschädigungssätze des ZSEG verlangen[127]. Einen eigenen Erstattungsanspruch gegen die Staatskasse hat die Partei nicht. Sie kann jedoch den ihr von dem Zeugen abgetretenen Erstattungsanspruch gegen die Staatskasse geltend machen.

39 **Personen, die zufällig an Gerichtsstelle anwesend sind**

Personen, die nicht als Zeugen oder Sachverständige geladen sind, aber vernommen werden, weil sie zufällig oder aus anderem Anlaß an Gerichtsstelle anwesend sind, haben nur einen begrenzten Entschädigungsanspruch. Einem so vernommenen Sachverständigen kann aber die Entschädigung aus § 3 für die Dauer der Leistung nicht verweigert werden. Im übrigen haben derartige Zeugen und Sachverständige einen Anspruch auf Entschädigung nur insoweit, als sich die Notwendigkeit ihrer Anwesenheit an Gerichtsstelle durch ihre Vernehmung verlängert und ihnen dadurch ein Anspruch auf Versäumnisentschädigung (§§ 2, 6) sowie Mehrausgaben für Reise und Aufwand (§§ 9 ff.) entstehen[128].

40 **Personen, die auch aus anderem Anlaß anwesend sind**

Einen gleichfalls nur begrenzten Entschädigungsanspruch haben Zeugen und Sachverständige, die zwar als solche geladen und erschienen sind, die aber gleichzeitig aus einem anderen Anlaß sich an die Gerichtsstelle begeben mußten, z. B. als Privatkläger oder Angeklagte in einer anderen Sache.

In solchen Fällen werden Zeugenentschädigungen überhaupt nicht oder doch nur insoweit zu gewähren sein, als sich durch die Zeugenvernehmung der Aufenthalt an Gerichtsstelle verlängert und dadurch ein besonderer Erwerbsverlust sowie Mehrausgaben für Reise und Aufwand entstehen[129].

126 OLG Stuttgart a. a. O. – Fn. 124 –; a. A. – OLG Koblenz a. a. O. – Fn. 124 – (nur wenn der Zeuge vernommen wurde und die Vernehmung vor dem Prozeßgericht notwendig war).

127 KG in JW 38.133 und in NJW 75, 1422 m. w. Nachw. = Rpfleger 75.258 = MDR 75.762 = JurBüro 75.815;
a. A.: *Schneider* in JurBüro 66.721.

128 *Jessnitzer/Frieling,* Rdn. 758.

129 A. A.: OLG Schleswig in Rpfleger 62.367.

Prozeßbevollmächtigter als Zeuge 41

41.1 Der Prozeßbevollmächtigte, der Terminsbevollmächtigte oder der Rechtsanwalt, dem die Ausführung der Parteirechte übertragen wurde, der in gleicher Sache als Zeuge vernommen wird, erhält hierfür **keine Entschädigung**[130].

Dies gilt auch für einen im Ausland zugelassenen die Parteirechte wahrnehmenden Rechtsanwalt[131].

41.2 Wenn der Rechtsanwalt an auswärtiger Gerichtsstelle für eine Partei einen Termin wahrzunehmen hat, am gleichen Tage aber vor demselben Gericht in irgendeiner Sache als Zeuge vernommen wird, dann findet eine **Verteilung des Reisekostenaufwands** (§ 28 BRAGO) nicht statt. Hier hat der Auftraggeber den vollen Reisekostenaufwand zu tragen. Die aus Anlaß der Vernehmung als Zeuge versäumte Zeit ist dagegen nach den Vorschriften des ZSEG zu entschädigen.

Zwangsweise vorgeführter Zeuge 42

Ein zwangsweise vorgeführter Zeuge ist, unbeschadet einer etwaigen Verurteilung in die durch das Ausbleiben verursachten Kosten, wie ein auf Grund der Ladung freiwillig erschienener Zeuge zu entschädigen.

Sind einem säumigen Zeugen die Kosten der Säumnis auferlegt worden, so kann es angezeigt erscheinen, mit den gerichtlichen Säumniskosten gegenüber dem Entschädigungsanspruch des Zeugen aufzurechnen.

Schriftliche Zeugenaussage 43

Das ZSEG findet nach § 2 Abs. 1 auch bei schriftlichen Zeugenaussagen (§ 377 Abs. 3 ZPO) Anwendung. Der Erstattungsanspruch des Zeugen ist nicht mehr auf Erstattung der ihm durch die Beantwortung entstandenen Auslagen beschränkt. Auch bei schriftlichen Zeugenaussagen besteht nunmehr neben dem Anspruch auf Auslagenersatz ein Anspruch auf Entschädigung für Verdienstausfall. – s. a. § 2 Rz. 4 –

Zeugen, deren schriftliche, eidesstattliche Versicherung in einem Verfahren betr. einen Arrest oder eine einstweilige Verfügung eingereicht wird, haben keinen Entschädigungsanspruch nach dem ZSEG, da es sowohl an einer »Heranziehung« durch das Gericht als auch an einer gerichtlichen Anordnung nach § 377 Abs. 3 ZPO, die nach § 2 Abs. 1 Satz 2 Voraussetzung für die Entschädigung bei schriftlicher Beantwortung einer Beweisfrage ist, fehlt.

130 VG Bremen in Rpfleger 67.425 = KRspr. § 1 Nr. 20 LS m. w. N.; LG München in MDR 90.64.

131 OLG München in MDR 89.830.

44 **Personen, die zur Blutentnahme oder Untersuchung herangezogen sind**

44.1 Personen, die auf Anordnung des Gerichts sich einer Blutentnahme oder Untersuchung zur Erstattung eines Blutgruppengutachtens oder eines erbbiologischen Abstammungsgutachtens durch einen Sachverständigen unterziehen, sind »zu Beweiszwecken herangezogen worden«. Soweit es sich **nicht um die Parteien** selbst handelt, sind diese Personen auch als »Zeugen« anzusehen und sind daher, auch wenn die Untersuchung nicht vor Gericht stattfindet, wie jeder andere Zeuge vom Gericht zu entschädigen. Ist der Sachverständige durch ein ausländisches Gericht mit der Erstattung des Gutachtens beauftragt worden, so kann den untersuchten Personen eine Entschädigung von einem deutschen Gericht nicht gewährt werden.

44.2 Den **Parteien** steht ein Entschädigungsanspruch nicht zu[132]. Auch die Bewilligung von Prozeßkostenhilfe begründet keinen Anspruch auf Reisekostenentschädigung nach dem ZSEG. Im Falle der Mittellosigkeit kann ihnen jedoch eine Billigkeitsentschädigung und ein Reisekostenvorschuß gewährt werden. – s. a. § 14 Rz. 12.1, § 16 Rz. 17 –

45 **Kreditinstitute oder andere Stellen**

45.1 Banken, Sparkassen oder andere Stellen, die vom Gericht oder von der Staatsanwaltschaft zu **Hilfeleistungen bei der Beschaffung von Unterlagen** für gerichtliche Verfahren oder Verfahren der Staatsanwaltschaft herangezogen werden, haben seit dem 1. 7. 1989 einen gesetzlichen Anspruch auf Erstattung der ihnen durch die Zusammenstellung, Aufarbeitung und Herausgabe der Unterlagen entstandenen Personal- und Sachkosten nach § 17 a. – s. § 17 a Rzn. 1–11 –

45.2 Eine von der **Finanzbehörde im Besteuerungsverfahren** zur Erteilung einer schriftlichen Auskunft herangezogene Bank ist hinsichtlich ihrer Aufwendungen in entsprechender Anwendung des § 11 wie ein Zeuge zu entschädigen (§ 107 AO)[133].

45.3 Der auf Antrag des gem. § 399 Abs. 1 AO die Ermittlungen selbständig führenden **Finanzamts** erlassene Beschlagnahmebeschluß stellt keine Heranziehung durch das Gericht dar und begründet demzufolge keine Zahlungspflicht des Justizfiskus[134]. – s. a. § 17 a Rz. 3 –

46 **Wiedereinziehung der Entschädigungsleistungen**

46.1 Nach Nr. 9005 KV-GKG, § 137 Nr. 4 KostO und § 35 Abs. 1 Nr. 5 GVKostG werden die an Zeugen und Sachverständige gezahlten Beträge als **Kosten** von dem zur Kostentragung Verpflichteten wieder eingezogen. Dies gilt auch dann,

132 s. a. Rz. 17.
133 s. a. § 1 Rz. 24.2.
134 LG Hildesheim in Nds. Rpfl. 87.162.

wenn ein Behördenbediensteter für seine Sachverständigentätigkeit vor Gericht nach § 1 Abs. 3 persönlich keine Entschädigung erhalten hat, weil er in Erfüllung seiner Dienstaufgaben tätig geworden ist und der Entschädigungsanspruch seiner Dienstbehörde zusteht. Der nach dem ZSEG geschuldete Betrag ist von dem Kostenschuldner als Verfahrenskosten auch dann einzuziehen, wenn aus Gründen der Verwaltungsvereinfachung auf die Zahlung aus einer öffentl. Kasse in die andere verzichtet ist. – s. Rz. 54 –

An Zeugen und Sachverständige **zuviel gezahlte Beträge** können von diesen nach § 1 Nr. 8 JBeitrO im Verwaltungszwangsverfahren wieder eingezogen werden. – s. a. § 15 Rz. 33 – **46.2**

V. Entschädigung von Behörden und sonstigen öffentlichen Stellen

Behördengutachten **47**

Für alle Gutachten, unabhängig davon, ob es sich um das Gutachten eines privaten Sachverständigen oder um ein sogenanntes »Behördengutachten« handelt, ist die Entschädigung nach dem ZSEG zu berechnen. **47.1**

So wie der private Sachverständige für die Erfüllung seiner öffentlich-rechtlichen Sachverständigenpflicht nur die Sätze des ZSEG erhält, selbst wenn er sonst für gleiche oder ähnliche Leistungen eine höhere Vergütung fordern kann, so bekommt auch die Behörde für Gutachten nur eine Entschädigung nach den Bestimmungen des ZSEG. Das gilt auch dann, wenn in einer als Rechtsvorschrift erlassenen Gebührenordnung für eine entsprechende Tätigkeit höhere oder niedrigere Gebühren vorgesehen sind[135]. Die für die Behörde sonst geltende Gebührenordnung findet bei Gutachten, die durch die Behörde für das Gericht oder den Staatsanwalt erstattet werden, keine Anwendung.

Die Erstattung nach den Sätzen des ZSEG wird durch § 1 Abs. 3 nicht ausgeschlossen[136].

Der Anspruch der Behörde auf Entschädigung nach dem ZSEG ist unabhängig davon, ob die Behörde eine Gebührenordnung besitzt oder nicht. Auch Behörden, die keine Gebührenordnung besitzen und wie z. B. das Bundeskriminalamt und die Landeskriminalämter im Rahmen ihres amtlichen Wirkungskreises gerichtliche Gutachten als Akt der **Amtshilfe** kostenlos erstatten mußten, oder das Patentamt, das auf Anforderung des Gerichts oder des Staatsanwalts nach § 29 PatG ein Gutachten über Fragen, die Patente betreffen, erstattet, haben einen Anspruch auf Entschädigung nach dem ZSEG. Das gilt auch dann, wenn **47.2**

135 OLG Stuttgart in Justiz 81.484.
136 OLG Celle in Nds. Rpfl. 84.263.

für derartige Leistungen nach Landesrecht Gebührenfreiheit in Betracht kommt[137].

47.3 Soweit eine Behörde im Rahmen ihrer Amtstätigkeit Aufgaben wahrzunehmen hat, die entweder unmittelbar der Strafverfolgung dienen (z. B. Polizeibehörden) oder doch in ein Strafverfahren übergehen können (z. B. Gewerbeaufsichtsämter, Gesundheits- und Lebensmittelüberwachung) ist auch eine erforderlich werdende **gutachtliche Stellungnahme** vor Gericht oder gegenüber der Staatsanwaltschaft Teil der Amtstätigkeit der Behörde[138].

48 Gesundheitsämter

48.1 Für die Gutachtertätigkeit der von einem Gericht oder Staatsanwalt als Sachverständige zu Beweiszwecken herangezogenen Gerichtsärzte als Angehörige der Gesundheitsämter ist die Entschädigung nach den Bestimmungen des ZSEG zu bemessen und nicht nach der Gebührenordnung für Gesundheitsämter[139].

48.2 Für die Ärzte der Gesundheitsämter gehört die Erstattung von Gutachten für Gerichte zu den Dienstaufgaben. – s. a. Rz. 62 –

49 Gutachterausschuß nach dem Bundesbaugesetz

Der Gutachterausschuß nach dem Bundesbaugesetz ist für Gutachten, die von dem Gericht oder der Staatsanwaltschaft angefordert sind, nach den Bestimmungen des ZSEG zu entschädigen[140], wobei für alle Ausschußmitglieder einschließlich der Mitarbeiter der Geschäftsstelle ein einheitlicher Stundensatz zu gewähren ist[141]. Dem Gutachterausschuß kann auch der Zuschlag nach § 3 Abs. 3 Satz 1 Buchstabe b als Berufssachverständiger zugebilligt werden[142]. – s. a. § 3 Rz. 49.1 –

Umsatzsteuer fällt bei dem Gutachterausschuß nicht an und ist daher auch nicht zu erstatten[143]. – s. a. § 8 Rz. 28 –

137 OLG Stuttgart in Justiz 87.465; OLG Düsseldorf in JurBüro 89.1459 = JMBl. NW 89.178 = MDR 89.1022.

138 *Weis* in DÖV 65.843.

139 *Ba.-Wü.:* Durchführung des gerichtsärztlichen Dienstes durch die Gesundheitsämter, Bek. d. JM vom 12. 2. 1992 (3134-II/236) in Justiz 92.98.

140 LG Wuppertal in KRspr. § 1 Nr. 8; OLG Saarbrücken in KRspr. § 1 Nr. 10; LG Münster in KRspr. § 1 Nr. 17 LS m. w. N. = JVBl. 67.95 = NJW 67.637; OLG Karlsruhe in Rpfleger 68.234 = Justiz 68.230.

141 OLG Stuttgart in Rpfleger 94.183.

142 OLG Stuttgart a. a O. – Fn. 141 –.

143 OLG München in Rpfleger 76.264 = JurBüro 76.1362.

Juristische Person 50

Ein Unternehmen kann, jedenfalls wenn es in der Rechtsform einer juristischen Person auftritt, als Sachverständiger herangezogen werden mit der Folge, daß ihm und nicht dem einzelnen Sachverständigen ein Entschädigungsanspruch zusteht[144].

Bei der Bemessung des Stundensatzes ist auf die Leistung der Person abzustellen, die als Bedienstete des Sachverständigen tätig geworden ist[145].

Technischer Überwachungsverein 51

Auch der Technische Überwachungsverein ist als Sachverständiger nach den Vorschriften des ZSEG zu entschädigen, wenn er vom Gericht oder der Staatsanwaltschaft zu Beweiszwecken herangezogen und mit der Erstattung eines Gutachtens beauftragt wird[146]. – s. a. § 3 Rz. 60.1 –

Bayerische Fachbehörden der Wasserwirtschaft 52

Gutachten, die für Gerichte oder Staatsanwaltschaften durch Bedienstete der bayerischen Fachbehörden der Wasserwirtschaft erstattet werden, sind grundsätzlich als Dienstaufgabe anzusehen. Das gilt auch, wenn ein Bediensteter persönlich mit der Gutachtenerstellung beauftragt worden ist[147].

Landesanstalt für Immissionsschutz Nordrhein-Wesfalen (LIS) 53

Die Erstattung von Gutachten auf dem Gebiet des Immissionsschutzes im Auftrag von Gerichten gehört zu den Aufgaben der Landesanstalt für Immissionsschutz Nordrhein-Westfalen[148]. Der mit der Erstattung des Gutachtens beauftragte Bedienstete der Landesanstalt hat daher keinen speziellen persönlichen Erstattungsanspruch. – s. a. § 3 Rz. 53 –

144 LG Stuttgart in Justiz 72.123 = KRspr. § 8 Nr. 27.
145 OVG Münster in KRspr. Übers. § 3 Stichwort: Juristische Person.
146 OLG Nürnberg in MDR 68.171 = KRspr. § 1 Nr. 23; OLG München in NJW 67.402; VG Oldenburg in Nds. Rpfleger 83.162; OVG Lüneburg in Nds. Rpfleger 83.259.
147 Bek. d. BayStMin. d. I. vom 4. 4. 1990 – AllMBl 1990 S. 394/BayJMBl. 1990 S. 59 –.
148 Bek. d. Min. für Umwelt, Raumordnung und Landwirtschaft vom 7. 7. 1988 – MBl. NW S. 1205/SMBl. NW 2005 –.

54 **Zahlungsverzicht**

Um Zahlungen aus einer Landeskasse in die andere zu vermeiden, ist in einzelnen Ländern von allen Landesbehörden[149] oder von einzelnen Verwaltungszweigen (z. B. Polizei)[150] auf die Auszahlung der der Behörde nach dem ZSEG zustehenden Sachverständigenentschädigung verzichtet worden. Die Zahlungspflicht des gerichtlichen Kostenschuldners bleibt davon unberührt.

Die nach dem ZSEG geschuldeten Sachverständigenkosten werden, auch wenn keine Zahlung erfolgt, von der Behörde zu den Gerichtsakten mitgeteilt, dort geprüft und im gerichtlichen Kostenansatz berücksichtigt.

55 **Anhörung einer Behörde**

Nicht jede von einer Behörde oder einer sonstigen öffentlichen Stelle auf Anfordern des Gerichts erteilte Auskunft ist eine Sachverständigenleistung i. S. des ZSEG. Nach dem ZSEG werden nur solche Sachverständigen entschädigt, die von dem Gericht oder dem Staatsanwalt zu *Beweiszwecken* herangezogen worden sind. Die gesetzlich vorgeschriebene Anhörung von Behörden und sonstigen öffentlichen Stellen durch das Gericht (z. B. Anhörung der zuständigen amtlichen Berufsvertretung nach § 14 VerglO oder der Landwirtschaftsbehörde nach § 32 LwVG, Anhörung des Höfeausschusses durch das Landwirtschaftsgericht nach § 1 Abs. 2 der LVO zur Durchführung der Höfeordnung Rheinland-Pfalz – GVBl. Rhld.-Pfalz 1967 S. 147 –) ist keine Beweisaufnahme. Auch die Erteilung von Auskünften, die das Gericht gemäß § 53 b Abs. 2 FGG im Verfahren über den Versorgungsausgleich anfordert,

149 *Rheinland-Pfalz*: Rdschr. MdJ v. 20. 6. 1984 (5672-3-22/84) – JBl. S. 104 – zuletzt geändert durch RdSchr. MdJ v. 10. 4. 1987 (5672-3-8/87) – JBl. S. 91 –. *Saarland*: § 22 des Ges. Nr. 800 über die Erhebung von Verwaltungs- und Benutzungsgebühren im Saarland (SaarlGebG) v. 24. 6. 1964 – ABl. Saar S. 629 –. In *Hamburg* ist auf die Erstattung von Sachverständigenentschädigungen durch die Justizverwaltung an andere Landesbehörden im Einvernehmen mit dem Finanzsenator allgemein verzichtet worden (Mitteilung der LJV v. 15. 5. 1964 – 3724 – 1 d/4 –); *Hessen;* RdErl. d. MdJ vom 15. 6. 1990 (5101/1-I/6-433/89); in Hess. JBl. 1990 S. 334 betr. Entschädigung der Landesdienststellen bei gerichtlicher Sachverständigentätigkeit; *Bayern:* VV Nr. 2.2 zu Art. 61 BayHO v. 5. 7. 1973 (FMBl. S. 257), zuletzt geändert durch FMBek. v. 22. 12. 1981 (FMBl. S. 425).

150 *Nordrhein-Westfalen*: Gem. RdErl. d. JMin (4231 – I B.5/JVV) u. d. IMin. (IV D 2 – 5018) v. 7. 9. 1965 –. JMBl. NRW S. 217. – MBl. NW S. 1390/SMBl. NW.20511; *Niedersachsen:* RdErl. d. Nds. MdI v. 4. 2. 1981 – Nds. MBl. S. 263 – i. V. mit der AV d. Nds. MdJ v. 31. 5. 1955 – Nds. Rpfl. S. 102 u. d. RV d. JM v. 2. 10. 1952 (4231 – 16.a2 – 896/52); *Schleswig-Holstein:* Gem. RdErl. d. IM u. d. JM v. 25. 7. 1968 – SchlHA S. 207; *Bayern:* Gem. Bek. d. BayStM d. I und d. J. vom 30. 6. 1976 – JMBl. S. 282 –.

stellt keine Beweisaufnahme dar. Der ersuchten Stelle steht daher keine Entschädigung nach dem ZSEG zu[151].

Gutachten der Rechtsanwaltskammer 56

Die Erstattung von Gutachten der Rechtsanwaltskammer nach § 3 Abs. 3, § 12 Abs. 2 BRAGO ist keine Heranziehung zu Beweiszwecken und daher keine Sachverständigentätigkeit i. S. des ZSEG[152].

Amtshilfe 57

Leistet eine Behörde einem Gericht Amtshilfe und hat sie deshalb einen Anspruch auf Auslagenerstattung (vgl. § 8 Abs. 1 VwVfG NW), so können die Auslagen in entsprechender Anwendung des ZSEG erstattet werden[153].

VI. Angehörige einer Behörde oder sonstigen öffentlichen Stelle als Sachverständige

Behördenangehörige 58

Während Absatz 2 die Frage regelt, welche Entschädigung einer Behörde oder sonstigen öffentlichen Stelle zu gewähren ist, die im Rahmen ihrer örtlichen und sachlichen Zuständigkeit im Wege der Amtshilfe dem Gericht oder der Staatsanwaltschaft eine Auskunft erteilt oder ein Gutachten erstattet, trifft Absatz 3 Bestimmungen über den **persönlichen Entschädigungsanspruch von Behördenangehörigen**, die als Gutachter für Gericht und Staatsanwaltschaft tätig werden. 58.1

Sachverständige, zu deren Dienstaufgaben die Erstattung des angeforderten Gutachtens gehört, werden für diese Tätigkeit durch ihre Dienstbezüge entschädigt. Würden sie für die gleiche Tätigkeit außerdem eine Entschädigung nach dem ZSEG erhalten, so würde für die Tätigkeit eine doppelte Vergütung aus verschiedenen öffentlichen Kassen gezahlt. Das soll durch Absatz 3 verhindert werden.

Absatz 3 findet auch Anwendung auf Bedienstete (Beamte und Angestellte) von Kommunalbehörden, anderen Behörden und sonstigen öffentlichen Stellen, d. h. auf alle Sachverständigen, zu deren Dienstaufgaben die Erstattung des vom

151 OLG Stuttgart in JurBüro 80.110 m. w. N. = Justiz 79.439 = KRspr. § 1 Nr. 65 LS mit Anm. von *Lappe;* KG in Rpfleger 81.207 = JurBüro 81.740.

152 OLG München in JurBüro 75.470; OLG Köln in Rpfleger 74.444; OLG Hamm in JurBüro 85.1188 = MDR 85.663; OLG München in MDR 89.922 = Rpfleger 89.477 = JurBüro 89.1680; OLG Schleswig in JurBüro 89.1679 = SchlHA 90.11.

153 OLG Hamburg in NStZ 87.131 = Rpfleger 87.340 = JurBüro 88.387 = NStE Nr. 1 zu § 11 ZSEG.

Gericht oder der Staatsanwaltschaft angeforderten Gutachtens gehört und die für diese Tätigkeit Dienstbezüge aus einer öffentlichen Kasse erhalten.

58.2 Da für jedes im Auftrag des Gerichts oder der Staatsanwaltschaft erstattete Gutachten ein Anspruch auf Entschädigung nach dem ZSEG besteht, unabhängig davon, ob das Gutachten von einem privaten Gutachter oder einer Behörde erstattet worden ist, hat die früher oft streitige Frage, ob der Auftrag zur Erstattung des Gutachtens der Behörde oder persönlich dem das Gutachten fertigenden Bediensteten dieser Behörde erteilt worden ist, viel von ihrer Bedeutung verloren. Die Frage, ob überhaupt eine Entschädigung zu zahlen ist, kann nur dann streitig werden, wenn unklar ist, ob zwischen der Justizverwaltung und der das Gutachten erstattenden Behörde auf Erstattung verzichtet worden ist. Für die **Höhe der geschuldeten Entschädigung** ist es gleichgültig, ob der Beamte persönlich oder die Behörde mit der Erstattung des Gutachtens beauftragt war.

59 Kein persönlicher Erstattungsanspruch

59.1 Die Frage, ob der Sachverständige das Gutachten in Erfüllung seiner **Dienstaufgaben** erstattet und die Entschädigung daher der Behörde zusteht, wird nach dem Aufgabenbereich der Behörde und dem Dienstrecht des Sachverständigen zu beurteilen sein. Die Abgrenzung kann im Einzelfall schwierig sein. Die Frage hat daher in zahlreichen Fällen die Gerichte beschäftigt und in einigen Ländern zu klärenden Verwaltungsvorschriften Anlaß gegeben[154].

154 *Baden-Württemberg:* Erl. d. IM v. 8. 9. 1972 betr. Dienstaufgaben der staatlichen Tierärztlichen Untersuchungsämter (Gem. Amtsbl. S. 1240), Erl. d. Min. f. Arb., Ges. u. Soz. vom 7. 2. 1973 – III/I – 3043.4/A/73 – betr. Gewerbeaufsichtsämter, AV d. JM v. 1. 9. 1978 – Die Justiz S. 399 – betr. Sachverständige in gerichtlichen Verfahren. *Berlin:* Ausführungsvorschriften über die Gutachtertätigkeit der beamteten Ärzte und sonstigen Beamten mit abgeschlossener wissenschaftlicher Hochschulbildung in den Einrichtungen des Gesundheitswesens des Landes Berlin. Erl. d. IM v. 23. 5. 1966 – DBl. I 1966 S. 265 –. *Hamburg:* Inanspruchnahme der Beamten und Angestellten der Freien und Hansestadt Hamburg zu Gutachtertätigkeiten. Anordnung der Senatskommission für den Verwaltungsdienst vom 1. 10. 1968 – MittVw. 1968 S. 189 –. *Hessen:* Gemeinsamer RdErl. d. IM zugleich im Namen des MinPräs., der Fachminister und des Direktors des Landespersonalamtes betr. Entschädigung von Behörden und Behördenbediensteten bei gerichtlicher Sachverständigentätigkeit vom 31. 1. 1973 – Staatsanz. 1973 S. 337 –; RdErl. d. MdF v. 4. 4. 1977 – StAnz. S. 987 – betr. Entschädigung der Landesdienststellen bei gerichtlicher Sachverständigentätigkeit. *Nordrhein-Westfalen:* Gem. RdErl. d. MinPräs. und aller Landesminister vom 14. 12. 1964 betr. Entschädigung der Sachverständigenleistungen von Behörden und sonstigen öffentlichen Stellen – MBl. NW 1965 S. 98 –; i. d. F. des Gem. RdErl. v. 8. 4. 1975 – MBl. NW S. 871; RV d. JM v. 27. 5. 1975 (5672 – I B 4/JVV). *Niedersachsen:* Dienstanweisung für den Weinkontrolleur für das Land Niedersachsen – RdErl. d. Soz.M. v. 9. 3. 1973 – Nds.

59.2 Die Entschädigung für die Sachverständigenleistung steht der Behörde oder öffentlichen Stelle stets dann zu, wenn die **Leistung zu ihren amtlichen Aufgaben** gehört und von ihr oder von einem ihrer Bediensteten **in Erfüllung seiner Dienstaufgaben** erbracht wird[155]. Die Sachverständigenleistung wird von einem Bediensteten in Erfüllung seiner Dienstaufgaben erbracht, wenn sie ihm nach der Geschäftsverteilung oder einer anderen allgemeinen Regelung obliegt oder im Einzelfall zugewiesen worden ist. Es kommt nicht darauf an, ob die Behörde oder Stelle selbst oder einer ihrer Bediensteten persönlich aufgefordert worden ist, die Sachverständigenleistung zu erbringen[156].

Auch wenn der nach der Geschäftsverteilung zuständige Bedienstete wegen seiner besonderen Sachkunde persönlich zum Sachverständigen bestellt worden ist, so erbringt er mit der Erstattung des Gutachtens eine Leistung, die zu seinen Dienstaufgaben gehört und durch das Gehalt abgegolten ist. Die Entschädigung für die Sachverständigenleistung steht daher stets der Behörde zu[157].

Selbst wenn keine Vorschrift besteht, die ausdrücklich die Tätigkeit als gerichtlicher Sachverständiger einem Behördenbediensteten als Dienstaufgabe zuweist, kann diese Tätigkeit doch zu den Dienstaufgaben des Bediensteten gehören. Das wird, wenn nicht eine ausdrückliche Bestimmung des Dienstrechts entgegensteht, dann der Fall sein, wenn die Tätigkeit als Sachverständiger vor Gericht in einem so engen Zusammenhang mit seiner dienstlichen Tätigkeit steht und sich nach Art und Umfang so wenig von dieser Tätigkeit abhebt, daß sie nach natürlicher Betrachtung als eine Fortsetzung und Ergänzung seiner allgemeinen dienstlichen Tätigkeit erscheint[158].

59.3 Wenn die Erstattung von Gutachten zu den Dienstaufgaben des Angehörigen einer Behörde gehört, hat er auch dann keinen persönlichen Entschädigungsanspruch, wenn er das Gutachten **außerhalb der Dienststunden oder während**

MBl. S. 1448 –; Gutachtertätigkeit der wissenschaftlichen Mitarbeiter der Staatlichen Chemischen Untersuchungsämter für Gerichte, Staatsanwaltschaften und Polizei vom 29. 9. 1973 (Nds. MBl. S. 1483), ergänzt durch RdErl. v. 26. 3. 1974 (Nds. MBl. S. 724). *Rhld.-Pf.:* AV d. JM v. 22. 12. 1964 – JBl. 1965 S. 7 i. d. F. der Verwaltungsvorschrift des MinJust. v. 6. 12. 1982 (5672-3-30/82) in JBl. 83.4; Rdschr. MdJ v. 20. 6. 1984 (5672-3-22/84) in JBl. 84.104, zuletzt geändert durch Rdschr. MdJ vom 10. 4. 1987 (5672-3-5/87) in JBl. 87.91. *Saarland:* Gem. RdErl. v. 19. 9. 1966 – ABl. Saar 66.761 –.

155 OLG Stuttgart in Justiz 81.484.

156 Gem. RdErl. d. MinPräs. und aller Landesminister v. 8. 4. 1975, MBl. NW S. 871; RV d. JM NW v. 27. 5. 1975 (5672 – I B.4/JVV –).

157 A. A. offenbar OLG Koblenz in JVBl. 61.217 und in Rpfleger 80. 356.

158 OLG Bamberg in JVBl. 64.119 = Rpfleger 65.151; OLG München in JurBüro 73.571 = KRspr. § 1 Nr. 41 LS mit Anm. von *Lappe;* LG Krefeld in KRspr. § 1 Nr. 50 LS.

seines Urlaubs erstattet[159]. Die Tatsache, daß eine dienstliche Aufgabe während des Urlaubs geleistet wird, ändert nichts an ihrem dienstlichen Charakter. Auch die während des Urlaubs erledigte Dienstaufgabe ist durch das Gehalt abgegolten.

60 **Umfang der Dienstaufgaben**

Zu den Dienstaufgaben gehört nicht nur die reine labortechnische Untersuchungsarbeit, sondern auch die mündliche Erläuterung der Methode und des wissenschaftlichen Ergebnisses der Untersuchung in der Hauptverhandlung.

Soweit die Gutachtertätigkeit des Sachverständigen in der Hauptverhandlung sich auf die Vertretung und Erläuterung des zu seinen Dienstaufgaben gehörenden schriftlichen Gutachtens beschränkt, hat nach dem klaren und eindeutigen Wortlaut des § 1 Abs. 3 der Sachverständige keinen persönlichen Anspruch auf Entschädigung[160]. Nur wenn die Sachverständigentätigkeit in der Hauptverhandlung sich auf Fragen erstreckt, deren Beantwortung nicht mehr zu den Dienstaufgaben des Sachverständigen gehört, kann ihm insoweit eine Entschädigung nach dem ZSEG persönlich gewährt werden[161] – s. a. Rz. 65.2 –. Die Tatsache, daß die Abgrenzung im Einzelfall schwierig sein kann, vermag nicht zu rechtfertigen, in jedem Fall für die mündliche Gutachtertätigkeit in der Hauptverhandlung und damit auch für die zu seinen Dienstaufgaben gehörende Vertretung und Erläuterung des schriftlichen Gutachtens dem Sachverständigen eine persönliche Entschädigung zu bewilligen.

Nimmt z. B. ein Sachverständiger gutachtlich Stellung zu den Folgen des von ihm festgestellten Blutalkoholgehalts, also zur Beeinträchtigung der Fahrtüchtigkeit und Zurechnungsfähigkeit, so geht dies über den Rahmen seiner Dienstaufgaben hinaus. Für die Begutachtung der Fahrtüchtigkeit und Zurechnungsfähigkeit steht dem Sachverständigen ein persönlicher Entschädigungsanspruch zu. Für die Erläuterung der Untersuchung der Blutprobe und die Ermittlung des Blutalkoholgehalts zur Tatzeit sowie die Darlegung dieser Berechnung in der Hauptverhandlung hat er keinen Entschädigungsanspruch.

159 OLG Hamm in JVBl 64.17 = Rpfleger 63.421; OLG Stuttgart in Justiz 68.19 = KRspr. § 1 Nr. 22 LS m. w. N.; LG München in Rpfleger 73.335 = JurBüro 73.1001;
a. A.: OLG Nürnberg in KRspr. § 1 Nr. 33 mit ablehnender Anm. v. *Lappe.*

160 *Weis* in DÖV 65.843; LG Flensburg in JurBüro 76.941; OLG Hamm, a. a .O. – Fn. 159 –.

161 BGH in JVBl. 66.85; OLG Stuttgart in Justiz 67.35 = JVBl. 67.46 = Rpfleger 67.235; OLG Frankfurt in MDR 73.338.

Anstaltsärzte 61

Die **Beantwortung einer** an die Heil- und Pflegeanstalt (Landeskrankenhaus) gerichteten **Anfrage** durch den Anstaltsarzt, ob der Zweck einer im Strafverfahren angeordneten Unterbringung erreicht ist, gehört in der Regel zu den Dienstaufgaben des Arztes[162]. 61.1

Dabei macht es keinen Unterschied, ob die Antwort in die Form einer kurzgefaßten Stellungnahme oder unaufgefordert in die Form eines ausführlichen Gutachtens gekleidet ist.

Im allgemeinen bestimmt sich die Frage, inwieweit die gutachterliche Äußerung eines Arztes in einem Landeskrankenhaus zu den Dienstaufgaben des Arztes gehört, nach dem Dienstrecht des Arztes. Eine kurze gutachterliche Äußerung wird in aller Regel zu den Dienstaufgaben des Anstaltsarztes gehören, nicht dagegen die Erstattung eines ausführlichen fachärztlichen Gutachtens.

Die Entschädigung nach dem ZSEG für die im Rahmen der Dienstaufgaben erbrachten gutachterlichen Leistungen steht dem Landeskrankenhaus zu, nicht dem einzelnen Anstaltsarzt.

Für die Ärzte der landeseigenen Krankenhäuser in Niedersachsen gehört die Erstattung von Gutachten, gutachterlichen Äußerungen (Kurzgutachten) und Befundberichten zu den laufenden Dienstaufgaben des Krankenhausarztes, d. h. alle Kurztätigkeiten, die in einem direkten Zusammenhang mit dem Behandlungsauftrag stehen. Einem Bediensteten in einem Landeskrankenhaus ist ein Arzt in einem privaten Krankenhaus gleichzustellen, wenn diesem die Unterbringung von Personen nach § 11 Nds.PsychKG übertragen worden ist[163]. 61.2

In **Nordrhein-Westfalen** ist die Abgabe kurzer gutachterlicher Stellungnahmen im Rahmen gerichtlicher Anhörung von Betroffenen nach § 16 PsychKG NW zu den Dienstaufgaben der beamteten Ärzte bzw. zur Haupttätigkeit der angestellten Ärzte zu rechnen. Für die zum Landschaftsverband Westfalen-Lippe gehörenden Krankenhäuser ist dies durch die nachstehende Dienstanweisung ausdrücklich bestimmt. 61.3

162 OLG Hamm in Rpfleger 62.420; OLG Düsseldorf in Rpfleger 65.55 = KRspr. § 1 Nr. 9 LS mit Anm. von *Lappe;* LG Flensburg in SchlHA 66.115; LG Hof in KRspr. § 1 Nr. 13; LG Lüneburg in NdsRpfl. 73.239; LG Bayreuth in Rpfleger 82.82; LG Kleve in JurBüro 87.81.

163 LG Hannover in NdsRpfl. 87.9, in NdsRpfl. 89.257;
a. A: AG Celle in NdsRpfl. 87.156.

– 10 5007/1 – Münster, 15. 12. 1987

DIENSTANWEISUNG

gemäß § 3 der Betriebssatzung für die Krankenhäuser des Landschaftsverbandes Westfalen-Lippe zur Abgabe kurzer gutachtlicher Stellungnahmen im Rahmen von Unterbringungsverfahren durch den ärztlichen Dienst.

Vorbemerkung:

Gutachtliche Stellungnahmen im Rahmen von Unterbringungsverfahren wurden bisher allgemein nicht als Dienstaufgabe bzw. Haupttätigkeit des ärztlichen Dienstes angesehen, sondern als Nebentätigkeit, die gegen persönliche Entschädigung nach dem Gesetz über die Entschädigung von Zeugen und Sachverständigen ausgeübt wurde. Das ist für den Geltungsbereich des PsychKG wiederholt kritisiert worden.

Die Hindernisse, die einer von der Verwaltung angestrebten Änderung dieser Situation zunächst entgegenstanden, sind mit Inkrafttreten der Neufassung der Betriebssatzung für die Krankenhäuser des Landschaftsverbandes Westfalen-Lippe am 1. Januar 1988 nunmehr ausgeräumt. Danach gehören zu den Aufgaben der Krankenhäuser, also zu den Institutsleistungen nunmehr u. a. auch »gutachtliche Stellungnahmen im Rahmen von Unterbringungsverfahren nach näherer Bestimmung durch Dienstanweisung des Direktors des Landschaftsverbandes« (s. § 3 n. F.). Dementsprechend erteilen die Justizbehörden des Landes NW derartige Gutachtenaufträge künftig nicht mehr dem einzelnen Arzt/der einzelnen Ärztin persönlich, sondern dem jeweiligen Krankenhaus. Der Leitende Arzt/die Leitende Ärztin stellt die Auftragserledigung durch den ärztlichen Dienst sicher.

Dies vorausgeschickt, ergeht hiermit aufgrund des § 3 der Betriebssatzung für die Krankenhäuser des Landschaftsverbandes Westfalen-Lippe in der am 1. Januar 1988 geltenden Neufassung vom 12. November 1987 folgende

DIENSTANWEISUNG:

1. Die Erledigung von Aufträgen der Justizbehörden zur Abgabe kurzer gutachtlicher Stellungnahmen im Rahmen gerichtlicher Anhörung von Betroffenen gemäß § 16 PsychKG gehört aufgrund § 3 der Krankenhausbetriebssatzung in der ab 1. Januar 1988 geltenden Fassung zu den Aufgaben der Krankenhäuser des Landschaftsverbandes.
2. Die Abgabe kurzer gutachtlicher Stellungnahmen durch Ärzte/Ärztinnen der Krankenhäuser im Rahmen gerichtlicher Anhörung von Betroffenen gemäß § 16 PsychKG gehört daher zu den Dienstaufgaben der beamteten bzw. zur Haupttätigkeit der angestellten Ärzte/Ärztinnen. Dabei ist es unerheblich, ob die Abgabe der kurzen gutachtlichen Stellungnahmen in mündlicher oder schriftlicher Form, im Krankenhaus oder in Einrichtungen der Justiz erfolgt.

Dies gilt insbesondere für alle kurzen gutachtlichen Stellungnahmen, die im Rahmen gerichtlicher Anhörung im Verfahren der »sofortigen Unterbringung« gemäß § 18 PsychKG abgegeben werden.

Die Regelung gilt nicht für die Erstellung von Gutachten im Verfahren der »sonstigen Unterbringung« gemäß § 19 PsychKG.

3. Den Ärzten/Ärztinnen der Krankenhäuser ist es unbeschadet etwaiger Erstattungsansprüche nach Reisekostenrecht nicht gestattet, für die Abgabe einer kurzen gutachtlichen Stellungnahme nach Maßgabe von Nr. 2 dieser Dienstanweisung persönlich irgendeine Vergütung oder Entschädigung zu berechnen.
4. Nebentätigkeitsgenehmigungen für die Abgabe kurzer gutachtlicher Stellungnahmen nach Maßgabe von Nr. 2 dieser Dienstanweisung dürfen nicht mehr erteilt werden.

   Soweit Nebentätigkeitsgenehmigungen zur Erstellung von Gutachten erteilt sind, werden kurze gutachtliche Stellungnahmen der hier in Rede stehenden Art davon nur dann noch erfaßt, wenn die persönliche Beauftragung des betreffenden Arztes im Einzelfall ausdrücklich und schriftlich als solche erfolgt ist. Der Auftrag ist dem Leitenden Arzt/der Leitenden Ärztin vorzulegen.
5. Dem Leitenden Arzt/der Leitenden Ärztin des Krankenhauses obliegt es, die Beachtung und Einhaltung dieser Dienstanweisung im Krankenhaus sicherzustellen. Er/sie trifft die hierzu evtl. erforderlichen innerbetrieblichen Regelungen. Der Leitende Arzt/die Leitende Ärztin bestimmt insbesondere generell oder im Einzelfall den Arzt/die Ärztin, welcher/welche die Aufgabe der kurzen gutachtlichen Stellungnahme zu erledigen hat und sorgt für die Erfassung der erbrachten Leistungen. Wegen des freiheitsbeschränkenden Charakters der Unterbringung sind für die Aufgabe grundsätzlich Fachärzte vorzusehen; Ärzte in Weiterbildung dürfen alleinverantwortlich damit nicht beauftragt werden.
6. Es bleibt vorbehalten, diese Dienstanweisung im Rahmen der allgemeinen Überprüfung gutachtlicher Nebentätigkeiten auf Unterbringungsverfahren nach anderen Bestimmungen auszudehnen.
7. Diese Dienstanweisung tritt am 1. Januar 1988 in Kraft.

Auch die kurzen gutachtlichen Stellungnahmen der Anstaltsärzte der Landeskrankenhäuser in vormundschaftsgerichtlichen Verfahren nach §§ 1631 b, 1800, 1915 BGB sind zu den Hauptaufgaben der Anstaltsärzte zu rechnen.[164]

In Baden-Württemberg gehört es nicht zu den Dienstaufgaben der in Unter- **61.4**

164 NRW: Dienstanweisung des Landschaftsverbandes Westfalen-Lippe vom 15. 5. 1980 – 10 5007/1 –.

bringungsverfahren tätigen Ärzte der Psychiatrischen Landeskrankenhäuser, außerhalb der Gemeinde des Landeskrankenhauses Gerichtstermine wahrzunehmen und dort mündliche Gutachten zu erstatten[165].

61.5 Nach der bedingten Entlassung eines Untergebrachten aus der Heil- und Pflegeanstalt vorgenommene **Nachuntersuchungen**, die das Gericht dem bedingt Entlassenen zur Auflage gemacht hatte und die aufgrund dieser Untersuchungen erstatteten Befundberichte sind nicht zur dienstlichen Tätigkeit der Ärzte oder Diplompsychologen eines Landeskrankenhauses i. S. des § 1 Abs. 3 zu rechnen, durch die ihr Anspruch auf bestimmungsgemäße Entschädigung als Sachverständige ausgeschlossen würde[166]. – s. a. Rz. 48 –

62 **Ärzte der Gesundheitsämter**

Für die Ärzte der Gesundheitsämter gehört, soweit sie auch örtlich zuständig sind, die Erstattung von Gutachten für Gerichte zu den Dienstaufgaben[167]. Der Arzt des Gesundheitsamtes, der bei der Leichenöffnung »als Gerichtsarzt« mitwirkt, übt diese Tätigkeit daher immer »in Erfüllung seiner Dienstaufgaben« aus. Die Entschädigung nach dem ZSEG steht dann dem Gesundheitsamt, nicht dem Arzt persönlich zu[168].

Wegen der Mitwirkung beamteter Ärzte bei Leichenöffnungen in NRW s. Nr. 2 der Anlage zu § 5 Rz. 3.1.

63 **Weitere Sachverständigenleistungen als Dienstaufgaben**

Die Frage, ob die Sachverständigenleistungen eines Behördenbediensteten im gerichtlichen Verfahren zu seinen Dienstaufgaben gehört, ist in zahlreichen Fällen erst durch die Rechtsprechung entschieden worden.
Hiernach gehören zu den Dienstaufgaben die Erstattung, Vertretung und Erläuterung von Gutachten im Auftrage des Gerichts oder des Staatsanwalts durch Bedienstete

165 OLG Stuttgart in Justiz 83.392.

166 OLG Hamm in JMBl. NRW 74.139; OLG Celle in Nds. Rpfl. 74.111 = KRspr. § 1 Nr. 46 LS m. w. N.

167 OLG Düsseldorf in JVBl. 61.131; LG Hildesheim in JVBl. 60.164; OLG Oldenburg in Nds. Rpfl. 60.106; *Hartmann* RZ. 58 zu § 1 ZSEG; *Höver* in Rpfleger 67.390; OLG Koblenz in Rpfleger 69.29; für Rhld.-Pf. vgl. auch RdSchr. d. JM v. 7. 2. 1983 betr. »Gerichtsärztliche Tätigkeit« = JBl. Rhld.-Pf. 83.57; LG Braunschweig in Nds. Rpfl. 83.185; LG Darmstadt in KRspr. § 1 Nr. 84 LS; LG Passau in KRspr. § 1 Nr. 86 LS; für Bad.-Württ. vgl. Bek. d. JuM vom 12. 2. 1992 in Justiz 92.98; a. A. *May* in NJW 65.336.

168 LG Mainz in Rpfleger 76.264 = KRspr. § 1 Nr. 54.

des **Bundeskriminalamtes**[169], 63.1

des **Landeskriminalamtes** 63.2

Baden-Württemberg[170], **Bayern**[171], **Berlin**[172], **Bremen**[173], **Nordrhein-Westfalen**[174], **Rheinland-Pfalz**[175],

des Kriminialpolizeiamtes[176], 63.3

der **Gewerbeaufsichtsämter** 63.4

in Bayern[177], Nordrhein-Westfalen[178], Rheinland-Pfalz[179], im Gebiet des ehemaligen Landes Württemberg[180],

der **staatlichen Veterinäruntersuchungsämter** 63.5

in Nordrhein-Westfalen[181],

siehe hierzu den nachstehenden Erlaß des Ministers für Umwelt, Raumordnung und Landwirtschaft des Landes NRW vom 9. 4. 1988 (I B 3–3.303/II C 1 – 1022 – 5324):

Betr.: **Dienstaufgaben der Staatlichen Veterinäruntersuchungsämter;**
hier: **Vertretung und Erläuterung von Untersuchungsergebnissen vor Gerichten**

Bezug: Nr. 2.6 des RdErl. v. 15. 10. 1987 (MBl. NW S. 1718/SMBl. NW 7830)

169 OLG Karlsruhe in Rpfleger 58.323; OLG Bremen in JVBl. 60.142; OLG Hamm in JVBl. 61.217 = Rpfleger 61.314 = JMBl. NW 61.226; LG Braunschweig in JVBl. 61.91; OLG Hamm in JVBl. 65.21; OLG Düsseldorf in KRspr. § 1 Nr. 29 LS;
a. A.: OLG Koblenz in JVBl. 61.217; (»wenn der Sachverständige vom Gericht als Person mit besonderer Sachkunde zugezogen worden ist«). Dieser Ansicht des OLG Koblenz kann nicht zugestimmt werden, denn entscheidend ist allein, ob die Beantwortung der Beweisfrage in den Zuständigkeitsbereich des Bundeskriminalamtes fällt. Darauf, ob das Gericht den Sachverständigen persönlich oder die Behörde mit der Erstattung des Gutachtens beauftragt hat, kommt es nicht an. Ebenso OLG Hamm in JVBl. 61.218.

170 OLG Karlsruhe in Justiz 61.269 und 73.102.

171 OLG Nürnberg in JVBl. 59.18 = Rpfleger 59.104; in MDR 61.253 = JurBüro 61.201.

172 KG in Rpfleger 62.355.

173 LG Bremen in KRspr. § 1 Nr. 11 LS.

174 OLG Hamm a. a. O. – Fn. 169 –; OLG Düsseldorf a. a. O. – Fn. 169 –.

175 OLG Neustadt in Rpfleger 62.420.

176 SchlHOLG in SchlHA 87.127.

177 OLG Bamberg in JurBüro 63.639;
a. A.: LG Bamberg in JVBl. 62.240 = Rpfleger 62.421, Entschl. d. Bayer. Staatsmin. f. Arbeit und soziale Fürsorge v. 28. 3. 1969 – AMBl. 69.109 = JMBl. 69.127.

178 OLG Hamm in JVBl. 61.218 = JMBl. NW 61.299 = Rpfleger 61.313; JVBl. 64.17 = Rpfleger 63.421.

179 OLG Neustadt in Rpfleger 63.132.

180 OLG Stuttgart in Rpfleger 61.251 = Justiz 61.270.

181 OLG Hamm in Rpfleger 63.132 LS.

Nach Nummer 2.6 meines Erlasses über die Dienstaufgaben der Staatlichen Veterinäruntersuchungsämter vom 15. 10. 1987 gehört zu den Dienstaufgaben auch

> »die Vertretung und Erläuterung des Ergebnisses von Untersuchungen nach den Nummern 2.1 bis 2.4 vor Gerichten«.

Hierzu weise ich im Einvernehmen mit dem Justizminister des Landes Nordrhein-Westfalen im einzelnen auf folgendes hin:

a) Die Entscheidung darüber, ob ein Bediensteter der Staatlichen Veterinäruntersuchungsämter des Landes Nordrhein-Westfalen für seine Tätigkeit vor dem Gericht als Zeuge, sachverständiger Zeuge oder Sachverständiger anzusehen ist, richtet sich ausschließlich danach, in welcher Eigenschaft er durch eine Beweisanordnung des Gerichts herangezogen wird. Die Entscheidung ist mithin durch das jeweilige Gericht zu treffen; sie entzieht sich damit einer Regelung im Verwaltungswege.

b) Hat das Gericht einen der genannten Bediensteten als Zeugen oder sachverständigen Zeugen herangezogen, so steht dem Bediensteten die nach dem Gesetz über die Entschädigung von Zeugen und Sachverständigen (ZSEG) zu gewährende Entschädigung persönlich zu. Die als Zeugen oder sachverständige Zeugen herangezogenen Bediensteten erhalten keine Leistungsentschädigung. Ihnen werden in der Regel nur Fahrtkostenvergütung nach § 9 ZSEG und – sofern die Voraussetzungen dafür vorliegen – Dienstausfall- oder Nachteilsentschädigung nach § 2 ZSEG gewährt.

c) Hat das Gericht einen Bediensteten der Staatlichen Veterinäruntersuchungsämter des Landes Nordrhein-Westfalen als Sachverständigen in Anspruch genommen, so ist zunächst davon auszugehen, daß die für die Sachverständigentätigkeit nach dem ZSEG zu gewährende Entschädigung nicht dem Bediensteten, sondern der Behörde zusteht, sofern die Sachverständigentätigkeit zur Dienstaufgabe der Behörde gehört und von ihrem Bediensteten in Erfüllung dieser Aufgabenstellung erbracht wird. Hierbei spielt es keine Rolle, ob das Gericht die Behörde oder den Bediensteten namentlich mit der Sachverständigentätigkeit beauftragt hat (Nummer 2 des gemeinsamen Runderlasses des Ministerpräsidenten und aller Landesminister vom 14. 12. 1964 – SMBl. NW 346).

Unter Berücksichtigung des Runderlasses über die Dienstaufgaben der Staatlichen Veterinäruntersuchungsämter ist grundsätzlich davon auszugehen, daß die Sachverständigenentschädigung nach dem ZSEG für die von einem Bediensteten der Staatlichen Veterinäruntersuchungsämter erbrachte Gutachtertätigkeit nicht dem Bediensteten, sondern der Behörde zusteht und an diese auszuzahlen ist. Für die Anweisungsstellen der Gerichte ist es jedoch häufig nicht erkennbar, ob der Bedienstete einer Behörde seine Gutachtertätigkeit in Erfüllung seiner Dienstaufgaben wahrnimmt oder die Leistung als genehmigte Tätigkeit erbringt.

Das gilt insbesondere in den Fällen, in denen das Gericht den Bediensteten unmittelbar als Sachverständigen herangezogen hat.

Um zu vermeiden, daß – wie in der Vergangenheit vielfach geschehen – Sachverständigenentschädigungen auch an Behördenbedienstete unmittelbar ausgezahlt werden, ist ab sofort wie folgt zu verfahren:

Die Staatlichen Veterinäruntersuchungsämter stellen die Anträge an das Gericht auf Zahlung der Sachverständigenentschädigung nach dem ZSEG grundsätzlich selbst, und zwar unabhängig davon, ob das Gericht mit der Sachverständigentätigkeit die Behörde oder einen Bediensteten der Behörde persönlich beauftragt hat, und unabhängig davon, ob es sich um ein schriftliches Gutachten oder um die Vertretung und Erläuterung eines Untersuchungsergebnisses vor dem Gericht handelt. Dabei ist folgendes zu beachten:

1. Nur die »Vertretung« der Ergebnisse von Untersuchungen, die zuvor aus anderem Anlaß bei dem Amt durchgeführt worden sind, ist Dienstaufgabe. Dagegen gehört eine Sachverständigentätigkeit im Auftrag von Gerichten, der keine amtliche Untersuchungstätigkeit bei dem betreffenden Amt vorausgegangen ist, nicht zu den Dienstaufgaben.
2. Die »Erläuterung« des Ergebnisses einer durchgeführten amtlichen Untersuchung ist eine Annexaufgabe zu ihrer »Vertretung«. Weitergehende Fragen, z. B. nach der Ortsüblichkeit und der Verbrauchererwartung sind grundsätzlich von den Sachverständigen der Kreise und kreisfreien Städte zu beantworten. Wenn derartige weitergehende Fragen im Einzelfall dennoch von den die Untersuchungsbefunde erläuternden Mitarbeitern der Staatlichen Veterinäruntersuchungsämter beantwortet werden, ist dies gleichwohl Annexaufgabe zur »Vertretung« des Ergebnisses der Untersuchungen. Ermittlungstätigkeiten sind ausschließlich Angelegenheit der Kreisordnungsbehörden und nicht Aufgabe der Staatlichen Veterinäruntersuchungsämter.

Ein eigenes Antragsrecht des Bediensteten wird hiermit ausdrücklich ausgeschlossen. Für die mit der Wahrnehmung von Dienstaufgaben erforderliche Dienstreise zur Vertretung und Erläuterung des Gutachtens vor Gericht sind dem Bediensteten Reisekostenentschädigungen nach dem LRKG zu gewähren. Damit wird sichergestellt, daß die gesamte Sachverständigenentschädigung nach dem ZSEG (Leistungsentschädigung nach § 3, Fahrkostenentschädigung nach § 9 und Aufwandsvergütung nach § 10 ZSEG) an die Behörde ausgezahlt wird.

Sofern in einem Einzelfalle ein Bediensteter der Staatlichen Veterinäruntersuchungsämter von einem Gericht mit einer Gutachtertätigkeit beauftragt wird, die nicht zu seinen Dienstaufgaben gehört, handelt es sich hierbei um eine genehmigungspflichtige Nebentätigkeit. In diesem Falle kann die Auszahlung der Sachverständigenentschädigung an den Bediensteten persönlich zugelassen werden, wenn dieser der Anweisungsstelle die schriftliche Nebentätigkeitsgenehmigung vorlegt.

63.6 der **Landesveterinäruntersuchungsämter** in Rheinland-Pfalz[182],

63.7 der **chemischen** Untersuchungsämter in Niedersachsen[183], Rheinland-Pfalz[184],

63.8 der **Chemischen Landesuntersuchungsanstalten** in Baden-Württemberg[185],

63.9 der **Veterinäruntersuchungsanstalten** in Baden-Württemberg[186],

63.10 der **Bayerischen Landesgewerbeanstalt** in Nürnberg[187];

die Erstattung von Gutachten für Gerichte und Staatsanwaltschaften durch

63.11 **wissenschaftliche Hilfsarbeiter eines Zollkriminalinstituts**[188],

63.12 **staatliche Weinkontrolleure** in Niedersachsen[189],

63.13 **Weinsachverständige** im Ministerium Landwirtschaft und Forsten in Schleswig-Holstein[190];

63.14 ferner durch die **Landgerichtsärzte** – s. a. Nr. 2 der Anlage zu § 5 Rz. 2 – in Bayern[191],

Erstattet ein Landgerichtsarzt in Bayern nach Versetzung an ein anderes Landgericht ein Gutachten an seinem alten Dienstsitz über eine noch dort befindliche Person, so gehört die Sachverständigentätigkeit nicht zu seinen Dienstaufgaben. Das gilt auch dann, wenn er früher als örtlich zuständiger Gerichtsarzt ein schriftliches Gutachten erstattet hatte und später – nach seiner Versetzung in einen anderen Landgerichtsbezirk – in der Hauptverhandlung dieses schriftliche Gutachten vertritt und über dessen Rahmen hinaus als Sachverständiger herangezogen wird.

Auch ein Sachverständiger, der als bestellter Vertreter des Landgerichtsarztes ein vorläufiges schriftliches Gutachten erstattet hat und nach Beendigung der Abordnung als Vertreter ein abschließendes mündliches Gutachten in der

182 OLG Neustadt in Rpfleger 63.132 LS.

183 Bek. d. MJ v. 12.11. 1973 (4641–205.2) in NdsRpfl. 73.317, geändert durch Bek. d. MJ v. 23. 8. 1974 (4641-201.2) in Nds.Rpfl. S. 224 betr. Gutachtertätigkeit der wissenschaftlichen Mitarbeiter der Staatlichen Chemischen Untersuchungsämter für Gerichte, Staatsanwaltschaften und Polizei.

184 OLG Neustadt in Rpfleger 63.131.

185 OLG Stuttgart in JVBl. 67.47 = Justiz 67.35 = Rpfleger 67.235; *Weis* in DÖV 65.843 f.

186 LG Mannheim in Justiz 70.308.

187 OLG Bamberg in JVBl. 59.259; BayVGH in KRspr. § 1 Nr. 43 LS.

188 OLG Bremen in JVBl. 59.214.

189 LG Bückeburg u. LG Hannover in Nds. Rpfl. 59.131; OLG Celle in Nds. Rpfl. 59.151.

190 LG Flensburg in JurBüro 76.941.

191 VO über den gerichtsärztlichen Dienst v. 6. 10. 1950 – BayGVBl. S. 2134 – i. d. F. der VO v. 26. 9. 1951 – BayGVBl. S. 199 –; OLG München in JurBüro 73.571 = NJW 73.1419 LS = KRspr. § 1 Nr. 41 LS mit Anm. von *Lappe;* LG München in Rpfleger 73.335 = JurBüro 73.1001; s. a. *Jessnitzer/Frieling*, Rdn. 52.

Hauptverhandlung erstattet, hat für diese nicht mehr zu seinen Dienstaufgaben gehörende Tätigkeit einen persönlichen Entschädigungsanspruch.

Die Erstattung eines Gutachtens vor einem auswärtigen Gericht gehört auch dann zu den Dienstaufgaben des Landgerichtsarztes, wenn es sich um Personen oder Sachen innerhalb des Landgerichtsbezirks handelt.

Wenn die mündliche Erläuterung eines Gutachtens zu den Dienstaufgaben eines Landgerichtsarztes gehört, steht ihm ein persönlicher Entschädigungsanspruch auch dann nicht zu, wenn er den Vernehmungstermin während seines Urlaubs wahrgenommen hat[192].

In zivilprozessualen Verfahren und in Angelegenheiten der freiwilligen Gerichtsbarkeit gehören nur die Verfahrensfragen betreffenden Gutachten, nicht aber solche zur materiell-rechtlichen Beurteilung der Streitfälle zu den Dienstaufgaben des Landgerichtsarztes[193].

den Gerichtsarzt beim LSG in Schleswig[194], 63.15

Beamte des staatlichen Wetteramtes[195]; 63.16

die Erstattung daktyloskopischer Gutachten durch

Kriminalbeamte des Landes Rheinland-Pfalz[196] und 63.17

der **bayerischen Stadtpolizei**[197], die dienstlich mit der Auswertung von Fingerspuren befaßt sind; 63.18

die Feststellung des Blutalkoholgehalts durch

Universitätsinstitute und Untersuchungsanstalten in Niedersachsen[198]; 63.19

die Erstattung schriftlicher Blutgruppengutachten durch

die **staatlichen bakteriologischen Untersuchungsanstalten** in Bayern[199], 63.20

das **Württembergisch-Medizinische Landesuntersuchungsamt**[200]. 63.21

Die gerichtseigenen **Buchsachverständigen beim Finanzgericht** erstatten die vom Gericht (Spruchkörper) in Auftrag gegebenen Gutachten als Angehörige einer Behörde (Finanzgericht als Justizverwaltungsbehörde) in Erfüllung ihrer Dienstaufgaben. Sie haben nach Absatz 3 keinen eigenen Entschädigungsanspruch nach dem ZSEG[200a]. 63.22

Der Entschädigungsanspruch steht grundsätzlich der Behörde zu – s. hierzu

192 LG München a. a. O. – Fn. 191 –.
193 OLG München in JurBüro 77.82.
194 *Brocke-Reese,* S. 85.
195 OLG Stuttgart in Justiz 68.19 = KRspr. § 1 Nr. 22 LS m. w. N.
196 OLG Neustadt in Rpfleger 62.420.
197 AG Regensburg in KRspr. § 1 Nr. 34.
198 Rd. Erl. d. Nds. Ministers der Justiz v. 10. 11. 1966 – 4103 – II B 1.46 –.
199 LG Regensburg in JVBl. 61.68 = MDR 61.438; LG Bamberg in JVBl. 62.141.
200 OLG Stuttgart in Justiz 64.206 = KRspr. § 1 Nr. 7 mit Anm. von *Lappe.*
200a FG München in EFG 94.170.

Rz 59.2 –. Unterbleibt die Zahlung der Entschädigung an die Behörde aus haushaltsrechtlichen oder Vereinfachungs-Gründen, so zählt die Entschädigung gleichwohl zu den gerichtlichen Auslagen im Sinne der Nr. 9005 KV-GKG, die im Wege des Gerichtskostenansatzes gegen einen zahlungspflichtigen Kostenschuldner anzusetzen sind[200b].

64 **Wirtschaftsfachkraft**

Soweit eine einer Schwerpunkt-Staatsanwaltschaft zur Bekämpfung von Wirtschaftsstraftaten zugeteilte sog. Wirtschaftsfachkraft in der Hauptverhandlung ein Gutachten mündlich erläutert und ggfs. ergänzt, das sie bereits im Ermittlungsverfahren im Auftrage ihrer Dienstbehörde erstattet hat, so gehört dies zu ihren nach § 1 Abs. 3 nicht gesondert vergütungsfähigen Dienstaufgaben[201].

65 **Sachverständigenleistungen als Nebentätigkeit**

65.1 Wird ein Behördenbediensteter, der nach der Geschäftsverteilung **für die Erstattung von Gutachen** der angeforderten Art sachlich **nicht zuständig** ist, vom Gericht oder von der Staatsanwaltschaft persönlich aufgefordert oder benannt, so gehört die Erstattung des Gutachtens nicht zu seinen Dienstaufgaben[202]. Erstattet der Bedienstete, obwohl er dazu nicht verpflichtet ist, das Gutachten, so hat er für diese Nebentätigkeit einen persönlichen Entschädigungsanspruch[203].

65.2 Ein Behördenbediensteter, der als Sachverständiger vom Gericht oder Staatsanwalt zu Beweiszwecken herangezogen worden ist, hat hiernach immer dann einen Anspruch, daß ihm persönlich die Entschädigung nach dem ZSEG gezahlt wird, wenn die Beweisfrage in keinem Zusammenhang mit seiner dienstlichen Tätigkeit steht, d. h. wenn sie ein **Sachgebiet** betrifft, **auf dem der Sachverständige sich außerhalb seines Dienstes besondere Sachkunde erworben hat.** Daß der Gutachter seine Sachkunde im Rahmen seiner dienstlichen Verwendung erworben hat, schließt seine Entschädigung nach dem ZSEG nicht aus[204]. Auch wenn die Beweisfragen das Sachgebiet betreffen, mit dem er dienstlich befaßt ist, so gehört doch die Erstattung des Gutachtens nicht zu seinen »Dienstaufgaben«, wenn seine Dienststelle zur Beantwortung der Beweisfrage örtlich oder sachlich nicht zuständig ist[205].

65.3 Erstattet er das Gutachten im Rahmen einer **genehmigten Nebentätigkeit**, so gehört die Sachverständigentätigkeit nicht zu den Pflichten seines Hauptamtes, für das er seine laufenden Bezüge erhält. Sinn des § 1 Abs. 3 ZSEG ist es nur, zu

200b A. A.: FG München – a. a. O. Fn. 200 a –.
201 OLG München in Rpfleger 83.181.
202 RdErl. d. BMdI v. 15. 12. 1975 – D I 4 – 210 169/61.
203 OLG Düsseldorf in JurBüro 86.1859 = JurBüro 87.258 = JMBl. NW 87.179.
204 BGH in JVBl. 66.85 = KRspr. § 1 Nr. 12 LS m. w. N.
205 OLG Oldenburg in Nds. Rpfl. 60.106.

verhindern, daß ein Sachverständiger eine Entschädigung nach dem ZSEG für eine Tätigkeit erhält, für die er bereits durch seine laufenden Bezüge aus einer öffentlichen Kasse abgefunden ist[206].

Nach den insoweit übereinstimmenden **Nebentätigkeitsverordnungen** des Bundes und der Länder ist ein Beamter, der außerhalb seiner Dienstaufgaben ein Gutachten für ein Gericht oder eine Staatsanwaltschaft erstattet, nicht verpflichtet, die nach dem ZSEG gewährte Entschädigung abzuliefern, soweit sie den in den Nebentätigkeitsverordnungen bestimmten Jahreshöchstbetrag übersteigt. 65.4

Sachverständigentätigkeit, die nicht zu den Dienstaufgaben gehört 66

Hochschullehrer 66.1

Ein Hochschullehrer erhält seine Dienstbezüge für seine Lehr- und Forschungstätigkeit, nicht für die Erstattung gerichtlicher Gutachten. Wird er vom Gericht oder Staatsanwalt herangezogen, so wird er nicht »in Erfüllung seiner Dienstaufgaben« tätig. Ihm steht daher persönlich ein Anspruch auf Sachverständigenentschädigung zu.

Arzt an einer Universitätsklinik 66.2

Zu den Dienstaufgaben eines Arztes an einer Universitätsklinik, an einem staatlichen oder kommunalen Krankenhaus, gehört nicht die Erstattung von Gutachten für das Gericht. Seine Aufgabe, für die er seine Dienstbezüge erhält, ist die Betreuung und Heilung der Kranken, nicht deren Begutachtung für Gerichte und Staatsanwaltschaften.

Anstaltsarzt 66.3

Die Erstattung eines Gutachtens über einen nach § 81 StPO zur Vorbereitung eines Gutachtens über seinen Geisteszustand in eine Heil- und Pflegeanstalt eingelieferten Angeklagten gehört nicht zu den Dienstaufgaben der ärztlichen Angehörigen dieser Anstalt. Für die Erstattung des Gutachtens steht ihnen ein persönlicher Anspruch auf Entschädigung zu[207]. Die Voraussetzungen für die Gewährung einer persönlichen Entschädigung an den Anstaltsarzt sind nur dann gegeben, wenn ausdrücklich ein ausführlich begründetes Gutachten verlangt worden ist oder wenn der Sachverständige aus dem nicht eindeutig gefaßten Auftrag des Gerichts entnehmen mußte, daß nicht nur eine in seine Dienstpflichten fallende ärztl. Stellungnahme, sondern ein begründetes fachärztliches Gutachten verlangt wird[208]. Das gleiche muß auch dann gelten, wenn das ohne

206 KG in JVBl. 61.216 = MDR 61.860.
207 LG Schweinfurt in JVBl. 64.86; OLG Bamberg in Rpfleger 64.93.
208 OLG Hamm in JMBl. NRW 60.46; LG Würzburg in JurBüro 73.669 m. Anm. von *Mümmler* = KRspr. § 1 Nr. 42 LS. m. w. N.

ausdrückliches Verlangen erstattete ausführliche Gutachten vom Gericht verwertet und als unbedingt notwendig nachträglich anerkannt wird.

Für Hessen stellt das LG Kassel[209] es darauf ab, ob die ärztliche Stellungnahme in Form eines Gutachtens vorliegt und erforderlich war oder ob nur eine routinemäßige Äußerung vorliegt oder genügt hätte.

66.4 **Prüfungsbeamter**

Für einen Prüfungsbeamten, der im Rahmen seiner dienstlichen Prüfungstätigkeit Unregelmäßigkeiten entdeckt, die zu einem Strafverfahren führen, oder der in einem späteren Abschnitt, etwa im Dienststrafverfahren, im Rahmen seiner Dienstaufgaben als Prüfer zugezogen wird, gehört auch die Erstattung eines Gutachtens in dem Strafverfahren über die festgestellten Unregelmäßigkeiten zu den Dienstaufgaben, sofern nicht die Erstattung des Gutachtens besondere, über die bisherige dienstliche Tätigkeit wesentlich hinausgehende Vorbereitung erfordert oder die Ausarbeitung und Erstattung des Gutachtens wesentlich über den Rahmen der üblichen Tätigkeit des Bediensteten hinausgeht[210].

67 **Justizbedienstete als Dolmetscher, Übersetzer**

Nebenamtliche, als Dolmetscher oder Übersetzer bei Gerichten oder bei der Staatsanwaltschaft tätige Justizbedienstete, die für diese Tätigkeit eine laufende Vergütung erhalten, haben nach Absatz 3 keinen Anspruch auf Entschädigung nach dem ZSEG.

Soweit Justizbedienstete weder hauptamtlich noch nebenamtlich gegen eine laufende Vergütung als Dolmetscher oder Übersetzer für Gericht oder Staatsanwaltschaft tätig sind, haben sie für Übersetzungen einen Anspruch auf Entschädigung nach § 17 ZSEG, auch, wenn es sich nur um kleine Schriftsätze (z. B. Ladungen oder Zustellungsurkunden) handelt. Der Justizbedienstete ist nicht verpflichtet, seine privat erworbenen Sprachkenntnisse, deren Beherrschung nicht Voraussetzung für die Wahrnehmung seiner Dienstaufgaben ist, ohne Entschädigung zur Verfügung zu stellen.

68 **Ehrenamtliche Tätigkeit**

Ehrenbeamte oder ehrenamtlich tätige Angehörige einer Behörde oder einer sonstigen öffentlichen Stelle, die für ihre ehrenamtliche Tätigkeit keine Vergütung aus einer öffentlichen Kasse erhalten, haben für eine Tätigkeit als Sachverständige für Gericht oder Staatsanwaltschaft immer einen persönlichen Anspruch auf Entschädigung nach dem ZSEG.

209 LG Kassel in Rpfleger 68.133 = KRspr. § 1 Nr. 24 LS mit Anm. von *Lappe;* ebenso OLG Frankfurt/M. Beschl. v. 9. 5. 1968 – 3 Ws 251/67 –.

210 OLG Bamberg in JVBl. 64.119 = Rpfleger 65.151.

Reisekosten 69

Ein Beamter, der in Erfüllung seiner Dienstaufgaben ein Gutachten erstattet, hat, soweit nicht abweichende Verwaltungsvorschriften bestehen, auch wegen seiner Reisekosten keinen unmittelbaren Anspruch gegen das Gericht oder die Staatsanwaltschaft. Seine Reisekosten muß er wie bei jeder anderen Dienstreise von seiner Dienstbehörde erhalten, die ihrerseits ihre Ansprüche nach dem ZSEG geltend machen kann[211]. – s. a. § 2 Rz. 24.8 –

Anweisungsstelle 70

Für die Anweisungsstelle ist es oft außerordentlich schwierig festzustellen, ob die erbrachte Sachverständigenleistung zum Aufgabenbereich der Behörde oder öffentlichen Stelle gehört, weil dieser Aufgabenbereich sich sowohl aus Rechtsvorschriften oder Verwaltungsvorschriften wie auch aus behördeninternen Zuständigkeitsregelungen ergeben kann.

Um Zweifel auszuschließen, ob es sich bei dem Auftrag des Gerichts oder der Staatsanwaltschaft um einen persönlichen Auftrag an einen bestimmten Bediensteten handelt oder ob ein Auftrag an die Behörde vorliegt, der von dem hierzu behördenintern bestimmten Bediensteten wahrzunehmen ist, sollte das Ersuchen stets an die betreffende Behörde oder Dienststelle und nicht an einen ihrer Bediensteten persönlich gerichtet werden, es sei denn, daß es dem Gericht oder der Staatsanwaltschaft gerade auf die persönliche Leistung dieses Bediensteten ankommt.

Ist unklar, ob es sich um ein Gutachten der Behörde oder des Beamten persönlich handelt, d. h. ob die Entschädigung der Behörde oder dem Beamten persönlich zusteht, so empfiehlt es sich für die Anweisungsstelle, die Entschädigung an die Behörde zu zahlen, denn diese muß am besten in der Lage sein, zu klären, ob die Erstattung des Gutachtens nach dem Dienstrecht des Beamten zu seinen Dienstaufgaben gehört[212].

211 OLG Karlsruhe in Rpfleger 58.323; KG in Rpfleger 62.355.
212 Für NRW siehe auch Nr. 3 des RdErl. d. MinPräs. u. aller Landesminister v. 14. 12. 1964 – MBl. NW 1965 S. 98/SMBl. NW. 346 –.

§ 2 Entschädigung von Zeugen

(1) Zeugen werden für ihren Verdienstausfall entschädigt. Dies gilt auch bei schriftlicher Beantwortung einer Beweisfrage (§ 377 Abs. 3 der Zivilprozeßordnung).

(2) Die Entschädigung beträgt für jede Stunde der versäumten Arbeitszeit 4 Deutsche Mark bis 25 Deutsche Mark. Die letzte, bereits begonnene Stunde wird voll gerechnet. Die Entschädigung richtet sich nach dem regelmäßigen Bruttoverdienst.

(3) Ist ein Verdienstausfall nicht eingetreten, erhält der Zeuge die nach dem geringsten Satz bemessene Entschädigung. Wer nicht erwerbstätig ist und einen eigenen Haushalt für mehrere Personen führt, erhält eine Entschädigung von 20 Deutsche Mark je Stunde. Satz 2 gilt entsprechend für Teilzeitbeschäftigte, die außerhalb ihrer vereinbarten regelmäßigen Arbeitszeit herangezogen werden. Die Entschädigung nach Satz 2 und 3 wird nicht gewährt, soweit dem Zeugen Kosten einer notwendigen Vertretung erstattet werden. Der Zeuge erhält keine Entschädigung, wenn er durch die Heranziehung ersichtlich keinen Nachteil erlitten hat.

(4) Gefangene, die keinen Verdienstausfall aus einem privatrechtlichen Arbeitsverhältnis haben, erhalten Ersatz einer entgangenen Zuwendung der Vollzugsanstalt.

(5) Die Entschädigung wird für höchstens zehn Stunden je Tag gewährt, die Entschädigung nach Absatz 3 Satz 2 jedoch für höchstens acht Stunden je Tag; Teilzeitbeschäftigten wird die Entschädigung nach Absatz 3 Satz 2 höchstens für die Zeitdauer gewährt, die zusammen mit der vereinbarten regelmäßigen Arbeitszeit acht Stunden je Tag nicht überschreitet.

Übersicht

I. Entschädigungsberechtigte

Zeuge . . . 1
Sachverständiger Zeuge . . . 2
Abgrenzung zwischen Zeugen, sachverständigen Zeugen und Sachverständigen . . . 3
Schriftliche Zeugenaussage . . . 4
Heranziehung durch Sachverständige . . . 5
Vormund, Betreuer, Pfleger . . . 6
Sonstige wie Zeugen zu entschädigende Verfahrensbeteiligte . . . 7
Wie Zeugen zu entschädigende Dritte . . . 8

II. Entschädigung für Verdienstausfall

Verdienstausfall . . . 9
Nachweis des Verdienstausfalls . . . 10
Begründung der Verdienstausfallentschädigung . . . 11

III. Bemessung der Verdienstausfallentschädigung

Versäumte Arbeitszeit . . . 12
Bruttoverdienstausfall . . . 13
Fortzahlung der Bezüge . . . 14
Abtretung des Entschädigungsanspruchs . . . 15
Ansprüche des Arbeitgebers . . . 16
Begrenzung der Entschädigung . . . 17
Auslagen des Zeugen . . . 18

IV. Entschädigung für Erwerbslose und Teilzeitbeschäftigte

Entschädigungsanspruch 19
Mindestnachteilsentschädigung 20
Personen, die einen Mehrpersonenhaushalt führen . 21
Entschädigung bei Vertretung einer den Haushalt führenden Person 22
Entschädigung bei Vertretung in sonstigen Fällen . 23

V. Entschädigung im Einzelnen

Behördenangehörige 24
Gerichtsvollzieher 25
Polizeibeamte 26
Angestellte, Arbeiter im öffentlichen Dienst 27
Rechtsanwälte 28
Landwirte 29
Kaufleute, Handwerker, Geschäftsführer 30
Geschäftsreisende 31
Montagearbeiter 32
Gefangene 33
Fernfahrer 34
Auszubildende 35
Bezug von Krankengeld 36
Anwesenheitsprämie 37
Erwerbsverluste Dritter 38
Heranziehung während des Urlaubs 39

VI. Entschädigung entsprechend der Maßgaberegelung des Einigungsvertrages

Wohnsitz des Zeugen 40
Vorübergehender Aufenthalt 41
Heranziehung im übrigen Bundesgebiet 42
Höhe der ermäßigten Entschädigung 43
Erhöhung der ermäßigten Entschädigung 44
Rechtsverordnung 45

I. Entschädigungsberechtigte

Zeuge 1

Einen Anspruch auf Entschädigung nach § 2 hat ein Zeuge, der in einem gerichtlichen Verfahren, in einem Verfahren der Staatsanwaltschaft (§ 1) oder in einem Verfahren herangezogen wird, in denen die Bestimmungen des ZSEG anzuwenden sind.

Ein Zeuge ist eine natürliche Person, die über ihr Wissen von Tatsachen aufgrund von Wahrnehmungen aussagen soll. Der Zeuge schildert hiernach aufgrund seiner Erinnerung frühere Wahrnehmungen.

Sachverständiger Zeuge 2

Der sachverständige Zeuge bekundet gleichfalls Tatsachen aufgrund seiner früheren Wahrnehmungen; er vermag dies jedoch nur aufgrund seiner besonderer Fachkenntnisse.

§ 414 ZPO – inhaltsgleich § 85 StPO – hat hierzu folgenden Wortlaut:

> »Insoweit zum Beweise vergangener Tatsachen oder Zustände, zu deren Wahrnehmung eine besondere Sachkunde erforderlich war, sachkundige Personen zu vernehmen sind, kommen die Vorschriften über den Zeugenbeweis zur Anwendung.«

Wenn für den sachverständigen Zeugen die Vorschriften über den Zeugenbeweis Anwendung finden, so muß das nicht nur für die Frage der verfahrensrechtlichen Behandlung (z. B. Form des Eides), sondern auch für die Bestimmungen über die Entschädigung gelten, soweit nicht im ZSEG Abweichendes bestimmt ist[1]. Eine abweichende Regelung ist in § 5 ZSEG für den Fall getroffen, daß ein sachverständiger Zeuge Verrichtungen der in der Anlage zu § 5 bezeichneten Art erbringt. Nur für diese – ärztlichen Verrichtungen – ist ausdrücklich bestimmt, daß der sachverständige Zeuge wie ein Sachverständiger zu entschädigen ist. Daraus ergibt sich im Gegenschluß, daß im übrigen der sachverständige Zeuge nicht wie ein Sachverständiger, sondern wie ein Zeuge zu entschädigen ist, denn sonst wäre die in § 5 getroffene Regelung nicht erforderlich.

3 **Abgrenzung zwischen Zeugen, sachverständigen Zeugen und Sachverständigen**

Der Zeuge schildert aufgrund seiner Erinnerung frühere Wahrnehmungen, also *Tatsachen*. Sofern er das nur deshalb vermag, weil er besondere Fachkenntnisse hat, ist er sachverständiger Zeuge. Er ist verfahrensrechtlich als Zeuge zu behandeln, so auch bezüglich seiner Beeidigung und Entschädigung. Zieht die Auskunftsperson hingegen aus Tatsachen, die sie selbst oder Dritte wahrgenommen haben, aufgrund ihres Fachwissens *Schlüsse*, so wird sie als Sachverständiger tätig und ist auch so zu entschädigen[2].

Ein Arzt, der zufällig einen Verkehrsunfall beobachtet und vor Gericht über den Unfallhergang aussagt, ist Zeuge wie jeder andere Zeuge des Unfallgeschehens. Wird er dabei über die Art der bei einem Beteiligten als Folge des Unfalls eingetretenen Verletzungen, die er nur aufgrund seiner ärztlichen Fachkenntnisse beurteilen konnte, vernommen, so ist er sachverständiger Zeuge und ebenfalls als Zeuge zu entschädigen. Wird darüber hinaus, auf Verlangen des Gerichts, von ihm ein Urteil über Ursachen oder Folgen der von ihm festgestellten Verletzungen abgegeben, das über die Wiedergabe bloßer Wahrnehmungen, die er aufgrund seiner Sachkunde gemacht hat, hinausgeht, so ist er insoweit Sachverständiger und für die gesamte Dauer seiner Vernehmung als Sachverständiger zu entschädigen[3]. Eine getrennte Entschädigung jeweils für die Zeit, in der er als Zeuge oder als Sachverständiger[4] ausgesagt hat, ist nicht nur praktisch undurchführbar, sondern wäre auch sachlich nicht gerechtfertigt, weil die Tat-

1 Ebenso *Riedel* Anm. 1 zu § 2; OLG Hamm in NJW 72.2003 = Rpfleger 72.336 = JVBl. 72.192 = JurBüro 72.645;
a. A.: *Wieczorek* § 402 ZPO Anm. B I d.
2 OLG Bamberg in JurBüro 84.260 mit Anm. von *Kamphausen*; OLG Hamburg in JurBüro 85.1218.
3 Ebenso *Jessnitzer/Frieling*, Rdn 20; OLG Düsseldorf in MDR 75.326 = Rpfleger 75.71 JurBüro 75.96; OLG Stuttgart in JurBüro 78.1727; OLG Bamberg in JurBüro 80.1221.
4 *Hartmann*, Kostengesetze, Rz. 4 zu § 2 ZSEG.

sachenfeststellung Voraussetzung für sein Sachverständigengutachten war, und daher rückschauend betrachtet zur Sachverständigentätigkeit gehört[5].

Gibt der Arzt, der als sachverständiger Zeuge geladen ist, ein Urteil über die Ursachen oder Folgen der von ihm festgestellten Verletzungen ab, ohne vom Gericht dazu beauftragt zu sein, hat er nur einen Anspruch, als Zeuge entschädigt zu werden, denn Voraussetzung für die Entschädigung als Sachverständiger ist nach § 1, daß er von einem Gericht oder einer Staatsanwaltschaft zu Beweiszwecken herangezogen worden ist[6]. Wird die gutachtliche Äußerung nachträglich vom Gericht ausdrücklich als notwendig anerkannt oder bei seiner Entscheidung verwertet, so wird das einem vorher erteilten Auftrag gleichzuachten sein[7]. – s. a. § 1 Rz. 30 –

Gibt ein Arzt dem Gericht auf Anfordern einen schriftlichen Bericht über den bei einem von ihm behandelten Patienten festgestellten Befund, so ist er sachverständiger Zeuge, aber gemäß § 5 wie ein Sachverständiger für die Ausstellung eines Befundscheins oder die Erteilung einer schriftlichen Auskunft ohne nähere gutachtliche Äußerung nach Nr. 3 der Anlage zu § 5 zu entschädigen.

Wird ein Sachverständiger – etwa in der nächsten Instanz – zur Auskunft über Vorkommnisse herangezogen, die im Zusammenhang mit der Erstellung des Gutachtens stehen, etwa Vorkommnisse bei einer zur Erstattung des Gutachtens durchgeführten Ortsbesichtigung, so ist er insoweit Zeuge und als Zeuge zu entschädigen[8] und zwar auch dann, wenn er in seiner späteren Vernehmung auf seine Sachkunde zurückgreifen muß, um dem Gericht zu veranschaulichen, auf welche Weise er seine Wahrnehmungen gemacht und seine Kenntnisse erworben hat.

Aussagen jedoch, die sachliche Erläuterungen des erstatteten Gutachtens darstellen, sind Sachverständigentätigkeit und entsprechend zu entschädigen, wenn ein dahin gehender Auftrag des Gerichts vorliegt oder das Gericht diese sachlichen Erläuterungen als tragende Entscheidungsgründe vermerkt[9]. – s. a. § 3 Rz. 2 –

Die Entscheidung, ob jemand als Sachverständiger oder als Zeuge anzusehen ist, richtet sich letztlich danach, ob er auswechselbar (dann ist er Sachverständiger) oder ob er unersetzbar ist (dann ist er Zeuge)[10].

5 OLG Düsseldorf a. a. O. – Fn. 3 –; OLG Köln in MDR 93.391.

6 OLG München in JurBüro 81.1699 m. w. Nachw. und Anm. von *Mümmler* = KRspr. § 2 Nr. 58 LS mit Anm. von *Lappe*.

7 OLG Hamm in NJW 72.2003 = Rpfleger 72.336 = JVBl. 72.192 = JurBüro 72.645.

8 OLG Stuttgart in Justiz 83.120 = JurBüro 83.1356 = KRspr. § 2 Nr. 67 LS m. w. N.

9 OLG Düsseldorf in VersR 83.544.

10 OLG Hamm in JurBüro 88.792 mit Anm. von *Mümmler* = Rpfleger 88.207; *Bleutge*, Rdn. 9 zu § 2; differenzierter: *Jessnitzer/Frieling*, Rdn. 17–19.

4 **Schriftliche Zeugenaussage**

Auch ein Zeuge, der gemäß § 377 Abs. 3 ZPO[11] seine Aussage unter eidesstattlicher Versicherung ihrer Richtigkeit schriftlich *erstattet*, ist »zu Beweiszwecken herangezogen worden«. Er hat nach Abs. 1 Satz 2 den gleichen Erstattungsanspruch wie ein mündlich im Termin vernommener Zeuge, d. h. er hat neben dem Anspruch auf Auslagenersatz auch einen Anspruch auf Entschädigung für Verdienstausfall[12]. Die Kosten der notariellen Beurkundung seiner eidesstattlichen Versicherung kann er als notwendige Auslagen nach § 11 ZSEG geltend machen.

Zu entschädigen ist der *erforderliche* Verdienstausfall. Während bei der Terminswahrnehmung die Terminsdauer und die feststellbare Reisezeit Anhaltspunkt für die Berechnung der erforderlichen Zeitversäumnis geben, fehlt es bei schriftlicher Zeugenaussage an solchen Anhaltspunkten. Welche Zeit für die schriftliche Beantwortung erforderlich war, wird nach den Umständen des einzelnen Falles zu beurteilen sein. Hierbei muß man berücksichtigen, daß ein wenig schriftgewandter Zeuge für eine schriftliche Abfassung seiner Aussage mehr Zeit benötigt als ein schriftgewandter Zeuge.

Ob und welcher Verdienstausfall bei der schriftlichen Beantwortung einer Beweisfrage eingetreten ist und erforderlich war, wird, wie auch bei den mündlich vernommenen Zeugen, nach freiem Ermessen unter Berücksichtigung der Lebensverhältnisse und der regelmäßigen Erwerbstätigkeit des Zeugen zu beurteilen sein.

Soweit dem Zeugen durch die notwendige Vorbereitung der schriftlichen Beweisfrage (z. B. Sichtung von Unterlagen) ein Verdienstausfall entsteht, ist dieser zu entschädigen. – s. a. nachstehende Rz. 12.1 –

Ist dem Zeugen in der durch die Beantwortung der Beweisfrage versäumten Zeit ein Verdienstausfall nicht entstanden, weil er, wie es häufig der Fall sein wird, die schriftliche Beantwortung in seiner Freizeit erledigt hat, kann er in der Regel nach § 2 Abs. 3 eine Entschädigung nach dem geringsten Satz verlangen, da ihm durch die Verkürzung seiner Freizeit ein Nachteil entstanden ist.

Die Höhe der Gesamtentschädigung, die bei mündlicher Vernehmung entstanden wäre, wird in aller Regel auch die oberste Grenze der bei schriftlicher Beantwortung zu gewährenden Gesamtentschädigung darstellen.

11 § 377 Abs. 3 ZPO lautet: (3) Das Gericht kann eine schriftliche Beantwortung der Beweisfrage anordnen, wenn es dies im Hinblick auf den Inhalt der Beweisfrage und die Person des Zeugen für ausreichend erachtet. Der Zeuge ist darauf hinzuweisen, daß er zur Vernehmung geladen werden kann. Das Gericht ordnet die Ladung des Zeugen an, wenn es dies zur weiteren Klärung der Beweisfrage für notwendig erachtet.

12 Ebenso *Stein-Jonas* Rz. 2 zu § 401 ZPO.

Heranziehung durch Sachverständige 5

Auch ein Zeuge, der zur Erstattung eines *erbbiologischen Abstammungsgutachtens* von einem Sachverständigen untersucht wird oder der zur *Blutentnahme* bei einem Blutgruppengutachten den Sachverständigen aufsucht, ist »in einem gerichtlichen Verfahren zu Beweiszwecken herangezogen worden« und hat daher Anspruch auf Entschädigung für den durch diese Untersuchung oder die Blutentnahme eingetretenen Verdienstausfall. – s. a. § 1 Rz. 44 –

Vormund, Betreuer, Pfleger 6

Zur Gewährung einer Vergütung an Betreuungspersonen wird zunächst auf die Anmerkungen in Rzn. 20.5 und 29.5 zu § 1 verwiesen. 6.1

Die **Höhe der Vergütung nach § 1836 Abs. 2 BGB** – s. § 1 Rz. 20.5.1 – ist abweichend von der Regelung in § 1836 Abs. 1 BGB nicht mehr in das freie Ermessen des bewilligenden Gerichts gestellt. Vielmehr ist die Höhe der Vergütung der Berufsbetreuungsperson orientiert an »dem Höchstsatz dessen, was einem Zeugen als Entschädigung für seinen Verdienstausfall gewährt werden kann« (§ 1836 Abs. 2 Satz 2 BGB).

Mit der Regelung in § 1836 Abs. 2 BGB ist der Gesetzgeber einem Auftrag des Bundesverfassungsgerichts[13] nachgekommen, wonach in Auslegung des § 1835 Abs. 3 BGB a. F. einem Berufsvormund/-pfleger ein Vergütungsanspruch gegen die Staatskasse zustand, sofern der Mündel mittellos war. Für die Bemessung der Vergütung wurden die Bestimmungen des § 3 zur Höhe einer Sachverständigenentschädigung entsprechend herangezogen[14], d. h. die Tätigkeit des Berufsvormundes wurde mit einem Stundensatz von mindestens 40,– DM vergütet (§ 3 Abs. 2 Satz 1 a. F.).

Die Regelung in § 1836 Abs. 2 BGB hat jedoch zur Folge, daß die Mindestvergütung einer Berufsbetreuungsperson auf einen Stundensatz von höchstens 25,– DM (§ 2 Abs. 2 Satz 1) gesetzlich festgeschrieben worden ist. Ob dies dem Auftrag des Bundesverfassungsgerichts gerecht wird, einer Berufsbetreuungsperson eine »angemessene« Vergütung zu gewähren, darf allerdings bezweifelt werden. Die Anbindung der Vergütung einer Berufsbetreuungsperson an die Entschädigung eines Zeugen ist schon im Ansatz fragwürdig.

Ein Zeuge erhält für seine gerichtliche Inanspruchnahme eine Entschädigung für Verdienstausfall (§ 2 Abs. 1 Satz 1). Die Begrenzung der Verdienstausfallentschädigung auf einen Stunden- (§ 2 Abs. 2 Satz 1) und Tageshöchstsatz (§ 2 Abs. 5) ist bei einem Zeugen auch vertretbar, da dieser in der Regel nur gelegentlich und nur in zeitlich begrenztem Umfang herangezogen wird. Die Berufsbetreuungsperson ist jedoch für ihre Tätigkeit zu vergüten. Sie erleidet

13 BVerfG in NJW 80.2179.
14 LG Düsseldorf in Rpfleger 82.147.

daher auch keinen »Verdienstausfall« und kann somit begrifflich auch keine »Verdienstausfallentschädigung« erhalten. Die Vergütung einer Berufsbetreuungsperson ist vergleichbar der Leistungsentschädigung eines Sachverständigen. Sie soll eine »Einkommenseinbuße« ausgleichen, die der Anspruchsberechtigte erfährt, weil er infolge seiner gerichtlichen Inanspruchnahme seiner sonstigen beruflichen Tätigkeit nicht nachgehen kann. Daher ist bei einem gerichtlich herangezogenen Sachverständigen die Leistungsentschädigung höher, wenn er in größerem Umfang gerichtlich in Anspruch genommen wird (§ 3 Abs. 3).

Unter den vorgenannten Gesichtspunkten ist die gesetzliche Begrenzung der Grundvergütung einer Berufsbetreuungsperson auf den Höchstbetrag einer Zeugenentschädigung nur unter fiskalischen Gründen nachvollziehbar. Die gesetzliche Regelung bedeutet nämlich, daß der Grundbetrag der Berufsbetreuervergütung auf einen Stundensatz von 25,– DM und auf einen Tagessatz von 250,– DM festgeschrieben ist und zwar unabhängig davon, ob die Betreuungsperson lediglich 3 oder 4 »Betreuungen« neben ihrer sonstigen Tätigkeit wahrnimmt oder ob sich die Betreuungsperson ausschließlich den Betreuungsaufgaben widmet.

Berücksichtigt man ferner, daß durch die Vergütung auch der allgemeine Verwaltungsaufwand abgegolten werden soll, der der Betreuungsperson dadurch entsteht, daß sie wegen der mehreren Betreuungen möglicherweise ein Büro unterhalten muß, und das es sich um eine »Bruttovergütung« – aus der noch Steuern und Sozialabgaben zu entrichten sind – handelt, ist der Vergütungssatz von 25,– DM/Std. eigentlich indiskutabel[15].

Die Grundvergütung kann zwar erhöht werden – siehe nachfolgende Rz. 6.2 –, jedoch sind die vorgenannten Gesichtspunkte kein »gesetzlicher« Erhöhungsgrund.

6.2 Die Grundvergütung der Berufsbetreuungsperson kann zunächst unter bestimmten Bedingungen **bis zum Dreifachen** der Zeugenentschädigung erhöht werden (§ 1836 Abs. 2 Satz 3 1. Halbsatz BGB), d. h. bis auf 75,– DM/Std.

Gesetzliche Gründe für die Erhöhung sind

– das Erfordernis besonderer Fachkenntnisse für die Führung der Betreuung,
– besondere Schwierigkeiten bei der Führung der Betreuung.

Die Erhöhungsgründe in § 1836 Abs. 2 Satz 3 BGB sind auch nicht beispielhaft aufgeführt, so daß andere Gründe nicht zu einer Erhöhung der Grundvergütung führen dürften.

Vorbild für die Fassung des § 1836 Abs. 2 Satz 3 BGB war offensichtlich § 3 Abs. 2 Satz 2. Unter den dort genannten Voraussetzungen

– Grad der erforderlichen Fachkenntnisse,

15 s. hierzu auch LG Aurich in Nds. Rpfl. 94.74.

– Schwierigkeit der Leistung

ist die Sachverständigenentschädigung innerhalb des gesetzlichen Rahmens von 50,– DM/Std. bis 100,– DM/Std. zu bestimmen. – s. hierzu § 3 Rzn. 37–39

Hieraus wird deutlich erkennbar, daß der Gesetzgeber für die Bemessung der Vergütung der Berufsbetreuungsperson zwar die Regelungen der Sachverständigenentschädigung herangezogen, den Bemessungsrahmen aber zwischen 25,– DM und 75,– DM deutlich unter dem Rahmen des § 3 Abs. 2 festgelegt hat.

Danach ist die Vergütung einer Berufsbetreuungsperson grundsätzlich innerhalb eines Stundensatzes von 25,– DM bis 75,– DM zu bestimmen, wobei ein Abweichen vom Grundstundensatz von 25,– DM nach oben nur gerechtfertigt sein soll, wenn im Einzelfall die Führung der Betreuungsangelegenheit

– besondere Fachkenntnisse von der Betreuungsperson erfordert (es genügt allein nicht, daß die Betreuungsperson diese Fachkenntnise besitzt[16]) oder
– mit besonderen Schwierigkeiten verbunden ist.

Andere Maßstäbe für eine Anhebung der Vergütung, wie z. B. die Vor- und Ausbildung, der Berufsstand der Betreuungsperson sowie der Umfang der gerichtlichen Inanspruchnahme der Betreuungsperson sind in § 1836 Abs. 2 Satz 3 1. Halbsatz BGB nicht genannt.

Aus der Gesetzesbegründung läßt sich jedoch entnehmen, daß bei der Inanspruchnahme »anwaltlicher Dienstleistungen« wohl von einem Mindeststundensatz von 40,– DM – jetzt 50,– DM – ausgegangen werden sollte, während bei »Angehörigen anderer Berufe, bei denen keine gleichartige Ausbildung erforderlich ist, es gerechtfertigt erscheint, mit einem geringeren als dem für die Sachverständigenentschädigung geltenden Grundbetrag zu beginnen.«[17]

Schließlich stellt die Regelung des § 1836 Abs. 2 Satz 3 1. Halbsatz BGB darauf ab, daß die dort genannten Erhöhungsvoraussetzungen – vergleichbar den Fällen des § 3 Abs. 2 – in der einzelnen Betreuungsangelegenheit vorliegen.[18] Das hat zur Folge, daß für dieselbe Betreuungsperson für deren Tätigkeit in verschiedenen Betreuungsangelegenheiten durchaus unterschiedliche Stundenvergütungssätze zwischen 25,– DM und 75,– DM in Betracht kommen können, wenn im Einzelfall der Grad der erforderlichen Fachkenntnisse oder die Schwierigkeit der Angelegenheit unterschiedlich zu werten war. Den Vorstellungen – insbesondere der Vereinsbetreuer – auf eine möglichst einheitliche – am Höchstsatz orientierte – Vergütung ist der Gesetzgeber jedenfalls nicht gefolgt.

16 LG Kiel in SchlHA 94.24; LG Göttingen in Rpfleger 94.240 LS mit Anm. von *Kirsch;* OLG Celle in NdsRpfl. 94.187.

17 BT-Drucks. Nr. 11/4528 Seite 111.

18 LG Mainz in JBl. Rheinland-Pfalz 93.116; LG Würzburg in JurBüro 94.348 – bei einem zum Verfahrenspfleger bestellten Rechtsanwalt –.

Die Höhe des als Vergütung zu gewährenden Stundensatzes hängt damit von der Gesamtbeurteilung aller Umstände des Einzelfalles ab, die bestimmt wird von dem Schwierigkeitsgrad der konkreten Betreuung und dem daraus resultierenden Maß der erforderlichen Fähigkeiten der Betreuungsperson. Als entscheidende Kriterien sind dabei u. a. zu berücksichtigen die Persönlichkeit des Betreuten, dessen Umfeld und wirtschaftlichen Verhältnisse sowie der unterschiedliche Schwierigkeitsgrad der verschiedenen Tätigkeiten der Betreuungsperson. Aufgrund dieser Kriterien sowie aller im Einzelfall möglicherweise noch weiter auftretenden Gesichtspunkte wird der Grundstundensatz der Vergütung nur dort anzusetzen sein, wo sämtliche Umstände als einfach und im üblichen Rahmen liegend[19] einzustufen sind. Beschränkt sich die Tätigkeit eines Vereinsbetreuers im wesentlichen auf Besuche des in einem Heim untergebrachten Betreuten, auf Gespräche mit der Heimleitung und auf gelegentliche Nachfragen bei den Pflegekräften, so sind hierfür keine besonderen Fachkenntnisse erforderlich, die ein Überschreiten des Mindestsatzes rechtfertigen. Das gilt selbst dann, wenn der Betreute nicht mehr in Lage ist, sich selbst zu versorgen und zudem örtlich sowie zeitlich desorientiert ist[20].

Die Bestellung eines Vereinsbetreuers ist allein kein Indiz für ein Erfordernis besonderer Fachkenntnisse oder für das Vorhandensein besonderer Schwierigkeiten[21].

Weicht allerdings einer der Bemessungsmaßstäbe vom unteren Bereich ab, wird eine Festlegung der Vergütung im mittleren Bereich zwischen dem einfachen und dem dreifachen Vergütungssatz erfolgen können.[22] So erfordern die mit der Beantragung, Überprüfung und Überwachung von Sozialhilfeleistungen zusammenhängenden Tätigkeiten besondere Fachkenntnisse, die über die allgemeinen Kenntnisse einer Betreuungsperson hinausgehen[23]. Auch geforderte besondere sozialpädagogische Fachkenntnisse der Betreuungsperson und die Schwierigkeiten bei der Betreuung eines erheblich behinderten Betroffenen rechtfertigen eine deutliche Anhebung des Entschädigungssatzes[24].

19 LG Saarbrücken in JurBüro 92.807; LG Kiel in SchlHA 94.24.
20 LG Göttingen in Nds. Rpfl. 93.217.
21 LG Kiel in SchlHA 94.27 = JurBüro 94.414;
a. A.: LG Osnabrück in Nds. Rpfl. 93.253 – regelmäßiger Stundensatz von 50,– DM – a. F. –.
22 LG Paderborn in JMBl. NW. 92.229; in JurBüro 92.693 = Rpfleger 93.19; LG Köln in Rpfleger 93.156; LG Mainz in JBl. Rhld.-Pf. 93.116 – Stundensatz: 50,– DM a. F.; LG Itzehoe in FamRZ 94.777 LS = SchlHA 94.146 – mittlerer Satz bei Sozialpädagogen und Vereinsbetreuer –.
23 LG Göttingen in Nds. Rpfl. 93.218 – Stundensatz: 40,– DM a. F. –.
24 LG Göttingen in Nds. Rpfl. 93.219 – Stundensatz: 60,– DM a. F. –; AG Starnberg in Rpfleger 93.490 – 3facher Regelsatz –.

Der nach dem Grad der »erforderlichen Fachkenntnisse« zu gewährende Entschädigungssatz wird für die gesamte Betreuungstätigkeit zu gelten haben[25]. Ebenso wie ein Sachverständiger – s. hierzu § 3 Rz. 43.2 – stellt die Betreuungsperson die geforderten Fachkenntnisse während der gesamten Zeit ihrer Tätigkeit zur Verfügung. Der Umfang der erforderlichen Fachkenntnisse innerhalb der Betreuungstätigkeit ist bei der Bestimmung des einheitlichen Stundenvergütungssatzes aus dem Rahmen von 25,– DM bis 75,– DM zu berücksichtigen.[26]

Da mit der Vergütung auch der allgemeine Verwaltungsaufwand der Betreuungsperson, insbesondere auch anteilige Bürokosten[27], abgegolten werden soll, ist es nachvollziehbar, wenn die Rechtsprechung[28] bei einem zur Betreuungsperson bestellten Rechtsanwalt[29] oder vergleichbaren Personen[30] bei der Bemessung der Vergütung von dem Höchststundensatz ausgeht, um der Betreuungsperson eine angemessene Vergütung zu gewähren[31].

Eine Überschreitung[32] des gesetzlichen Höchststundensatzes von 75,– DM halte ich allerdings nicht für vertretbar, es sei denn, man stellt bereits die Verfassungsmäßigkeit der gesamten Vergütungsregelung in Frage.

Die Begrenzung der Berufsbetreuervergütung auf den »Höchstsatz dessen, was einem Zeugen als Entschädigung für seinen Verdienstausfall gewährt werden kann« (§ 1836 Abs. 2 Satz 2 BGB) hat auch zur Folge, daß die Vergütung für »höchstens zehn Stunden je Tag« (§ 2 Abs. 5) geltend gemacht werden kann.

25 LG Itzehohe in FamRZ 94.777 LS;
a. A.: LG Kiel in SchlHA 94.27.
26 LG Itzehoe in SchlHA 94.146.
27 BT-Drucks. Nr. 11/4528 Seite 112; LG Paderborn in JMBl. NW 92.231; in JurBüro 92.693.
28 AG Mühldorf a. Inn in Rpfleger 93.154; LG Krefeld in Rpfleger 93.155; LG Augsburg in AnwBl. 93.533 = JurBüro 93.694; LG Traunstein in JurBüro 93.692.
29 LG Hannover in Nds. Rpfl. 93.359.
30 LG Frankenthal in JurBüro 93.282; LG Hildesheim in Nds. Rpfl. 93.104; LG Gießen in BtPrax 93.107.
31 s. a. *Bach* in PtPrax 6/93 S. 182 und 1/94 S. 5; *Koch*, Beschwerdeschrift in BtPrax 1/94 S. 15.
32 LG Duisburg in Rpfleger 93.242 = JurBüro 93.283; AG Celle in Nds. Rpfl. 93.364 – bei Punktsystem bis 80,– DM/Std. – = FamRZ 94.461.

Beispiel:

Die Betreuungsperson gibt an, in **einer** Betreuungsangelegenheit für den mittellosen Betroffenen einen Zeitaufwand von insgesamt 32 Stunden und 15 Minuten gehabt zu haben, und beantragt die Zahlung einer nach einem berechtigten Stundensatz von 60,– DM berechneten Vergütung in Höhe 33 × 60,– DM = 1980,– DM. Die Aufschlüsselung des Arbeitsaufwandes nach Tagen ergibt folgendes:

1. Tag	45 Min.	zu vergüten sind	45 Min.
2. Tag	20 Min.		20 Min.
3. Tag	11 Stunden 15 Min.		10 Stunden
4. Tag	6 Stunden 30 Min.		6 Stunden 30 Min.
5. Tag	12 Stunden 15 Min.		10 Stunden
6. Tag	20 Min.		20 Min.
7. Tag	50 Min.		50 Min.
Summe	32 Stunden 15 Min.		28 Stunden 45 Min.

Die aus der Staatskasse zu zahlende Vergütung beträgt damit 29 × 60,– DM = 1740,– DM.

Auch hieran zeigt sich, wie problematisch die Anbindung der Betreuervergütung an die Regelung für die Zeugenentschädigung ist. Das gilt um so mehr, als die Tagesbegrenzung in § 2 Abs. 5 nicht nur auf die einzelne Angelegenheit beschränkt ist, sondern grundsätzlich auch für mehrere Angelenheiten gilt (ein Zeuge, der an einem Tage in zwei Verfahren herangezogen wird, kann insgesamt nur eine Verdienstausfallentschädigung für 10 Stunden erhalten). Die Betreuervergütung ist mit der Verdienstausfallentschädigung eines Zeugen nicht vergleichbar. Sie gleicht vielmehr der Leistungsentschädigung eines Sachverständigen, für den es eine »Tagesbegrenzung« seiner Entschädigung nicht gibt. Es dürfte daher sachgerechter erscheinen, die Regelung des § 2 Abs. 5 auf die Berufsbetreuervergütung nicht anzuwenden.

6.3 Zwar kann die Berufsbetreuervergütung **bis auf einen Stundensatz von 125,– DM angehoben werden** (§ 1836 Abs. 2 Satz 3 2. Halbsatz BGB), wenn

– im Einzelfall Umstände hinzutreten, die die Besorgung bestimmter Angelegenheiten außergewöhnlich erschweren.

Diese Erhöhung kann aber nur in spektakulären Einzelfällen[33] in Betracht kommen und dann wohl auch nur für bestimmte Einzelangelegenheiten innerhalb einer Betreuungssache. So kann in einer Verfahrenspflegschaft zur Auflösung der Wohnung für die Zeit der vom Verfahrenspfleger vorgenommenen Wohnungsbesichtigung der höchste Stundensatz angemessen sein, wenn sich die

33 LG Itzehoe in FamRZ 94.777 LS = SchlHA 94.146.

Wohnung in einem ekelerregenden, mit gesundheitlichen Risiken verbundenen Zustand befindet[34].

Eine dem § 3 Abs. 3 Buchst. b entsprechende Regelung, wonach die Entschädigung eines Sachverständigen bis auf 150,– DM/Std. erhöht werden kann, wenn der Sachverständige durch die Dauer oder die Häufigkeit seiner Heranziehung einen nicht zumutbaren Erwerbsverlust erleiden würde oder wenn er seine Berufseinkünfte im wesentlichen als gerichtlicher oder außergerichtlicher Sachverteidiger erzielt, ist in § 1836 Abs. 2 Satz 3 BGB nicht enthalten. Derartige Gründe können daher für eine Erhöhung der Vergütung der Berufsbetreuungspersonen nicht herangezogen werden. Eine Erhöhung der Gesamtvergütung auf Stundensätze über 75,– DM hinaus bis 125,– DM ist in § 1836 Abs. 2 BGB nicht vorgesehen.

In diesem Zusammenhang ist wiederum die Frage von Bedeutung, ob und inwieweit die Tätigkeit eines **zur Betreuungsperson bestellten Rechtsanwalts** seiner beruflichen Tätigkeit zugeordnet werden kann (siehe § 1 Rz. 20.3.5). Hat z. B. in einer Unterbringungssache das Gericht gerade einen Rechtsanwalt wegen der notwendigen Rechtskenntnisse zum Verfahrenspfleger nach § 70 b FGG bestellt und führt derselbe Rechtsanwalt noch weitere Betreuungsaufgaben als Betreuungsperson aus, so ist er zweifelsfrei als »Berufsbetreuer« im Sinne des § 1836 Abs. 2 BGB anzusehen und kann eine Vergütung nach dieser Vorschrift begehren. **6.4**

Er kann aber statt dessen für seine »anwaltlichen Dienste« auch den Aufwendungsersatzanspruch nach § 1835 Abs. 3 BGB in Höhe einer auf der Grundlage der BRAGO (§ 112 BRAGO) berechneten Vergütung geltend machen. Er hat insoweit die Wahl zwischen der Vergütung nach § 1836 Abs. 2 BGB und dem Aufwendungsersatz nach § 1835 Abs. 3 BGB.[35]

Soweit in Rechtsprechung[36] und Schrifttum einem zum Verfahrenspfleger bestellten Rechtsanwalt ein Aufwendungsersatz nach § 1835 Abs. 3 BGB versagt wird, wird übersehen, daß der Rechtsanwalt, wenn er nur diese eine Pflegschaft führen sollte, nicht als »Berufspfleger« behandelt werden könnte und damit auch keinen Anspruch aus § 1836 Abs. 2 BGB hätte. Mangels eines Aufwendungsersatzanspruches aus § 1835 Abs. 3 BGB hätte das zu Folge, daß der Rechtsanwalt seine »anwaltlichen Dienste« für den Betroffenen unentgeltlich hätte erbringen müssen. Das scheint mir nicht vertretbar zu sein.

Zugleich mit der Frage der Vergütung einer Betreuungsperson stellt sich die Frage nach der Erstattung einer auf die Vergütung zu entrichtenden **Umsatzsteuer.** **6.5**

34 LG Göttingen in Nds. Rpfl. 93.294.

35 LG Münster in JurBüro 93.415; BayObLG in AnwBl. 94.42; s. a. *Barth/Wagenitz* »Unentgeltlichkeit und Vergütung im Betreuungsrecht« in FamRZ 94.71; a. A.: *Fischer* in JurBüro 93.264.

36 LG Hildesheim in Nds. Rpfl. 93.104; LG Wuppertal in JurBüro 93.416.

Soweit ein als Berufsbetreuungsperson einzustufender Rechtsanwalt für seine »anwaltlichen Dienstleistungen« den Aufwendungsersatz nach § 1835 Abs. 3 BGB in Höhe seiner nach der BRAGO zu berechnenden Vergütung geltend macht, ist in dieser Vergütung auch die von ihm zu entrichtende Umsatzsteuer enthalten, da diese in § 25 Abs. 2 BRAGO ausdrücklich als »Auslage« des Rechtsanwalts bezeichnet ist. Die Umsatzsteuer ist daher im Rahmen des § 1835 Abs. 3 BGB zu erstatten.

§ 1836 BGB enthält keine dem § 25 Abs. 2 BRAGO entsprechende Regelung, insbesondere findet auch der für die Sachverständigenentschädigung maßgebliche § 8 Abs. 1 Ziffer 3 keine Anwendung[37]. Durch die Verweisung in § 1835 Abs. 4 Satz 2 BGB auf die Verfahrensregelungen bei der »Entschädigung von Zeugen hinsichtlich ihrer baren Auslagen« hat der Gesetzgeber zugleich zum Ausdruck gebracht, daß nur die für Zeugen maßgeblichen Auslagenregelungen zur Anwendung kommen sollen. Anderenfalls hätte es des ausdrücklichen Hinweises »hinsichtlich ihrer baren Auslagen« nicht bedurft. Damit kann die Erstattung der auf die Vergütung entfallenden Umsatzsteuer jedenfalls nicht aus § 1836 BGB hergeleitet werden[38].

Auch eine Erstattung nach § 1835 Abs. 1 BGB kann nach meiner Überzeugung nicht in Betracht kommen, da es sich bei der Entrichtung der Umsatzsteuer nicht um eine Aufwendung der Betreuungsperson für den Betroffenen, sondern um die Begleichung einer eigenen Steuerschuld handelt.[39] – s. a. § 1 Rz. 20.3 –

§ 1835 Abs. 1 BGB enthält keine dem § 25 Abs. 2 BRAGO oder dem § 8 Abs. 1 Ziffer 4 ZSEG vergleichbare Ausnahmeregelung. – s. a. § 8 Rz. 26.4 –.

In der der Betreuungsperson zu zahlenden Vergütung ist die Mehrwertsteuer enthalten. Bei der Vergütung handelt es sich um ein Entgelt im zivilrechtlichen Sinne, daß grundsätzlich auch die auf die Vergütung entfallende Umsatzsteuer erfaßt. Daher ist für eine gesonderte Erstattung der auf die Vergütung entfallenden Mehrwertsteuer kein Raum[39a].

6.6 Bei **Mittellosigkeit des Betroffenen** kann die Berufsbetreuungsperson die Zahlung der ihr nach § 1836 Abs. 2 BGB bewilligten Vergütung aus der Staatskasse

37 A. A.: LG Itzehoe in SchlHA 94.146.

38 LG Münster in JurBüro 93.412 mit Anm. von *Mümmler* = MDR 93.545; LG Augsburg in AnwBl. 93.533; LG Kiel in SchlHA 94.24; LG Mainz in Rpfleger 94.240 LS; LG Bremen in Rpfleger 94.240 LS mit Anm. von *Kirsch;*
a. A.: LG Mainz in JBl. Rhld.-Pf. 93.116 – ohne nähere Begründung –; LG Berlin in BtPrax 93.105; LG Paderborn in Rpfleger 94.240 LS; LG Itzehoe in FamRZ 94.777 LS.

39 AG Mühldorf in Rpfleger 93.154;
a. A.: LG Duisburg in Rpfleger 93.242 = JurBüro 93.283; LG Göttingen in Nds. Rpfl. 93.294.

39a BGH in NJW 75.210; OLG Celle in Nds.Rpfl. 94.187; LG Wuppertal in JurBüro 94.913.

begehren (§ 1836 Abs. 2 Satz 4 BGB). Insoweit wird auf die Ausführungen zu § 1 Rz. 20.4.1 verwiesen.

Anders als bei dem Aufwendungsersatz und der Aufwandsentschädigung entsteht der Vergütungsanpruch nur auf Grund der gerichtlichen Bewilligung nach § 1836 Abs. 2 BGB. Sofern bei dem Antrag auf Vergütungsbewilligung bereits feststeht, daß infolge der Mittellosigkeit des Betroffenen nur die Staatskasse als Zahlungspflichtiger in Betracht kommen kann – das wird in der Regel der Fall sein –, wird in dem Bewilligungsantrag zugleich der Antrag auf Festsetzung der Vergütung nach § 16 ZSEG zu erblicken sein. Auf diese Weise kann der im Festsetzungsverfahren zu beteiligende Vertreter der Staatskasse seine Auffassung zur Höhe der beanspruchten Vergütung vorbringen. Er hat insoweit eine Parteistellung und keine Weisungsbefugnis gegenüber dem Gericht – s. a. die Anm. zu § 16 –.

Sonstige wie Zeugen zu entschädigende Verfahrensbeteiligte 7

Auf die im **Sozialgerichtsverfahren** nach § 191 SGG zu entschädigenden Beteiligten ist § 2 anwendbar. – s. a. § 1 Rz. 22, § 15 Rzn. 7.2, 20.2 – 7.1

Auch die **Prozeßparteien** sind hinsichtlich der vom Prozeßgegner nach § 91 Abs. 1 ZPO zu erstattenden außergerichtlichen Kosten wie Zeugen zu behandeln. Ihnen steht Verdienstausfallentschädigung im Rahmen des § 2 zu. – s. a. § 1 Rz. 17.6 – 7.2

Wie Zeugen sind nach § 2 zu entschädigen der **Erziehungsberechtigte und der gesetzliche Vertreter,** der nach § 50 Abs. 2 JGG zur Hauptverhandlung geladen ist. – s. a. § 1 Rz. 18 – 7.3

Hinsichtlich der Verdienstausfallentschädigung nach § 2 ist der **freigesprochene Beschuldigte** einem Zeugen gleichgestellt. Die Entschädigung nach § 2 gehört zu den dem Freigesprochenen zu erstattenden notwendigen Auslagen. – s. a. § 1 Rz. 23 – 7.4

Wie Zeugen zu entschädigende Dritte 8

Zu den Aufwendungen eines nach § 17 a Absatz 2 wie einen Zeugen zu entschädigenden Dritten kann auch eine Verdienstausfallentschädigung nach § 2 gehören. – s. a. § 1 Rz. 21, § 17 a Rz. 6.2 –

II. Entschädigung für Verdienstausfall

Verdienstausfall 9

Ein Zeuge, der in einem gerichtlichen Verfahren oder in einem anderen Verfahren zu Beweiszwecken herangezogen wird, erfüllt eine allgemeine Staatsbürgerpflicht und hat daher nach § 2 – abgesehen von den Sonderfällen des Absatz 3 – nur einen Anspruch auf Ersatz des ihm durch die Heranziehung entstandenen

Verdienstausfalls im Rahmen der dort vorgesehenen Höchstgrenzen. Eine »Vergütung« für seine Heranziehung kann der Zeuge nicht erhalten.

Ihm soll jedoch für die durch seine Heranziehung erlittene Vermögenseinbuße eine billige »Entschädigung« gewährt werden. Das Gesetz sieht daher eine Entschädigung für den Verdienstausfall vor. Für diese Entschädigung ist in Absatz 2 und 5 ein Höchstsatz vorgesehen, der auch dann nicht überschritten werden darf, wenn der tatsächlich eingetretene Verdienstausfall höher ist[40]. Der Gesetzgeber mutet demnach einem Großteil der entschädigungsberechtigten Zeugen im Interesse einer funktionsfähigen Rechtsprechung materielle Opfer zu. Der Entschädigungsanspruch nach § 2 kann deshalb seinem klaren Wortlaut, Sinn und Zweck nach nicht einem Schadensersatzanspruch gleichgestellt werden; er ist eben kein vermögenswertes Äquivalent der versäumten Arbeitsleistung[41].

Eine Entschädigung nach Absatz 1 und 2 ist grundsätzlich nur dann zu gewähren, wenn der Zeuge infolge seiner Heranziehung einen Verdienstausfall erlitten hat.

Eine Entschädigung »ohne Verdienstausfall« ist nur im Rahmen des Absatz 3 möglich – s. Rzn. 19f. –.

10 **Nachweis des Verdienstausfalls**

Das ZSEG sieht nicht vor, daß der Zeuge zur Geltendmachungen seines Anspruches nachweisen muß, daß und in welcher Höhe ein Verdienstausfall eingetreten ist.

§ 2 Abs. 2 Satz 2 der früheren GebOZS, der durch Gesetz vom 10. 6. 1914 eingefügt wurde, hatte folgenden Wortlaut:

> »Ob eine Erwerbsversäumnis stattgefunden hat, ist nach freiem Ermessen unter Berücksichtigung der Lebensverhältnisse und der regelmäßigen Erwerbstätigkeit des Zeugen zu beurteilen.«

Die Begründung zu dieser Bestimmung führte aus:

> »Bei der Prüfung der Frage, ob eine Erwerbsversäumnis stattgefunden hat, gehen die Gerichte jetzt vielfach von der Auffassung aus, daß selbständigen Gewerbetreibenden (wie Gastwirten, Kaufleuten usw.) eine Zeugenentschädigung nur dann zu gewähren sei, wenn sie den sicheren Nachweis erbringen, daß sie im Einzelfall wirklich einen Schaden erlitten haben. Diese Auffassung entspricht nicht der Absicht, von welcher die gesetzgebenden Faktoren bei der Beratung des Gesetzes ausgegangen sind. Um den in der Praxis vielfach laut gewordenen Klagen abzuhelfen, soll eine ausdrückliche Vorschrift in § 2 klarstellen, daß die Frage, ob der Zeuge eine Erwerbsversäumnis erlitten hat, nach freiem Ermessen unter Berücksichtigung der Lebensverhältnisse und der regelmäßigen Erwerbstätigkeit des Zeugen zu beurteilen ist.«

40 OLG Bremen in Juris/ZSEG DOKNR 477948 = JurBüro 94.182.
41 OLG Stuttgart in Justiz 90.409.

Die Einfügung des Satzes 2 diente danach nur der Klarstellung des damals schon gewollten und geltenden Rechtszustandes. Die gleichen Grundsätze gelten für das ZSEG weiter, auch wenn § 2 eine entsprechende ausdrückliche Klarstellung nicht mehr enthält[42]. Absatz 3 Satz 2 sagt ausdrücklich, daß sich die Entschädigung nach dem regelmäßigen Bruttoverdienst richtet. Hieraus ergibt sich, daß es nicht erforderlich ist, die Höhe des im Einzelfall eingetretenen Verdienstausfalls nachzuweisen. Die Gewährung einer Entschädigung für Verdienstausfall ist daher in der Regel nicht von der Führung eines entsprechenden Nachweises abhängig zu machen. Im übrigen wäre die Führung eines Verdienstausfallnachweises bei bestimmten Berufsgruppen (z. B. bei selbständigen Gewerbetreibenden, selbständigen Handwerkern und bei Angehörigen freier Berufe) nur sehr schwer oder überhaupt nicht möglich. Eine Entschädigung für Verdienstausfall ist daher immer zu gewähren, wenn die Lebensstellung des Zeugen und seine regelmäßige Erwerbstätigkeit die Vermutung rechtfertigen, daß er überhaupt etwas versäume[43]. Die Höhe der Entschädigung ist, soweit ein Nachweis nicht erbracht wird, unter freier Beurteilung der Erwerbstätigkeit des Zeugen zu bemessen.

Erscheint die geltend gemachte Erwerbsversäumnis nach der Lebensstellung und der regelmäßigen Erwerbstätigkeit des Zeugen ungewöhnlich hoch, so kann Glaubhaftmachung verlangt werden.

Soweit ein Nachweis über die Höhe des eingetretenen Verdienstausfalls unschwer geführt werden kann, z. B. bei Lohnempfängern, ist es unbedenklich, schon aus praktischen Erwägungen auf die Vorlage einer Verdienstausfallbescheinigung zu dringen.

Bei den ordentlichen Gerichten ist es üblich, den Zeugen durch einen in dem Ladungsvordruck enthaltenen Vermerk darauf hinzuweisen, daß Lohnausfall durch eine Bescheinigung des Arbeitgebers, die sich auf den Terminstag beziehen muß, nachzuweisen ist. Die Mindestentschädigung nach Absatz 3 wird jedoch auch dann zu gewähren sein, wenn eine solche Bescheinigung nicht vorgelegt wird, es sei denn, daß der Zeuge durch die Vernehmung ersichtlich keinen Nachteil erlitten hat.

In NRW wird dem Zeugen zugleich mit der Terminsladung der auf S. 233 abgedruckte Vordruck einer Bescheinigung über Verdienstausfall übersandt.

Begründung der Verdienstausfallentschädigung 11

Soweit nach dem Beruf des Zeugen *eine Erwerbsversäumnis* nicht ohne weiteres *zu vermuten* ist und eine höhere Entschädigung als der Mindestsatz beansprucht

42 OLG Düsseldorf in JVBl. 59.258 = JMBl. NW 59.198; OLG Frankfurt in MDR 61.331 = JurBüro 61.142 = Rpfleger 61.338; OLG Schleswig in SchlHA 61.295 = Rpfleger 62.366; OLG Hamm in JVBl. 64.18 = KRspr. § 2 Nr. 5 LS m. w. N.; SG Berlin in JurBüro 84.261.

43 KG in Juris/ZSEG – DOKNR. 830098 –.

wird, müßte die Gewährung einer Versäumnisentschädigung von einer Begründung (in der Regel wird eine mündliche Erläuterung, die auf der Berechnung kurz zu vermerken ist, genügen), nötigenfalls auch von der Beibringung eines Nachweises abhängig gemacht werden.

III. Bemessung der Verdienstausfallentschädigung

12 **Versäumte Arbeitszeit**

12.1 Die Entschädigung für den Verdienstausfall ist nicht nur für die Zeit der eigentlichen Zeugenvernehmung zu gewähren, sondern für die gesamte durch die Heranziehung erforderliche Zeit, d. h. für die Zeit, in der der Zeuge infolge seiner Heranziehung notwendigerweise Arbeitszeit versäumen mußte – **notwendige Arbeitszeitversäumnis.** – s. a. § 4 Rzn. 1 ff. –

Auch für die Zeit, die ein Zeuge benötigt, um Unterlagen (Briefwechsel, Geschäftsbücher u. ä.) einzusehen, deren Inhalt er für die Beantwortung der Beweisfrage benötigt, ist ihm eine Verdienstausfallentschädigung zu gewähren[44].

12.2 Zu der zu entschädigenden Zeit gehören auch notwendige **Reisezeiten**. Hinsichtlich des Zeitpunkts des **Reiseantritts** und der davon abhängigen Höhe der Versäumnis-, Aufwands- und etwaigen Übernachtungsentschädigung sind die für die Dienstreisen der Beamten geltenden Bestimmungen, nach denen Dienstreisen in den Morgenstunden von 6 Uhr ab anzutreten sind, wenn nicht besondere Umstände einen späteren Antritt rechtfertigen, auch auf Zeugen und Sachverständige sinngemäß anzuwenden.

Entscheidend werden immer die Umstände des einzelnen Falles sein, insbesondere Alter und Gesundheitszustand des Zeugen oder die Witterungsverhältnisse am Reisetag.

Eine Entschädigung kann immer nur für die *notwendige* Zeitversäumnis gewährt werden. Die Zeitversäumnis für nicht notwendige Umwege bei der Hin- und Rückreise kann bei der Bemessung der Verdienstausfallentschädigung nicht berücksichtigt werden.

12.3 Bei Berechnung des zu entschädigenden Verdienstausfalles wird die **letzte angefangene Stunde** voll gerechnet, jedoch kann die Entschädigung für Verdienstausfall nie größer sein als der innerhalb dieser auf *volle Stunden* aufgerundeten Zeitspanne tatsächlich eingetretene Verdienstausfall.

Ein Arbeiter, der auch bei nur kurzer Anwesenheit im Termin eine ganze Tagesschicht von 8½ Stunden versäumt, hat einen Anspruch auf Entschädigung für Verdienstausfall in Höhe des vollen *Schichtlohnes,* nicht jedoch auf eine Entschädigung in Höhe des Neunfachen seines Stundenlohnes, denn auch bei Aufrundung der Zeitversäumnis auf volle neun Stunden ist sein Verdienstausfall

44 OLG Celle in Nds. Rpfl. 55.131.

Wichtiger Hinweis!
Sofern Sie Arbeitnehmer sind und Verdienstausfall geltend machen wollen, lassen Sie bitte nachstehende Bescheinigung von **Ihrem Arbeitgeber** ausfüllen.

Bescheinigung über Verdienstausfall

Herr
Frau ______________________________ (Name, Vorname)
Fräulein

______________________________ (Wohnort, Straße)

ist hier beschäftigt und hat am ______________________________

durch Wahrnehmung des Termins beim Oberlandes- / Land- / Amts- / gericht / bei der Staatsanwaltschaft

______________________________ Verdienstausfall.

Die Arbeitszeit am Terminstag beginnt um __________ Uhr und endet um __________ Uhr; darin sind **unbezahlte** Arbeitspausen von __________ Uhr bis __________ Uhr und von __________ Uhr bis __________ Uhr enthalten.

— Das Gehalt wird je Stunde der Abwesenheit um __________ DM gekürzt. —
— Der Stundenlohn / Schichtlohn beträgt brutto __________ DM; — dazu werden an Prämien __________ DM und Auslösungen __________ DM gewährt. — *

Eine Teilbeschäftigung am Terminstag ist **vor** dem Termin

— nicht möglich —

— in der Zeit von __________ Uhr bis __________ Uhr möglich. — *

Nach dem Termin ist eine Wiederaufnahme der Arbeit

— aus betrieblichen Gründen nicht möglich —

— möglich, wenn der Arbeitnehmer bis spätestens __________ Uhr an die Arbeitsstelle zurückgekehrt ist. — *

(Firmenstempel)

______________________________ (Ort und Tag) ______________________________ (Unterschrift)

* Nichtzutreffendes bitte streichen!

Vordr. 211 Bescheinigung des Arbeitgebers über Verdienstausfall **- Anlage zur Ladung eines Zeugen oder ehrenamtlichen Richters"** - gen. 3. 1991 - JVA Rheinbach Preisklasse 9 nicht höher als sein Schichtlohn. Der Höchstbetrag von 25,– DM je angefangene Stunde, hier also 9 x 25,– DM, darf jedoch in keinem Fall überschritten werden.

13 **Bruttoverdienstausfall**

13.1 Dem Zeugen ist der Bruttoverdienstausfall zu ersetzen. Dies gilt sowohl für Zeugen, die ein Einkommen aus selbständiger Tätigkeit beziehen und ihr Bruttoeinkommen versteuern müssen, als auch für Zeugen, die in einem Gehalts- oder Lohnverhältnis stehen. Die Frage, ob die Verdienstausfallentschädigung zu versteuern ist und ob der Zeuge diese Versteuerung durchführt, braucht die Anweisungsstelle nicht zu prüfen[45].

Es ist der eigenen Entscheidung des Zeugen überlassen, ob er die ihm mit dem Bruttoverdienstausfall erstatteten **Arbeitnehmeranteile** zur Kranken- und Arbeitslosenversicherung durch Vermittlung seines Arbeitgebers abführt und zur Rentenversicherung eine entsprechende Höherversicherung durchführt, um so eine Minderung seiner Versicherungsansprüche zu verhindern oder diese Minderung – unter Zurückbehaltung der ihm erstatteten Arbeitnehmeranteile – in Kauf nimmt.

Die Bestimmung, daß die Entschädigung für Verdienstausfall sich nach dem regelmäßigen Bruttoverdienst richtet, soll gewährleisten, daß dem Zeugen im Rahmen der Höchstsätze die volle Vermögenseinbuße, die er durch seine Heranziehung erleidet, erstattet wird. Insbesondere soll hierdurch der Nachteil ausgeglichen werden, der dem als Arbeitnehmer tätigen Zeugen dadurch entstehen kann, daß für die Zeit seiner Heranziehung Versicherungsbeiträge nicht gezahlt werden. Ein wirklicher Ausgleich tritt jedoch nur insoweit ein, als die Arbeitnehmeranteile, die sonst vom Arbeitgeber mit abgeführt werden, mit dem Bruttoverdienstausfall dem Zeugen ausgezahlt werden.

13.2 Eine Minderung der Versicherungsleistungen kann aber nur dadurch voll ausgeschlossen werden, daß neben den Arbeitnehmeranteilen auch die **Arbeitgeberanteile** abgeführt werden. Die Arbeitgeberanteile sind zwar letztlich Gegenleistung für die Arbeitsleistung; ob sie aber, ebenso wie die Arbeitnehmeranteile, die vom Bruttoverdienst abgezogen werden, als Bestandteil des Bruttoverdienstes anzusehen sind, ist nicht zweifelsfrei. In § 2 Abs. 2 Satz 3 des Gesetzes über die Entschädigung der ehrenamtlichen Richter ist ausdrücklich vorgesehen, daß sich die Entschädigung nach dem regelmäßigen Bruttoverdienst *einschließlich der vom Arbeitgeber zu tragenden Sozialversicherungsbeiträge* richtet. § 2 Abs. 2 Satz 3 ZSEG ist nicht entsprechend ergänzt worden. Hierzu könnte im Gegenschluß gefolgert werden, daß zu dem nach § 2 ZSEG zu erstattenden Bruttoverdienst nicht die Arbeitgeberanteile gehören.

Diese Schlußfolgerung erscheint aber nicht zwingend. Die Fassung »einschließ-

45 Vgl. auch *Höver* in JVBl. 61.205 m. w. Nachw.

lich« zeigt, daß der Gesetzgeber die Sozialversicherungsbeiträge des Arbeitgebers als einen Teil des Bruttoverdienstes ansieht. Wenn die Arbeitgeberanteile aber Teil des Bruttoverdienstes sind, dann sind sie – auf Verlangen – auch dem Zeugen zu erstatten, dessen Verdienstausfallentschädigung sich ebenfalls nach dem regelmäßigen Bruttoverdienst richtet[46].

Der Anspruch des Zeugen auf Erstattung der Arbeitgeberanteile zur Sozialversicherung ist aber nicht davon abhängig, daß man die Arbeitgeberanteile als einen Teil des Bruttoverdienstes ansieht.

Wenn die Arbeitgeberanteile nicht Bestandteil des Bruttoverdienstes sind, hat der Zeuge nach § 2 keinen Anspruch auf Erstattung der nicht von ihm, sondern von seinem Arbeitgeber zu leistenden Sozialversicherungsbeiträge. Für den Arbeitgeber besteht jedoch für die Zeit, in der wegen der Heranziehung des Arbeitnehmers als Zeugen ein Entgelt nicht gezahlt wird, auch keine Verpflichtung zur Leistung der Sozialversicherungsbeiträge[47]. Der Zeuge muß daher, wenn er seine Ansprüche auf Versicherungsleistungen ungeschmälert aufrechterhalten will, die Arbeitgeberanteile zur Kranken- und Sozialversicherung selber aufbringen und durch Vermittlung seines Arbeitgebers abführen. Zur Rentenversicherung muß er eine entsprechende Höherversicherung durchführen. Die von ihm hierfür aufzuwendenden Beträge sind, wenn sie nicht als Teil des Bruttoverdienstes angesehen und nach § 2 als Verdienstausfall erstattet werden, notwendige bare Auslagen, die dem Zeugen nach § 11 zu erstatten sind.

Da jedoch die Höhe dieser Beitragsanteile aufgrund einer einfachen Bescheinigung über die Höhe des Bruttolohnes weder feststeht noch von dem anweisenden Beamten errechnet werden kann, wird der anweisende Beamte über den vom Arbeitgeber bescheinigten Bruttolohn hinaus die Arbeitgeberanteile zur Sozialversicherung als Auslagen nach § 11 nur dann anweisen, wenn ein Nachweis darüber beigebracht wird, wie hoch die Beitragsanteile sind, und daß sie nicht vom Arbeitgeber geleistet und endgültig getragen werden[48].

Bei den Aufwendungen für die Höherversicherung zur Rentenversicherung ist jedoch der Arbeitnehmeranteil zur Rentenversicherung, der mit dem Bruttoverdienstausfall bereits erstattet ist, abzusetzen.

Zum Bruttoverdienstausfall gehören auch **Zuschläge**, die für besondere, schwierige Arbeitsbedingungen gezahlt werden, wie z. B. Schmutzzulagen, Nachtdienstzulagen – s. a. Rzn. 26.3 und 26.4 –, Zulagen für auswärtige Beschäftigung, soweit diese Zulagen nicht *ausschließlich* zum Ersatz von Aufwendungen gewährt werden, die infolge der Heranziehung als Zeuge nicht entstehen. Die **13.3**

46 *Höver* in JVBl. 63.208;
a. A.: *Friedrich* in JVBl. 64.181; *Brocke-Reese* S. 91.

47 Ebenso: *Reese* in JVBl. 59.74;
a. A.: *Gölkel* in JVBl. 59.69.

48 *Höver* in Rpfleger 54.362.

Tatsache, daß in der Zulage auch ein nicht auszusondernder Anteil zum Ausgleich von Aufwendungen enthalten ist, kann die Erstattung dieser Zulage nicht ausschließen.

13.4 Legt ein Arbeitnehmer eine Bescheinigung über die Höhe seines regelmäßigen Stunden- oder Tagesverdienstes vor, so ist dieser Betrag der Berechnung der Verdienstausfallentschädigung zugrunde zu legen. Legt er eine Bescheinigung über den tatsächlichen Arbeitsverdienst in einem zurückliegenden Zeitraum vor, so ist, falls der Arbeitsverdienst in diesem Zeitraum ungleich hoch war, vom **Mittelwert** auszugehen, da der regelmäßige Bruttoverdienst zu erstatten ist.

14 **Fortzahlung der Bezüge**

14.1 Ein Angestellter verliert nach § 616 Abs. 1 Satz 1 BGB seinen Anspruch auf Gehalt nicht dadurch, »daß er für eine verhältnismäßig nicht erhebliche Zeit durch einen in seiner Person liegenden Grund ohne sein Verschulden an der Dienstleistung verhindert wird«. Wenn hiernach seine Bezüge für die Zeit seiner Inanspruchnahme als Zeuge von seinem Arbeitgeber weitergezahlt werden, erleidet er **keinen Verdienstausfall**. Er hat dann nur einen Anspruch auf die Mindestentschädigung nach § 2 Abs. 3.

§ 616 Abs. 1 BGB ist jedoch dispositives Recht und kann sowohl durch einen Tarifvertrag als auch durch einen Einzelvertrag abbedungen werden. Das kann auch stillschweigend geschehen. Da bei der Verhinderung durch eine Zeugenvernehmung der Zeuge einen Anspruch auf Ersatz seines Verdienstausfalls aus der Staatskasse – im Rahmen der Höchstsätze des § 2 – hat, wird in diesen Fällen § 616 Abs. 1 Satz 1 BGB in Höhe des Erstattungsanspruchs als stillschweigend abbedungen zu gelten haben, soweit nichts anderes vereinbart worden ist.

Legt der Zeuge der Anweisungsstelle eine Verdienstausfallbescheinigung seines Arbeitgebers vor, so wird ihm regelmäßig die Verdienstausfallentschädigung im Rahmen des § 2 zu gewähren sein.

Wegen der Angestellten und Arbeiter des öffentlichen Dienstes vgl. nachstehende Rz. 27.

14.2 Hat der Zeuge nach dem Arbeitsvertrag einen *Anspruch* auf Weiterzahlung der Bezüge, so erleidet er durch die Inanspruchnahme als Zeuge keinen Erwerbsverlust, und weder er noch sein **Arbeitgeber** haben einen Erstattungsanspruch nach dem ZSEG.

Der Arbeitgeber kann keine Entschädigung aus der Staatskasse dafür verlangen, daß ihm die Arbeitskraft des Zeugen (seines Angestellten) durch gerichtliche Vernehmung entzogen wurde[49].

49 LG Köln in NJW 67.1291; OLG Bremen in NJW 76.685.

Abtretung des Entschädigungsanspruchs 15

Erklärt sich der Arbeitgeber bereit, dem Zeugen den üblichen Lohn auch für die Zeit seiner Vernehmung weiterzuzahlen, obwohl er nach dem Arbeitsvertrag hierzu nicht verpflichtet ist, so kann der Zeuge seinen Erstattungsanspruch **an den Arbeitgeber** abtreten, und dieser kann die Erstattung des gezahlten Bruttolohnes einschließlich der Arbeitgeberbeiträge zur Sozialversicherung von der Justizverwaltung verlangen.

Die Weiterzahlung des Lohnes an den Zeugen und die Abtretung der Erstattungsansprüche an den Arbeitgeber ist der zuverlässige Weg, Schwierigkeiten hinsichtlich der Abführung der Sozialversicherungsbeiträge zu vermeiden[50].

Ansprüche des Arbeitgebers 16

Berufsgenossenschaftsbeiträge u. ä. kann der Arbeitgeber nicht erstattet verlangen, da ihm ein eigener Erstattungsanspruch gegen die Justizverwaltung nicht zusteht und auch der Zeuge selbst einen Anspruch auf Erstattung dieser Beträge nicht hat. 16.1

Ist der **Arbeitgeber Partei** in dem Rechtsstreit, in dem der bei ihm beschäftigte Zeuge vernommen worden ist, so kann er den an seinen Arbeitnehmer für die Zeit der Heranziehung als Zeuge weitergezahlten Arbeitsverdienst bis zur Höhe der nach dem ZSEG zulässigen Entschädigungssätze als Verfahrenskosten geltend machen. Auf die Höhe der zu erstattenden Kosten ist das ZSEG entsprechend anzuwenden, denn nur insoweit handelt es sich um *notwendige* Kosten der Rechtsverfolgung. 16.2

Begrenzung der Entschädigung 17

Neben der in Abs. 5 vorgesehenen Höchstbegrenzung der Entschädigung auf 10 Stunden je Tag sieht Abs. 2 eine Begrenzung des Entschädigungssatzes auf mindestens 4,– DM und höchstens 25,– DM für jede angefangene Stunde der versäumten Arbeitszeit vor. Innerhalb dieser Begrenzung ist der volle Verdienstausfall zu ersetzen. Eine Entschädigung von mehr als 25,– DM für jede versäumte Arbeitsstunde darf auch dann nicht gewährt werden, wenn der Zeuge durch Vorlage von Belegen nachweist, daß ihm durch die Heranziehung tatsächlich ein höherer Verdienstausfall entstanden ist.

Versäumt ist nur die tatsächliche Arbeitszeit. Für Arbeitspausen (z. B. Mittagspause), für die kein Arbeitsentgelt gezahlt wird, kann auch keine Entschädigung für Verdienstausfall gewährt werden.

50 LG Düsseldorf in KRspr. § 2 Nr. 4.

18 **Auslagen des Zeugen**

Auf die Erstattung etwaiger, für die Vorbereitung der Aussage notwendig entstandener Auslagen hat der Zeuge einen Anspruch nach § 11. – s. a. § 11 Rz. 1 f. –

Soweit der Zeuge durch einen Angestellten aus vorhandenen Unterlagen eine zur Vorbereitung seiner Zeugenaussage notwendige Aufstellung machen läßt, können ihm die dafür gemachten Aufwendungen als sonstige notwendige Auslagen nach § 11 erstattet werden[51].

Wegen der Entschädigung von Stellen, die bei der Beschaffung von Unterlagen behilflich sind (z. B. Heraussuchen von Kontoauszügen durch eine Bank) siehe Erläuterungen zu § 17 a.

IV. Entschädigung für Erwerbslose und Teilzeitbeschäftigte

19 **Entschädigungsanspruch**

19.1 Während nach Absatz 1 und 2 Zeugen nur einen Anspruch auf Erstattung des tatsächlich eingetretenen Verdienstausfalls innerhalb der vorgesehenen Höchstgrenzen haben, sieht Absatz 3 vor, daß Zeugen in den dort angeführten Fällen einen Entschädigungsanspruch auch dann haben, wenn ein Verdienstausfall nicht oder nicht für die gesamte Zeit ihrer Inanspruchnahme eingetreten ist.

§ 2 Absatz 3 gewährt hiernach bestimmten Zeugen einen Anspruch auf eine Entschädigung, die weder Ersatz für Verdienstausfall noch für entstandene Auslagen ist. Sie ist mithin kein Ausgleich für eine durch die Heranziehung erlittene Vermögenseinbuße, sondern eine **Entschädigung für sonstige Nachteile.**

19.2 Die Entschädigung beträgt 4,– DM für jede angefangene Stunde der Inanspruchnahme (Absatz 3 Satz 1). Als Ausgleich für nachzuholende Hausarbeit beträgt der **Entschädigungssatz** 20,– DM (Absatz 3 Satz 2).

20 **Mindestnachteilsentschädigung**

20.1 Die Entschädigung nach § 2 Abs. 3 Satz 1 in Höhe von 4,– DM/Std. ist immer dann zu gewähren, wenn

– nicht eine Entschädigung nach Absatz 2 gewährt werden kann und
– nicht ersichtlich ist, daß der Zeuge durch seine Heranziehung keine Nachteile erlitten hat.

Voraussetzung ist, wie in allen anderen Fällen, daß ein Antrag auf Entschädigung gestellt wird.

51 OLG Düsseldorf in KRSpr. § 11 Nr. 2.

Die Entschädigung wird auch dann gewährt, wenn feststeht, **daß der Zeuge keinen Verdienstausfall gehabt hat** (z. B. Rentner). Voraussetzung ist nur, daß der Zeuge vermutlich einen Nachteil (nicht einen Verdienstausfall oder eine sonstige Vermögenseinbuße) erlitten hat. Als ein derartiger Nachteil ist der Umstand zu werten, daß der Zeuge die während seiner Heranziehung versäumte Arbeit nachholen muß.

Auch bei **Festbesoldeten** kann hiernach eine Entschädigung nach Absatz 3 Satz 1 gewährt werden, wenn sie während ihrer Abwesenheit nicht vertreten worden sind, sondern die nicht erledigte Arbeit nachholen müssen[52]. **20.2**

Zeugen, die keinem Gelderwerb nachgehen (Personen, die im Haushalt helfen, Rentner, Pensionäre, Arbeitslose)[53], aber sich doch in der Regel zweckvoll und nutzbringend beschäftigen, erleiden durch die Heranziehung als Zeuge einen Nachteil, wenn sie gezwungen sind, diese nutzbringende Beschäftigung zu anderer Zeit nachzuholen, und sie haben Anspruch auf die Entschädigung nach Absatz 3 Satz 1. Für Zeugen, die einen Mehrpersonenhaushalt führen, wird auf die Ausführungen bei Rz. 21 verwiesen. **20.3**

Es ist nicht erforderlich, daß dem Zeugen geldwerte Vorteile entgehen. Auch ein Verlust an Freizeit ist als Nachteil im Sinne des Absatz 3 Satz 5 zu werten[54]. **20.4**

Nur wenn der Zeuge durch die Heranziehung **ersichtlich keinen Nachteil** erlitten hat (z. B. ein Festbesoldeter wird während seiner Abwesenheit vertreten), ist keine Entschädigung nach Absatz 3 Satz 1 zu gewähren. **20.5**

Da die Entschädigung nach Absatz 3 Satz 1 nur dann ausgeschlossen sein soll, wenn der Zeuge ersichtlich keine Nachteile erlitten hat, wird man auch von dem Zeugen einen Nachweis, daß er durch die Heranziehung Nachteile erlitten hat, nicht verlangen können. Insoweit enthält das Gesetz bei der Fassung »ersichtlich« eine Vermutung des Inhalts, daß regelmäßig Nachteile anzunehmen sind, diese lediglich dann nicht angenommen werden können, wenn offensichtlich ist, daß Nachteile nicht eingetreten sind.

Eine Entschädigung nach Absatz 3 Satz 1 kann **nicht neben einer Entschädigung nach Absatz 2 gewährt werden,** auch wenn der Zeuge nur während eines Teiles der durch die Heranziehung versäumten Zeit einen Verdienstausfall erleidet. Nur wenn überhaupt kein Verdienstausfall eingetreten ist, entsteht nach der Gesetzeslage ein Anspruch auf die Entschädigung nach Absatz 3 Satz 1. Kann ein im Schichtdienst beschäftigter Arbeitnehmer aus Anlaß seiner Zeugenvernehmung eine vor oder nach der Vernehmung liegende Schicht nicht wahrnehmen und erhält er für den dadurch eingetretenen Verdienstausfall eine Entschädigung nach Absatz 2, so steht ihm daneben für die in seine Freizeit **20.6**

52 OLG Düsseldorf in KRspr. § 2 Nr. 3.
53 LGPräs. Göttingen in Rpfleger 53.536; OLG Hamm in JVBl. 60.164; a. A.: LG Wuppertal in JurBüro 79.1184.
54 OLG Hamm in Rpfleger 91.266 = JurBüro 91.994.

fallende Zeugenvernehmung die Nachteilsentschädigung nach Absatz 3 Satz 1 nicht zu.

20.7 Die Nachteilsentschädigung ist für die gesamte Dauer der Heranziehung zu gewähren, höchstens jedoch für 10 Stunden je Tag (Absatz 5).

Auch bei der Entschädigung nach Absatz 3 Satz 1 wird die letzte begonnene Stunde voll gerechnet.

21 Personen, die einen Mehrpersonenhaushalt führen

21.1 § 2 Absatz 3 Satz 2 ersetzt den in früherer Fassung verwendeten Begriff der »Hausfrau« durch eine geschlechtsunabhängige Umschreibung und stellt damit klar, daß neben den Hausfrauen auch Ehemänner, die allein einen Haushalt versorgen oder Männer, die mit einer berufstätigen Frau zusammenleben[55], einen Anspruch auf die höhere Entschädigung haben.

Voraussetzung für den Anspruch auf die höhere Entschädigung ist zunächst, daß der Zeuge **einen gemeinsamen Haushalt für mindestens eine weitere Person** führt[56]. Ein eigener Haushalt im Sinne des § 2 Abs. 3 liegt nur dann vor, wenn die betreute Person im Haushalt des Zeugen lebt und nicht etwa einen eigenen Haushalt im selben Haus führt[57]. Für einen Zeugen, der neben seinem eigenen Einzelhaushalt auch den Haushalt einer weiteren Person versorgt (z. B. die Tochter führt auch den Haushalt ihrer pflegebedürftigen Eltern in deren Wohnung), sieht das Gesetz die erhöhte Entschädigung nicht vor.

21.2 Es ist nach Absatz 3 Satz 2 weiter erforderlich, daß der Zeuge, der den eigenen Haushalt für mehrere Personen führt, **nicht erwerbstätig ist,** d. h. keiner beruflichen auf Einkommenserwerb ausgerichteten Tätigkeit nachgeht. Ein sonstiges Einkommen schließt den Anspruch auf die erhöhte Entschädigung nicht aus. Ein Rentner, der einen Haushalt unter den Voraussetzung des Absatz 3 Satz 2 führt, geht keiner Erwerbestätigkeit nach und daher hat Anspruch auf die »Hausmannentschädigung«. Dasselbe gilt für die arbeitslose Hausfrau, auch wenn diese Arbeitslosenunterstützung oder Arbeitslosenhilfe erhält.

Die erhöhte Entschädigung nach Absatz 3 Satz 2 wird für höchstens 8 Stunden je Tag gewährt (Absatz 5). – s. a. die nachfolgende Rz. 21.5 –

Die Sonderregelung in § 2 Absatz 3 Satz 2 verstößt nicht gegen den Grundsatz der Gleichbehandlung[58].

55 LG Mannheim in MDR 77.1026 = Justiz 77.461.
56 OLG Nürnberg in Rpfleger 79.234 = KRspr. § 2 Nr. 57.
57 SchlHOLG in SchlHA 90.59.
58 OLG München in JurBüro 74.100 = Rpfleger 73.336; BVerfG in Rpfleger 78.438 = NJW 79.32 = MDR 79.201 = JurBüro 79.882.

Durch den durch das KostRÄndG 94 eingefügten Absatz 3 Satz 3 sind **teilzeitbeschäftigte Zeugen** den nicht erwerbstätigen Zeugen gleichgestellt worden, wenn sie 21.3

- außerhalb ihrer vereinbarten regelmäßigen Arbeitszeit herangezogen werden und
- im übrigen die Voraussetzungen des Absatz 3 Satz 2 erfüllen.

Durch die Neuregelung sollen vor allem Nachteile für die Zeugen beseitigt werden, denen nach der früheren strengen Regelung die erhöhte Entschädigung nur deshalb nicht gewährt werden konnte, weil sie in ganz geringem Umfang einer Erwerbstätigkeit nachgegangen sind, obwohl ihre Hauptaufgabe in der Führung des gemeinsamen Haushalts lag.

Der Begriff »Teilzeitbeschäftigte« ist im ZSEG nicht näher definiert. Nach der Begründung im Gesetzesentwurf des KostRÄndG[59] werden nicht erwerbstätige und teilzeitbeschäftigte Personen den Vollerwerbstätigen gegenübergestellt. Danach ist als »Teilzeitbeschäftigter« jeder Zeuge anzusehen, der mit seiner vereinbarten regelmäßigen Arbeitszeit unter der tariflichen Regelarbeitszeit liegt. Bei einer tariflichen Regelarbeitszeit von 40 Wochenstunden ist ein Zeuge »teilzeitbeschäftigt«, wenn er z. B. vereinbarungsgemäß nur an 36 Wochenstunden der Erwerbstätigkeit nachgeht oder bei einer tariflichen Wochenarbeitszeit von 35 Stunden nur für 20 Stunden beruflich beschäftigt ist. Unter diesen Voraussetzungen wird auch ein »Kurzarbeiter« als Teilzeitbeschäftigter anzusehen sein.

Auch eine Geschäftsfrau, die ihr Ladenlokal nur an drei Wochentagen oder täglich nur wenige Stunden anstatt der sonst üblichen Ladenöffnungszeiten geöffnet hat und im übrigen der »Hausarbeit« nachgeht, übt eine Teilzeitbeschäftigung aus.

Nur dann, wenn der teilzeitbeschäftigte Zeuge **außerhalb der vereinbarten regelmäßigen Arbeitszeit** herangezogen wird, steht ihm bei Vorliegen der sonstigen Voraussetzungen die erhöhte Entschädigung nach Absatz 3 Satz 2 und 3 zu. Es ist nicht erforderlich, daß der gesamte Zeitraum der Heranziehung außerhalb der regelmäßigen Arbeitszeit des Zeugen liegt. Der Anspruch auf die Entschädigung nach Absatz 3 Satz 2 und 3 entsteht auch, wenn der Zeuge nur zum Teil außerhalb seiner Arbeitszeit herangezogen wird. Die Entschädigung nach Absatz 3 Satz 2 und 3 kann allerdings auch nur für die Zeit der Inanspruchnahme außerhalb der regelmäßigen Arbeitszeit beansprucht werden, denn nur insoweit liegt eine »Hausarbeitsversäumnis« vor. 21.4

59 BR-Drucksache 796/93 S. 251.

Beispiel:

Der Zeuge wird für insgesamt 6 Stunden herangezogen. Davon entfallen 4 Stunden auf seine Teilerwerbstätigkeit und 2 Stunden auf die Zeit der Haushaltsführung.

Ergebnis:

Die Entschädigung nach Absatz 3 Satz 2 und 3 steht ihm nur für 2 Stunden zu; für die 4 Stunden Arbeitszeitversäumnis hat der Zeuge den Anspruch nach Absatz 2.

Ist z. B. bei Niedriglohngruppen das Arbeitsentgelt niedriger als die »Hausarbeitsentschädigung«, so kann einem teilzeitbeschäftigten Zeugen selbst bei einem Verzicht auf die Verdienstausfallentschädigung die erhöhte Entschädigung nach Absatz 3 Satz 2 und 3 nicht für die gesamte Zeit seiner Heranziehung gewährt werden, weil die Voraussetzungen für die Gewährung der »Hausarbeitsentschädigung« nur für die Zeit der Inanspruchnahme »außerhalb« der regelmäßigen Arbeitszeit vorliegen.

21.5 Nicht erwerbstätigen und teilzeitbeschäftigten Zeugen sollen jedoch keine Vorteile insbesondere gegenüber Vollerwerbstätigen erwachsen, die für Hausarbeit keine besondere Entschädigung beanspruchen können. Deshalb beschränkt Absatz 5 die Entschädigung nach Absatz 3 Satz 2 für Teilzeitbeschäftigte insoweit, als **die Anzahl der zu entschädigenden Stunden für Hausarbeit und der vereinbarten Arbeitszeit acht je Tag nicht übersteigt.** Damit soll erreicht werden, daß der Teilzeitbeschäftigte pro Tag im Ergebnis nur insoweit die erhöhte Entschädigung erhält, wie er zugunsten der Hausarbeit auf Erwerbstätigkeit verzichtet[60].

Beispiele:

– Die Voraussetzungen einer eigenen Haushaltsführung für mehrere Pesonen liegen vor –

a) Die Zeugin wird am Vormittag für 5 Stunden herangezogen; sie kann am Nachmittag ihrer 4stündigen Teilzeitbeschäftigung nachgehen.
   Ergebnis:
   Sie hat Anspruch auf Entschädigung nach § 2 Abs. 3 Satz 3, Abs. 5 für 4 Stunden in Höhe von insgesamt 80,– DM.
b) Ein Zeuge wird von 10 Uhr bis 16 Uhr herangezogen. Er kann aus diesem Grund seine Teilzeitbeschäftigung von 6.30 Uhr bis 9.30 nicht wahrnehmen und hat einen Verdienstausfall für 3 Stunden zu je 25 DM.

60 BR-Drucksache 796/93 Seiten 250–252.

Ergebnis:

Dem Zeugen stehen zu

1. Entschädigung nach § 2 Abs. 2 für 3 Stunden mit	75,– DM,
2. Entschädigung nach § 2 Abs. 3 Satz 3, Abs. 5 für 5 Stunden in Höhe von insgesamt	100,– DM,
zusammen	175,– DM.

c) Ein Zeuge wird von 8 Uhr bis 15 Uhr herangezogen. Er kann seiner regelmäßigen Arbeitszeit von 14 Uhr bis 18 Uhr nur für 2 Stunden von 16 Uhr bis 18 Uhr nachgehen. Sein Verdienstausfall für 2 Stunden beträgt 50,– DM.

Ergebnis:

Der Zeuge hat Anspruch auf

1. Entschädigung nach § 2 Abs. 2 für 2 Stunden mit	50,– DM,
2. Entschädigung nach § 2 Abs. 3 Satz 3, Abs. 5 für 4 Stunden mit	80,– DM,
zusammen	130,– DM.

– Der Zeuge war für insgesamt 7 Stunden herangezogen.

Neben der tatsächlich wahrgenommenen Arbeitszeit von	2 Stunden
können weitere 6 Stunden für die Entschädigungsberechnung berücksichtigt werden	
und zwar	2 Stunden
für die Entschädigung nach Absatz 2 und für die Entschädigung nach Absatz 3	4 Stunden
	8 Stunden

Ein **Nachweis der Teilzeitbeschäftigung** wird ebenso wie der Nachweis des Verdienstausfalls – s. Rz. 10 – nicht verlangt werden können. Da jedoch die Zeit einer Teilzeitbeschäftigung auf die Zeit, für die die erhöhte Entschädigung nach Absatz 3 Satz 2 und 3 begehrt wird, ggfls. anzurechnen ist, wird ein Teilzeitbeschäftigter gegenüber der Anweisungsstelle regelmäßig anzugeben haben, in welchen Tageszeitraum seine vereinbarte regelmäßige Arbeitszeit fällt und ob und in welchem Umfang er durch seine Heranziehung als Zeuge eine Arbeitszeitversäumnis erlitten hat. 21.6

Entschädigung bei Vertretung einer den Haushalt führenden Person 22

Die Gewährung einer erhöhten Entschädigung nach Absatz 2 und 3 ist ausgeschlossen, soweit dem Zeugen Kosten einer notwendigen Vertretung – s. § 11 Rz. 2 – erstattet werden (Absatz 3 Satz 4). Durch die Wortwahl »soweit« ist zum Ausdruck gebracht, daß die »Hausarbeitsentschädigung« auch nur dann ausgeschlossen sein soll, wenn die dem Zeugen obliegenden Hausarbeiten während dessen Inanspruchnahme durch den Vertreter erledigt worden ist. Ist die Vertretung jedoch wegen anderer Aufgaben hinzugezogen worden, z. B. für die Beaufsichtigung von Kleinkindern, und muß der Zeuge die liegengebliebene Hausarbeit nach seiner Hinzuziehung ausführen, wird neben den Vertretungskosten auch die Hausarbeitsentschädigung zu erstatten sein.

23 **Entschädigung bei Vertretung in sonstigen Fällen**

Anders als bei der Entschädigung nach Absatz 3 Satz 2 und 3 ist neben einer Verdienstausfallentschädigung nach Absatz 2 und der Nachteilsentschädigung nach Absatz 3 Satz 1 eine Erstattung von Vertreterkosten nicht ausdrücklich ausgeschlossen. Gleichwohl werden auch insoweit dieselben Grundsätze, die der Regelung des Absatz 3 Satz 4 zugrunde liegen, zu berücksichtigen sein.

Die Erstattung der tatsächlich aufgewandten und nachgewiesenen Vertreterkosten **schließt in der Regel auch eine Erstattung von Verdienstausfall nach § 2 aus.** Die Vertretungskraft wird ja gerade eingestellt, um zu vermeiden, daß ein Verdienstausfall eintritt. Dennoch sind Fälle denkbar, wo beide Entschädigungen nebeneinander zu gewähren sind, z. B. bei einer Heimarbeiterin, die für die Dauer ihrer Abwesenheit die Vertretung für die Beaufsichtigung ihrer Kleinkinder benötigt.

Macht ein Zeuge keinen Verdienstausfall geltend, so sind ihm die notwendigen Vertreterkosten in voller Höhe zu erstatten. Der durch den Vertreter erzielte Verdienst ist, anders als bei einem Sachverständigen, der eine Leistungentschädigung erhält, nicht gegenzurechnen[61].

Als Verdienstausfall kann ein Zeuge, der vertreten wird, immer nur die Differenz zwischen dem Betrag geltend machen, den sein Vertreter in seiner Abwesenheit verdient hat, und dem, was er selbst in der gleichen Zeit verdient haben würde.

V. Entschädigung im einzelnen

24 **Behördenangehörige**

24.1 **Behördenangehörige** haben in der Regel keinen Verdienstausfall. Dies gilt auch dann, wenn sie durch den Termin versäumte Berufsarbeit in ihrer arbeitsfreien Zeit nachholen müssen.

Ein Beamter oder Angestellter, der während seiner Heranziehung als Zeuge in vollem Umfange vertreten wird oder der aus sonstigen Gründen die versäumte Arbeit nicht nachholen kann, wie dies z. B. bei Schalterbeamten, Fahrpersonal

61 OLG Hamm in KRspr. § 11 Nr. 1; OLG Bamberg in JurBüro 87.79; OLG Düsseldorf in MDR 93.485 = JurBüro 93.493.

oder bei Polizeibeamten im reinen Streifendienst oder Verkehrspostendienst in der Regel der Fall sein wird, erleidet durch die **während seiner Dienstzeit** durchgeführte Vernehmung auch **keine Nachteile** und hat daher keinen Anspruch auf eine Entschädigung nach § 2 Abs. 3.

Ein an einem **dienstfreien Tag** oder **außerhalb der Dienstzeit** vernommener Beamter oder Angestellter erleidet einen Nachteil dadurch, daß die ihm zur Erholung gewährte Freizeit durch die Vernehmung verkürzt wird[62]. Er hat daher einen Anspruch auf Entschädigung nach Absatz 3. **24.2**

Auch wenn sich die Vernehmung einschließlich der nach § 4 zu berücksichtigenden Zeit über das Ende der Dienstzeit hinaus ausdehnt, hat der als Zeuge vernommene Beamte oder Angestellte, sofern ihm Freizeitausgleich nicht gewährt wird, einen Entschädigungsanspruch nach Absatz 3 für die Dauer der Inanspruchnahme während der dienstfreien Zeit.

Wird für die Zeit der Inanspruchnahme durch einen Gerichtstermin ein **Freizeitausgleich** gewährt, kann die Heranziehung für den Beamten dann einen Nachteil bedeuten, wenn er durch die Wahrnehmung des Gerichtstermins gehindert wird, seine Freizeit nach eigenem Ermessen zu gestalten. Das trifft vor allem auf Polizeivollzugsbeamte im Wechseldienst zu, die in der freien Zeit zwischen zwei Dienstschichten oder an dienstfreien Tagen als Zeuge vernommen werden[63]. **24.3**

Nach § 3 Abs. 1 Nr. 3 der Verordnung über die Gewährung von Mehrarbeitsvergütung für Beamte v. 1. 7. 1977 (BGBl. I 1107) steht den in der Verordnung näher beschriebenen Beamten eine **Mehrarbeitsvergütung** u. a. nur dann zu, wenn die von ihnen geleisteten Überstunden aus zwingenden dienstlichen Gründen nicht durch Dienstbefreiung innerhalb von drei Monaten ausgeglichen werden können. Wird einem zur Hauptverhandlung geladenen Polizeibeamten am Terminstag »unter Anrechnung auf sein Mehrarbeitsguthaben« dienstfrei gewährt, so steht ihm keine Entschädigung für versäumte Arbeitszeit, sondern eine Nachteilsentschädigung zu[64]. **24.4**

Beamte, die an Stelle eines festen Einkommens oder neben einem solchen eine **Bezahlung ihrer einzelnen Dienstleistungen** erhalten, haben, wenn sie hierin durch eine Terminswahrnehmung eine Einbuße erleiden, einen Anspruch auf Verdienstausfallentschädigung. Eine solche ist ihnen im nachgewiesenen oder glaubhaft gemachten Betrage, in den Grenzen der Abs. 2 und 5 des § 2, zu vergüten. **24.5**

62 LG Deggendorf in Rpfleger 65.154 = KRspr. § 2 Nr. 6 LS mit Anm. v. *Lappe;* LG Münster in JVBl. 70.95 = KRspr. § 2 Nr. 24 LS mit Anm. v. *Lappe;* AG Celle in Nds. Rpfl. 70.139;
a. A.: LG Tübingen in Justiz 67.77.

63 AG Bayreuth in JurBüro 82.1053 mit Anm. von *Mümmler*;
a. A.: AG Bad Neustadt in JurBüro 81.85 mit abl. Anm. von *Mümmler*; AG Bückeburg in Rpfleger 84.335.

64 OLG Düsseldorf in JMBl. NW 83.103.

24.6 Beamte, die im Rahmen einer genehmigten **Nebentätigkeit** Unterricht erteilen und hierfür eine nach Stunden bemessene Lehrvergütung erhalten, haben, wenn sie infolge ihrer Heranziehung als Zeuge einen solchen vergüteten Unterricht versäumen, Anspruch auf Verdienstausfallentschädigung.

24.7 Die Erstattung von Stellvertretungskosten an Beamte kann regelmäßig nicht in Frage kommen, da die betreffenden Behörden für die Stellvertretung ihrer als Zeuge usw. vor Gericht geladenen Beamten selbst sorgen und die etwa aufgewendeten Kosten auf ihre Haushaltsmittel übernehmen.

24.8 Soweit ein Behördenangehöriger eine **Zeugentätigkeit in Ausübung seines Dienstes** ausübt, steht ihm für die aus Anlaß der Zeugenvernehmung erforderliche Dienstreise oder für den Dienstgang auch Reisekostenvergütung nach dem einschlägigen Reisekostengesetz gegen seinen Dienstherrn zu. In diesem Fall ist die Entschädigung nach dem ZSEG auf die Reisekostenvergütung anzurechnen. Die Zeugenentschädigung ist als »Zuwendung, die dem Dienstreisenden von dritter Seite für dieselbe Dienstreise oder denselben Dienstgang gewährt wurde« im Sinne des § 5 Abs. 3 BRKG anzusehen. Dies entspricht dem das Reisekostenrecht beherrschenden Sparsamkeitsgrundsatz, nach dem der Dienstreisende nur für den durch die Dienstreise oder den Dienstgang verursachten Mehraufwand zu entschädigen ist.

Der Behördenangehörige muß nicht nur die Anrechnung der Zeugenentschädigung auf die Reisekostenvergütung hinnehmen, er ist auch verpflichtet, von der Entschädigungsmöglichkeit nach dem ZSEG Gebrauch zu machen. Auch eine von ihm nicht in Anspruch genommene Zeugenentschädigung ist daher auf die Reisekostenvergütung anzurechnen[65].

24.9 Einer **teilzeitbeschäftigten** Beamtin, die außerhalb ihrer regelmäßigen Dienstzeit als Zeugin herangezogen wird, steht bei Vorliegen der sonstigen Voraussetzungen – s. Rz. 21 – die erhöhte Entschädigung nach Absatz 3 Satz 2 und 3 zu.

25 **Gerichtsvollzieher**

Den Gerichtsvollziehern, die ein festes Gehalt beziehen, ist im Falle ihrer Heranziehung als Zeuge regelmäßig eine Entschädigung für Verdienstausfall nicht zu gewähren, da sie einen Erwerb nicht versäumen. Auch die Nebenbezüge (Anteil an den Gebühren für Parteiaufträge usw.) werden ihnen infolge der örtlichen Abgrenzung ihrer Zuständigkeit in der Regel nicht entgehen. Ausnahmsweise kann ein Verdienstausfall dadurch eintreten, daß ihnen solche Nebenbezüge bei Wechselprotesten oder Eilaufträgen entgehen. In solchen Fällen ist der Verdienstausfall zu begründen, nachzuweisen oder glaubhaft zu machen.

65 *Deselaers/Kopicki/Irlenbusch/Lewer*, Das Reisekostenrecht des Landes Nordrhein-Westfalen, Anm. 16 zu § 3 LRKG; BVerwG, Beschl. v. 6. 9. 1990 – 6 C 42/88 – in Juris/ZSEG.

Da der Gerichtsvollzieher jedoch die während seiner Heranziehung als Zeuge liegengebliebene Arbeit nachholen muß, erleidet er einen Nachteil i. S. des § 2 Abs. 3 und hat daher einen Anspruch auf die Nachteilsentschädigung in Höhe von 4,– DM je Stunde[66].

Polizeibeamte 26

Zu der Entschädigung von Polizeibeamten sind die nachstehenden Verwaltungsanordnungen ergangen:

Nordrhein-Westfalen: 26.1

a) RdErl. d. JM v. 7. 5. 1969 – 5671 E – I C. 15 –

Betr.: Zeugenentschädigung für Polizeivollzugsbeamte

Zu der Frage, ob Polizeivollzugsbeamte, die in ihrer dienstfreien Zeit vom Gericht oder der Staatsanwaltschaft als Zeuge herangezogen werden, einen Nachteil i. S. des § 2 Abs. 3 ZSEG erleiden, hat der Innenminister Nordrhein-Westfalen wie folgt Stellung genommen:

> „Polizeivollzugsbeamte der Schutzpolizei, die als Zeugen vor Gericht auftreten, sind in aller Regel als Posten- und Streifenbeamte im Dreischichtendienst (Früh-, Spät- und Nachtschicht) eingesetzt. Diesen im sogenannten Wechseldienst eingesetzten Polizeivollzugsbeamten sind nach § 8 der Verordnung über die Arbeitszeit der Polizeivollzugsbeamten des Landes Nordrhein-Westfalen in der Fassung vom 1. 2. 1968 (GV NW S. 22) wöchentlich möglichst zwei aufeinanderfolgende dienstfreie Tage zu gewähren, die meistens auf Wochentage fallen. Einmal im Monat hat jeder Polizeivollzugsbeamte Anspruch auf wenigstens einen dienstfreien Tag an einem Sonntag. Aus dieser Regelung ergibt sich, daß diese Beamten Gerichtstermine häufig in ihrer dienstfreien Zeit (in der Zeit zwischen den Dienstschichten oder an dienstfreien Tagen) wahrzunehmen haben. Obwohl die Zeit der Inanspruchnahme durch Gerichtstermine auf die wöchentliche Arbeitszeit angerechnet und Freizeitausgleich zu anderer Zeit gewährt wird, halte ich die Heranziehung der Beamten in einer an sich dienstfreien Zeit für einen Nachteil im Sinne des § 2 ZSEG. Dieser Nachteil besteht u. a. darin, daß, falls die freie Zeit zwischen zwei Dienstschichten durch Wahrnehmung eines Gerichtstermins unterbrochen wird, eine freie Disposition nicht mehr möglich ist. Es ist allgemein anerkannt, daß der Wechseldienst im Bereich der Schutzpolizei als besonders anstrengender Dienst anzusehen ist, weil der häufige Wechsel zwischen Tages- und Nachtschichten erhebliche gesundheitliche Anforderungen stellt. Für die Beamten der Kriminalpolizei, die keinen Wechseldienst leisten, können die obigen Ausführungen nicht gelten.“

66 LG Schweinfurt in DGVZ 73.121; *Graf* in DGVZ 73.101.

Ich bitte, die Anweisungsstellen und die Vorprüfungsstellen von dieser Stellungnahme des Innenministers NRW zu unterrichten.

b) RV d. JM v. 6. 10. 1977 – 5672 – I B. 11/JVV –

Betr.: Zeugenentschädigung für Angehörige des öffentlichen Dienstes

I. Durch RV v. 29. 10. 1975 (5671 E – I B. 15) habe ich klargestellt, daß Polizeivollzugsbeamte des Wechseldienstes in der Regel keine Nachteile i. S. des § 2 Abs. 3 ZuSEG erleiden, wenn sie während der Dienstzeit als Zeugen herangezogen werden. Im Interesse einer einheitlichen Anwendung der Entschädigungsbestimmungen des § 2 ZuSEG auf alle Angehörigen des öffentlichen Dienstes weise ich auf folgendes hin:

1. Entschädigung für Verdienstausfall

1.1 Beamte, die während der Arbeitszeit zu Zeugenvernehmungen herangezogen werden, haben keinen Anspruch auf eine Verdienstausfallentschädigung nach § 2 Abs. 1 und 2 ZuSEG, weil ihre Dienstbezüge für die Dauer der Abwesenheit vom Dienst fortgezahlt werden (§ 17 Abs. 1 Satz 1 i. V. mit § 3 Abs. 1 Nr. 2 SUrlV).

1.2 Arbeitnehmern im öffentlichen Dienst (Angestellte, Arbeiter), die während der Arbeitzeit zu Zeugenvernehmungen herangezogen werden, steht hingegen eine Verdienstausfallentschädigung nach § 2 Abs. 1 und 2 ZuSEG zu, weil sie aufgrund des § 52 Abs. 1 Satz 2 BAT bzw. des § 33 Abs. 1 Satz 2 MTL II für die Dauer ihrer Abwesenheit von der Arbeit keinen Anspruch auf Fortzahlung ihrer Bezüge haben. Die Verdienstausfallentschädigung ist jedoch nur gegen Vorlage einer Bescheinigung der Beschäftigungsbehörde über den tatsächlichen Fortfall der Bezüge zu zahlen.

2. Entschädigung ohne Verdienstausfall

2.1 Da Beamte, Angestellte und Arbeiter während ihrer Abwesenheit vom Dienst in der Regel vertreten werden und die versäumte Arbeitszeit nicht nachzuholen haben, ist davon auszugehen, daß sie durch die Heranziehung als Zeuge ersichtlich keine Nachteile erleiden. Sie können daher eine Entschädigung nach § 2 Abs. 3 ZuSEG grundsätzlich nicht erhalten. Wird gleichwohl die Entschädigung beansprucht, so ist als Zahlungsvoraussetzung von dem Zeugen eine Bescheinigung der Beschäftigungsbehörde zu fordern, die aussagt, daß er nicht vertreten worden ist und die versäumte Arbeitszeit nachholen muß.

2.2 Beamten, Angestellten und Arbeitern ist in der Regel eine Entschädigung nach § 2 Abs. 3 ZuSEG zu zahlen, soweit sich die Zeugenvernehmung über die Arbeitszeit hinaus erstreckt oder in die Freizeit fällt.

II. . . .

Das Bundesverwaltungsgericht[67] hat zur Tätigkeit eines Polizeibeamten als Zeuge festgestellt: »Die Wahrnehmung von Gerichtsterminen durch Polizeibeamte ist eine dienstliche Tätigkeit, gleichgültig, ob es sich um ein Zivil-, Straf- oder Ordnungswidrigkeitenverfahren handelt, sofern die Bekundungen des Zeugen auf seine dienstliche Tätigkeit zurückzuführen sind. Diese Tätigkeit ist grundsätzlich dem Dienstherrn gegenüber zu erbringen und gehört zu den Aufgaben des Hauptamtes eines Polizeibeamten.« Hieraus folgt, daß die Polizeibeamten für die aus dienstlichem Anlaß erforderlichen Dienstgänge oder Dienstreisen zur Wahrnehmung der Gerichtstermine als Zeuge grundsätzlich einen Entschädigungsanspruch nach den einschlägigen reisekostenrechtlichen Bestimmungen gegen ihren Dienstherrn haben. Hierdurch ist jedoch ein Anspruch auf Entschädigung nach dem ZSEG nicht ausgeschlossen. Die Ausnahmeregelung des § 1 Abs. 3 für Behördenangehörige gilt nur für Sachverständigenleistungen, nicht auch für die Vernehmung als Zeuge. Für die Entschädigung als Zeuge ist es mithin ohne Bedeutung, ob die Zeugentätigkeit zu den Dienstaufgaben eines öffentlichen Bediensteten gehört oder nicht. Dem »dienstlich« tätigen Zeugen wird eine Nachteilsentschädigung nach § 2 Abs. 3 nur zustehen, wenn ihm durch die Heranziehung persönliche Nachteile erwachsen sind.

Wird ein Polizeibeamter wegen einer anstehenden Vernehmung als Zeuge auf- **26.2**
grund des Gerichtstermins von der vorausgegangenen Nachtschicht, für die er eingeteilt gewesen war, befreit[68] mit der Folge, daß ihm für diese Nachtschicht die Zulage für Dienst zu ungünstigen Zeiten (Nachtdienstzulage) nicht gezahlt werden kann, so kann die entgangene Zulage als Verdienstausfall im Sinne des § 2 Abs. 2 angesehen werden[69]. Mit der Zulage soll eine bei der Bewertung des Amtes nicht berücksichtigte Erschwernis abgegolten werden (§ 1 EZulV).

Mit der Zulage wird auch ein mit der Erschwernis verbundener Aufwand mit abgegolten (§ 2 Abs. 3 EZulV). Der Charakter der Zulage als Aufwandsentschädigung bleibt jedoch hinter dem Motiv des § 1 EZulV zurück.

Die Erschwerniszulage beträgt für einen Nachtdienst an Sonntagen und gesetzlichen Wochenfeiertagen 4,– DM je Stunde und im übrigen 2,50 DM je Stunde (§ 4 EZulV). Wird der auf einen Montag zum Beweistermin geladene Polizeibeamte von dem Nachtdienst von Sonntag 22.00 Uhr bis Montag 6.00 Uhr freigestellt, so erfährt er eine Minderung seiner Nachtdienstzulage in Höhe von 23,– DM (2 × 4,– DM + 6 × 2,50 DM). Dieser infolge seiner Heranziehung als Zeuge entstandene »Verdienstausfall« ist ihm nach § 2 Abs. 2 zu erstatten. Daneben ist Nachteilsentschädigung nach § 2 Abs. 3 ausgeschlossen. – s. a. Rz. 20.6 –

67 BVerwG in DÖD 87.230 = Recht im Amt 88.101.
68 RdErl. d. IM NRW vom 15. 7. 1988 (IV B 1 – 3025 S).
69 LG Bad Kreuznach in JurBüro 92.633;
a. A.: AG Ibbenbüren, Beschl. v. 9. 12. 1988 – 2 OWi 18 Js 772/88 –.

Die Freistellung vom Nachtdienst vor einem Beweistermin wird der Polizeibeamte durch eine Bescheinigung seiner Dienststelle nachzuweisen haben.

26.3 Anders als die Nachtdienstzulage sind Entschädigungen für Verdienstausfall in der Regel **steuerpflichtig.** Der einem Arbeitnehmer zufließende Ersatz für entgangenen oder entgehenden Arbeitslohn gehört deshalb zu den Einkünften aus nichtselbständiger Arbeit (§ 19 i. V. m. § 24 Nr. 1 b EStG, § 2 Abs. 2 Nr. 4 LStDV). Das dürfte vorliegend auch für den Sonderfall gelten, daß es sich um eine Entschädigung für eine entgangene Zulage zu ungünstigen Zeiten handelt. Abschnitt 30 Abs. 7 LStR 90 ist insoweit folgendes zu entnehmen:

> »Steuerfrei sind nur Zuschläge, die für tatsächlich geleistete Sonntags-, Feiertags- oder Nachtarbeit gezahlt werden. Soweit Zuschläge gezahlt werden, ohne daß der Arbeitnehmer in der begünstigten Zeit gearbeitet hat, z. B. bei Lohnfortzahlungen im Krankheits- oder Urlaubsfall und bei Lohnfortzahlung an von der betrieblichen Tätigkeit freigestellte Betriebsratmitglieder, sind sie steuerpflichtig.«

Polizeibeamte werden deshalb die für die entgangene Zulage gewährte Verdienstausfallentschädigung künftig in der Einkommensteuererklärung anzugeben haben, sofern die Entschädigung zusammen mit weiteren Nebeneinkünften 800,– DM im Jahr übersteigt.

26.4 Kann ein Polizeibeamter aus Anlaß einer Zeugenvernehmung für die Fahrt zum Dienstort nicht an einer üblicherweise von ihm mitgenutzten preisgünstigen Fahrgemeinschaft teilnehmen und benutzt er für die Anreise zur Nachtschicht und die Rückreise zum Wohnort einen eigenen Pkw, so steht ihm für die Mehraufwendungen ein Fahrtkostenersatz nach dem ZSEG nicht zu[70].

27 Angestellte, Arbeiter im öffentlichen Dienst

Nach § 52 Abs. 1 Nr. 1 letzter Unterabsatz BAT besteht bei Angestellten des öffentlichen Dienstes, die von einem Gericht oder einer Staatsanwaltschaft als Zeugen oder Sachverständige zu Beweiszwecken herangezogen werden, »Anspruch auf Fortzahlung der Vergütung nur insoweit, als der Angestellte nicht Anspruch auf Ersatz der Vergütung geltend machen kann. Die fortgezahlten Beträge gelten in Höhe des Ersatzanspruchs als Vorschuß auf die Leistungen der Kostenträger. Der Angestellte hat den Ersatzanspruch geltend zu machen und die erhaltenen Beträge an den Arbeitgeber abzuführen«.

Für Arbeiter im öffentlichen Dienst enthält § 33 Abs. 1 MTL eine entsprechende Regelung.

70 LG Mainz in JBl. Rhld.-Pf. 92.20; LG Frankenthal in KRspr. § 9 Nr. 21.

Rechtsanwälte 28

Ein als Zeuge vernommener Rechtsanwalt hat Anspruch auf Entschädigung nach §§ 2, 8 ff., nicht nach den Bestimmungen für Geschäftsreisen der Rechtsanwälte (§ 28 BRAGO). Er kann deshalb für seine Zeitversäumnis eine höhere Entschädigung als 25,– DM für jede angefangene Stunde nicht erhalten. Allerdings kann nach § 11 die Erstattung notwendiger Auslagen in Frage kommen. Wegen Verteilung der Kosten, falls der Anwalt an auswärtiger Gerichtsstelle zugleich für eine Partei einen Termin wahrzunehmen hat, wird auf Rz. 41.2. zu § 1 verwiesen.

Wird der in eine Sozietät eingebundene Rechtsanwalt für die Dauer seiner Vernehmung als Zeuge in der Weise vertreten, daß dringende Fälle erledigt werden und durch seine Abwesenheit der Sozietät keine Aufträge entgehen, so ist durch die Zeugenvernehmung des Rechtsanwalts kein Verdienstausfall eingetreten. Zum Ausgleich des Nachteils, der dem Rechtsanwalt durch die Nachholung liegengebliebener Arbeit entstanden ist, kann dem Rechtsanwalt die Entschädigung nach § 2 Abs. 3 Satz 1 zugebilligt werden[71].

Zur Tätigkeit eines Rechtsanwalts als Betreuer/Verfahrenspfleger wird auf Rz. 6 verwiesen.

Landwirte 29

Für die Bemessung des Verdienstausfalles der als Zeugen zugezogenen Landwirte lassen sich allgemeingültige Regeln nicht aufstellen, die Höhe der Entschädigung wird vielmehr je nach den örtlichen Verhältnissen, der Größe und Ertragsfähigkeit des Grundstücks sowie nach der Art der Bewirtschaftung verschieden sein; auch Jahreszeit und Witterung, Erntezeit u. a. können erhebliche Abweichungen erforderlich machen. Ein Anspruch auf Entschädigung für Verdienstausfall wird immer dann anzuerkennen sein, wenn die Zeugen in ihrem landwirtschaftlichen Betrieb selbst mitarbeiten. Dabei braucht die Mitarbeit nicht eine rein körperliche zu sein, es genügt vielmehr, wenn der Landwirt sich in irgendeiner Weise in seinem Betrieb betätigt. Da bei selbst mitarbeitenden Landwirten ein Verdienstausfall ohne weiteres anzunehmen ist, wird auch die Zahlung der Entschädigung, ebenso wie bei selbständigen Kaufleuten und Handwerkern, nicht von der Beibringung eines besonderen Nachweises abhängig zu machen sein, daß sie im Einzelfalle einen Erwerbsverlust erlitten haben oder eine Ersatzkraft haben einstellen müssen[72].

71 OLG Hamm in MDR 91.263.
72 OLG Düsseldorf in JVBl. 59.258 = JMBl. NRW 59.198.

30 **Kaufleute, Handwerker, Geschäftsführer**

30.1 **Selbständige Kaufleute und Handwerker** haben im allgemeinen auch ohne Nachweis einen Anspruch auf Entschädigung für Verdienstausfall.

30.2 **Inhaber großer Betriebe, geschäftsführende Gesellschafter oder leitende Angestellte** werden bei nur kurzer Abwesenheit einen Erwerbsverlust dann nicht haben, wenn sie lediglich die Aufsicht führen und der Geschäftsbetrieb auch ohne sie weitergeht. Ihnen kann jedoch die Nachteilsentschädigung gewährt werden[73].

Bei längerer Abwesenheit kann aber auch in größeren Betrieben die Abwesenheit des Inhabers stören und zu Einkommensverlusten führen[74]. Nach der Lage des Einzelfalles wird zu entscheiden sein, ob und in welcher Höhe ein Erwerbsversäumnis eingetreten und zu erstatten ist; unter Umständen kann sich Glaubhaftmachung empfehlen[75].

31 **Geschäftsreisende**

Bei Geschäftsreisenden, die in der Regel neben einem festen Monatsgehalt noch Reisespesen sowie eine Provision beziehen, kommt als Verdienstausfall, sofern nicht eine Bescheinigung über Gehaltsabzug vorgelegt wird, nur die *Provision* in Betracht, da die Spesen lediglich einen Ersatz für Aufwendungen darstellen, die bei der Heranziehung als Zeuge nach § 10 ZSEG erstattet werden.

Macht der Zeuge glaubhaft, daß er die ihm pauschal gewährten Spesen *regelmäßig* nicht voll verausgabt und der ersparte Teil eine *regelmäßige* Einnahme darstellt, so kann auch die insoweit entgangene Einnahme als Verdienstausfall geltend gemacht werden.

Der *sichere* Nachweis einer entgangenen Provision ist – insbesondere bei Versicherungsagenten – in der Regel *nicht* zu verlangen; die Entschädigung wird vielmehr regelmäßig aufgrund der von dem Zeugen gegebenen mündlichen Erläuterung nach freiem Ermessen zu gewähren sein.

Daß der Zeuge eine sonst für den Terminstag geplante Geschäftsreise nicht durchführen kann, wird in der Regel allein noch nicht ausreichen, den Verdienstausfall für einen ganzen Tag zu erstatten. Der Zeuge wird, insbesondere bei kurzer Terminsdauer, glaubhaft machen müssen, daß er keine Gelegenheit hat, noch am Terminstage anderswo, z. B. am Ort seiner gewerblichen Niederlassung, seinen Geschäften nachzugehen. Wird eine Entschädigung für den Verdienstausfall eines ganzen Tages gewährt, so wird eine ausführliche Begründung, die eine Nachprüfung ermöglicht, notwendig sein.

73 OLG Koblenz in JurBüro 82.1056; in JurBüro 91.85.
74 OLG Nürnberg im Rpfleger 63.220 LS.
75 SchlHOLG, Beschl. v. 5. 8. 1991 – 9 W 156/91 – in Juris/ZSEG = SchlHA 92.84.

Montagearbeiter 32

Ein Zeuge, dem z. B. als Monteur eine »*Auslösung*« für Mehraufwendungen an einem auswärtigen Beschäftigungsort vom Arbeitgeber gewährt wird, hat grundsätzlich keinen Anspruch auf Erstattung der durch die Zeugenvernehmung entgangenen Auslösung, da diese nur zur Deckung der Mehrausgaben bestimmt ist[76]. Die Auslösung wird ihm nur deswegen vom Arbeitgeber für den Tag seiner Heranziehung als Zeuge nicht gewährt werden, weil an diesem Tag die Mehraufwendungen, zu deren Deckung die Auslösung bestimmt ist, nicht entstehen. Wenn der Zeuge jedoch glaubhaft machen kann, daß er die Auslösung regelmäßig nicht in voller Höhe verbraucht, so daß ein Teil der Auslösung für ihn zum regelmäßigen Einkommen geworden ist, so ist ihm in Höhe dieses regelmäßig nicht verbrauchten Teiles der Auslösung ein Verdienstausfall entstanden, der zu erstatten ist.

Gefangene 33

Gefangene erhalten Ersatz einer **entgangenen Zuwendung** der Vollzugsbehörde, sofern sie nicht Verdienstausfall aus einem privatrechtlichen Arbeitsverhältnis haben. 33.1

Zuwendungen der Vollzugsanstalt sind Arbeits- und Leistungsbelohnung, Übergangsgeld und Billigkeitsentschädigungen für Zeiten, in denen Gefangene unverschuldet nicht arbeiten konnten.

In **Hessen** ist hierzu die folgende Verwaltungsordnung ergangen: 33.2

Ersatz entgangener Zuwendungen bei der Heranziehung von Gefangenen als Zeugen.

RdErl. d. MdJ v. 29. 10. 1986 (4446 – IV/8 – 337/86) – JMBl. S. 946 – Gült.-Verz. Nr. 2107, 245 – RdErl. v. 20. 12. 1978 (JMBl. 1977 S. 70) –.

1. Aufgrund des durch Art. 4 § 6 Nr. 1 Buchst. b des Gesetzes zur Änderung des Gerichtskostengesetzes, des Gesetzes über Kosten der Gerichtsvollzieher, der Bundesgebührenordnung für Rechtsanwälte und anderer Vorschriften vom 20. August 1975 (BGBl. I S. 2189) geänderten § 2 Abs. 4 des Gesetzes über die Entschädigung von Zeugen und Sachverständigen wird folgendes bestimmt:
   - Die Vollzugsbehörde stellt dem als Zeugen geladenen Gefangenen eine Bescheinigung nach dem Muster der Anlage aus.
   - Aus der Bescheinigung soll die Höhe der Zuwendung (Arbeitsentgelt, Ausbildungsbeihilfe, Übergangsgeld, Taschengeld) ersichtlich sein, die dem Gefangenen aus Anlaß der Zeugenladung entgeht.

76 AG Bremen in KRspr. § 2 ZSEG Nr. 14 mit Anm. v. *Lappe*.

– Die Gebührenanweisungsstelle ist zu beauftragen, der Justizvollzugsanstalt das Zeugengeld für den Gefangenen unbar auf das Postgirokonto der zuständigen Anstaltszahlstelle zu überweisen.
– Das Zeugengeld ist auf dem Eigengeldkonto des Gefangenen zu buchen. Zur Verfügungsbefugnis wird auf § 83 Abs. 2 Strafvollzugsgesetz (StVollzG) hingewiesen.

2. Dieser Runderlaß tritt am 1. Dezember 1988 in Kraft. Zum gleichen Zeitpunkt wird der Runderlaß vom 20. Dezember 1976 (JMBl. 1977 S. 70) aufgehoben.

Anlage zum RdErl. v. 29. 10. 1986 (JMBl. S. 946)

____________________ ______________

(Justizvollzugsanstalt) (Ort und Datum)

An das/die

____________ -gericht/Staatsanwaltschaft ____________

____

Zum Aktenzeichen ____________________

Betr.: Entschädigung von Gefangenen für die Heranziehung als Zeugen
Bezug: RdErl. v. 29. 10. 1986 (JMBl. S. 946)
Bescheinigung
Der hier in Untersuchungshaft/Strafhaft/Verwahrung befindliche Gefangene ____________ ist als Zeuge geladen worden. Für die Dauer seiner Entsendung kann er aus diesem Anlaß die ihm zugewiesene Arbeit nicht verrichten, und zwar

von ________________

bis ________________

Die ihm entgehende Zuwendung (Arbeitsentgelt/Ausbildungsbeihilfe/Übergangsgeld/Taschengeld) beträgt ________ DM.

Es wird gebeten, dem Gefangenen den Ersatz der entgangenen Zuwendung nach § 2 Abs. 4 des Gesetzes über die Entschädigung von Zeugen und Sachverständigen zu gewähren und den Gesamtbetrag als Zeugengeld der Zahlstelle der Justizvollzugsanstalt ________________
auf das Postgirokonto Frankfurt am Main Nr. ____________ zu überweisen.

Im Auftrag

____

Unterschrift

33.3 Für **Sachsen-Anhalt**[77] gilt folgende Regelung:

Zeugenentschädigung für Gefangene
AV des MJ vom 27. 5. 1991 – 4520 – 403.3 – (MBl LSA S. 338).

Zu § 47 Strafvollzugsgesetz (StVollzG) und der hierzu erlassenen bundeseinheitlichen Verwaltungsvorschrift wird ergänzend bestimmt:

I.

(1) Gefangene, die Arbeitsentgelt, Ausbildungsbeihilfe, Zulagen oder Taschengeld nach dem Strafvollzugsgesetz erhalten und die als Zeugen vernommen werden, erhalten für die Dauer des sich daraus ergebenden Ausfalls von Leistungen der Vollzugsbehörde Entschädigungen nach dem Gesetz über Entschädigungen von Zeugen und Sachverständigen (ZuSEG). Leistungen nach dem StVollzG sind für die Dauer der Inanspruchnahme als Zeugen nicht zu zahlen.

(2) Als entschädigungspflichtiger Zeitraum gilt auch die Zeit, die ein auf dem kürzesten Weg durchgeführter Sammeltransport dauert, oder ggf. die Reisezeit, die ein Gefangener benötigt, der im Wege des Ausgangs oder Urlaubs nach § 36 StVollzG als Zeuge an einem Termin teilnimmt.

II.

(1) Dem Gefangenen ist eine Bescheinigung über die Höhe der entgangenen Bezüge (Arbeitsentgelt, Ausbildungsbeihilfe, Zulagen oder Taschengeld) nach dem anliegenden Muster auszuhändigen.

(2) Die Höhe der entgangenen Bezüge richtet sich beim Taschengeld nach den Verwaltungsvorschriften zu § 46 bzw. § 133 StVollzG. Bezieht der Gefangene Arbeitsentgelt oder Ausbildungsbeihilfe, so ist der tatsächlich entstehende Ausfall (einschließlich etwaiger Zulagen) zu bescheinigen.

(3) Eine Durchschrift der Bescheinigung erhält die Zahlstelle der Justizvollzugsanstalt mit der Festlegung, wie der Gefangene nach Gutschrift der Entschädigung hierüber verfügen kann (ggf. Aufteilung in Hausgeld und Überbrükkungsgeld).

III.

Diese AV tritt am 1. 7. 1991 in Kraft.

77 *Berlin:* Ausführungsvorschrift zu § 47 StVollzG vom 23. März 1992 (ABl. Berlin S. 1138); *Thür.:* VV des Thüringer Justizministeriums vom 16. 11. 1991 (4520 – 4 – 4191) in JMBl. 1993 S. 205.

Die Kosten der **Begleitperson** eines als Zeugen geladenen Gefangenen oder im Maßregelvollzug Untergebrachten sind keine Aufwendungen des Zeugen, die nach § 11 zu ersetzen sind[78]. – s. a. § 11 Rz. 4.8 – 33.4

Fernfahrer 34

Ein Fernfahrer, dessen Lastzug nach einem bestimmten Fahrplan fahren und für den infolge der Zeugenvernehmung ein Ersatzmann einspringen muß, kann, falls er keine anderweitige Beschäftigung für diese Zeit findet, Verdienstausfallsentschädigung u. U. für mehrere Tage beanspruchen[79]. Er hat jedoch keinen Anspruch auf Entschädigung für Verdienstausfall, wenn sein Arbeitgeber selbst den Ersatzfahrer für die Fernfahrt entlohnt hat und dem Zeugen kein Lohnausfall erwachsen ist[80].

Erstreckt sich die zusammenhängende Arbeitsschicht, wie oft bei Fernfahrern, auf mehrere Tage, so ist der Verdienstausfall für die ganze Schicht mit Hin- und Rückfahrt, die er infolge seiner Heranziehung als Zeuge versäumt[81], zu entschädigen.

Hat ein Fernfahrer, um eine Fernfahrt für seinen Arbeitgeber durchführen zu können und Verdienstausfall in hohem Maße zu vermeiden, den Beweistermin verlegen lassen und nicht darauf hingewiesen, daß am neuen Termin die gleiche Situation vorlag, so kann ihm Verdienstausfall nur für einen Tag gewährt werden[82].

Auszubildende 35

Ein Auszubildender erleidet keinen Verdienstausfall. Seine Heranziehung als Zeuge ist eine Verhinderung i. S. des § 616 Abs. 1 Satz 1 BGB und des § 12 Abs. 1 Nr. 2 c Berufsbildungsgesetz. Während § 616 Abs. 1 BGB abbedungen werden kann, ist die Regelung des § 12 Abs. 1 Nr. 2 c BBiG unabdingbar. Nach § 18 BBiG ist eine Vereinbarung, die zu Ungunsten des Auszubildenden von den §§ 3 bis 9 BBiG abweicht, nichtig. Der Ausbildende ist mithin in jedem Fall kraft Gesetzes verpflichtet, dem Auszubildenden, der während der Ausbildungszeit als Zeuge herangezogen wird, die Ausbildungsvergütung unverkürzt zu zahlen. Daraus folgt, daß der Auszubildende keinen Anspruch auf Zahlung einer Verdienstausfallentschädigung nach § 2 Abs. 1 hat[83]. Ihm kann jedoch die Nachteilsentschädigung nach § 2 Abs. 3 gewährt werden. Da in der Regel nicht ersichtlich sein wird, daß Auszubildende keinen Nachteil durch die Heranziehung erleiden, haben sie dann Anspruch auf die Mindestentschädigung.

78 OLG Koblenz in JBl. Rhld.-Pf. 91.33 = Jur Büro 91.593 = NStZ 291.345.
79 LG Dortmund v. 29. 10. 1957 – 30 Ns. 12/57 –.
80 OLG Schleswig in SchlHA. 61.295.
81 AG Krefeld in KRspr. § 2 Nr. 15.
82 LG Coburg in JurBüro 90.1515.
83 A. A.: OLG Hamm in KRspr. § 2 Nr. 85 LS.

36 **Bezug von Krankengeld**

Ein Arbeitnehmer, der z. B. wegen einer Handverletzung arbeitsunfähig ist und Krankenbezüge erhält, erleidet, wenn er in dieser Zeit als Zeuge herangezogen wird, keinen Nachteil und hat daher keinen Anspruch auf Entschädigung nach dem Mindestsatz.

37 **Anwesenheitsprämie**

Ein Zeuge, der infolge seiner Heranziehung den Anspruch auf Zahlung einer Anwesenheitsprämie durch den Arbeitgeber verliert, hat einen Anspruch auf Erstattung dieses Verdienstausfalles[84].

38 **Erwerbsverluste Dritter**

Erstattungsfähig können u. U. auch Erwerbsverluste sein, die ein Dritter infolge der Terminswahrnehmung durch den Zeugen erlitten hat, indem er den Zeugen, unter Aussetzung seiner eigenen Erwerbstätigkeit, ohne Entschädigung in dessen Geschäften vertreten hat. Dies kommt z. B. häufig vor, wenn Ehefrauen zu gerichtlichen Terminen geladen werden und deren Männer während der Abwesenheit der Frauen der eigenen Arbeit fernbleiben, um das Hauswesen und die Kinder zu versorgen.

In solchen Fällen ist in Betracht zu ziehen, daß der Verlust am Lohne des Mannes nicht nur diesen trifft, sondern das ganze Hauswesen, so daß schon insofern von einer unentgeltlichen Vertretung der Ehefrau durch ihren Ehemann nicht die Rede sein kann, diese vielmehr auch selbst durch die Erfüllung der Zeugenpflicht einen Schaden erleidet.

Eine Entschädigung für Erwerbsverlust kann auch dann gewährt werden, wenn eine Zeugin im Geschäft ihres Mannes mitarbeitet und aus Anlaß ihres Erscheinens vor Gericht im Geschäft mangels einer geeigneten Vertretung ein Einnahmeausfall eintritt.

39 **Heranziehung während des Urlaubs**

39.1 Der **während seines bezahlten Urlaubs** herangezogene Zeuge erleidet durch die Kürzung des der Erholung dienenden Zeitraums keine Vermögenseinbuße,

84 LG Arnsberg in JVBl. 70.46;
a. A.: LG Essen in Rpfleger 73.379, das den Arbeitgeber für verpflichtet hält, die Anwesenheitsprämie weiterzuzahlen, wenn der Arbeitnehmer seiner staatsbürgerlichen Pflicht, als Zeuge vor Gericht zu erscheinen, nachkommt.

sondern einen Nachteil i. S. des § 2 Abs. 3. Er hat daher lediglich einen Anspruch auf die Nachteilsentschädigung von 4,– DM je Stunde[85].

Die teilweise vertretene Auffassung[86], daß der im Urlaub vernommene Zeuge statt des Anspruchs auf die Nachteilsentschädigung nach Abs. 3 einen Anspruch auf Entschädigung für Verdienstausfall hat, vermag nicht zu überzeugen. Der Zeuge, der in einem festen Arbeitsverhältnis steht und während seines bezahlten Urlaubs vernommen wird, hat keinen Verdienstausfall, sondern erfährt eine Verkürzung seines der Erholung dienenden Urlaubs. Für diesen »immateriellen« Nachteil sieht das Gesetz nur die Entschädigung nach Abs. 3 vor. Das gilt auch, wenn eine Partei, die zu einer notwendigen Wahrnehmung eines auswärtigen Termins bezahlten Urlaub nimmt, gegen den unterlegenen Prozeßgegner nach § 91 Abs. 1 Ziff. 2 ZPO eine Entschädigung gemäß § 2 geltend macht[87].

Einen Verdienstausfallausgleich nach Abs. 2 kann der während des Erholungsur- **39.2**
laubs herangezogene Zeuge nur dadurch erhalten, daß er für die Zeit, um die sein normaler Urlaub durch die Zeugenvernehmung verkürzt worden ist, **unbezahlten Urlaub** nimmt. Dadurch erleidet er einen Verdienstausfall in Höhe des regelmäßigen Bruttoverdienstes. Er hat in diesem Fall für die zur Terminswahrnehmung notwendige Zeit einen Anspruch auf Verdienstausfallentschädigung genauso, als ob er den Termin ohne ausdrückliche Beurlaubung wahrgenommen hätte[88].

Weist daher der Zeuge innerhalb der Frist des § 15 durch eine Bescheinigung seines Arbeitgebers nach, daß er seinen Urlaub zur Wahrnehmung seiner Zeugenpflicht unterbrochen hat oder daß er zum Ausgleich für die Verkürzung seines Erholungsurlaubs durch die Zeugenvernehmung unbezahlten Urlaub genommen hat, und welcher Verdienstausfall ihm dadurch entstanden ist, so ist dieser Verdienstausfall, der eine Folge der Heranziehung als Zeuge ist, zu erstatten. Kann der Zeuge einen solchen Verdienstausfall nicht nachweisen, so hat er nur einen Anspruch auf die Mindestentschädigung des § 2 Abs. 3.

85 LG Bamberg in JVBl. 72.23; LG Bremen in KRspr. § 2 Nr. 51; OLG München in Rpfleger 73.190 = BayJMBl. 73.60 = JurBüro 73.349 und in Rpfleger 81.31; OVG Lüneburg in JurBüro 83.1180; KG in JurBüro 83.738 = Rpfleger 83.172; OLG Köln in JurBüro 86.445; OLG Koblenz in MDR 86.328 = AnwBl. 86.253; OVG Rhld.-Pf. in JurBüro 88.921 = NJW 88.1807; VG Karlsruhe in KRspr. § 2 Nr. 74 mit Anm. von *Noll;* LG Göttingen in NdsRpfl. 90.233 = JurBüro 90.1326; OLG Stuttgart in Justiz 90.409; SchlHOLG in SchlHA 91.84 = JurBüro 91.545 und in SchlHA 91.162; OLG Hamm in Rpfleger 91.266 = JurBüro 91.994; OLG Stuttgart in JurBüro 92.123 = Justiz 92.66; LAG Düsseldorf in JurBüro 92.686 mit Anm. von *Mümmler;* LG Freiburg in MDR 93.89 = Justiz 93.121.

86 LG Hechingen in Justiz 77.68 = KRspr. § 2 Nr. 53; LG Bremen in KRspr. § 2 Nr. 54; OLG Frankfurt in JurBüro 81.1700; OLG Celle in JurBüro 82.107 = KRspr. § 2 Nr. 60 LS m. w. N.; OLG Karlsruhe in Justiz 87.156; *Bleutge,* Rdn. 23 zu § 2; LG Freiburg in MDR 93.89 = NStZ 93.89 = Justiz 93.122.

87 A. A.: LG Augsburg in JurBüro 88.1573 mit Anm. v. *Müller.*

88 OLG Frankfurt in JurBüro 81.1700.

39.3 Ein Zeuge, der zur Terminswahrnehmung **Zeitguthaben** aus Überstunden verwendet, kann keine Verdienstausfallentschädigung, sondern nur eine Nachteilsentschädigung nach § 2 Abs. 3 erhalten[89].

39.4 Ein **im öffentlichen Dienst** stehender Zeuge, der für den Terminstag Urlaub nimmt, erleidet einen Nachteil und hat deshalb Anspruch auf die Nachteilsentschädigung nach Absatz 3 Satz 2[90].

VI. Entschädigung entsprechend der Maßgaberegelung des Einigungsvertrages

40 Wohnsitz des Zeugen

Nach der Maßgaberegelung im Einigungsvertrag[91] erhalten Zeugen, die ihren *Wohnsitz* im Gebiet der früheren DDR haben und von einem dortigen Gericht oder einer dortigen Staatsanwaltschaft herangezogen werden, eine entsprechend den Einkommensverhältnissen in diesen Gebieten ermäßigte Verdienstausfall- oder Nachteilsentschädigung – s. Rz. 43 –. Der Begriff Wohnsitz ist im ZSEG nicht näher erläutert. Wohnsitz ist am ehesten vergleichbar mit dem »gewöhnlichen Aufenthaltsort« im Sinne des § 6 – s. § 6 Rz. 2 –. Wohnsitz ist der Ort, an dem der Zeuge für ständig oder für längere Zeit eine Wohnung genommen hat. Unter »Wohnsitz« ist auch ein »zweiter Wohnsitz« zu verstehen. Ein Zeuge, der in den in Art. 3 des Einigungsvertrages bezeichneten Gebieten einen zweiten Wohnsitz begründet hat, weil er dort für längere Zeit einer Beschäftigung nachgeht oder ein Studium absolviert, fällt unter die Maßgaberegelung, auch wenn er seinen 1. Wohnsitz im Gebiet der übrigen Bundesrepublik beibehalten hat.

41 Vorübergehender Aufenthalt

Zeugen, die sich nur *vorübergehend im Gebiet der ehemaligen DDR aufhalten*, z. B. die auf Besuch sind, hier einen Urlaub oder einen Krankenhaus- oder Kuraufenthalt verbringen, haben selbst dann keinen Wohnsitz in diesem Gebiet, wenn sie hier kurzfristig eine Wohnung (z. B. Ferienwohnung) bezogen haben. Sie erhalten im Falle ihrer Heranziehung die uneingeschränkte Entschädigung nach dem ZSEG.

Dasselbe gilt für die von Gerichten oder Staatsanwaltschaften in den beigetretenen Gebieten herangezogenen Zeugen, die ihren Wohnsitz im Gebiet der übrigen Bundesrepublik haben. Auch für sie gelten die Einschränkungen der Maßgaberegelung nicht.

89 KG in JurBüro 83.738 = Rpfleger 83.172.

90 LG Kiel in KRspr. § 91 ZPO (B-Auslagen) Nr. 137 LS.

91 s. Abschnitt I Nr. 1.1.1.

Heranziehung im übrigen Bundesgebiet 42

Die Maßgaberegelung gilt nur in den am 3. 10. 1990 zur Bundesrepublik beigetretenen Gebieten. Ein Zeuge, der seinen Wohnsitz in diesen Gebieten hat und von einem Gericht im übrigen Bundesgebiet herangezogen wird, erhält dort die uneingeschränkte Entschädigung nach Maßgabe des ZSEG.

Höhe der ermäßigten Entschädigung 43

Die unter Rz. 40 genannten Zeugen erhalten abweichend von § 2 Abs. 2 eine Verdienstausfallentschädigung von 3,20 bis 20,– DM je Stunde. Ist ein Verdienstausfall nicht eingetreten, so beträgt die Nachteilsentschädigung nach § 2 Abs. 3 Satz 1 3,20 DM je Stunde und im Falle des § 2 Abs. 3 Satz 2 16,– DM je Stunde.

Alle übrigen Entschädigungsregelungen des ZSEG bleiben unberührt. Das gilt insbesondere für die Reisekostenentschädigung nach § 9 und für die Aufwandsentschädigung nach den §§ 10, 11.

Erhöhung der ermäßigten Entschädigung 44

Die nach der Maßgaberegelung ermäßigte Entschädigung kann im *Einzelfall* bis auf die vollen Entschädigungssätze des ZSEG angehoben werden, wenn die Zahlung der ermäßigten Entschädigung für den Anspruchsberechtigten unbillig wäre. Das kann z. B. dann der Fall sein, wenn ein Zeuge zwar in dem Gebiet der ehemaligen DDR wohnt, aber in einem Arbeitsverhältnis im übrigen Bundesgebiet steht oder wenn ein Sachverständiger mit Sitz in dem o. a. Gebiet seine Berufseinkünfte im wesentlichen aus einer Tätigkeit im anderen Gebiet Deutschlands erzielt. Die Gründe für eine Erhöhung werden von dem Beteiligten glaubhaft zu machen sein. – s. Rzn. 10–11 –

Die Festsetzung der erhöhten Entschädigung erfolgt durch das Gericht im Verfahren nach § 16. Das Begehren auf die Erhöhung der Entschädigung ist als Antrag nach § 16 Abs. 1 Satz 1 zu behandeln.

Rechtsverordnung 45

Die in der Maßgabenregelung festgelegten Ermäßigungssätze können von dem Bundesminister der Justiz durch Rechtsverordnung neu festgesetzt oder aufgehoben werden, wenn dies die wirtschaftlichen Verhältnisse in den in Art. 3 des Einigungsvertrages bezeichneten Gebieten zulassen.

§ 3 Entschädigung von Sachverständigen

(1) Sachverständige werden für ihre Leistung entschädigt.

(2) Die Entschädigung beträgt für jede Stunde der erforderlichen Zeit 50 bis 100 Deutsche Mark. Für die Bemessung des Stundensatzes sind der Grad der erforderlichen Fachkenntnisse, die Schwierigkeit der Leistung, ein nicht anderweitig abzugeltender Aufwand für die notwendige Benutzung technischer Vorrichtungen und besondere Umstände maßgebend, unter denen das Gutachten zu erarbeiten war; der Stundensatz ist einheitlich für die gesamte erforderliche Zeit zu bemessen. Die letzte, bereits begonnene Stunde wird voll gerechnet; dies gilt jedoch nicht, soweit der Sachverständige für dieselbe Zeit in einer weiteren Sache zu entschädigen ist.

(3) Die nach Absatz 2 zu gewährende Entschädigung kann bis zu 50 vom Hundert überschritten werden

a) für ein Gutachten, in dem der Sachverständige sich für den Einzelfall eingehend mit der wissenschaftlichen Lehre auseinanderzusetzen hat, oder

b) nach billigem Ermessen, wenn der Sachverständige durch die Dauer oder die Häufigkeit seiner Heranziehung einen nicht zumutbaren Erwerbsverlust erleiden würde oder wenn er seine Berufseinkünfte zu mindestens 70 vom Hundert als gerichtlicher oder außergerichtlicher Sachverständiger erzielt.

Die Erhöhungen nach den Buchstaben a und b können nicht nebeneinander gewährt werden.

Übersicht

I. Der Entschädigungsanspruch der Sachverständigen im allgemeinen

Grundsätze der Entschädigung 1
Abgrenzung zwischen Zeugen und Sachverständigen 2
Vereinbarte Entschädigung 3
Vorprüfung des Auftrags 4
Persönliche Leistung des Sachverständigen 5

II. Kostenmitteilungen des Sachverständigen

Kostenschätzung ohne Auftrag zur Gutachtenerstattung 6
Kostenmitteilung auf Auftrag 7
Kosten übersteigen den Auslagenvorschuß 8
Kosten in einem Mißverhältnis zum Streitwert . . 9

III. Verlust des Entschädigungsanspruchs

Unverhältnismäßig hohe Kosten des Gutachtens . 10
Fertigstellung des Gutachtens unterbleibt 11
Unverwertbarkeit des Gutachtens 12
Überschreiten des Auftrags 13
Ablehnung des Sachverständigen 14
Unzulänglichkeit des Sachverständigen 15
Ortsbesichtigung 16
Einberufung einer Kommission 17
Versäumter Termin 18

IV. Bemessung der Entschädigung nach Absatz 2

Entschädigungsrahmen (allgemein) 19
Geltungsbereich 20
Erforderliche Zeit. 21
Tatsächlich benötigte Zeit 22
Längerer Zeitaufwand 23
Zeitraubende Arbeitsweise 24
Zeitliche Begrenzung 25
Ausfallzeit 26
Kein Ersatz für Verdienstausfall 27
Zu berücksichtigende Zeit 28
Stundenzahl. 29
Tätigkeit in verschiedenen Rechtssachen. 30
Aufteilung der Entschädigung 31
Entschädigungsrahmen. 32
Gruppierung nach der beruflichen Stellung des Sachverständigen 33
Mittlere Entschädigung. 34
Mindestsatz. 35
Höchstsatz 36
Erforderliche Fachkenntnisse 37
Verwertung der Fachkenntnisse 38
Schwierigkeit der Leistung 39
Zeitraubende und umfangreiche Arbeiten 40
Notwendige Benutzung technischer Einrichtungen 41
Besondere Umstände 42
Einheitlicher Stundensatz 43

V. Abgeltungsbereich der Entschädigung nach Absatz 2

Zeitaufwand des Sachverständigen 44
Hilfskräfte 45

VI. Voraussetzungen einer Erhöhung der Entschädigung gemäß Abs. 3

Auseinandersetzung mit der wissenschaftlichen Lehre 46
Erwerbsverlust infolge langer oder häufiger Heranziehung. 47
Ausgleich für Erwerbsverlust 48
Berufssachverständige 49
Wirtschaftsprüfer. 50
Sachverständigen-Sozietät 51
Pensionierter Beamter/Rentner 52
Körperschaften als Berufsachverständige 53

VII. Umfang der Erhöhung nach Absatz 3

Ausgangsbetrag für die Erhöhung 54
Wissenschaftszuschlag 55
Erhöhung bei häufiger Heranziehung 56
Zuschlag für Berufssachverständige 57
Überprüfung der Erhöhung 58

VIII. Vorherige Bestimmung des Stundensatzes

Bestimmung durch den Richter, Staatsanwalt, Amtsanwalt oder Rechtspfleger 59

IX. Einzelne Entschädigungsfälle 60

X. Entschädigung entsprechend der Maßgaberegelung des Einigungsvertrages

Sachverständigenentschädigung 61
Wohnsitz des Sachverständigen 62
Sitz des Sachverständigen. 63
Höhe der ermäßigten Entschädigung 64
Erhöhung der ermäßigten Entschädigung 65

I. Der Entschädigungsanspruch des Sachverständigen im allgemeinen

Grundsätze der Entschädigung 1

Für den Zeugen ist die Ablegung eines Zeugnisses vor Gericht eine staatsbürgerliche Pflicht, für deren Erfüllung er aus Billigkeitsgründen nach dem ZSEG eine Entschädigung für Verdienstausfall (§ 2) und Ersatz seiner Aufwendungen erhält.

Der Sachverständige dagegen, der zur Abgabe eines Gutachtens nur dann verpflichtet ist, wenn er zur Erstattung von Gutachten bestellt oder wenn er die Wissenschaft, die Kunst oder das Gewerbe, deren Kenntnis Voraussetzung der Begutachtung ist, öffentlich zum Erwerb ausübt oder wenn er zur Ausübung derselben öffentlich bestellt oder ermächtigt ist (§ 407 ZPO; § 75 StPO), handelt auch bei Erstattung des Gutachtens in Ausübung seiner Berufstätigkeit und hat daher nach § 3 einen Anspruch auf eine angemessene Leistungsentschädigung in den durch § 3 gezogenen Grenzen.

Da der Sachverständige in der Regel in Ausübung seines Berufs tätig wird, kann von ihm nicht verlangt werden, daß er seine fachlichen Kenntnisse dem Gericht unentgeltlich zur Verfügung stellt. Der Sachverständige wird daher nicht wie der Zeuge für seinen Verdienstausfall, sondern für seine Leistung entschädigt.

Die Höhe des Verdienstausfalls hat daher im Regelfall auf die Bemessung der zu gewährenden Entschädigung keinen Einfluß. Nur für die Frage, ob und inwieweit die Voraussetzungen für eine Überschreitung der Entschädigung nach Absatz 2 vorliegen, kann auch die Höhe der Erwerbsversäumnis von Bedeutung sein. Der Sachverständige kann für seine Leistung nicht immer die gleiche Entschädigung verlangen, die er für die Ausübung seines Berufs außerhalb des Gerichts für eine ähnliche Leistung üblicherweise erhält. Der Sachverständige kann auch nicht eine Entschädigung nach der für seinen Berufsstand allgemein geltenden Gebührenordnung (z. B. Gebührenordnung für Ärzte; Gebührenordnung für Architekten u. A.) beanspruchen, wenn er ein Gutachten für ein Gericht oder eine Staatsanwaltschaft erstattet. Die Entschädigung richtet sich in diesen Fällen ausschließlich nach den Bestimmungen des ZSEG. Die Leistungsentschädigung ist daher wie die Verdienstausfallentschädigung des Zeugen durch Höchstsätze nach oben begrenzt.

Die für die Rechtspflege verfügbaren Haushaltsmittel, mit denen ein erheblicher Teil der Sachverständigenentschädigung, vor allem in Strafsachen und in der Sozialgerichtsbarkeit, bestritten werden muß, sind notwendigerweise begrenzt. Auch wenn leistungsfähige Personen vorhanden sind, dürfen die Kosten der Rechtsverfolgung, zu denen die an die Sachverständigen zu zahlenden Entschädigungen gehören, nicht unangemessen hoch sein. Außerdem erfordert es die Rechtssicherheit, daß die voraussichtliche Höhe der Kosten eines Rechtsstreits wenigstens annähernd berechnet werden kann. Höchstsätze für die Entschädigung sind daher nicht zu entbehren[1].

Die in § 3 Abs. 2 vorgesehene Begrenzung der Entschädigung für die Tätigkeit eines Sachverständigen ist auch verfassungsgemäß[2].

1 Amtl. Begr. z. KostÄndG. – BT-Drucks. 2545, 2. Wahlp. 1953, S. 213 f.
2 BVerfG in JVBl. 72.233 = Rpfleger 72.359 = NJW 72.1891; a. A.: *Bleutge*, Rdn. 2 zu § 3.

Bei der Festsetzung der Sachverständigenentschädigung ist auch das Gericht an die Sätze des ZSEG gebunden. Auch bei Vorliegen ganz besonderer Leistungen kann es keine über den gesetzlichen Rahmen hinausgehenden Entschädigungen gewähren. Das Gesetz verlangt von einem Sachverständigen, der im Rahmen der Rechtspflege tätig wird, im öffentlichen Interesse ein gewisses finanzielles Opfer[3].

Abgrenzung zwischen Zeugen und Sachverständigen 2

Die Leistungsentschädigung des Sachverständigen (§ 3) ist in der Regel höher als die Entschädigung des Zeugen für Verdienstausfall (§ 2). Der Bestimmung der Entschädigungsart muß daher die Feststellung vorausgehen, ob eine Zeugenaussage oder eine Sachverständigentätigkeit vorliegt.

Die Frage, ob eine Auskunftsperson als Zeuge oder Sachverständiger anzusehen und zu entschädigen ist, ist weder davon abhängig, wie sie von der beweisführenden Partei bezeichnet und im Beweisbeschluß aufgeführt ist noch davon, ob sie als Zeuge, Sachverständiger oder als sachverständiger Zeuge geladen ist. Entscheidend ist ausschließlich der sachliche Gehalt der Vernehmung[4], und wenn es zu einer Vernehmung nicht kommt, der sachliche Gehalt der der Beweisperson gestellten Aufgaben[5]. Zur Entschädigung eines irrtümlich als Sachverständigen geladenen sachverständigen Zeugen s. § 1 Rz. 30.

Der *Sachverständige* hat dem Richter die Kenntnis von Erfahrungssätzen zu übermitteln oder bestimmte Tatsachen aufgrund solcher Erfahrungssätze zu beurteilen. Der *Zeuge* hingegen soll lediglich von ihm beobachtete Tatsachen oder Zustände bekunden. Die Entscheidung, ob für die Entschädigung § 2 oder § 3 anzuwenden ist, wird hiernach regelmäßig keine besonderen Schwierigkeiten bereiten. Wegen der Abgrenzung zwischen Zeugen und Sachverständigen wird ferner auf § 2 Rz. 3 verwiesen.

Vereinbarte Entschädigung 3

Sofern nicht die Voraussetzungen der §§ 5, 7 oder 13 gegeben sind, ist die Entschädigung der Sachverständigen grundsätzlich nach den Bemessungskrite-

3 OLG Hamm in NJW 67.693 LS m. w. N. = JMBl. NW 67.204.

4 OLG Hamburg in BauR 87.600; OLG Karlsruhe Beschl. vom 17. 5. 1991 – 13 W 76/91 – in Juris/ZSEG.

5 OLG Hamm in Rpfleger 72.336 = NJW 72.2003 = JurBüro 72. 645 = JVBl. 72.192; OLG Hamburg in JurBüro 75.82; OLG Düsseldorf in Rpfleger 75.71 = JurBüro 75.96 = MDR 75.326; OLG Hamm in VersR 80.855; OLG München in JurBüro 81.1699 mit Anm. von *Mümmler* = KRspr. § 2 Nr. 58 LS m. w. N.; OLG Stuttgart in Justiz 83.120 LS = JurBüro 83.1356 mit Anm. von *Mümmler* = KRspr. § 2 Nr. 67 LS m. w. N.; OLG Düsseldorf in JurBüro 86.1686 = Rpfleger 87.40; OLG München in JurBüro 88.1242; OLG Hamm in JurBüro 91.1259; OLG Köln in MDR 93.391.

rien des § 3 zu ermitteln. Eine etwaige Vereinbarung des Sachverständigen mit dem Gericht, der Strafverfolgungsbehörde oder eine vorherige Zusicherung des Gerichts auf eine bestimmte pauschalierte Vergütung oder auf einen bestimmten Stundensatz[6] ist ohne jede Bedeutung[7].

Der Richter kann die Staatskasse nicht im voraus zur Zahlung einer bestimmten Entschädigung verpflichten. Eine solche Zusage würde die spätere Überprüfung im Beschwerdeverfahren ausschließen[8].

Der Sachverständige kann sich auch nicht auf seine vorherige Mitteilung an das Gericht berufen, daß das Gutachten voraussichtlich Kosten in einer bestimmten Höhe verursachen werde[9].

Auch die Mitteilung des Gerichts an den Sachverständigen, daß über einen bestimmten Höchstbetrag nicht hinausgegangen werden dürfe, hat keine rechtliche Wirkung etwa in dem Sinne, daß dem Sachverständigen die genannte Entschädigung zugesichert werde. Selbst wenn der Sachverständige erklärt, daß er zu einer unter dem von ihm genannten Betrag liegenden Entschädigung nicht tätig werden könne, so ist das für den Entschädigungsanspruch ohne Belang.

Die Entschädigung richtet sich ausschließlich nach den Bestimmungen des ZSEG. Soweit nicht die Voraussetzungen des § 7 vorliegen, ist das Gericht bei der Festsetzung der Sachverständigenentschädigung auch nicht an Zusagen gebunden, die eine Partei dem Sachverständigen gegeben hat.

4 Vorprüfung des Auftrags

4.1 Durch § 407 a ZPO[10] ist nunmehr gesetzlich bestimmt, daß der Sachverständige verpflichtet ist, unverzüglich zu prüfen, ob er für die Erstellung des Gutachtens fachkundig ist und den Auftrag ohne Hilfe weiterer Sachverständiger erledigen kann. Der Sachverständige hat das Gericht alsbald zu verständigen, wenn der Auftrag sein Fachgebiet überhaupt nicht oder nur am Rande berührt oder ihm für Teile der Beweisfrage die Sachkunde fehlt[11]. Das Gericht kann sodann einen anderen oder einen weiteren Sachverständigen bestellen (§ 404 Abs. 1, 2 ZPO).

Schließlich soll der Sachverständige Zweifel am Inhalt und Umfang des ihm erteilten Auftrags unverzüglich mit dem Gericht klären, um unnötige Ermittlungen und Kosten zu vermeiden (§ 407 a Abs. 3 Satz 1 ZPO).

Für die Vorprüfung des Sachverständigen, ob er das erforderte Gutachten erstatten kann oder ob ihm die Erstattung *aus subjektiven* Gründen unmöglich

6 LG Frankenthal in JurBüro 87.1722; KG in JurBüro 89.698 mit Anm. von *Mümmler*.
7 OLG Celle in Juris/ZSEG – DOKNR. 830020 – = JurBüro 93.118.
8 LG München im Rpfleger 73.335 = JurBüro 73.1001.
9 KG in JW 37.1087; OLG Hamburg in JurBüro 83.743 = MDR 83.415 = ZSW 84.30.
10 S. Abschnitt I Nr. 1.3.
11 BT-Drucks. 11/3621 Seite 40; *Jessnitzer/Frieling*, Rdn. 285.

ist, kann in der Regel eine Entschädigung nicht verlangt werden[12]. Das gilt jedenfalls für einen Fall, in dem der Sachverständige ohne Schwierigkeiten erkennen konnte, daß das von ihm zu erwartende Gutachten Fragen betrifft, die außerhalb seines Fachgebietes liegen[13], oder daß er bereits außergerichtlich für eine Partei tätig geworden ist[14].

Stellt der Sachverständige erst nach **längerem Aktenstudium** fest, daß er aus Gründen, die er nicht zu vertreten hat, das erforderliche Gutachten nicht erstatten kann (z. B. weil die Fragen nicht in sein Fachgebiet fallen), so ist er für die geleisteten Arbeiten zu entschädigen[15]. 4.2

Der Sachverständige kann dabei den gleichen Stundensatz beanspruchen, der ihm bei Ausführung des Gutachtens zustehen würde[16].

§ 404 a ZPO ermöglicht dem Gericht, den Sachverständigen in besonderen Fällen bereits **vor Abfassung der Beweisfrage in einem Termin zu hören,** ihn in seine Aufgabe einzuweisen und ihm auf Verlangen den Auftrag zu erläutern. Hierdurch soll verhindert werden, daß die Beweisfrage falsch oder unvollständig abgefaßt wird, der Sachverständige seinen Auftrag mißversteht und das Gericht später ein weiteres Gutachten einholen muß. 4.3

Im Rahmen der gerichtlichen Anhörung erbringt der Sachverständige bereits eine Leistung im Sinne des § 3 Abs. 1. Ihm wird für jede Stunde der durch die Terminswahrnehmung erforderlichen Zeit die Entschädigung nach § 3 zu gewähren sein und zwar auch dann, wenn nach Erläuterung der Beweisfrage festgestellt werden sollte, daß diese nicht in das Fachgebiet des Sachverständigen fällt und er damit als Sachverständiger ausscheidet.

Auch hier kann der Sachverständige den Stundensatz begehren, der ihm bei Ausführung des vorgesehenen Auftrags zugestanden hätte.

Persönliche Leistung des Sachverständigen 5

Nach § 407 a Abs. 2 ZPO darf der Sachverständige den Auftrag nicht ganz oder teilweise auf eine andere Person übertragen[17]. Dieses Recht steht nur dem Gericht zu (§ 404 ZPO). Hilfspersonen – s. § 8 Rzn. 11 f. – darf der Sachverständige nur hinzuziehen, wenn er die Verantwortung für das Gutachten behält. Er hat daher – spätestens bei Abgabe des Gutachtens – die am Gutachten

12 OLG Hamburg in JurBüro 93.119; OLG Köln in MDR 93.1024 = JurBüro 94.49; a. A.: *Jessnitzer/Frieling,* Rdn. 773; *Bleutge,* Rdn. 6 zu § 3.

13 KG in Rpfleger 62.124 LS; BGH in Rpfleger 79.259 = BB 79.912 = JurBüro 79.1149 = MDR 79.754; OLG Nürnberg in JurBüro 89.545.

14 OLG Düsseldorf in JurBüro 89.1741 mit Anm. von *Mümmler.*

15 *Jessnitzer* JVBl. 71.217; einschränkend *Bremer* S. 221 und 228; OLG Frankfurt in Rpfleger 89.304.

16 LG Konstanz in BB 70.641; OLG Bamberg in JurBüro 73.672.

17 S. a. BSG in VersR 90.992; *Jessnitzer/Frieling,* Rdn. 286.

beteiligten Mitarbeiter und den Umfang deren Arbeitsanteils anzugeben, sofern es sich nicht um Hilfsdienste von untergeordneter Bedeutung handelt[18]. Die von einer zugezogenen Hilfskraft aufgewandte Zeit kann der Sachverständige nicht als eigene Arbeitszeit abrechnen[18a].

Der Entschädigungsanspruch nach § 3 Abs. 1 besteht nur, wenn das im gerichtlichen Auftrag erstellte Gutachten als eine überwiegend persönliche Leistung des Sachverständigen gewertet werden kann. Diese Voraussetzung ist dann nicht mehr gegeben, wenn die Mitwirkung eines von dem Sachverständigen hinzugezogenen Mitarbeiters so umfangreich ist, daß das Gutachten den Charakter einer persönlichen Leistung des gerichtlichen Sachverständigen verliert[19].

Wenn der Auftrag zur Erstattung des Gutachtens an den Chefarzt eines Krankenhauses persönlich gerichtet ist, darf dieser den Auftrag nicht an seinen Oberarzt oder einen anderen Arzt abgeben[20]. Überträgt er, ohne eine Änderung des gerichtlichen Auftrags herbeizuführen, die Erstattung des Gutachtens alleinverantwortlich seinem Oberarzt, so macht er das Gutachten unverwertbar und verliert seinen Entschädigungsanspruch[21]. Es genügt nicht, daß der Chefarzt ein vom Oberarzt verfaßtes und unterzeichnetes Gutachten lediglich mitunterzeichnet. Durch einen Vermerk, daß er dem Gutachten zustimmt, muß er die Mitverantwortung für den Inhalt des Gutachtens übernehmen[22].

Der das Gutachten im wesentlichen erstellende Mitarbeiter hat keinen Entschädigungsanspruch nach § 3, weil er nicht zum gerichtlichen Sachverständigen bestellt worden ist. Gerichtlicher Sachverständiger ist nur derjenige, der vor der Erstattung des Gutachtens durch das Gericht dazu bestimmt worden ist[23]. Die Aufwendungen für den Mitarbeiter können auch nicht nach § 8 geltend gemacht werden.

– s. a. § 8 Rzn. 14 f. –

II. Kostenmitteilungen des Sachverständigen

6 Kostenschätzung ohne Auftrag zur Gutachtenerstattung

Ist die Erhebung eines Sachverständigenbeweises von einem Auslagenvorschuß abhängig gemacht worden, und hat der Sachverständige auf Anfrage des

18 *Jessnitzer/Frieling*, Rdn. 288.
18a LG Mainz in JBl. Rhld.-Pf. 94.185.
19 OLG Celle in Nds. Rpfl. 85.172; *Jessnitzer/Frieling*, Rdn. 287.
20 BSG in NJW 65.368; *Friedrichs* in DRiZ 71.312.
21 OLG Frankfurt in JurBüro 77.1613 = Rpfleger 77.382.
22 BSG in NJW 73.1438. Für Hessen s. auch RdErl. d. MdJ v. 17. 7. 1979 – JMBl. 607 – betr. Bestellung von Ärzten des Landeswohlfahrtsverbandes Hessen zu gerichtl. Sachverständigen; BSG in VersR. 90.992.
23 OLG Celle aaO. – Fn. 19 –;
a. A.: LSG Bad.-Württ. in Justiz 86.151.

Gerichts nach Durchsicht der Akten – bevor ihm ein Auftrag zur Erstattung des Gutachtens erteilt war – zunächst nur eine Schätzung seiner Kosten eingereicht, so kann er dafür eine Entschädigung nicht erhalten.

Kostenmitteilung auf Auftrag 7

Hat das Gericht den Sachverständigen beauftragt, die voraussichtlichen Kosten des Gutachtens zu ermitteln, damit ein entsprechender Kostenvorschuß eingefordert werden kann, so ist der Sachverständige zu entschädigen, wenn die Gutachtenerstattung später aus von ihm nicht zu vertretenden Gründen unterbleibt[24]. Der Stundensatz richtet sich nach den Beurteilungskriterien, die bei der Ausführung des Gutachtens anzuwenden wären.

Kosten übersteigen den Auslagenvorschuß 8

Der Sachverständige ist nach § 407 a Abs. 3 Satz 2 ZPO verpflichtet, das Gericht zu verständigen, wenn die voraussichtlichen Kosten seiner Tätigkeit den angeforderten Auslagenvorschuß (§§ 379, 402 ZPO, § 68 GKG) erheblich übersteigen. Hierdurch soll den Parteien die Gelegenheit gegeben werden, von einer Beweisaufnahme abzusehen und sich ggfls. gütlich zu einigen. Schließlich kann das Gericht eine Fortsetzung der Beweisaufnahme von der Zahlung eines weiteren Auslagenvorschusses abhängig machen. Die Nichtbeachtung der Hinweispflicht kann unter bestimmten Voraussetzungen zu einer Kürzung der Entschädigung des Sachverständigen führen. – s. Rz. 10f. –

Wann eine erhebliche Überschreitung des Auslagenvorschusses durch die voraussichtlichen Gutachterkosten vorliegt, wird im Einzelfall zu beurteilen sein. Bei höheren Gutachterkosten dürften Überschreitungen des Auslagenvorschusses um mehr als 10 v. H. nicht mehr als unerheblich angesehen werden. Hat ein Sachverständiger auf Anfrage des Gerichts seine voraussichtlichen Kosten als einen »bei etwa« liegenden DM-Betrag mitgeteilt, so ist eine Überschreitung des angegebenen Kostenrahmens um bis zu 20 v. H. noch hinnehmbar.[25]

Ist für den Sachverständigen die erhebliche Überschreitung des Auslagenvorschusses oder eines ihm vom Gericht bei Auftragserteilung mitgeteilten Höchstbetrages der Gutachterkosten erkennbar, so ist er zur Benachrichtigung des Gerichts und zur Einstellung seiner Tätigkeit bis zu einer anderweitigen gerichtlichen Weisung verpflichtet[26].

Mit der gesetzlichen Regelung des § 407 a Abs. 3 ZPO ist die früher in

24 OLG Frankfurt in JurBüro 81.1865 mit Anm. von *Mümmler;* OLG Stuttgart in Rpfleger 85.213; KG in JurBüro 88.658 = MDR 88.330;
a. A.: LG Coburg in JurBüro 87.1580.

25 OLG Düsseldorf in Juris/ZSEG – DOKNR. 792797 –.

26 KG im Rpfleger 73.110; in JurBüro 81.1866 = Rpfleger 81.164; BayObLG in JurBüro 82.110; LG Bochum in JurBüro 89.1463.

Rechtsprechung und Literatur umstrittene Frage, ob der Sachverständige eine Überschreitung des Auslagenvorschusses auch ohne ausdrückliche Aufforderung durch das Gericht mitzuteilen habe, im Sinne der Hinweispflicht entschieden worden. Zwar soll das Gericht den Sachverständigen auf die Pflichten nach § 407 a ZPO hinweisen (§ 407 a Abs. 5 ZPO), die Belehrung wird aber als entbehrlich angesehen, wenn es sich um einen Sachverständigen handelt, mit dem das Gericht schon wiederholt nach den Grundsätzen verfahren ist, die in § 407 a ZPO ihren Niederschlag gefunden haben[27]. Die Verpflichtung aus § 407 a Abs. 3 ZPO besteht jedenfalls unabhängig davon, ob das Gericht den Sachverständigen hierauf hingewiesen hat oder nicht.

Hat der Sachverständige angezeigt, daß der geleistete Vorschuß im wesentlichen erschöpft sei, so kann ihm bei der Festsetzung seiner Entschädigung nicht entgegengehalten werden, er habe nach der Anzeige in der Begutachtung nicht fortfahren dürfen, wenn ihm dies vom Gericht nicht mitgeteilt worden ist[28].

9 **Kosten in einem Mißverhältnis zum Streitwert**

Auch wenn der Sachverständige erkennt oder erkennen muß, daß die Kosten des Gutachtens in einem offensichtlichen Mißverhältnis zum Streitwert stehen, hat er das Gericht darauf hinzuweisen und die Stellungnahme des Gerichts abzuwarten (§ 407 a Abs. 3 Satz 2 ZPO). Der Sachverständige wird in der Regel nicht überblicken können, ob die im Verhältnis zum Streitwert ungewöhnlich hohen Kosten des Gutachtens vom Gericht und den Parteien vorausgesehen sind und in Kauf genommen werden. Ein Mißverhältnis wird noch dann zu verneinen sein, wenn die Entschädigung des Sachverständigen etwa die Hälfte des Streitwertes erreicht[29].

Kommen dem Sachverständigen, dem ein Auftrag zur Erstattung des Gutachtens erteilt war, während der Vorbereitung des Gutachtens Zweifel, ob die zu erwartenden Kosten in einem angemessenen Verhältnis zum Streitwert stehen, und teilt er dies dem Gericht unter näherer Begründung mit, so ist, auch wenn es zur Gutachtenerstattung nicht kommt, der hierfür notwendige Zeitaufwand zu entschädigen[30]. – s. a. Rz. 10 –

27 BT-Drucksache 11/3621 Seite 40.
28 OLG Düsseldorf, Beschl. v. 6. 6. 1989 – 10 W 45/89 –.
29 SchlHOLG in JurBüro 89.1173.
30 KG in Rpfleger 81.164 = JurBüro 81.1866.

III. Verlust des Entschädigungsanspruchs

Unverhältnismäßig hohe Kosten des Gutachtens 10

Hat ein Sachverständiger, der verpflichtet ist, das Gericht darauf hinzuweisen, daß die für ihn erkennbaren voraussichtlichen Kosten den Auslagenvorschuß wesentlich übersteigen oder in einem offensichtlichen Mißverhältnis zum Streitwert stehen, *schuldhaft* die ihm obliegende Mitteilung versäumt, so ist seine Entschädigung um den Betrag der Kosten zu kürzen, die bei rechtzeitiger Mitteilung nicht entstanden wären[31]. Ein Verschulden ist aber dann nicht gegeben, wenn der Sachverständige sich der gerichtlichen Belehrung, sich vor einer Vorschußüberschreitung mit dem Gericht in Verbindung zu setzen, entsprechend verhalten hat[32].

Ob und inwieweit die rechtzeitige Mitteilung des Sachverständigen dazu geführt hätte, daß durch eine Einschränkung oder Rücknahme des Auftrags die Kosten des Gutachtens geringer geworden wären, kann das Gericht nur rückschauend unter Anlegung eines objektiven Maßstabes bei Berücksichtigung aller Umstände des Falles entscheiden[33].

Ein Anspruchsverlust des Sachverständigen tritt ungeachtet der unterlassenen Mitteilung dann nicht ein, wenn davon ausgegangen werden kann, daß auch bei erfolgter Anzeige die Tätigkeit des Sachverständigen nicht eingeschränkt oder ihre Fortsetzung nicht unterbunden worden wäre[34]. Das Risiko, daß die kostenpflichtige Partei nach Erstellung des Gutachtens einen weiteren Vorschuß nicht mehr leistet, geht nicht zu Lasten des Sachverständigen[35].

Fertigstellung des Gutachtens unterbleibt 11

Unterbleibt die Fertigstellung des Gutachtens **durch Verschulden** des Sachverständigen, so entfällt der Entschädigungsanspruch für die bereits geleisteten Arbeiten[36]. 11.1

Ist jedoch die erbrachte Teilleistung für das Gericht verwertbar, so ist der Sachverständige für diese Teilleistung zu entschädigen[37].

31 OLG Düsseldorf in JVBl. 70.236 = NJW 70. 1980; OLG Hamburg in JurBüro 81.410 = MDR 81.327; *Kamphausen* in JurBüro 82.7; SchlHOLG in JurBüro 82.1382; KG in JurBüro 83.1546 = Rpfleger 83.371 = MDR 83.678; OLG Düsseldorf in JurBüro 87.1585; in MDR 88.874 = JurBüro 88.1400; LG Coburg in JurBüro 90.529.

32 OLG Frankfurt in JurBüro 83.740 mit Anm. von *Mümmler.*

33 OLG Hamm in JVBl. 68. 287 = Rpfleger 68.371 = JurBüro 69.63 = JMBl. NW 69.141 = Betrieb 68.1903; OLG Hamburg aaO. – Fn. 31 –.

34 SchlHOLG aaO. – Fn. 31 –, in JurBüro 84.583.

35 OLG Düsseldorf in MDR 88.874 = JurBüro 88.1400.

36 OLG Hamm in JVBl. 60.214; OLG Köln in MDR 70.855.

37 OLG Hamm in Rpfleger 63.314 = JVBl. 63.160.

11.2 Unterbleibt die Fertigstellung des Gutachtens **ohne Verschulden** des Sachverständigen, z. B. wenn das Gericht den Auftrag zurückzieht, weil die Parteien sich verglichen haben, so hat er einen Anspruch auf Entschädigung für die Vorbereitungsarbeiten und die bereits erbrachten Teilleistungen[38].

Die bereits geleistete Tätigkeit ist mit dem Stundensatz zu entschädigen, der bei Erledigung des Auftrags anzuwenden wäre, auch wenn die bisherige Tätigkeit nur geringere Fachkenntnisse erfordert hat[39].

Eine Entschädigung für die von ihm nicht mehr verlangten weiteren Leistungen kann er, auch wenn er den Wegfall des Gutachtenauftrags nicht zu vertreten hat, nicht fordern[40].

12 **Unverwertbarkeit des Gutachtens**

12.1 Der Entschädigungsanspruch des Sachverständigen besteht grundsätzlich unabhängig davon, ob das Gutachten objektiv »richtig« ist und davon, wie die Parteien oder das Gericht das Gutachten »bewerten«[41]. Der Sachverständige kann seinen **Anspruch auf Entschädigung jedoch verlieren, wenn das Gutachten »unverwertbar« ist.**

12.2 Der Sachverständige verliert seinen Entschädigungsanspruch jedoch nur, wenn er die Unverwertbarkeit seines Gutachtens durch **grobe Fahrlässigkeit** verschuldet hat[42]. Der Ansicht, daß der Sachverständige seinen Entschädigungsanspruch auch verliert, wenn er die Unverwertbarkeit des Gutachtens nicht verschuldet hat, kann m. E. nicht gefolgt werden[43]. Ist ein Gutachten unbrauchbar, so schließt das den Entschädigungsanpruch nur aus, falls der Sachverständige die Unbrauchbarkeit pflichtwidrig grob fahrlässig verursacht hat[44].

Ein Sachverständiger führt grob fahrlässig die Unverwertbarkeit seines Gutachtens herbei, wenn er nicht beiden Parteien Gelegenheit gibt, an der von ihm angesetzten Augenscheinseinnahme teilzunehmen, aufgrund welcher er sein schriftliches Gutachten gefertigt hat. Das hat den Verlust seiner Leistungsentschädigung zur Folge[45].

38 OLG Hamm aaO. – Fn. 37 –, in JurBüro 70.1110 = JVBl. 70.237 = NJW 70.1240; *Hesse* in NJW 69.2263; Bayer VGH in KRspr. § 3 Nr. 169 LS; SG Hannover in Nds. Rpfleger 72.72.

39 OLG Celle in JurBüro 69.754 = Nds. Rpfl. 69.183, KG in Rpfleger 71.78; Bayer. VGH aaO. – Fn. 38 –; OLG Bamberg in JurBüro 73.672.

40 OLG München in Rpfleger 78.272.

41 KG in JVBl. 40.45 = JW 39.2183; OLG Köln in Rpfleger 67.98 LS; OLG Düsseldorf in JurBüro 92.56.

42 OLG Hamburg in JurBüro 89.1019.

43 Ebenso *Hesse* in NJW 62.2263;
a. A.: *Brocke-Reese* S. 99.

44 OLG Düsseldorf in JurBüro 90.653 = MDR 90.453.

45 LG Düsseldorf in JurBüro 80.111.

Der Entschädigungsanspruch kann auch dann ausgeschlossen sein, wenn der Sachverständige den Exploranden fernmündlich exploriert und dies in seinem Gutachten nicht vermerkt hat[46].

Zeigt das Gutachten, daß der Sachverständige nicht über die zur Beurteilung der Beweisfrage **erforderlichen Sachkenntnisse verfügt,** so ist der Entschädigungsanspruch zu versagen, wenn der Sachverständige bei Übernahme des Auftrags erkannte oder erkennen mußte, daß seine Fachkenntnisse zur Erfüllung des Auftrags nicht ausreichen würden[47]. **12.3**

Ist das Gutachten durch **inhaltliche Mängel,** die der Sachverständige verschuldet hat, unverwertbar geworden, so hat der Sachverständige keinen Anspruch auf eine Entschädigung[48]. Schon leichte Fahrlässigkeit reicht hier für den Ausschluß des Entschädigungsanspruchs aus[49]. Inhaltliche Mängel des Gutachtens können u. a. darauf beruhen, daß das Gutachten nicht dem Auftrag des Gerichts entspricht und nicht die gestellten Beweisfragen beantwortet[50], oder daß der Sachverständige nur das Ergebnis seiner Untersuchung mitteilt, so daß das Gutachten dem Gericht nicht ermöglicht, den Gedankengängen des Sachverständigen nachzugehen, sie zu prüfen und sich ihnen anzuschließen oder sie abzulehnen[51]. **12.4**

Ist das Gutachten des Sachverständigen von dem ihn beauftragenden Gericht verwertet worden, so entfällt der Entschädigungsanspruch des Sachverständigen nicht schon deshalb, weil das **Rechtsmittelgericht das Gutachten für unbrauchbar hält**[52]. **12.5**

Überschreiten des Auftrags **13**

Geht der Sachverständige in seinem Gutachten über die ihm gestellte Beweisfrage hinaus oder weicht er von dem ihm erteilten Auftrag ab, so hat er grundsätzlich für die darauf verwendete Zeit **keinen Anspruch auf die Leistungsentschädigung.** Es kann den Prozeßparteien[53] oder der Staatskasse nicht zugemutet werden, die durch die Überschreitung des Auftrags entstehenden Mehrkosten zu tragen. **13.1**

Ein Sachverständiger handelt auftragsgemäß, solange er nur Beweisfragen beant- **13.2**

46 OLG Düsseldorf in JurBüro 89.1169 = FamRZ 89.889.
47 *Hesse* in NJW 69.2263–66.
48 OLG Koblenz in BB 93.1975.
49 *Hesse* in NJW 69.2263; OLG Frankfurt in JurBüro 79.575; OLG Hamm in JVBl. 70.237 = NJW 70.1240 = JurBüro 70.1110; KG in ZSW 83.277; OLG Hamm in MDR 84.964;
a. A.: OLG Schleswig in JurBüro 84.583.
50 LSG Saarbrücken in JBl. Saar 65.115.
51 OLG Frankfurt in NJW 63.400 = JurBüro 62.686 und in MDR 77.761; *Jessnitzer/Frieling,* Rdn. 852; *Bremer* S. 224; OLG Celle in Nds. Rpfl. 69.155.
52 OLG Düsseldorf in MDR 92.912 = JurBüro 93.561.
53 KG in Rpfleger 57.28; OLG Hamburg in JurBüro 75.1349; OLG Koblenz in Rpfleger 81.248.

wortet und dazu Arbeiten ausführt, **die er aufgrund seiner Fachkenntnisse für erforderlich hält.** Bestehen hierüber bei dem Prozeßgericht abweichende Vorstellungen, so wirkt sich das auf den Entschädigungsanspruch des Sachverständigen nicht aus, sofern nicht das Gericht eindeutig eine Beschränkung auf ganz bestimmte Arbeiten vorgeschrieben hat. Erkennt der Sachverständige jedoch, daß bei dem Gericht möglicherweise abweichende Vorstellungen bestehen, so muß er das Gericht auf seine Auffassung des Auftrags hinweisen[54].

13.3 Hat der Sachverständige die mit dem Gericht geführte Korrespondenz nicht genügend beachtet und deshalb überflüssige Arbeit geleistet, so kann er für diese Tätigkeit keine Entschädigung beanspruchen, auch wenn ihm nur **leichte Fahrlässigkeit** vorzuwerfen ist[55]. Auch sonst besteht für *überflüssige* Arbeiten (z. B. völlig unnötig lange Auszüge aus den Akten) kein Anspruch auf Entschädigung[56]. – s. a. Rz. 44.8 –

13.4 Auch eine etwa **auf Parteiauftrag gebotene Mehrleistung** kann nicht aus der Staatskasse entschädigt werden.

13.5 Für **Vergleichsbemühungen** kann der Sachverständige jedenfalls dann keine Entschädigung fordern, wenn er dafür, ohne vom Gericht beauftragt worden zu sein, einen ganzen Tag aufgewendet hat[57].

13.6 Wenn ein Sachverständiger im allgemeinen für eine Tätigkeit, die über den erteilten Auftrag hinausgeht, eine Entschädigung nicht beanspruchen kann, so wäre es doch unbillig, eine Entschädigung zu versagen, wenn das Gutachten von dem Gericht auch hinsichtlich des Teils, der den Rahmen der gestellten Anforderungen übersteigt, für notwendig gehalten und auch verwertet wird[58].

Erstattet z. B. der mit einer kurzen gutachtlichen Stellungnahme beauftragte Sachverständige von sich aus ein ausführliches Gutachten, so steht ihm dafür ein Entschädigungsanspruch zu, wenn nach sorgfältiger Prüfung das Gericht feststellt, daß eine kurze gutachtliche Stellungnahme nicht ausgereicht hätte, sondern ein ausführliches Gutachten unbedingt notwendig war und das Gericht das Gutachten auch verwertet hat[59].

Bei **Auftragsüberschreitung besteht ein Entschädigungsanspruch** jedenfalls dann – aber auch *nur* dann –, wenn das Gericht die zusätzliche Tätigkeit für notwendig erachtet und sie in seiner Entscheidung verwendet[60].

Eine Kürzung der Sachverständigenentschädigung wegen Überschreitung des Auftrags kommt im übrigen nur in Betracht, wenn festgestellt werden kann, daß

54 KG in JVBl. 70.260 = JurBüro 70.496 = MDR 70.601 = NJW 70.1241.
55 OLG Hamm in JVBl. 70.237 = NJW 70.1240 = JurBüro 70.1110.
56 *Peters-Sautter-Wolff* II 88–37 mit weiteren Nachweisen.
57 OLG Hamburg in MDR 85.946.
58 LG Bochum in Rpfleger 76.32.
59 OLG Hamm in JMBl. NW 60.46.
60 OLG Hamm in Rpfleger 62.421; OLG Schleswig in SchlHA 62.105.

die Pflichtverletzung des Sachverständigen höhere Kosten verursacht hat, als ohne die Überschreitung entstanden wären[61].

Ablehnung des Sachverständigen 14

Die Tatsache, daß ein Sachverständiger mit Erfolg abgelehnt und das von ihm erstattete Gutachten dadurch unverwertbar wird, macht den Entschädigungsanspruch des Sachverständigen allein nicht hinfällig.

Der Sachverständige, der zwischen den Parteien mit ihren widerstreitenden Interessen steht, muß zur Erfüllung seiner Aufgaben eindeutig Stellung beziehen. Dadurch gerät er in der Regel in Widerspruch zu den Interessen einer Partei, deren Kritik und nicht selten deren Angriffen er ausgesetzt ist.

Auch bei noch so ernsthaftem Bemühen um objektive Sachlichkeit und unvoreingenommene Beurteilung kann er nicht immer vermeiden, bei einer Partei in den Verdacht der Parteilichkeit zu geraten. Da für die Ablehnung wegen Besorgnis der Befangenheit schon die begründete Befürchtung einer Partei ausreicht, kann schon ein unbedachtes Wort, eine ungeschickte Formulierung oder die Ablehnung eines Wunsches oder einer Anregung einer Partei zur erfolgreichen Ablehnung des Sachverständigen und damit zur Unverwertbarkeit des Gutachtens führen. Bei dieser schwierigen Stellung des Sachverständigen kann die Ablehnung wegen Besorgnis der Befangenheit nur dann den Verlust der Entschädigung rechtfertigen, wenn der Sachverständige die Ablehnung grob fahrlässig oder durch bewußte Pflichtwidrigkeit herbeigeführt hat[62]. Erstattet z. B. ein Sachverständiger sein Gutachten unter Verwendung mündlicher Informationen, die er von einer Partei eingeholt hat, ohne die andere Partei hinzuzuziehen und wird er deshalb mit Erfolg abgelehnt, so verwirkt er seinen Entschädigungsanspruch[63]. Der Entschädigungsanspruch ist auch dann ausgeschlossen, wenn der Sachverständige, der sich gutachtlich zu einem betrügerischen Kraft-

61 OLG Düsseldorf in JurBüro 92.56.

62 BGH in BB 76.438 = Rpfleger 76.178 = NJW 76.1154 = MDR 76.575 = Betrieb 76.767 = JurBüro 76.1329; OLG Stuttgart in Rpfleger 76.189 = JurBüro 76.939 = Justiz 76.392; OLG Frankfurt in NJW 77.1502; Bayer. VGH in KRspr. § 3 Nr. 213 LS; OLG Hamburg in MDR 78.237 = JurBüro 78.898; OLG Schleswig in JurBüro 79.407 = SchlHA 79.58; OLG Hamm in JurBüro 79.1687 = MDR 79.942; OLG München in Rpfleger 81.208; OLG Koblenz in Rpfleger 81.37; OLG Düsseldorf in JurBüro 81.593; *Brocke-Reese* S. 99; *Hartmann* Rz. 47 zu § 1 ZSEG, *Schmidt* in BB 66.845; *Jessnitzer/Frieling* Rdn. 857; *Bremer* S. 195; *Hesse* in NJW 69.2263 ff.; *Wieczorek* Anm. A II zu § 413 ZPO; OLG Köln in JurBüro 82.890; OLG Braunschweig in Nds. Rpfl. 83.142; VGH Bad.-Württ. in Justiz 85.149; LG Krefeld in JurBüro 85.262; LG Tübingen in JurBüro 87.82; OLG Hamburg in MDR 87.333; OLG Düsseldorf in JMBl. NW 88.23 = JurBüro 88.118; OLG Koblenz in BB 88.1490 = JurBüro 88.1732; in JurBüro 90.733; *Bleutge*, Rdn. 48 zu § 3.

63 LG Bielefeld in MDR 75.238.

fahrzeugunfall äußern soll, zuvor für die am Ausgang dieses Verfahrens interessierte Versicherung tätig war und deshalb begründet als befangen abgelehnt worden ist[64]. Ein Entschädigungsanspruch wird auch zu versagen sein, wenn der Sachverständige bereits bei der Auftragserteilung durch das Gericht nach der ihm bekannten Sachlage damit rechnen mußte, daß es zu einer erfolgreichen Ablehnung seitens der einen oder beiden Parteien kommen kann[65].

Der Sachverständige verliert seinen Vergütungsanspruch auch dann, wenn er eine Partei nach seiner Bestellung einseitig berät oder für seine Tätigkeit außergerichtlich Geld entgegennimmt und dadurch vorsätzlich oder grob fahrlässig einen Ablehnungsgrund setzt[65a].

Die Feststellungen, die in der Entscheidung über das Ablehnungsgesuch über das der Ablehnung zugrundeliegenden Verhalten des Sachverständigen getroffen werden, sind für das Gericht, das über die Aberkennung des Entschädigungsanspruchs zu befinden hat, nicht bindend[66].

Wird das Gutachten trotz begründeter Ablehnung wegen schuldhaften Verhaltens des Sachverständigen ganz oder teilweise verwertet, so hat insoweit der Sachverständige einen Anspruch auf Entschädigung[67].

15 **Unzulänglichkeit des Sachverständigen**

Wird ein Gutachter in seiner Tätigkeit belassen, obwohl alsbald erkennbar war, daß er den Anforderungen nicht genügt, so müssen die Beteiligten sich so behandeln lassen, als ob sie mit den Kenntnissen, Fähigkeiten und der Arbeitsweise des Sachverständigen einverstanden gewesen wären; in solchem Falle entsteht jedenfalls für die vorbereitende Tätigkeit des Sachverständigen auch dann eine Entschädigungspflicht, wenn das spätere Gutachten für den Rechtsstreit nicht verwendbar ist[68].

16 **Ortsbesichtigung**

Die Ortsbesichtigung durch einen Sachverständigen ohne Benachrichtigung der Beteiligten stellt eine unrichtige Sachbehandlung dar[69].

Wird der Sachverständige mit Erfolg abgelehnt, weil er es unterlassen hat, die

64 Ebenso *Schmidt* in BB 66.845; *Hesse* in NJW 69.2263; LG Tübingen aaO. – Fn. 62 –.
65 OLG Bamberg in JurBüro 89.1169.
65a OLG Hamm in FamRZ 94.974.
66 KG in Rpfleger 73.38; OLG Hamm aaO. – Fn. 62 –.
67 OLG Celle in JurBüro 69.752 = Nds. Rpfl. 69.183; OLG Hamm in MDR 70.167; LG Bayreuth in JurBüro 91.437; OLG Düsseldorf in JurBüro 92.56.
68 OLG Frankfurt in NJW 63.400 = JurBüro 62.686; LG Bayreuth in JurBüro 91.437; OLG Düsseldorf in JurBüro 92.56.
69 OVG Lüneburg in JurBüro 90.614 mit Anm. v. *Mümmler*.

Parteien zu dem Ortstermin zu laden, so verliert er seinen Entschädigungsanspruch nur, wenn sein Verhalten als grob fahrlässig zu werten ist – s. a. Rz. 12.2 –. Die Nichtbeachtung eines lediglich formularmäßig im Auftragsschreiben an den Sachverständigen enthaltenen Hinweises zur Benachrichtigung der Parteien »von einem etwaigen Besichtigungstermin« reicht für sich allein nicht aus, den Vorwurf einer groben Fahrlässigkeit zu rechtfertigen, insbesondere, wenn der Sachverständige keine Erfahrung mit der Erstattung gerichtlicher Gutachten hat[70].

Hat der Sachverständige die Parteivertreter von einem Ortstermin nicht verständigt und wird infolgedessen eine Wiederholung der Besichtigung erforderlich, so sind die entstandenen Mehrkosten des Sachverständigen nicht erstattungsfähig, da insoweit keine auftragsgemäße Erledigung vorliegt.

Einberufung einer Kommission 17

Ein Sachverständiger macht pflichtwidrig die Erfüllung seiner Gutachtertätigkeit unmöglich und verliert seinen Entschädigungsanspruch, wenn er zur ihm übertragenen Beurteilung der Kenntnisse und Fähigkeiten einer Person eine Kommission beruft[71].

Versäumter Termin 18

Führt der Sachverständige aus Gründen, die er allein zu vertreten hat, den Auftrag nicht vollständig aus, versäumt er insbesondere schuldhaft den Termin, in dem er sein Gutachten mündlich erläutern soll, dann steht ihm ein Entschädigungsanspruch nicht zu, wenn die von ihm erbrachte Teilleistung für das Gericht ohne Wert ist[72].

IV. Bemessung der Entschädigung nach Absatz 2

Entschädigungsrahmen (allgemein) 19

Für jede Stunde der für die Leistung des Sachverständigen erforderlichen Zeit ist in Absatz 2 ein **Entschädigungsrahmen von 50,– bis 100,– DM** bestimmt. Innerhalb dieses Rahmens ist die Entschädigung der Leistung des Sachverständigen anzupassen. Unter den Voraussetzung des Absatz 3 Buchstabe a oder b kann die Entschädigung bis zu 50 v. H. überschritten werden. Sie kann in diesen Fällen **bis zu 150,– DM** je Stunde betragen. Eine weitere Erhöhung ist nicht möglich, auch wenn die Erhöhungstatbestände nach Absatz 3 Buchstabe a und b nebeneinander vorliegen.

70 KG in MDR 93.289 = JurBüro 93.368 = Juris/ZSEG DOKNR. 826693.
71 OVG Lüneburg in Rpfleger 68.405.
72 OLG Köln in MDR 70.855.

20 **Geltungsbereich**

An Stelle der nach der erforderlichen Zeit zu berechnenden Leistungsentschädigung nach § 3 sind für **bestimmte Leistungen,** die in häufig wiederkehrender Art für das Gericht erbracht werden, in der Anlage zu § 5 und in Abschnitt O des Gebührenverzeichnisses für ärztliche Leistungen (Anlage zur GOÄ) feste Entschädigungssätze oder besondere Rahmenbeträge vorgesehen. Für diese Leistungen gilt die Regelung des § 3 nicht.

21 **Erforderliche Zeit**

Die Entschädigung des Sachverständigen ist nach der »erforderlichen« Zeit zu bemessen. Welche Zeit erforderlich ist, hängt nicht von der individuellen Arbeitsweise des jeweiligen Sachverständigen ab. Sie ist nach einem objektiven Maßstab, für den weder die Angaben des Sachverständigen noch die tatsächlich aufgewendete Zeit schlechthin maßgebend sind, zu bestimmen. Als erforderlich wird die Zeit angesehen werden müssen, die ein Sachverständiger mit durchschnittlicher Befähigung und Erfahrung bei sachgemäßer Auftragserledigung mit durchschnittlicher Arbeitsintensität benötigt[73]. Dabei sind der Umfang des ihm unterbreiteten Streitstoffes, der Grad der Schwierigkeit der zu beantwortenden Beweisfragen unter Berücksichtigung seiner Sachkunde auf dem betreffenden Gebiet und die Bedeutung der Streitsache angemessen zu berücksichtigen[74].

Der Begriff der »erforderlichen Zeit« ist ein unbestimmter Rechtsbegriff, den ggfls. die Rechtsprechung ausfüllen muß[75]. Das Gericht hat daher nachzuprüfen, ob die von dem Sachverständigen berechnete Arbeitszeit für die ihm aufgetragene Leistung erforderlich war[76]. Erforderlich ist nur die Zeit, die der Sachverständige aufwenden muß, um die vom Gericht gestellten Beweisfragen zu beantworten, nicht aber die Zeit, die er zur Beantwortung ihm nicht gestellter Fragen benötigt[77]. – s. a. Rz. 13 –

73 BGH in JVBl. 61.14 = SGb. 61.44; KG in Rpfleger 55.85 und Rpfleger 62.124; OLG Hamm in JVBl. 65.93 = Rpfleger 65.154; OLG Celle in JVBl. 60.143; OLG Schleswig in SchlHA 66.227 = JVBl. 66.261 = JurBüro 66.779; LG Saarbrücken in JBl. Saar 60.56; OLG Düsseldorf in JVBl. 71.286; OLG Koblenz in MDR 76.324; OLG Bamberg in JVBl. 70.44; LG Bochum in Rpfleger 76.32; OLG München in JurBüro 82.1228; OLG Düsseldorf in JurBüro 85.1073; LSG Niedersachsen in Nds. Rpfl. 88.199.

74 BGH in NJW-RR 87.1471; OLG Köln in JurBüro 91.1396 = Rpfleger 92.41.

75 BGH aaO. – Fn. 73 –; LSG Niedersachsen in Breith. 89.80.

76 OLG Koblenz in Rpfleger 81.248; LG Osnabrück in Nds. Rpfl. 89.181.

77 KG in Rpfleger 68.80; LSG Baden-Württemberg in Justiz 78.247 LS.

Tatsächlich benötigte Zeit 22

Grundsätzlich wird davon auszugehen sein, daß die Angaben des Sachverständigen über die tatsächlich benötigte Zeit richtig sind[78]. Dem Gericht fehlt insoweit in der Regel auch jede Möglichkeit der Überprüfung. Ein Anlaß zur Nachprüfung, ob die von dem Sachverständigen angegebene Zeit auch *erforderlich* war, wird nur dann bestehen, wenn der angesetzte Zeitaufwand im Verhältnis zur erbrachten Leistung ungewöhnlich hoch erscheint[79]. Eine ungewöhnliche Höhe des Zeitaufwandes, undifferenzierte Gestaltung der Leistungsabrechnung und Unstimmigkeiten der Leistungsbeschreibung geben jedenfalls Veranlassung, dem Sachverständigen eine spezifizierte und nachvollziehbare Darlegung seines tatsächlichen Zeitaufwandes und dessen Erforderlichkeit abzuverlangen[80].

Inwieweit das Gericht die *Notwendigkeit* des Zeitaufwandes aus eigener Sachkunde beurteilen kann (z. B. Zeitaufwand für Aktenstudium) oder hierzu weitere Ermittlungen anstellen muß, bleibt seinem Ermessen überlassen. Eine Herabsetzung des von dem Sachverständigen berechneten Zeitaufwands muß jedoch in rechtlicher und tatsächlicher Hinsicht stets sorgfältig begründet werden. Die Begründung muß erkennen lassen, welche der vom Sachverständigen im einzelnen angegebenen Arbeitszeiten zu lang bemessen sind sowie in welcher Zeit und aus welchen Gründen die Einzelarbeit hätte schneller verrichtet werden können.[81]

Längerer Zeitaufwand 23

Ein längerer Zeitaufwand, als von dem Sachverständigen selbst berechnet worden ist, kann der Berechnung der Entschädigung dann zugrunde gelegt werden, wenn der für die Erstattung des Gutachtens geltend gemachte Zeitaufwand erheblich unter dem Zeitaufwand liegt, der nach der Erfahrung einem Sachverständigen mit durchschnittlichen Fachkenntnissen und durchschnittlicher Arbeitsintensität für die gleiche Leistung zugebilligt werden müßte.

Da nach § 15 der Sachverständige nur »auf Verlangen« entschädigt wird, darf die Gesamtsumme der bewilligten Entschädigung den Betrag der beantragten Entschädigung nicht übersteigen. Eine Anhebung der Stundenzahl setzt also eine Kürzung der beantragten Entschädigung an anderer Stelle (z. B. beim Stundensatz) voraus[82].

78 OLG Düsseldorf in JurBüro 86.1688; OLG Hamm in MDR 87.419; OLG Zweibrükken in JurBüro 88.116.

79 VG Berlin in ZSW 82.86 mit Anm. von *K. Müller;* KG in Rpfleger 84.77 = JurBüro 84.1066 = ZSW 84.59 mit Anm. von *K. Müller;* BayObLG in Rpfleger 84.405 LS; OLG München in JurBüro 82.1228; OLG Zweibrücken aaO. – Fn. 78 –.

80 OLG Köln in JurBüro 91.1396 = Rpfleger 92.41.

81 KG in JW 38.1203; OLG Hamm in JVBl. 65.93 = Rpfleger 65.154; OLG Düsseldorf in KRspr. § 3 Nr. 16 LS mit Anm. von *Herget* = MDR 93.1248.

82 BayLSG in JVBl. 70.91; OLG München in MDR 77.589 = JurBüro 77.699; *Mümmler* in JVBl. 72.47.

24 **Zeitraubende Arbeitsweise**

Ein Sachverständiger, der durch andere Aufgaben so belastet ist, daß er nur mit großen Unterbrechungen an dem Gutachten arbeiten kann, benötigt jeweils eine Anlauf- und Einlesezeit, ehe er dort wieder anfangen kann, wo er vorher aufgehört hatte. Dadurch entsteht ein höherer Zeitaufwand, als bei einer zügigen Arbeitsweise des Sachverständigen erforderlich gewesen wäre. Wenn eine solche zeitraubende Arbeitsweise für den Sachverständigen unvermeidlich ist und dadurch wesentlich höhere Kosten entstehen, wird der Sachverständige vor Ausführung des Auftrags das Gericht auf die höheren Kosten hinweisen müssen[83].

25 **Zeitliche Begrenzung**

Eine zeitliche Begrenzung der für die Entschädigung zu berücksichtigenden Zeit kennt das Gesetz nicht.

Da der Sachverständige nicht eine Entschädigung für Verdienstausfall, sondern eine Entschädigung für seine Leistung erhält, kann anders als bei Zeugen für diese Leistung nicht eine zeitliche Begrenzung je Tag vorgeschrieben werden und die über diese Begrenzung hinausgehende Leistung ohne Entschädigung bleiben.

Auch die an Sonn- und Feiertagen geleistete Arbeit ist als erforderliche Zeit bei der Entschädigung zu berücksichtigen.

26 **Ausfallzeit**

Eine Entschädigung dafür, daß die dem Sachverständigen an einem Tage noch verbleibende Zeit zur Ausführung eines anderen Auftrags nicht ausreichte, kann nicht gewährt werden.

27 **Kein Ersatz für Verdienstausfall**

Das ZSEG sieht für Sachverständige eine Entschädigung nur nach dem für die Leistung erforderlichen Zeitaufwand, nicht aber – wie bei Zeugen – auch für einen etwaigen Verdienstausfall vor. Wird ein Beweistermin, zu dem der Sachverständige geladen ist, kurzfristig aufgehoben, so kann ihm für die Zeit, in der er zum Termin nicht zu erscheinen braucht, eine Verdienstausfallentschädigung nicht gewährt werden, auch wenn er sich den Beweistermin ganztätig von anderen geschäftlichen Verpflichtungen freigehalten und andere Aufträge abgelehnt hat[84]. Ein Verdienstausfall kann nur im Rahmen des § 3 Abs. 3 Satz 1 Buchst. b unter den dort genannten Voraussetzungen bei der Bemessung des Stundensatzes berücksichtigt werden[85]. – s. a. Rz. 47 –

83 OLG Schleswig in JVBl. 66.261 = SchlHA 66.227 = JurBüro 66.779.
84 OLG Köln, Beschl. v. 10. 5. 1988 – 2 Ws 93/88 –.
85 OVG Hamburg in KRspr. § 17 Nr. 60 LS.

Zu berücksichtigende Zeit 28

Wegen der für die Entschädigung des Sachverständigen zu berücksichtigenden Zeit siehe im übrigen § 4.

Stundenzahl 29

Die letzte begonnene Stunde der gesamten Gutachtertätigkeit wird vollgerechnet. Diese Regelung dient der Vereinfachung der Entschädigungsberechnung nach vollen Stundensätzen. Arbeitet ein Sachverständiger mit Unterbrechungen mehrere Tage an einem Gutachten, so kann nicht an jedem Tag die letzte Stunde voll gerechnet werden. Es ist vielmehr die gesamte auf das Gutachten verwandte Zeit zusammenzurechnen; die Gesamtzeit ist dann auf volle Stunden aufzurunden[86]. Das gilt auch für die auf Grund eines einheitlichen Auftrags an mehreren Sitzungstagen erbrachten Dolmetscherleistungen[87].

Alle auf Grund eines einheitlichen Auftrags erbrachten Leistungen (z. B. Vorbereitung des Gutachtens, Aktenstudium, Reise- und Wartezeiten, Erstattung des Gutachtens) sind zusammenzurechnen, und die hierfür insgesamt benötigte Zeit ist auf volle Stunden aufzurunden.

Nur soweit getrennte Aufträge vorliegen, wenn z. B. der Sachverständige zunächst nur beauftragt war, ein schriftliches Gutachten zu erstatten, und dann später beauftragt wird, dieses Gutachten im Termin zu erläutern, kann getrennt abgerechnet und jeweils auf volle Stunden aufgerundet werden.

Tätigkeit in verschiedenen Rechtssachen 30

Die Aufrundung der letzten Stunde ist jedoch dann nicht zulässig, wenn der Sachverständige für diese Zeit auch in einer anderen Sache zu entschädigen ist. Die Regelung im letzten Halbsatz des Absatzes 2 soll ausschließen, daß ein Sachverständiger, der »in mehreren Verhandlungen, die jeweils weniger als eine Stunde dauern, hintereinander in Anspruch genommen wird«, für dieselbe Zeit eine mehrfache Entschädigung erhält[88]. Das bedeutet zugleich, daß die Leistungsentschädigung des Sachverständigen für die Tätigkeit in den einzelnen aufeinanderfolgenden Angelegenheiten »spitz« berechnet werden muß, wenn der jeweils zu entschädigende Zeitraum eine volle Stunde nicht erreicht.

Lediglich die letzte bereits begonnene Stunde in der letzten der aufeinanderfolgenden Tätigkeit ist aufzurunden, da der Sachverständige insoweit nicht mehr »für dieselbe Zeit in einer weiteren Sache« entschädigt wird.

Eine Aufrundung der gesamten – in allen aufeinanderfolgenden Sachen erforderlichen – Zeit kann nicht in Betracht kommen. Das würde dem Grund-

86 OLG Hamm in Rpfleger 58.194.
87 OLG Hamburg in KRspr. § 17 Nr. 57 LS.
88 BR-Drucksache 719/68.

satz der Einzelentschädigung widersprechen und insbesondere dann zu Schwierigkeiten führen, wenn in den einzelnen Angelegenheiten unterschiedliche Stundensätze nach Absatz 2 zugrundezulegen und die Entschädigungen bei verschiedenen Gerichten festzusetzen sind.

Beispiel:

Der Sachverständige, der in X wohnt, hat am selben Tage nacheinander in drei verschiedenen Angelegenheiten zunächst zwei Beweistermine vor dem Amtsgericht Y und dann einen Beweistermin vor dem Landgericht Z wahrzunehmen. Er benötigt

a) für die Fahrt von X nach Y bis zum Terminsbeginn in der Sache I vor dem Amtsgericht Y — 40 Minuten;

b) für die gutachterliche Tätigkeit in der Sache I bis zu seiner Entlassung — 50 Minuten,

für seine durchschnittliche Gutachterleistung wird ein Stundensatz von 75,– DM als angemessen festgestellt –.

c) Die Wartezeit bis zum Beginn des Termins in der Sache II beträgt — 15 Minuten;

d) die Gutachtertätigkeit in dieser Sache erstreckt sich über einen Zeitraum von — 55 Minuten;

– die Schwierigkeit der Beweisfrage erforderte überdurchschnittliche Leistungen, die einen Stundensatz der Leistungsentschädigungen von 80,– DM rechtfertigen –.

e) Für die anschließende Fahrt von Y nach Z benötigt der Sachverständige — 25 Minuten;

f) der Termin in der Sache III vor dem Landgericht Z beansprucht den Sachverständigen für einen Zeitraum von — 55 Minuten;

– die äußerst schwierige Gutachterleistung rechtfertigt den Höchstsatz von 100,– DM/Stunde –.

g) Auf die Rückreise von Z nach X entfallen — 35 Minuten

Die Leistungsentschädigung nach Absatz 2 errechnet sich wie folgt:

1. Sache I
   Zeitaufwand 1 Stunde und 30 Minuten =
   75,– DM + 37,50 DM (½ von 75,– DM) = 112,50 DM;
2. Sache II
   Zeitaufwand 1 Stunde und 10 Minuten = 80,– DM + 13,33 DM
   (⅙ von 80,– DM) = 93,33 DM;
3. Sache III
   Zeitaufwand 1 Stunde und 55 Minuten = aufgerundet 2 Stunden
   = 2 × 100,– DM = 200,– DM.

Aufteilung der Entschädigung 31

Darüber, wie eine dem Sachverständigen zu gewährende Entschädigung für eine gutachterliche Leistung, die mehrere Sachen umfaßt, auf die einzelnen Sachen aufzuteilen ist, sagt das ZSEG nichts, denn diese Frage betrifft nicht das Verhältnis Staatskasse – Sachverständiger, sondern nur das Verhältnis Staatskasse – Kostenschuldner. Die Frage, mit welchem Anteil der Entschädigung des Sachverständigen der Kostenschuldner in der einzelnen Sache belastet wird, ist jetzt im Gerichtskostengesetz geregelt. In Nr. 9005 Abs. 2 KV-GKG ist hierzu bestimmt: »Sind die Auslagen durch mehrere Geschäfte veranlaßt, die sich auf verschiedene Rechtssachen beziehen, so werden die Auslagen auf die mehreren Geschäfte unter Berücksichtigung der auf die einzelnen Geschäfte verwendeten Zeit angemessen verteilt«.

Entschädigungsrahmen 32

Der Entschädigungsrahmen von 50,– bis 100,– DM je Stunde ermöglicht besser als die Bestimmung nur eines Höchstsatzes, die für die jeweilige Leistung des Sachverständigen angemessene Entschädigung zu ermitteln[89].

Innerhalb dieses weitgespannten Rahmens sind für die Bemessung der Entschädigung im Einzelfall

a) der Grad der erforderlichen Fachkenntnisse,
b) die Schwierigkeit der Leistung,
c) besondere Umstände, unter denen das Gutachten zu erarbeiten war, und
d) ein nicht anderweit abzugeltender Aufwand für die notwendige Benutzung technischer Vorrichtungen

bestimmend.

Richtlinien für die Abstufung der Entschädigung innerhalb des weitgespannten Gebührenrahmens sind praktisch nicht möglich, weil vier verschiedene Faktoren für die Bemessung der Entschädigung bestimmend sind. Die Bestimmung des angemessenen Stundensatzes kann daher immer nur im Einzelfall erfolgen.

Gruppierung nach der beruflichen Stellung des Sachverständigen 33

Die Versuche der Rechtsprechung oder der Verwaltung[90], den Gebührenrahmen dadurch zu untergliedern, daß für bestimmte Gruppen von Gutachten oder bestimmte Gruppen von Sachverständigen unterschiedliche Stundensätze vorge-

89 Begr. BT Drucks. 719/68.
90 Saarland: RV des MdJ vom 9. 2. 1987, geändert durch RV vom 1. 5. 1987 (5670-3).

sehen werden[91], können zwar zur Erleichterung für die Praxis als grober Anhaltspunkt bei der Berechnung der Entschädigung dienen, jedoch müssen dabei die Besonderheiten des Einzelfalls hinreichend berücksichtigt werden. Eine nur schematische Anwendung solcher Gruppierungen wird den in § 3 vorgesehenen verschiedenen Bemessungsfaktoren nicht gerecht[92].

Eine Gruppierung nur nach der beruflichen Stellung des Sachverständigen[93] übersieht, daß es für die Höhe der Entschädigung nicht darauf ankommt, über welche Fachkenntnisse der Sachverständige verfügt, sondern darauf, welchen Grad der Fachkenntnisse die Beantwortung der Beweisfrage erfordert[94], und läßt zudem die Bemessungsfaktoren »Schwierigkeit der Leistung«, »Aufwand für technische Vorrichtungen« und »besondere Umstände« unberücksichtigt.

34 Mittlere Entschädigung

Gutachten, die im Rahmen der weiten Skala möglicher Sachverständigentätigkeit durchschnittliche Fachkenntnisse erfordern und durchschnittliche Schwierigkeiten bereiten, rechtfertigen eine nach der Mitte des Entschädigungsrahmens bemessene Entschädigung (mittlere Entschädigung)[95]. Von der Mitte des Entschädigungsrahmens mit 75,– DM ausgehend, wird die im Einzelfall angemessene Entschädigung nach den Bemessungsmerkmalen des § 3 Abs. 2 höher oder niedriger festzusetzen sein[96]. Eine Sachverständigenleistung, die normale Fachkenntnisse voraussetzt und keine wesentlichen Schwierigkeiten enthält, auch keinen besonderen technischen Aufwand verlangt und nicht unter schwierigen Umständen erarbeitet werden muß, rechtfertigt keine über den Durchschnitt des Entschädigungsrahmens hinausgehende Entschädigung[97].

91 OLG Zweibrücken in NJW 71.259 = BB 71.243 = DB 70.2024; LSG Mainz in NJW 70.1255; Hess LSG in JVBl. 71.119; OLG Zweibrücken in Rpfleger 77.229.

92 OLG Koblenz JVBl. 72.237; OLG Stuttgart in Rpfleger 77.269 = JurBüro 77.1612 = Justiz 77.281; VGH Baden-Württemberg in Rpfleger 79.235; *Peters/Sautter/Wolff*, II/88 – 39/4 –.

93 OLG Zweibrücken aaO. – Fn. 91 –.

94 OLG Düsseldorf in Rpfleger 83.461.

95 OLG München in JurBüro 82.1228; OLG Düsseldorf in Rpfleger 82.243 = JurBüro 82.1053; OLG Koblenz in JurBüro 90.1046.

96 LG Flensburg in JurBüro 77.528; OLG Düsseldorf in JurBüro 86.1686; OLG Zweibrücken in JBl. Rhld.-Pfalz 87.170 = JurBüro 88.243 = MDR 87.872; OLG Bamberg in Rpfleger 87.339 = JurBüro 87.1820; LSG Niedersachsen in NdsRpfl. 88.199; LG Bochum in JurBüro 89.1463.

97 OLG München aaO. – Fn. 95 –; OLG Bamberg in JurBüro 82.109 mit zust. Anm. von *Mümmler;* OLG Koblenz in MedR 87.46.

Mindestsatz 35

Eine sachgerechte Abstufung der Entschädigung innerhalb des weitgespannten Rahmens verlangt, daß der Mindestsatz von 50,– DM nur für einfachste Gutachten in Frage kommt, die geringe Schwierigkeiten bereiten und nur geringe Fachkenntnisse erfordern. Hierbei wird auch zu berücksichtigen sein, daß für jede Sachverständigentätigkeit ohnehin Fachkenntnisse erforderlich sind, der Gesetzgeber also davon ausgeht, daß auch der nach dem niedrigsten Stundensatz zu entschädigende Sachverständige zur Begutachtung ausreichende Fachkenntnisse besitzt[98].

Höchstsatz 36

Der Höchstsatz hat Ausnahmecharakter und steht daher auch einem besonders qualifizierten Sachverständigen nicht als Regelsatz, sondern nur in Ausnahmefällen bei Spitzenleistungen mit außergewöhnlichen Schwierigkeiten[99] zu, wobei der Aufwand für die Benutzung technischer Einrichtungen und das Vorliegen besonders erschwerender Umstände, unter denen das Gutachten zu erstatten war, mit zu berücksichtigen sind[100]. Der Spitzenstundensatz kann bei Vorliegen der genannten Voraussetzungen auch in den Fällen gewährt werden, in denen der an den Sachverständigen gerichtete Auftrag ein Standardproblem seines Fachgebietes betrifft.[101]

Unter Berücksichtigung des Gebots der verfassungskonformen Auslegung des § 3 Absatz 2 erscheint es jedoch nicht angemessen, den Spitzenstundensatz als Regelentschädigung zu gewähren[102]. Die Tatsache, daß der Sachverständige bei seiner sonstigen Berufstätigkeit ein höheres Einkommen als 100,– DM je Stunde hat, rechtfertigt es nicht, ihm den Höchstsatz der Entschädigung zu gewähren. Die Höhe des Verdienstausfalls hat für die Bemessung der dem Sachverständigen im Rahmen des § 3 Abs. 2 zu gewährenden Entschädigung grundsätzlich keine

98 OVG Münster in JMBl. NW 83.55.
99 BayVGH in BayVBl. 81.91; OLG Frankfurt in KRspr. § 3 Nr. 204 LS (qualifizierteste Fachkenntnisse und schwierigste Leistungen); KG in JurBüro 84.1066 = Rpfleger 84.77 = ZSW 84.59 mit Anm. v. *K. Müller;* OLG Düsseldorf in MDR 85.960 LS = KRspr. § 3 Nr. 320 LS; OLG Celle in Nds. Rpfl. 83.128; OLG Stuttgart in Justiz 83.120; OLG Düsseldorf in JurBüro 86.1686; in JurBüro 86.1859 = JurBüro 87.258 = JMBl. NW 87.179; LG Flensburg in JurBüro 88.239; OLG Düsseldorf in JurBüro 88.245; in JR 93.377; LG Mainz in Rpfleger 87.436;
a. A.: OLG Stuttgart in JurBüro 92.701 mit ablehnender Anmerkung von *Mümmler* = Justiz 92.414 = Rpfleger 93.43 = MDR 93.88.
100 OLG Stuttgart in Rpfleger 77.269 = JurBüro 77.1612 = Justiz 77.281; OLG München in Rpfleger 77.340, *Mümmler* in Anm. zu LG Bamberg in JurBüro 77.528; OLG München in Rpfleger 79.157 = JurBüro 79.880.
101 OLG Düsseldorf in JMBL.NW 94.130 = MDR 94.626.
102 OLG Düsseldorf in MDR 93.805; in JR 93.377.

Bedeutung. Nur bei einer Entscheidung nach § 3 Abs. 3 Buchst. b hat die Höhe des Erwerbsverlustes Einfluß auf die Höhe der zu gewährenden Entschädigung.

Bei der Festsetzung der Sachverständigenentschädigung ist das Gericht an die gesetzlichen Höchstsätze des ZSEG gebunden. Es kann auch bei Vorliegen ganz besonderer wissenschaftlicher Leistungen keine darüber hinausgehenden Entschädigung gewähren[103]. – s. a. Rz. 1 –

37 **Erforderliche Fachkenntnisse**

Maßgebend ist der Grad der erforderlichen Fachkenntnisse. Für jede Sachverständigentätigkeit sind Fachkenntnisse erforderlich. Nur wer über ausreichende Kenntnisse auf dem für die Begutachtung in Frage kommenden Gebiet verfügt, kann Sachverständiger sein. Der Grad der im Einzelfall erforderlichen Fachkenntnisse ist jedoch unterschiedlich. Entscheidend ist nicht, über welchen Grad der Fachkenntnisse der Sachverständige verfügt, sondern allein, welche Fachkenntnisse zur Beantwortung der gestellten Beweisfrage *objektiv erforderlich* sind[104]. So ist die besondere ärztliche Qualifikation das Merkmal eines medizinischen Sachverständigen und hat nichts mit dem Schwierigkeitsgrad eines Gutachtens im Einzelfall zu tun; sie ist somit auch für die Höhe des Stundensatzes ohne Bedeutung[105]. Der Anweisungsbeamte und auch das Gericht wären in aller Regel überfordert, wenn sie für die Bemessung des Entschädigungssatzes entscheiden sollten, über welchen Grad an Fachkenntnissen der Sachverständige *verfügt.*

Wenn zur Beantwortung einer einfachen, von jedem Fachkundigen zu beantwortenden Beweisfrage ein hervorragender Fachwissenschaftler herangezogen wird, dann waren die außergewöhnlichen Fachkenntnisse, über die dieser Sachverständige verfügt, zur Beantwortung der Beweisfrage *nicht erforderlich* und können daher auch nicht zum Maßstab für die Bemessung des Entschädigungssatzes gemacht werden[106]. In der Regel wird aber das Gericht nur dann einen so besonders qualifizierten Sachverständigen beauftragen, wenn die Schwierigkeit der Beweisfrage dies erfordert[107].

Bei der Bemessung der Entschädigung nach dem Grad der erforderlichen Fachkenntnisse wird man innerhalb des Entschädigungsrahmens von 50,– bis 100 DM nicht danach abstufen können, welchen Grad der Fachkenntnisse die

103 OLG Hamm in JMBl. NW 67.204.

104 OLG Köln in JMBl. NRW 71.119 = MDR 70.1034; *Brocke* in JVBl. 60.25; *Tschischgale* Arb. S. 67 Fußnote 15; OLG Düsseldorf in JurBüro 79.407 mit zust. Anm. von *Mümmler;* OLG Koblenz in JurBüro 83.741 mit Anm. von *Mümmler;* OLG Düsseldorf in Rpfleger 83.461; *Müller* Rz. 735; *Bayerlein,* § 41 Rz. 14.

105 LSG Niedersachsen in NdsRpfl. 88.199; in Breith. 89.80.

106 KG in JVBl. 61.130 = Rpfleger 61.60; *Tschischgale* Arb. S. 67 Fußnote 15.

107 LG Waldshut in NJW 64.2219.

Beantwortung der Beweisfrage im Rahmen der bei Angehörigen der Berufsgruppe des Sachverständigen allgemein vorhandenen Fachkenntnisse erfordert. Der Grad der erforderlichen Fachkenntnisse muß mit Rücksicht auf die Verschiedenheit der bei Gericht vorkommenden Beweisfragen, die von einfachsten handwerklichen oder landwirtschaftlichen Fragen bis zu schwierigsten wissenschaftlichen Spezialfragen reichen, in diesem breiten Rahmen möglicher unterschiedlicher Anforderungen an die Fachkenntnisse bestimmt werden[108].

Verwertung der Fachkenntnisse 38

Der Grad der für die Beantwortung der Beweisfrage erforderlichen Fachkenntnisse ist auch dann für die Bemessung des Stundensatzes maßgebend, wenn der Sachverständige seine Fachkenntnisse nicht zu verwerten brauchte, weil es nicht zu seiner Vernehmung gekommen ist. Ob das Gutachten erstattet wird oder ob es ohne Verschulden des Sachverständigen nicht zur Erstattung des Gutachtens kommt, hat auf die Höhe der erforderlichen Fachkenntnisse, damit auch auf den Bemessungsmaßstab für die Höhe der Entschädigung, keinen Einfluß[109].

Dies gilt jedoch nicht für die Erhöhung nach § 3 Abs. 3 Buchst. a, wenn es nicht zur Erstattung des Gutachtens kommt, denn diese Erhöhung setzt voraus, daß der Sachverständige sich in dem Gutachten mit der wissenschaftlichen Lehre auseinandersetzt[110].

Schwierigkeit der Leistung 39

Bei der Frage nach der Schwierigkeit der Leistung kann es nicht darauf ankommen, ob das Gutachten für den Sachverständigen subjektiv schwierig ist, sondern nur darauf, wie schwierig objektiv die Leistung ist. Bewertet wird die objektive Leistung des Sachverständigen. Gleiche Leistungen müssen daher gleich bewertet werden. Es geht nicht an, die gleiche von einem weniger erfahrenen Sachverständigen erbrachte Leistung deshalb höher zu entschädigen, weil sie diesem Sachverständigen größere Schwierigkeiten bereitet hat als einem erfahrenen Sachverständigen[111].

Die Schwierigkeit der Leistung ist ebenso wie der Grad der erforderlichen Fachkenntnisse nicht allein im Rahmen der bei der Gutachtertätigkeit in der Berufsgruppe des Sachverständigen vorkommenden Schwierigkeiten, sondern im Rahmen aller bei Gerichten und Staatsanwaltschaften vorkommenden Sachverständigenleistungen zu beurteilen.

108 LSG Celle in Breith. 59.84 = Nds. MBl. Rechtspr. Beil. 58.74 und Breith. 60.851.
109 OLG Nürnberg in JVBl. 66.142; OLG Hamm in JMBl. NRW 66.251 = NJW 66.1883 = BB 66.1125 = JurBüro 66.1045; KG in Rpfleger 71.78 = BB 71.244.
110 OLG München in JurBüro 78.500 = Rpfleger 78.272.
111 *Bayerlein,* § 41 Rz. 15.

40 **Zeitraubende und umfangreiche Arbeiten**

Daß ein Gutachten besonders zeitraubende und umfangreiche Arbeiten erfordert, rechtfertigt, abgesehen von den Sonderfällen des Abs. 3 Buchst. b, allein keine Erhöhung des Stundensatzes. Die besondere Schwierigkeit wird durch die Entschädigung der tatsächlich benötigten entsprechend größeren Stundenzahl abgegolten.

41 **Notwendige Benutzung technischer Einrichtungen**

41.1 Sind für die Erstattung eines Gutachtens Untersuchungen notwendig, für deren Durchführung die **Benutzung technischer Einrichtungen,** z. B. besonderer Meß- und Prüfgeräte, erforderlich ist, so kann der Sachverständige entweder

a) diese Untersuchung durch einen Dritten durchführen lassen oder
b) die erforderlichen Einrichtungen nur für die zur Erstattung eines bestimmten Gutachtens notwendigen Untersuchungen anmieten oder
c) angemietete Einrichtungen einsetzen, die sowohl für die Erstattung von Gutachten für Gerichte und Staatsanwaltschaften als auch für seine sonstige Berufstätigkeit von ihm benutzt werden, oder
d) auf eigene Kosten beschaffte technische Einrichtungen benutzen.

In den Fällen zu a) und b) ist unstreitig, daß der Sachverständige die von ihm zu zahlenden Kosten, soweit sie für die Erstattung des Gutachtens notwendig waren, nach § 8 Abs. 1 Nr. 1 erstattet verlangen kann.

Das gleiche muß auch im Falle c) gelten, nur daß es hier u. U. Schwierigkeiten bereiten kann, festzustellen, welcher Teil der Mietaufwendungen auf die Zeit entfällt, in der die Einrichtungen für die Erstattung eines Gutachtens benutzt werden mußten.

41.2 Wenn es bei **angemieteten technischen Einrichtungen** unmöglich ist, festzustellen, welcher Teil der Miete auf die Inanspruchnahme der Einrichtungen für die Erstattung des Gutachtens entfällt, ist auch die Erstattung der tatsächlichen Aufwendungen nach § 8 Abs. 1 nicht möglich. Für diesen Fall und für die Fälle, in denen der Sachverständige Einrichtungen benutzt, die er auf **eigene Kosten** beschafft hat (Fall d), sah das Gesetz früher keine Möglichkeit vor, dem Sachverständigen den Betrag zu ersetzen, »der für den Einsatz einer wertvollen, aus eigenen Mitteln angeschafften Apparatur oder sonstigen technischen Einrichtungen betriebswirtschaftlich gerechtfertigt erscheint« (Begründung, BR-Drucks. 631/75).

§ 3 Abs. 2 sieht nunmehr vor, daß neben den drei früher schon für die Höhe des Stundensatzes maßgebenden Bemessungsmerkmalen als viertes Merkmal »ein nicht anderweitig abzugeltender Aufwand für die notwendige Benutzung technischer Vorrichtungen« bei der Bemessung des Stundensatzes zu berücksichtigen ist.

Während in den Fällen zu a) und b) die dem Sachverständigen für die Inanspruchnahme der technischen Einrichtung entstandenen Aufwendungen nach § 8 Abs. 1 Nr. 1 in der tatsächlich entstandenen Höhe erstattet werden, führen die nicht aufteilbaren Aufwendungen für die Benutzung angemieteter oder auf eigene Kosten beschaffter technischer Einrichtungen zu einer Erhöhung des sich aus den anderen Bemessungsmerkmalen ergebenden Stundensatzes. **Voraussetzung für die Berücksichtigung der Aufwendungen** für die Benutzung technischer Einrichtungen bei der Bemessung des Stundensatzes ist, **41.3**

1. daß die Benutzung zur Erstattung des Gutachtens notwendig war; es genügt nicht, daß eine technische Einrichtung im Betrieb des Sachverständigen vorhanden ist[112],
2. daß es sich um technische Einrichtungen handelt, deren Benutzung den Sachverständigen mit Kosten belastet, die den Rahmen der üblichen Gemeinkosten übersteigen,
3. daß die Kosten nicht anderweit – z. B. nach § 8 Abs. 1 Nr. 1 – abgegolten werden.

Das Gesetz sieht eine wertmäßige Begrenzung für die benutzten technischen Einrichtungen nicht vor. Auf eine solche wertmäßige Begrenzung hat der Gesetzgeber bewußt verzichtet. In dem Bericht des Rechtsausschusses des Bundestages – BT-Drucks. 7/5423 – wird dazu ausgeführt:

> »Der Rechtsausschuß hat erwogen, ob die in § 3 Abs. 2 Satz 2 vorgeschriebene Berücksichtigung eines nicht anderweitig abzugeltenden Aufwandes für die notwendige Benutzung technischer Vorrichtungen, die vor allem bei teuren Vorrichtungen bedeutsam werden wird, zu Schwierigkeiten wegen einer etwa notwendigen Abgrenzung teurer Vorrichtungen von billigeren führen könnte. Er sieht solche Schwierigkeiten aber nicht. Ist dem Sachverständigen kein Aufwand für die Benutzung technischer Vorrichtungen entstanden, so sind wie bisher allein die drei anderen Bemessungsmerkmale – der Grad der erforderlichen Fachkenntnisse, die Schwierigkeit der Leistung wie auch die besonderen Umstände, unter denen das Gutachten zu erarbeiten war – maßgebend. Ist ein solcher Aufwand entstanden, so wird er je nach Größe bei der einheitlichen Festsetzung des Stundensatzes, die durch § 3 Abs. 2 Satz 2 letzter Satzteil geboten ist, zu berücksichtigen sein und sich somit in unterschiedlichem Maße auswirken. Einer Abgrenzung der teueren und billigeren Vorrichtungen bedarf es also nicht.«

Maßgebend für die Berücksichtigung bei der Bemessung des Stundensatzes ist daher nicht der Anschaffungswert der benutzten technischen Einrichtung, sondern der Aufwand, der dem Sachverständigen durch den Einsatz der technischen Einrichtung entsteht, wobei die Kosten, die dem Sachverständigen entstehen

112 OLG Bamberg in JurBüro 78.563; LG Schweinfurt in JurBüro 78.564; OLG Zweibrücken in JBl. Rhld-Pfalz 87.183; LG Bochum in JurBüro 89.1463.

würden, wenn er die Einrichtungen eines Dritten in Anspruch genommen hätte, ein Anhalt für den Umfang des zu berücksichtigenden Aufwands sein können[113].

41.4 Die Tatsache, daß dem Sachverständigen besondere Aufwendungen für die notwendige Benutzung eigener technischer Vorrichtungen entstehen, rechtfertigt nicht **eine Überschreitung des Höchstsatzes,** sondern ist mit den anderen Bemessungsmerkmalen[114] bei der Bemessung des Stundensatzes innerhalb des Rahmens von 50,– bis 100,– DM zu berücksichtigen, wobei das Maß der Erhöhung nach dem Wert der eingesetzten Einrichtungen und der notwendigen Dauer ihres Einsatzes verschieden sein muß[115]. Der Anweisungsbeamte wird hier weitgehend auf die Angaben des Sachverständigen angewiesen sein.

41.5 Die Kosten für die Einrichtungen, wie sie üblicherweise in jedem Büro eines Sachverständigen notwendig sind, z. B. Schreibmaschinen, Rechenmaschinen, Vervielfältigungsgeräte, Diktiergeräte u. ä., gehören zu den Gemeinkosten, die bereits durch den Stundensatz abgegolten sind, der sich nach dem Grad der erforderlichen Fachkenntnisse, der Schwierigkeit der Leistung und den besonderen Umständen ergibt. Das gilt auch für die Aufwendungen eines Sachverständigen, der sich im Rahmen seines Bürobetriebs der elektronischen Datenspeicherung bedient. Die Verwendung der im Bürobetrieb eingesetzten EDV-Anlage kann nicht als zusätzlich zu entschädigende Benutzung technischer Vorrichtungen qualifiziert werden[116].

42 Besondere Umstände

42.1 Als besondere Umstände, unter denen das Gutachten zu erarbeiten war, sind bei der Bemessung der Entschädigung innerhalb des Rahmens bis zu 100,– DM alle Tatsachen zu berücksichtigen, die dazu führen, daß die für die Erstattung des Gutachtens notwendigen Arbeiten unter **ungünstigeren Bedingungen** durchgeführt werden müssen als allgemein bei der Gutachtertätigkeit. Besondere, erschwerende Umstände können z. B. Ortsbesichtigungen bei besonders ungünstiger Witterung, unter Verhältnissen, die mit starkem Schmutz, mit ungewöhnlichen körperlichen Anstrengungen oder besonderen Gefahren verbunden sind oder Arbeiten sein, die auf Verlangen des Gerichts unter Zeitdruck durchgeführt werden müssen[117].

42.2 Auch das Verhalten eines schwierigen Patienten bei einer nervenärztlichen Untersuchung, das die Arbeit des Sachverständigen erschwert, rechnet zu den

113 Ebenso *Kamphausen* in JurBüro 83.416.

114 LG Karlsruhe in Justiz 86.331.

115 OLG Zweibrücken in JurBüro 88.247.

116 OLG Stuttgart in MDR 89.921.

117 KG in JurBüro 84.1379; OLG Düsseldorf in JurBüro 86.1859 = JurBüro 87.258 = JMBl. NW 87.179.

besonderen Umständen, die bei der Bemessung der Entschädigung zu berücksichtigen sind[118].

Zu den »besonderen Umständen«, unter denen das Gutachten zu erarbeiten war, rechnen nicht die durch die Geldentwertung angestiegenen Personal- und Sachkosten[119]. **Währungsverfall,** Kostensteigerungen oder Veränderungen in den Preisverhältnissen müssen bei der Bemessung der Entschädigung nach § 3 Abs. 2 außer Betracht bleiben. Die Entwicklung der allgemeinen wirtschaftlichen Verhältnisse rechtfertigt nicht eine Änderung in der Abstufung der Sachverständigenentschädigung[120]. Zu den »besonderen Umständen« können nicht Tatsachen rechnen, die gleichermaßen für alle Gutachten gelten[121]. Es ist ausschließlich Aufgabe des Gesetzgebers, durch eine Anhebung des gesetzlichen Entschädigungsrahmens den veränderten wirtschaftlichen Verhältnissen Rechnung zu tragen[122]. **42.3**

Auch wenn in § 3 Abs. 2 die »außergewöhnliche Zeit« nicht erwähnt ist, wird man entsprechend der in § 5 Abs. 3 getroffenen Regelung die außergewöhnliche Zeit als einen erschwerenden Umstand i. S. des § 3 Abs. 2 ansehen können. Für Sachverständigenleistungen, die zur Nachtzeit oder an Sonntagen und allgemeinen Feiertagen erbracht werden müssen, ist daher eine erhöhte Entschädigung innerhalb des Rahmens des Abs. 2 zu gewähren. **42.4**

Für die Frage, was als **Nachtzeit** und damit als außergewöhnliche Zeit anzusehen ist, kann § 188 ZPO als Anhalt dienen. Nach dieser Bestimmung umfaßt die Nachtzeit in dem Zeitraum vom 1. April bis 30. September die Stunden von 9 Uhr abends bis 4 Uhr morgens und in dem Zeitraum vom 1. Oktober bis 31. März die Stunden von 9 Uhr abends bis 6 Uhr morgens. Sachverständigenleistungen, die in diesem Zeitraum erbracht werden müssen, rechtfertigen daher in jedem Falle eine erhöhte Entschädigung. Ob und inwieweit auch andere Zeiten als außergewöhnliche Zeiten angesehen werden können, wird von den Umständen des Einzelfalles abhängen. So wird man, wenn die Arbeiten eines **42.5**

118 OLG München in JVBl. 70.213.

119 OLG Hamm in Rpfleger 74.333 = JMBl. NRW 74.176; LG Bamberg in JurBüro 74.242; OLG Bamberg in JurBüro 74.619 m. Anm. von *Mümmler;* OLG Koblenz in Rpfleger 74.373; OLG Nürnberg in JurBüro 74.897; LG München in JurBüro 75.94; LG Schweinfurt in JurBüro 75.1477 m. zust. Anm. von *Mümmler;* OLG Düsseldorf in JurBüro 82.1053 = Rpfleger 82.243; OLG Düsseldorf in Rpfleger 85.333, in JurBüro 90.653 = MDR 90.453;
a. A.: OLG Köln in MDR 73.1032 = JMBl. NRW 73.258 = DB 73.1942; LG Darmstadt in JurBüro 83.586; s. a. *Kamphausen* in MDR 93.21.

120 OLG Zweibrücken in JBl. Rhld.-Pfalz 83.130 = JurBüro 83.1543 = Rpfleger 83.295 und Rpfleger 86.74, in JurBüro 88.247;
a. A.: OLG Zweibrücken in Rpfleger 86.322.

121 VGH Bad.-Württ. in Justiz 82.381.

122 OLG Oldenburg in Nds.Rpfl. 94.164.

Sachverständigen sonst außerhalb bestimmter Geschäftszeiten einer erhöhten Vergütung auslösen, diese Tatsache auch bei der Bemessung der Entschädigung für ein gerichtliches Gutachten berücksichtigen müssen, wenn die Arbeit an dem Gutachten in dieser außergewöhnlichen Zeit vorgenommen werden mußte.

42.6 Bei einem Sachverständigen, der ein Gutachten als **Nebenbeschäftigung in** seiner **Freizeit** erstattet, kann die Tatsache, daß er zu außergewöhnlicher Zeit an dem Gutachten arbeitet, nicht als ein besonderer Umstand angesehen werden, der eine Erhöhung der Entschädigung rechtfertigt[123].

43 **Einheitlicher Stundensatz**

43.1 Die frühere Regelung, wonach der höchste Stundensatz, der sich nach den Bemessungsmerkmalen des § 3 Abs. 2 ergab, für die gesamte erforderliche Zeit galt, hatte zu Schwierigkeiten und unterschiedlichen Auslegungen in den Fällen geführt, in denen der Sachverständige nur einen geringen Teil seiner gesamten Gutachtertätigkeit unter besonderen erschwerenden Umständen erarbeiten mußte.

Die gleichen Schwierigkeiten würden auftreten, wenn, was bei dem Einsatz wertvoller Einrichtungen in der Regel der Fall sein wird, die teuren Geräte nur für eine im Verhältnis zur gesamten Gutachtertätigkeit geringe Zeit eingesetzt werden müssen. Die Fassung des § 3 Abs. 2 Satz 2 Halbsatz 2 bestimmt daher jetzt nicht mehr, daß für die gesamte Zeit der *höchste* Stundensatz gilt, sondern daß der **Stundensatz für die gesamte Zeit einheitlich** zu berechnen ist.

43.2 Die zur Beantwortung einer Beweisfrage **erforderlichen Fachkenntnisse** sind für die ganze Dauer der Sachverständigentätigkeit zu berücksichtigen, auch für Vorbereitungszeiten, Reise- und Wartezeiten[124]. Der nach dem Grad der erforderlichen Fachkenntnisse zu bemessende Stundensatz muß für die ganze Leistung gelten, auch wenn der Sachverständige nur während eines Teiles dieser Zeit diesen Grad der Fachkenntnisse zu verwerten braucht[125]. In der Gesetzesbegründung (BT-Drucks. 7/4599) zur Änderung des § 3 Abs. 2 Satz 2, Halbs. 2 ist hierzu u. a. ausgeführt: »Bei der Gesamtschau wird hinsichtlich des Grades der erforderlichen Fachkenntnisse aber zu beachten sein, daß dieser der Ausführung des Gutachtens vorgegeben und es unerheblich ist, ob der Sachverständige seine Fachkenntnisse während der gesamten erforderlichen Zeit einsetzen mußte oder nur während eines Teils.«

123 LSG Rheinland-Pfalz in Breith. 73.87.

124 OLG Bamberg in JurBüro 85.1220; LG Flensburg in JurBüro 88.239;
a. A.: BGH in JurBüro 84.1177.

125 OLG Nürnberg in JurBüro 80.742; VG Hamburg in JurBüro 80.1706 m. Anm. von *Mümmler;* VG Berlin in ZSW 82.86 m. Anm. von *K. Müller;* LG Flensburg aaO. – Fn. 124 –;
a. A.: OLG Nürnberg in Rpfleger 79.37 m. abl. Anm. von *Höver* = JurBüro 79.1187.

Seine Fachkenntnisse stellt der Sachverständige während der ganzen Zeit, in der er für die Erstattung des Gutachtens in Anspruch genommen wird, zur Verfügung. Er kann diese Fachkenntnisse nicht während der Reise- und Wartezeiten abschalten. Entscheidend ist, welche Fachkenntnisse *erforderlich* sind; dabei spielt es keine Rolle, wie lange und bei welchen Arbeitsabschnitten er diese Fachkenntnisse *einsetzen* mußte. Selbst wenn er die an sich zur Beantwortung der Beweisfrage notwendigen Fachkenntnisse gar nicht einsetzen muß, weil es ohne sein Verschulden nicht zur Gutachtenerstattung kommt, ist der für die Beantwortung der Beweisfrage *notwendige Grad* der Fachkenntnisse Maßstab für die Höhe des Stundensatzes der gesamten erforderlichen Zeit. – S. a. vorstehende Rz. 38 –. Das gilt auch dann, wenn der Sachverständige das erforderte Gutachten unter Mitwirkung von Mitarbeitern mit unterschiedlicher beruflicher Qualifikation erstellt[126].

Wenn ein Gutachten unter **besonderen Umständen** oder unter **Benutzung technischer Vorrichtungen** erarbeitet wird, so ist dagegen bei Bemessung des für die gesamte erforderliche Zeit zu gewährenden einheitlichen Stundensatzes zu berücksichtigen, daß nur für einen Teil der Sachverständigentätigkeit die Voraussetzungen vorlagen, die eine Erhöhung der sonst zu gewährenden Entschädigung rechtfertigen. Die Entschädigung muß daher höher sein als bei einem Gutachten, bei dem weder erschwerende Umstände vorlagen noch technische Einrichtungen benutzt wurden und geringer als bei einem Gutachten, das in vollem Umfang unter erschwerenden Umständen oder unter Einsatz technischer Einrichtungen erstellt werden mußte. 43.3

V. Abgeltungsbereich der Entschädigung nach Absatz 2

Zeitaufwand des Sachverständigen 44

Mit der Entschädigung nach Absatz 2 wird abgegolten die gesamte Zeit, die der Sachverständige selbst für die Erstattung des Gutachtens aufwenden mußte.

Hierzu zählt auch der Zeitaufwand des Sachverständigen für **vorbereitende Arbeiten** wie 44.1

- **Einsicht** in Akten, Geschäftsbücher, Karten und sonstige Unterlagen;
- **Besichtigungen** von Gebäuden und Örtlichkeiten, Schiffen und Maschinen;
- ärztliche, chemische, geologische oder sonstige wissenschaftliche **Untersuchungen;**
- **Vermessungen,**
- Aufstellung von **Berechnungen;**
- **Herbeischaffung** der für das Gutachten erforderlichen Unterlagen;

126 OLG Zweibrücken in JurBüro 88.247.

– notwendige **Rücksprachen** über die Unterlagen oder den Umfang des Gutachtens

und dergleichen.

44.2 Zu dem hierfür erforderlichen Zeitaufwand gehören ferner alle notwendigen **Wege-, Reise- und Wartezeiten,** und zwar gleichgültig, ob sie durch vorbereitende Arbeiten oder durch gerichtliche Termine verursacht worden sind[127]. Das gilt auch, wenn es nach Wartezeiten vor einem Termin zur mündlichen Erstattung oder Erörterung des Gutachtens ohne Verschulden des Sachverständigen nicht mehr kommt[128].

44.3 Mit der Entschädigung nach § 3 ist abzugelten der notwendige Zeitaufwand für ein **Aktenstudium.** Dabei ist zu berücksichtigen, daß ein mit der täglichen Durcharbeitung von Gerichtsakten nicht vertrauter Sachverständiger hierfür eine längere Zeit benötigt, als ein in dieser Tätigkeit geübter Richter.

Nach in der *Sozialgerichtsbarkeit* aufgestellten Grundsätzen erfordert die sorgfältige Durcharbeitung der Akten einschließlich der Fertigung von Notizen und Exzerpten einen Zeitaufwand von einer Stunde für ca. 60 Aktenseiten, wenn diese zumindest zu 25 v. H. medizinischen Inhalts sind[129].

Die Durchsicht von *Patentakten* wird mit Rücksicht auf die darin enthaltenen Zeichnungen und Beschreibungen und deren notwendig werdende Vergleichung in der Regel wesentlich zeitraubender sein als die Durchsicht gewöhnlicher Akten. Der Sachverständige sollte auf Umstände, die für das Aktenstudium einen größeren Zeitaufwand erforderlich machen, bei der Geltendmachung seiner Entschädigung hinweisen.

44.4 Für die Durchsicht des in Betracht kommenden **Schrifttums (Fachliteratur)** kann eine Entschädigung nur in besonders gelagerten Fällen gewährt werden[130]. In der Regel muß der Sachverständige die nötigen Fachkenntnisse besitzen und sich durch Einsicht in die einschlägige Literatur auf dem laufenden halten. Die dadurch entstehenden Aufwendungen (auch die aufgewendete Zeit) gehören zu seinen allgemeinen Unkosten, die er nicht als Spezialunkosten eines Gutachtens in Rechnung stellen kann[131]. Das gilt insbesondere für solche Schriften, die nicht speziell für das jeweilige Gutachten erforderlich waren, sondern nur Kenntnisse

127 KG in ZSW 82.228 mit Anm. von *Müller.*

128 OLG München in Rpfleger 73.379 LS = MDR 73.1044 = NJW 73.2044 LS = KRspr. § 17 Nr. 24 LS.

129 Kreisgericht Gera-Stadt, 1. Kammer für Sozialrecht, in Juris/ZSEG DOKNR 814581.

130 KG in JVBl 59.83; *Mümmler* in JVBl. 62.28; LG Aachen in JurBüro 82.1704; a. A.: *Jessnitzer/Frieling,* Rdn. 771.

131 OLG Koblenz in MedR 87.46.

vermitteln, wie sie bei jedem Sachverständigen dieses Fachs vorausgesetzt werden müssen[132]. – s. a. § 8 Rz. 6 –

Der Zeitaufwand für das Studium der Fachliteratur, die auch ein erfahrener und durchschnittlich befähigter Sachverständiger speziell zur Beantwortung der Beweisfrage durcharbeiten muß, ist dagegen zu entschädigen[133].

Ist nach dem Gutachtenauftrag die Ermittlung neuer, bisher nicht diskutierter Literatur erforderlich, so kann die Benutzung einer *Datenbank* zweckdienlich sein. Die hierfür zu entrichtenden Entgelte sind nach § 8 erstattungsfähig[134].

Der Vorbereitung des Gutachtens dienen auch die erforderlichen **Schreiben des Sachverständigen** an die Parteien oder ihre Vertreter über die Bestimmung eines Ortstermins oder für Umladungen sowie alle sonstigen mit der Erfüllung des Auftrages in Zusammenhang stehenden notwendigen Schreiben. Der für die Schreiben erforderliche Zeitaufwand des Sachverständigen ist nach § 3 zu entschädigen; läßt der Sachverständige die Schreiben durch eine Schreibkraft fertigen, so sind die Aufwendungen für diese nach § 8 zu ersetzen. – s. a. § 8 Rz. 16 – 44.5

Dagegen kann der *Zeitaufwand für die Beförderung der Briefe zum Postamt* nicht entschädigt werden. Solche Wege fallen im Rahmen der Bürokorrespondenz eines Sachverständigen regelmäßig an; die Aufwendungen dafür sind daher in erster Linie den allgemeinen Bürounkosten des Sachverständigen zuzuordnen und nicht einem konkreten Gutachtenauftrag[135].

Auch die für das **Diktat des Gutachtens** benötigte Zeit ist als »erforderliche Zeit« zu entschädigen, ebenso der Zeitaufwand des Sachverständigen für die Anfertigung der Reinschrift des Gutachtens[136]. 44.6

Für die Aufstellung der **Entschädigungsberechnung** und die Anfertigung des **Übersendungsschreibens** sowie für Schreiben zur Weiterverfolgung des Entschädigungsanspruchs[137] oder für die Stellungnahme zu einem Ablehnungsgesuch[138] kann eine Entschädigung nicht gewährt werden[139]. Auch Schreibauslagen sind hierfür nicht zu erstatten. – s. a. § 11 Rz. 5.8 – 44.7

132 OLG Schleswig in SchlHA 66.227 = JVBl. 66.261 = JurBüro 66.779; LG Aachen in JurBüro 82.1704.
133 OLG Zweibrücken in MDR 74.68 LS; KG in ZSW 82.228 mit Anm. von *K. Müller*.
134 LSG Rhld.-Pf. in Rpfleger 86.32.
135 OLG Hamm in Rpfleger 90.228 = JurBüro 90.1516.
136 LG München in JurBüro 93.746.
137 OLG Düsseldorf in JR 93.377.
138 OLG Düsseldorf in JurBüro 84.90 = JMBl. NW 84.22; LG Krefeld in JurBüro 85.262;
a. A.: OLG Frankfurt in MDR 93.484 = Rpfleger 93.421.
139 OLG München in Rpfleger 73.379 LS = MDR 73.1044 LS = NJW 73.2044 LS = KRspr. § 17 Nr. 24 LS; OLG Koblenz in JurBüro 83.741; KG in ZSW 82.228.

44.8 Der für die Fertigung eines **allgemeinen Aktenauszugs** benötigte Zeitaufwand kann nicht entschädigt werden. Eine Wiedergabe des Akteninhalts, die in keinem Bezug zu der gutachterlichen Schlußfolgerung steht, wird von dem Gutachtenauftrag nicht gedeckt[140].

44.9 Auch der erforderliche Zeitaufwand für eine kurze **Vorprüfung** der Frage, ob der Sachverständige das erbetene Gutachten überhaupt erstatten will oder kann[141] – s. hierzu auch Rz. 4.1 –, ist nicht zu entschädigen.

44.10 Die Bemühungen, für die ihm zu gewährende Entschädigung eine **Vereinbarung nach** § 7 herbeizuführen, liegen ausschließlich im wirtschaftlichen Interesse des Sachverständigen und können nicht nach § 3 Abs. 2 entschädigt werden; der Sachverständige hat mit seinen Bemühungen keine Leistung im Sinne des § 3 Abs. 1 erbracht[142].

44.11 Nach § 407 a Abs. 4 ZPO soll der Sachverständige dem Gericht auf Verlangen die **Akten, für die Begutachtung beigezogene Unterlagen sowie Untersuchungsergebnisse unverzüglich herausgeben** oder mitteilen. Als beigezogene Unterlagen kommen z. B. Krankengeschichten, Röntgenaufnahmen, Lichtbilder und Aufzeichnungen durch medizinisches Gerät anderer Stellen in Betracht. Sie sind auf Verlangen des Gerichts ebenso herauszugeben wie Ergebnisse, zu denen der Sachverständige aufgrund eigener Untersuchungen gelangt ist. Liegen solche Zwischenergebnisse dem Sachverständigen in einer Form vor, die zur Weitergabe nicht geeignet ist – etwa als kurzschriftliche Notizen –, soll er sie dem Gericht auf andere Weise mitteilen. Zweck der Regelung ist auch, daß ein weiterer Sachverständiger die Arbeiten ohne Zeitverlust fortführen kann und erneute möglicherweise kostspielige und belastende Untersuchungen vermieden werden.

Das Gericht kann notfalls die Herausgabe anordnen. Der Sachverständige darf die Unterlagen nicht etwa zurückbehalten, weil er die Entschädigung für zu gering oder ein gegen ihn verhängtes Ordnungsgeld für unberechtigt hält. Nach § 409 ZPO kann die Herausgabe der Akten und Unterlagen mit Ordnungsmitteln erzwungen werden.

§ 1 Abs. 1 Nr. 2 b JBeitrO ermöglicht die zwangsweise Wegnahme der Akten. Ein Rechtsbehelf steht dem Sachverständigen gegen die Anordnung der Wegnahme nicht zu[143].

Der **Zeitaufwand, den der Sachverständige benötigt, um dem Verlangen des Gerichts nachzukommen,** steht noch in einem engen Zusammenhang mit der Erstellung des – möglicherweise bereits vorliegenden – Gutachtens. Auch dieser Zeitaufwand ist daher nach § 3 Abs. 2 zu entschädigen.

140 OLG Düsseldorf in JMBl. NW 83.42; OLG Braunschweig in Nds. Rpfl. 84.13; OLG Koblenz in MedR 87.46.

141 BGH in JurBüro 79.1149.

142 OLG Frankfurt in KRspr. Übers. § 3 »Besondere Entschädigung«.

143 BT-Drucksache 11/3261 S. 40.

Beauftragt der Sachverständige mit der Zusammenstellung der Akten, Unterlagen oder Untersuchungsergebnisse eine Hilfskraft, so fallen die Aufwendungen dafür unter die Regelung des § 8.

Hilfskräfte 45

Zeiten, in denen Hilfskräfte des Sachverständigen im Zusammenhang mit der Gutachtenerstellung tätig werden, sind bei der Bemessung der Entschädigung nach § 3 nicht zu berücksichtigen. Die Aufwendungen für die Hilfskräfte können ggfs. nach § 8 ersetzt werden.

VI. Voraussetzungen einer Erhöhung der Entschädigung gemäß Abs. 3

Auseinandersetzung mit der wissenschaftlichen Lehre 46

Über die Entschädigung nach § 3 Abs. 2 kann nach § 3 Abs. 3 Buchst. a hinausgegangen werden, wenn in einem Gutachten der Sachverständige sich im Einzelfall eingehend mit der wissenschaftlichen Lehre auseinanderzusetzen hat. Die Auseinandersetzung mit der wissenschaftlichen Lehre ist nicht auf schriftliche Gutachten beschränkt, da insbesondere im Strafprozeß, in dem der Sachverständige verpflichtet ist, der Verhandlung beizuwohnen und seine Eindrücke in dem Gutachten zu verarbeiten, Fälle denkbar sind, in denen sich ein Sachverständiger ausschließlich in einem mündlichen Vortrag mit der wissenschaftlichen Lehre auseinandersetzt.

Daß es sich um ein wissenschaftlich begründetes Gutachten handelt, rechtfertigt noch keineswegs die Erhöhung nach § 3 Abs. 3 Buchst. a. Voraussetzung für die Erhöhung ist vielmehr, daß der Sachverständige sich im Einzelfall eingehend mit der wissenschaftlichen Lehre auseinandersetzen muß[144]. Daß eine eingehende Kenntnis der wissenschaftlichen Lehre zur Erstattung des Gutachtens erforderlich ist, reicht nicht aus, eine Erhöhung nach § 3 Abs. 3 Buchst. a zu begründen. Nur wenn der Sachverständige speziell zur Beantwortung der ihm gestellten Beweisfrage sich mit der wissenschaftlichen Lehre auseinandersetzen, d. h. selbständig und kritisch zu einer Mehrzahl in der Wissenschaft vertretener Meinungen Stellung nehmen muß und daraus seine Schlüsse für den konkreten Fall zieht, handelt es sich um eine Leistung, die eine Überschreitung der Entschädigung des Absatzes 2 rechtfertigt[145]. Diese Voraussetzung ist nur erfüllt, wenn der Sachverständige eine Frage zu klären hat, die in der wissen-

144 OLG Düsseldorf in JurBüro 88.924 mit Anm. von *Mümmler*.

145 BayObLG in NJW 71.253 = JVBl. 71.22 = Rpfleger 70.449; OLG Hamm in JVBl. 67.239 = NJW 67.1519 = JurBüro 67.994; OLG Düsseldorf in JurBüro 87.1585; in JurBüro 91.590 = Rpfleger 91.128 = MDR 91.907; OLG München in JurBüro 92.428.

schaftlichen Lehre umstritten oder noch wenig geklärt ist, so daß er in dem Gutachten eine eigene kritische Stellungnahme zu den in der Wissenschaft vertretenen unterschiedlichen Meinungen erarbeiten muß[146].

Wenn es sich um eine in der wissenschaftlichen Lehre noch wenig geklärte Frage handelt, kann eine kritische Stellungnahme darin liegen, daß der Sachverständige eigene Forschungen anstellt[147]. Es ist aber stets erforderlich, daß die Forschungstätigkeit durch die Erstattung des Gutachtens, für das die Entschädigung begehrt wird, bedingt ist. Denn nur dann liegt die von dem Gesetzgeber geforderte Auseinandersetzung für den Einzelfall vor[148]. Auch wenn der Sachverständige zu den bisherigen Forschungsergebnissen und den in der Literatur vertretenen Meinungen wertend Stellung nimmt und auf Grund dieser kritischen Wertung – bezogen auf den zu beurteilenden Einzelfall – eine eigene Meinung entwickelt[149] oder Lücken der wissenschaftlichen Lehre durch eigene Überlegungen sachgerecht ausfüllt[150], sind die Voraussetzungen des § 3 Abs. 3 Buchst. a für eine Überschreitung des Stundensatzes nach Abs. 2 gegeben.

Keinesfalls genügt die Anführung fremder im Schrifttum vertretener Meinungen. Wenn eine solche Anführung auch geeignet sein mag, die Überzeugungskraft des Gutachtens zu erhöhen, so liegt darin doch keine Auseinandersetzung mit der wissenschaftlichen Lehre. Literaturzitate genügen nicht, eine Erhöhung nach Abs. 3 Buchst. a zu rechtfertigen[151].

Es reicht auch nicht aus, daß der Sachverständige in seinem Gutachten unter Hinweis auf das Schrifttum angegeben hat, nach welcher Methode er die Beweisfrage beantwortet hat[152]. Der Sachverständige muß sich in dem Gutachten, nicht nur zur Vorbereitung des Gutachtens, mit der wissenschaftlichen Lehre auseinandersetzen.[153]. Das Gutachten muß daher die kritische Auseinandersetzung mit den unterschiedlichen Lehrmeinungen und nicht nur die eigene

146 LG Bielefeld in JVBl. 58.16 = Rpfleger 58.26; OLG Schleswig in SchlHA 66.227 = JVBl. 66.261 = JurBüro 66.779; OLG Nürnberg in JurBüro 63.348; OLG München in Rpfleger 62.229; OLG Celle in Nds. Rpfl. 65.162; JVBl. 58.110; MDR 63.241 = Nds. Rpfl. 62.179 = NJW 61.1785; LG Wuppertal in JVBl. 62.165; LSG Stuttgart in NJW 68.423 LS; BayObLG aaO. – Fn. 145 –.

147 OLG Koblenz in NJW 74.2056 = Rpfleger 74.414 und in Rpfleger 80.36.

148 OLG Düsseldorf in JurBüro 83.1362.

149 OLG Hamm in NJW 59.1602 = JMBl. NRW 59.140.

150 OLG Zweibrücken in Rpfleger 70.146 = NJW 70.351.

151 OLG Nürnberg in JurBüro 63.348; OLG München in Rpfleger 62.229.

152 KG in NJW 70.1241 = JVBl. 70.260 = JurBüro 70.496 = MDR 70.601.

153 *Bayerlein*, § 41 Rz. 24.

Stellungnahme enthalten. Auch ein Hinweis auf andere abweichende Lehrmeinungen genügt für sich allein nicht[154].

Da die Erhöhung voraussetzt, daß sich der Sachverständige in dem Gutachten mit der wissenschaftlichen Lehre auseinandersetzt, kann sie nicht gewährt werden, wenn das Gutachten aus vom Sachverständigen nicht zu vertretenden Gründen nicht fertiggestellt zu werden braucht[155].

Auch eine Auseinandersetzung des Sachverständigen mit einem vorliegenden Vorgutachten ist keinesfalls eine Auseinandersetzung mit der wissenschaftlichen Lehre[156].

Selbst wenn der Sachverständige in seinem Gutachten eine von ihm in einem anderen Zusammenhang angestellte wissenschaftliche Untersuchung nutzt, liegen die Voraussetzungen des Absatz 3 Buchst. a nicht vor[157]. Dann fehlt es an der »für den Einzelfall« erforderlichen Auseinandersetzung mit der wissenschaftlichen Lehre.

Ebenso fehlt es an einer »eingehenden Auseinandersetzung mit der wissenschaftlichen Lehre«, wenn die Tätigkeit des Sachverständigen sich im wesentlichen darin erschöpft, den von ihm erhobenen Befund auf Grund des zur Zeit seiner Untersuchungen vorhandenen Krankheitsbildes mit den von ihm übernommenen Feststellungen und Ergebnissen der Ärzte in Einklang zu bringen, denen Behandlung oder Untersuchung in einem früheren Zeitpunkt oblag[158].

Die eingehende Auseinandersetzung eines technischen Sachverständigen mit dem Stande der Technik (der »Patentliteratur«) im Anmeldezeitraum kann eine Auseinandersetzung mit der wissenschaftlichen Lehre sein[159].

Zum Umfang zur Erhöhung siehe nachstehende Rz. 55.

Erwerbsverlust infolge langer oder häufiger Heranziehung 47

Die Höhe des Erwerbsverlustes, den der Sachverständige infolge seiner Heranziehung erleidet, hat auf die Bemessung der dem Sachverständigen nach Abs. 2 zu gewährenden Entschädigung grundsätzlich keinen Einfluß. Der Sachverständige erhält für die Gutachtertätigkeit in der Regel nicht die gleiche Entschädi-

154 OLG München aaO. – Fn. 151 –; OLG Hamm in NJW 67.1519 = JVBl. 67.239 = JurBüro 67.994; LG Wuppertal in JVBl. 62.165; *Brocke* in JVBl. 60.25; LG Osnabrück in Nds. Rpfl. 93.159 = JurBüro 93.746;
a. A.: OLG Zweibrücken aaO. – Fn. 150 –.

155 OLG München in Rpfleger 78.272 = JurBüro 78.500.

156 KG in JVBl. 60.163 = Rpfleger 60.94.

157 A. A.: OLG Düsseldorf in MDR 93.392 = JurBüro 93.367.

158 OLG Frankfurt/M. in MDR 60.60.

159 BGH in Betrieb 67.1762 = JVBl. 67.161; OLG Düsseldorf in JVBl. 68.46 = JMBl. 68.191 = JurBüro 67.998; OLG Koblenz in Rpfleger 80.36; BGH in JurBüro 84.1177.

gung, die er sonst außerhalb des Gerichts üblicherweise für seine Leistung erhält, da die vom Gericht zu gewährende Entschädigung durch Höchstsätze nach oben begrenzt ist[160]. Die Heranziehung bedeutet daher für solche Sachverständige, deren Verdienstausfall höher ist als die nach Absatz 2 zu gewährende Entschädigung, ein finanzielles Opfer, das um so größer ist, je länger sie durch die Arbeit an dem Gutachten ihrer sonstigen Erwerbstätigkeit entzogen werden. Buchsachverständige, die Bücher und umfangreiche Geschäftspapiere eines großen Unternehmens durchsehen und überprüfen müssen, um die gestellten Beweisfragen beantworten zu können, benötigen hierzu oft viele Monate.

Auch unter Berücksichtigung der nach § 11 Satz 2 zu erstattenden Kosten für die notwendige Vertretung reicht die Entschädigung oft nicht aus, den Verdienstausfall auszugleichen. Ein solches finanzielles Opfer ist für außergewöhnlich lange Zeit nicht zumutbar. Der Entschädigungssatz nach Absatz 2 kann daher nach billigem Ermessen des Gerichts überschritten werden, wenn durch die Dauer seiner Heranziehung der Sachverständige einen nicht zumutbaren Erwerbsverlust erleiden würde. Die Höhe des Erwerbsverlustes hat danach für eine Erhöhung nach Abs. 3 Buchstabe b eine ausschlaggebende Bedeutung. Eine bestimmte Mindestdauer der Sachverständigentätigkeit als Voraussetzung für eine Erhöhung kann nicht festgelegt werden, weil der Sachverlust dann, wenn die sonstigen Berufseinkünfte des Sachverständigen weit über 100,– DM je Stunde liegen, schon bei weniger langer Heranziehung unzumutbar hoch werden kann, während dann, wenn die sonstigen Berufseinkünfte nicht so hoch sind, erst bei einer wesentlich längeren Heranziehung der Erwerbsverlust nicht mehr zumutbar ist. Voraussetzung für eine Überschreitung der nach Abs. 2 zu gewährenden Entschädigung ist aber, daß die Dauer der Heranziehung über das übliche Maß hinausgeht und dadurch ein Erwerbsverlust eintritt, der die Grenze des jeden Sachverständigen zumutbaren Opfers überschreitet[161].

Auch dann, wenn ein Sachverständiger zwar im Einzelfall nicht für besonders lange Zeit, aber besonders häufig vom Gericht herangezogen wird, kann der im Einzelfall noch vertretbare Verdienstausfall durch die Summierung unzumutbar groß werden. Entscheidend wird es auch bei der besonders häufigen Heranziehung auf die Höhe des dadurch eintretenden Erwerbsverlustes ankommen, der wiederum von der Höhe des sonstigen Berufseinkommens abhängt. So können bei einem Rechtsanwalt, der als Gutachter häufiger in Konkursverfahren eingesetzt wird, die Voraussetzungen für die Gewährung einer Erhöhung nach Abs. 3 b 1. Alternative gegeben sein[162]. Eine Überschreitung des Stundenentschädigungssatzes wegen der Häufigkeit der Heranziehung des Sachverständigen wird in der Regel dann gerechtfertigt sein, wenn

160 BVerfG in JVBl. 72.233 = Rpfleger 72.359 = NJW 72.1891; vgl. auch § 3 Rz. 1.
161 Vgl. § 3 Rz. 1; OLG Hamburg in MDR 89.922 = JurBüro 90.254.
162 LG Freiburg in JurBüro 86.1687.

seine forensische Tätigkeit im Jahresdurchschnitt einen Zeitraum in Anspruch nimmt, der etwa einen Monat seiner freiberuflichen Arbeit ausmacht[163].

Ausgleich für Erwerbsverlust 48

Die nach Abs. 2 zu gewährende Entschädigung kann, auch wenn der Sachverständige besonders lange oder häufig herangezogen wird, nur dann überschritten werden, wenn er durch die Dauer oder Häufigkeit der Heranziehung einen nicht zumutbaren Erwerbsverlust erleidet. Die Entschädigung nach Abs. 2 darf daher höchstens so weit überschritten werden, wie erforderlich ist, den tatsächlich eingetretenen Erwerbsverlust auszugleichen. Ein unzumutbarer Erwerbsverlust wird jedenfalls dann nicht vorliegen, wenn der Sachverständige im Hinblick darauf, daß er von den Gerichten häufig als Sachverständiger herangezogen wird, zusätzliche Mitarbeiter eingestellt hat, um seiner Tätigkeit als gerichtlicher Sachverständiger nachgehen zu können, und dadurch keine Umsatzeinbußen erlitten hat. Eine Erhöhung der Entschädigung nach Absatz 3 Buchst. b wird nur dann vertretbar sein, wenn die durch die Beschäftigung weiterer Mitarbeiter entstandenen Kosten auch nicht annähernd aus den Einkünften als gerichtlich tätiger Sachverständiger gedeckt werden können.

Die Tatsache, daß neben anderen Umständen, die auch sonst für die Bemessung der Entschädigung von Bedeutung sind, bei langandauernder oder häufiger Heranziehung des Sachverständigen auch der Erwerbsverlust mit berücksichtigt wird, bedeutet nicht, daß in diesen Fällen die Entschädigung innerhalb der Höchstgrenze des Abs. 3 der von dem Sachverständigen für seine außergerichtliche Tätigkeit geforderten, allgemein üblichen, oder auch in einer berufsständischen Gebührenordnung vorgesehenen Vergütung entsprechen muß. Eine Entschädigung nach dem für die Leistung des Sachverständigen »üblichen Preis«, wie sie noch der durch die NotVO v. 6. 10. 1931 – RGBl. I S. 565 – aufgehobene § 4 GebOZS vorsah, ist, ebenso wie bei der Beratung des KostÄndG[164], auch bei der Beratung des Gesetzes v. 21. 9. 1963 (BGBl. I S. 745)[165] ausdrücklich abgelehnt worden. Eine feste Bindung der Entschädigung an die Höhe des Verdienstausfalles in diesen Fällen würde insoweit innerhalb der Höchstgrenze des § 3 praktisch zu der ausdrücklich nicht gewollten Entschädigung nach dem üblichen Preis führen. Die Höhe des Erwerbsverlustes ist daher *ein* Umstand, der bei der Frage, ob und in welcher Höhe die Entschädigungssätze des Absatz 2 überschritten werden sollen, zu berücksichtigen ist, jedoch nicht der Maßstab für die Höhe der Entschädigung.

Die Überschreitung der Entschädigungssätze des Abs. 2 soll die Differenz zwischen der nach Abs. 2 zu gewährenden Entschädigung und dem Entgelt, das

163 OLG Düsseldorf in MDR 93.1024 = AnwBl. 94.46.
164 BT-Drucks. 2. Wahlp. 2545 S. 214.
165 BT IV/1194.

der Sachverständige in der privaten Wirtschaft für eine entsprechende Leistung erhalten hätte, auf ein für den Sachverständigen annehmbares Maß reduzieren[166]. Es ist jedoch nicht Zweck der Zuschlagsregelung, für künftige allgemeine Preissteigerungen einen Spielraum bereitzustellen, über den bei fortschreitender Geldentwertung eine Anpassung an geänderte wirtschaftliche Verhältnisse vorgenommen werden kann[167].

49 **Berufssachverständige**

49.1 Nach Absatz 3 Buchstabe b, letzter Halbsatz, kann die nach Absatz 2 zu gewährende Entschädigung nach billigem Ermessen bis zu 50 v. H. überschritten werden, wenn der Sachverständige seine **Berufseinkünfte** zu mindestens 70 vom Hundert als gerichtlicher oder außergerichtlicher **Sachverständiger** erzielt. Es ist nicht erforderlich, daß es sich bei den Gutachten, aus denen der Sachverständige seine Berufseinkünfte erzielt, um Gutachten für Gerichte und Staatsanwaltschaften handelt. Voraussetzung ist nur, daß der Sachverständige allgemein die Erstattung von Gutachten zur Grundlage seiner Erwerbstätigkeit gemacht hat, daß er Berufssachverständiger ist, wobei es gleichgültig ist, ob die Gutachten für Gerichte und Staatsanwaltschaften oder andere Stellen, auch private Auftraggeber, erstattet werden. Es ist für die Gewährung des Zuschlags auch ohne Bedeutung, ob es sich bei dem Berufssachverständigen um eine Behörde[168] oder einen privaten Gutachter handelt[169]. – s. a. Rz. 53 –

Daß der Sachverständige seinen Erwerb aus einem Beruf erzielt, dessen praktische Ausübung Voraussetzung für die Erstattung des Gutachtens ist, reicht nicht aus.

49.2 Der Sachverständige muß seine Berufseinkünfte **»zu mindestens 70 vom Hundert«** aus der Erstattung von Gutachten erzielen. Seine Berufseinkünfte aus sonstiger Tätigkeit dürfen mithin 30 vom Hundert seine Gesamteinkünfte nicht übersteigen.

49.3 Die Erstattung von Gutachten muß Hauptberuf des Sachverständigen sein. Auf einen Sachverständigen, der neben seinem eigentlichen Hauptberuf – z. B. als Hochschuldozent, Beamter – als Nebentätigkeit, die ihn zeitlich weniger als sein Hauptberuf in Anspruch nimmt, Gutachten erstattet, trifft § 3 Absatz 3

166 OLG München in JurBüro 73.1206.
167 LG Würzburg in JurBüro 87.1723;
a. A.: LG Bayreuth in JurBüro 87.1725.
168 OLG Stuttgart in Rpfleger 94.183.
169 OLG Hamm in JurBüro 92.497.

Buchst. b auch dann nicht zu, wenn der wesentliche Teil seiner Gesamteinkünfte aus der Nebentätigkeit als Gutachter stammt[170].

Auch wenn die gutachterliche Tätigkeit eines beamteten Sachverständigen von seinem Dienstherrn **als Nebentätigkeit genehmigt** worden ist, hat er keinen Anspruch auf Erhöhung seiner Entschädigung nach § 3 Abs. 3 Buchst. b. Das gilt auch dann, wenn die Einkünfte der genehmigten Nebentätigkeit bisweilen oder ständig die Bezüge übersteigen, die er als Beamter erhält[171]. 49.4

Wirtschaftsprüfer 50

Die Prüfung von Jahresabschlüssen privater Auftraggeber durch einen Wirtschaftsprüfer ist keine »außergerichtliche Sachverständigentätigkeit« i. S. des § 3 Abs. 3 Satz 1 Buchst. b. Der Wirtschaftsprüfer ist nicht schon wegen seines Berufs »Berufssachverständiger«[172].

Sachverständigen-Sozietät 51

Bei einer Sachverständigen-Sozietät ist die Voraussetzung für die Gewährung eines Zuschlags als »Berufssachverständiger« nur dann gegeben, wenn der einzelne beauftragte Gutachter – nicht die Sozietät – seine Berufseinkünfte zu mindestens 70 vom Hundert, als Sachverständiger erzielt.

Pensionierter Beamter/Rentner 52

Auch ein pensionierter Beamter[173] oder ein Sachverständiger, der aus seiner früheren Beschäftigung eine Angestelltenrente[174] bezieht, kann »Berufssachverständiger« sein, wenn seine Berufseinkünfte zu mindestens 70 vom Hundert aus der Sachverständigentätigkeit stammen. Versorgungsbezüge, die der Sachverständige aus früherer Berufstätigkeit erhält, sind keine »Berufseinkünfte« i. S.

170 OLG Celle in NJW 65.1097 = MDR 65.682 = Nds. Rpfl. 65.162; OLG Stuttgart in JVBl. 72.143; OLG Braunschweig in KRspr. § 3 Nr. 227; LG Osnabrück in JurBüro 79.1043; OLG Düsseldorf in JurBüro 83.1360 = Rpfleger 83.129 = JMBl. NW 83.43 und in DÖD 83.65; OLG Nürnberg in JurBüro 85.1222.

171 LG Krefeld in Rpfleger 82.317.

172 OLG Düsseldorf in JMBl. NW 93.138 = MDR 93.697 = JurBüro 94.180.

173 OLG Karlsruhe in JVBl. 65.166; OLG Düsseldorf in JVBl. 65.164 = JMBl. NRW 65.274; OLG Hamm in JVBl. 70.213 = JurBüro 70.675; OLG Köln in Rpfleger 91.177.

174 OLG München in JurBüro 88.520 LS.

des § 3 Abs. 3 Buchst. b und haben für die Frage, ob er seine Berufseinkünfte im wesentlichen als Sachverständiger erzielt, außer Betracht zu bleiben[175].

Voraussetzung für eine Erhöhung des Stundensatzes als »Berufssachverständiger« ist aber, daß der Sachverständige sein derzeitiges Berufseinkommen im vorgegebenen Rahmen aus gutachterlicher Tätigkeit erzielt[176] und daß er in einem Umfang Gutachten erstattet, der einer hauptberuflichen Tätigkeit entspricht[177].

Die Voraussetzungen für eine Erhöhung des Stundensatzes nach § 3 Abs. 3 Buchst. b sind jedoch bei einem Sachverständigen, der nur in einem Umfang tätig ist, der über eine Nebenbeschäftigung nicht hinausgeht, auch dann nicht gegeben, wenn der Sachverständige keinen Hauptberuf ausübt und seinen Lebensunterhalt aus einer Rente oder ähnlichen Einkünften bestreitet[178].

53 **Körperschaften als Berufssachverständige**

Die für Berufssachverständige geltende Bestimmung des § 3 Abs. 3 Buchst. b kann auch für einen Technischen Überwachungsverein – TÜV –[179], den Deutschen Kraftfahrzeug-Überwachungs-Verein e.V. – DEKRA –[180], ein staatliches Materialüberprüfungsamt[181], die Landesgewerbeanstalt Bayern[182], die Landesanstalt für Immissionsschutz NRW[183] – s. a. § 1 Rz. 53 – oder eine private juristische Person (GmbH)[184] Anwendung finden. – s. a. Rz. 60 –

175 OLG Köln in JMBl. NW 70.24; OLG Düsseldorf in JVBl. 72.144; OLG Schleswig in SchlHA 83.62; OLG Köln aaO. – Fn. 173; OLG Düsseldorf in JurBüro 92.427 mit Anm. von *Mümmler*, KG in Juris/ZSEG – DOKNR 811805 – = JurBüro 93.47.
176 KG in JVBl. 68.45 = NJW 68.203 = JurBüro 68.51; OLG Hamm aaO. – Fn. 173 –.
177 OLG Nürnberg in JurBüro 85.1222; KG aaO. – Fn. 176 –.
178 KG aaO. – Fn. 176 –; OLG Hamm aaO. – Fn. 173 –; OLG Köln aaO. – Fn. 173 –.
179 OLG Bamberg in JurBüro 67.996; VGH München in NJW 67.1529; OLG Nürnberg in MDR 68.171 = KRspr. § 1 Nr. 23; OLG Karlsruhe in JVBl. 71.239 = Justiz 71.331; OLG Zweibrücken in BB 71.243 und in JVBl. 72.113; OLG Stuttgart in Justiz 81.249; VG Oldenburg in Nds.Rpfl. 83.162; OVG Lüneburg in Nds.Rpfl. 83.259; OVG Münster in Rpfleger 84.248 = KRspr. § 3 Nr. 299; a. A. für Soz-Ger.: Bayer. LSG in Breith. 72.443.
180 OLG Koblenz in MDR 78.514 LS = KRspr. § 3 Nr. 225 LS.
181 OLG Hamm in JVBl. 70.44 = JMBl. NRW 70.202.
182 OLG München in JurBüro 73.1206.
183 OLG Köln, Beschl. v. 13. 12. 1991 – 2 Ws 348/91 –; OLG Hamm in JurBüro 92.497.
184 VGH Bad.-Württ. in Justiz 88.173.

VII. Umfang der Erhöhung nach Abs. 3

Ausgangsbetrag für die Erhöhung 54

Bei der Bemessung der Entschädigung ist in den Fällen des Abs. 3 Buchst. a und b zunächst von der nach Abs. 2 zu gewährenden Entschädigung auszugehen. Da die nach Absatz 2 zu bestimmende Entschädigung bis zu 50 v. H. überschritten werden kann, kommt die Erhöhung gemäß Absatz 3 nicht nur bei dem Stundenhöchstsatz des Absatzes 2 in Betracht, vielmehr kann jeder der zwischen 50,– DM und 100,– DM liegenden Grundbeträge nach Absatz 3 bis zu 50 v. H. überschritten werden. Die höchstzulässige Stundenentschädigung von 150,– DM wird daher in der Regel nur in Ausnahmefällen in Betracht kommen.

Wissenschaftszuschlag 55

Der Wissenschaftszuschlag gemäß Absatz 3 Buchstabe a – s. Rz. 46 – kann auch zur Erhöhung von Stundensätzen unter 100,– DM führen[185]. Der Höchststundensatz von 150,– DM ist im allgemeinen nur bei seltenen wissenschaftlichen Spitzenleistungen zu gewähren.

Eine Überschreitung des höchstmöglichen Stundensatzes von 150,– DM ist selbst bei Vorliegen ganz besonderer wissenschaftlicher Spitzenleistungen ausgeschlossen[186].

Der Wissenschaftszuschlag nach Absatz 3 Buchst. a kann grundsätzlich nur für die eigentliche Gutachtertätigkeit gewährt werden. Für notwendige Reise- und Wartezeiten des Sachverständigen ist die Leistungsentschädigung nach Absatz 2 zu bestimmen. Gleichwohl ist auch hier für die gesamte Leistungsentschädigung von einem einheitlichen Stundensatz auszugehen, der nach dem Verhältnis der »Teilstundensätze« zu bestimmen ist[187].

Beispiel:

Der gesamte für die Erstellung eines Gutachtens notwendige Zeitaufwand eines Sachverständigen beträgt zehn Stunden, hiervon entfallen auf Reise- und Wartezeiten vier Stunden und auf die gutachterliche Tätigkeit sechs Stunden. Der Stundensatz nach Abs. 2 ist mit 75,– DM angemessen; der Wissenschaftszuschlag ist mit 50 v. H. gerechtfertigt.

Von dem insgesamt zu entschädigenden Zeitaufwand von zehn Stunden rechtfertigen sechs Stunden (3/5 der Gesamtzeit) den um 50 v. H. erhöhten Stundensatz. Hieraus errechnet sich für die gesamte zu entschädigende Zeit ein Stundensatz nach Absatz 2, der um 30 v. H. (3/5 von 50 v. H.) zu erhöhen ist,

185 OLG Koblenz in Rpfleger 80.36.
186 OLG Hamm in JMBl. NW 67.204.
187 BGH in JurBüro 84.1177;
a. A.: *Bleutge*, Rdn. 33 zu § 3.

d. h. 75,– DM plus 30 v. H. = 97,50 DM. Damit beträgt die Leistungsentschädigung des Sachverständigen 975,– DM.

56 **Erhöhung bei häufiger Heranziehung**

Ausgangsbetrag ist auch bei einer Erhöhung gemäß Absatz 3 Buchstabe b – 1. Alternative – jeder im Rahmen von 50,– DM bis 100,– DM liegende Stundensatz nach Absatz 2. Durch die Erhöhung soll der durch eine langandauernde oder häufige Heranziehung des Sachverständigen bedingte Erwerbsverlust in erträglichen Grenzen gehalten werden.

Eine Überschreitung der Entschädigungssätze nach Absatz 2 um volle 50 v. H. erscheint nur dann gerechtfertigt, wenn gleiche Leistungen üblicherweise viel höher vergütet werden, als der um 50 v. H. erhöhte höchste Stundensatz[188]. Der Zuschlag wird sich daher umso mehr dem Höchstsatz von 50 v. H. nähern, je größer die Differenz zwischen der Grundentschädigung nach Absatz 2 und der für außergerichtliche Gutachten üblicherweise gezahlten Vergütung ist[189].

57 **Zuschlag für Berufssachverständige**

57.1 Berufssachverständige – s. Rz. 49 – werden in der Regel häufig vom Gericht herangezogen. Sofern sie durch ihre häufige Heranziehung einen nicht zumutbaren Erwerbsverlust erleiden, könnte die nach Absatz 2 zu gewährende Entschädigung bereits wegen der Häufigkeit der Heranziehung überschritten werden. Wenn daneben in Absatz 3 Buchstabe b noch ausdrücklich eine Erhöhungsmöglichkeit für Berufssachverständige vorgesehen ist, so kann das nur dahin verstanden werden, daß **Berufssachverständigen in jedem Fall** ohne Rücksicht auf die Dauer oder Häufigkeit ihrer Heranziehung und die Höhe ihres Erwerbsverlustes eine die Entschädigung nach Absatz 2 bis zu 50 v. H. überschreitende Entschädigung gewährt werden kann[190].

Die Bewilligung eines Zuschlags für Berufssachverständige soll einen Ausgleich dafür gewähren, daß der Berufssachverständige nach §§ 407 ZPO, 75 StPO zur Erstattung des Gutachtens verpflichtet ist, auch wenn er dadurch einen Einnahmeverlust gegenüber seiner sonstigen Berufstätigkeit erleidet[191].

57.2 Die Entschädigung nach Absatz 2 kann **nach billigem Ermessen** überschritten werden. Eine Überschreitung der nach Absatz 2 zu gewährenden Entschädigung wird auch bei Berufssachverständigen nur dann angebracht und vertretbar sein,

188 OLG Stuttgart in Justiz 78.73.
189 OLG München in JurBüro 73.1206.
190 OLG Hamm in NJW 72.1533 = JVBl. 72.236; OVG Münster in Rpfleger 84.248.
191 OLG Bamberg in NJW 65.365; OLG Hamm in JurBüro 70.676 = JVBl. 70.213 = KRspr. § 3 Nr. 111; KG in JVBl. 68.45 = NJW 68.203 = JurBüro 68.51; OLG Düsseldorf in JurBüro 88.521.

wenn die Entschädigung nach Absatz 2 im Vergleich mit der Höhe der Einnahmen, die der Sachverständige bei Gutachten in der privaten Wirtschaft erzielt, unangemessen niedrig erscheint[192]. Bei dem Umfang der bis zur Höchstgrenze von 50 v. H. zu bewilligenden Erhöhung ist daher die Höhe des Erwerbsverlustes, den der Sachverständige durch seine Heranziehung erleidet, zu berücksichtigen[193].

Für die Höhe des Zuschlags kann ausschlaggebend sein, in welchem Verhältnis die Tätigkeit des Sachverständigen für Gerichte und Staatsanwaltschaften zu den sonstigen Tätigkeiten des Sachverständigen steht. Je geringer der Anteil seiner Gutachten für die freie Wirtschaft und seiner sonstigen Tätigkeit ist, umso höher wird der Prozentsatz des Zuschlags zu bemessen sein, um der Ausgleichsfunktion des Abs. 3 Buchstabe b gerecht zu werden[194].

Der nach Abs. 2 bis zum Höchstsatz von 100,– DM festgesetzte Stundensatz **57.3**
kann nach Abs. 3 Buchstabe b nach billigem Ermessen um **bis** zu 50 v. H. (150,– DM) überschritten werden. Die Entschädigung ist daher auch bei Berufssachverständigen nicht regelmäßig um 50 v. H. zu erhöhen[195].

Der **Höchstsatz des Zuschlags** ist den Berufssachverständigen vorzubehalten, die ganz überwiegend[196] – deutlich mehr als 70 vom Hundert – Gutachten für Gerichte und Staatsanwaltschaften erstellen, und deshalb auch überwiegend nach den niedrigeren Sätzen des ZSEG entschädigt werden[197].

Auch **Veränderungen in den wirtschaftlichen Verhältnissen, Währungsver-** **57.4**
fall, Kostensteigerungen oder Änderungen in dem Preisgefüge können – anders als bei der Bemessung der Entschädigung nach Absatz 2 – Anlaß

192 OLG Celle in Nds. Rpfl. 79.228; LG Osnabrück in JurBüro 79.1876; OVG Lüneburg in Nds. Rpfl. 81.127;
a. A.: OLG Oldenburg in JurBüro 81.86; OLG Hamm aaO. – Fn. 190 –.

193 LG Frankenthal in JurBüro 86.1225; BayObLG in JurBüro 89.700 = Rpfleger 89.344; LG Hildesheim in Nds. Rpfl. 89.182.

194 OLG Bamberg in Rpfleger 87.521 = JurBüro 88.122; *Strohhöfer* in Anm. zu OLG Bamberg in Rpfleger 87.520; OLG Saarbrücken in Rpfleger 88.165; OLG München in JurBüro 88.520; OLG Düsseldorf in JurBüro 88.1082; OLG München in JurBüro 88.1245; OLG Koblenz in Rpfleger 88.509; OLG Frankfurt in Rpfleger 89.304; LG Osnabrück in Nds. Rpfl. 89.181; OLG Bamberg in JurBüro 90.255; OLG Köln in JurBüro 91.1396 = Rpfleger 92.41; OLG Düsseldorf in JurBüro 92.427 mit Anm. v. *Mümmler;* OLG Hamm in JurBüro 92.497.

195 OLG Oldenburg in JurBüro 81.86; OLG Bamberg in Rpfleger 87.339; in JurBüro 88.522;
a. A.: OLG Hamm in JurBüro 91.1260.

196 OLG Bamberg in JurBüro 88.524 = 88.660 – mehr als 95 v. H. Tätigkeit im Auftrag der Rechtspflege –; OLG Celle in Nds. Rpfl. 91.59 (mindestens 85 v. H. Einnahmen aus Gutachten für Gerichte);
a. A.: *Jessnitzer/Frieling*, Rdn. 810.

197 OLG Zweibrücken in JurBüro 88.247 mit Anm. von *Mümmler* – Zuschlag in Höhe von 25 v. H. bei Gutachten durch TÜV –.

geben, den Zuschlag nach Absatz 3 Buchstabe b angemessen anzuheben. Es ist jedoch nicht gerechtfertigt, eine im Einzelfall angemessene Erhöhung nur deshalb zu reduzieren, um einen Spielraum für künftige allgemeine Preissteigerungen vorzubehalten[198].

57.5 Ein Sachverständiger, **der ausschließlich für Gerichte und Staatsanwaltschaften tätig** ist, erleidet durch seine Heranziehung einen Erwerbsverlust, wenn für Gutachten der gleichen Art in der freien Wirtschaft eine höhere Vergütung gezahlt wird. Durch seine Tätigkeit für Gerichte und Staatsanwaltschaften wird er gehindert, die besseren Verdienstmöglichkeiten in der freien Wirtschaft wahrzunehmen. Er hat daher einen Anspruch auf eine Erhöhung nach billigem Ermessen[199].

58 Überprüfung der Erhöhung

Ob bei der Erhöhung nach »billigem Ermessen« alle Umstände des Falles angemessen berücksichtigt sind, kann im Festsetzungsverfahren nach § 16 nachgeprüft werden[200].

VIII. Vorherige Bestimmung des Stundensatzes

59 Bestimmung durch den Richter, Staatsanwalt, Amtsanwalt oder Rechtspfleger

In der Praxis ist es, in Fortführung früherer landesrechtlicher Verwaltungsanordnungen, weithin üblich, in allen Fällen, in denen ein erhöhter Stundensatz beansprucht wird, die Höhe des Stundensatzes durch den Richter (Vorsitzenden) bestimmen zu lassen. Diese Regelung entspricht meist auch einem praktischen Bedürfnis, da es für den die Entschädigung berechnenden und anweisenden Urkundsbeamten der Geschäftsstelle schwierig – bei mündlichen Gutachten sogar unmöglich – ist, zu beurteilen, welcher Grad der Fachkenntnisse für die Erstattung des Gutachtens erforderlich war. Der Richter dagegen wird diese Frage in jedem Falle aus seiner besseren Kenntnis der gestellten Beweisfragen und des Inhalts des Gutachtens zuverlässiger beurteilen können. – s. a. § 15 Rz. 28 –

Die Vordrucke der Justizverwaltungen für die Festsetzung und Anweisung der Sachverständigenentschädigung sehen meist eine entsprechende Stellungnahme des Richters (Vorsitzenden) zur Höhe des Stundensatzes vor.

Eine vorherige Beteiligung des Richters wird aber vor allem in den Fällen des Absatzes 3 und hier insbesondere dann notwendig sein, wenn die Höchstsätze des Absatzes 2 »nach billigem Ermessen« überschritten werden sollen.

Der Richter kann auch von der Dienstaufsichtsbehörde verpflichtet werden,

198 OLG Bamberg in Rpfleger 87.521 = JurBüro 88.122.
199 OLG Oldenburg in JurBüro 81.86.
200 OLG Oldenburg aaO. – Fn. 199 –.

vor der Festsetzung der Entschädigung des Sachverständigen zur Höhe des angemessenen Stundensatzes Stellung zu nehmen[201].

In **Nordrhein-Westfalen** ist hierzu die nachstehende Verwaltungsregelung ergangen: 59.1

Feststellung des Auszahlungsbelegs bei der Entschädigung von Sachverständigen, Dolmetschern und Übersetzern
RV d. JM vom 23. Dezember 1983 (5672-I B. 10)
i. d. F. der RV vom 27. Mai 1986 (5672-I B. 10)

1. **Auszahlungsbeleg**

1.1 Für die Ausgaben, die die Entschädigung von Sachverständigen betreffen, ist allgemeine Auszahlungsanordnung erteilt (Nr. 19.1 der Anlage 1 zu Nr. 3.7 VV zu § 79 LHO).

1.2 Der der Kasse zur Verfügung zu stellende Beleg (begründende Unterlage) ist nach Vordruck HKR 174 zu fertigen und mit der Bescheinigung der sachlichen und rechnerischen Richtigkeit zu versehen (Nr. 22.2 VV zu § 70 LHO).

1.3 Richter, Staatsanwälte, Rechtspfleger und die zu Urkundsbeamten der Geschäftsstelle bestellten Personen sind befugt, in Rechtssachen die sachliche Richtigkeit der für die Zahlung maßgebenden Angaben in der begründenden Unterlage festzustellen und zu bescheinigen (Nr. 19.2 der Anlage 1 zu Nr. 3.7 VV zu § 79 LHO).

1.4 Als Sachverständige im Sinne der Nr. 1.1 gelten auch Dolmetscher und Übersetzer.

2. **Mündliche Gutachten, Dolmetschertätigkeit**

2.1 Bei mündlich erstatteten Gutachten ist die sachliche Richtigkeit auf dem Beleg über die Entschädigung des Sachverständigen durch den zuständigen Anweisungsbeamten erst dann festzustellen und zu bescheinigen, nachdem der Richter (s. hierzu auch BGH JVBl. 1969 S. 40), Staatsanwalt, Amtsanwalt oder Rechtspfleger, der das mündlich erstattete Gutachten entgegengenommen hat, auf dem Anweisungsvordruck angeordnet hat,

2.1.1 daß der Sachverständige bestimmungsgemäß zu entschädigen ist, und

2.1.2 er ferner den Stundensatz für die Leistungsentschädigung nach § 3 Abs. 2 ZSEG ggfs. einschließlich einer Erhöhung nach § 3 Abs. 3 Satz 1 Buchstabe a ZSEG, festgestellt hat.

2.2 Nr. 2 gilt entsprechend für die Entschädigung von Dolmetschern.

2.2.1 Hat der für die Besuchsüberwachung nach § 119 Abs. 6 Satz 1 StPO verantwortliche Richter die Überwachung nicht selbst durchgeführt oder hat der Anstaltsleiter von seiner Ersatzzuständigkeit nach § 119 Abs. 6 Satz 2 StPO Gebrauch gemacht, so ist dem Dolmetscher von der Justizvollzugsanstalt für jede Besuchsüberwachung eine Bescheinigung nach

201 BGH in JVBl. 69.40 = Rpfleger 69.88 = MDR 69.216 = NJW 69.556.

Vordruck HKR 174 b zur Geltendmachung seiner Vergütung bei Gericht zu erteilen. Die Bescheinigung ist von der Anweisungsstelle als Anlage zur Kassenanordnung (Nr. 2.2 VV zu § 70 LHO) mit dieser zu verbinden.

3. Schriftliche Gutachten, Übersetzungen

3.1 Bei schriftlich erstatteten Gutachten und bei Übersetzungen ist die Anordnung der bestimmungsgemäßen Entschädigung nicht erforderlich.

3.2 Der Anweisungsbeamte hat jedoch eine schriftliche Äußerung des Richters, Staatsanwalts, Amtsanwalts oder Rechtspflegers zur Höhe des angemessenen Stundensatzes einzuholen,

3.2.1 sofern der Sachverständige eine Entschädigung nach § 3 Abs. 3 Satz 1 Buchstabe a ZSEG beantragt oder

3.2.2 sich aus den Akten keine ausreichenden Anhaltspunkte für die Bemessung des Stundensatzes der Leistungsentschädigung ergeben.

3.3 Will der Anweisungsbeamte der in der Äußerung enthaltenen Empfehlung nicht folgen, so hat er seine Bedenken unter Vorlage der Akten dem Vertreter der Staatskasse mitzuteilen. Dieser entscheidet,

3.3.1 ob ein Verfahren nach § 16 ZSEG einzuleiten ist oder

3.3.2 ob die Akten an den Anweisungsbeamten zurückzugeben sind, weil die Bedenken unbegründet sind und die Entschädigung entsprechend der Empfehlung berechnet werden kann.

4 Erhöhung nach §§ 3 Abs. 3 Satz 1 Buchstabe b, 17 Abs. 3 Satz 2 ZSEG

4.1 Beantragt der Sachverständige eine Erhöhung nach § 3 Abs. 3 Satz 1 Buchstabe b ZSEG und kann der Anweisungsbeamte nach eigener Ermittlung nicht feststellen, daß die Voraussetzungen gegeben sind, ist die Höhe der Entschädigung mit dem Vertreter der Staatskasse abzustimmen. Dieser entscheidet, ob ein Verfahren nach § 16 ZSEG einzuleiten ist.

4.2 Nr. 4.1 gilt entsprechend für die Entschädigung von Dolmetschern und in den Fällen des § 17 Abs. 3 Satz 2 ZSEG für die Entschädigung von Übersetzern.

5. Schlußvorschrift

Die RV des JM vom 25. Juni 1980 (5672-I B. 10) wird aufgehoben.

60 **IX. Einzelne Entschädigungsfälle**

60.1 **Technischer Überwachungs-Verein**

Die Rechtsprechung zur Entschädigung des TÜV für Sachverständigenleistungen in gerichtlichen oder staatsanwaltschaftlichen Verfahren ist uneinheitlich, das gilt insbesondere hinsichtlich der Auffassungen zur Erhöhung nach Absatz 3 Buchstabe b. Überwiegend wird ein Zuschlag in Höhe von 25 v. H. auf die

Grundentschädigung nach Abs. 2 für angemessen gehalten[202], es sind aber auch Erhöhungen bis zu 50 v. H. zugebilligt worden[203].

Entscheidend für die Höhe des dem TÜV zu gewährenden Zuschlags nach Abs. 3 lit. b ist, in welchem Verhältnis die Tätigkeit des TÜV für Gerichte und und Staatsanwaltschaften zu der sonstigen Tätigkeit des TÜV steht, für die dieser nach seiner Gebührenordnung abrechnen kann – s. a. Rz. 57.2 –. Bereits eine Erhöhung der Grundentschädigung um 25 v. H. – das ist die Hälfte des nach Abs. 3 zulässigem Zuschlags – wird nur dann als gerechtfertigt angesehen werden können, wenn die Sachverständigenleistungen des TÜV für Gerichte und Staatsanwaltschaften etwa die Hälfte seiner Gesamttätigkeit ausmachen. Für eine weitergehende Erhöhung müßte der TÜV schon den Nachweis antreten, daß die Erstattung von gerichtlichen Gutachten bei dem TÜV zu einem in besonderer Weise unzumutbaren Einnahmeverlust führt. Der Höchstzuschlag von 50 v. H. nach Abs. 3 kann jedenfalls nicht mit dem Einsatz und der Bereithaltung technischer Einrichtungen begründet werden[204], diese Umstände sind bereits bei der Höhe des Stundensatzes nach Abs. 2 zu berücksichtigen[205].

Deutscher Kraftfahrzeug-Überwachungs-Verein e.V. (DEKRA) 60.2

Bei einem durchschnittlich schwierigen schadens- und verkehrstechnischen Gutachten durch den DEKRA ist von einem Stundensatz von 57,50 DM (nach § 3 a. F.) auszugehen. Der DEKRA kann in der Regel einen Zuschlag von 50 v. H. nach Abs. 3 beanspruchen[206].

Unternehmensbewertung mit Ermittlung des »good-will« 60.3

Für eine Unternehmensbewertung, die zusätzlich auch die Ermittlung des »good-will« eines Unternehmens umfaßt, kann der Sachverständige den Höchststundensatz des § 3 Abs. 3 verlangen[207].

202 OLG Zweibrücken in BB 71.243, in JVBl. 72.113; OVG Lüneburg in Nds. Rpfl. 83.259; in JurBüro 90.1671; *Bleutge*, Rz. 44 zu § 3 ZSEG.

203 OLG Bamberg in JurBüro 88.254 = 88.660, in JurBüro 90.777 (35 v. H.); OLG Celle in Rpfleger 89.42 = Nds. Rpfl. 88.239 (50 v. H.); OVG Münster in Rpfleger 84.248 (50 v. H.); LG Bayreuth in JurBüro 88.1574 (40 v. H.); OLG Hamm, Beschl. v. 2. 8. 1990 – 2 WS 435/89 – in Juris/ZSEG; OLG Köln in JurBüro 94.50 (35 v. H.) = JMBl. NW 94.35.

204 OVG Lüneburg in JurBüro 90.1671.

205 S. a. *Dück* in JurBüro 92.140.

206 OLG Zweibrücken in JBl. Rh.-Pf. 88.237 = JurBüro 88.1574 = Rpfleger 89.42; OLG Bamberg in JurBüro 88.1244 (Erhöhung um 35 v. H.).

207 OLG Hamburg in JurBüro 88.1400.

60.4 **Ärztliche Gutachten**

Aus § 3 Abs. 2 Satz 1 in der seit dem 1. 1. 1987 geltenden Fassung ergibt sich für einfache ärztliche Gutachten ohne besondere Fachkenntnisse eine Mindestentschädigung von 50 DM/Stunde (nach § 3 a. F.). Mittelschwere ärztliche Gutachten mit gesteigerten Fachkenntnissen sind mit einem Stundensatz von 60 DM (nach § 3 a. F.) zu entschädigen. Der Höchstsatz von 70 DM bleibt (nach § 3 a. F.) besonders schwierigen Gutachten mit hohen Fachkenntnissen vorbehalten. Der Schwierigkeitsgrad eines medizinischen Gutachtens ergibt sich grundsätzlich aus den Beweisfragen und dem sich daraus herleitenden Inhalt des Gutachtens[208].

60.5 **Auswertung eines Fahrtenschreiberdiagramms**

Der Mannesmann Kienzle GmbH steht für die Auswertung eines Fahrtenschreiberdiagramms ein Zuschlag für Berufssachverständige nicht zu. Sie erzielt ihre »Berufseinkünfte« nicht im wesentlichen aus gerichtlicher oder außergerichtlicher Sachverständigentätigkeit[209].

X. Entschädigung entsprechend der Maßgaberegelung des Einigungsvertrages

61 **Sachverständigenentschädigung**

Auf Sachverständige, die von einem Gericht oder einer Staatsanwaltschaft in den in Art. 3 des Einigungsvertrages bezeichneten Gebieten zu Sachverständigenleistungen herangezogen werden, sind die Maßgaberegelungen anzuwenden, wenn der Sachverständige seinen *Wohnsitz oder Sitz* in dem o. a. Gebiet hat.

62 **Wohnsitz der Sachverständigen**

Hinsichtlich des Wohnsitzes wird auf die Erläuterungen zu § 2 Rzn. 40–42 hingewiesen.

63 **Sitz des Sachverständigen**

Unter »Sitz« im Sinne der Maßgaberegelung ist der Ort zu verstehen, von dem aus der Sachverständige seiner beruflichen Tätigkeit nachgeht. Das kann auch der Ort einer Zweigniederlassung sein. Hat z. B. ein Sachverständiger, der im Gebiet der übrigen Bundesrepublik seine gewerbliche Hauptniederlassung hat, in dem o. a. Gebiet eine Zweigniederlassung errichtet, so ist diese als Sitz im

208 LSG Niedersachen in Breith. 89.80.

209 OLG Braunschweig in Nds. Rpfl. 92.285; LG Bückeburg in Nds. Rpfl. 94.77; a. A.: OLG Oldenburg in Nds. Rpfl. 93.252.

Sinne der Maßgaberegelung anzusehen, mit der Folge, daß ihm nur die ermäßigte Leistungsentschädigung zugebilligt werden kann. Dasselbe gibt, wenn der Sachverständige seinen Wohnsitz im Gebiet der übrigen Bundesrepublik hat, seiner beruflichen Tätigkeit aber von einem Sitz im Gebiet der ehemaligen DDR nachgeht. – s. a. § 2 Rz. 44 –

Höhe der ermäßigten Entschädigung 64

Für den Sachverständigen, auf den die Maßgaberegelung zutrifft, ermäßigt sich die **Leistungsentschädigung § 3** um 20 v. H. Bei der Berechnung der Leistungsentschädigung ist daher von einem Entschädigungsrahmen von 40,– DM bis 80,– DM je Stunde (§ 3 Abs. 2 ZSEG) auszugehen. Die mittlere Entschädigung – s. Rz. 34 – beträgt danach 60,– DM je Stunde. 64.1

Auch die **Entschädigung für besondere Verrichtungen nach § 5** und den Anlagen dazu ist bei den betroffenen Sachverständigen um 20 v. H. zu ermäßigen. 64.2

Die Mindestentschädigung nach § 5 Abs. 3 Satz 1 beträgt bei einer Ermäßigung um 20 v. H. 40,– DM. Unter den Voraussetzungen des § 5 Abs. 3 Satz 2 kann die Gesamtentschädigung bis zu 52,– DM erhöht werden. – vgl. § 5 Rz. 14 –

Um 20 v. H. zu ermäßigen sind ferner die 1.1fachen Gebührensätze in der **Anlage zur GOÄ.** – vgl. Abschnitt III – 64.3

Alle übrigen Entschädigungsregelungen, insbesondere zur Vereinbarung einer besonderen Enschädigung nach § 7, zum Aufwendungsersatz nach § 8, zu den Fahrtkosten und sonstigen Aufwendungen werden durch die Maßgaberegelung nicht berührt. Insoweit wird auf die einschlägigen Erläuterungen verwiesen. 64.4

Erhöhung der ermäßigten Entschädigung 65

Im Einzelfall kann die nach der Maßgaberegelung ermäßigte Entschädigung auf die vollen Beträge des ZSEG angehoben werden. – s. a. § 2 Rz. 44 –

§ 4 Zu berücksichtigende Zeit

Bei Zeugen gilt als versäumt und bei Sachverständigen gilt als erforderlich auch die Zeit, während der sie ihrer gewöhnlichen Beschäftigung infolge ihrer Heranziehung nicht nachgehen können.

Übersicht

Allgemeine Erläuterungen	1	Zeitaufwand für Entschädigungsberechnung und -geltendmachung	5
Reisezeiten	2	Versäumte Zeit bei Zeugen	6
Pausenzeiten	3	Erforderliche Zeit bei Sachverständigen	7
Reiseantritt von einem anderen Ort	4		

1 Allgemeine Erläuterungen

§ 4 ergänzt die §§ 2 und 3 und soll verhindern, daß in zu enger Auslegung dieser Bestimmungen einem Zeugen die Versäumnisentschädigung oder einem Sachverständigen die Entschädigung für seine Leistung nur für die eigentliche Dauer der Zeugenvernehmung bzw. für die Zeit der Gutachtenerstellung zugebilligt werden könnte. § 4 stellt ausdrücklich klar, daß eine Entschädigung nicht nur für die Zeit gewährt wird, während der ein Zeuge vor Gericht aussagt oder ein Sachverständiger sein Gutachten erstattet, sondern auch für die Zeit, während der der Zeuge oder Sachverständige seiner gewöhnlichen Beschäftigung infolge seiner Heranziehung entzogen ist. Er stellt ferner klar, daß die Entschädigung auch für diese Zeiten nach denselben Grundsätzen zu bemessen ist, wie für die Zeit der Zeugenaussage oder der Erstattung des Gutachtens[1].

2 Reisezeiten

2.1 Bei Zeugen gilt als »versäumt« im Sinne des § 2 Abs. 2 und bei Sachverständigen gilt als »erforderlich« im Sinne des § 3 Abs. 2 daher auch **die Zeit der Reise** zum Terminsort, des Weges zur Terminsstelle und der notwendigen Reisevorbereitungen, die Zeit der Rückreise usw., kurz, die ganze Zeit während welcher infolge der Heranziehung durch das Gericht die gewöhnliche Beschäftigung notwendig unterbrochen werden mußte. In der Regel werden dies eine oder einige Stunden vor und nach der eigentlichen Terminsdauer, unter besonderen Umständen aber auch halbe, ganze oder auch mehrere Tage sein, je nachdem eine kürzere oder längere Reisezeit erforderlich war, je nachdem der Zeuge oder Sachverständige seine Beschäftigung nur zur bestimmten Zeiten beginnen oder abbrechen kann (z. B. Schichtarbeiter) oder je nachdem die Arbeitsstelle nur zu bestimmten Zeiten oder mittels ganz besonderer Gelegenheit erreicht werden kann.

1 BT-Drucks. IV/875.

Für die Anreise zu einem Beweistermin ist die letzte **Verkehrsverbindung**, die dem Zeugen oder Sachverständigen gestattet, noch rechtzeitig zum Termin zu erscheinen, der Berechnung zugrunde zu legen. Man wird jedoch nicht voraussetzen können, daß der Zeuge oder der Sachverständige die Straßenbahn- oder Autobusverbindungen am Gerichtsort genau kennt oder vor Antritt der Reise feststellt. Wenn in Grenzfällen ein früherer Zug benutzt wird, um in jedem Fall rechtzeitig zum Termin zu kommen, wird man auch die dadurch eingetretene weitere Zeitversäumnis als erforderlich anerkennen müssen. 2.2

Eine Zeitversäumnis, die durch **nicht notwendige Umwege** eingetreten ist, kann nicht entschädigt werden. 2.3

Auch eine Zeitversäumnis, deren Ursache (z. B. **Motorschaden am eigenen Pkw**) weder im Einflußbereich des Gerichts noch in Ereignissen liegt, die, wie z. B. Verspätungen von Verkehrsmitteln, üblicherweise in Betracht zu ziehen sind, ist nicht infolge der Heranziehung entstanden und daher nicht erstattungsfähig[2]. 2.4

Eine Entschädigung für Zeitversäumnis ist jedoch dann zu gewähren, wenn die Reise zum Gerichtstermin infolge eines **Schadens des benutzten öffentlichen Verkehrsmittels** abgebrochen wurde und nicht mehr fortgesetzt werden konnte. Das Risiko für die reibungslose Durchführung einer aufgrund gerichtlicher Ladung angetretenen Fahrt kann nicht dem Zeugen aufgebürdet werden[3]. 2.5

Die Verpflichtung des Zeugen, vor Gericht zum Zwecke der Zeugnisablegung zu erscheinen, ist ebenso wie die Verpflichtung des Sachverständigen, im Auftrage des Gerichts gutachtlich tätig zu werden, eine öffentlich-rechtliche Pflicht. Im Regelfalle wird daher auch dem Zeugen und Sachverständigen zuzumuten sein, **Sonn- und Feiertage zur Reise** zu verwenden. 2.6

Der Zeuge wird, wenn er an einem Sonn- oder Feiertag reist, in der Regel einen Verdienstausfall nicht erleiden. Er dürfte jedoch einen Anspruch auf Entschädigung nach dem geringsten Satz gemäß § 2 Abs. 3 haben, da er durch die Verkürzung seiner Freizeit einen Nachteil erleidet.

Der Sachverständige dagegen hat auch für die Reise an einem Sonn- oder Feiertag einen Anspruch auf Leistungsentschädigung. – s. Rz. 7.2 –

Auf die Frage, wann bei der Hinreise oder vor Antritt der Rückreise eine **Übernachtung am Gerichtsort** als notwendig anzuerkennen ist, werden die für Dienstreisen der Beamten geltenden Bestimmungen entsprechend anzuwenden sein, wenn nicht besondere Umstände (z. B. Alter, Gesundheitszustand des Zeugen oder Sachverständigen) eine Abweichung rechtfertigen. Zeugen und Sachverständige brauchen jedenfalls die Reise zum Ort des Prozeßgerichts 2.7

2 OLG Hamm in MDR 78.868 LS.

3 OLG München in JurBüro 89.1741.

morgens nicht vor 6 Uhr antreten[4]. Eine Rückkehr an den Wohnort ist bis 24 Uhr zumutbar. Im übrigen wird auf die Erläuterungen bei § 2 Rz. 12.2 verwiesen.

3 **Pausenzeiten**

3.1 Hat der Termin längere Zeit in Anspruch genommen oder erfordert die Rückreise mehrere Stunden, so wird man dem Zeugen oder Sachverständigen eine angemessene **Pause zwischen seiner Entlassung und dem Antritt der Rückreise,** die zur Einnahme einer Erfrischung ausreicht, zubilligen müssen.

3.2 Dauert die Rückreise bis in die Nacht hinein, dann wird bei der Bemessung der Entschädigung u. U. zu prüfen sein, ob dem Zeugen oder Sachverständigen zugemutet werden kann, am nächsten Tag seine berufliche Tätigkeit sogleich wieder aufzunehmen, oder ob ihm eine angemessene **Ruhepause vor der Arbeitsaufnahme** gewährt werden muß.

4 **Reiseantritt von anderem Ort**

Wegen der Mehrkosten an Versäumnisentschädigung, Leistungsentschädigung oder Reisekosten, die dadurch entstehen, daß ein Zeuge oder Sachverständiger die Reise von einem anderen Ort aus antritt, als er geladen war, wird auf die Anmerkungen zu § 9 Rz. 28 f. verwiesen.

5 **Zeitaufwand für Entschädigungsberechnung und -geltendmachung**

Zeugen und Sachverständige haben keinen Anspruch auf Berücksichtigung der Zeit, die sie für die Liquidation und die Verfolgung ihres Entschädigungsanspruchs benötigen[5].

6 **Versäumte Zeit bei Zeugen**

6.1 **Schichtarbeitern** ist in der Regel zuzumuten, innerhalb einer mindestens elfstündigen Ruhepause zwischen zwei Nachtschichten mehrere Stunden lang als Zeuge bei Gericht zu weilen, ohne daß sie deswegen berechtigt wären, die nächste Schicht nicht anzutreten und für ihren Ausfall aus der Staatskasse entschädigt zu werden[6].

Wenn jedoch infolge der Zeitdauer oder des Zeitpunktes der Inanspruchnahme als Zeuge keine ausreichende ununterbrochene Schlafzeit für den Zeugen verbleibt, wird der Verdienstausfall zu erstatten sein, den der Zeuge dadurch erleidet, daß er die nächste Schicht verspätet oder gar nicht mehr antreten kann.

4 LG Stuttgart in Rpfleger 86.197.

5 OLG München in MDR 73.1044 LS = NJW 73.2044 LS = Rpfleger 73.379 LS = KRspr. § 17 Nr. 24 LS.

6 LG Bremen in KRspr. § 2 Nr. 8.

Daß trotz kurzer Terminsdauer ein Zeuge eine ganze Schicht versäumt, wird regelmäßig bei unter Tage beschäftigten **Bergarbeitern,** häufig auch bei dem **Fahrpersonal** öffentlicher Verkehrsmittel der Fall sein. **Fernfahrer** können sogar auch bei kurzer Terminsdauer für mehrere Tage gehindert sein, ihre Arbeiten wieder aufzunehmen. – s. a. § 2 Rz. 34 – **6.2**

Auch sonst wird in der Regel ein Arbeiter seine Arbeit nicht aufnehmen können, wenn er wenige Stunden nach dem Beginn seiner Arbeitszeit zum Termin aufbrechen muß oder erst wenige Stunden vor dem Arbeitsende entlassen wird.

Hat der Zeuge noch gearbeitet, ehe er sich zum Termin begibt oder geht er nach Beendigung des Termins wieder an seine Arbeit, so wird man – neben dem etwa notwendigen Weg zwischen Arbeitsstätte und Wohnung – insbesondere bei schmutziger Arbeit, eine angemessene **Zeit für Waschen und Umziehen** einrechnen müssen. **6.3**

Erforderliche Zeit bei Sachverständigen **7**

Nach einer früheren Fassung des § 4 war die Zeit »zu berücksichtigen«, während welcher der Sachverständige seine gewöhnliche Beschäftigung nicht wieder aufnehmen konnte. Nach der geltenden Fassung gilt diese Zeit »als erforderlich«. Dadurch wird noch einmal zum Ausdruck gebracht, daß für die Zeit der **gleiche Stundensatz** zu gewähren ist wie für die Zeit, in der das Gutachten ausgearbeitet und erstattet wird. Das gilt auch, soweit nach § 3 Abs. 3 b die Entschädigungssätze des § 3 Abs. 2 überschritten werden. **7.1**

Während dem Zeugen eine Entschädigung für Verdienstausfall nur für solche Zeiten gewährt werden kann, in denen er sonst seiner gewöhnlichen Beschäftigung nachgegangen wäre, ist dem Sachverständigen für die eigentliche Gutachtertätigkeit, d. h. **für die Zeit, die er zur Vorbereitung, Fertigstellung und Erstattung des Gutachtens benötigt,** immer eine Leistungsentschädigung zu gewähren. Dabei ist es belanglos, ob der Sachverständige während dieser Zeit sonst seiner gewöhnlichen Beschäftigung nachgegangen wäre oder nicht. Wenn der Sachverständige sonntags an der Fertigstellung des Gutachtens arbeitet, so ist ihm für diese Zeit eine Leistungsentschädigung zu gewähren, da der Sachverständige nicht wie der Zeuge für den erlittenen Verdienstausfall entschädigt wird, sondern eine nach Stunden bemessene Entschädigung für die von ihm erbrachte Leistung erhält. Auch die zum Zwecke der Vorbereitung oder Erarbeitung des Gutachtens aufgewendete Wegezeit ist in vollem Umfang zu entschädigen[7]. **7.2**

Muß der Sachverständige einen **längeren oder einen auswärtigen** Termin wahrnehmen, so hat er nicht ohne weiteres einen Anspruch auf Leistungsent- **7.3**

7 KG in ZSW 82.288 mit Anm. von *K. Müller;* OLG Düsseldorf in KRspr. § 4 Nr. 4 LS; LG Flensburg in JurBüro 88.239; s. a. *Bleutge,* Rdn. 4 zu § 4.

schädigung für die ganze Dauer der Abwesenheit von seinem Wohnort. In jedem Falle zu entschädigen sind die Reisezeit und die Zeit der eigentlichen Gutachtertätigkeit. Versäumt der Sachverständige darüber hinaus weitere Zeit, so ist ihm hierfür eine Leistungsentschädigung nur insoweit zu gewähren, als er in dieser Zeit ohne den Gutachterauftrag seiner sonstigen Beschäftigung nachgegangen wäre. Kommt es infolge eines überraschenden Vergleichsabschlusses zu Beginn des Beweistermins nicht mehr zu einer Anhörung des Sachverständigen, so zählt auch die Terminsstunde, für die sich der Sachverständige freigehalten hat, als erforderliche Zeit im Sinne des § 4[8].

7.4 Es ist von der Zeit auszugehen, die der Sachverständige nach allgemeiner Lebenserfahrung dauernd und durchschnittlich auf seine Berufstätigkeit verwendet. Es dürfen also nicht **Pausen** hinzugerechnet werden, die jeder Mensch zur Ernährung, Erholung und Nachtruhe immer einzulegen gezwungen ist. Die für eine **Mittagspause** von durchschnittlich einer Stunde benötigte Zeit kann im allgemeinen nicht als für die Gutachtenerstattung erforderlich berücksichtigt werden[9], es sei denn, daß der Sachverständige genötigt war, auch diese Zeit, die dadurch zur Leistungszeit wird, zur Vorbereitung seines Gutachtens zu verwenden[10].

7.5 Auch wenn eine **Übernachtung** erforderlich ist, kann nur für die Zeit eine Leistungsentschädigung gewährt werden, in der Sachverständige üblicherweise auch sonst tätig ist.

8 AG Mönchengladbach in DWW 92.117.
9 OLG Oldenburg in Nds.Rpfl. 91.120; OLG Hamm in MDR 93.1025.
10 OLG Karlsruhe in Justiz 67.220; KG in JurBüro 84.1379.

§ 5 Besondere Verrichtungen

(1) Soweit ein Sachverständiger oder ein sachverständiger Zeuge Leistungen erbringt, die in der Anlage bezeichnet sind, bemißt sich die Entschädigung nach der Anlage.

(2) Für Leistungen der in Abschnitt O des Gebührenverzeichnisses für ärztliche Leistungen (Anlage zur Gebührenordnung für Ärzte) bezeichneten Art erhält der Sachverständige in entsprechender Anwendung dieses Gebührenverzeichnisses eine Entschädigung nach dem 1,1fachen Gebührensatz. § 4 Abs. 2, 3 und 4 Satz 1, § 10 der Gebührenordnung für Ärzte gelten entsprechend; im übrigen bleiben die §§ 8 und 11 unberührt.

(3) Für die zusätzlich erforderliche Zeit wird eine Entschädigung in Höhe der Mindestentschädigung nach § 3 Abs. 2 für jede Stunde gewährt. Wird eine Tätigkeit zu außergewöhnlicher Zeit oder unter außergewöhnlichen Umständen notwendig, kann die Gesamtentschädigung nach Absatz 1 oder 2 um bis zu 65 Deutsche Mark erhöht werden.

Übersicht

Entsprechend geltende Bestimmungen der GOÄ . 1
Allgemeine Bemerkungen 2
Sachverständige Zeugen, Hilfkräfte 3
Pauschalenentschädigung neben der Entschädigung nach § 3 4
Entschädigung für zusätzlich erforderliche Zeit . . 5
Entschädigung für eine Verrichtung zu ungewöhnlicher Zeit oder unter außergewöhnlichen Umständen 6
Entschädigungen für Leistungen nach Abschnitt O der Anlage zur GOÄ 7
Ausfüllung des Entschädigungsrahmens 8
Ersatz von Aufwendungen 9
Ermäßigte Entschädigung nach der Maßgaberegelung des Einigungsvertrages 10

Entsprechend geltende Bestimmungen der GOÄ 1

Die nach Abs. 2 Satz 2 entsprechend geltenden Bestimmungen der Gebührenordnung für Ärzte (GOÄ) in der Fassung der Bekanntmachung vom 10. Juni 1988 (BGBl. I S. 818), haben den folgenden Wortlaut:

§ 4 Gebühren 1.1

(2) Der Arzt kann Gebühren nur für selbständige ärztliche Leistungen berechnen, die er selbst erbracht hat oder die unter seiner Aufsicht nach fachlicher Weisung erbracht wurden (eigene Leistungen). Als eigene Leistungen gelten auch von ihm berechnete Laborleistungen, die nach fachlicher Weisung unter der Aufsicht eines anderen Arztes in Laborgemeinschaften oder in von Ärzten ohne eigene Liquidationsberechtigung geleiteten Krankenhauslabors erbracht werden. Für eigene Leistung, die Bestandteil oder eine besondere Ausführung einer

anderen Leistung nach dem Gebührenverzeichnis ist, kann der Arzt eine Gebühr nicht berechnen, wenn er für die andere Leistung eine Gebühr berechnet.

(3) Mit den Gebühren sind die Praxiskosten einschließlich der Kosten für den Sprechstundenbedarf sowie die Kosten für die Anwendung von Instrumenten und Apparaten abgegolten, soweit nicht in dieser Verordnung etwas anderes bestimmt ist. Hat der Arzt ärztliche Leistungen unter Inanspruchnahme Dritter, die nach dieser Verordnung nicht selbst liquidationsberechtigt sind, erbracht, so sind die hierdurch entstandenen Kosten ebenfalls mit der Gebühr abgegolten.

(4) Kosten, die nach Absatz 3 mit den Gebühren abgegolten sind, dürfen nicht berechnet werden. *Eine Abtretung des Vergütungsanspruchs in Höhe solcher Kosten ist gegenüber dem Zahlungspflichtigen unwirksam.*

1.2 **§ 10 Ersatz von Auslagen**

Neben den für die einzelnen ärztlichen Leistungen vorgesehenen Gebühren können als Auslagen nur berechnet werden

1. die Kosten für diejenigen Arzneimittel, Verbandmittel und sonstigen Materialien, die der Patient zur weiteren Verwendung behält oder die mit einer einmaligen Anwendung verbraucht sind, mit Ausnahme der Kosten für
   a) Kleinmaterialien wie Zellstoff, Mulltupfer, Schnellverbandmaterial, Verbandspray, Gewebeklebstoff auf Histoacrylbasis, Mullkompressen, Holzspatel, Holzstäbchen, Wattestäbchen, Gummifingerlinge,
   b) Reagenzien und Narkosemittel zur Oberflächenanästhesie,
   c) Desinfektions- und Reinigungsmittel,
   d) Augen-, Ohren-, Nasentropfen, Puder, Salben und geringwertige Arzneimittel zur sofortigen Anwendung sowie für
   e) folgende Einmalartikel: Einmalspritzen, Einmalkanülen, Einmalhandschuhe, Einmalharnblasenkatheder, Einmalskalpelle, Einmalproktoskope, Einmaldarmröhre, Einmalspekula.
2. Die durch Leistungen nach den Abschnitten M, N und O des Gebührenverzeichnisses entstandenen Versand- und Portokosten,
3. die bei der Anwendung radioaktiver Stoffe durch deren Verbrauch entstandenen Kosten sowie
4. die nach den Vorschriften des Gebührenverzeichnisses als gesondert berechnungsfähig ausgewiesenen Kosten.

1.3 Abschnitt O des Gebührenverzeichnisses zur GOÄ ist abgedruckt unter Abschnitt III.

2 **Allgemeine Bemerkungen**

2.1 Die Leistung des Sachverständigen wird gemäß § 3 **grundsätzlich nach der erforderlichen Zeit entschädigt.** Die §§ 7 und 13 lassen jedoch zu, daß durch

Vereinbarung einer Entschädigung von diesen Grundsätzen abgewichen werden kann.

§ 5 sieht vor, daß für **bestimmte Sachverständigenleistungen,** die in häufig wiederkehrender Art für die beauftragende Stelle erbracht zu werden pflegen, **feste Entschädigungssätze oder Entschädigungen innerhalb eines durch Mindest- und Höchstsätze begrenzten Entschädigungsrahmens** gewährt werden. Die Berechnung der Entschädigung für diese häufig wiederkehrenden Fälle wird dadurch wesentlich erleichtert. 2.2

Schließlich sind für **ärztliche Sachverständigenleistungen aus dem Bereich der Strahlendiagnostik, der Anwendung radioaktiver Stoffe (Radionuklide) und der Strahlentherapie** die Entschädigungen unmittelbar aus Abschnitt O des Gebührenverzeichnisses für ärztliche Leistungen (Anlage zur GOÄ) zu entnehmen und zwar in Höhe des 1,1fachen des dort genannten Gebührensatzes. Dadurch soll für diesen Bereich eine differenziertere Entschädigung der Leistung ärztlicher Sachverständiger ermöglicht werden. 2.3

Bei den in der Anlage zu § 5 aufgeführten Verrichtungen handelt es sich um Leistungen, die für die gerichtliche Gutachtertätigkeit typisch sind und für die sich in langjähriger Erfahrung angemessene spezielle Entschädigungssätze herausgebildet haben. Die **Entschädigungsregelung des § 3 findet auf diese Gutachtertätigkeit keine Anwendung**[1]**.** 2.4

Gutachtliche Leistungen, die weder in der Anlage zu § 5 noch in Abschnitt O des Gebührenverzeichnisses zur GOÄ aufgeführt sind, können ausschließlich nach § 3 entschädigt werden. Die Leistungsmerkmale in der Anlage zu § 5 und in Abschnitt O der Anlage zur GOÄ sind **als Spezialregelungen eng auszulegen.** Eine analoge Anwendung dieser Spezialregelungen auf dort nicht einzuordnende Sachverständigenleistungen ist ausgeschlossen. 2.5

Sachverständige Zeugen, Hilfskräfte 3

Ebenso wie Sachverständige werden **sachverständige Zeugen** nach den Sätzen der Anlage zu § 5 entschädigt, wenn sie die dort angeführten Leistungen erbringen. Sie erhalten dann neben der Entschädigung nach der Anlage zu § 5 auch Ersatz ihrer Aufwendungen nach § 8[2]. 3.1

Läßt der Sachverständige Verrichtungen der in der Anlage zur § 5 bezeichneten Art durch **Hilfskräfte** ausführen, so gelten für deren Entschädigung nicht die in der Anlage zu § 5 bestimmten Entschädigungsbeträge. Wegen der Entschädigung der Hilfskräfte wird auf § 8 Rz. 19 verwiesen. 3.2

1 OLG Stuttgart in Justiz 77.100 LS = KRspr. § 5 Nr. 28 LS.
2 BSG in ZSW 86.15 mit Anm. von *Müller* = SGb 85.561.

4 **Pauschalentschädigung neben der Entschädigung nach § 3**

4.1 Benötigt ein Sachverständiger als Material für ein umfassendes Gutachten eine Untersuchung, für die nach der Anlage zu § 5 oder dem Abschnitt O des Gebührenverzeichnisses zur GOÄ eine Pauschalentschädigung gewährt wird, so erhält der Sachverständige für die Untersuchung diese Entschädigung und im übrigen für das Gutachten die nach der erforderlichen Zeit zu bemessende Entschädigung nach § 3. Hierbei ist jedoch der für die Untersuchung erforderliche Zeitaufwand unberücksichtigt zu lassen, da dieser bereits durch die Pauschalentschädigung abgegolten ist.[3].

4.2 Die in Nr. 10 der Anlage zu § 5 vorgesehene Entschädigung für **erbbiologische Abstammungsgutachten** umfaßt die gesamte Tätigkeit des Sachverständigen einschließlich der Auswertung und Beurteilung des gesamten Materials sowie der Aufwendungen für die Anfertigung des schriftlichen Gutachtens. Eine Entschädigung nach § 3 kann daher für ein erbbiologisches Gutachten neben der Entschädigung nach Nr. 10 der Anlage zu § 5 nicht gewährt werden. – s. a. Nr. 10 der Anlage zu § 5 Rzn. 1 f. –

4.3 Durch die Pauschalentschädigung ist auch abgegolten der Zeitaufwand für Arbeiten, die für die Erstellung einer »**kurzen gutachtlichen Äußerung**« nach den Nrn. 5, 6 und 7 der Anlage zu § 5 erforderlich sind[4]. Soweit in diesen Fällen die Untersuchungen der Vorbereitung eines ausführlichen Gutachtens dienen, ist die Tatsache, daß dann eine »kurze gutachtliche Äußerung« entfällt, bei der Bemessung der Entschädigung innerhalb des vorgegebenen Rahmens zu berücksichtigen.

4.4 Auch neben der Entschädigung für einen **Befundschein** nach Nr. 3 der Anlage zu § 5 oder ein **Zeugnis** nach Nr. 6 der Anlage ist eine Entschädigung nach § 3 ausgeschlossen.

5 **Entschädigung für zusätzlich erforderliche Zeit**

5.1 Anders als bei der Leistungsentschädigung nach § 3, bei deren Berechnung auch notwendige Vorbereitungs-, Reise- oder Wartezeiten pp. zu berücksichtigen sind, wird bei den Verrichtungen nach der Anlage zu § 5 oder nach Abschnitt O des Gebührenverzeichnisses zur GOÄ durch die pauschale Entschädigung nur der durch die Verrichtung selbst erforderliche Zeitaufwand erfaßt. Jeder darüber hinausgehende erforderliche Zeitaufwand ist als »**zusätzlich erforderliche Zeit**« im Sinne des Absatz 3 anzusehen und mit dem Mindestsatz des § 3 Absatz 2 für jede Stunde zusätzlich zu entschädigen. Der für die Verrichtung selbst erforderliche Zeitaufwand bleibt bei der Berechnung der zusätzlichen Entschädigung außer Betracht.

3 *Peters/Sautter/Wolff*, II/88–43; LSG Ba.-Wü. in JVBl. 71.140; LSG Hessen in JVBl. 71.119; VGH München in NJW 73.1429.

4 OLG Düsseldorf in Rpfleger 80.406 = JurBüro 80.1551.

Abs. 3 enthält hinsichtlich der zu entschädigenden »zusätzlich erforderlichen Zeit« keine Regelung über die **Berechnung der letzten angefangenen Stunde.** Gleichwohl wird entsprechend dem in § 3 Abs. 2 Satz 3 und § 2 Abs. 2 Satz 2 zum Ausdruck gekommenen Grundgedanken ebenfalls die letzte bereits begonnene Stunde voll gerechnet werden müssen. 5.2

»Zusätzlich erforderliche Zeit« im Sinne des Absatz 3 ist nur die Zeit, die in einem unmittelbaren Zusammenhang mit einer der zu entschädigenden Verrichtungen steht. Ist eine dieser Verrichtungen in einem späteren gerichtlichen Termin zu erläutern, so ist die Beweisperson hierfür entweder als sachverständiger Zeuge nach § 2 oder als Sachverständiger nach § 3 zu entschädigen. Die **Zeit für die Terminswahrung** ist keine »zusätzlich erforderliche Zeit« im Sinne des Absatz 3. 5.3

Entschädigung für eine Verrichtung zu ungewöhnlicher Zeit oder unter außergewöhnlichen Umständen 6

Wird eine der in Absatz 1 oder Absatz 2 vorgesehenen Leistungen zu ungewöhnlicher Zeit oder unter außergewöhnlichen Umständen erbracht, so kann die **Gesamtentschädigung** um bis zu 65,– DM erhöht werden.

Soweit es sich um eine Pauschalentschädigung handelt, ist zunächst die innerhalb des Rahmens für den vorliegenden Einzelfall angemessene Entschädigung zu bestimmen, die dann je nach dem Maß der durch ungewöhnliche Zeit oder außergewöhnliche Umstände bedingten Erschwernis um bis zu 65,– DM erhöht werden kann.

Entschädigung für Leistungen nach Abschnitt O der Anlage zur GOÄ 7

Für gutachtliche Leistungen der in Abschnitt O der Anlage zur GOÄ bezeichneten Art erhält der Sachverständige eine Entschädigung nach dem **1,1fachen Gebührensatz.** Mit diesem Gebührensatz sind auch alle Aufwendungen, insbesondere die durch die Anwendung von Instrumenten und Apparaten entstehenden Kosten abgegolten (§ 4 Abs. 3 GOÄ in Verb. mit § 5 Abs. 2 Satz 2 ZSEG), sofern in der GOÄ nicht ausdrücklich etwas anderes bestimmt ist. 7.1

Das gilt auch dann, wenn der Sachverständige im Rahmen seiner Gutachtertätigkeit die Geräte eines Dritten in Anspruch genommen hat, und er hierfür dem selbst nicht liquidationsberechtigten Dritten ein **Nutzungsentgelt** zu zahlen hat. 7.2

Neben dem 1,1fachen Entschädigungssatz nach Abschnitt O der Anlage zur GOÄ können dem Sachverständigen die durch die Leistung entstandenen Sachkosten weder nach § 11 noch im Rahmen des § 8 – wenn die Leistungen durch ärztliche Hilfskräfte erbracht worden sind – erstattet werden. Wenn sich ein niedergelassener Arzt mit entsprechender personeller und apperativer Ausstattung für eine Verrichtung nach Abschnitt O der Anlage zur GOÄ mit dem

1,1fachen Satz als Entschädigung abfinden muß, so muß dies auch für einen Krankenhausarzt gelten, der im Rahmen seiner Gutachtertätigkeit eine Leistung nach Abschnitt O der Anlage zur GOÄ erbringt. Es würde zu einer nicht zu vertretenden Ungleichbehandlung führen, wenn dem Krankenhausarzt neben dem 1,1fachen Entschädigungssatz die an das Krankenhaus abzuführenden Sachkosten als zusätzliche Fremdkosten erstattet würden.

Die Regelung des § 5 Abs. 2 wird jedoch dann problematisch, wenn der abzuführende Sachkostenanteil so hoch ist, daß der verbleibende Entschädigungssatz nach Abzug der Sachkosten eine für den Sachverständigen unzumutbare Größenordnung erhält. Hier wäre der Gesetzbeger aufgerufen, durch eine Gesetzesnovellierung Abhilfe zu schaffen. Die von der Rechtsprechung[5] gefundene Kompromißlösung, einem Sachverständigen neben den nachgewiesenen Sachkosten mindestens eine Entschädigung in Höhe von 40 v. H. des 1,1fachen GOÄ-Satzes zu gewähren, findet im geltenden ZSEG keine Stütze.

8 **Ausfüllung des Entschädigungsrahmens**

Für die Entschädigung der in den Nummern 3, 5, 6 und 7 der Anlage zu § 5 bezeichneten Verrichtungen sind Rahmensätze vorgesehen. Für die Ausfüllung dieser sehr weit gespannten Rahmen können die Sätze der GOÄ einen Anhalt bieten[6].

9 **Ersatz von Aufwendungen**

9.1 Neben der in der Anlage zu § 5 vorgesehenen Leistungsentschädigung werden dem Sachverständigen auch seine **notwendigen Aufwendungen nach den §§ 8 bis 11** ersetzt.

9.2 Das gilt auch für die in Absatz 2 genannten Leistungen nach Abschnitt O der Anlage zur GOÄ. Da nach dem letzten Satz des Absatz 2 die §§ 8 und 11 unberührt bleiben, sind neben den **nach § 10 GOÄ erstattungsfähigen Auslagen** auch Aufwendungen nach § 8 und sonstige Auslagen nach § 11 zu erstatten.

9.3 Soweit **durch die Pauschalentschädigung bestimmte Auslagen ausdrücklich mit abgegolten** sind, wie z. B. bei

- Nr. 6 das verbrauchte Material an Farbstoffen und anderen geringwertigen Stoffen,
- Nr. 7 der mit der Untersuchung verbundene Aufwand,
- Nr. 8 das verbrauchte Material, soweit es sich um geringwertige Stoffe handelt,

5 LSG Niedersachsen in Nds. Rpfl. 88.283.

6 LSG Ba.-Wü. in JVBl. 71.140; LSG Hessen in JVBl. 71.119; LSG Niedersachsen in NJW 78.606 = Nds. Rpfl. 78.38.

– Nr. 8f das Material einschließlich höherwertiger Stoffe und Testseren,
– Nr. 10 die dort in Absatz 3 genannten Aufwendungen,
– § 10 Nr. 1 GOÄ die unter den Buchstaben a) bis e) aufgeführten Kosten,
können diese auch nicht über die §§ 8 und 11 entschädigt werden.

Neben der Pauschalentschädigung sind bei **notwendigen Reisen** Fahrtkostenersatz nach § 9 und Aufwandsentschädigung nach § 10 zu leisten. Für die Berechnung der Aufwandsentschädigung nach § 10 sind der Zeitaufwand für die Verrichtung selbst und gfls. die zusätzlich erforderliche Zeit zu berücksichtigen, das Tagegeld ist mithin für die gesamte Zeit der Abwesenheit zu gewähren. 9.4

Ermäßigte Entschädigung nach der Maßgaberegelung des Einigungsvertrages 10

Nach der Maßgaberegelung[7] sind auch die Pauschalentschädigungen nach § 5 Absatz 1, 2 und 3 Satz 1 sowie der Höchstbetrag nach § 5 Absatz 3 Satz 2 um 20 v. H. zu ermäßigen. Betroffen hiervon sind sowohl die Entschädigungen nach der Anlage zu § 5 Abs. 1 als auch die Entschädigungen nach dem 1,1fachen Gebührensatz der Anlage zur GOÄ.

Die Mindestentschädigung nach § 5 Abs. 3 Satz 1 beläuft sich auf 40,– DM je Stunde.

Die Gesamtentschädigung kann nach § 5 Abs. 3 Satz 2 um bis zu 52,– DM erhöht werden.

Im übrigen wird auf die Erläuterungen zu § 3 Rzn. 61 bis 65 verwiesen.

7 S. Abschnitt I Nr. 1.1.1.

§ 6 Zeugen und Sachverständige aus dem Ausland

Zeugen und Sachverständige, die ihren gewöhnlichen Aufenthalt im Ausland haben, können unter Berücksichtigung ihrer persönlichen Verhältnisse, insbesondere ihrer regelmäßigen Erwerbstätigkeit, nach billigem Ermessen höhere als die in den §§ 2 bis 5 bestimmten Entschädigungen gewährt werden.

Übersicht

Grund der besonderen Regelung 1
Gewöhnlicher Aufenthalt im Ausland 2
Nationalität 3
Vorübergehender Aufenthalt in der Bunderepublik 4
Aufwandsentschädigung 5
Zur Höhe der Entschädigung 6
Vernehmung im Ausland 7
Festsetzung des Stundensatzes 8
Überprüfung der Ermessensentschädigung 9

1 Grund der besonderen Regelung

Zeugen, die ihren gewöhnlichen Aufenthalt im Ausland haben, erleiden bei ihrer Vernehmung durch ein Gericht oder eine Staatsanwaltschaft innerhalb der Bundesrepublik häufig einen nachweisbaren Verdienstausfall, der ein mehrfaches des in § 2 festgelegten Höchstsatzes von 25,– DM je Stunde beträgt. Der nach unseren deutschen Verhältnissen ungewöhnlich hohe Verdienstausfall beruht außer den in diesen Ländern gezahlten hohen Löhnen insbesondere darauf, daß die Wechselkurse nicht dem Verhältnis der inneren Kaufkraft der einzelnen Währungen entsprechen. Die Anwendung der nach deutschen Verhältnissen bemessenen Höchstbegrenzungen, die auf die oft anders gelagerten Einkommens- und Währungsverhältnisse in anderen Ländern nicht zutreffen, würde daher in vielen Fällen zu völlig unbilligen Ergebnissen führen. Krasse Unbilligkeiten sind früher durch entsprechende Bewilligungen im Verwaltungswege ausgeglichen worden. § 6 gibt jetzt unmittelbar der Anweisungsstelle die Möglichkeit, nach billigem Ermessen unter Berücksichtigung der persönlichen Verhältnisse, insbesondere der regelmäßigen Erwerbstätigkeit des Zeugen oder Sachverständigen, die Höchstsätze der §§ 2 bis 5 zu überschreiten.

2 Gewöhnlicher Aufenthalt im Ausland

Eine Überschreitung der Höchstsätze der §§ 2 bis 5 ist unter den Voraussetzungen des § 6 zulässig bei Zeugen und Sachverständigen, die ihren gewöhnlichen Aufenthalt im Ausland haben. Gewöhnlicher Aufenthaltsort des Zeugen oder Sachverständigen ist der Ort, an dem der Zeuge oder Sachverständige für ständig oder auf längere Zeit Wohnung genommen hat (z. B. der Studienort). Der Aufenthalt an einem Urlaubsort im Ausland, in einem Krankenhaus, einem Sanatorium, einer Heil- und Pflegeanstalt oder einer Strafanstalt ist kein »gewöhnlicher«, sondern ein »außergewöhnlicher« Aufenthalt.

Nationalität 3

Auf die Nationalität des Zeugen oder Sachverständigen kommt es für eine Erhöhung nach § 6 nicht an. So kann einem deutschen Zeugen, der seinen gewöhnlichen Aufenthalt im Ausland hat, ggfls. eine höhere Entschädigung zugebilligt werden, während ein ausländischer Zeuge, der in Deutschland wohnt, auf die Entschädigung nach den Sätzen des ZSEG angewiesen ist.

Vorübergehender Aufenthalt in der Bundesrepublik 4

Zeugen, die ihren gewöhnlichen Aufenthalt im Ausland haben, sich jedoch zur Zeit ihrer Heranziehung durch das Gericht oder die sonst zuständige Stelle »im Inland« befinden, sind wie inländische Zeugen zum Erscheinen vor Gericht verpflichtet. Trotzdem kann ihnen nach dem klaren Wortlaut des § 6, der nur auf den »gewöhnlichen Aufenthaltsort« abstellt, eine höhere Entschädigung gewährt werden. In diesen Fällen wird jedoch sorgfältig zu prüfen sein, ob unter Berücksichtigung aller Umstände eine Überschreitung der Höchstsätze erforderlich ist.

Eine Überschreitung der Höchstsätze kann z. B. dann erforderlich sein, wenn der Zeuge infolge seiner Heranziehung erst später an seinen gewöhnlichen Aufenthaltsort im Ausland zurückkehren kann und dadurch das Einkommen verliert, das er sonst in dieser Zeit im Ausland gehabt hätte.

Aufwandsentschädigung 5

Eine Überschreitung der in § 10 festgelegten Höchstsätze für Aufwandsentschädigung ist in § 6 nicht vorgesehen. Die Sätze des § 10, die dem Reisekostenrecht angepaßt sind, entsprechen den deutschen Lebens- und Preisverhältnissen und dürften daher im Regelfall auch für die **Aufenthaltskosten** eines ausländischen Zeugen **in Deutschland** ausreichen, zumal die Entschädigung nach § 10 nur einen Ausgleich für den Mehraufwand darstellt. 5.1

Liegen besondere Umstände vor, wonach der Zeuge oder Sachverständige höhere Kosten aufwenden muß (z. B. für **Ritual- oder Diätkost),** als sie üblicherweise für einen ausländischen Zeugen oder Sachverständigen in Deutschland entstehen, werden ausnahmsweise die Sätze des § 10 überschritten werden können, soweit es zum Ausgleich der Mehrkosten erforderlich erscheint. 5.2

Für die **Reisezeiten im Ausland** kann Aufwandsentschädigung bis zur Höhe der Auslandstagegelder[1] bewilligt werden. 5.3

Auch die in § 11 vorgesehenen **Schreibauslagen** und die **Kilometerentschädigung** nach § 9 Abs. 3 können bei Zeugen oder Sachverständigen aus dem Ausland nicht überschritten werden. 5.4

1 § 3 Auslandsreisekostenverordnung – ARV – vom 21. 5. 1991 (BGBl. I S. 1140).

6 **Zur Höhe der Entschädigung**

Da der Zeuge oder Sachverständige, der seinen gewöhnlichen Aufenthalt im Ausland hat, zum Erscheinen vor einem deutschen Gericht nicht verpflichtet ist, und die Ablegung des Zeugnisses oder die Erstattung des Gutachtens für ihn nicht Erfüllung einer staatsbürgerlichen Pflicht ist, kann man ihm, anders als inländischen Zeugen und Sachverständigen, keine Vermögenseinbuße zumuten.

Soweit der Verdienstausfall eines Zeugen durch Belege nachgewiesen ist, erscheint es daher billig, den vollen nachgewiesenen Verdienstausfall zu erstatten. Soweit ein Verdienstausfall in seiner genauen Höhe nicht nachweisbar ist, wird wie bei inländischen Zeugen der regelmäßige Bruttoverdienst Maßstab für die Bemessung der Entschädigung sein müssen mit der Maßgabe, daß die Begrenzung durch den Höchstsatz des § 2 entfällt. Soweit der Verdienstausfall sich innerhalb der Höchstgrenze der §§ 2 bis 5 hält, besteht kein Anlaß zur Bewilligung einer höheren Entschädigung.

Auch für die Entschädigung eines ausländischen Sachverständigen wird, anders als bei inländischen Sachverständigen, die Höhe des durch die Heranziehung erlittenen Erwerbsverlustes ein zu berücksichtigender Anhaltspunkt, jedoch keine absolute Bindung sein.

7 **Vernehmung im Ausland**

Ausländische Zeugen, die im Wege der Rechtshilfe von einem ausländischen Gericht vernommen werden, werden von diesem Gericht nach den dort geltenden Bestimmungen entschädigt.

8 **Festsetzung des Stundensatzes**

Bei Gewährung einer höheren Entschädigung gemäß § 6 nach billigem Ermessen wird zweckmäßig vor der Berechnung und Anweisung der Entschädigung durch den Richter (Vorsitzenden) der Stundensatz festgelegt. – s. a. § 3 Rz. 59 und § 15 Rz. 28 –

8.1 In Hessen ist zur Entschädigung von Zeugen und Sachverständigen aus dem Ausland der nachstehende RdErl. d. MdJ ergangen:

Nr. 69 Entschädigung von Zeugen und Sachverständigen aus dem Ausland. RdErl. d. MdJ v. 29. 9. 1990 (5670 – II/6 – 1134/90) – JMBl. S. 531 – Gült.-Verz. Nr. 2107 –

I.

Das Gesetz über die Entschädigung von Zeugen und Sachverständigen in der Fassung vom 1. Oktober 1969 (BGBl. I S. 1757), zuletzt geändert durch Gesetz vom 23. September 1990 (BGBl. II S. 885) enthält in § 6 besondere Vorschriften über die Entschädigung von Zeugen und Sachverständigen, die im Ausland ihren gewöhnlichen Aufenthalt haben. Für die Bewilligung und Anweisung der Entschädigung dieser Personen gelten folgende Bestimmungen:

1. Beamte des mittleren Dienstes sind zur sachlichen und rechnerischen Feststellung und zum Erlaß der Auszahlungsanordnung auch für Entschädigungen von Zeugen und Sachverständigen befugt, die ihren gewöhnlichen Aufenthalt im Ausland haben. Diese Befugnis umfaßt sowohl die Bewilligung höherer als der in den §§ 2 bis 5 ZuSEG bestimmten Entschädigungen nach § 6 ZuSEG als auch die Bewilligung einer höheren als der in § 10 Abs. 2 Satz 1 ZuSEG genannten Entschädigung nach Maßgabe der nachstehenden Nr. 8.
2. Der Behördenleiter kann die Befugnis nach Nr. 1 einem Beamten des gehobenen Dienstes übertragen, wenn besondere örtliche Verhältnisse es erfordern.
3. Werden Entschädigungsansprüche geltend gemacht, die die Sätze, die den Zeugen und Sachverständigen mit gewöhnlichem Aufenthalt im Ausland in der Regel gewährt werden, erheblich übersteigen oder gegen deren Berücksichtigung aus anderen Gründen Bedenken bestehen, soll zuvor der Bezirksrevisor gehört werden. Die Anhörung kann unterbleiben, wenn sie untunlich ist, etwa weil der Erlaß der Kassenanordnung keine Verzögerung verträgt.
4. Der im Ausland wohnende Zeuge (Sachverständige) ist in der Ladung oder in sonstigen Schreiben darauf hinzuweisen, daß es die Berechnung der ihm zu gewährenden Entschädigung erleichtert, wenn er seine Auslagen nachweisen kann. Er ist daher zu bitten, Belege über die tatsächlichen Ausgaben während der Reise mitzubringen, soweit solche Belege üblicherweise ausgestellt werden (z. B. Fahrkarten, Hotel- oder Gaststättenrechnungen usw.). Dasselbe gilt auch für Belege über etwaigen Verdienstausfall oder Vertretungskosten, falls diese ohne Schwierigkeiten beschafft werden können.
5. Die unter Nr. 4 genannten Belege sind der Kassenanordnung beizufügen, soweit sie nicht für die Rückfahrt benötigt werden (z. B. Rückfahrkarte).
6. Soweit die im Anweisungsvordruck vorgesehenen Spalten nicht ausreichen, sind Einzelbeträge der Gesamtentschädigung auf der Rückseite des Vordrucks, ggf. auch auf einer Anlage dazu, zu erläutern.
7. Für die durch die Reisezeiten im Ausland entstehenden höheren Aufwandskosten können Auslandstagegeldsätze gewährt werden; vgl. die VO über die Reisekostenvergütung bei Auslandsdienstreisen in der Fassung vom 18. Mai 1977 (GVBl. I S. 206, 207), geändert durch VO vom 23. Januar 1986 (GVBl. I S. 29).
8. Die Höchstsätze nach § 10 Abs. 2 Satz 1 ZuSEG können überschritten werden, wenn besondere Umstände dies rechtfertigen (z. B. Diät- oder Ritualkost).
9. Ich weise darauf hin, daß ein Höchstsatz für Übernachtungskosten nicht festgelegt ist, daß vielmehr die angemessenen Aufwendungen zu ersetzen sind (vgl. § 10 Abs. 2 Satz 4 ZuSEG).

II.

Die Bestimmungen in Abschnitt I gelten sinngemäß, wenn im Ausland wohnende Zeugen (Sachverständige) einen Vorschuß beantragen. Ferner gelten Abschnitt I Buchst. b bis f und Abschnitt II Satz 2 der Vorschriften über die Bewilligung von Reiseentschädigungen an mittellose Personen und von Vorschußzahlungen an Zeugen und Sachverständige (vgl. RdErl. v. 15. Juli 1987, JMBl. S. 497) mit folgenden Maßnahmen:

1. Anträgen, den Vorschuß an den Antragsteller zu zahlen oder auf ein Bankkonto zu überweisen – anstatt eine Fahrkarte zu beschaffen –, ist möglichst stattzugeben.
2. Der Vorschuß ist auch bei größeren Beträgen in der Regel so zu bemessen, daß eine Rückfahrkarte gelöst werden kann. Das gilt nicht, wenn hierdurch keine Ersparnis erzielt wird.
3. Offensichtlich übersetzte Vorschußanforderungen sind als Antrag auf gerichtliche Festsetzung anzusehen und dem Gericht zur Entscheidung vorzulegen (vgl. § 14 Abs. 3 ZuSEG).

III.

Der Runderlaß vom 29. September 1980 (JMBl. S. 889) wird aufgehoben.

9 **Überprüfung der Ermessensentschädigung**

Ob die persönlichen Verhältnisse, insbesondere die regelmäßige Erwerbstätigkeit, nach billigem Ermessen berücksichtigt sind, kann im Verfahren nach § 16 nachgeprüft werden.

§ 7 Besondere Entschädigung

(1) Haben sich die Parteien dem Gericht gegenüber mit einer bestimmten Entschädigung für die Leistung des Sachverständigen oder mit einem bestimmten Stundensatz einverstanden erklärt, so ist die bestimmte oder die nach dem bestimmten Stundensatz berechnete Entschädigung zu gewähren, wenn ein ausreichender Betrag an die Staatskasse gezahlt ist.

(2) Die Erklärung nur einer Partei genügt, wenn das Gericht zustimmt. Bei der Festlegung eines bestimmten Stundensatzes soll die Zustimmung nur erteilt werden, wenn die nach § 3 zulässige Entschädigung nicht überschritten wird. Vor der Zustimmung hat das Gericht die andere Partei zu hören. Die Zustimmung und die Ablehnung der Zustimmung sind unanfechtbar.

Übersicht

Besondere Sachverständigenentschädigung 1
Gerichtliche Verfahren 2
Einverständniserklärung 3
Zustimmung durch das Gericht 4
Zeitpunkt der Zustimmung nach Abs. 2 5
Höhe der vereinbarten Entschädigung 6
Zahlung eines ausreichenden Betrages an die Staatskasse 7
Kostenvorschuß 8
Zahlung der besonderen Entschädigung an den Sachverständigen 9
Behandlung der besonderen Entschädigung als Gerichtskosten 10
Nachtragsgutachten 11
Vertrauensschutz des Sachverständigen in eine Zusage des Gerichts 12

Besondere Sachverständigenentschädigung 1

§ 7 eröffnet die Möglichkeit, einem Sachverständigen **anstelle der Leistungsentschädigung** nach den §§ 3 und 5 eine anderweitig vereinbarte Entschädigung oder eine nach einem vereinbarten Stundensatz zu berechnende Entschädigung zu gewähren. Die »vereinbarte« Entschädigung kann nur die Leistungsentschädigung nach den §§ 3 und 5 einschließlich Entschädigungen nach der Anlage zu § 5 und nach Abschnitt O des Gebührenverzeichnisses für ärztliche Leistungen (§ 5 Abs. 2) ersetzen. 1.1

Durch das KostRÄndG 94 ist der Anwendungsbereich des § 7 auf die Fälle erweitert worden, in denen sich die Parteien dem Gericht gegenüber mit **einem bestimmten Stundensatz** der Leistungsentschädigung des Sachverständigen einverstanden erklärt haben. Durch die Einigung auf einen bestimmten Stundensatz der Leistungsentschädigung können Streitigkeiten über die Höhe des Stundensatzes nach Erstellung des Gutachtens vermieden werden. 1.2

Auch für diese neu zugelassene Vereinbarung gilt, daß die auf der Grundlage des vereinbarten Stundensatzes zu berechnende Entschädigung nur gewährt werden kann, wenn ein ausreichender Betrag an die Staatskasse gezahlt ist[1]. Der Sachverständige wird daher nach der Vereinbarung gleichwohl den mutmaßlichen Zeitaufwand für seine zu erbringende Leistung zu ermitteln und dem Gericht mitzuteilen haben, damit dieses den »ausreichenden Betrag« bestimmen und die Parteien entsprechend unterrichten kann. Reicht ein nach den §§ 379, 402 ZPO angeforderter – geschätzter – Betrag zur Deckung der sich endgültig ergebenden Leistungsentschädigung nicht aus, so kann ein weiterer Betrag nach Maßgabe der §§ 68, 69 GKG nachgefordert werden. – s. a. Rz. 8 –

1.3 Eine Vereinbarung über einen **anderweitigen Ersatz von Aufwendungen** der in den §§ 8 bis 11 genannten Art ist im Gesetz nicht vorgesehen.

Die hiervon abweichend in Rechtsprechung[2] und Schrifttum[3] vertretene Auffassung, auch über die Aufwendungen des Sachverständigen nach den §§ 8 bis 11 könne eine Vereinbarung nach § 7 getroffen werden, findet im ZSEG keine Stütze. Schon aus der Gesetzessystematik ergibt sich, daß § 7 sich im Anschluß an die §§ 3 bis 6 nur auf die Leistungsentschädigung des Sachverständigen nach den §§ 3, 5 und den Anlagen dazu bezieht; anderenfalls hätte die Gesetzesnorm hinter § 11 eingeordnet werden müssen. Darüber hinaus besteht für eine Vereinbarung über die »sonstigen Aufwendungen« des Sachverständigen auch kein Bedürfnis, da diese grundsätzlich nur in der tatsächlich entstandenen Höhe zu ersetzen sind[4].

1.4 § 7 gilt auch für die Leistungsentschädigung eines **Dolmetschers.**

1.5 Eine Vereinbarung über eine anderweitige **Zeugenentschädigung** ist dagegen nicht möglich.

2 Gerichtliche Verfahren

2.1 In allen gerichtlichen Verfahren können die **Parteien** durch eine dem Gericht gegenüber abzugebende Erklärung und durch Einzahlung eines ausreichenden Betrages an die Staatskasse dem Sachverständigen einen Anspruch auf die »vereinbarte«, über die Sätze der §§ 3 und 5 und der Anlagen dazu hinausgehende, Leistungsentschädigung sicherstellen.

§ 7 kann jedoch sowohl seinem Sinn als auch seinem Wortlaut nach nur dort Anwendung finden, wo mehrere Verfahrensbeteiligte sich als »Parteien«, d. h. mit widerstreitenden Interessen, gegenüberstehen[5].

Eine Vereinbarung nach § 7 zu Lasten der Staatskasse ist ausgeschlossen.

1 BR-Drucksache 796/93 Seite 253.
2 LG Hof in JurBüro 82.270; OLG Zweibrücken in KRspr. § 7 Nr. 35 LS mit Anm. von *Herget;* LAG Düsseldorf in JurBüro 92.765 = MDR 92.1063.
3 *Bayerlein,* § 41 Rz. 37; *Jessnitzer/Frieling,* Rdn. 218.
4 *Bleutge,* Rdn. 10 zu § 7.
5 KG in JurBüro 71.647 = KRspr. § 7 Nr. 7.

Obwohl § 7 nur von »Parteien« spricht, ist er auch in den gerichtlichen Verfahren anzuwenden, in denen die Verfahrensgesetze nicht von Parteien sprechen, z. B. in den **Verfahren nach dem FGG,** in den sich die Beteiligten mit widerstreitenden Interessen gegenüberstehen (Landwirtschaftssachen, Wohnungseigentumssachen, Vertragshilfesachen, Verfahren nach § 164 FGG, usw.). 2.2

Auch in **Privatklagesachen** wird § 7 anwendbar sein, da hier die Verfahrensbeteiligten eine parteiähnliche Stellung haben. 2.3

Nicht anwendbar ist § 7 im **Offizialstrafverfahren** nach der StPO und zwar auch dann nicht, wenn ein Verletzter sich dem Verfahren als Nebenkläger anschließt. 2.4

Auch im **arbeitsgerichtlichen Verfahren** kann eine Vereinbarung nach § 7 getroffen werden. Auf die weiteren Erläuterungen zu Rz. 7.4 wird hingewiesen. 2.5

Im **Sozialgerichtsverfahren** findet § 7 keine Anwendung. Da hier die Auslagen für die Entschädigung des Sachverständigen der Staatskasse zur Last fallen, fehlt es an der Möglichkeit einer Einigung mit den Parteien, die mit den Kosten des Sachverständigen belastet werden können, wie sie § 7 Abs. 1 vorsieht. 2.6

Auch § 7 Abs. 2 erscheint nicht anwendbar. Das Gericht muß nach Absatz 2, wenn nur eine Partei sich mit der höheren Entschädigung einverstanden erklärt hat, vor der Zustimmung die andere Partei, die evtl. als späterer Kostenschuldner in Frage kommt und deren Kostenrisiko sich durch die höhere Entschädigung des Sachverständigen erhöht, hören. Im Sozialgerichtsverfahren kommt als weiterer Kostenschuldner nur die Staatskasse in Betracht. Diese ist aber nicht Partei im Sinne des § 7.

Die Anwendbarkeit des § 7 in den Fällen des § 109 SGG ist umstritten[6]. Wenn der Versicherte oder der Versorgungsberechtigte mit dem Sachverständigen eine bestimmte Entschädigung vereinbart, so wird zunächst nur er dem Sachverständigen gegenüber aus dieser Vereinbarung verpflichtet. Ehe das Gericht einer solchen Vereinbarung nach § 7 Abs. 2 zustimmen kann, muß es aber die andere Partei hören. Der andere Verfahrensbeteiligte wird jedoch durch die Zustimmung nicht belastet, da der Antragsteller oder die Staatskasse die Kosten endgültig tragen müssen. Eine etwaige Anhörung der Staatskasse kommt nicht in Betracht, da diese nicht »Partei« ist. Im übrigen ist eine weitere Voraussetzung für die Zahlung der vereinbarten Entschädigung »aus der Staatskasse«, daß zuvor ein ausreichender Betrag »in die Staatskasse« eingezahlt worden ist – s. a. Rz. 7 –; damit wird eine endgültige Belastung der Staatskasse mit einer »vereinbarten Entschädigung« ausgeschlossen. Die Voraussetzungen des § 7 liegen daher m. E. auch in den Fällen des § 109 SGG nicht vor.

6 Bejahend: *Tschischgale,* Soz. S. 83; JVBl. 63.65; BayLSG in Breith. 56.316; *Peters/Sautter/Wolff* II/88-48;
verneinend: *Brocke/Reese,* Anm. 6 zu § 7.

3 **Einverständniserklärung**

3.1 Die Einverständniserklärung der Parteien muß **gegenüber dem Gericht** abgegeben werden. Bei Streitgenossen werden alle vom Beweis Betroffenen ihr Einverständnis erklären müssen. Das gilt auch für den Nebenintervenienten[7]. Die Erklärung der Parteien ist an keine Form gebunden. Auch der Prozeßbevollmächtigte kann im Rahmen seiner Prozeßvollmacht die Erklärung für seine Partei abgeben. Das Einverständnis kann formlos auch in schlüssiger Weise erklärt werden. Ein stillschweigendes Einverständnis kann jedoch nur dann angenommen werden, wenn auf einen entsprechenden konkreten Vorschlag des Sachverständigen hin die Parteien zwar eine Erklärung nicht abgeben, indes eindeutige Anhaltspunkte dafür vorhanden sind, daß damit dem Vorschlag des Sachverständigen nicht widersprochen, er vielmehr von den Parteien angenommen werden soll. Das bloße Stillschweigen einer der Parteien ist jedoch keine Vereinbarung nach § 7[8]. Auch in der bloßen Zahlung eines Vorschusses kann ein Einverständnis im Sinne des § 7 nicht gesehen werden[9].

Die von beiden Parteien abgegebene Erklärung ist unwiderruflich[10].

3.2 Haben die Parteien ihre Einverständniserklärung **nur gegenüber dem Sachverständigen** abgegeben, so verpflichtet dies nicht die Staatskasse zur Zahlung der vereinbarten Entschädigung.

Unberührt bleibt ein möglicher Anspruch des Sachverständigen gegen die Parteien, wenn diese sich ihm gegenüber verbindlich zur Zahlung einer anderweitigen Entschädigung einverstanden erklärt haben. Diesen privatrechtlichen Anspruch muß der Sachverständige selbst gegen die sich verpflichtende Partei geltend machen. Einen entsprechenden Anspruch gegen die Staatskasse hat er nicht.

Da die Vereinbarung einer bestimmten Entschädigung zwischen dem Sachverständigen und einer Partei stets die Gefahr eines Befangenheitsantrags durch die andere Partei in sich birgt, sollte der Sachverständige im eigenen Interesse darauf hinwirken, daß die Erklärung der Partei dem Gericht gegenüber abgegeben und daß ggfls. eine Entscheidung des Gerichts nach Absatz 2 Satz 1 herbeigeführt wird.

4 **Zustimmung durch das Gericht**

4.1 Hat sich **nur eine Partei dem Gericht gegenüber mit einer bestimmten anderweitigen Entschädigung des Sachverständigen einverstanden** erklärt, so

7 *Tschischgale* in JVBl. 63.65.
8 OLG Hamm in JVBl. 72.45; OLG Nürnberg, Beschl. v. 6. 12. 1990 – 5 W 3801/90 – in Juris/ZSEG; LG Heilbronn in MDR 93.1245.
9 OLG Hamburg in JurBüro 83.743 = MDR 83.413 = ZSW 84.30.
10 OLG Stuttgart in Justiz 84.366.

kann nach Absatz 2 Satz 1 die fehlende Zustimmung der anderen Partei durch das Gericht ersetzt werden. Gericht im Sinne des Absatz 2 ist das Prozeßgericht, nicht lediglich ein Mitglied des Gerichts[11].

Da die Einverständniserklärung der Verfahrensbeteiligten nicht nur wegen der Verpflichtung zur Vorauszahlung der vereinbarten Entschädigung von Bedeutung ist, sondern weil die andere Partei u. U. durch die Entscheidung mit den höheren Sachverständigenkosten belastet werden könnte, wird das Gericht nicht nur zu prüfen haben, ob die Aufbringung der erforderlichen Vorauszahlung die Partei, deren Zustimmung ersetzt werden soll, unangemessen belastet, sondern es wird auch die endgültige Kostentragungspflicht berücksichtigen und prüfen müssen, ob die erhöhte Entschädigung im Verhältnis zum Streitgegenstand angemessen ist. Gutachterkosten, die den Wert des Streitgegenstandes ganz oder im wesentlichen aufzehren, sind unangemessen[12]. Wenn sich eine wirtschaftlich starke Partei mit der Zahlung einer hohen Entschädigung nach § 7 einverstanden erklärt und zur erforderlichen Vorauszahlung des Betrages bereit ist, wird doch das Gericht die von der wirtschaftlich schwachen Partei versagte Zustimmung nicht erteilen können, wenn für diese Partei durch die Erhöhung der Sachverständigenentschädigung das Kostenrisiko unangemessen vergrößert wird.

Das muß auch dann gelten, wenn eine Bundesanstalt verlangt, statt nach den Sätzen des ZSEG nach ihrer Gebührenordnung entschädigt zu werden und nur eine Partei zustimmt[13]. Das Gericht kann nicht beurteilen, ob die ihrer Höhe nach nicht feststehenden Kosten der nicht zustimmenden Partei im Falle ihres Unterliegens zumutbar sind.

Das Gericht muß der Erklärung einer Partei, sie sei mit einer bestimmten Entschädigung für die Leistung des Sachverständigen einverstanden, **klar und eindeutig zustimmen.** Es ersetzt die Erklärung der anderen Partei nicht, wenn es einen zuvor festgesetzten Auslagenvorschuß auf Antrag des Sachverständigen schlicht erhöht[14]. **4.2**

Die Möglichkeit, die Erklärung der anderen Partei durch die **Zustimmung** des Gerichts nach Absatz 2 Satz 1 zu ersetzen, gilt auch für **die Vereinbarung des bestimmten Stundensatzes.** Um die andere Partei nicht mit einem allzu hohen Kostenrisiko zu belasten, soll das Gericht nach Absatz 2 Satz 3 die Zustimmung zur Vereinbarung eines bestimmten Stundensatzes nur erteilen, wenn sich dieser im Rahmen der nach § 3 zulässigen Beträge bewegt. Nur dann bleibt das Kostenrisiko der anderen Partei in zumutbaren Grenzen, da sie mit einer **4.3**

11 OLG Düsseldorf in JurBüro 88.294 = MDR 88.507 = KRspr. § 7 Nr. 28 LS mit Anm. von *Herget.*

12 OVG Münster in KRspr. § 7 Nr. 37 LS.

13 a. A.: LG Braunschweig in NJW 69.2290 mit abl. Anm. von *Schmidt.*

14 OLG Düsseldorf in JurBüro 89.1172.

Entschädigung der Sachverständigenleistung im Rahmen der gesetzlichen Sätze des § 3 in jedem Fall rechnen mußte[15].

4.4 Die Entscheidung des Gerichts, die nach Anhörung der anderen Partei ohne mündliche Verhandlung durch Beschluß erfolgt ist, kann nicht angefochten werden. Das gilt auch dann, wenn die Erklärung einer Partei ersetzt worden ist, der Prozeßkostenhilfe bewilligt wurde[16].

5 Zeitpunkt der Zustimmung nach Absatz 2

5.1 Das Verfahren auf Ersetzung der Zustimmung einer Partei durch das Gericht nach Absatz 2 ist **nur vor Erstattung** des Gutachtens durch den Sachverständigen statthaft[17]. Die Zustimmung der anderen Partei kann nach Erstattung des Gutachtens nicht mehr durch das Gericht ersetzt werden[18]. Eine nach Erstattung des Gutachtens erteilte Zustimmung des Gerichts ist beschwerdefähig[19].

5.2 In diesem Zusammenhang darf auf folgendes hingewiesen werden:

Vorläufer des heutigen § 7 Absatz 1 war der im Jahr 1914 in die Gebührenordnung für Zeugen und Sachverständige vom 30. 6. 1878 eingefügte § 4 a – später § 5 – mit folgendem Wortlaut:

> »Haben in bürgerlichen Rechtstreitigkeiten die Parteien sich dem Gericht gegenüber mit einer bestimmten Vergütung für die Leistungen des Sachverständigen einverstanden erklärt, so ist diese Vergütung zu gewähren, sofern ein zu ihrer Deckung ausreichender Betrag an die Staatskasse gezahlt ist.«

Seine Einführung war wie folgt begründet worden:

> »In bürgerlichen Rechtstreitigkeiten kommt es vor, daß die Parteien, um einen Sachverständigen von hervorragender Sachkunde zu gewinnen, mit ihm eine bestimmte Vergütung vereinbaren. Nach der geltenden Gebührenordnung können die Gerichte bei der Festsetzung einer Gebühr eine solche Vereinbarung nicht berücksichtigen. Um den Unzuträglichkeiten zu begegnen, die sich hieraus ergeben, bestimmt der Entwurf, daß in solchen Fällen die vereinbarte Vergütung zu gewähren ist, sofern ein zur Deckung des Betrages hinreichender Vorschuß gezahlt ist.«

Nach dem damaligen Gesetzesentwurf sollte die Vorschrift lauten:

15 BR-Drucksache 796/93 Seite 254.
16 OLG Düsseldorf in MDR 89.366.
17 OLG Düsseldorf in JurBüro 89.259 = MDR 89.171 = KRspr. § 7 Nr. 30 LS mit Anm. von *Herget* = AnwBl. 90.54; in JurBüro 94.48.
18 OLG München in Rpfleger 67.136 LS; OLG Stuttgart in JurBüro 76.657 = Rpfleger 76.190 = Justiz 76.258; LG Bielefeld in ZSW 83.62; OLG München in MDR 85.333; OLG Düsseldorf in MDR 85.420 = VersR 86.269.
19 OLG Stuttgart aaO. – Fn. 18 –; OLG Düsseldorf aaO. – Fn. 18 – und in JurBüro 89.1172.

»Haben in bürgerlichen Rechtstreitigkeiten die Parteien mit dem Sachverständigen eine bestimmte Vergütung vereinbart, so ist die vereinbarte Vergütung zu gewähren, sofern ein zur Deckung des Betrags hinreichender Vorschuß gezahlt ist.«

Die hiervon abweichende endgültige Fassung beruht auf einem Beschluß des Reichstagsausschusses, nach dem es zwar bei der Vereinbarung einer bestimmten Vergütung **zwischen den Parteien und dem Sachverständigen** verbleiben sollte, ohne dem Gericht die Verhandlungen mit dem Sachverständigen zu übertragen. Die Parteien sollten sich aber, um die Unabhängigkeit des Sachverständigen von den Parteien zu wahren, dem Gericht gegenüber mit einer bestimmten Höhe der Vergütung einverstanden erklären. Bei dieser Rechtslage obliegt es dem Sachverständigen, sofern er nicht die gesetzliche Entschädigung des § 3 liquidieren will, seinerseits dafür Sorge zu tragen, daß eine entsprechende Vereinbarung mit den Parteien getroffen wird[20]. **Eine Einschaltung des Gerichts für seine Bemühungen** um eine Vereinbarung nach § 7 **ist nicht vorgesehen.**

Schließlich kann davon ausgegangen werden, daß eine Partei, die aufgrund eines bereits vorliegenden Gutachtens mit einem negativen Verfahrensausgang rechnen muß, nicht noch für eine Vereinbarung nach § 7 gewonnen werden kann.

Es lag und liegt in der Natur der Sache, daß sich die Parteien vor Erstattung des Gutachtens über eine abweichende Entschädigung mit dem Sachverständigen verständigt haben müssen[21].

Betrachtet man vor diesem Hintergrund die 1957 erfolgte Erweiterung des § 7 um den Absatz 2, nach dem das Gericht das Einverständnis einer Partei durch seine Zustimmung ersetzen kann, so ergibt sich zwangsläufig, daß die Zustimmung des Gerichts nicht später als – bei normalem Ablauf – das Einverständnis der Partei erklärt werden kann.

Auch nach Erlaß der **Kostengrundentscheidung** oder einer Kostenregelung durch **Vergleich** kann ein Zustimmungsverfahren nach Absatz 2 nicht mehr stattfinden[22]. 5.3

Höhe der vereinbarten Entschädigung 6

Die vereinbarte Entschädigung muß ihrer Höhe nach bestimmt oder genau bestimmbar sein. Eine Vereinbarung, daß die Entschädigung nach Maßgabe einer Verbandsgebührenordnung errechnet werden soll, genügt nicht, wenn diese Gebührenordnung Rahmengebühren, Stunden- und Tagesentschädigungs-

20 KG in JW 37.3185.

21 A. A.: *Bleutge*, Rdn. 13 zu § 7.

22 OLG Hamm in Rpfleger 73.230 = KRspr. § 7 Nr. 9; OLG München in MDR 85.333.

sätze vorsieht[23]. Die endgültige Höhe der Leistungsentschädigung für die Sachverständigentätigkeit steht in diesen Fällen nicht fest. Es fehlt daher an einer Vereinbarung über eine »bestimmte« Entschädigung. Nur dann, wenn sich aus der Gebührenordnung, auf die sich die Parteien geeinigt haben, eine bestimmte Höhe der Entschädigung für die gutachterliche Leistung ergibt, kann eine solche Vereinbarung als ausreichend angesehen werden.

7 **Zahlung eines ausreichenden Betrages an die Staatskasse**

7.1 Die besondere Entschädigung nach § 7 kann dem Sachverständigen nach Absatz 1 erst gewährt werden, wenn zur Deckung der vereinbarten Leistungsentschädigung ein »ausreichender Betrag an die Staatskasse gezahlt ist«. Ausreichend ist der Betrag, der die von den Parteien vereinbarte Leistungsentschädigung abdeckt. Mit der gesetzlichen »Zahlungsverpflichtung« wird klargestellt, daß die vereinbarte Entschädigung letztlich zu den von den Parteien *allein* zu tragenden Kosten gehört und nicht die Staatskasse – und damit die Allgemeinheit – belastet. Voraussetzungen für die Zahlung der besonderen Entschädigung an den Sachverständigen sind daher

a) die **Vereinbarung der Parteien** – ggfls. mit Zustimmung des Gerichts nach Absatz 2 – auf eine bestimmte Entschädigung oder einen bestimmten Stundensatz

und

b) **Zahlung eines Betrages** in Höhe der bestimmten Entschädigung an die Staatskasse[24].

7.2 Der ausreichende Betrag braucht **nicht die der Vereinbarung entzogenen Aufwendungen (§§ 8–11)** abdecken. Die Entschädigung des Sachverständigen mit der besonderen Entschädigung darf daher nicht verweigert werden, weil der an die Staatskasse gezahlte Betrag zwar die vereinbarte Leistungsentschädigung, nicht aber die sonstigen Aufwendungen des Sachverständigen abdeckt.

7.3 Auch eine Partei, der **Prozeßkostenhilfe** bewilligt ist, ist zur Zahlung des »ausreichenden Betrages« nach § 7 verpflichtet. Zwar fällt eine an den Sachverständigen – nach § 7 vereinbarte – gezahlte Entschädigung unter die gerichtlichen Auslagen im Sinne von Nr. 9005 KV-GKG (§ 137 Nr. 4 KostO) und damit unter die Regelung des § 122 Abs. 1 Nr. 1 a ZPO, wodurch eine unmittelbare Inanspruchnahme der »armen« Partei nach den Vorschußbestimmungen der Gerichtskostengesetze – s. Rz. 8 – ausscheidet. Gleichwohl ist die Partei gehalten, den Betrag zur Deckung der von ihr vereinbarten Sachverständigenentschädigung nach § 7 zu zahlen, da ohne die Zahlung des Betrages dem Sachver-

23 A. A.: LG Essen in Rpfleger 59.200; LG Braunschweig in NJW 69.2290 mit ablehnender Anm. von *H. Schmidt*.

24 OLG Hamm in KRspr. § 7 Nr. 20 LS.

ständigen die vereinbarte Entschädigung nicht gewährt werden kann. Der nach § 7 zu zahlende Betrag zählt nicht zu den »Gerichtskosten« im Sinne des § 122 Abs. 1 Nr. 1 a ZPO; erst die »gezahlte Sachverständigenentschädigung« ist eine gerichtliche Auslage im Sinne der Gerichtskostengesetze.

Eine Begrenzung des zu zahlenden Betrages auf die Differenz zwischen der gesetzlichen und der vereinbarten Leistungsentschädigung des Sachverständigen ist nicht möglich, da die Höhe der gesetzlichen Entschädigung vor Abgabe des Gutachtens nicht feststeht. Die nach § 122 Abs. 1 Nr. 1 a ZPO begünstigte Partei muß daher einen zur Deckung der gesamten vereinbarten Leistungsentschädigung hinreichenden Betrag zahlen.

Bei der Zahlung des Betrages nach § 7 durch die Partei im Falle der bewilligten Prozeßkostenhilfe handelt es sich um eine »freiwillige« Zahlung; eine Zwangseinziehung oder Beitreibung scheidet hier aus.

Unterbleibt trotz Zusage der Parteien eine Zahlung des Betrages, so ist dem Sachverständigen die gesetzliche Entschädigung zu gewähren[25] und zwar auch dann, wenn die Erklärung der Partei, der Prozeßkostenhilfe bewilligt wurde, durch das Gericht ersetzt worden ist. Der Sachverständige kann nicht darauf vertrauen, ihm werde die Entschädigung, mit der sich eine Partei einverstanden erklärt hat und der das Gericht zugestimmt hat, auch dann gewährt werden, wenn ein ausreichender Betrag nicht an die Staatskasse geleistet worden ist[26].

Dasselbe muß gelten, wenn die zahlungspflichtige Partei Kostenfreiheit genießt.

Im **Arbeitsgerichtsverfahren** ist eine Vereinbarung nach § 7 möglich. Bei dem 7.4
von den Parteien nach Absatz 1 an die Staatskasse zu zahlenden Betrag handelt es sich nicht um einen Vorschuß im Sinne des § 12 ArbGG. Diese Vorschrift befreit von einer Vorschußpflicht nach den entsprechenden Kostenbestimmungen für die gesetzlichen Kosten des Verfahrens, nicht aber von der Verpflichtung zur Zahlung des Betrages nach § 7. Die Gewährung einer vereinbarten Leistungsentschädigung an den Sachverständigen aus der Staatskasse setzt auch in arbeitsgerichtlichen Verfahren die vorherige Zahlung eines zur Deckung der gesamten vereinbarten Entschädigung ausreichenden Betrages an die Staatskasse voraus[27].

Auch in Verfahren nach § 306 AktG, in denen nach Satz 7 aaO. **Kostenvor-** 7.5
schüsse nicht erhoben werden, sind die Parteien nicht von der Notwendigkeit

25 OLG München in MDR 84.679.

26 OLG Düsseldorf in MDR 89.366.

27 *Jessnitzer,* Dolm. S. 119, Fn. 318; *Müller* Rz. 778; LAG Düsseldorf in JurBüro 92.765 = MDR 92.1063;
a. A.: LAG Frankfurt in KRspr. § 7 Nr. 2.

befreit, vor der Gewährung einer vereinbarten Entschädigung an den Sachverständigen einen ausreichenden Betrag nach § 7 an die Staatskasse einzuzahlen[28].

8 **Kostenvorschuß**

8.1 Von dem nach § 7 Absatz 1 an die Staatskasse zu zahlenden Betrag ist der nach den einschlägigen Verfahrens- und Kostengesetzen zu zahlende **Kosten- oder Auslagenvorschuß** zu unterscheiden.

Das Gericht kann z. B. in den Fällen der §§ 379, 402 ZPO die Beauftragung des Sachverständigen davon abhängig machen, daß der Zahlungspflichtige einen hinreichenden Vorschuß zur Deckung der durch die Beauftragung des Sachverständigen entstehenden Auslagen (Kosten) entrichtet (vgl. auch § 68 Abs. 1 GKG). Dieser Kostenvorschuß soll die gesamte voraussichtlich entstehende Entschädigung des Sachverständigen abdecken. Er erstreckt sich mithin sowohl auf die Leistungsentschädigung nach den §§ 3, 5 und den Anlagen dazu, auf die vereinbarte Entschädigung nach § 7 sowie auf die sonstigen Aufwendungen nach den §§ 8 bis 11. Der Kostenvorschuß wird daher immer höher sein als der nach § 7 zu zahlende Betrag.

Hat das Gericht die Beauftragung des Sachverständigen nicht von der Vorschußzahlung abhängig gemacht, so bleibt die Vorschußpflicht (§ 68 Abs. 1 GKG, § 8 Abs. 1 und 2 KostO) gleichwohl bestehen. Der Kostenvorschuß kann dann auch der Gerichtskasse zur Einziehung überwiesen und beigetrieben werden.

Das gleiche gilt in den Fällen, in denen ein Sachverständigenbeweis von Amts wegen zu erheben (§ 68 Abs. 3 Satz 1 GKG, § 8 Abs. 1 Satz 2 KostO) und ein Kostenschuldner vorhanden ist.

Die Verpflichtung zur Zahlung des Kostenvorschusses ist eine endgültige Kostenpflicht[29]. Stellt sich nachträglich heraus, daß ein Vorschuß zur Deckung der anfallenden Kosten nicht ausreicht, so ist der Restbetrag nachzufordern.

8.2 Ein Auslagenvorschuß kann auch nach Erstellung des Sachverständigengutachtens eingefordert werden, wenn er **zur Deckung der besonderen Entschädigung** nach § 7 dient, mit der sich die Parteien einverstanden erklärt haben[30].

Ist der zur Zahlung des Auslagenvorschusses verpflichteten Partei Prozeßkostenhilfe bewilligt, so kann von ihr ein Auslagenvorschuß in der Höhe des Betrages angefordert werden, um den der nach § 7 erforderliche Betrag die

28 KG in JurBüro 71.647 LS = KRspr. § 7 Nr. 7; OLG Frankfurt in DB 93.2019.

29 *Oestreich/Winter/Hellstab*, GKG, Rz. 18 zu § 68 GKG.

30 OLG Stuttgart in Justiz 84.366 = JurBüro 85.1370 mit Anm. von *Mümmler;* in JurBüro 86.322 = KRspr. § 68 Nr. 21 LS mit Anm. von *Lappe; Vogler* in JurBüro 87.1459; OLG Koblenz in KRspr. § 68 GKG Nr. 22 LS mit Anm. von *Schneider.*

gesetzliche Entschädigung überschreitet[31]. Die sonstigen nach den §§ 8 bis 11 zu gewährenden Entschädigungen braucht der Vorschuß in diesen Fällen nicht zu decken[32].

Die Entschädigung eines beauftragten Sachverständigen kann jedoch nicht davon abhängig gemacht werden, daß der zahlungspflichtige Kostenschuldner den angeforderten Kostenvorschuß (Auslagenvorschuß) auch tatsächlich an die Staatskasse zahlt. **Die dem Sachverständigen zustehende Entschädigung ist unabhängig von der Vorschußzahlung zu zahlen.** 8.3

Lediglich die besondere Leistungsentschädigung nach § 7 ist dem Sachverständigen zu versagen, wenn hierfür kein ausreichender Betrag durch einen Kostenvorschuß gezahlt worden ist. Anstelle der besonderen Entschädigung nach § 7 ist dem Sachverständigen dann die gesetzliche Entschädigung nach den §§ 3, 5, 8–11 zu gewähren.

Zahlung der besonderen Entschädigung an den Sachverständigen 9

Die vereinbarte Entschädigung ist dem Sachverständigen ohne weitere Nachprüfung in der vollen Höhe zu gewähren, wenn ein entsprechender Betrag an die Staatskasse gezahlt ist. Dann ist auch eine ins einzelne gehende Berechnung der Leistungsentschädigung, insbesondere eine Angabe über die verwendete Zeit, nicht erforderlich[33]. Das gilt jedoch nicht bei der Vereinbarung lediglich eines bestimmten Stundensatzes.

Haben sich die Parteien auf Vorschlag des Sachverständigen mit einer bestimmten Entschädigung für die zu erbringende Leistung des Sachverständigen nach § 7 einverstanden erklärt, so trägt der Sachverständige das Risiko einer Fehleinschätzung des zur ordnungsgemäßen Erfüllung des ihm gestellten Auftrags erforderlichen Leistungsaufwandes. Er kann die vereinbarte Entschädigung auch nicht als Teilentschädigung für die bis dahin erbrachte Teilleistung beanspruchen[34]. Es bleibt ihm allerdings unbenommen, nach Fertigstellung des Gutachtens seine Entschädigung nach den gesetzlichen Maßstäben des § 3 oder der Anlage zu § 5 zu berechnen.

Die Entschädigung für Fahrtkosten, Auslagen und sonstigen Aufwand (§§ 8 f.) ist neben der vereinbarten Leistungsentschädigung zu gewähren – s. a. Rz. 1.3 –.

31 OLG Frankfurt in JurBüro 86.79.
32 *Tschischgale* in JVBl. 63.65; KG in JurBüro 71.647 = KRspr. § 7 Nr. 7.
33 OLG Frankfurt in KRspr. § 7 Nr. 25 LS.
34 OLG Köln in BauR 93.770.

10 **Behandlung der besonderen Entschädigung als Gerichtskosten**

Die an Sachverständige in der vollen vereinbarten Höhe »gezahlten« besonderen Entschädigungen nach § 7 sind »nach dem ZSEG zu zahlende Beträge« und damit Gerichtskosten (Auslagen) gemäß Nr. 9005 KV-GKG, § 137 Nr. 4 KostO. Die Entschädigungen sind als notwendige Kosten der Rechtsverfolgung auch erstattungsfähig.

11 **Nachtragsgutachten**

11.1 Die Voraussetzungen für die Entschädigung des Sachverständigen nach § 7, **die für das Hauptgutachten vorliegen, erstrecken sich nicht ohne weiteres auf ein Nachtragsgutachten.**

11.2 Hat allerdings der Sachverständige nach Einsicht in die Akten sich mit einem Pauschalhonorar nach § 7 Absatz 1 einverstanden erklärt, so muß er seinem Auftrag, die Beweisfrage gründlich und fachgerecht zu erörtern und eine den Erfordernissen eines ordentlichen Gutachtens entsprechende Ausarbeitung vorzulegen, ggfls. auch durch Erstellung eines gründlichen **Ergänzungsgutachtens** nachkommen. Eine über die vereinbarte Entschädigung hinausgehende Entschädigung kann er nicht verlangen, es sei denn, der ursprüngliche Auftrag hätte nachträglich eine Erweiterung erfahren[35].

11.3 Ist ein **Ergänzungsgutachten aufgrund eines erweiterten Auftrags** des Gerichts erforderlich, so müssen erneut die Voraussetzungen des § 7 – Erklärung der Parteien gegenüber dem Gericht oder Erklärung einer Partei und Zustimmung des Gerichts sowie die Einzahlung eines ausreichenden Betrages – erfüllt sein. Sind diese Voraussetzungen für das aufgrund eines erweiterten Auftrags erstattete Ergänzungsgutachten nicht erfüllt, so hat der Sachverständige insoweit nur einen Anspruch auf die gesetzliche Entschädigung nach den §§ 3, 5.

11.4 Ist für das schriftliche Gutachten die besondere Entschädigung nach § 7 vereinbart worden, so wird dadurch nicht auch eine spätere **Erläuterung des Gutachtens in der mündlichen Verhandlung** abgegolten. Sofern nicht aus der Vereinbarung über die Pauschalentschädigung nach § 7 eindeutig hervorgeht, daß die vereinbarte Entschädigung auch die Erläuterung in der mündlichen Verhandlung abdecken soll, oder daß auch für den neuen Auftrag die Voraussetzungen des § 7 vorliegen, ist der Sachverständige für die Erläuterung seines Gutachtens in der mündlichen Verhandlung nach den einschlägigen Bestimmungen des ZSEG zu entschädigen.

35 OLG Frankfurt in JVBl. 65.191 = JurBüro 65.58.

Vertrauensschutz des Sachverständigen in eine Zusage des Gerichts 12

Hat das Gericht einem Sachverständigen mitgeteilt, **er könne sein Honorar nach einem von ihm vorgeschlagenen Stundensatz abrechnen,** »die Anwälte und Parteien hätten dagegen keine Einwendungen erhoben«, so ist der gerichtlichen Zustimmung im Verhältnis zu dem Sachverständigen aus dem Gesichtspunkt des Vertrauensschutzes ausnahmsweise eine bindende Wirkung beizumessen, auch wenn die Voraussetzungen des § 7 im Einzelfall nicht vorliegen, insbesondere dann, wenn die Gesamtentschädigung des Sachverständigen durch den von den Parteien eingezahlten Kostenvorschuß gedeckt ist[36]. 12.1

Hat das Gericht der von dem Sachverständigen geltend gemachten Entschädigung nach § 7 Absatz 2 zugestimmt, **obwohl für das Gericht erkennbar war, daß nicht der Sachverständige, sondern dessen Mitarbeiter die zu begutachtenden Schäden im Rahmen des Ortstermins aufgenommen hat,** so kann der ausgezahlte Entschädigungsbetrag aus dem Grundsatz von Treu und Glauben nicht zurückverlangt werden[37]. 12.2

36 OLG Hamm in Rpfleger 88.550 = KRspr. § 7 Nr. 29 LS mit Anm. von *Herget* = JurBüro 89.546 mit Anm. von *Mümmler.*

37 LG Düsseldorf in Rpfleger 91.435 = MDR 91.1207.

§ 8 Ersatz von Aufwendungen

(1) Dem Sachverständigen werden ersetzt

1. die für die Vorbereitung und die Erstattung des Gutachtens aufgewendeten Kosten, einschließlich der notwendigen Aufwendungen für Hilfskräfte sowie die für eine Untersuchung verbrauchten Stoffe und Werkzeuge;

2. für die Anfertigung von im Gutachten verwendeten Lichtbildern je ersten Abzug 4 Deutsche Mark und für jeden weiteren Abzug 1 Deutsche Mark;

3. für die Erstellung des schriftlichen Gutachtens einschließlich der notwendigen Aufwendungen für Hilfskräfte je angefangene Seite 4 Deutsche Mark;

4. die auf seine Entschädigung entfallende Umsatzsteuer, sofern diese nicht nach § 19 Abs. 1 des Umsatzsteuergesetzes unerhoben bleibt.

(2) Ein auf die Hilfskräfte (Absatz 1 Nr. 1) entfallender Teil der Gemeinkosten des Sachverständigen kann durch einen Zuschlag bis zu 15 vom Hundert auf den Betrag abgegolten werden, der als notwendige Aufwendung für die Hilfskräfte zu ersetzen ist.

Übersicht

I. Allgemeine Bemerkungen

Aufwendungsersatz 1
Gemeinkosten 2

II. Aufgewendete Kosten (Absatz 1 Nr. 1)

Portoauslagen. 3
Fahrtkosten. 4
Kosten für Fremduntersuchungen 5
Kosten für die Beschaffung von Fachliteratur . . . 6
Kosten einer stationären Behandlung 7
Nutzungsentgelt 8
Fernsprechkosten. 9

III. Hilfskräfte (Absatz 1 Nr. 1)

Hinzuziehung aus Anlaß des Gutachtens 10
Begriff der »Hilfskraft«. 11
Verantwortung des Sachverständigen 12
Weiterer Sachverständiger 13
Anspruch der Hilfskraft 14
Erstattungsausschluß in besonderen Fällen 15
Schreibkräfte 16
Bürokräfte 17
Festangestellte Hilfskräfte 18
Höhe der Entschädigung für die Hilfskräfte 19
Sprechstundenhilfe, frei praktizierender Arzt . . . 20
Nachweis der Aufwendungen 21

IV. Verbrauchte Stoffe und Werkzeuge

Ersatz für verbrauchte Stoffe und Werkzeuge . . . 22
Erstattungsausschluß. 23

V. Aufwendungen nach Absatz 1 Nr. 2

Kosten für Lichtbilder 24

VI. Aufwendungen nach Absatz 1 Nr. 3

Erstellung des schriftlichen Gutachtens 25

VII. Umsatzsteuer (Absatz 1 Nr. 4)

Ansatz, Steuersatz 26
Heilberufe 27
Gutachterausschuß 28
Regelung in Niedersachsen 29

VIII. Zuschlag zu den Gemeinkosten (Absatz 2)

Hilfskraft 30

I. Allgemeine Bemerkungen

Aufwendungsersatz 1

Durch die Leistungsentschädigung nach § 3, nach den Anlagen zu § 5 und nach Abschnitt O der GOÄ sind grundsätzlich die allgemeinen Geschäfts-, Praxis- und Bürokosten (Gemeinkosten) – s. Rz. 2 – des Sachverständigen abgegolten.

Nur soweit von dem Sachverständigen darüber hinaus für die Vorbereitung und Erstattung des Gutachtens notwendigerweise **zusätzliche Kosten aufgewendet** werden müssen, werden ihm diese nach den §§ 8 bis 11 neben der Leistungsentschädigung ersetzt. § 8 regelt den Ersatz von Aufwendungen, die ausschließlich im Zusammenhang mit der Erbringung einer Sachverständigenleistung anfallen können, nach den §§ 9 bis 11 werden Aufwendungen ersetzt, die sowohl durch Sachverständige als auch durch Zeugen verauslagt worden sind. Voraussetzung für einen Auslagenersatz nach den §§ 8 bis 11 ist in jedem Fall, daß die Beweisperson einen entsprechenden Aufwand gehabt hat.

Den Umfang der aufzuwendenden Kosten bestimmt der Sachverständige nach pflichtgemäßem Ermessen[1].

Die Notwendigkeit der vom Sachverständigen zur Erstattung angeforderten Aufwendungen und ihre tatsächliche Höhe können vom Gericht einer sachlichen Nachprüfung unterzogen werden. Mit dem Recht des Sachverständigen, Ersatz seiner Aufwendungen zu fordern, verbindet sich die Pflicht, diese auf Verlangen zu erläutern und zu belegen[2]. Eine pauschale Abgeltung von Nebenkosten über § 8 ist nicht möglich[3].

Gemeinkosten 2

Zu den durch die Leistungsentschädigung abgegoltenen Geschäfts-, Praxis- und Bürokosten (Gemeinkosten) zählen insbesondere die Aufwendungen für Miete, Heizung, Beleuchtung, Instandhaltung, Reinigung und Ausstattung mit den notwendigen technischen Einrichtungen. Die Gewährung eines Gewinnzu-

1 OLG Frankfurt in JurBüro 83.413.
2 OLG Celle in Nds. Rpfl. 64.200.
3 LG München in JurBüro 93.746.

schlags oder eines allgemeinen Unkostenzuschlags zu der Leistungsentschädigung des Sachverständigen ist nicht zulässig[4].

Auch wenn eine juristische Person als Sachverständiger hinzugezogen wird, kann ein Unkostenzuschlag zur Abgeltung des allgemeinen Kapitaleinsatzes nicht gewährt werden[5].

II. Aufgewendete Kosten (Absatz 1 Nr. 1)

3 Portoauslagen

Die dem Sachverständigen anläßlich der Vorbereitung und Erstattung des Gutachtens entstandenen Portoauslagen für Schreiben an die Parteien oder deren Vertreter über die Bestimmung eines Ortstermins oder über notwendige Umladungen sowie für die Übersendung des Gutachtens an das Gericht[6] sind ihm zu erstatten – s. a. § 3 Rz. 44.5 –.

Dagegen gehören die Portoaufwendungen des Sachverständigen für die Einreichung der Kostenliquidation oder für Schreiben des Sachverständigen zu Anfragen des Gerichts zu den durch die Leistungsentschädigung abgegoltenen Gemeinkosten – s. Rz. 2 –. Diese Kosten sind nicht für das Gutachten, sondern anläßlich der Gutachtertätigkeit aufgewendet worden.

4 Fahrtkosten

Fahrtkosten aus Anlaß der Vorbereitung und Erstattung des Gutachtens werden dem Sachverständigen nach § 9 ersetzt – s. § 9 Rzn. 1 f. –. Etwaige die Entschädigung nach § 9 übersteigende höhere Fahrtauslagen können nicht nach § 8 ersetzt werden.

5 Kosten für Fremduntersuchungen

Kosten für Untersuchungen oder Laboratoriumsversuche (z. B. Blutuntersuchungen und dergl.), die der Sachverständige von einer anderen Stelle hat ausführen lassen und im Rahmen des Zulässigen bei der Erstellung seines

4 KG in JVBl. 38.93 = JW 37.2478; OLG Frankfurt in Rpfleger 57.27; OLG Schleswig in JVBl. 66.261 = JurBüro 66.779 = SchlHA 66.227; OLG Hamm in JVBl. 68.287 = JMBl. NW 69.141 = Rpfleger 68.371 = JurBüro 69.63 = DB 68.1903; LG München in JurBüro 74.103 = KRspr. § 8 Nr. 31 LS m. w. N.;
a. A.: OLG Celle in NJW 55.1523 = Nds. Rpfl. 56.34; OLG Bamberg in KRspr. § 8 Nr. 9 LS; OLG Hamm in NJW 68.2304 = Rpfleger 68.322 mit abl. Anm. von *Tschischgale*.

5 A. A.: LG Stuttgart in Justiz 72.123 = KRspr. § 8 Nr. 27.

6 LG Mannheim in Rpfleger 91.36.

Gutachtens verwertet[7], sind, soweit sie notwendig waren, nach Absatz 1 Nr. 1 zu erstatten.

Kosten für die Beschaffung von Fachliteratur 6

Kosten für die Beschaffung von Fachliteratur sind in der Regel nicht erstattungsfähig. Da jeder Sachverständige sich über die in der Fachliteratur seines Tätigkeitsbereichs vertretenen Auffassungen und mitgeteilten neuen Erkenntnisse auf dem laufenden halten muß, gehören die damit verbundenen Aufwendungen zu den **nicht erstattungsfähigen Gemeinkosten**[8]. **6.1**

Nur in ganz besonders gelagerten **Ausnahmefällen** wird die Beschaffung von Fachliteratur, die auf anderem Wege dem Sachverständigen nicht zugänglich ist und speziell zur Beantwortung der gestellten Beweisfrage benötigt wird und nicht für den Sachverständigen allgemein verwendbar ist, als notwendig für die Vorbereitung des Gutachtens und damit als erstattungsfähig angesehen werden können. **6.2**

Ist im Einzelfall für die Gutachtenerstellung die Benutzung einer **Datenbank** erforderlich – s. § 3 Rz. 44.4 –, so sind die Benutzungsentgelte als Aufwendungen nach Absatz 1 Nr. 1 zu erstatten[9]. **6.3**

Kosten einer stationären Behandlung 7

Bei einer **zur Begutachtung erforderlichen stationären Behandlung** können die entstandenen Sach- und Personalkosten von dem Sachverständigen beansprucht und als notwendige Aufwendungen nach Absatz 1 Nr. 1 erstattet werden. Es erscheint gerechtfertigt, hierbei den »Großen Pflegesatz« nach § 3 Abs. 1 BPflV zugrunde zu legen[10]. Er gilt auch für Begutachtungsfälle. Durch den großen Pflegesatz werden neben Unterkunft und Verpflegung auch die ärztlichen Leistungen abgegolten. **7.1**

Neben dem allgemeinen Pflegesatz können bei stationärer Aufnahme zur Begutachtung nur Sach- und Personalkosten für solche Leistungen erstattet werden, die eindeutig über die Untersuchungs- und Diagnoseleistungen hinausgehen, die typischerweise bei der Aufnahme zur Heilbehandlung oder zur Abklärung einer Diagnose entstehen[11].

7 Wegen der Zulässigkeit vgl. *Jessnitzer/Frieling*, Rdn. 330–335.
8 OLG Schleswig in JVBl. 66.261 = JurBüro 66.779 = SchlHA 66.227.
9 LSG Rhld.-Pf. in Rpfleger 86.32.
10 OLG Zweibrücken in Rpfleger 85.328 = JurBüro 83.107 = KRspr. § 8 Nr. 62.
11 LSG Ba.-Wü. in Justiz 75.353 = Breith. 75.1075 = NJW 76.391; LSG Berlin in KRspr. § 8 Nr. 44 LS; LSG Rhld.-Pf. in Rpfleger 76.336; LSG Schl.-H. in SchlHA 77.108; LSG NW in SGb. 78.450; OLG Zweibrücken aaO. – Fn. 10 –.

7.2 Kosten einer **stationären Behandlung, die wegen eines auf gerichtliche Anordnung durchgeführten diagnostischen Eingriffs** durchgeführt werden muß, gehören zu den notwendigen nach Absatz 1 Nr. 1 zu erstattenden Aufwendungen des Sachverständigen. Krankenhaus- oder Behandlungskosten, die zwar mit einem auf gerichtliche Anordnung durchgeführten diagnostischen Eingriff in ursächlichen Zusammenhang stehen, aber nicht mehr zu den gewöhnlichen Folgeerscheinungen eines solchen Eingriffs gehören, sind keine erstattungsfähigen Kosten des Gutachtens. Es sind Schadensersatzansprüche, die nicht im Verfahren nach dem ZSEG nachgeprüft werden können[12].

8 Nutzungsentgelt

8.1 Bei dem Nutzungsentgelt handelt es sich um eine Geldleistung, die dafür zu entrichten ist, daß der Beamte für die Ausübung seiner Nebentätigkeit Einrichtungen, Personal und Material des Dienstherrn in Anspruch nehmen darf. Mit dem Nutzungsentgelt sollen die wirtschaftlichen Vorteile ausgeglichen werden, die dem Beamten dadurch zugute kommen, daß er die von seinem Dienstherrn zur Verfügung gestellten Hilfsmittel nicht selbst und auf eigenes Risiko anzuschaffen und zu unterhalten hat und auch nicht die Arbeitskraft des ihm zur Verfügung gestellten Personals vergüten muß[13].

8.2 Ein Sachverständiger, der bei der Vorbereitung und Erstattung seines Gutachtens Einrichtungen einer Körperschaft, Anstalt oder Stiftung des öffentlichen Rechts in Anspruch nimmt und hierfür ein Nutzungsentgelt an diese Stelle abführen muß, kann **diese Aufwendungen nur insoweit erstattet verlangen, wie auch ein anderer Sachverständiger die Aufwendungen, für deren Abgeltung das Nutzungsentgelt bestimmt ist, nach § 8 erstattet erhält.**

8.3 Ist das von dem Sachverständigen abzuführende Nutzungsentgelt, das meist in einem bestimmten Prozentsatz der ihm durch die Erstattung des Gutachtens erzielten Einnahmen besteht, **eine Entschädigung für die Gestellung des Raumes einschließlich Beleuchtung, Heizung, Reinigung, Verwendung von Werkzeugen und Geräten,** so kann der von dem Sachverständigen abgeführte Betrag nicht als notwendige Aufwendung neben der Leistungsentschädigung erstattet werden, da auch der Sachverständige, der für die Vorbereitung und Erstattung des Gutachtens seine eigenen Räume und Geräte benutzt, weder für die allgemeinen Geschäftsunkosten (Gemeinkosten), zu denen auch die Kosten für Raummiete, Beleuchtung, Heizung und Reinigung gehören, noch für die normale Abnutzung von Geräten und Werkzeugen neben der Leistungsentschä-

12 LSG Stuttgart in NJW 67.319.
13 BVerwG in NJW 74.1440; OVG NW in ZBR 86.172.

digung nach § 3 oder der Anlage zu § 5 eine Aufwendungsentschädigung nach § 8 erhält[14].

Soweit das abzuführende Nutzungsentgelt dazu bestimmt ist, die notwendige **Benutzung technischer Vorrichtungen** (z. B. teure Laboreinrichtungen) abzugelten, ist dieser Aufwand bei der Bemessung des Stundensatzes der Leistungsentschädigung nach § 3 Abs. 2 zu berücksichtigen. **8.4**

Nimmt der Sachverständige nicht nur Einrichtungen einer öffentlichen Stelle, sondern auch deren **Personal und Material** für seine Gutachtertätigkeit in Anspruch, sind die ihm für die Inanspruchnahme von Personal und Material abzuführenden Beträge in den Grenzen des § 8 als notwendige Aufwendungen für Hilfskräfte und verbrauchte Stoffe zu erstatten[15]. **8.5**

Der von dem Sachverständigen für die Inanspruchnahme von »Personal« abzuführende Betrag ist jedoch nur insoweit erstattungsfähig, als es sich bei dem in Anspruch genommenen Personal um echte Hilfskräfte im Sinne des Absatz 1 handelt – s. hierzu den nachstehenden Abschnitt III –, die Hinzuziehung notwendig ist[16] und die Personalkosten nicht bereits anderweitig abgegolten sind.

Soweit der Sachverständige einen **einheitlichen Pauschalsatz** für die Inanspruchnahme von Einrichtungen, Personal und Material abzuführen hat, wird er gegebenenfalls den Nachweis führen müssen, welcher Teil der von ihm abzuführenden Beträge zur Abgeltung der Aufwendungen für verbrauchtes Material und für die Inanspruchnahme von Hilfskräften bestimmt ist. Soweit eine sachgerechte Aufteilung der abzuführenden Nutzungspauschale nicht möglich ist, kann sie nicht anders behandelt werden als die Gemeinkosten eines frei praktizierenden Sachverständigen, die nicht erstattungsfähig sind[17]. **8.6**

Fernsprechkosten **9**

Die Kosten für die Beschaffung und Unterhaltung von Fernsprech- und sonstigen Telekommunikationseinrichtungen gehören zu den durch die Leistungsent-

14 OLG Düsseldorf in Rpfleger 74.127; KG in Rpfleger 74.414 = MDR 74.1041 = NJW 75.705 und in Rpfleger 75.183; BVerwG in NJW 74.1440, 1443; OLG Stuttgart in Justiz 77.426; LG Freiburg in Justiz 78.179; LSG Ba.-Wü. in Justiz 78.416 LS = KRspr. § 8 Nr. 57 mit Anm. von *Noll;* OVG Lüneburg in Rpfleger 82.122; LSG Berlin in KRspr. § 8 Nr. 97 LS = Breith. 88.980;
a. A.: LSG Berlin in KRspr. § 8 Nr. 28; KG in KRspr. § 8 Nr. 34 LS; KG in NJW 76.380 = Rpfleger 76.70 mit abl. Anm. von *Höver;* OLG Schleswig in SchlHA 88.99.

15 OLG Karlsruhe in Justiz 80.452 und in Rpfleger 83.507 = Justiz 83.391; SchlHOLG in JurBüro 82.1546 = SchlHA 82.175; OLG Stuttgart in Rpfleger 82.395 = Justiz 83.342; OLG Zweibrücken in Rpfleger 83.508; LG Aachen in JurBüro 89.547.

16 SchlHOLG in SchlHA 84.134 = Rpfleger 84.373 und in SchlHA 85.163.

17 LSG Ba.-Wü. in Justiz 78.416 LS = KRspr. § 8 Nr. 57 mit Anm. von *Noll.*

schädigung des Sachverständigen abgegoltenen Gemeinkosten[18]. Dagegen zählen die Entgelte für die geführten Gespräche im Orts-, Nah- oder Fernbereich zu den nach Abs. 1 Nr. 1 oder nach § 11 zu ersetzenden Aufwendungen.

III. Hilfskräfte (Absatz 1 Nr. 1)

10 **Hinzuziehung aus Anlaß des Gutachtens**

Aufwendungen, die dem Sachverständigen durch die Zuziehung einer Hilfskraft (Assistent, Techniker, Arbeiter, Angestellten) entstanden sind, können – vorausgesetzt, daß die Zuziehung »notwendig« war – nur dann nach Abs. 1 Nr. 1 erstattet werden, wenn der Sachverständige darlegt, daß ihm die Aufwendungen aus Anlaß der Gutachtenerstellung entstanden sind.

11 **Begriff der »Hilfskraft«**

Hilfskräfte im Sinne des Absatz 1 Nr. 1 sind Personen, die Arbeiten verrichten, die der Sachverständige zur Erfüllung des ihm erteilten Auftrags ohne fremde Hilfe selbst leisten müßte. Durch den Begriff »Hilfskraft« wird nicht zum Ausdruck gebracht, daß es sich hierbei um eine weniger qualifizierte Kraft als die des Sachverständigen handeln muß[19].

12 **Verantwortung des Sachverständigen**

Für die Arbeit der Hilfskraft und deren Ergebnis muß der Sachverständige die volle Verantwortung übernehmen. Er darf bei der Vorbereitung und Abfassung seines schriftlichen Gutachtens wissenschaftliche Mitarbeiter und sonstige geeignete Hilfskräfte nur insoweit zu seiner Unterstützung heranziehen, als seine persönliche Verantwortung für das Gutachten uneingeschränkt gewahrt bleibt[20]. Die Mitwirkung der Hilfsperson ist so zu gestalten, daß sie die persönliche Verantwortung des vom Gericht ausgewählten Sachverständigen nicht ausschließt. Sie darf daher nicht so umfangreich sein, daß das Gutachten den Charakter einer überwiegend persönlichen Leistung des gerichtlich bestellten Sachverständigen verliert[21].

18 VGH Ba.-Wü. in Justiz 82.381.

19 OLG Hamm in JVBl. 68.287 = Rpfleger 63.371 = JurBüro 69.63 = JMBl. NW 69.141; OLG Köln in KRspr. § 8 Nr. 67 LS; OLG Zweibrücken in JBl. Rhld.-Pf. 83.130.

20 BVerwG in NJW 84.2645 = BayVBl. 85.57; OLG Karlsruhe in Justiz 91.204 = JurBüro 91.997.

21 *Jessnitzer/Frieling*, Rdn. 287; OLG Zweibrücken in JBl. Rhld.-Pf. 83.130; OLG Köln in KRspr. § 8 Nr. 67 LS.

Unterzeichnet z. B. ein zum gerichtlichen Sachverständigen bestellter Klinikdirektor das von einem ärztlichen Mitarbeiter aufgrund klinischer Untersuchungen erstellte schriftliche Gutachten lediglich mit dem Vermerk »Einverstanden«, so wird dadurch nicht genügend erkennbar, daß der Sachverständige die ihm obliegende volle Verantwortung für das Gutachten übernommen hat und dazu nach seinem eigenen Kenntnisstand auch in der Lage war[22] – s. a. § 3 Rz. 5 –.

Zur Erläuterung des schriftlichen Gutachtens in der mündlichen Verhandlung sind die wissenschaftlichen Mitarbeiter nicht befugt[23].

Weiterer Sachverständiger 13

Aufwendungen, die dadurch entstanden sind, daß **der gerichtlich bestellte Sachverständige einen weiteren Sachverständigen hinzugezogen hat,** sind nur dann nach Absatz 1 Nr. 1 erstattungsfähig, wenn die Zuziehung sachlich notwendig war[24]. Nicht zu erstatten sind diese Aufwendungen, wenn das Gutachten im wesentlichen durch den beigezogenen Sachverständigen erstellt worden ist – s. a. Rz. 12 –. Die Leistungspflicht des gerichtlich oder behördlich bestellten Sachverständigen ist eine persönliche. Ist der beauftragte Sachverständige zur Erstellung des Gutachtens nicht in der Lage, so ist er verpflichtet, den Auftrag zurückzugeben. Die Weitergabe des Auftrags an einen anderen Sachverständigen ohne Einschaltung der beauftragenden Stelle ist mit dem Grundsatz der persönlichen Gutachterpflicht nicht zu vereinbaren[25] – s. a. § 407 a Abs. 2 Satz 1 ZPO[26] –. 13.1

Grundlage für die Entschädigung eines Sachverständigen für eine von ihm hinzugezogene **ärztliche Hilfskraft** ist auch dann Absatz 1 Nr. 1, wenn die ärztliche Hilfskraft eine Leistung im Sinne des § 5 Abs. 2 erbracht hat. Eine unmittelbare Anwendung des § 5 Abs. 2 scheidet aus, weil es insoweit nicht um die Entschädigung des Sachverständigen für seine eigene Leistung geht, sondern um den Aufwendungsersatzanspruch nach Absatz 1 Nr. 1 für die Heranziehung einer Hilfskraft[27]. 13.2

Zur **Höhe des Aufwendungsersatzes** nach Abs. 1 Nr. 1 für einen hinzugezogenen weiteren Sachverständigen wird auf die Erläuterungen zu Rz. 19 verwiesen. 13.3

22 BVerwG in NJW 84.2645 = BayVBl. 85.57.
23 BVerwG aaO. – Fn. 22 –.
24 OLG Schleswig in Rpfleger 83.373 = SchlHA 84.134.
25 OLG Oldenburg in Nds. Rpfl. 82.223; OLG Celle in Nds. Rpfl. 85.172.
26 Abschnitt I Nr. 1.3.
27 LSG Niedersachsen in Nds. Rpfl. 88.283.

14 **Anspruch der Hilfskraft**

Die von dem gerichtlich bestellten Sachverständigen hinzugezogene Hilfkraft hat keinen unmittelbaren Anspruch auf Entschädigung gegen die Staatskasse, sondern nur gegen den beauftragenden Sachverständigen[28]. Das gilt auch dann, wenn der Sachverständige selbst einen anderen Sachverständigen mit einer Untersuchung beauftragt hat, deren Ergebnis er für die Fertigstellung seines Gutachtens benötigt. Der andere Sachverständige hat nur dann einen eigenen Erstattungsanspruch gegen die Staatskasse, wenn er nicht von dem gerichtlich bestellten Sachverständigen, sondern unmittelbar von dem Gericht oder der Behörde beauftragt worden ist[29].

15 **Erstattungsausschluß in besonderen Fällen**

15.1 Aufwendungen für Hilfkräfte werden dem Sachverständigen auch bei **Verrichtungen nach der Anlage zu § 5** neben den dort bestimmten Beträgen erstattet, wenn in der Anlage nichts anderes bestimmt ist und sofern die Hinzuziehung der Hilfskräfte sachlich geboten war.

15.2 Die Aufwendungen für die Hinzuziehung einer Hilfskraft für eine **Blutgruppenbestimmung nach Nr. 8 der Anlage zu § 5** können jedenfalls dann nicht als notwendig und damit als erstattungsfähig angesehen werden, wenn sich die Tätigkeit der Hilfskraft auf die in Nr. 8 der Anlage zu § 5 beschriebenen Verrichtungen beschränkt, da die Entschädigungsbeträge in dieser Vorschrift bereits den normalen Personalaufwand für die dort genannten Tätigkeiten abgelten[30]. – s. a. Nr. 8 der Anlage zu § 5 Rz. 8.4 –

15.3 Bei **erbbiologischen Abstammungsgutachten** sind die durch die Hinzuziehung von Hilfskräften entstandenen Aufwendungen durch die Pauschalentschädigung nach Nr. 10 der Anlage zu § 5 abgegolten. Diese Aufwendungen können daher nicht noch nach Absatz 1 Nr. 1 erstattet werden.

28 BayObLG in JurBüro 66.959; *Peters/Sautter/Wolff* 11/88–50 m. w. N.; LG Frankenthal in Rpfleger 82.242.

29 OLG Zweibrücken in JBl. Rhld.-Pf. 83.130.

30 OLG Schleswig in SchlHA 85.163; OLG Stuttgart in Justiz 87.154 = JurBüro 87.1581; OLG Karlsruhe in Rpfleger 89.173 = Justiz 89.57;
a. A.: OLG Koblenz in KRspr. § 5 Nr. 33.

Schreibkräfte 16

Aufwendungen für den Einsatz von Schreibkräften können nach Absatz 1 Nr. 1 nur insoweit geltend gemacht werden, als die Schreibkräfte Arbeiten ausführen, für die Schreibauslagen nach § 11 Absatz 2 nicht erstattet werden[31] und es sich nicht um Schreiben handelt, deren Aufwand bereits als Gemeinkosten durch die geltend gemachte Leistungsentschädigung des Sachverständigen abgegolten ist. 16.1

Nur für solche Schreibarbeiten der Hilfskräfte, für die der Sachverständige, würde er diese Arbeiten selbst ausführen, eine Leistungsentschädigung beanspruchen könnte, kann ein **Aufwendungsersatz nach Absatz 1 Nr. 1** in Betracht kommen.

Fertigt der Sachverständige die der **Vorbereitung des Gutachtens** dienenden Schreiben – s. a. § 3 Rz. 44.5 – nicht selbst, sondern delegiert er diese Arbeiten an eine Büro- oder Schreibkraft, so kann er die Aufwendungen für diese Hilfskraft nach Maßgabe des Absatz 1 Nr. 1 geltend machen[32]. Die Aufwendungen für eine Hilfskraft zum Schreiben eines auf Tonband aufgenommenen Ortsbesichtigungsprotokolls sind nach Abs. 1 Nr. 1 als notwendige Aufwendungen zur Vorbereitung des Gutachtens zu erstatten[33]. 16.2

Der Sachverständige muß in seinem Antrag auf Entschädigung die jeweiligen Verrichtungen seiner Hilfskraft, für die er Aufwendungsersatz verlangt, im einzelnen bezeichnen. Insbesondere muß er neben einer **substantiierten Darstellung der Leistungen der Schreibkraft** auch deren Zeitaufwand genau angeben. Nur dann sind die Anweisungsstelle oder das die Entschädigung festsetzende Gericht in der Lage zu beurteilen, ob es sich nicht um eine von der Pauschale nach Absatz 1 Nr. 3 oder durch die Schreibauslagen nach § 11 Abs. 2 abgegoltene Tätigkeit handelt und wie hoch die Entschädigung der Hilfskraft zu bemessen ist[34]. Neben dem Aufwendungsersatz nach Abs. 1 Nr. 1 steht ihm ein Schreibauslagenersatz nicht zu. 16.3

Dagegen hat der Sachverständige neben der Entschädigung nach Absatz 1 Nr. 3 für die **Erstellung des schriftlichen Gutachtens** keinen Anspruch nach Absatz 1 Nr. 1 für den Einsatz einer Hilfskraft zur Diktataufnahme des Gutachtens, für eine Korrektur oder das Ordnen und Heften des Gutachtens. Alle mit der Herstellung des schriftlichen Gutachtens zusammenhängenden Arbeiten der 16.4

31 LG Schweinfurt in JurBüro 76.69; LG Essen in DAR 83.361 = ZfS 83.334 = KRspr. § 8 Nr. 79 LS m. w. N.; OLG Hamburg in JurBüro 83.1358; OLG Düsseldorf in JurBüro 87.1855; LG Hannover in JurBüro 88.390; OLG Koblenz in KRspr. § 8 Nr. 118 LS.

32 OLG Hamm in Rpfleger 90.228 = JurBüro 90.1516; OLG München in JurBüro 91.995 = MDR 91.800.

33 LG Darmstadt in JurBüro 83.586.

34 OLG München aaO. – Fn. 32 –.

Hilfskraft sind durch die pauschale Entschädigung nach Abs. 1 Nr. 3 abgegolten[35] – s. a. Rz. 25 –.

17 **Bürokräfte**

Aufwendungen für typische Büroarbeiten (Aktenan- und -ablage, Einkleben von Fotoaufnahmen, Überprüfung mathematischer Rechenvorgänge, Binden des Gutachtens pp.) werden in der Regel durch die Leistungsentschädigung des Sachverständigen oder die Aufwandsentschädigungen nach Absatz 1 Nrn. 2 und 3 abgegolten[36]. Die ständige Bürokraft des Sachverständigen kann daher im allgemeinen nicht als Hilfskraft im Sinne des Absatz 1 Nr. 1 angesehen werden. Eine ständige Bürokraft kann jedoch »Hilfskraft« sein, soweit sie nur Tätigkeiten ausübt, die – aussonderbar von ihren sonstigen Verrichtungen – auf die Anfertigung eines konkreten Gutachtens bezogen werden können[37].

18 **Festangestellte Hilfskräfte**

Hat der Sachverständige mit der Erledigung notwendiger Arbeiten Hilfskräfte betraut, die sich bei ihm in einem festen Arbeitsverhältnis befinden und ein festes Gehalt beziehen, so ist ihm ein entsprechender Anteil davon als Aufwand nach Absatz 1 Nr. 1 zu ersetzen.

Soweit die Hilfskräfte für ihre Inanspruchnahme einen tariflichen Lohn erhalten, ist dieser Tariflohn erstatten.

Zu den durch die Hinzuziehung von Hilfskräften entstandenen Aufwendungen zählen neben dem reinen Grundgehalt/-lohn auch die Arbeitgeberanteile zur Sozialversicherung[38] und die Beiträge zur Vermögensbildung. Anteilig zu berücksichtigen sind ferner zu zahlende Urlaubs- und Weihnachtsgelder[39].

Macht der Sachverständige Aufwendungen für angestellte Hilfskräfte geltend, so hat er darzulegen, was die jeweilige Hilfskraft bezogen auf den Einzelfall konkret erledigt hat[40].

35 OLG München in Rpfleger 88.428 = JurBüro 88.1249;
a. A.: LG Frankfurt in JurBüro 88.390.

36 OLG Braunschweig in Nds. Rpfl. 84.13; LG München in JurBüro 89.1464; OLG Koblenz in KRspr. § 8 Nr. 120 LS.

37 OLG Köln in KRspr. § 8 Nr. 75 LS.

38 OLG Celle in NJW 55.1523 = Nds.Rpfl. 56.34; OLG Düsseldorf in Rpfleger 65.1 LS; OLG Bamberg in KRspr. § 8 Nr. 9 LS;
a. A.: OLG Karlsruhe in Rpfleger 62.186.

39 OLG Braunschweig in KRspr. § 8 Nr. 52.

40 OLG Düsseldorf in JurBüro 90.1047; LG Mainz in DBl. Rhld.-Pf. 94.185.

Höhe der Entschädigung für Hilfskräfte 19

Die Höhe der einer zugezogenen Hilfskraft von dem Sachverständigen zu gewährenden Entschädigung bestimmt sich weder nach § 3 noch nach der Anlage zu § 5, sondern nach der zwischen dem Sachverständigen und der Hilfskraft getroffenen **Vereinbarung oder nach einer für die Hilfskraft geltenden Gebührenordnung**[41]. Die Sachverständigenentschädigung nach § 3 beruht auf dem Prinzip der Entschädigung, während die Kosten der Hilfskraft nach dem Prinzip des vollen Aufwendungsersatzes erstattet werden[42]. 19.1

Dieser Aufwendungsersatz ist nicht an die im ZSEG festgelegten Höchstgrenzen gebunden[43], jedoch sind sowohl die Notwendigkeit der Zuziehung als auch die Angemessenheit der gezahlten Vergütung nachprüfbar, denn es sind dem Sachverständigen nur die *notwendigen* Aufwendungen für Hilfskräfte zu ersetzen[44]. Die Vergütung der Hilfskraft muß in einem angemessenen Verhältnis zu der dem Sachverständigen für seine Leistung zu gewährenden Entschädigung stehen[45]. Für die Beurteilung der Angemessenheit können die Entschädigungsgrundsätze des § 3 und der Anlage zu § 5 als Anhalt dienen[46] und die in diesen Regelungen enthaltenen Höchstsätze auch für die Vergütung der Hilfskraft zu berücksichtigen sein. Die Höhe der Entschädigung ein und derselben Leistung kann nicht davon abhängig sein, ob die Leistung von dem Sachverständigen selbst oder von der vom Sachverständigen hinzugezogenen Hilfskraft erbracht worden ist[47]. Auch die Sätze der GOÄ können als Anhalt für die Angemessenheit der Aufwandsentschädigung nach Absatz 1 Nr. 1 dienen[48].

Zieht der Sachverständige zur Beurteilung von Fachfragen, die außerhalb seines Fachgebietes liegen, einen **weiteren Sachverständigen** zu, so wird man die Aufwendungen für diese Hilfskraft, soweit sie über die Sätze des ZSEG hinausgehen, nicht als notwendig ansehen können. Die Mehrkosten hätten sich vermei 19.2

41 OLG Nürnberg in JVBl. 59.260 = JVBl. 62.96;
a. A.: LG Hannover in Nds.Rpfl. 59.132.
42 VG Hamburg in JurBüro 80.1706 mit Anm. von *Mümmler*.
43 OLG Celle in JVBl. 67.214; LG Koblenz in NJW 68.204; OLG Nürnberg in JVBl. 59.260 = JVBl. 62.96; OLG Zweibrücken in BB 70.375 = Rpfleger 70.146 = NJW 70.531 = MDR 70.530; LG Bielefeld in MDR 74.956; OLG Zweibrücken in JBl.Rhld.-Pf. 83.130 = JurBüro 83.1543 = Rpfleger 83.295.
44 OLG Düsseldorf in BauR 93.772.
45 OLG Celle in JVBl. 67.214; OLG Stuttgart in Justiz 73.59; OLG Düsseldorf in JurBüro 87.1852.
46 BayVGH in KRspr. § 8 Nr. 49 LS.
47 LSG Niedersachsen in Nds. Rpfl. 88.283.
48 OLG Celle in JVBl. 62.15 = KRspr. § 8 Nr. 2.

den lassen, wenn der gerichtlich bestellte Sachverständige die Bestellung auch des Zusatzgutachters zum gerichtlichen Sachverständigen angeregt hätte[49].

19.3 Fordern die Hilfskräfte **Entgelte, die** im Verhältnis zur Entschädigung des Sachverständigen **unangemessen hoch sind,** so hat der Sachverständige dies dem Gericht anzuzeigen und abzuwarten, ob dieses nicht einen weiteren Sachverständigen heranziehen will, der dann statt einer Hilfskraft tätig wird und nach den Sätzen des ZSEG zu entschädigen ist[50].

19.4 Zur Entschädigung eines **Sektionsgehilfen** wird auf die Erläuterungen in Rz. 13 zu Nr. 2 der Anlage zu § 5 verwiesen.

20 Sprechstundenhilfe, frei praktizierender Arzt

Ein frei praktizierender Arzt hat als gerichtlicher Sachverständiger keinen Anspruch auf anteiligen Ersatz seiner *allgemeinen* Praxisunkosten, die in der Zeit der Vorbereitung und der Erstattung eines Sachverständigengutachtens anfallen[51]. Die durch die Inanspruchnahme einer fest angestellten Sprechstundenhilfe im Rahmen der Sachverständigentätigkeit entstandenen Aufwendungen sind ihm jedoch nach Absatz 1 Nr. 1 zu erstatten[52].

21 Nachweis der Aufwendungen

Der Sachverständige muß seine Aufwendungen auf Verlangen erläutern und belegen[53]. Ein Nachweis über die von dem Sachverständigen an die Hilfskraft gezahlten Beträge wird nur dann zu fordern sein, wenn die Höhe der geltend gemachten Aufwendungen im Einzelfall dazu Anlaß gibt.

IV. Verbrauchte Stoffe und Werkzeuge (Absatz 1 Nr. 1)

22 Ersatz für verbrauchte Stoffe und Werkzeuge

22.1 Absatz 1 Nr. 1 führt unter den zu erstattenden Kosten die notwendigen Aufwendungen für die bei einer Untersuchung verbrauchten Stoffe und Werkzeuge auf. Bei Anwendung dieser Vorschrift ist davon auszugehen, daß einem Sachverständigen neben der ihm zustehenden Leistungsentschädigung grundsätzlich *alle Auslagen und Unkosten* ersetzt werden sollen, die durch die zur Erstellung des Gutachtens erforderlichen Arbeiten, Untersuchungen und dgl. unmittelbar

49 OLG Hamm in Rpfleger 73.243 = JurBüro 74.643 = JMBl.NW. 74.96 = KRspr. § 8 Nr. 32; LG Bielefeld in MDR 74.956; BayVGH in KRspr. § 8 Nr. 49 LS; OLG München in MDR 93.1024 = AnwBl. 94.96 = JurBüro 94.181.

50 OLG Düsseldorf in MDR 90.164.

51 LSG Stuttgart in NJW 69.576.

52 LSG NRW in SGb. 77.419 = KRspr. § 8 Nr. 56 mit krit. Anm. von *Noll.*

53 OLG Celle in Nds.Rpfl. 64.200.

angefallen sind. Dabei ist aber zu berücksichtigen, daß das ZSEG ausdrücklich von dem Ersatz für »**verbrauchte**« Stoffe und Werkzeuge spricht; nur insoweit steht dem Sachverständigen ein Aufwendungsersatzanspruch zu.

Werkzeuge, die bei der Arbeit für das Gutachten **durch eigenes Verschulden des Sachverständigen zerstört** worden sind, können nicht als »verbraucht« im Sinne des Absatz 1 Nr. 1 angesehen werden. Für sie steht dem Sachverständigen keine Entschädigung zu. 22.2

Der Sachverständige kann auch **für die Benutzung** derjenigen Werkzeuge, Geräte usw. keine Entschädigung erhalten, die er bei Ausübung der Wissenschaft, der Kunst oder des Gewerbes, die Voraussetzung seiner Zuziehung als Sachverständiger sind, in der Regel gebraucht und auch im Einzelfall zu den Vorarbeiten und bei der Erstellung seines Gutachtens benutzt hat. 22.3

Die Gewährung einer **Abnutzungsentschädigung** für die bei der Erstellung des Gutachtens benutzten Geräte ist nicht zulässig. Eine Abnutzung im üblichen Rahmenm begründet keinen Entschädigungsanspruch[54]. Das gilt selbst dann, wenn die durch die normale Benutzung eines eingesetzten Gerätes eingetretene Wertminderung im Hinblick auf den hohen Wert des Gerätes besonders ins Gewicht fällt[55]. 22.4

Auch für die **Benutzung technischer Einrichtungen** bei der Erstellung des Gutachtens kann der Sachverständige keine Entschädigung nach Absatz 1 Nr. 1 erhalten. Der Aufwand hierfür ist vielmehr bei der Bemessung der Leistungsentschädigung nach § 3 Abs. 2 zu berücksichtigen[56] – s. a. Rz. 8.4 –. 22.5

Erstattungsausschluß 23

Soweit verbrauchte Stoffe bereits durch Entschädigungen nach den Anlagen zu § 5 ausdrücklich mit abgegolten sind, kann eine Entschädigung nach Absatz 1 Nr. 1 nicht mehr erfolgen. Hiernach sind die folgenden Aufwendungen bereits durch die jeweilige Leistungsentschädigung der Anlage zu § 5 abgegolten:

- bei Nr. 6: Farbstoffe und andere geringwertige Stoffe;
- bei Nr. 7: der mit der Untersuchung verbundene Aufwand;
- bei Nr. 8: das verbrauchte Material, soweit es sich um geringwertige Stoffe handelt;
- bei Nr. 8 f.: einschließlich höherwertiger Stoffe und Testseren.

54 LG Köln in NJW 61.976; OLG Hamm in JVBl. 65.191 = JMBl.NW. 65.155 = JurBüro 65.730; *Brocke/Reese* Anm. 5 b zu § 8; OLG Schleswig in JVBl. 66.261 = JurBüro 66.779 = SchlHA 66.227; OLG Hamm in JMBl.NW. 73.287; OLG Zweibrücken in JBl. Rhld.-Pf. 87.183.

55 OLG Hamm in Rpfleger 75.377 = JurBüro 76.72 mit Anm. von *Mümmler; Hartmann,* Kostengesetze, Anm. 4 zu § 8 ZSEG.

56 LG Bremen in KRspr. § 8 Nr. 60 LS.

V. Aufwendungen nach Absatz 1 Nr. 2

24 **Kosten für Lichtbilder**

24.1 Für die **Anfertigung von im Gutachten verwendeten Lichtbildern** werden dem Sachverständigen ersetzt

– je ersten Abzug 4,– DM,
– je weiteren Abzug 1,– DM.

Hierbei spielt es keine Rolle, ob es sich bei den Lichtbildern um Schwarz-Weiß- oder Farbabzüge handelt und in welchem Format die Lichtbilder gefertigt sind; es ist ferner ohne Belang, ob kostspieligere Hand- oder preiswertere Maschinenabzüge vorliegen. Die durch das KostRÄndG 94 neu aufgenommene Regelung des § 8 Absatz 1 Nr. 2 dient der Vereinfachung der Abrechnung des Sachverständigen, indem sie für die Herstellung von Lichtbildern einen pauschalen Aufwendungsersatz zuläßt. Damit sind Einzelnachweise für die Fertigungskosten von Lichtbildern regelmäßig nicht mehr erforderlich. Dem Sachverständigen können daher auch nachgewiesene höhere Fertigungskosten nur bis zur Höhe der o. a. Beträge erstattet werden.

24.2 Mit den Pauschalbeträgen für die Erst- und Zweitabzüge der Lichtbilder ist **sämtlicher Aufwand für die Anfertigung von Lichtbildern** abgegolten. Zu dem Aufwand gehört nach der Begründung der gesetzlichen Regelung auch der Einsatz von Hilfskräften für die Anfertigung der Lichtbilder. Der höhere Pauschalbetrag für den Erstabzug erfaßt ferner die Kosten für die Beschaffung des Filmmaterials und die Kosten der Entwicklung des Films[57].

24.3 **Der Aufwand** – einschließlich des Einsatzes von Hilfskräften – **für das Einkleben der Lichtbilder in das Gutachten** ist nicht durch die Pauschalregelung des § 8 Absatz 1 Nr. 2 abgegolten. Dieser wird durch die Pauschale nach § 8 Absatz 1 Nr. 3 für die Erstellung des schriftlichen Gutachtens erfaßt – s. a. Rz. 25.4 –.

24.4 Zu den mit dem Pauschalbetrag nach Absatz 1 Nr. 2 abgegoltenen Aufwendungen gehören ferner nicht die **Kosten für die Beschaffung der Kamera.** Es handelt sich hierbei um den Aufwand für die notwendige Benutzung technischer Vorrichtungen, der ggfls. im Rahmen des § 3 Abs. 2 Satz 2 bei der Leistungsentschädigung des Sachverständigen zu berücksichtigen ist[58]. – s. a. § 3 Rz. 41 –

24.5 Der mit der Herbeischaffung von Lichtbildern verbundene **Zeitaufwand des Sachverständigen** ist in der Leistungsentschädigung nach § 3 Abs. 2 Satz 1 zu berücksichtigen[59].

24.6 Stattet der Sachverständige sein Gutachten anstelle von entwickelten Farbfotos

57 BR-Drucksache 796/93 Seiten 254/255.
58 BR-Drucksache – aaO. – Fn. 57 –.
59 OLG Düsseldorf in JurBüro 87.1584; in MDR 93.1024.

mit teureren **Farbkopien von Lichtbildern** aus, so können ihm nur die Pauschbeträge nach Absatz 1 Nr. 2 erstattet werden[60].

Obwohl im Wortlaut des Absatz 1 Nr. 2 nur **»von im Gutachten verwendeten Lichtbildern«** ausgegangen wird, werden dem Sachverständigen die Aufwendungen auch zu erstatten sein, wenn er zur Vorbereitung des Gutachtens notwendigerweise Lichtbilder fertigen mußte und es aus von ihm nicht zu vertretenden Umständen nicht mehr zur Fertigstellung des Gutachtens kommt. **24.7**

VI. Aufwendungen nach Absatz 1 Nr. 3

Erstellung des schriftlichen Gutachtens **25**

Für die Fertigung des schriftlichen Gutachtens fallen abweichend von der früheren gesetzlichen Regelung **keine Schreibauslagen** mehr an. Der Schreibauslagenersatz ist jetzt – auch für den Sachverständigen – abschließend in § 11 geregelt. **25.1**

Durch die Aufwendungspauschale in Höhe von 4,– DM pro Seite des schriftlichen Gutachtens wird der gesamte mit der Erstellung des Gutachtens verbundene **Aufwand einschließlich der Kosten einer hierfür eingesetzten Hilfskraft (Schreibkraft)** abgegolten. Es bedarf insoweit keines Nachweises der Höhe der entstandenen Aufwendungen mehr. Der Sachverständige kann daher für die Fertigung des schriftlichen Gutachtens selbst dann keine höhere Entschädigung erhalten, wenn er einen höheren Aufwand nachweist. **25.2**

Die Entgegennahme des Gutachtenmanuskripts – auch in der Form einer Tonträgeraufzeichnung oder einer Stenogrammaufnahme – durch die Schreibkraft zählt bereits zu den durch die Pauschale nach Absatz 1 Nr. 3 abgegoltenen Verrichtungen[61].

Mit der Pauschale nach Absatz 1 Nr. 3 werden nicht nur das Schreiben, das Zusammenstellen und das Binden des Gutachtens abgegolten, sondern auch die **Kosten für die dazu verwendeten Materialien,** wie Papier, Umschlagkarton und Binderücken. Kostenunterschiede in der konkreten Herstellungsart sind dabei ohne Bedeutung, so daß auch höhere Kosten für die Verwendung einer Schutzfolie nicht gesondert entschädigt werden[62]. Werden im Original des Gutachtens auch Kopien der im Gutachten abgehandelten technischen Daten eines Gerätes, der Zeichnungen eines Geräteaufbaues u. ä. verwendet, so sind diese Bestandteile der Urschrift des Gutachtens und daher mit der Pauschale des Absatz 1 Nr. 3 zu entschädigen[63]. **25.3**

60 OLG Düsseldorf in JurBüro 92.498.
61 OLG Hamm in MDR 91.800.
62 OLG München in JurBüro 91.995 = MDR 91.800.
63 OLG Stuttgart in JurBüro 91.1550.

25.4 Auch der **Aufwand für das Einkleben von Lichtbildern** ist durch die Pauschale nach Absatz 1 Nr. 3 abgegolten, da diese auch für nur mit Lichtbildern beklebte Seiten des Gutachtens gewährt wird[64].

25.5 Die **Tätigkeit des Sachverständigen** im Zusammenhang mit der Herstellung des schriftlichen Gutachtens ist nach § 3 zu entschädigen, da die Fertigung des Gutachtens zu der von ihm zu erbringenden Leistung gehört. Die Aufwendungspauschale ersetzt auch nicht die Leistungsentschädigung, sondern sie ist grundsätzlich neben dieser zu gewähren.

VII. Umsatzsteuer (Absatz 1 Nr. 4)

26 Ansatz, Steuersatz

26.1 Nach Absatz 1 Nr. 4 kann der Sachverständige die auf seine Entschädigung entfallende und im Grundsatz von ihm als persönliche Steuerschuld zu entrichtende **Umsatzsteuer als »Aufwendung«** geltend machen. Das gilt nicht, wenn nach § 19 Abs. 1 UStG von der Erhebung abgesehen wird, weil der steuerpflichtige Umsatz 25 000,– DM im Jahr nicht übersteigt.

Der Steuersatz der Umsatzsteuer beträgt z. Zt. 15 v. H.

26.2 Ein **Dolmetscher** kann die auf seine Entschädigung entfallende Umsatzsteuer nur dann nach Absatz 1 Nr. 4 erstattet bekommen, wenn er vom Gericht herangezogen worden ist und in seiner Person die Voraussetzungen für die Umsatzsteuerpflicht erfüllt sind. Herangezogen im Sinne von § 1 Abs. 1 ist derjenige Dolmetscher, der die Dienstleistung des Übertragens aus einer fremden Sprache oder in eine fremde Sprache auf Veranlassung des Gerichts erbracht hat[65].

26.3 Muß ein Sachverständiger dem Finanzamt Mehrwertsteuer auch auf die nicht mehrwertsteuerpflichtige **Fremdleistung** (hier: Materialprüfungsamt) zahlen, so kann er diesen Teil der Mehrwertsteuer nach Absatz 1 Nr. 4 geltend machen[66].

26.4 Die Regelung des Absatz 1 Nr. 4 gilt nur für die vom Sachverständigen zu entrichtende Umsatzsteuer. Für **Zeugen oder wie Zeugen zu behandelnde Dritte** (§ 17 a ZSEG, Betreuungspersonen) sieht das ZSEG die Erstattung einer evtl. zu entrichtenden Umsatzsteuer als »Aufwendungsersatz« nicht vor.

So ist in der einer Betreuungsperson zu zahlenden Vergütung nach § 1836 Abs. 1 und 2 BGB die Mehrwertsteuer enthalten. Bei der Vergütung handelt es sich um ein Entgelt im zivilrechtlichen Sinne, das grundsätzlich auch die auf die Vergütung entfallende Umsatzsteuer erfaßt, sofern nicht ausdrücklich etwas anderes – wie z. B. in Abs. 1 Ziff. 4 – bestimmt ist. Daher ist für eine

64 BR-Drucksache 796/93 Seite 255.
65 HessVGH in KRspr. § 17 Nr. 58 mit Anm. von *Lappe*.
66 OLG Oldenburg in Nds.Rpfl. 93.195 = JurBüro 94.179.

gesonderte Erstattung der auf die Vergütung von Betreuungspersonen entfallenden Mehrwertsteuer kein Raum[67]. – s. a. § 2 Rz. 6.-5 –

Heilberufe 27

Umsätze aus heilberuflicher Tätigkeit sind nach § 4 Nr. 14 UStG **umsatzsteuerfrei,** sofern es sich nicht um eine freiberufliche Tätigkeit im Sinne des § 18 Abs. 1 Nr. 1 EStG handelt. Umsatzsteuerfrei ist auch eine Gutachtertätigkeit der Ärzte, soweit sie in Ausübung der Heilkunde vorgenommen wird[68]. Das ist z. B. gegeben bei ärztlichen Gutachten über den Gesundheitszustand eines Menschen oder über den Kausalzusammenhang zwischen einem rechtserheblichen Tatbestand und einer Gesundheitsstörung oder bei einem Gutachten über die Todesursache. Es ist nicht erforderlich, daß die Gutachten im Rahmen einer Heilbehandlung erstattet werden (vgl. 88 UStR 1988)[69]. 27.1

Hiernach sind z. B. umsatzsteuerfrei folgende Gutachten:

Alkohol-Gutachten, in denen z. B. aufgrund des festgestellten Promillewertes und des beobachteten Fehlverhaltens die Fahruntüchtigkeit eines Fahrers beurteilt wird; 27.1.1

Gutachten über den Gesundheitszustand eines Betroffenen; 27.1.2

Gutachten über die Untersuchung von Körperflüssigkeiten (z. B. Blut und Harn) **oder menschlichen Gewebes** – z. B. zur Klärung der Diagnose, zur Bestimmung der Blutgruppe –; 27.1.3

Gutachten über die pharmakologische Wirkung eines Medikaments beim Menschen, nicht aber über die Zusammensetzung von Medikamenten; 27.1.4

gerichtsmedizinische Gutachten über die Todesursache aufgrund von Leichenöffnungen; 27.1.5

pathologische Gutachten aufgrund histologischer Untersuchungen zur Bestimmung einer Gewebeerkrankung. 27.1.6

Dagegen sind die folgenden **Tätigkeiten steuerpflichtig** (vgl. Abschnitt 88 Abs. 3, 4 und 6 UStR 1988): 27.2

Blutgruppengutachten im Rahmen der **Vaterschaftsfeststellung;** 27.2.1

anthropologische-erbbiologische Gutachten[70]. 27.2.2

Bei **Ärzten, die ein Krankenhaus betreiben,** bestimmt sich die umsatzsteuerpflichtige Behandlung der ärztlichen Leistungen – hier: Gutachtertätigkeit – nach der einkommenssteuerlichen Behandlung des Betriebes. 27.3

67 BGH in NJW 75.210; OLG Celle in Nds.Rpfl. 94.187.
68 BFH in BFHE 99.276 = DB 72.515.
69 *Hartmann/Metzenmacher,* Umsatzsteuergesetz, 7. Aufl., Rz. 41 zu § 4 Nr. 14 UStG.
70 *Hartmann/Metzenmacher,* aaO., Rz. 44 zu § 4 Nr. 14 UStG.

27.3.1 Ist der Betrieb des Krankenhauses einkommenssteuerrechtlich als **freiberufliche Tätigkeit** des Arztes anerkannt, so sind die Umsätze des Arztes insoweit steuerfrei nach § 4 Nr. 14 UStG, als es sich um ärztliche Leistungen handelt (Abschnitt 88 Abs. 5 UStR 1988).

27.3.2 Ist dagegen ein vom Arzt betriebenes Krankenhaus, Kurheim oder Sanatorium ein **gewerblicher Betrieb,** so gehören auch seine im Rahmen dieses Betriebes erzielten Einnahmen aus Sachverständigentätigkeit zu den Einnahmen aus dem Gewerbebetrieb (Abschnitt 136 Abs. 6 Satz 3 EStR). Eine Umsatzsteuerfreiheit nach § 4 UStG für gutachterliche Leistungen kommt in diesen Fällen nicht in Betracht. Dasselbe gilt, wenn ein Krankenhaus durch eine BGB-Gesellschaft betrieben wird, an der der Arzt und berufsfremde Personen beteiligt sind.

27.3.3 Betreibt ein Arzt **neben seinem gewerblichen Krankenhaus noch eine Praxis,** so hat er unter bestimmten Voraussetzungen die Möglichkeit, seine freiberufliche Praxistätigkeit von der gewerblichen Tätigkeit zu trennen. In diesen Fällen können auch Sachverständigenleistungen, die einkommenssteuerrechtlich als freiberufliche Tätigkeit angesehen werden, nach § 4 Nr. 14 UStG von der Umsatzsteuer befreit sein[71].

28 Gutachterausschuß

Bei einem Gutachten des Gutachterausschusses nach §§ 136 ff. BBauG fällt keine Umsatzsteuer an, da es sich um ein Gutachten einer Fachbehörde handelt. Behörden sind aber nach § 2 Abs. 3 UStG im wesentlichen nur im Rahmen gewerblicher Betriebe umsatzsteuerpflichtig[72].

29 Regelung in Niedersachsen

Zur Umsatzsteuer der Sachverständigen ist in Niedersachsen die nachstehende Regelung getroffen worden:

Behandlung der Umsatzsteuer bei der Entschädigung von Sachverständigen

AV. d. MJ vom 28. 1. 1981 (5672 I – 210.17)
– Nds.Rpfl. S. 34 –, geändert durch AV. d. MJ vom 30. 10. 1990
(5672 I – 210.17) – Nds.Rpfl. S. 289 –

– Im Einvernehmen mit dem MF –

1. Nehmen Sachverständige, die nach § 8 Abs. 1 Nr. 3 ZSEG[73] Anspruch auf Ersatz der Umsatzsteuer haben, bei der Erledigung ihrer Aufträge Fremdleistungen in Anspruch, können sie die in den Rechnungen über Fremdleistungen gesondert ausgewiesenen Umsatzsteuerbeträge unter der Voraussetzung

71 *Hartmann/Metzenmacher*, aaO., Rzn. 45–48 zu § 4 Nr. 14 UStG.
72 OLG München in Rpfleger 76.264 = JurBüro 76.1362.
73 Jetzt § 8 Abs. 1 Nr. 4 ZSEG.

des § 15 UStG bei Abgabe der Umsatzsteuer-Voranmeldungen als Vorsteuer abziehen, so daß diese Beträge im Ergebnis vom Finanzamt erstattet werden. In den Fällen dieser Art sind deshalb vorbehaltlich abweichender gerichtlicher Entscheidungen Fremdleistungen (z. B. Laborkosten) bei der Berechnung der Sachverständigenentschädigung nur mit den Netto-Beträgen (ohne Umsatzsteuer) zu berücksichtigen. Vom Gesamtbetrag aus den Eigenleistungen und den Netto-Beträgen der Fremdleistungen ist die nach § 8 Abs. 1 Nr. 3 ZSEG zu ersetzende Umsatzsteuer zu berechnen[74].

2. Von dem Grundsatz, daß nur gesondert in Rechnung gestellte Steuerbeträge zum Vorsteuerabzug berechtigen, gelten gem. §§ 33 und 34 Umsatzsteuer-Durchführungsverordnung folgende Ausnahmen:

   a) Kleinbeträge

      In Rechnungen bis zu einem Gesamtbetrag von 200 DM darf der Rechnungsbetrag (Entgelt und Steuer) in einer Summe ausgewiesen werden, wenn in der Rechnung die Höhe des Steuersatzes angegeben ist.

   b) Benutzung öffentlicher Beförderungsmittel

      Auf Fahrausweisen braucht weder der Umsatzsteuerbetrag noch der Steuersatz angegeben zu werden, wenn die Beförderung innerhalb der Gemeinde erfolgt oder die Beförderungsstrecke nicht mehr als 50 km beträgt. In anderen Fällen genügt die Angabe des Steuersatzes, bei Fahrausweisen der Deutschen Bundesbahn und der nicht bundeseigenen Eisenbahnen auch die Angabe der Tarifentfernung, auf dem Fahrausweis. Der Steuerbetrag errechnet sich nach dem vollen Steuersatz (z. Zt. 15 v. H.), wenn auf dem Fahrausweis dieser Steuersatz oder bei Fahrausweisen der Deutschen Bundesbahn und der nichtbundeseigenen Eisenbahnen eine Tarifentfernung von mehr als 50 km angegeben ist, im übrigen nach dem ermäßigten Steuersatz (z. Zt. 7,5 v. H.).

   Bei der Festsetzung der Sachverständigenentschädigung sind auch in den unter a) und b) genannten Fällen nur die Netto-Beträge zu berücksichtigen (Gesamtbetrag × 100 : [Steuersatz + 100]). § 8 Abs. 1 Nr. 3 ZSEG bleibt unberührt.

3. Sachverständige, die nach § 8 Abs. 1 Nr. 3 ZSEG keinen Anspruch auf Ersatz der Umsatzsteuer haben, sind nicht zum Vorsteuerabzug berechtigt. Die von diesen Sachverständigen bei der Erledigung ihrer Aufträge in Anspruch genommenen Fremdleistungen sind deshalb bei der Berechnung der Sachverständigenentschädigung mit den Brutto-Beträgen (einschl. Umsatzsteuer) zu berücksichtigen.

74 So auch OLG Hamburg in JurBüro 89.1172.

VIII. Zuschlag zu den Gemeinkosten (Absatz 2)

30 **Zuschlag zu den Kosten der Hilfskraft**

Absatz 2 sieht vor, daß ein auf die Hilfskraft entfallender Teil der Gemeinkosten des Sachverständigen durch einen Zuschlag *bis* zu 15 v. H. auf den Betrag abgegolten werden kann, der als notwendige Aufwendung für die Hilfskraft zu ersetzen ist. Die Regelung bestimmt für den Zuschlag keinen festen Prozentsatz, sondern nur eine Höchstgrenze von 15 v. H., da je nach Ausstattung, Größe und Art des Bürobetriebes der Unkostenfaktor unterschiedlich ist. Nicht jeder Sachverständige, dem Aufwendungen für die Beschäftigung von Hilfskräften entstanden sind, kann daher einen Zuschlag von 15 v. H. zu diesen Aufwendungen erhalten. Der Sachverständige wird die Höhe des von ihm innerhalb des Rahmens – bis zu 15 v. H. – geltend gemachten Zuschlags erläutern und, soweit möglich, begründen müssen. Da die Höhe des Zuschlags entscheidend von der Art des Bürobetriebes abhängt, wird bei häufig herangezogenen Sachverständigen der prozentuale Zuschlag für die Gemeinkosten der Hilfskräfte immer gleich sein.

§ 9 Fahrtkosten

(1) Zeugen und Sachverständigen werden die Fahrtkosten bis zur Höhe der Kosten für die Benutzung des preisgünstigsten öffentlichen Beförderungsmittels oder bei einer Gesamtstrecke bis zu 200 km bis zur Höhe der Kosten für die Benutzung eines eigenen oder unentgeltlich von einem Dritten zur Verfügung gestellten Kraftfahrzeuges ersetzt. Höhere Fahrtkosten werden ersetzt, soweit durch die Benutzung eines anderen als durch die Benutzung des preisgünstigsten öffentlichen Beförderungsmittels die Gesamtentschädigung insgesamt nicht höher wird, oder höhere Fahrtkosten wegen besonderer Umstände notwendig sind.

(2) Bei Benutzung von öffentlichen, regelmäßig verkehrenden Beförderungsmitteln werden die wirklichen Auslagen einschließlich der Kosten für die Beförderung des notwendigen Gepäcks bis zur Höhe der Tarife, bei Benutzung der Eisenbahn oder von Schiffen bis zum Fahrpreis der ersten Wagen- oder Schiffsklasse, ersetzt. Der Ersatz der Beförderungsauslagen ist nach den persönlichen Verhältnissen des Zeugen oder Sachverständigen zu bemessen. Die Mehrkosten für zuschlagspflichtige Züge werden erstattet.

(3) Bei Benutzung eines eigenen oder unentgeltlich von einem Dritten zur Verfügung gestellten Kraftfahrzeuges sind zu erstatten

1. dem Sachverständigen zur Abgeltung der Anschaffungs-, Unterhaltungs- und Betriebskosten sowie der Abnutzung des Kraftfahrzeugs 0,52 Deutsche Mark und
2. dem Zeugen zur Abgeltung der Betriebskosten sowie der Abnutzung des Kraftfahrzeugs 0,40 Deutsche Mark

für jeden gefahrenen Kilometer zuzüglich der durch die Benutzung des Kraftfahrzeuges aus Anlaß der Reise regelmäßig anfallenden baren Auslagen, insbesondere der Parkgebühren.

(4) Für Reisen während der Terminsdauer werden die Fahrtkosten nur insoweit ersetzt, als dadurch Mehrbeträge an Entschädigung erspart werden, die beim Verbleiben an der Terminsstelle gewährt werden müßten.

(5) Tritt der Zeuge oder Sachverständige die Reise zum Terminsort von einem anderen als dem in der Ladung bezeichneten oder der ladenden Stelle unverzüglich angezeigten Ort an oder fährt er zu einem anderen als zu diesem Ort zurück, so werden, wenn dadurch die entstandenen Gesamtkosten höher sind, höchstens die Kosten ersetzt, die für die Reise von dem in der Ladung bezeichneten oder der ladenden Stelle angezeigten Ort oder für die Rückreise zu diesem Ort zu ersetzen wären. Mehrkosten werden nach billigem Ermessen ersetzt, wenn der Zeuge oder Sachverständige zu diesen Fahrten durch besondere Umstände genötigt war.

Übersicht

Allgemeine Bemerkungen 1
Wahl des Beförderungsmittels 2
Wahl des Reiseweges 3
Öffentliche, regelmäßig verkehrende Beförderungsmittel 4
Eisenbahn 5
Reisegepäck 6
Flugzeugbenutzung 7
Benutzung eines eigenen Kraftfahrzeuges 8
Mietwagen, Taxi 9
Benutzung eines von einem Dritten unentgeltlich zur Verfügung gestellten Fahrzeuges 10
Mitnahme in einem anderen Kraftfahrzeug 11
Keine Verpflichtung zur Mitnahme 12
Mehrere Reisen an einem Tag 13
Reisen von bzw. zu einem anderen Ort 14
Reisekosten der Prozeßparteien 15

1 Allgemeine Bemerkungen

1.1 Im Rahmen der Aufwendungsersatzvorschriften in den §§ 8 bis 11 ZSEG regelt § 9 den »Ersatz« von Fahrtkosten an Zeugen, Sachverständige und an wie Zeugen zu entschädigende Dritte. Der Ersatzanspruch besteht nur, soweit dem Anspruchsberechtigten **Fahrtkosten** »aus Anlaß seiner Heranziehung« auch **tatsächlich entstanden** sind. Hat der Zeuge, Sachverständige oder Dritte für die aus Anlaß seiner Inanspruchnahme erforderliche Reise überhaupt keine Fahrtkosten aufwenden müssen, kann auch ein »Fahrtkostenersatz« nicht in Betracht kommen.

1.2 Für **Fußwege** oder für die **Benutzung von Fahrrädern** sieht § 9 keinen Fahrtkostenersatz vor, da insoweit keine zu ersetzenden Aufwendungen anfallen. Eine frühere anders lautende Regelung ist auf Empfehlung des Rechtsausschusses des Deutschen Bundestages[1] ausdrücklich gestrichen worden.

2 Wahl des Beförderungsmittels

2.1 Grundsätzlich sind die Beweisperson oder der Dritte verpflichtet, das Beförderungsmittel zu wählen, bei dessen Benutzung die **geringsten Aufwendungen** anfallen oder die Gesamtentschädigung am geringsten ausfällt.

2.2 Bei einer **Gesamtreisestrecke (Hin- und Rückweg) bis zu 200 km** können Zeugen, Sachverständige und Dritte – unabhängig von der Höhe der entstehenden Kosten – in der Wahl des Beförderungsmittels zwischen dem preisgünstigsten öffentlichen Beförderungsmittel, dem eigenen Kraftfahrzeug oder dem unentgeltlich von einem Dritten zur Verfügung gestellten Kraftfahrzeug entscheiden.

3 Wahl des Reiseweges

3.1 Auch bei der Auswahl des Reiseweges ist die anspruchsberechtigte Person gehalten, die **Reisestrecke** auszuwählen, durch die letztlich die Gesamtentschädigung am niedrigsten ausfällt.

1 BT-Drucksache 10/6400 Seite 45.

Die Mehrkosten durch die Wahl eines **Umweges** können gerechtfertigt sein, wenn durch eine besonders schnelle und günstige Verbindung die Reisedauer abgekürzt und die Gesamtentschädigung der Beweisperson oder des Dritten dadurch geringer wird. 3.2

Maßgebend für die Berechnung der Fahrtkostenentschädigung ist die Entfernung von der Wohnung des Anspruchsberechtigten bis zum Ort seiner Heranziehung (z. B. bis zum Gerichtsgebäude). Auch die Wegstrecken am Wohn- oder Aufenthaltsort und am Ort der Heranziehung sind bei der **Entfernungsberechnung** zu berücksichtigen. 3.3

Bei der Berechnung der Entfernung ist nicht von den amtlichen Entfernungstabellen (Entfernung von Ortsmitte zu Ortsmitte), sondern von der **tatsächlichen Entfernung** auszugehen[2].

Öffentliche, regelmäßig verkehrende Beförderungsmittel 4

Öffentliche, regelmäßig verkehrende Beförderungsmittel sind ohne Rücksicht auf den Verkehrsträger alle **einem unbeschränkten Benutzerkreis zugänglichen, im planmäßigen Linienverkehr eingesetzten Beförderungsmittel,** wie Eisenbahn, Straßenbahn, Autobus, Schiff oder Flugzeug. 4.1

Die Benutzung eines öffentlichen, regelmäßig verkehrenden Beförderungsmittels wird immer dann als notwendig anzuerkennen sein, wenn die **Benutzung** unter den gegebenen Verhältnissen verkehrsüblich ist oder nach den Umständen des Einzelfalles (Terminstunde, Wetter, Alter des Reisenden, dessen Beruf und Gesundheitszustand) geboten erscheint. 4.2

Unter mehreren öffentlichen, regelmäßig verkehrenden Beförderungsmitteln wird in der Regel die **preisgünstigste Verkehrsverbindung** zu wählen sein. Höhere Fahrtkosten können nur erstattet werden, wenn die Benutzung der teureren Verkehrsverbindung durch besondere Umstände gerechtfertigt erscheint, insbesondere dann, wenn dadurch die Gesamtentschädigung geringer wird. 4.3

Bei Benutzung eines öffentlichen Verkehrsmittels bedarf es in der Regel eines **Nachweises über die Höhe der Fahrtkosten** nicht. Auch für die Frage, welche Wagenklasse der Zeuge, Sachverständige oder Dritte benutzt hat, genügt im allgemeinen die Erklärung des Reisenden. 4.4

Eisenbahn 5

Bei Benutzung der Eisenbahn ist der **Preis derjenigen Wagenklasse** zu ersetzen, deren sich Personen vom Berufsstande des Zeugen, Sachverständigen oder Dritten erfahrungsgemäß bei solchen Reisen zu bedienen pflegen. 5.1

2 OLG Celle in Rpfleger 64.231 LS.

5.2 Die Kosten der **1. Wagenklasse** werden dann zu erstatten sein, wenn der Anspruchsberechtigte in seiner sonstigen Berufsarbeit ständig diese Wagenklasse benutzt, ferner immer dann, wenn die Reise gemeinsam mit den Gerichtspersonen und den Rechtsanwälten ausgeführt wird, oder wenn der Zeuge oder Sachverständige aus zwingenden Gründen ein regelmäßig verkehrendes Beförderungsmittel benutzen mußte, das nur diese Wagenklasse führte.

Hat der Anspruchsberechtigte die 2. Wagenklasse benutzt, obwohl er die 1. Wagenklasse hätte benutzen dürfen, so steht ihm Fahrtkostenersatz nur in Höhe der Kosten der 2. Wagenklasse zu, da nur diese tatsächlich entstanden sind – s. Rz. 1 –.

5.3 **Beamten,** die als Zeugen oder Sachverständige herangezogen werden, sind in der Regel die Kosten der Wagenklasse zu ersetzen, die sie nach dem *Reisekostengesetz bei Dienstreisen* benutzen dürfen.

Die Vorschriften des Reisekostengesetzes können auch sonst Anhalt für die Frage geben, welche Wagenklasse nach den persönlichen Verhältnissen des Zeugen oder Sachverständigen angemessen ist.

5.4 Sind dem Zeugen, Sachverständigen oder Dritten überhaupt **keine Fahrtkosten entstanden,** weil er z. B. als Polizeibeamter, Eisenbahner oder Straßenbahner für die Fahrt eine **Freifahrtberechtigung** in Anspruch genommen hat, so hat er keinen Anspruch auf Entschädigung nach § 9.

Wenn ein Zeuge, der eine Freifahrtberechtigung hat, diese nicht benutzt und eine Fahrkarte löst, sind ihm die Fahrtkosten zu erstatten[3]. Die Deutsche Bahn hält ihre Bediensteten an, bei Fahrten aus Anlaß einer Vernehmung als Zeuge Fahrkarten zu lösen.

5.5 Entstehen dem Zeugen oder Sachverständigen für die aus Anlaß der Heranziehung notwendig gewordene Reise mit öffentlichen Verkehrsmitteln keine besonderen Fahrtkosten, weil er für die gefahrene Strecke eine **Zeit-, Bezirks-, Netz- oder Verbundkarte** besitzt, die er aus anderem Anlaß beschafft hat oder die ihm von seinem Arbeitgeber oder Dienstherrn zur Verfügung gestellt worden ist, so hat er weder einen Anspruch auf Ersatz einer normalen Einzelfahrkarte noch auf Ersatz eines Anteils an den Kosten für die Beschaffung der o. a. Fahrtausweise[4]. Dasselbe gilt für die Kosten einer aus anderem Anlaß beschafften **Bahn-Card.** Die Kosten für die vorgenannten Karten sind nicht aus Anlaß der Heranziehung entstanden.

Eine anteilige Erstattung der Kosten der o. a. Karten kann jedoch dann gerechtfertigt sein, wenn ein Sachverständiger, der häufig innerhalb eines bestimmten Bezirks als Sachverständiger herangezogen wird oder der für Reisen

3 OLG Hamburg in JurBüro 73.544.

4 LG Kiel in KRspr. § 9 Nr. 1 mit zust. Anm. von *Lappe;* LG Essen in JVBl. 60.95; VG Schleswig in AnwBl. 78.144.

aus Anlaß seiner Sachverständigentätigkeit regelmäßig die Bahn benutzt, sich für diese Sachverständigentätigkeit eine Bezirks- oder Netzkarte bzw. eine BahnCard[5] gekauft hat.

Die Möglichkeiten der **Verbilligung der Fahrtkosten** muß der Zeuge oder **5.6** Sachverständige ausnutzen. In Betracht kommen insbesondere die Sonderangebote der Deutschen Bahn, Rückfahrkarten, Tagesrückfahrscheine, Verbundfahrkarten, Anschlußtickets u. ä. Macht der Zeuge oder der Sachverständige von den verbilligten Angeboten keinen Gebrauch, so kann ihm gleichwohl nur der »verbilligte Fahrpreis« erstattet werden, da die Mehrkosten nicht notwendig sind.

Absatz 2 Satz 3 sagt ausdrücklich, daß die Mehrkosten für **zuschlagpflichtige** **5.7** **Züge** ersetzt werden. Die Vorschrift ist jedoch im Zusammenhang mit Absatz 1 zu sehen, der bestimmt, daß die Fahrtkosten bis zur Höhe der Kosten für die Benutzung des preisgünstigsten Beförderungsmittels ersetzt werden. Wurde ohne sachlichen Grund ein zuschlagpflichtiger Zug benutzt, so sind die Mehrkosten nicht erstattungsfähig, da der zuschlagpflichtige Zug nicht das preisgünstigste Beförderungsmittel war.

Die Zuschläge für Schnellzüge (D), Fern-Express-Züge (FD), InterRegio-Züge (IR), InterCity-Züge (IC) und EuroCity-Züge (EC) sind immer dann zu ersetzen, wenn durch die Benutzung dieser Züge sich die Gesamtentschädigung verringert. Auch ohne Verringerung der Gesamtentschädigung sind die Mehrkosten für zuschlagpflichtige Züge zu erstatten, wenn die Benutzung dieser Züge nach den Verkehrsverhältnissen zweckmäßig war.

Bei kürzeren Entfernungen (bis zu 50 km) werden die Mehrkosten für zuschlagpflichtige Züge in der Regel nur dann gewährt werden können, wenn sich bei Benutzung dieser Züge die Gesamtentschädigung der Beweisperson verringert oder eine sonstige zumutbare Verbindung nicht bestand.

Der Zuschlag (Stand: 1. 1. 1993) für die Benutzung von zuschlagpflichtigen IR, FD und D mit Fahrausweisen bis 50 km (einschl.) oder mit Streckenzeitkarten für zuschlagfreie Züge beträgt für beide Wagenklassen

a) beim Lösen des Zuschlags vor Antritt der Fahrt 3,– DM,
b) beim Lösen im zuschlagpflichtigen IR/FD/D und beim Nachlösen auf einem Unterwegs- oder Zielbahnhof 5,– DM.

Der Zuschlag für zuschlagpflichtige EC und IC beträgt für alle Entfernungen

a) beim Lösen des Zuschlags vor Antritt der Fahrt 6,– DM,
b) beim Lösen im zuschlagpflichtigen EC/IC und beim Nachlösen auf einen Unterwegs- oder Zielbahnhof 8,– DM.

Für Kinder vom vollendeten 4. Lebensjahr bis zum vollendeten 12. Lebensjahr und zu Gruppenreisen werden die Zuschläge zum halben Preis abgegeben.

5 OLG Koblenz in KRspr. § 9 Nr. 22 LS mit Anm. von *Herget*.

5.7.1 Die durch das **Lösen in den Zügen** oder durch das **Nachlösen** der Zuschläge bedingten Mehrkosten (2,– DM) sind nicht zu erstatten, da diese Mehrkosten nicht zu den notwendigen Fahrkosten zu rechnen sind.

5.7.2 Für die Benutzung der **Inter-City-Express-Züge** (ICE) erhebt die Deutsche Bahn keine Zuschläge. Es gelten vielmehr besondere ICE-Fahrpreise sowohl für die allgemeinen Fahrkarten als auch für die Sonderangebote der Deutschen Bahn.

Für das Lösen von Übergangsfahrscheinen zur ICE-Benutzung werden individuell gestaffelte ICE-Aufpreise erhoben, deren Höhe nicht unbedingt entfernungsabhängig ist. Auf den ICE-Aufpreis werden gelöste IC/EC-Zuschläge angerechnet.

Beim Lösen des ICE-Aufpreises im Zug erhöht sich dieser um 4,– DM in der ersten und 3,– DM in der zweiten Wagenklasse. Diese Mehrkosten sind nicht erstattungsfähig – s. Rz. 14.2 –.

Im übrigen sind die Mehrkosten für die Benutzung von ICE nur dann zu ersetzen, wenn hierdurch die Gesamtentschädigung der Beweisperson nicht höher ist als bei der Benutzung anderer Züge.

5.8 Ausgaben für **Platzkarten** werden nur bei besonders starkem Reiseverkehr (z. B. zur Urlaubszeit, vor und nach Feiertagen) oder bei sehr weiten Entfernungen erstattet werden können. Die Notwendigkeit muß kurz begründet werden. Das Entgelt für die Platzreservierung beträgt 3,50 DM.

In den **IC und EC** ist die Platzreservierung bereits durch die Zuschläge – s. Rz. 14 – abgegolten.

5.9 Die Kosten eines **Liege- oder Schlafwagens** können erstattet werden, wenn sich die Entschädigung des Zeugen für Verdienstausfall, die Leistungsentschädigung des Sachverständigen oder die Aufwandsentschädigung nach § 10 durch die Benutzung des Liege- oder Schlafwagens um mindestens den gleichen Betrag vermindern.

6 Reisegepäck

6.1 Die Kosten für die **Beförderung von Reisegepäck** sind nur insoweit erstattungsfähig, als die Mitnahme des Gepäcks aus Anlaß der Hinzuziehung des Zeugen, Sachverständigen oder Dritten notwendig war. Das kann der Fall sein, wenn der Anspruchsberechtigte übernachten muß, insbesondere, wenn er mit einer mehrtägigen Inanspruchnahme rechnen oder Akten und sonstige Unterlagen mitnehmen muß.

6.2 Zu den erstattungsfähigen Kosten für die Beförderung des Gepäcks werden auch die Kosten der üblichen **Reisegepäckversicherung** zu rechnen sein. Man wird einem Zeugen oder Sachverständigen nicht zumuten können, sein Gepäck unversichert zu lassen oder die Kosten der Versicherung selbst zu tragen.

Sieht man die Aufwendungen für die Reisegepäckversicherung nicht als »Kosten für die Beförderung des notwendigen Gepäcks« an, sind sie jedenfalls über § 11 als »sonstige Aufwendungen« zu erstatten.

Auch die nach den Umständen des Einzelfalles notwendigen Kosten eines **Gepäckträgers** sind als Kosten für die Beförderung des Gepäcks erstattungsfähig. 6.3

Flugzeugbenutzung 7

Wird die **Gesamtentschädigung bei Benutzung eines Flugzeuges nicht höher** als bei Benutzung anderer regelmäßig verkehrender Beförderungsmittel, weil durch die Zeitersparnis entsprechend geringere Entschädigungen für Verdienstausfall oder Leistung, Aufwand (z. B. Übernachtungskosten) pp. entstehen, so bestehen gegen die Erstattung der Kosten für den Flugschein keine Bedenken. 7.1

Sonst sind die Mehrkosten einer Flugzeugbenutzung nur erstattungsfähig, wenn besondere Umstände (z. B. weite Auslandsreisen, Unsicherheit des Landweges) die Benutzung eines Flugzeugs notwendig machen.

Zeitersparnis allein rechtfertigt nicht die Erstattung der Flugkosten, wenn dadurch die Gesamtentschädigung höher würde als bei Benutzung eines anderen Verkehrsmittels[6]. 7.2

Benutzung eines eigenen Kraftfahrzeuges 8

Beträgt der Hin- und Rückweg zusammen **weniger als 200 km,** so sind die entstandenen Fahrtkosten für die Benutzung des eigenen Kraftfahrzeuges grundsätzlich zu erstatten – s. a. Rz. 2.2 –. 8.1

Die Höhe der Fahrtkostenentschädigung bei Benutzung des eigenen Kraftfahrzeuges beträgt bei einem

– Sachverständigen –,52 DM
– Zeugen –,40 DM

für jeden gefahrenen Kilometer.

Zur Begründung des unterschiedlichen Entschädigungssatzes hatte der Gesetzgeber ausgeführt[7], daß bei Sachverständigen von der überwiegenden oder zumindest sehr häufigen beruflichen Nutzung des Kraftfahrzeuges auszugehen, hingegen bei Zeugen eine überwiegend private Nutzung anzunehmen sei. Demgemäß könnten bei der überwiegend privaten Benutzung auch nicht alle Kosten im vollen Umfang auf die zu entschädigende Fahrtstrecke

6 A. A.: OLG München in MDR 81.943 LS = KRspr. § 9 Nr. 10 LS mit krit. Anm. von *Lappe* = JurBüro 81.1870.
7 BT-Drucksache 10/6400 Seite 45.

umgelegt werden. Dieser Begründung ist in der durch das KostRÄndG 94 erfolgten Neufassung des Absatz 3 Rechnung getragen worden[8].

8.2 Beträgt die Gesamtfahrstrecke **mehr als 200 km,** so können höhere Fahrtkosten, als sie bei Benutzung öffentlicher, regelmäßig verkehrender Beförderungsmittel entstehen, erstattet werden, wenn durch die Benutzung des Kraftfahrzeuges die Gesamtentschädigung nicht höher geworden ist. Das kann der Fall sein, wenn durch die Kraftfahrzeugbenutzung die insgesamt benötigte Zeit so verkürzt wird, daß die Entschädigung für Verdienstausfall, die Leistungsentschädigung oder der zu erstattende Aufwand um mindestens soviel geringer wird, wie die Kilometerentschädigung von –,40 DM für Zeugen bzw. –,52 DM für Sachverständige höher ist als der bei Benutzung öffentlicher Verkehrsmittel zu entrichtende Fahrpreis.

Bei der Frage, ob die Gesamtkosten sich durch die Benutzung des Kraftfahrzeuges nicht erhöhen, ist nicht rückschauend darauf abzustellen, ob die Benutzung des Kraftfahrzeuges erforderlich war, sondern die Sachlage zugrunde zu legen, die sich dem Zeugen oder Sachverständigen bot, als er sich zur Benutzung des Kraftfahrzeuges entschloß, insbesondere die Unvorhersehbarkeit der Terminsdauer, etwaiger erheblicher Zeitverlust bei Benutzung eines öffentlichen Verkehrsmittels u. ä.

8.3 Neben der ›Kilometerentschädigung‹ werden ersetzt die weiteren aus Anlaß der Reise regelmäßig anfallenden baren Auslagen, wie **Parkgebühren, Straßenbenutzungsgebühren** usw.

8.4 Benutzt ein Zeuge (Sachverständiger) sein Kraftfahrzeug bei einer Gesamtfahrstrecke von mehr als 200 km, so sind ihm die nach Absatz 3 berechneten Fahrtkosten für eine Strecke von 200 km in Höhe von

– 80,– DM für Zeugen bzw.
– 104,– DM für Sachverständige

auf jeden Fall zu erstatten.

Erst bei höheren Fahrtkosten gilt die einschränkende Regelung des Absatz 1 Satz 2.

Beispiel:

Ein *Zeuge* ohne Verdienstausfall reist ohne triftigen Grund im eigenen Kraftfahrzeug bei einer Gesamtfahrstrecke von 240 km an. Die Abwesenheit vom Wohnort liegt über 6 Stunden, bei Benutzung öffentlicher Verkehrsmittel über 8 Stunden.

a) Tatsächliche Fahrtkosten 240 × –,40 DM	96,— DM
Abwesenheitsentschädigung	8,40 DM
	104,40 DM

8 BR-Drucksache 796/93 Seite 256 = BT-Drucksache 12/6962 Seite 97/98.

b) Fiktive Kosten bei Benutzung der Bahn

Rückfahrkarte 1. Klasse	72,— DM
Abwesenheitsentschädigung	14,— DM
	86,— DM

c) Fahrtkosten bis 200 km 200 × –,40 DM

	80,— DM
Abwesenheitsentschädigung	8,40 DM
	88,40 DM

Zu erstatten ist der Betrag zu c).

Zwingen im übrigen **besondere Umstände** den Zeugen oder Sachverständigen, statt eines öffentlichen, regelmäßig verkehrenden Beförderungsmittels das eigene (oder ein fremdes) Kraftfahrzeug zu benutzen, so werden ihm die nachgewiesenen Mehrausgaben ersetzt, soweit sie angemessen sind. 8.5

Die besonderen Umstände können sowohl sachlicher als auch persönlicher Art sein, z. B. körperliche Gebrechen, hohes Alter, Eilfälle, ganz besonders liegende geschäftliche Interessen, ungewöhnlich schlechte Verkehrsverhältnisse. Repräsentationserwägungen rechtfertigen bei Fahrten über 200 km nicht die Benutzung eines Kraftfahrzeuges anstelle der Bahn[9]. Auch eine berufliche Überlastung ist kein besonderer Umstand, der den Zeugen oder Sachverständigen zwingt, das eigene Kraftfahrzeug zu benutzen, zumal bei Gesamtstrecken über 200 km, wo allein noch diese Frage eine Rolle spielt, in der Regel mit der Benutzung des Kraftfahrzeuges eine wesentliche Zeitersparnis nicht verbunden ist.

Als ein Umstand, der auch bei Gesamtstrecken über 200 km die Benutzung des eigenen Kraftfahrzeuges notwendig macht, kann angesehen werden, wenn ein Arzt bei Benutzung öffentlicher, regelmäßig verkehrender Beförderungsmittel gezwungen wäre, einen Vertreter für den ganzen Tag einzustellen, dies jedoch bei Benutzung des eigenen Kraftfahrzeuges erspart[10]. In diesem Fall wird auch regelmäßig die Gesamtentschädigung bei Benutzung des eigenen Kraftfahrzeuges niedriger sein als bei der Reise im regelmäßig verkehrenden Beförderungsmittel.

Mietwagen, Taxi 9

Benutzt ein Zeuge oder Sachverständiger wegen besonderer Umstände einen Mietwagen oder ein Taxi, so sind die ortsüblichen Kosten – einschließlich eines notwendigen Wartegeldes – als angemessen anzusehen, und soweit sie nach den besonderen Umständen notwendig waren, zu erstatten. In jedem Fall wird bei

9 LG Lüneburg in Rpfleger 62.28.
10 OLG Karlsruhe in Rpfleger 64.35 LS.

Benutzung eines Mietwagens zu begründen sein, warum der Zeuge oder Sachverständige nicht ein öffentliches, regelmäßig verkehrendes Beförderungsmittel oder, wenn er ein eigenes Kraftfahrzeug besitzt, nicht dieses benutzen konnte.

Die Höhe der entstandenen Mehrkosten muß in diesen Fällen nachgewiesen werden.

10 **Benutzung eines von einem Dritten unentgeltlich zur Verfügung gestellten Kraftfahrzeuges**

Benutzt die Beweisperson ein ihr von einem Dritten unentgeltlich zur Verfügung gestelltes Kraftfahrzeug, so werden ihr dieselben »Fahrtkosten« erstattet wie bei der Benutzung eines eigenen Kraftfahrzeuges – s. Rz. 8 –.

Da es sich auch bei der Fahrtkostenentschädigung um einen »Aufwendungsersatz« handelt – s. a. Rz. 1.1 –, kann sie nur bei einem entsprechenden Aufwand der Beweisperson entstehen. Bei der Benutzung des von einem Dritten ›unentgeltlich‹ zur Verfügung gestellten Kraftfahrzeuges kommt die Fahrtkostenentschädigung daher nur in Betracht, wenn die Beweisperson zumindest die »Treibstoffkosten« getragen hat. Sind der Beweisperson überhaupt keine Aufwendungen erwachsen, weil von dem Dritten auch die Betriebskosten voll getragen worden sind, scheidet mangels entsprechender Aufwendungen auch ein Fahrtkostenersatz nach Absatz 3 aus. Der Dritte selbst hat keinen Anspruch nach dem ZSEG.

11 **Mitnahme in einem anderen Kraftfahrzeug**

11.1 Wer in einem fremden Kraftfahrzeug mitgenommen wird und für die Mitnahme einen **Anteil an den Betriebskosten** zahlen muß, hat einen Anspruch auf Erstattung dieser Kosten in den Grenzen des § 9.

11.2 Wird die Beweisperson **unentgeltlich** in einem Kraftfahrzeug mitgenommen, hat sie infolgedessen keine Fahrtaufwendungen gehabt, kommt ein Fahrtkostenersatz nicht in Betracht. Soweit in der Literatur[11] unter Hinweis auf frühere Rechtsprechung ein ›Kilometergeld‹ nach Absatz 3 zuerkannt wird, wird übersehen, daß mindestens seit dem Wegfall der ›Entschädigung für Fußwege und für Fahrradbenutzung‹ dem Grundsatz Rechnung getragen wurde, daß eine Fahrtkostenentschädigung nur bei einem entsprechenden Aufwand gewährt werden kann.

11 *Bleutge,* Rdn. 17 zu § 9.

Keine Verpflichtung zur Mitnahme 12

Einem Rechtsanwalt kann nicht zugemutet werden, lediglich der Kostenersparnis halber seinen als Zeugen geladenen Mandanten auf größere Entfernungen in seinem Auto mitzunehmen. Die Kosten der gesonderten Bahnfahrt des Zeugen sind daher in jedem Fall als notwendig anzusehen[12].

Mehrere Reisen an einem Tag 13

Nimmt ein Sachverständiger **an einem Tag mehrere Termine** nacheinander wahr, so kann er selbstverständlich die Fahrtkosten für die Hin- und Rückreise – ebenso wie die Reisezeiten – nur einmal berechnen. 13.1

Die Frage, wie Fahrtkosten und Reisezeiten zu berechnen und zu verteilen sind, taucht besonders dann auf, wenn die Beweistermine nacheinander an verschiedenen Orten stattfinden. Der Sachverständige kann in diesem Fall Fahrtkosten und Reisezeiten nicht so berechnen, als sei er jeweils von seinem Wohnort zum Terminsort gefahren. Da der Sachverständige keinen Gesamtauftrag für alle von ihm nacheinander an verschiedenen Orten wahrgenommenen Termine erhalten hat, sondern in jeder Sache einzeln von dem jeweils zuständigen Gericht beauftragt worden ist, müssen die in den einzelnen Sachen tatsächlich entstandenen Kosten jeweils für sich betrachtet und getrennt berechnet werden.

Beispiel:

Hat der in A wohnhafte Sachverständige nacheinander Termine in B, C und D wahrzunehmen, so erhält er Fahrtkosten und Entschädigung für die Reisezeit erstattet zu dem Termin in

- B für die Reise von A nach B,
- C für die Reise von B nach C,
- D für die Reise von C nach D und die Rückreise nach A.

Im übrigen wird auf das Beispiel in § 3 Rz. 30 verwiesen.

Der Sachverständige wird dem Gericht mitteilen müssen, daß er die Wahrnehmung der Termine an den verschiedenen Orten miteinander verbinden wird; ggfls. ist er von der Anweisungsstelle danach zu befragen.

Wenn der Zeuge oder Sachverständige während der Terminsdauer nach Hause fährt, kann er unter Einrechnung der Fahrtkosten insgesamt keine höhere Entschädigung erhalten, als wenn er während der gesamten Dauer der Beweisaufnahme am Sitzungsort geblieben wäre. 13.2

Ist die Entfernung zwischen dem Wohnort des Zeugen oder Sachverständigen und dem Terminsort nur gering und sind die Verkehrsverbindungen so günstig,

12 OLG Karlsruhe in KostRspr. § 9 Nr. 4 LS.

daß man dem Zeugen oder Sachverständigen die Fahrt zu seinem Wohnort während einer Beweisaufnahme – z. B. bei einer Unterbrechung – unbedenklich zumuten kann, so wird man diese Fahrt von ihm auch verlangen können, wenn sich hierdurch infolge Einsparung evtl. Kosten für Übernachtungen und evtl. Entschädigungen für Aufwand und Verdienstausfall (bei einem Zeugen) die Gesamtentschädigung der Beweisperson verringert. Für die Frage, ob die zusätzlichen Fahrten während der Terminsdauer zumutbar sind, werden auch Beginn und Ende der Beweisaufnahme zu berücksichtigen sein. Auch der Gesundheitszustand des Zeugen oder Sachverständigen kann es u. U. gerechtfertigt erscheinen lassen, daß er während der gesamten mehrtägigen Dauer des Termins am Gerichtsort verbleibt.

14 **Reisen von bzw. zu einem anderen Ort**

14.1 Zeigt der Zeuge oder Sachverständige nach Erhalt der Ladung zum Beweistermin an, er werde die Reise zum Termin **von seinem Urlaubsort** antreten, sofern auf sein Erscheinen nicht verzichtet werde, und teilt ihm darauf das Gericht mit, er müsse zum Termin erscheinen, so hat der Zeuge oder Sachverständige einen Anspruch auf Erstattung der durch die Reise vom Urlaubsort zum Terminsort entstandenen höheren Kosten auch dann, wenn er nach dem Gerichtstermin nicht mehr an den Urlaubsort, sondern in seine Wohnung zurückkehrt[13].

14.2 Fährt der Zeuge oder Sachverständige **im Anschluß** an die Vernehmung oder an eine notwendige Besichtigungsreise **in Urlaub**, so sind Fahrtkosten und Aufwandsentschädigung so zu bemessen, als ob er nicht in Urlaub gefahren wäre[14]. Dies entspricht auch der im Reisekostenrecht für Beamte getroffenen Regelung.

14.3 Erhält der Zeuge oder Sachverständige, der nach Erhalt der Ladung **unverzüglich,** d. h. ohne schuldhafte Verzögerung, **dem Gericht angezeigt hat,** daß er die Reise von einem anderen als dem in der Ladung bezeichneten Ort antritt, keine Abbestellung, so kann er davon ausgehen, daß das Gericht sein Erscheinen auch von dem angegebenen anderen Ort aus wünscht. Er hat dann Anspruch auch auf die durch die evtl. weitere Reise entstehenden höheren Kosten.

Ist die Reise von dem angegebenen Ort zum Gerichtsort kürzer und ist die Gesamtentschädigung geringer, so ist eine vorherige Mitteilung an das Gericht nicht erforderlich. Der Zeuge oder Sachverständige hat aber selbstverständlich nur einen Anspruch auf die tatsächlichen geringeren Kosten.

14.4 Wird der Sachverständige **an seiner Dienststelle oder beruflichen Niederlassung geladen** und tritt er die Reise von seinem Wohnort an, so kann er nur die tatsächlich entstandenen Fahrtkosten und Reisezeiten entschädigt erhalten, aber nicht mehr, als entstanden wären, wenn er die Fahrt von seiner Dienststelle

13 OLG Düsseldorf in JurBüro 84.1069.

14 VGH Ba.-Wü. in KRspr. § 9 Nr. 6.

(Niederlassung) aus angetreten hätte[15]. Sind die Kosten für die Reise von der Wohnung des Sachverständigen bis zum Ort der Verrichtung höher, als wenn er die Reise von seiner Dienststelle aus angetreten hätte, so kann er, wenn er an seiner Dienststelle geladen war, die höheren Kosten nur dann erstattet erhalten, wenn er das Gericht rechtzeitig darauf hingewiesen hat, daß die Reise von seinem Wohnort aus antreten werde.

Hat der Zeuge oder Sachverständige die Tatsache, daß er die Reise von einem anderen als dem in der Ladung bezeichneten Ort antritt, **dem Gericht schuldhaft so spät mitgeteilt,** daß eine Abbestellung ihn nicht mehr erreichte, so kann er nur die geringeren Kosten der Reise – einschließlich Verdienstausfall oder Leistungsentschädigung und Aufwandsentschädigung – von dem in der Ladung bezeichneten Ort zum Gerichtsort und zurück erhalten[16], es sei denn, das Gericht hätte den Zeugen oder Sachverständigen auch bei rechtzeitiger Mitteilung des Ortswechsels an den Sitz des Prozeßgerichts geladen[17]. **14.5**

Ein Zeuge, der nach dem Beweisbeschluß im Wege der **Rechtshilfe** von dem Amtsgericht seines Wohnsitzes vernommen werden soll, kann Reisekosten nach dem Prozeßgericht nicht erstattet erhalten, wenn er von diesem vernommen wird, nachdem die Partei ihn zum Termin mitgebracht und seine Vernehmung beantragt hat[18]. **14.6**

Gibt das Prozeßgericht einem Zeugen im voraus zu verstehen, es sei damit einverstanden, **daß er im Termin gestellt werde,** so ist er für die Reise zum Gerichtsort in gleicherweise zu entschädigen, wie wenn er zum Termin geladen worden wäre[19]. **14.7**

War der Zeuge oder Sachverständige durch **besondere, von ihm nicht zu vertretende Umstände,** die sowohl in seiner Person als auch in äußeren Einwirkungen bestehen können, genötigt, die Reise von einem anderen als den in der Ladung bezeichneten Ort anzutreten oder an einen anderen Ort als diesen zurückzufahren, so können ihm, auch wenn er dies dem Gericht nicht unverzüglich angezeigt hat, die dadurch entstandenen Mehrkosten ersetzt werden. Ob diese Entschädigung gewährt wird, steht im billigen Ermessen der Anweisungsstelle oder des Gerichts, einen Anspruch hat der Zeuge oder Sachverständige nicht. **14.8**

Kommt eine Ermessensentscheidung durch die Anweisungsstelle in Betracht, erscheint es zweckmäßig, bereits hier eine Stellungnahme des Vertreters der Staatskasse einzuholen.

15 OLG München in JurBüro 89.864.
16 KG in JVBl. 60.137 = Rpfleger 60.312.
17 OLG Schleswig in Rpfleger 62.347.
18 OLG Hamburg in Rpfleger 62.235 LS.
19 KG in Rpfleger 86.283.

15 **Reisekosten der Prozeßparteien**

Die Bestimmung des § 9 ist auch für die Berechnung der dem Prozeßgegner nach § 91 Abs. 1 Satz 2 ZPO zu erstattenden Kosten für notwendige Reisen anzuwenden – s. a. § 1 Rz. 17.6 –.

Benutzen Behördenangehörige zur Wahrnehmung gerichtlicher Termine ein Dienstfahrzeug, so errechnen sich die erstattungsfähigen Fahrtkosten mit dem Kilometersatz von –,40 DM nach Absatz 3 Ziffer 2[20].

20 BVerwG in KRspr. § 9 Nr. 13; OVG Rhld.-Pf. in JurBüro 91.260 = AnwBl. 91.164.

§ 10 Entschädigung für Aufwand

(1) Zeugen und Sachverständige erhalten für den durch Abwesenheit vom Aufenthaltsort oder durch die Wahrnehmung eines Termins am Aufenthaltsort verursachten Aufwand eine Entschädigung. Die Entschädigung ist nach den persönlichen Verhältnissen des Zeugen oder Sachverständigen zu bemessen.

(2) Die Entschädigung für den durch Abwesenheit vom Aufenthaltsort verursachten Aufwand soll nicht den Satz überschreiten, der Richtern in der Reisekostenstufe B nach den Vorschriften über die Reisekostenvergütung der Richter im Bundesdienst als Tagegeld zusteht. Die Vorschriften, nach denen bei Reisen, die an demselben Kalendertag angetreten oder beendet werden, sich das Tagegeld vermindert oder ein Tagegeld nicht gewährt wird, gelten entsprechend. Bei Abwesenheit bis zu sechs Stunden werden die notwendigen Auslagen bis zu 6 Deutsche Mark erstattet. Mußte der Zeuge oder Sachverständige außerhalb seines Aufenthaltsortes übernachten, so erhält er hierfür Ersatz seiner Aufwendungen, soweit sie angemessen sind.

(3) Bei Terminen am Aufenthaltsort des Zeugen oder Sachverständigen sind Zehrkosten bis zu 6 Deutsche Mark für jeden Tag, an dem der Zeuge oder Sachverständige länger als vier Stunden von seiner Wohnung abwesend sein mußte, zu ersetzen.

Übersicht

I. Aufwandsentschädigung

Allgemeine Bemerkungen 1
Aufenthaltsort 2
Mehraufwandsentschädigung 3
Höchstsätze 4

II. Entschädigung bei Abwesenheit von Aufenthaltsorten

Tagegeld 5
Gewährung des Höchstsatzes 6
Landesbeamte als Zeugen oder Sachverständige . . 7
Termin am Wohnort 8
Reisezeiten im Ausland 9
Nachweis der Zehrkosten 10
Übernachtungskosten 11
Höhe der Übernachtungskosten 12
Kosten des Frühstücks 13
Nachweis der Übernachtungskosten 14
Schlafwagenbenutzung 15
Kein fiktives Übernachtungsgeld 16

III. Termin im Aufenthaltsort

Zehrkosten 17

I. Aufwandsentschädigung

1 Allgemeine Bemerkungen

Für den Mehraufwand aus Anlaß der Terminswahrnehmung erhalten Zeugen und Sachverständige eine Entschädigung, die insbesondere die Kosten für die notwendige Einnahme einer Mahlzeit oder einer sonstigen Erfrischung und, soweit erforderlich, einer Übernachtung am Terminort ausgleichen soll.

Die Entschädigung richtet sich nach Abs. 2, wenn der Termin nicht am Aufenthaltsort des Zeugen oder Sachverständigen stattfindet und bei einem Termin am Aufenthaltsort des Zeugen oder Sachverständigen nach Abs. 3.

2 Aufenthaltsort

Aufenthaltsort ist die politische Gemeinde, in der der Zeuge oder Sachverständige sich z. Z. der Ladung aufhält, d. h. der Ort, der in der Ladung bezeichnet ist oder von dem aus der Zeuge oder Sachverständige seine Reise zum Termin antritt. § 10 spricht – anders als § 6 – nicht vom gewöhnlichen Aufenthaltsort. Ein Zeuge, der am Gerichtsort seinen Urlaub verbringt und dort geladen wird, kann daher nur Zehrkosten nach Absatz 3 erhalten.

Auch ein Zeuge oder Sachverständiger, der zwar außerhalb des Gerichtssitzes wohnt, aber am Terminsort beschäftigt ist, hält sich am Terminsort auf und kann nur Zehrkosten nach Absatz 3 erhalten, wenn er von seiner Arbeitsstelle zum Termin kommt.

3 Mehraufwandsentschädigung

Die Aufwandsentschädigung bildet lediglich einen Ersatz für die durch die Terminswahrnehmung verursachten Mehraufwendungen und ist nach den persönlichen Verhältnissen des Zeugen oder Sachverständigen zu bemessen. Ihre Höhe richtet sich daher neben der Terminsdauer oder der Dauer der Abwesenheit vom Aufenthaltsort nach Lebensstellung, Alter, Gesundheitszustand des Zeugen oder Sachverständigen und ist auch nach der Tageszeit abzustufen. Wird z. B. jemand am Terminsort oder aus dessen Nachbarschaft in den Nachmittagsstunden geladen, so daß kaum Auslagen für Aufwand entstehen, oder ist er am Terminsort beschäftigt und wird er während seiner regelmäßigen Arbeitszeit vernommen, so ist eine entsprechend geringere oder gar keine Entschädigung für Aufwand zu gewähren.

4 Höchstsätze

Die in Absatz 2 und 3 festgelegten Entschädigungssätze sind Höchstsätze, die auch dann nicht überschritten werden dürfen, wenn der Zeuge oder Sachverständige nachweist, daß er höhere Aufwendungen gemacht hat. Im Rahmen dieser Höchstsätze ist die Entschädigung nach den persönlichen Verhältnissen des

Zeugen und Sachverständigen zu bemessen. Wenn auch Absatz 2 nur vorschreibt, daß die Sätze nicht überschritten werden sollen, so ist diese Sollvorschrift doch sowohl für die Anweisungsstelle als auch für das Gericht für den Regelfall bindend.

Eine Überschreitung der Höchstsätze ist nur zulässig, wenn besondere Umstände des Einzelfalles dies rechtfertigen (z. B. Diät- oder Ritualkost).

II. Entschädigung bei Abwesenheit vom Aufenthaltsort

Tagegeld 5

Die Aufwandsentschädigung nach § 10 Abs. 2 ist begrenzt durch die Höhe des Tagegeldes der Reisekostenstufe B der Richter im Bundesdienst. 5.1

Das Tagegeld der Reisekostenstufe B beträgt, wenn die **Reise nicht mehr als einen Tag** dauert, bei einer Abwesenheit vom Aufenthaltsort von mehr als 12 Stunden DM 28,–,
von mehr als 8 bis 12 Stunden DM 14,– (5/10 des vollen Satzes),
von mehr als 6 bis 8 Stunden DM 8,40 (3/10 des vollen Satzes).

Bei einer **Abwesenheit von weniger als 6 Stunden** sind nach Abs. 2 Satz 3 Zehrkosten bis zu 6,– DM zu gewähren. 5.2

Bei **mehrtägiger Abwesenheit** vom Aufenthaltsort beträgt das 5.3

– volle Tagegeld 39,– DM,
– halbe Tagegeld 19,50 DM,
– 3/10 Tagegeld 10,70 DM.

Gewährung des Höchstsatzes 6

Da es sich bei § 10 um eine für das Tagegeld nach oben begrenzte Rahmenentschädigung handelt, ist die Zubilligung des Höchstsatzes als Regel nicht gerechtfertigt. Persönliche Verhältnisse des Zeugen oder Sachverständigen und örtliche Verhältnisse am Sitz des Gerichts können jedoch die Zubilligung des Höchstsatzes gebieten, wobei dem einem Zeugen oder Sachverständigen seiner Anstellungsbehörde gegenüber zustehenden Tagegeldsatz nur die Bedeutung eines Anhaltspunktes für die Beurteilung seiner persönlichen Verhältnisse zukommt[1].

Landesbeamte als Zeugen oder Sachverständige 7

Auch bei Landesbeamten sind, wenn sie als Zeugen oder Sachverständige herangezogen werden, nur die für Bundesbeamte geltenden Sätze und nicht die z. T. abweichenden Landesregelungen als obere Grenze maßgebend.

1 OLG München in Rpfleger 59.105 = MDR 59.666.

8 **Termin am Wohnort**

Muß ein Zeuge, der außerhalb seines Wohnorts beschäftigt ist und sich dort ständig aufhält, von diesem seinem Aufenthaltsort zu einem Termin an seinen Wohnort, an dem auch seine Familie noch wohnt, reisen, so kann er in der Regel eine Aufwandsentschädigung nach Absatz 2 nur für die Reisezeit, nicht für die Dauer des Aufenthalts an seinem Wohnort verlangen.

9 **Reisezeiten im Ausland**

Die Sätze der Reisekostenstufe B gelten bei Dienstreisen der Bundesbeamten nur für Inlandsreisen. Die Begrenzung der Aufwandsentschädigung auf die Sätze der Reisekostenstufe B ist daher auf den üblicherweise bei Reisen im Inland entstehenden angemessenen Aufwand abgestellt.

Für Reisezeiten im Ausland können auch für Zeugen und Sachverständige die notwendigen Aufwendungen höher sein als die nur für Inlandsreisen bemessenen Tagessätze der Reisekostenstufe B, die nach Abs. 2 Satz 1 nicht überschritten werden sollen. Die Inlandstagegelder können für besonders teure Reisezeiten im Ausland nicht immer als Höchstgrenze einer angemessenen Aufwandsentschädigung gelten. Wo der nach den persönlichen Verhältnissen des Zeugen oder Sachverständigen angemessene Aufwand bei Reisezeiten im Ausland wegen des Währungsgefälles oder deswegen die Sätze der Reisekostenstufe B übersteigt, weil die notwendigen Aufwendungen (z. B. Verpflegung in Gaststätten) teurer sind als in Deutschland, dürfen keine Bedenken bestehen, die nach Inlandsreisen ausgerichteten Sätze der Reisekostentufe B zu überschreiten. Als Anhaltspunkt für die Höhe der Überschreitung werden die Auslandstagegelder[2] dienen können.

Wegen der Entschädigung von Zeugen und Sachverständigen, die ihren gewöhnlichen Aufenthalt im Ausland haben, wird auf die Erläuterungen zu § 6 verwiesen.

10 **Nachweis der Zehrkosten**

Da die Entschädigung nach den persönlichen Verhältnissen des Zeugen oder Sachverständigen »zu bemessen« ist, ist ein Nachweis über die Höhe der durch die Terminswahrnehmung verursachten Aufwendungen nicht erforderlich. Ein solcher Nachweis ist auch praktisch unmöglich in allen Fällen, in denen die Entschädigung berechnet, angewiesen und ausgezahlt wird, ehe die Aufwendungen – z. B. für eine Mahlzeit zwischen Terminsende und Antritt der Rückreise – entstanden sind.

2 § 3 Auslandsreisekostenverordnung – ARV – vom 21. 5. 1991 (BGBl. I S. 1140), geändert durch VO vom 27. Oktober 1993 (BGBl. I S. 1855).

Übernachtungskosten 11

Eine Entschädigung für die Kosten der Übernachtung ist nur dann zu gewähren, wenn die Übernachtung notwendig war. Dauert der Termin mehrere Tage, so wird es vom Zeitpunkt, zu dem die Sitzung an den einzelnen Tagen beendet wird, von der Entfernung und von den Verkehrsverbindungen abhängen, ob eine Übernachtung des Zeugen oder Sachverständigen am Sitzungsort notwendig ist oder ob ihm zugemutet werden kann, täglich an seinen Wohnort zurückzukehren. Auch wenn der Termin nur einen Tag dauert, kann eine Übernachtung notwendig sein, weil der Zeuge oder Sachverständige wegen des frühen Terminbeginns sonst nicht rechtzeitig am Terminsort sein kann oder ihm wegen des späten Terminendes und einer etwaigen langen Rückfahrt die Rückreise am gleichen Tage nicht mehr zugemutet werden kann. Wegen der Frage, wann die Hinreise oder die Rückreise noch am gleichen Tage zugemutet werden kann, siehe § 2 Rz. 12.2 und § 4 Rz. 2.7.

Wenn der Zeuge oder Sachverständige nach Terminsende noch am gleichen Tage ohne unzumutbare Schwierigkeiten an seinen Wohnort zurückkehren kann, darf ihm ein Übernachtungsgeld nicht gezahlt werden, selbst wenn er tatsächlich am Terminsort übernachtet und die entstandenen Kosten nachweist.

Höhe der Übernachtungskosten 12

Ein Höchstsatz für Übernachtungskosten ist nicht festgelegt, es sind vielmehr die angemessenen Aufwendungen zu ersetzen. Was angemessen ist, richtet sich gemäß Absatz 1 in erster Linie nach den persönlichen Verhältnissen des Zeugen oder Sachverständigen. Daneben werden aber auch die örtlichen Verhältnisse (Übernachtungsmöglichkeiten, ortsübliche Preise) zu berücksichtigen sein. Auch die Höhe der im Reisekostengesetz vorgesehenen Übernachtungsgelder kann einen gewissen Anhalt für die Angemessenheit der Übernachtungskosten geben.

Kosten des Frühstücks 13

Die Kosten des Frühstücks rechnen nicht zu den Übernachtungskosten. Sie müssen aus der Aufwandsentschädigung nach Absatz 2 bestritten werden.

Sind die Kosten des Frühstücks im Übernachtungspreis eingeschlossen, so ist das Übernachtungsgeld um 20 v. H. des Tagegeldes für eine mehrtägige Reise (s. vorstehende Rz. 5.3) mit 7,80 DM zu kürzen.

Das in der Rechnung ausgewiesene Bedienungsgeld rechnet mit zum Übernachtungsgeld, nicht aber sonstige außerhalb der Rechnung gezahlte Trinkgelder.

14 **Nachweis der Übernachtungskosten**

Das Gesetz schreibt nicht vor, daß die entstandenen Übernachtungskosten nachgewiesen werden müssen. Da jedoch bei Übernachtungen stets eine Quittung über den gezahlten Betrag erteilt wird, erscheint es bei der unterschiedlichen Höhe der Übernachtungskosten zweckmäßig und vertretbar, von dem Zeugen oder Sachverständigen dann die Vorlage eines Beleges über die entstandenen Kosten zu verlangen, wenn die Übernachtung vor der Berechnung und Anweisung der Entschädigung liegt.

15 **Schlafwagenbenutzung**

Wenn durch die Benutzung eines Schlafwagens die Gesamtentschädigung geringer wird, können auch statt der sonst für Übernachtungskosten zu gewährenden Entschädigung die Kosten des Schlafwagens ersetzt werden.

Hat der Zeuge oder Sachverständige zwar nicht am Terminsort übernachtet, aber seine Hin- und Rückreise zur Übernachtung unterbrochen, weil er das Reiseziel am gleichen Tage nicht mehr zu einer zumutbaren Zeit erreichen konnte, so sind ihm die Kosten der Übernachtung zu ersetzen. Auch wenn die Benutzung eines Schlafwagens möglich und billiger gewesen wäre, wird man ihn nicht darauf verweisen können, da eine Verpflichtung zur Benutzung des Schlafwagens nicht besteht.

16 **Kein fiktives Übernachtungsgeld**

Ist der Zeuge oder Sachverständige während der Nacht gereist und hat er keinen Schlafwagen oder Liegewagen benutzt, so kann er, da Übernachtungskosten nicht entstanden sind, neben der nach Abs. 2 Satz 1–3 zu gewährenden Aufwandsentschädigung keine zusätzliche Entschädigung für Übernachtungsaufwendungen erhalten. Nach Absatz 2 Satz 4 erhält der Zeuge oder Sachverständige nur Ersatz seiner Aufwendungen, d. h. nur Ersatz der tatsächlich entstandenen Kosten, soweit sie angemessen sind. Ein »Übernachtungsgeld« nach dem Reisekostengesetz kann nicht gewährt werden, da nicht das ganze Reisekostengesetz Anwendung findet, sondern die Sätze der Reisekostenstufe B nur als Höchstsätze für die Entschädigungen gelten sollen. Übernachtungskosten können daher nur erstattet werden, soweit Kosten für die Übernachtung tatsächlich entstanden sind.

III. Termin am Aufenthaltsort

Zehrkosten 17

Auch bei Terminen am Aufenthaltsort des Zeugen oder Sachverständigen sind diesem Zehrkosten bis zu 6,– DM zu ersetzen, wenn er länger als 4 Stunden von seiner Wohnung abwesend sein muß. Zehrkosten sind nicht zu ersetzen, wenn keine Mehraufwendungen entstanden sind. Ein Nachweis über die Höhe der durch die Terminswahrnehmung entstandenen Mehraufwendungen ist nicht erforderlich.

§ 11 Ersatz sonstiger Aufwendungen

(1) Auch die in den §§ 8 bis 10 nicht besonders genannten baren Auslagen werden, soweit sie notwendig sind, dem Zeugen oder Sachverständigen ersetzt. Dies gilt besonders von den Kosten einer notwendigen Vertretung und für die Kosten notwendiger Begleitpersonen.

(2) Für Abschriften und Ablichtungen, die auf Erfordern, notwendigerweise oder für die Handakten des Sachverständigen gefertigt worden sind, bemißt sich die Höhe der Schreibauslagen nach den für die gerichtlichen Schreibauslagen im Gerichtskostengesetz bestimmten Beträgen.

Übersicht

Sonstige notwendige Auslagen 1
Vertretungskosten bei Zeugen 2
Vertretungskosten bei Sachverständigen 3
Kosten einer Begleitperson 4
Schreibauslagen 5
Abgegoltene Auslagen 6
Aufwendungen der Betreuungspersonen 7

1 Sonstige notwendige Auslagen

1.1 Nach § 11 Abs. 1 sind zu erstatten sonstige – über die §§ 8 bis 10 nicht erfaßte – **notwendige bare Aufwendungen.** Als erstattungsfähige sonstige Auslagen kommen u. a. in Betracht:

- notwendige Aufwendungen für ein ärztliches Zeugnis, das ein Zeuge oder Sachverständiger auf Erfordern oder aus eigener Entschließung beigebracht hat – s. § 1 Rz. 35 –;
- die aufgewendete Vergütung für eine erforderliche anwaltliche Vertretung – s. a. Rz. 1.4 –;
- postalische Aufwendungen;
- Entgelte für eine notwendige Inanspruchnahme von Telekommunikationsdienstleistungen;
- nicht über § 9 erstattete Reiseaufwendungen – s. a. § 9 Rz. 17 –;

Die Notwendigkeit der von dem Zeugen oder Sachverständigen beanspruchten baren Auslagen ist sowohl dem Grunde als auch der Höhe nach darzulegen und von der anweisenden Stelle oder dem festsetzenden Gericht nach freiem Ermessen nachzuprüfen. Ein Nachweis der geltend gemachten Aufwendungen wird in den Fällen gefordert werden können, in denen die Erteilung von Quittungen oder Belegen verkehrsüblich ist.

1.2 Für eine **Aufwandsentschädigung** gelten ausschließlich die Entschädigungssätze des § 10. Ein diese Sätze übersteigender tatsächlich entstandener Aufwand kann nicht über § 11 entschädigt werden, da § 10 insoweit eine abschließende Regelung trifft.

Ein Zeuge ist verpflichtet, den Staatsanwalt oder das Gericht nach Empfang der Ladung auf Umstände hinzuweisen, die sein Erscheinen **besonders kostspielig** machen, weil er z. B. bei Wahrnehmung des Termins eine festgebuchte Urlaubsreise nicht antreten kann und durch den Rücktritt hohe Kosten entstehen können oder weil durch eine notwendige Vertretung (z. B. in einer Arztpraxis) besonders hohe Aufwendungen entstehen werden. Dem Gericht muß die Möglichkeit gegeben werden, einen kostengünstigeren Weg für die Beweisaufnahme zu wählen[1]. **1.3**

Nimmt ein ausgebliebener Zeuge zur Abfassung eines Entschuldigungsschreibens die Hilfe eines Rechtsanwalts in Anspruch, so können, wenn nach den Umständen des Falles die Inanspruchnahme eines Rechtsanwalts notwendig war, die dadurch entstandenen Auslagen ersetzt werden[2]. Die **Anwaltskosten** berechnen sich nach § 118 Abs. 1 Nr. 1 BRAGO[3]. **1.4**

Anwaltskosten eines Zeugen zur Vorbereitung seiner gerichtlichen Vernehmung und zur Beistandsleistung während dieser Vernehmung stellen keine notwendigen Auslagen im Sinne des § 11 dar[4], wenn der Zeuge den Rechtsanwalt ausschließlich im eigenen Interesse herangezogen hat[5]. Notwendige Auslagen eines Zeugen im Beschwerdeverfahren gegen einen Ordnungsgeldbeschluß werden ihm nach § 11 ersetzt. Dazu können auch Rechtsanwaltskosten gehören[6].

In einer für den Zeugen rechtlich schwierigen Situation kann für ihn auch die Beiordnung eines Rechtsanwalts im Wege der Prozeßkostenhilfe in Betracht kommen[7].

In Strafverfahren ist eine gerichtliche Beiordung ausgeschlossen in allen Fällen, in denen die Voraussetzungen der §§ 396, 397 a, 406 g StPO nicht vorliegen[8].

An **Fernsprechkosten** kann der Zeuge oder Sachverständige nur die reinen **1.5**

1 OLG Karlsruhe in MDR 93.89 = Justiz 93.261.
2 OLG Hamburg in Rpfleger 71.269 = MDR 71.685 = AnwBl. 71.316.
3 OLG Hamburg – aaO. – Fn. 2 –; *Gerold/Schmidt/v. Eicken/Madert* § 118 BRAGO, Rn. 5; *Riedel/Sußbauer* BRAGO, § 118 Rz. 10;
a. A.: *Meyer* in JurBüro 85.496.
4 BVerfG in NJW 75.103 = MDR 75.290 = BVerfGE 39.105; FG Hamburg in KRspr. § 11 Nr. 15; OLG Düsseldorf in JMBl. NW 80.35 = KRspr. § 11 Nr. 11 LS mit Anm. von *Lappe*.
5 *Opitz* in Strafverteidiger 84.311.
6 LG Passau in KRspr. § 11 Nr. 16; OLG Düsseldorf in MDR 85.60;
a. A.: LG Würzburg in JurBüro 80.1540 = KRspr. § 11 Nr. 12 LS mit Anm. von *Lappe;* LG Gießen in MDR 81.959 mit Anm. von *Herfurt*.
7 LG Hannover in StV 87.526; LG Verden in MDR 90.1135; *Meyer* in JurBüro 91.331; OLG Stuttgart in Rpfleger 92.313 = Justiz 93.234; OLG Düsseldorf in MDR 93.71;
a. A.: LG Hildesheim in Nds. Rpfl. 87.159.
8 OLG Düsseldorf in Rpfleger 93.37.

Gesprächsentgelte berechnen. Das Grundentgelt kann auch nicht anteilig erstattet werden, es zählt – bei einem Sachverständigen – zu den allgemeinen nicht erstattungsfähigen Geschäftsunkosten – s. a. § 8 Rz. 11 –.

1.6 Zu den notwendigen baren Auslagen eines Zeugen gehören auch die nach einem erforderlich gewordenen **Rücktritt von einer Reise entstandenen Stornokosten** des Reiseveranstalters, wenn der Zeuge bei Buchung der Reise nicht damit rechnen konnte, während des vorgesehenen Reisetermins gerichtlich vernommen zu werden.

Zu den erstattungsfähigen Stornokosten können auch die Rücktrittskosten für die Lebensgefährtin gehören, wenn die Reisekosten von dem Zeugen aufgebracht worden sind, um mit der Lebensgefährtin eine gemeinsame Reise zu unternehmen[9].

Die aufgewendete Prämie für eine **Reiserücktrittskostenversicherung** fällt dagegen nicht unter die notwendigen Aufwendungen des § 11[10].

1.7 Kosten für die **Anschaffung von Fachbüchern,** die der Sachverständige zur Vorbereitung des Gutachtens erworben hat, sind nur dann erstattungsfähig, wenn sie speziell für das erstattete Gutachten erforderlich waren. Dagegen sind die Kosten für die Beschaffung von Büchern, deren Inhalt der Sachverständige zwar kennen muß, die aber nur solche Kenntnisse vermitteln, wie sie bei jedem Sachverständigen dieses Faches vorliegen müssen, nicht erstattungsfähig – s. a. § 8 Rz. 6 –.

1.8 Die **Kosten einer notariellen Beurkundung** der eidesstattlichen Versicherung einer schriftlichen Zeugenaussage sind nach § 11 zu erstatten – s. a. § 2 Rz. 4 –.

1.9 Nach § 11 zu erstatten sind ferner notwendige Aufwendungen eines Zeugen für die **Beschaffung von Unterlagen** – s. a. § 2 Rz. 18 –.

Wegen der Beschaffung von Unterlagen durch dritte Stellen wird auf die Erläuterungen zu § 17 a verwiesen.

2 Vertretungskosten bei Zeugen

2.1 Bei **Geschäftsleuten,** die ihr Geschäft allein führen, und bei anderen **freiberuflich tätigen Zeugen,** wie Apothekern, Ärzten pp. ist eine Vertretung während der durch die Zeugenvernehmung bedingten Abwesenheit von dem Geschäft oder der Praxis in aller Regel erforderlich. Auch in größeren Betrieben, in denen der Geschäftsinhaber selbst den Betrieb leitet und die Aufsicht führt, kann eine Vertretung notwendig sein.

Nach § 1619 BGB sind Dienste von Kindern, die dem elterlichen Hausstand angehören und von den Eltern unterhalten werden, auch im elterlichen Geschäft

9 OLG München in JurBüro 89.1741.
10 OLG Celle in Rpfleger 90.273 = Nds. Rpfl. 90.210 = JurBüro 90.1048.

grundsätzlich unentgeltlich zu leisten. Entschädigungen, die ein Zeuge seinen Kindern für die Vertretung in seinem Geschäft während seiner Abwesenheit zahlt, sind nicht notwendig und daher auch nicht erstatttungsfähig[11].

Bei den als **Arbeitsnehmer** im festen Gehalt oder im Lohnverhältnis stehenden Zeugen ist die Notwendigkeit der Vertretung stets vom Standpunkt des Zeugen aus – nicht seines Arbeitsgebers – zu beurteilen. Vertretungskosten können dem Zeugen mithin nur dann erstattet werden, wenn der Zeuge vertraglich oder kraft gesetzlicher Bestimmungen verpflichtet war, einen Vertreter auf eigene Kosten zu stellen. Das wird nach den jetzt geltenden Tarifverträgen nur ganz ausnahmsweise in Betracht kommen können. 2.2

Bei Zeugen, die ihren Haushalt selbst führen **(Hausfrauen/Hausmännern)**, kann eine Vertretung notwendig sein zur Pflege oder Beaufsichtigung kleiner Kinder, zur Pflege von kranken Familienangehörigen oder auch dann, wenn die den Haushalt führende Person für berufstätige Familienangehörige das Essen zubereiten muß. 2.3

Ob eine **Vertretung notwendig** war, muß der anweisende Beamte und ggfls. das Gericht nach der Lage des Einzelfalles und den persönlichen oder geschäftlichen Verhältnissen des Zeugen prüfen. In jedem Fall ist die Notwendigkeit der Vertretung von dem Zeugen detailliert darzulegen und glaubhaft zu machen[12]. 2.4

Bei der Beurteilung der Frage, ob die Vertretung notwendig war, wird man nicht von der vielleicht nur kurzen Dauer des Beweistermins ausgehen können, da der Zeuge vorher nicht wissen kann, wie lange er durch seine Vernehmung in Anspruch genommen wird. Daher werden, wenn der Zeuge einen Vertreter für einen ganzen Tag entschädigen muß, Vertretungskosten für einen vollen Tag auch dann zu erstatten sein, wenn die Vernehmung des Zeugen nur kurze Zeit gedauert hat, zumal – abgesehen von Vertretungen im Haushalt – Vertreter für Stunden nur selten zu finden sein werden.

Die **Höhe der Vertretungskosten** ist betragsmäßig nicht begrenzt. Da nach Satz 1 nur die »notwendigen« baren Auslagen zu ersetzen sind, haben die Anweisungsstelle und ggfls. das festsetzende Gericht nicht nur zu prüfen, ob die Vertretung notwendig war, sondern auch, ob die geltend gemachten Vertretungskosten in dieser Höhe erforderlich waren. Es steht zwar im Ermessen des Zeugen, welche Vergütung er seinem Vertreter zahlt. Erstattungsfähig ist jedoch nur die angemessene und in gleich oder ähnlich gelagerten Fällen übliche Vergütung. Zur Verpflichtung des Zeugen, über erkennbare besonders hohe Vertretungskosten das Gericht vorher zu unterrichten, siehe die Anmerkungen zu Rz. 1.3. 2.5

In der Regel werden die Sätze des § 2 auch für den Vertreter ausreichen. Es sind jedoch durchaus Fälle denkbar, in denen der Höchstsatz des § 2 von

11 KG in Rpfleger 92.106.

12 OLG Karlsruhe in Justiz 87.384 = JurBüro 88.389.

25,– DM je Stunde nicht ausreicht. Hierbei wird berücksichtigt werden müssen, daß es häufig schwierig sein dürfte, überhaupt einen Vertreter zu bekommen und eine höhere Vergütung als Anreiz für die Übernahme der Vertretung angesehen werden kann.

2.6 Ein **Nachweis der geltend gemachten Vertretungskosten** ist zwar nicht zwingend vorgeschrieben. Die Ladungsvordrucke der ordentlichen Gerichte enthalten jedoch einen Hinweis, daß Vertreterkosten durch eine Empfangsbescheinigung des Vertreters nachzuweisen sind. Das wird am Tage der Vernehmung nur dann möglich sein, wenn der Zeuge mit seinem Vertreter einen Festbetrag als Vergütung vereinbart hat. In der Regel wird ein Zeuge die Dauer seiner Vernehmung und damit die Dauer der Inanspruchnahme des Vertreters nicht vorhersehen und damit auch die – häufig nach Stundenbeträgen bemessene – Höhe der letztlich zu zahlenden Vergütung nicht voraus berechnen können. Dann wird auch die Vorlage einer Empfangsbestätigung des Vertreters von dem Zeugen nicht verlangt werden können. Die Erstattung der geltend und glaubhaft gemachten Vertreterkosten ist nicht von der Vorlage einer Empfangsbestätigung abhängig. Kann diese nicht vorgelegt werden, so empfiehlt es sich, auf dem Anweisungsbeleg Name und Anschrift des Verteters zu vermerken. In Zweifelsfällen kann es angezeigt erscheinen, den Zeugen auf eine nachträgliche schriftliche Geltendmachung der Vertretervergütung mit einem entsprechenden Nachweis zu verweisen.

2.7 Die Erstattung der tatsächlich aufgewandten und nachgewiesenen Vertreterkosten **schließt in der Regel eine Erstattung von Verdienstausfall nach § 2 aus.** Die Vertretungskraft wird ja gerade eingestellt, um zu vermeiden, daß ein Verdienstausfall eintritt. Dennoch sind Fälle denkbar, wo beide Entschädigungen nebeneinander zu gewähren sind, z. B. bei einer Heimarbeiterin, die für die Dauer ihrer Abwesenheit die Vertretung für die Beaufsichtigung ihrer Kleinkinder benötigt.

Macht ein Zeuge keinen Verdienstausfall geltend, so sind ihm die notwendigen Vertretungskosten in voller Höhe zu erstatten. Der durch den Vertreter erzielte Verdienst ist, anders als beim Sachverständigen, der eine Leistungsentschädigung erhält, nicht gegenzurechnen[13].

Als Verdienstausfall kann ein Zeuge, der vertreten wird, immer nur die Differenz zwischen dem Betrag geltend machen, den sein Vertreter in seiner Abwesenheit für ihn verdient hat, und dem, was er selbst in der gleichen Zeit verdient haben würde.

13 OLG Hamm in KRspr. § 11 Nr. 1; OLG Bamberg in JurBüro 87.79; OLG Düsseldorf in MDR 93.485 = JurBüro 93.493.

Vertretungskosten bei Sachverständigen 3

Bei Sachverständigen gelten für die Erstattung von Vertretungskosten dieselben **Grundsätze wie bei Zeugen.** Auch hier sind sowohl die Notwendigkeit als auch die Angemessenheit der gezahlten Vertreterkosten zu überprüfen. 3.1

Nach § 11 können die notwendigen »baren« Auslagen erstattet werden, d. h. eine tatsächliche eingetretene **Vermögenseinbuße** wird ausgeglichen. Der Sachverständige, der sich in seinem Beruf vertreten läßt, muß sich daher die Einnahmen, die sein Vertreter während seiner Abwesenheit in seiner Praxis oder seinem Geschäft für ihn erzielt, anrechnen lassen. Einen Anspruch auf Erstattung von Vertreterkosten hat er nur, wenn und soweit die Einnahmen, die der Vertreter während seiner Abwesenheit für ihn erzielt, geringer sind als die Vertreterkosten. Würden dem Sachverständigen neben seiner Leistungsentschädigung durch die volle Erstattung der Vertreterkosten die Einnahmen aus seiner Praxis oder seinem Geschäft ungeschmälert erhalten, so würde er für die Zeit seiner Sachverständigentätigkeit eine doppelte Einnahme erzielen. Sinn des § 11 ist es jedoch, Verluste auszugleichen, die dem Sachverständigen entstehen, wenn er sich für die Zeit seiner Sachverständigentätigkeit in seinen Berufsgeschäften vertreten lassen muß, nicht jedoch, ihm für diese Zeit doppelte Einnahmen zu sichern. Der Sachverständige, der die Erstattung von Vertreterkosten begehrt, muß daher den Nachweis führen, ob und in welcher Höhe ihm aus der Tätigkeit des Vertreters Einnahmen zugeflossen sind[14]. 3.2

Eine Entschädigung dafür, daß der Vertreter u. U. geringere Einnahmen erzielt hat, als der Sachverständige selbst in der gleichen Zeit erzielt haben würde, kann der Sachverständige, anders als der Zeuge, nicht beanspruchen. Der Sachverständige erhält **keine Entschädigung für Verdienstausfall,** sondern eine Leistungsentschädigung, die von der Höhe eines etwaigen Verdienstausfalles unabhängig ist. Die Leistungsentschädigung stellt den durch Höchstsätze begrenzten Ausgleich dafür dar, daß der Sachverständige während seiner Sachverständigentätigkeit für das Gericht oder die beweiserhebende Behörde seiner sonstigen Berufstätigkeit nicht nachgehen konnte. 3.3

Der **Vertreter selbst hat keinen unmittelbaren Anspruch gegen die Staatskasse.** Sein Entschädigungsanspruch richtet sich nur gegen den Vertretenen. Der Anspruch auf Erstattung der Vertreterkosten aus der Staatskasse steht nur der Beweisperson zu und ist von dieser nach § 15 geltend zu machen. 3.4

14 OLG Hamm in JVBl. 60.140 = JMBl. NW 61.11 = NJW 60.1406 = Rpfleger 60.260 mit zust. Anm. von *Lappe;* OLG Koblenz in KRspr. § 11 Nr. 9; a. A.: KG in NStE Nr. 12 zu § 3 ZSEG.

4 **Kosten einer Begleitperson**

4.1 Eine Entschädigung für eine Begleitperson kann nur in den Fällen gewährt werden, in denen eine **Begleitung des Zeugen oder Sachverständigen notwendig** ist, insbesondere dann, wenn die Beweisperson wegen jugendlichen Alters oder wegen Behinderung einer Begleitperson bedarf. Ob eine Begleitperson erforderlich war, ist eine Tatfrage und in Zweifelsfällen vom Gericht nach freiem Ermessen zu entscheiden.

Eine Entschädigung kann auch nur für eine solche Begleitperson gewährt werden, wie sie den Umständen nach geboten ist.

4.2 Eine altersmäßige Begrenzung, bis zu der **Jugendliche** eines Begleiters bedürfen, wird man nicht festlegen können. Es wird hier sowohl auf die äußeren Umstände des Einzelfalles, wie Entfernung und Schwierigkeit des Reiseweges, Gegenstand der Beweisaufnahme, als auch auf die geistige Reife, praktische Lebenserfahrung und Gewandtheit des Zeugen ankommen. Bei der Frage, ob dem jugendlichen Zeugen zugemutet werden kann, der Ladung zum Beweistermin allein ohne eine Begleitperson Folge zu leisten, wird man besonders die bekannte Scheu fast aller Menschen, die noch nicht vor Gericht als Zeuge ausgesagt haben, berücksichtigen müssen.

4.3 Wenn **neben einem Kind ein Elternteil** geladen ist, ist die Gewährung einer Entschädigung für den anderen Elternteil als weitere Begleitperson des jugendlichen Zeugen in der Regel ausgeschlossen.

4.4 Bei **Gebrechlichen** wird, wenn nicht die Notwendigkeit einer Begleitung des Zeugen oder Sachverständigen offensichtlich ist, in der Regel eine ärztliche Bescheinigung erforderlich und ausreichend sein.

4.5 Hat die Beweisperson ihren Anspruch auf Erstattung der ihr durch die Begleitung entstandenen Kosten an den Begleitperson abgetreten, so gilt für die **Höhe der der Begleitperson zu erstattenden Entschädigung** das ZSEG nicht unmittelbar. Die Begleitperson hat – wie ein Vertreter – keinen eigenen Erstattungsanspruch gegen die Staatskasse. Sie kann eine Erstattung nur in Erfüllung des ihr abgetretenen Anspruchs der Beweisperson auf Entschädigung der dieser entstandenen notwendigen Aufwendungen verlangen. Eine Überschreitung der im ZSEG für die Entschädigung eines Zeugen vorgesehenen Höchstsätze ist für die Kosten einer Begleitperson zwar nicht grundsätzlich ausgeschlossen, wird jedoch kaum einmal notwendig sein und bedürfte dann einer ausführlichen Begründung.

4.6 Da nur die tatsächlich entstandenen Aufwendungen erstattet werden können, wird der Zeuge oder Sachverständige, der die Kosten einer Begleitperson geltend macht, in der Regel die Höhe der entrichteten Kosten durch **Vorlage einer Quittung** der Begleitperson belegen müssen.

4.7 Der Anspruch des zu begleitenden Zeugen auf **Entschädigung für Verdienstausfall** nach § 2 wird durch die Gewährung einer Entschädigung für die aufgewendeten Begleiterkosten **nicht eingeschränkt,** da die Notwendigkeit der Begleitung keineswegs die Erwerbsfähigkeit des Zeugen ausschließt.

Die Kosten der **Vorführung von Gefangenen** als Zeugen sind nicht nach § 11 zu erstatten. Es handelt sich hierbei nicht um »Auslagen in Rechtssachen«, sondern um Kosten der Gefangenenbeförderung – s. a. § 2 Rz. 33.4 –. 4.8

Für den Bereich des Straf- und Maßregelvollzuges fehlen Regelungen, die den Gefangenen oder Untergebrachten für die Kosten der Ausführung zu einem Zeugentermin einstehen lassen. Die hierbei entstandenen Aufwendungen sind daher keine »baren Auslagen«, die dem inhaftierten oder untergebrachten Zeugen gemäß § 11 Satz 2 ersetzt werden müßten.[15]. Weder bei den Fahrt- noch den Personalkosten der entsandten Begleitperson handelt es sich um Auslagen des Zeugen im Sinne des § 11 Abs. 1 Satz 2.

Schreibauslagen 5

Mit dem seit dem 1. 7. 1994 durch das KostRÄndG 94 eingefügten neuen Absatz 2 ist die bisherige in § 8 a. F. enthaltene Schreibauslagenregelung ausschließlich für Sachverständige durch eine **für alle Beweispersonen und für Dritte** im Sinne des § 17 a geltende Regelung ersetzt worden. Somit können jetzt auch Zeugen und die nach § 17 a inanspruchgenommenen Personen ihre Schreibaufwendungen pauschal abrechnen. 5.1

Schreibauslagen können **nur für Mehrfertigungen (Abschriften, Abdrucke, Durchschriften, Zweitschriften pp.)** erstattet werden, die 5.2

- auf Erfordern des Gerichts oder der Staatsanwaltschaft,
- notwendigerweise, oder
- für die Handakten des Sachverständigen

gefertigt worden sind.

In Betracht kommen können insbesondere erforderte oder für die Handakten des Sachverständigen bestimmte Mehrausfertigungen des schriftlichen Gutachtens, erforderte Mehrausfertigungen einer schriftlichen Zeugenaussage, notwendigerweise von dem Sachverständigen gefertigte Aktenauszüge usw.

Für **Urschriften** von Schreiben der Beweispersonen oder für die Urschrift des vom Sachverständigen gefertigten Gutachtens fallen grundsätzlich keine Schreibauslagen an. Wegen des mit der Herstellung des Gutachtens verbundenen anderweitigen Aufwandes siehe § 8 Rz. 29. 5.3

Wegen der **Höhe der Schreibauslagen** verweist Absatz 2 auf die entsprechenden Regelungen im Gerichtskostengesetz. Mit der Anknüpfung an die im GKG bestimmten Pauschalen soll eine einheitliche Behandlung der Schreibauslagen in 5.4

15 OLG Koblenz in JBl. Rhld.-Pf. 91.33 = JurBüro 91.593 = NStZ 91.345.

allen Justizkostengesetzen gewährleistet werden[16]. Nach der insoweit einschlägigen Nr. 9000 KV-GKG betragen die Schreibauslagen für jede Seite unabhängig von der Art der Herstellung in demselben Rechtszug

a) für die ersten 50 Seiten 1,– DM,

b) für jede weitere Seite –,30 DM.

Unter dem Begriff „in demselben Rechtszug" im Sinne des GKG ist hier die Angelegenheit zu verstehen. Die 50-Seiten-Grenze richtet sich somit nach allen in der Angelegenheit erforderlichen Mehrausfertigungen.

Beispiel:

Der Sachverständige hat notwendigerweise einen 25seitigen Aktenauszug gefertigt, von dem 15seitigen Gutachten 2 erbetene Mehrausfertigungen eingereicht und 1 Abdruck für die Handakten zurückbehalten.

Ihm stehen Schreibauslagen für insgesamt 70 Seiten zu und zwar für 50 Seiten

je 1,– DM	50,– DM,
und für 20 Seiten je –,30 DM	6,– DM,
zusammen	56,– DM.

Mit der vergleichsweisen hohen Schreibauslagenpauschale von 1,– DM für die ersten in einer Angelegenheit gefertigten Vervielfältigungen sollen alle damit verbundenen Aufwendungen abgegolten sein, insbesondere auch die Kosten einer von einem Sachverständigen insoweit eingesetzten Hilfskraft (Schreibkraft). Dasselbe gilt für die Mitwirkung des Sachverständigen bei der mechanischen Vervielfältigung des Gutachtens[17] oder die Aufwendungen für das Einkleben von Lichtbildern in die Mehrausfertigungen des Gutachtens. – Wegen der Einfügung von Lichtbildern in die Urschrift des Gutachtens s. § 8 Rz. 29.4 –.

5.5 Für Durchschläge, die der Sachvertändige **unaufgefordert** dem Gericht oder der Staatsanwaltschaft einreicht, erhält er keine Schreibauslagen[18].

5.6 Für die Fertigung eines **allgemeinen Aktenauszuges**[19] sowie für die Wiedergabe des Akteninhalts im Gutachten[20], für die wiederholte wörtliche Wiedergabe des Beweisbeschlusses und für die einem Gutachten beigefügten Kopien der im Verfahren überreichten Druckschriften[21] sind in der Regel keine Schreibauslagen zu erstatten.

Ablichtungen von Aktenteilen, die zur sachgerechten Vorbereitung des Ter-

16 BR-Drucksache 796/93 Seite 257.
17 OLG Düsseldorf in JurBüro 82.1703.
18 LG Bielefeld in JVBl. 58.16 = Rpfleger 58.26; LAG Hamm in JurBüro 76.491.
19 OLG Düsseldorf in JMl. NW 83.42.
20 SchlHOLG in JurBüro 85.1073.
21 BGH in NJW-RR 87.1470.

mins zu einem Zeitpunkt benötigt werden, zu dem die Akten bereits wieder bei dem Gericht sein müssen, sind dagegen nach Absatz 2 zu erstatten[22].

Für **Schreiben des Sachverständigen** selbst, die der Vorbereitung des Gutachtens dienen, sind keine Schreibauslagen anzusetzen. Die ›Schreibtätigkeit‹ des Sachverständigen ist vielmehr bei der Leistungsentschädigung nach § 3 zu berücksichtigen[23]. Die in der Rechtsprechung[24] zu § 8 a. F. teilweise vertretene Auffassung, für Vorbereitungsschreiben erhalte der Sachverständige neben der Leistungsentschädigung auch Schreibauslagenersatz nach § 8 Abs. 1 Nr. 1, dürfte durch den neuen Absatz 2 überholt sein. Der Schreibauslagenersatz ist nunmehr in § 11 Abs. 2 abschließend geregelt. Damit kommt eine Schreibauslagenerstattung auch über § 8 Abs. 1 Nr. 1 nicht mehr in Betracht[25]. Läßt der Sachverständige seine notwendigen Schreiben durch eine Schreibkraft ausführen, so kann er die Aufwendungen für diese Hilfskraft nach § 8 Abs. 1 Nr. 1 geltend machen. 5.7

Die Kostenrechnung, das Übersendungsschreiben hierzu und der Antrag auf gerichtliche Festsetzung der Entschädigung gehören nicht zum Gutachten; sie liegen nur im Interesse des Sachverständigen. Für diese Arbeiten können daher, auch wenn die Kostenrechnung in zwei Stücken vom Gericht gefordert wird, weder Schreibauslagen noch Leistungsentschädigung bewilligt werden[26] – s. a. § 3 Rz. 44.7 –. 5.8

Auch für Konzeptseiten des Gutachtens scheidet ein Schreibauslagenersatz aus. Nicht zu ersetzen sind ferner die Kosten für Sachstandsmitteilungen an das Gericht. Solche Mitteilungen dienen nur der Darstellung des zeitlichen Ablaufs der Gutachtenerstellung. Sie haben weder mit dem Inhalt des Gutachtens noch mit seiner Erstellung etwas zu tun. Auch zielen sie nicht unmittelbar auf die Erstattung des Gutachtens ab. Sie sind insofern vergleichbar mit der Liquidation des Sachverständigen und seinem Übersendungsschreiben, für die weder eine Entschädigung für Zeitaufwand noch ein Ersatz von Auslagen zuzubilligen ist[27].

Auf die **Höhe der tatsächlich entstandenen Kosten** für die Schreibarbeiten im Sinne des Absatz 2 kommt es nicht an. Die in § 11 Abs. 2 vorgenommene Pauschalierung der Schreibauslagen schließt einen Vergleich mit den tatsächlich angefallenen Kosten im Einzelfall aus. Es können daher auch dann keine höheren 5.9

22 OLG Zweibrücken in ZSW 83.40 mit Anm. v. *K. Müller* = KRspr. § 8 Nr. 71 m. w. N.

23 KG in JurBüro 88.658 = MDR 88.330.

24 LAG Hamm in JurBüro 76.491; LG Offenburg in KRspr. § 8 Nr. 24; OLG Hamburg in JurBüro 83.1358; SchlHOLG in SchlHA 93.187.

25 S. a. BR-Drucksache 796/93 Seite 256.

26 LG Aschaffenburg in NJW 68.1195; KG in Rpfleger 71.447; OLG Koblenz in JurBüro 83.741 mit Anm. von *Mümmler* = ZSW 83.66 mit Anm. von *Müller*.

27 OLG Hamm in Rpfleger 90.228 = JurBüro 90.156; OLG München in JurBüro 91.995.

Schreibauslagen erstattet werden, wenn der Sachverständige nachweist, daß die ihm für die Fertigung des Schreibwerks entstandenen Kosten höher sind[28].

6 **Abgegoltene Auslagen**

Soweit die Auslagen durch die Pauschalentschädigung abgegolten sind, wie z. B.
- die Aufwendungen für die Herstellung der Lichtbilder einschließlich der erforderlichen Abzüge,
- die Post- und Fernsprechentgelte,
- die Kosten für die Anfertigung des schriftlichen Gutachtens,
- die Schreibauslagen für Mehrfertigungen

bei einem erbbiologischen Gutachten nach Nr. 10 der Anlage zu § 5, ist eine Erstattung dieser Aufwendungen über § 8 oder § 11 ausgeschlossen.

7 **Aufwendungen der Betreuungspersonen**

7.1 Die **notwendigen baren Aufwendungen,** die einem Vormund, Betreuer oder Pfleger – s. § 1 Rz. 1 – im Rahmen der ihm übertragenen Aufgaben entstanden sind, werden wie bei einem Zeugen aus der Staatskasse erstattet, sofern sie nicht aus dem Vermögen des Betroffenen gedeckt werden können (§ 1835 Abs. 1 in Verb. mit Abs. 4 BGB[29]). Wegen der Art und Höhe der Auslagen wird zunächst auf die entsprechenden Ausführungen zu den Auslagen eines Zeugen verwiesen.

7.2 Erhält eine Betreuungsperson für ihre Tätigkeit keine Vergütung, so kann sie zur Abgeltung geringfügiger Aufwendungen eine **pauschalierte Aufwandsentschädigung** (§ 1836 a BGB) geltend machen. Wegen der Höhe dieser Aufwandsentschädigung wird auf die Erläuterungen zu § 2 Rz. 6 verwiesen.

7.3 Die **Aufwendungen zur Bestattung** des mittellosen Mündels fallen nicht unter die Regelung des § 1835 Abs. 4 BGB. Diese Aufwendungen sind nicht mehr in Ausführung der Betreuungsangelegenheit entstanden. Diese war mit dem Tod des Betroffenen beendet[30].

7.4 Dagegen sind die von einem Nachlaßpfleger aufgewendeten **Räumungskosten** nach § 1835 Abs. 4 BGB aus der Staatskasse zu ersetzen, wenn sich die Räumung der Wohnung des Erblassers als eine unaufschiebbare Verwaltungsmaßnahme darstellte und die Kosten aus dem Nachlaß nicht gedeckt werden konnten[31].

7.5 Zu den nach § 1835 Abs. 1 und 4 BGB der Betreuungsperson zu ersetzenden

28 BGH in KRspr. § 8 Nr. 12; LG Schweinfurt in JurBüro 76.69 mit Anm. von *Mümmler.*

29 S. Abschnitt I Nr. 1.2.

30 LG Bochum in Rpfleger 85.147.

31 LG Bochum, Beschl. v. 28. 6. 1989 – 7 T 368, 369, 370/89 –.

Aufwendungen gehören auch die **Kosten einer angemessenen Versicherung** gegen Schäden, die dem Betroffenen oder einem Dritten im Rahmen der Betreuungstätigkeit durch die Betreuungsperson zugefügt werden können (§ 1835 Abs. 2 BGB).

Die einer Berufsbetreuungsperson nach § 1836 Abs. 2 BGB bewilligte Vergütung umfaßt auch die Kosten der vorgenannten Versicherung.

Ist nicht der **Betreuungsverein** selbst, sondern einer seiner Mitarbeiter als **Vereinsbetreuer** (§ 1897 Abs. 2 Satz 1 BGB) bestellt, so kann der Verein die Aufwendungen des Vereinsbetreuers gegen den Betreuten oder bei dessen Mittellosigkeit gegen die Staatskasse geltend machen. Der Aufwendungsersatz umfaßt jedoch nicht die Kosten einer Versicherung (§ 1835 Abs. 2 BGB) und die Dienstleistungsaufwendungen sowie die allgemeinen Verwaltungskosten (§ 1908 e Abs. 1 BGB). 7.6

Der Verein kann für seinen Mitarbeiter keine pauschalierte Aufwandsentschädigung nach § 1836 a BGB beanspruchen, da § 1908 e Abs. 1 BGB insoweit eine abschließende Regelung darstellt. Das gilt auch dann, wenn ein Anspruch auf Vergütung nach § 1836 Abs. 2 BGB nicht besteht, weil der Vereinsbetreuer nur wenige Betreuungen nebenberuflich ausführt[32].

Der Vereinsbetreuer selbst hat keinen Anspruch auf Aufwendungsersatz gehen die Staatskasse (§ 1908 e Abs. 2 BGB).

Für einen bestellten **Behördenbetreuer** kann die Behörde Aufwendungsersatzansprüche nur gegen den Betreuten geltend machen (§ 1908 h BGB). Bei Mittellosigkeit des Betreuten besteht kein Anspruch gegen die Staatskasse. 7.7

Einem Berufsbetreuer können **anteilige Kosten der Büroausstattung** nicht nach § 11 erstattet werden. Sie sind vielmehr bei der Bemessung der Höhe der Vergütung nach § 1836 Abs. 2 BGB zu berücksichtigen[33]. 7.8

Die **Schreibtätigkeit** einer Betreuungsperson wird mit dem dafür erforderlichen Zeitaufwand im Rahmen der Vergütung abzugelten sein. 7.9

Über § 11 können der Betreuungsperson nur die baren Schreibaufwendungen für erforderliche Abdrucke oder Ablichtungen ersetzt werden. Insoweit wird auf die Ausführungen bei Rz. 5 verwiesen.

Die von einer Betreuungsperson möglicherweise auf die Vergütung zu entrichtende **Umsatzsteuer** zählt grundsätzlich nicht zu den erstattungsfähigen Auslagen und zwar weder nach § 1835 BGB noch nach § 11 ZSEG. 7.10

Soweit ein als Berufsbetreuungsperson einzustufender Rechtsanwalt für seine »anwaltliche Dienstleistungen« den Aufwendungsersatz nach § 1835 Abs. 3 BGB in Höhe seiner nach der BRAGO zu berechnenden Vergütung geltend macht, ist allerdings in dieser Vergütung auch die von ihm zu entrichtende

32 *Soergel* – Nachtrag – Anm. 4 zu § 1908 e BGB.
33 LG Paderborn in JurBüro 92.693.

Umsatzsteuer enthalten, da diese in § 25 Abs. 2 BRAGO ausdrücklich als »Auslage« des Rechtsanwalts bezeichnet ist. Diese Umsatzsteuer ist daher im Rahmen des § 1835 Abs. 3 BGB zu erstatten.

§ 1836 enthält keine dem § 25 Abs. 2 BRAGO entsprechende Regelung, insbesondere findet auch § 8 Abs. 1 Ziffer 4 ZSEG keine Anwendung. Damit kann die Erstattung der auf die Vergütung entfallenden Umsatzsteuer jedenfalls nicht aus § 1836 BGB hergeleitet werden[34].

Auch eine Erstattung nach § 1835 Abs. 1 BGB kann nach meiner Überzeugung nicht in Betracht kommen, da es sich bei der Entrichtung der Umsatzsteuer nicht um eine Aufwendung der Betreuungsperson für den Betroffenen, sondern um die Begleichung einer eigenen Steuerschuld handelt[35].

§ 1835 Abs. 1 BGB enthält keine dem § 25 Abs. 2 BRAGO oder dem § 8 Abs. 1 Ziffer 4 ZSEG vergleichbare Ausnahmeregelung. – s. a. § 8 Rz. 26.4 –

34 LG Münster in JurBüro 93.412 mit zustimmender Anm. von *Mümmler* = MDR 93.545 = AnwBl. 94.151; LG Augsburg in AnwBl. 93.533; LG Kiel in SchlHA 94.24; a. A.: LG Mainz in JBl. Rhld.-Pf. 93.116 – ohne nähere Begründung –; LG Berlin in BtPrax 93.105.

35 AG Mühldorf in Rpfleger 93.154;
a. A.: LG Duisburg in Rpfleger 93.242.

§ 12 Aufrundung

Die dem Zeugen oder Sachverständigen zu zahlende Gesamtentschädigung wird auf 10 Deutsche Pfennig aufgerundet.

§ 12 ist angelehnt an die Aufrundungsvorschriften der übrigen Kostengesetze (vergl. § 11 Abs. 3 GKG, § 33 KostO, § 11 Abs. 2 BRAGO, § 13 Abs. 2 GVKostG). Allerdings gelten diese Aufrundungsvorschriften nur hinsichtlich der in den Kostengesetzen genannten Gebühren, während die jeweiligen Auslagen in ihrer tatsächlichen Höhe anzusetzen sind. 1

Die Vorschrift des § 12 entspricht eher der Regelung des § 27 Abs. 1 Nr. 3 der bundeseinheitlichen Kostenverfügung, nach der der Gesamtbetrag einer gerichtlichen Kostenforderung zugunsten des Kostenschuldners auf volle 10 Deutsche Pfennig abzurunden ist.

Nicht die Einzelposten (Verdienstausfall, Aufwandsentschädigung, Fahrtkosten usw.) sind aufzurunden, sondern nur die Gesamtentschädigung.

Es erscheint allerdings fraglich, ob die Vorschrift des § 12 angesichts der fortschreitenden Automatisierung der Abrechnungs- und Kassenverfahren noch sinnvoll ist. Immerhin ist für die aus der Staatskasse zu zahlenden Rechtsanwaltsvergütungen oder sonstigen Haushaltsausgaben eine vergleichbare Aufrundung nicht vorgesehen. Außerdem bereitet die Aufrundung den Sachverständigen Schwierigkeiten, die ihre Abrechnung EDV-unterstützt fertigen und dann wegen der »Mehreinnahmen« einen zusätzlichen Buchungsaufwand haben.

§ 13 Vereinbarung der Entschädigung

Mit Sachverständigen, die häufiger herangezogen werden, kann die oberste Landesbehörde oder die von ihr bestimmte Stelle eine Entschädigung im Rahmen der nach diesem Gesetz zulässigen Entschädigung vereinbaren.

Übersicht

Vereinbarung	1	Teilvereinbarung	3
Gesamtvereinbarung	2	Abgeschlossene Vereinbarungen	4

1 Vereinbarung

1.1 Durch § 13 ist **der obersten Landesbehörde oder der von ihr bestimmten Stelle** die Möglichkeit eingeräumt, mit einzelnen Sachverständigen, die häufiger herangezogen werden, für die im Einzelfall zu erbringende Leistung eine Entschädigung im Rahmen der Vorschriften des ZSEG zu vereinbaren.

Zuständig für den Abschluß der Vereinbarung mit dem Sachverständigen ist die oberste Landesbehörde, d. h. das für jeden Zweig der Gerichtsbarkeit dafür zuständige Ministerium. Die Vereinbarung mit einem Fachministerium betrifft aber immer nur die zu seinem Geschäftsbereich gehörenden Gerichte. Ein Sachverständiger, der von Gerichten verschiedener Gerichtsbarkeiten häufiger herangezogen wird, muß daher mit den für die verschiedenen Gerichtsbarkeiten zuständigen Ministerien jeweils für die ihnen verwaltungsmäßig unterstellten Gerichte eine Vereinbarung treffen.

Die oberste Landesbehörde kann die Befugnis zum Abschluß von Vereinbarungen nach § 13 allgemein oder im Einzelfall auf andere Stellen übertragen.

1.2 **Zweck der Vereinfachung** ist es, durch die Festlegung einer Pauschalentschädigung oder gestaffelter Entschädigungssätze die Entschädigungsabrechnung zu vereinfachen. Die Vereinbarung soll dem Sachverständigen für seine gesamte durch gerichtliche oder staatsanwaltliche Hinzuziehung veranlaßte Sachverständigentätigkeit eine angemessene Entschädigung sichern, aber möglichst jede Nachprüfung des Entschädigungsbegehrens im Einzelfall ersparen. Auch die gerichtliche Festsetzung und die Nachprüfung des Beschwerdegerichts werden sich dann auf die Feststellung beschränken können, ob eine ordnungsgemäße Vereinbarung vorliegt und ob sie auf die zur Entscheidung stehende Sachverständigenentschädigung richtig angewandt worden ist.

1.3 Die **Entschädigung kann nur im Rahmen der nach dem ZSEG zulässigen Sätze vereinbart werden.** Die nach den §§ 3, 5 und der Anlage zu § 5 zulässigen Höchstsätze für die Leistungsentschädigung dürfen durch die Vereinbarung nicht überschritten werden. Die Vereinbarung einer Entschädigung, die unterhalb der Mindestsätze liegt, ist dagegen zulässig. Auch sie ist eine Entschädigung, die »im Rahmen der nach diesem Gesetz zulässigen Entschädigung« liegt.

1.4 Die Vereinbarung muß **mit dem einzelnen Sachverständigen** abgeschlossen werden. Eine Vereinbarung mit einem Berufsverband für alle seine Mitglieder oder mit dem Leiter eines Instituts für alle dem Institut angehörenden sachverständigen Mitarbeiter (z. B. im gerichtsmedizinischen Institut einer Universität) ist ausgeschlossen.

Gesamtvereinbarung 2

Dem Sinn des § 13 entspricht die Vereinbarung einer Pauschalentschädigung als Gesamtentschädigung für die im Einzelfall zu erbringende Sachverständigenleistung, d. h. eine Pauschalentschädigung, die sowohl die Leistungsentschädigung nach § 3, die Verrichtungen der Anlage zu § 5 als auch alle Aufwendungen und Auslagen umfaßt.

Eine derartige Vereinbarung setzt aber voraus, daß der Sachverständige häufig wiederkehrende Gutachterleistungen aus einem begrenzten Sachgebiet (z. B. Kfz.-Gutachten) erbringt, die auch hinsichtlich des erforderlichen Zeitaufwandes und der anfallenden Aufwendungen und Auslagen keinen allzu großen Schwankungen unterworfen sind.

Teilvereinbarung 3

3.1 Die Vereinbarung einer **Pauschalentschädigung für einzelne häufig wiederkehrende Verrichtungen** – auch soweit sie nicht in der Anlage zu § 5 aufgeführt sind – oder für die nach § 8 zu ersetzenden Aufwendungen dürfte nach § 13 grundsätzlich zulässig sein. Eine derartige Vereinbarung einer »Teilentschädigung« würde aber dem Zweck der Vorschrift des § 13 nur sehr bedingt gerecht werden, da nur die der Vereinbarung unterworfenen Teile der Gesamtentschädigung einer Nachprüfung durch die Anweisungsstellen und das Gericht entzogen sind, im übrigen aber die weiteren Entschädigungsanprüche sachlich und rechnerisch geprüft werden müssen. Eine wesentliche Vereinfachung des Anweisungsverfahrens wird sich durch eine »Teilvereinbarung« in der Regel nicht erreichen lassen.

3.2 Die **Vereinbarung eines bestimmten Stundensatzes** für die gesamte Leistung oder für einzelne Teilleistungen erscheint ebenfalls fragwürdig. Mit der Vereinbarung eines bestimmten Stundensatzes wird nämlich nicht die nach § 13 geforderte »Entschädigung«, sondern lediglich eine »Berechnungsgrundlage« für die Entschädigung festgelegt[1]. Die Berechnung der Entschädigung und die geltend gemachten Auslagen müssen dann wieder im Anweisungsverfahren überprüft werden. Der Abschluß einer »Stundensatzvereinbarung« kann dem Zweck des § 13 in keiner Weise gerecht werden.

1 A. A.: *Müller*, Rz. 787.

4 **Abgeschlossene Vereinbarungen**

4.1 Während § 13 in der ordentlichen Gerichtsbarkeit – soweit erkennbar – bisher keine Bedeutung erlangt hat, sind im Bereich der Sozialgerichtsbarkeit verschiedene unterschiedliche Vereinbarungen[2] mit einzelnen medizinischen Sachverständigen abgeschlossen worden.

Den Vereinbarungen im Saarland liegt die folgende Muster-Vereinbarung zugrunde.

„Vereinbarung

Zwischen

dem Saarland, vertreten durch den Minister der Justiz, dieser vertreten durch den Präsidenten des Sozialgerichtes für das Saarland in Saarbrücken

und

Herrn – Frau – Prof. Dr. med ....
Arzt für ....
in ....

wird aufgrund des § 13 des Gesetzes über die Entschädigung von Zeugen und Sachverständigen (ZSEG) in der Fassung der Bekanntmachung vom 1. Oktober 1969 (BGBl. I S. 1756), zuletzt geändert durch Gesetz vom 9. 12. 1986 (BGBl. I S. 2326), folgende Vereinbarung getroffen:

2 *Saarland:* – durch den insoweit ermächtigten Präsidenten des Sozialgerichts für das Saarland – z. B. Pauschalentschädigung für die Erstattung schriftlicher Gutachten für
– Internisten, Orthopäden, Chirurgen sowie für alle anderen Fachärzte 350,– DM,
– Neurologen und Psychiater 375,– DM;

Baden-Württemberg: – durch den Präsidenten des Landessozialgerichts – z. B. Pauschalentschädigung für die Erstattung schriftlicher Gutachten mit
– a) 700,– DM für ein sehr schwieriges Gutachten,
– b) 550,– DM für ein schwieriges Gutachten,
– c) 400,– DM für die übrigen Gutachten,

unter den Voraussetzungen des § 3 Abs. 3 Buchstabe a) kann die Pauschalentschädigung zu a) bis zu 50 v. H. überschritten werden;

Schleswig-Holstein: – durch den Präsidenten des Schleswig-Holsteinischen Landessozialgerichts – z. B. Pauschalentschädigung für medizinische Sachverständige für die Leistung in der mündlichen Verhandlung und zwar
– 1. in Höhe von 250,– DM für die Heranziehung durch Senate des Schleswig-Holsteinischen Landessozialgerichts,
– 2. in Höhe von 150,– DM für die Heranziehung durch Kammern der Sozialgerichte.

Neben den Pauschalentschädigungen werden in der Regel die notwendigen Auslagen ersetzt.

1.

Der Sachverständige erhält für jedes vom Gericht geforderte, von ihm erstattete schriftliche Gutachten nach ambulanter oder stationärer Untersuchung ohne Rücksicht auf Umfang und Zeitaufwand eine Entschädigung von

.... DM.

2.

Mit der Entschädigung nach Nummer 1 ist jeweils die erforderliche Zeit für

a) Durchsicht der Akten und vorbereitende Arbeiten;

b) Erhebung der Vorgeschichte;

c) körperliche Untersuchung;

d) Auswertung, Beurteilung und Zusammenfassung aller für die Beantwortung des Beweisthemas erheblichen Befunde (z. B. Beurteilung fremder Röntgenaufnahmen);

e) Abfassung des Gutachtens;

f) Diktat und Korrektur des Gutachtens;

g) Fotodokumentationen

abgegolten.

Gutachten nach Aktenlage werden mit einer Pauschale bis zu ⅔ des Grundbetrages entschädigt. Für eine Stellungnahme, die nach der Gutachtenerstattung zu neuem Vorbringen der Beteiligten abgegeben wird, werden 60,– DM gezahlt.

3.

Neben der Entschädigung nach den Ziffern 1, 2 werden erstattet:

a) die Kosten für die von dem Sachverständigen in seiner Praxis erbrachten notwendigen Leistungen bzw. die in klinikeigenen Labors und Instituten anfallenden Kosten für notwendige Nebenleistungen gemäß § 5 Abs. 1 und 2 ZSEG. Dabei sind die Rahmengesetze in der Anlage zu § 5 ZSEG durch den 1,1fachen Gebührensatz der GOÄ auszufüllen. Der 1,1fache Gebührensatz der GOÄ ist auch in den Fällen zugrunde zu legen, in denen der Sachverständige Leistungen Dritter in Anspruch nehmen muß und daher eine Aufschlüsselung nach Arzt- und Sachkosten erforderlich wird. In diesen Fällen ist der Arztkostenanteil entsprechend dem Verhältnis von Arzt- und Sachkostenanteil nach dem jeweils geltenden DKG-NT zu ermitteln.

   Die Nebenkosten werden bei der Begutachtung auf Grund **stationärer** Untersuchung nur dann erstattet, wenn diese Leistungen nach den Vorschriften der Verordnung zur Regelung der Krankenhauspflegesätze (Bundespflegesatzverordnung) neben dem Pflegesatz gesondert berechnet werden dürfen.

Soweit eine Klinik bereits den ärztlichen Leistungsanteil geltend gemacht hat, kann er von dem Sachverständigen nicht nochmals in Anspruch genommen werden,

b) gemäß § 8 Abs. 1 Nr. 1 ZSEG die Kosten für notwendige Untersuchungen in **fremden** Instituten nach den für diese geltenden Tarifen,

c) die Schreibauslagen für das Gutachten gemäß § 8 Abs. 1 Ziffer 2 a, b ZSEG mit zur Zeit 4,– DM je angefangene Seite des Gutachtens und 0,30 DM je Seite der angeforderten Durchschriften und je Seite des Gutachterexemplars (ergibt 4,90 DM für 1 Seite mit 3 Durchschriften), mit der Einschränkung, daß für ein Gutachten insgesamt höchstens 60,– DM Schreibgebühren erstattet werden,

d) Portoauslagen nach § 8 Abs. 1 Ziffer 1 ZSEG,

e) die Umsatzsteuer im gesetzlich vorgesehenen Umfang gemäß § 8 Abs. I Ziffer 3 ZSEG.

4.

Bei Entschädigungsstreitigkeiten aus dieser Vereinbarung entscheidet gemäß § 16 ZSEG der Vorsitzende der Kammer, der das Gutachten angefordert hat.

5.

Diese Vereinbarung kann frühestens nach Ablauf eines Jahres – erstmals zum 31. 10. 1988 –, dann jeweils mit einmonatiger Frist zum Ende eines jeden Kalendervierteljahres, gekündigt werden.

6.

Im Falle der Änderung des Gesetzes über die Entschädigung von Zeugen und Sachverständigen kann diese Vereinbarung ohne Einhaltung einer Kündigungsfrist zum Ende eines Kalendermonats gekündigt werden. Das Recht zur außerordentlichen Kündigung erlischt, wenn es nicht bis zum Ende des 2. Monats ausgeübt worden ist, der auf das Inkrafttreten der Änderung des vorgenannten Gesetzes erfolgt. Eine Kündigung, die nach diesem Zeitpunkt dem anderen Vertragsteil zugeht, gilt als Kündigung im Sinne Nr. 5 dieser Vereinbarung.

7.

Die neu festgesetzten Entschädigungen werden für alle Gutachten gewährt, die nach dem 1. 1. 1987 bei Gericht eingehen, sofern eine Vereinbarung gemäß § 13 ZSEG auch zuvor bestanden hat. Bei neu hinzukommenden Vertragärzten ist statt dessen maßgebend das Datum des Abschlusses der Vereinbarung.

8.

Wird diese Vereinbarung gekündigt oder nicht erneuert, so sind auch nach Beendigung der Vereinbarung erstattete Gutachten nach den Bestimmungen dieser Vereinbarung zu entschädigen, wenn der Auftrag vor Ablauf der Kündigungsfrist oder vor Inkrafttreten einer Änderung der Entschädigungssätze für Sachverständige nach dem ZuSEG erteilt wurde.

9.

Änderungen oder Ergänzungen dieser Vereinbarung bedürfen der Schriftform.

Saarbrücken, den

. . . .

Präsident des SG Sachverständiger ."

4.2 In Nordrhein-Westfalen hat der Innenminister des Landes NRW mit der DEKRA AG Stuttgart eine Vereinbarung nach § 13 über die Entschädigung von Leistungen von DEKRA-Sachverständigen, die **im Auftrag der Polizei** des Landes Nordrhein-Westfalen tätig werden, abgeschlossen[3].

3 RdErl. d. IM vom 11. 6. 1990 – IV B 2 – 5011/526 10 –, zuletzt geändert durch RdErl. d. IM vom 25. 8. 1994, – Entschädigungssatz: 85,– DM/Std., bei Vorliegen besonderer Umstände 90,– DM/Std.; Zuschlag nach § 3 Abs. 3: 50 v. H. –.

§ 14 Vorschuß

(1) Geladenen Zeugen und Sachverständigen ist auf Antrag ein Vorschuß zu bewilligen, wenn sie nicht über die Mittel für die Reise verfügen oder wenn ihnen, insbesondere wegen der Höhe der entstehenden Reisekosten, nicht zugemutet werden kann, diese aus eigenen Mitteln vorzuschießen.

(2) Dem Sachverständigen ist ferner auf Antrag ein Vorschuß zu bewilligen, wenn er durch eine geforderte Leistung für eine zusammenhängende Zeit von wenigstens dreißig Tagen seiner regelmäßigen Erwerbstätigkeit ganz oder überwiegend entzogen wird oder wenn die Erstattung des Gutachtens bare Aufwendungen erfordert und dem Sachverständigen, insbesondere wegen der Höhe der Aufwendungen, nicht zugemutet werden kann, eigene Mittel vorzuschießen.

(3) § 16 gilt sinngemäß.

Übersicht

I. Reisekostenvorschuß

Antrag 1
Zumutbarkeit der Inanspruchnahme eigener Mittel 2
Umfang des Vorschusses nach § 14 Abs. 1 3

II. Vorschuß auf Leistungsentschädigung und Aufwendungen

Anspruchsberechtigter 4
Vorschuß auf Leistungsentschädigung 5
Vorschuß auf bare Aufwendungen 6
Umfang des Aufwendungsvorschusses 7
Nachweis der Aufwendungen 8

III. Festsetzung des Vorschusses

Zuständigkeit 9
Einwendungen gegen die Berechnung 10

IV. Verwaltungsabkommen zwischen den Landesjustizverwaltungen und dem Bundesminister der Justiz

Geltungsbereich 11
Ordentliche Gerichte und Staatsanwaltschaften . . 12
Arbeitsgerichtsbarkeit, Sozialgerichtsbarkeit . . . 13

V. Betreuungspersonen 14

I. Reisekostenvorschuß

1 Antrag

Der Vorschuß wird nur auf Antrag gewährt. Der Antrag ist nicht an eine bestimmte Form gebunden. Die Mitteilung eines Zeugen, daß er zum Termin nicht erscheinen könne, weil ihm für die Reise die erforderlichen Mittel fehlen, kann bereits als Antrag auf Gewährung eines Vorschusses auf die Reisekosten angesehen werden. Auch für den Nachweis der Mittellosigkeit ist eine besondere

Form nicht vorgeschrieben. Es ist dem Ermessen des Gerichts überlassen, wie es sich die erforderliche Kenntnis von den wirtschaftlichen Verhältnissen des Antragstellers verschafft.

Sofern sich nicht aus der Höhe der Reisekosten und der wirtschaftlichen Stellung des Zeugen oder Sachverständigen ohne weiteres ergibt, daß die Vorlage der Reisekosten unzumutbar ist, kann u. U. eine eingehende Darlegung der wirtschaftlichen Verhältnisse und deren Glaubhaftmachung erforderlich sein. Die bloße Behauptung der Mittellosigkeit reicht im Regelfall nicht aus, die Vorschußgewährung zu begründen.

Zumutbarkeit der Inanspruchnahme eigener Mittel 2

Ob dem Zeugen oder Sachverständigen zugemutet werden kann, die Reisekosten aus eigenen Mitteln vorzuschießen, wird wesentlich von der Höhe dieser Kosten und den wirtschaftlichen Verhältnissen des Geladenen abhängen. Auch bei weiter Entfernung ist ein Vorschuß abzulehnen, wenn dem Geladenen nach seinen wirtschaftlichen Verhältnissen zugemutet werden kann, die Kosten vorzuschießen.

Umgekehrt kann bei Zeugen oder Sachverständigen mit nur geringem Einkommen auch bei kurzer Entfernung schon die Vorlage der Reisekosten unzumutbar sein. Die Voraussetzungen »Mittellosigkeit« oder »Unzumutbarkeit« gehen in diesen Fällen ineinander über.

Unzumutbar ist die Vorlage der Reisekosten immer dann, wenn sie für den Zeugen oder Sachverständigen eine merkliche Einschränkung in seiner Lebensführung oder der Lebensführung seiner Familie zur Folge haben würde. In keinem Falle kann von dem Zeugen oder Sachverständigen die Inanspruchnahme fremder Mittel verlangt werden.

Umfang des Vorschusses nach § 14 Abs. 1 3

Ein Vorschuß kann für die Fahrtkosten (§ 9) und die Aufwandsentschädigung (§ 10), nicht jedoch für die Entschädigung für Verdienstausfall (§ 2) gewährt werden. Wegen des Vorschusses auf Barauslagen und Leistungsentschädigung des Sachverständigen siehe nachstehende Rzn. 4 ff.

II. Vorschuß auf Leistungsentschädigung und Aufwendungen

Anspruchsberechtigter 4

Sachverständigen kann nach Absatz 2 neben dem Reisekostenvorschuß nach Absatz 1 auf Antrag ein Vorschuß bewilligt werden

a) auf die Leistungsentschädigung und

b) auf die zur Erstattung des Gutachtens notwendigen baren Aufwendungen.

Die Bewilligung eines Vorschusses kann nicht von Amts wegen erfolgen. Sie setzt immer einen Antrag des Sachverständigen voraus. Der Sachverständige kann einen Vorschuß nicht mehr verlangen, wenn er in der Lage ist, seine endgültige Entschädigung zu berechnen[1].

5 **Vorschuß auf Leistungsentschädigung**

Die Bewilligung eines Vorschusses auf die Leistungsentschädigung ist neben dem Erfordernis der Antragstellung an zwei Voraussetzungen geknüpft:

a) Die Fertigstellung des Gutachtens muß den Sachverständigen mindestens für eine zusammenhängende Zeit von dreißig Tagen in Anspruch nehmen;
b) in dieser Zeit muß der Sachverständige durch die Arbeit an dem Gutachten ganz oder überwiegend seiner regelmäßigen Erwerbstätigkeit entzogen werden.

Wenn der Sachverständige ganz oder überwiegend durch die Arbeit an dem Gutachten in Anspruch genommen wird, hat er in dieser Zeit nicht die Möglichkeit, aus seiner sonstigen regelmäßigen Erwerbstätigkeit die Mittel für seinen Lebensunterhalt zu verdienen. Er ist daher zur Bestreitung seines Lebensunterhalts auf die Leistungsentschädigung für seine Sachverständigentätigkeit angewiesen. Bei Gutachten, die den Sachverständigen nur wenige Stunden oder Tage in Anspruch nehmen, können insoweit ernste Schwierigkeiten nicht erwachsen. Bei umfangreichen Gutachten, die den Sachverständigen oft viele Monate voll in Anspruch nehmen (z. B. Buchsachverständige in Ermittlungsverfahren wegen Konkursverbrechen), würde ohne Vorschußgewährung der Sachverständige das Gutachten nur erstatten können, wenn er bis zu dessen Fertigstellung seinen Lebensunterhalt aus vorhandenem Vermögen bestreitet. Das ist aber, selbst wenn der Sachverständige dazu in der Lage wäre, nicht zumutbar.

Ein Vorschuß auf die Leistungsentschädigung ist ausgeschlossen, wenn der Leistungsaufwand zwar mehr als 30 Tage beträgt, dieser aber mit zeitlichen Unterbrechungen erfolgte; nur bei einem zusammenhängenden Zeitaufwand von mindestens 30 Tagen kann ein Vorschuß gewährt werden[2].

6 **Vorschuß für bare Aufwendungen**

Auf die zur Erstattung des Gutachtens notwendigen baren Aufwendungen ist dem Sachverständigen auf Antrag dann ein Vorschuß zu gewähren, wenn ihm nicht zugemutet werden kann, die Aufwendungen aus eigenen Mitteln vorzuschießen. Bei der Höhe der Aufwendungen, die das Gesetz als ein Beispiel für die Unzumutbarkeit anführt, wird es auf die wirtschaftlichen Verhältnisse des Sachverständigen ankommen, welchen Betrag vorzulegen man ihm noch zumu-

1 OLG Hamm in JVBl. 68.216 = JMBl. NW 68.238.
2 LG Frankenthal in KRspr. § 14 Nr. 3 LS mit Anm. von *Herget*.

ten kann. Man wird von dem Sachverständigen weder Einschränkungen in seiner Lebensführung noch die Inanspruchnahme fremder Mittel verlangen können. Da die Entschädigung des Sachverständigen endgültig erst nach Erstattung des Gutachtens festgesetzt wird, würde er ohne Gewährung eines Vorschusses auch die tatsächlich verauslagten Beiträge erst dann erstattet erhalten.

In den Fällen, in denen die Voraussetzungen für die Gewährung eines Vorschusses auf die Leistungsentschädigung vorliegen, kann auch ein Vorschuß auf die notwendigen baren Aufwendungen gewährt werden.

Unzumutbar kann die Zahlung aus eigenen Mitteln des Sachverständigen – abgesehen von der Höhe der Kosten – auch dann sein, wenn die Erstattung des Gutachtens längere Zeit erfordert.

Umfang des Aufwendungsvorschusses 7

Ein Vorschuß kann, wie sich schon aus dem Begriff »Vorschuß« ergibt, nur für solche Aufwendungen gewährt werden, auf deren spätere endgültige Erstattung ein Anspruch besteht. Ein Vorschuß kann daher gewährt werden auf die Aufwendungen, die nach § 8 ersetzt werden, die notwendigen Kosten für Hilfskräfte und für verbrauchte Stoffe und Werkzeuge.

Kosten für die Anschaffung von Geräten und Werkzeugen, die zwar für die Erstattung des Gutachtens benötigt, aber dafür nicht verbraucht werden, sind nach § 8 nicht erstattungsfähig. Auf die Kosten solcher Anschaffungen, die dem Sachverständigen auch nach Fertigstellung des Gutachtens noch zur Verfügung stehen, kann daher ein Vorschuß nicht gewährt werden.

Ein Vorschuß für die Entlohnung von Hilfskräften, die der Sachverständige zu Arbeiten im Rahmen des Gutachtenauftrages heranzieht, kann nach § 14 Abs. 2 nicht verlangt werden, wenn diese Arbeiten in sich nicht abgeschlossen, dem Gutachten gegenüber nicht abgegrenzt und vor der Fertigstellung des Gutachtens einer Beurteilung auf ihre Notwendigkeit nicht zugänglich sind. Das ist der Fall, wenn ein mit der Gutachtenerstellung beauftragter Wirtschaftsprüfer einen anderen Wirtschaftsprüfer als Hilfskraft heranzieht, mit ihm die Durchführung des Gutachtens abstimmt, aber sich die kritische Durcharbeitung des von der Hilfskraft fertiggestellten Gutachtens vorbehält[3].

Nachweis der Aufwendungen 8

Die Höhe und die Notwendigkeit der baren Aufwendungen wird der Sachverständige im einzelnen darzulegen und zu versichern haben. Die Unzumutbarkeit ist, sofern sie nach der Höhe der notwendigen Aufwendungen oder der voraussichtlichen Dauer der Sachverständigentätigkeit nicht offensichtlich ist, glaubhaft zu machen.

3 OLG München in Rpfleger 76.190 = JurBüro 77.85.

III. Festsetzung des Vorschusses

9 **Zuständigkeit**

Nur wenn der Zeuge oder Sachverständige oder die Staatskasse richterliche Entscheidungen beantragen oder das Gericht eine solche Entscheidung für angemessen hält, ist nach Absatz 3 in sinngemäßer Anwendung des § 16 über den Vorschußantrag durch gerichtlichen Beschluß zu entscheiden.

Soweit eine gerichtliche Entscheidung nach § 16 nicht erforderlich ist, gilt für die Bewilligung und Anweisung des Vorschusses die gleiche Regelung, die auch für die Festsetzung der Entschädigung selbst gilt. Soweit hierfür der Urkundsbeamte der Geschäftsstelle zuständig ist, besteht diese Zuständigkeit auch für die Bewilligung und Zahlbarmachung des Vorschusses.

Zuständig ist der Urkundsbeamte der Geschäftsstelle des Gerichts, das die Ladung veranlaßt hat. Nur in Eilfällen, in denen eine rechtzeitige Vorschußbewilligung durch den Urkundsbeamten des ladenden Gerichts nicht mehr möglich ist, kann auch der Urkundsbeamte der Geschäftsstelle des Amtsgerichts, in dessen Bezirk sich der Zeuge oder Sachverständige aufhält, einen Vorschuß nach § 14 Abs. 1 bewilligen.

10 **Einwendungen gegen die Berechnung**

Einwendungen gegen die Berechnung und Anweisung des Urkundsbeamten der Geschäftsstelle sind als Antrag auf gerichtliche Festsetzung anzusehen. Gegen die gerichtliche Entscheidung ist Beschwerde nach § 16 Abs. 2 zulässig. Auch hier muß der Beschwerdegegenstand 100,– DM übersteigen. Eine weitere Beschwerde ist nicht zulässig.

Zuständig für die gerichtliche Festsetzung nach § 16 ist immer das Gericht, das die Ladung veranlaßt hat, auch dann, wenn in Eilfällen der Urkundsbeamte des Amtsgerichts, in dessen Bezirk der Zeuge oder Sachverständige sich aufhält, einen Vorschuß bewilligt hat.

Zuständig zur Entscheidung über den Vorschußantrag des Vormunds, Pflegers oder Betreuers nach § 1835 Abs. 4 BGB ist der Rechtspfleger[4].

IV. Verwaltungsabkommen zwischen den Landesjustizverwaltungen und dem Bundesminister der Justiz

11 **Geltungsbereich**

Über die Zahlung von Vorschüssen an Zeugen und Sachverständige ist aufgrund eines Verwaltungsabkommens zwischen den Landesjustizverwaltungen und dem

4 OLG Hamm in Rpfleger 76.362.

Bundesjustizministerium die nachstehende in allen Ländern gleichlautende Verwaltungsanordnung getroffen worden. Sie gilt für die ordentlichen Gerichte und wird für die Arbeitsgerichte ergänzt durch die ebenfalls nachstehend abgedruckte, im wesentlichen inhaltsgleiche Vereinbarung zwischen dem Bundesminister für Arbeit, den obersten Arbeitsbehörden der Länder und den Landesjustizverwaltungen[5].

Beide Vereinbarungen gelten nur für Ladungen vor ein Gericht oder eine Staatsanwaltschaft des Bundes oder der Länder des Bundesgebiets sowie für Ladungen durch Sachverständige, die von einem dieser Gerichte oder Staatsanwaltschaften mit der Erstattung eines Gutachtens beauftragt worden sind. Zeugen, die vor ein ausländisches Gericht geladen sind, haben keinen Anspruch auf Zahlung eines Vorschusses durch ein Gericht des Bundesgebietes.

Ordentliche Gerichte und Staatsanwaltschaften 12

Baden-Württemberg: AV v. 1. 8. 1977 – Die Justiz S. 342 –
Bayern: Bek. v. 1. 8. 1977 – JMBl. 199 –
Berlin: AV v. 1. 8. 1977 – ABl. 1367 –
Brandenburg: AV d. MJ v. 22. 8. 1991 – JMBl. Bbg. 68 –
Hessen: RdErl. v. 1. 8. 1977 – JMBl. 549 –
Mecklenburg-Vorpommern: AV d. MJ v. 15. 5. 1991 – AmtsBl. M-V 400 –
Niedersachsen: AV v. 1. 8. 1977 – Nds.Rpfl. 205 –
Rheinland-Pfalz: AV v. 1. 8. 1977 – JBl. 205 –
Saarland: AV v. 1. 8. 1977 – GMBl. 596 –
Sachsen: VV v. 19. 12. 1991 – Sächs. Amtsblatt 1992 S. 4 – in Verb. mit der VV v. 24. 7. 1992 – Sächs. Amtsblatt S. 1129 –
Schleswig-Holstein: AV v. 1. 8. 1977 – SchlHA 168 –
Thüringen: VV d. Thür. MJ v. 4. 7. 1991 - JMBl. für Thüringen 82 –
Fassung NRW: 12.1
Gewährung von Reiseentschädigungen an mittellose Personen und Vorschußzahlungen an Zeugen und Sachverständige

AV d. JM vom 1. August 1977 (5670-I B. 14) – JMBl. NW S. 182 –

A.

Die nachstehenden, bundeseinheitlich beschlossenen Vorschriften setze ich mit Wirkung vom 1. Oktober 1977 für den Geschäftsbereich der Justizverwaltung

5 Wegen der Vorschußgewährung an Zeugen und Sachverständige in der Sozialgerichtsbarkeit in Hessen s. RdErl. d. MdJ u. d. SM v. 29. 5. 80 – JMBl. S. 609; bei Verwaltungs-, Finanz- und Sozialgerichten in Baden-Württemberg s. AV d. JM v. 10. 8. 1988 – Justiz 88.409.

in Kraft. Gleichzeitig tritt die AV vom 16. Dezember 1958 (5110-IB. 2) – JMBl. 1959 S. 5 – außer Kraft.

B.

Gewährung von Reiseentschädigungen an mittellose Personen und Vorschußzahlungen an Zeugen und Sachverständige

I.

Mittellosen Parteien, Beschuldigten oder anderen Beteiligten können auf Antrag Mittel für die Reise zum Ort einer Verhandlung, Vernehmung oder Untersuchung und für die Rückreise gewährt werden. Hierauf soll in der Ladung oder in anderer geeigneter Weise hingewiesen werden. Die gewährten Mittel gehören zu den Kosten des Verfahrens (vgl. Nrn. 1907, 1913 der Anlage 1 zu § 11 GKG, § 137 Nr. 8 KostO).

1. Über die Bewilligung entscheidet das Gericht, bei staatsanwaltschaftlichen Verhandlungen, Vernehmungen oder Untersuchungen der Staatsanwalt. Nach Bewilligung verfährt die Geschäftsstelle, soweit in der Bewilligung nichts anderes bestimmt ist, wie folgt:
   a) Die Reiseentschädigung wird durch den für den Erlaß der Auszahlungsanordnung zuständigen Beamten der Geschäftsstelle zur Zahlung angewiesen.
   b) Die Reiseentschädigung ist so zu bemessen, daß sie die notwendigen Kosten für Hin- und Rückreise deckt. Zu den Reisekosten gehören neben den Fahrtkosten auch unvermeidbare Zehr- und Übernachtungskosten, ferner Reisekosten für eine notwendige Begleitperson; eine Erstattung von Verdienstausfall kommt nicht in Betracht.
   c) Regelmäßig sind Fahrtausweise oder Gutscheine der Deutschen Bundesbahn für den kostenlosen Erwerb von Fahrtausweisen zur Verfügung zu stellen. Eine Barauszahlung kommt – abgesehen von den Zehr- und Übernachtungskosten – nur im Ausnahmefall in Betracht.
   d) Eine Durchschrift der Kassenanordnung ist zu den Sachakten zu geben. Auf der Kassenanordnung ist dies zu bescheinigen.
   e) Wird eine Entschädigung bewilligt, bevor die Ladung abgesandt worden ist, so ist dies nach der Art und, soweit möglich, auch nach der Höhe in auffallender Form in der Ladung zu vermerken. Wird eine endgültige Berechnung der Entschädigung erforderlich, so ist der Antragsteller zu befragen, ob und in welcher Höhe er bereits eine Entschädigung erhalten hat. Das Ergebnis der Befragung ist in der Auszahlungsanordnung zu vermerken. Wird schon vor dem Termin eine Kassenanordnung vorbereitet, so ist der Betrag, sofern er aktenkundig ist, auffällig zu vermerken.

f) Fällt der Grund für die Reise weg, so ist die Rückzahlung der Entschädigung zu veranlassen. Gegebenenfalls ist dafür zu sorgen, daß der Fahrpreis für nicht benutzte Fahrkarten erstattet wird.

g) Ist in Eilfällen die Auszahlung des Betrages oder die Übermittlung einer Fahrkarte bzw. eines Gutscheins an den Antragsteller durch die zuständige Geschäftsstelle nicht mehr möglich, so kann die Geschäftsstelle des Amtsgerichts, in dessen Bezirk sich der Antragsteller aufhält, ersucht werden, die Auszahlung des Betrages oder die Beschaffung der Fahrkarte bzw. des Gutscheins zu veranlassen. Die gewährte Entschädigung ist auf der Ladung auffällig zu vermerken. Die ladende Stelle ist unverzüglich zu benachrichtigen.

2. Ist es in Eilfällen nicht möglich, die Entscheidung des zuständigen Gerichts oder Staatsanwalts einzuholen, so kann der aufsichtsführende Richter des Amtsgerichts, in dessen Bezirk sich der Antragsteller aufhält, im Verwaltungsweg eine Reiseentschädigung bewilligen. Abschnitt I Nr. 1 Buchst. a bis c und f gilt entsprechend. Die gewährte Entschädigung ist auf der Ladung auffällig zu vermerken; die ladende Stelle ist unverzüglich zu benachrichtigen.

II.

Geladenen Zeugen und Sachverständigen ist nach § 14 ZSEG auf Antrag ein Vorschuß zu bewilligen, wenn sie nicht über die Mittel für die Reise verfügen oder wenn ihnen, insbesondere wegen der Höhe der entstehenden Reisekosten, nicht zugemutet werden kann, diese aus eigenen Mitteln vorzuschießen. Hierauf soll in der Ladung oder in anderer geeigneter Weise hingewiesen werden.

1. Für die Bewilligung im Verwaltungswege gelten folgende Bestimmungen:

   a) Die Vorschüsse werden von dem zum Erlaß der Auszahlungsanordnung zuständigen Beamten der Geschäftsstelle bewilligt und zur Zahlung angewiesen.

   b) Für Vorschüsse nach § 14 Abs. 1 ZSEG gilt Abschnitt I Nr. 1 Buchst. b bis f entsprechend.

   c) Bei der Vorbereitung der Anweisung für die Entschädigung von Zeugen und Sachverständigen vor dem Termin ist die Vorschußzahlung, sofern sie aktenkundig ist, in auffälliger Weise zu vermerken. Zeugen und Sachverständige sind bei der Berechnung ihrer Entschädigung in jedem Falle zu befragen, ob und gegebenenfalls in welcher Höhe sie Vorschüsse erhalten haben, um deren Anrechnung sicherzustellen. Die Befragung ist in der Auszahlungsanordnung zu vermerken.

2. Ist in Eilfällen die Auszahlung des Betrages oder die Übermittlung einer Fahrkarte bzw. eines Gutscheins an den Antragsteller durch die zuständige Geschäftsstelle nicht mehr möglich, so kann auch die Geschäftsstelle des

Amtsgerichts, in dessen Bezirk sich der Zeuge oder Sachverständige aufhält, einen Vorschuß nach § 14 Abs. 1 ZSEG bewilligen. Ist ein Antrag nach § 14 Abs. 3, § 16 ZSEG auf gerichtliche Festsetzung gestellt, so kann in dringenden Fällen auf Ersuchen des nach § 16 ZSEG zuständigen Gerichts ein festgesetzter Vorschuß ausgezahlt oder die Fahrkarte bzw. der Gutschein für ein bestimmtes Beförderungsmittel zur Verfügung gestellt werden. Der gewährte Vorschuß ist in der Ladung auffällig zu vermerken. Die ladende Stelle ist unverzüglich zu benachrichtigen.

13 **Arbeitsgerichtsbarkeit, Sozialgerichtsbarkeit**

Vereinbarung des Bundesminister für Arbeit und Sozialordnung und der obersten Arbeitsbehörden der Länder sowie der Landesjustizverwaltungen über die Bewilligung von Reiseentschädigungen an mittellose Personen und Vorschußzahlungen an Zeugen und Sachverständige in Verfahren vor den Gerichten für Arbeitssachen

Fassung NRW[6]: AV d. JM vom 1. April 1978 (5670 – I B. 14.1)
– JMBl. NW S. 97 –

Die Anlage zur AV vom 1. März 1961 (JMBl. NW S. 70) wird durch folgende Fassung ersetzt:

Gewährung von Reiseentschädigungen an mittellose Personen und Vorschußzahlungen an Zeugen und Sachverständige in den Verfahren vor den Gerichten für Arbeitssachen.

I.

Mittellosen Parteien oder anderen Beteiligten können auf Antrag Mittel für die Reise zum Ort einer Verhandlung oder Vernehmung und für die Rückreise gewährt werden. Hierauf soll in der Ladung oder in anderer geeigneter Weise hingewiesen werden. Die gewährten Mittel gehören zu den Kosten des Verfahrens (vgl. Nr. 1907 der Anlage 1 zu § 11 Abs. 1 GKG, § 1 Abs. 3 GKG, § 12 ArbGG).

1. Über die Bewilligung entscheidet das Gericht durch seinen Vorsitzenden. Nach Bewilligung verfährt die Geschäftsstelle, soweit in der Bewilligung nichts anderes bestimmt ist, wie folgt:
   a) Die Reiseentschädigung wird durch den für den Erlaß der Auszahlungs-

6 *Hessen:* Gem. RdErl. d. MdJ und SM v. 13. 10. 1988 (5110-II/6-626/88/IA6-55 f-6202) – JMBl. S. 859 – sowie RdErl. d. MdJ v. 6. 12. 1988 (5110-I/16-1205188) – JMBl. 1988 S. 37 für die Sozialgerichtsbarkeit; *Rhld-Pfalz:* Verwaltungsvorschrift des Ministeriums für Soziales, Familie und Sport und des Ministeriums der Justiz vom 6. September 1990 (MSFS 615-71 987-4); *SchlH:* Gem. AV d. SozMin – IX 230 c–22381.6 – u. d. JM – V 340 a/5110-5 – vom 2. 6. 1978 – SchlHA 78.112 –.

anordnung zuständigen Beamten der Geschäftsstelle zur Zahlung angewiesen.

b) Die Reiseentschädigung ist so zu bemessen, daß sie die notwendigen Kosten der Hin- und Rückreise deckt. Zu den Reisekosten gehören neben den Fahrtkosten auch unvermeidbare Zehr- und Übernachtungskosten, ferner Reisekosten für eine notwendige Begleitperson; eine Erstattung von Verdienstausfall kommt nicht in Betracht.

c) Regelmäßig sind Fahrtausweise oder Gutscheine der Deutschen Bundesbahn für den kostenlosen Erwerb von Fahrtausweisen zur Verfügung zu stellen. Eine Barauszahlung kommt – abgesehen von den Zehr- und Übernachtungskosten – nur im Ausnahmefall in Betracht.

d) Eine Durchschrift der Kassenordnung ist zu den Sachakten zu geben. Auf der Kassenordnung ist dies zu bescheinigen.

e) Wird eine Entschädigung bewilligt, bevor die Ladung abgesandt worden ist, so ist dies nach der Art und, soweit möglich, auch nach der Höhe in auffälliger Form in der Ladung zu vermerken. Wird eine endgültige Berechnung der Entschädigung erforderlich, so ist der Antragsteller zu befragen, ob und in welcher Höhe er bereits eine Entschädigung erhalten hat. Das Ergebnis der Befragung ist in der Auszahlungsanordnung zu vermerken. Wird schon vor dem Termin eine Kassenanordnung vorbereitet, so ist der Betrag, sofern er aktenkundig ist, auffällig zu vermerken.

f) Fällt der Grund für die Reise weg, so ist die Rückzahlung der Entschädigung zu veranlassen. Gegebenenfalls ist dafür zu sorgen, daß der Fahrpreis für nicht benutzte Fahrkarten erstattet wird.

g) Ist in Eilfällen die Auszahlung des Betrages oder die Übermittlung einer Fahrkarte bzw. eines Gutscheins an den Antragsteller durch die zuständige Geschäftsstelle nicht mehr möglich, so kann die Geschäftsstelle des Arbeitsgerichts, in dessen Bezirk sich der Antragsteller aufhält, oder, wenn ein Amtsgericht dem Aufenthaltsort des Antragstellers näher liegt, die Geschäftsstelle dieses Amtsgerichts ersucht werden, die Auszahlung des Betrages oder die Beschaffung der Fahrkarte bzw. des Gutscheins zu veranlassen. Die gewährte Entscheidung ist auf der Ladung auffällig zu vermerken. Die ladende Stelle ist unverzüglich zu benachrichtigen.

2. Ist es in Eilfällen nicht möglich, die Entscheidung des zuständigen Gerichts einzuholen, so kann der aufsichtsführende Richter des Arbeitsgerichts, in dessen Bezirk sich der Antragsteller aufhält, oder, wenn ein Amtsgericht dem Aufenthaltsort des Antragstellers näher liegt, der aufsichtsführende Richter dieses Amtsgerichts im Verwaltungsweg eine Reiseentschädigung bewilligen. Abschnitt I Nr. 1 Buchstabe a bis c und f gilt entsprechend. Die gewährte

Entschädigung ist auf der Ladung auffällig zu vermerken; die ladende Stelle ist unverzüglich zu benachrichtigen.

II.

Geladenen Zeugen und Sachverständigen ist nach § 14 ZSEG auf Antrag ein Vorschuß zu bewilligen, wenn sie nicht über die Mittel für die Reise verfügen oder wenn ihnen, insbesondere wegen der Höhe der entstehenden Reisekosten, nicht zugemutet werden kann, diese aus eigenen Mitteln vorzuschießen. Hierauf soll in der Ladung oder in anderer geeigneter Weise hingewiesen werden.

1. Für die Bewilligung im Verwaltungswege gelten folgende Bestimmungen:
   a) Die Vorschüsse werden von dem zum Erlaß der Auszahlungsanordnung zuständigen Beamten der Geschäftsstelle bewilligt und zur Zahlung angewiesen.
   b) Für Vorschüsse nach § 14 Abs. 1 ZSEG gilt Abschnitt I Nr. 1 Buchstabe b bis f entsprechend.
   c) Bei der Vorbereitung der Anweisung für die Entschädigung von Zeugen und Sachverständigen vor dem Termin ist die Vorschußzahlung, sofern sie aktenkundig ist, in auffälliger Weise zu vermerken. Zeugen und Sachverständige sind bei der Berechnung ihrer Entschädigung in jedem Falle zu befragen, ob und gegebenenfalls in welcher Höhe sie Vorschüsse erhalten haben, um deren Abrechnung sicherzustellen.

   Die Befragung ist in der Auszahlungsanordnung zu vermerken.
2. Ist in Eilfällen die Auszahlung des Betrages oder die Übermittlung einer Fahrkarte bzw. eines Gutscheins an den Antragsteller durch die zuständige Geschäftsstelle nicht mehr möglich, so kann auch die Geschäftsstelle des Arbeitsgerichts, in dessen Bezirk sich der Zeuge oder Sachverständige aufhält, oder wenn ein Amtsgericht dem Aufenthaltsort des Antragstellers näher liegt, die Geschäftsstelle dieses Amtsgerichts einen Vorschuß nach § 14 Abs. 1 ZSEG bewilligen. Ist ein Antrag nach § 14 Abs. 3, § 16 ZSEG auf gerichtliche Festsetzung gestellt, so kann in dringenden Fällen auf Ersuchen des nach § 16 ZSEG zuständigen Gerichts ein festgesetzter Vorschuß ausgezahlt oder die Fahrkarte bzw. der Gutschein für ein bestimmtes Beförderungsmittel zur Verfügung gestellt werden. Der gewährte Vorschuß ist in der Ladung auffällig zu vermerken. Die ladende Stelle ist unverzüglich zu benachrichtigen.«

14 **V. Betreuungspersonen**

14.1 Nach § 1835 Abs. 4 Satz 1 BGB in Verbindung mit § 1836 Abs. 2 Satz 4 BGB und § 1836 a Satz 3 BGB kann die Betreuungsperson – § 1 Rz. 21.2 – bei Mittellosigkeit des Betroffenen einen **Vorschuß aus der Staatskasse** verlangen.

Auch für die Gewährung des Vorschusses sind die Vorschriften über das Verfahren bei der Entschädigung von Zeugen hinsichtlich ihrer baren Auslagen entsprechend anzuwenden (§ 1835 Abs. 4 Satz 2 BGB).

Ausgangsbestimmung ist danach § 14 Abs. 1. Hiernach ist einem Zeugen auf Antrag ein Vorschuß auf entstehende Reisekosten zu gewähren, wenn er nicht über die Mittel für die Reise verfügt oder wenn ihm – wegen der Höhe der Reisekosten – nicht zugemutet werden kann, diese aus eigenen Mitteln vorzuschießen. Für andere Aufwendungen als Reisekosten oder für eine Verdienstausfallentschädigung nach § 2 ist ein Vorschuß gesetzlich nicht vorgesehen.

Die einschlägigen Vorschriften des BGB erweitern zunächst die einengende Vorschußregelung des ZSEG auf alle Aufwendungen im Sinne des § 1835 BGB, auf die Aufwandsentschädigung des § 1836 a BGB und auf die Vergütung des § 1836 Abs. 2 BGB. 14.2

Während die Vorschußzahlung auf die Aufwendungen nach § 1835 Abs. 1 bis 3 BGB unstreitig ist, kann dies für die Aufwandsentschädigung nach § 1836 a BGB nicht unterstellt werden. Zumindest nach der Gesetzesbegründung[7] soll eine Vorschußzahlung auf die Aufwandsentschädigung nicht in Betracht kommen. § 1836 a Satz 3 BGB läßt jedoch die uneingeschränkte entsprechende Anwendung des § 1835 Abs. 4 BGB – auch dessen Satz 1 – zu. Es ist daher durchaus zu vertreten, daß auch für die Aufwandsentschädigung ein Vorschußanspruch besteht[8].

Dasselbe wird dann für die Vergütung nach § 1836 Abs. 2 BGB zu gelten haben. Auch insoweit wird uneingeschränkt auf die entsprechende Anwendung des § 1835 Abs. 4 BGB verwiesen (§ 1836 Abs. 2 Satz 4 BGB).

Ob dann aber für die Gewährung eines entsprechenden Vorschusses an eine Betreuungsperson die weiteren Voraussetzungen des § 14 – Mittellosigkeit oder Unzumutbarkeit der Inanspruchnahme eigener Mittel – vorliegen müssen, ist zumindest nicht eindeutig geregelt. Nach meiner Überzeugung müssen für die Bewilligung eines Vorschusses an eine Betreuungsperson andere Maßstäbe gesetzt werden. Bei enger Anlehnung an die Regelung des § 14 könnte z. B. ein Vorschuß auf eine Vergütung nach § 1836 Abs. 2 BGB nicht gewährt werden. An eindeutigen Verwaltungsregelungen zur Vorschußgewährung an Betreuungspersonen fehlt es bisher. Die bundeseinheitliche Regelung hinsichtlich der Vorschußzahlungen an Zeugen – Rz. 12 – ist auf die Betreuungspersonen nicht anwendbar, da sie die Besonderheiten in Betreuungsangelegenheiten nicht berücksichtigt. 14.3

Die Anknüpfung der Vorschußgewährung an Betreuungspersonen an die Verfahrensregelungen bei der Entschädigung von Zeugen hat jedoch zur Folge, daß der **Vorschuß nur in der einzelnen Betreuungsangelegenheit** gewährt werden 14.4

7 BT-Drucksache 11/4528 Seite 112.
8 Münchener Kommentar zum BGB, 3. Aufl., Anm. 8 zu § 1836 a BGB.

kann. Die einen Vorschß begehrende Betreuungsperson muß daher in jeder einzelnen Betreuungssache vortragen, auf welchen ihrer Ansprüche sie einen Vorschuß beantragt. Soweit es sich um einen Vorschuß für bestimmte notwendige Aufwendungen handelt, wird sich der Vorschuß in der Regel auch der Höhe nach hinreichend bestimmen lassen. Schwieriger dürfte sich das Begehren auf einen Vorschuß für die Vergütung nach § 1836 Abs. 2 BGB gestalten, da hier bereits der vermutliche Zeitaufwand der Betreuungsperson und die für die Höhe der Vergütung maßgeblichen Bemessungskriterien berücksichtigt werden müssen.

14.5 Ein Betreuungsverein hat keinen Anspruch auf einen Vorschuß für seine Vereinsbetreuer. Abweichend von der Regelung in § 1835 Abs. 4 BGB, die zwischen »Vorschuß« und »Ersatz« unterscheidet, gewährt § 1908 e Abs. 1 BGB dem Betreuungsverein nur den Ersatzanspruch, nicht aber den Anspruch auf Vorschuß gegen die Staatskasse[9].

14.6 Wegen des zu beachtenden Verfahrens bei der Geltendmachung eines Vorschusses wird auf § 1 Rz. 21.4.1, § 15 Rzn. 20 f. verwiesen. In Zweifelsfällen wird daher auch für die Vorschußzahlungen die gerichtliche Festsetzung nach § 16 ZSEG in Betracht kommen.

14.7 Für den an sich verständlichen Wunsch von Betreuungsvereinen, für die von ihren Vereinsbetreuern wahrzunehmenden Aufgaben einen **Gesamtvorschuß aus der Staatskasse** zu erhalten, der dann mit den in den einzelnen Betreuungsangelegenheiten entstehenden Ansprüchen verrechnet werden kann, geben die Regelungen des BGB keine Anspruchsgrundlage. Vorschuß im Sinne des § 1835 Abs. 4 Satz 1 BGB ist nur der jeweilige Vorschuß in der Einzelsache, der entsprechend den Verfahrensregelungen für die Zeugenentschädigung bewilligt und zahlbar gemacht werden kann. Ob einem Betreuungsverein im Hinblick auf die von ihm zu erwartenden Ansprüche gegen die Staatskasse ein globaler Vorschuß aus staatlichen Mitteln gewährt werden kann, ist ausschließlich unter haushaltsrechtlichen Aspekten zu beurteilen. Hiernach ist es sehr zweifelhaft, ob es nach dem geltenden Haushaltsrecht zulässig ist, einem Privatverein für dessen Aufgaben aus staatlichen Mitteln einen Vorschuß zu gewähren, der dann unter erheblichen staatlichen Verwaltungsaufwand mit den späteren Ansprüchen aus den Einzelangelegenheiten zu verrechnen ist.

9 A. A.: LG München in BTPrax 94.35.

§ 15 Erlöschen des Anspruchs, Verjährung

(1) Zeugen und Sachverständige werden nur auf Verlangen entschädigt.

(2) Verlangt der Zeuge nicht binnen drei Monaten nach Beendigung der Zuziehung Entschädigung bei dem zuständigen Gericht oder bei der zuständigen Staatsanwaltschaft, so erlischt der Anspruch.

(3) Das Gericht (§ 16 Abs. 1) kann den Sachverständigen auffordern, seinen Anspruch innerhalb einer bestimmten Frist zu beziffern. Die Frist muß mindestens zwei Monate betragen. In der Aufforderung ist der Sachverständige über die Folgen einer Versäumung der Frist zu belehren. Die Frist kann auf Antrag vom Gericht verlängert werden. Der Anspruch erlischt, soweit ihn der Sachverständige nicht innerhalb der Frist beziffert. War der Sachverständige ohne sein Verschulden verhindert, die Frist einzuhalten, so ist ihm auf Antrag Wiedereinsetzung in den vorigen Stand zu erteilen, wenn er innerhalb von zwei Wochen nach Beseitigung des Hindernisses den Anspruch beziffert und die Tatsachen, die die Wiedereinsetzung begründen, glaubhaft macht.

(4) § 196 Abs. 1 Nr. 17 des Bürgerlichen Gesetzbuchs bleibt unberührt.

(5) Ansprüche auf Erstattung zuviel gezahlter Entschädigungen verjähren in zwei Jahren; § 10 Abs. 3 des Gerichtskostengesetzes gilt entsprechend.

Übersicht

I. Geltendmachung des Anspruchs

Entschädigung auf Verlangen 1
Form des Verlangens 2
Geltendmachung durch Erben 3
Pfändung, Abtretung des Anspruchs 4
Entschädigung ohne Verlangen 5
Erlöschen des Anspruchs 6

II. Anspruch des Zeugen

Anspruchsfrist 7
Fristbeginn 8
Entschädigungsverlangen vor der Vernehmung . . 9
Allgemein gehaltenes Entschädigungsverlangen . . 10
Zuständige Stelle 11
Verzicht auf den Anspruch 12

III. Anspruch des Sachverständigen

Anspruchsfrist 13
Aufforderung zur Geltendmachung des Anspruchs 14
Form der Aufforderung 15
Geltendmachung des Anspruchs 16
Fristverlängerung 17
Wiedereinsetzung in den vorherigen Stand 18
Nachforderungen 19

IV. Anspruch von Personen, die weder Zeugen noch Sachverständige sind

Geltungsbereich 20

V. Berechnung und Zahlung der Entschädigung

Haushaltsrechtlicher Verwaltungsakt 21
Amtliche Vordrucke 22
Auszahlung der Entschädigung. 23
Bearbeitung des Entschädigungsantrags 24
Kürzung der beantragten Entschädigung. 25
Anweisung unstreitiger Entschädigungsbeträge . . 26
Änderung der Berechnung und Anweisung 27
Festsetzung des Stundensatzes 28
Festsetzung bei Finanz- und Zollbehörden. 29

VI. Verjährung, Rückforderung

Verjährungsfrist 30
Berücksichtigung der Verjährung 31
Rückforderung zuviel gezahlter Entschädigung . . 32
Beitreibung des Erstattungsanspruchs 33
Ersatzverbindlichkeit. 34

I. Geltendmachung des Anspruchs

1 Entschädigung auf Verlangen

An Zeugen und Sachverständige dürfen Entschädigungen nach dem ZSEG nur gezahlt werden, wenn sie Entschädigung verlangt haben, und auch nur in der Höhe, in der dieses Verlangen gestellt worden ist. Dem Zeugen oder Sachverständigen dürfen daher auch in den Fällen, in denen das ZSEG Mindestsätze (z. B. § 2 Abs. 3) oder feste Sätze (z. B. § 9 Abs. 3; Anlage zu § 5) vorsieht, keine höheren Beträge gezahlt werden, als der Zeuge oder Sachverständige selbst verlangt hat.

Abzustellen ist auf den ziffernmäßig bestimmten Antrag in seiner Gesamtheit und nicht auf die einzelnen Berechnungsfaktoren[1]. So kann z. B. einem Sachverständigen ein höherer Stundensatz als beantragt bewilligt werden, wenn durch gleichzeitige Kürzung der Stundenzahl der Gesamtbetrag der vom Sachverständigen geforderten Entschädigung nicht überschritten wird[2].

2 Form des Verlangens

Das Verlangen kann mündlich oder schriftlich sowohl bei dem Gericht oder der Staatsanwaltschaft, die den Zeugen oder Sachverständigen herangezogen hat, als auch bei der Anweisungsstelle erklärt werden. Der Anspruch muß von dem Zeugen oder Sachverständigen selbst oder seinem gesetzlichen Vertreter geltend gemacht werden.

Als Verlangen gilt jede Erklärung, aus der sich ergibt, daß eine Entschädigung beansprucht wird[3]; sie ist an keine Form gebunden und kann sowohl dem Richter als auch dem Urkundsbeamten gegenüber abgegeben werden.

1 OLG Düsseldorf in JurBüro 92.264.
2 LG Dortmund in NJW 66.1169 = KRspr. § 16 Nr. 5 LS mit Anm. v. *Lappe*; OLG Düsseldorf in JurBüro 82.1229.
3 LG Würzburg in JurBüro 77.829.

Das Verlangen ist angebracht, wenn der Anspruch grundsätzlich geltend gemacht wird; die Höhe der Entschädigung braucht bei Zeugen nicht beziffert zu werden. So genügt es, wenn der Zeuge innerhalb der Frist des § 15 Abs. 2 die Übersendung des Formulars für die Geltendmachung von Zeugenentschädigung erbittet, da hierdurch das Entschädigungsverlangen gegenüber dem Gericht hinreichend zum Ausdruck gebracht wird[4].

Geltendmachung durch Erben 3

Stirbt der Sachverständige vor Vollendung des Gutachtens, so haben seine Erben Anspruch auf Entschädigung der von dem Sachverständigen vor seinem Tode erbrachten Leistung, auch wenn die fertiggestellte Teilleistung für das Gericht nicht verwertbar ist.

Erben eines verstorbenen Zeugen oder Sachverständigen können innerhalb der in den Absätzen 2 bis 4 vorgesehenen Fristen das Entschädigungsverlangen stellen. Die Erben eines Sachverständigen werden Entschädigung für die nachweisbar geleistete Tätigkeit und die entsprechenden Kosten auch dann fordern können, wenn das Gutachten noch nicht erstattet war[5].

Pfändung, Abtretung des Anspruchs 4

Das Gesetz sagt über Pfändbarkeit und Abtretbarkeit des Anspruchs auf Zeugen- und Sachverständigenentschädigungen nichts.

Künftige, **noch nicht entstandene Ansprüche auf Zeugenentschädigung** sind nicht pfändbar, da durch die Pfändung der Zweck der Entschädigung, dem Zeugen das Erscheinen vor Gericht, seine Vernehmung und die Rückkehr an seinen Wohnort zu ermöglichen, gefährdet werden könnte. Auch der Anspruch auf Gewährung eines Vorschusses ist nicht pfändbar. Die Ansprüche können daher auch nicht abgetreten werden. 4.1

Bereits **verdiente Zeugenentschädigung** kann abgetreten werden, auch wenn die Höhe des Anspruchs z. Z. der Abtretung noch nicht festgestellt ist. Es genügt, daß die Höhe des Entschädigungsanspruchs bestimmbar ist. Der Zessionar kann das Verlangen auf Entschädigung stellen und ggfs. auch gerichtliche Festsetzung nach § 16 beantragen[6]. 4.2

Die Frage, ob bereits verdiente Zeugenentschädigung pfändbar ist, hat keine praktische Bedeutung, da Zeugenentschädigungen regelmäßig in unmittelbarem Anschluß an die Vernehmung verlangt und ausgezahlt werden.

Der Anspruch auf **künftige Sachverständigenentschädigungen** ist abtretbar. Auch die Pfändbarkeit dieses Anspruchs wird zu bejahen sein, wenn die 4.3

4 LG Passau in KRspr. § 15 Nr. 11.
5 *Löscher* in JVBl. 64.56; s. auch § 3 Rz. 11.
6 *Corves* JVBl. 64.94; LG Düsseldorf in KRspr. § 2 Nr. 4.

Forderung hinreichend genau bezeichnet werden kann. So kann der künftige Anspruch des Sachverständigen auf Entschädigung bereits gepfändet werden, wenn der Sachverständige mit der Begutachtung zwar beauftragt ist, aber seine Leistungen noch nicht erbracht hat und demzufolge auch die Höhe seiner künftigen Entschädigung noch nicht feststeht. Zur Pfändbarkeit der künftigen Entschädigung ist es ausreichend, daß für die Forderung eine rechtliche Grundlage vorhanden ist, nach der die Forderung entsprechend ihrer Art und nach der Person des Drittschuldners bestimmbar ist[7].

Dagegen werden künftige Entschädigungsansprüche aus Aufträgen, mit denen ein Sachverständiger möglicherweise erst in der Zukunft betraut wird, nicht pfändbar sein, da für diese Fälle die künftige Forderung nicht hinreichend konkretisiert werden kann.

4.4 Bereits **verdiente Sachverständigenentschädigung** ist abtretbar und pfändbar.

5 Entschädigung ohne Verlangen

Werden Entschädigungen an Zeugen oder Sachverständige gezahlt, ohne daß eine Entschädigung überhaupt oder in dieser Höhe verlangt worden ist, so kann das Verlangen noch innerhalb der in den Absätzen 2 und 3 vorgesehenen Fristen nachgeholt werden. Ob das Verlangen, auch wenn es nicht ausdrücklich erklärt worden ist, schon aus sonstigen Erklärungen oder Handlungen des Zeugen geschlossen werden kann, wird nach der Lage des Einzelfalles zu entscheiden sein.

6 Erlöschen des Anspruchs

Das Erlöschen des Anspruchs ist für Zeugen in Abs. 2 anders geregelt als für Sachverständige in Abs. 3.

Bei Zeugen, die u. U. geneigt sind, z. B. aus verwandtschaftlichen Gründen keine Entschädigung zu fordern[8], ist eine Ausschlußfrist von 3 Monaten für das Verlangen nach Entschädigung vorgesehen.

Bei Sachverständigen, bei denen in aller Regel davon ausgegangen werden kann, daß sie eine Entschädigung fordern wollen, ist keine Ausschlußfrist für die Geltendmachung des Anspruchs vorgesehen, jedoch kann dem Sachverständigen aufgegeben werden, seinen Anspruch innerhalb einer vom Gericht bestimmten Frist zu beziffern.

Die Frage, ob der vom Gericht oder der Staatsanwaltschaft zu Beweiszwecken Herangezogene als Zeuge, Sachverständiger oder als sachverständiger Zeuge vernommen worden ist, ist daher nicht nur für die Höhe der Entschädigung,

7 Corves, aaO. – Fn. 6 –; *Stein-Jonas*, Rz. 6 zu § 829 ZPO; *Stöber*, Forderungspfändung, 9. Aufl., Rz. 27.

8 BT-Drucks. 2545/1956 S. 220.

sondern auch für die Geltendmachung und das Erlöschen des Anspruchs von Bedeutung. Sachverständige Zeugen sind Zeugen, auch wenn sie Verrichtungen der in der Anlage zu § 5 bezeichneten Art erbringen. Auch wenn die Höhe der Entschädigung in diesen Fällen die gleiche ist wie die eines Sachverständigen, so gilt für das Erlöschen des Anspruchs doch die in Abs. 2 für Zeugen getroffene Regelung[9].

II. Anspruch des Zeugen

Anspruchsfrist 7

Das Entschädigungsverlangen eines Zeugen ist innerhalb der Frist von 3 Monaten zu stellen, anderenfalls erlischt der Anspruch. Die Frist des Abs. 2 gilt nicht nur für den Anspruch auf Entschädigung für Verdienstausfall (§ 2), sondern auch für den Anspruch auf Erstattung der sonstigen Aufwendungen (§§ 8–11).

Die Frist ist eine Ausschlußfrist. Eine Verlängerung der Frist ist unzulässig, und eine Wiedereinsetzung ist nicht vorgesehen. 7.1

Die Frist des § 15 Abs. 2 findet auch im Rahmen der Auslagenvergütung für Beteiligte gemäß § 191 SGG Anwendung[10]. – s. a. § 1 Rz. 23 und nachstehende Rz. 20.2 – 7.2

Fristbeginn 8

Die Frist nach Abs. 2 beginnt bei der Vernehmung eines Zeugen mit seiner Entlassung[11]. Jede aufgrund neuer Vorladung erfolgte weitere Vernehmung setzt für den hierdurch erwachsenen Entschädigungsanspruch eine neue Frist in Gang.

Hat der Zeuge seine Aussage gemäß § 377 ZPO schriftlich erstattet, so beginnt die Frist mit dem Eingang der schriftlichen Zeugenaussage bei Gericht[12], bei etwaigen vom Gericht verlangten Ergänzungen erst mit dem Eingang dieser Ergänzungen beim Gericht.

Ist der Zeuge durch einen Sachverständigen untersucht worden, so beginnt die Frist noch nicht mit der Entlassung durch den Sachverständigen, sondern erst mit der Entlassung durch das Gericht.

9 A. A.: *Hartmann*, Rz. 17 zu § 15 ZSEG.
10 A. A.: LSG NW in KRspr. § 15 Nr. 13 = Breith. 88.880.
11 LSG Baden-Württemberg in Justiz 81.455.
12 LG Kleve in JMBl. NRW 59.45.

9 **Entschädigungsverlangen vor der Vernehmung**

Das Verlangen nach Entschädigung kann auch schon vor der Vernehmung als Zeuge gestellt werden und braucht dann nicht innerhalb der Dreimonatsfrist nach Beendigung der Zuziehung wiederholt zu werden.

Ist das Verlangen nach Entschädigung eindeutig gestellt, muß der Anweisungsbeamte im Rahmen der Fürsorgepflicht, spätestens nach der Erinnerung des Zeugen bei diesem die Höhe erfragen. Andernfalls steht der Verjährung gemäß § 15 die Einrede aus § 242 BGB entgegen[13].

10 **Allgemein gehaltenes Entschädigungsverlangen**

Hat der Zeuge innerhalb der Dreimonatsfrist nur allgemein seinen Anspruch auf Entschädigung geltend gemacht, ohne ihn zu beziffern, so kann er bis zum Ablauf der Verjährungsfrist des § 196 Abs. 1 Nr. 17 BGB – s. a. Rzn. 30 ff. – noch seinen Anspruch beziffern. Wenn er innerhalb der Dreimonatsfrist einen bezifferten Anspruch geltend gemacht hat, kann er bis zum Ablauf der Verjährungsfrist Nachforderungen geltend machen.

11 **Zuständige Stelle**

Das Verlangen muß bei dem zuständigen Gericht oder der zuständigen Staatsanwaltschaft oder deren Anweisungsstelle angebracht werden. Zuständig ist das Gericht oder der Staatsanwalt, von dem der Zeuge zu Beweiszwecken herangezogen wird. Wird der Zeuge im Wege der Rechtshilfe vernommen, so ist das ersuchte Gericht zuständig. – s. a. § 16 Rz. 14 –

Das bei einer unzuständigen Stelle angebrachte Verlangen ist nur dann fristgerecht, wenn es innerhalb der Dreimonatsfrist bei der zuständigen Stelle eingeht. Bei einem nicht auf freiem Fuße befindlichen Zeugen genügt in analoger Anwendung des § 299 StPO zur Wahrung der Frist des Abs. 2, daß der Anspruch innerhalb der Frist von der Geschäftsstelle des Amtsgerichts, in dessen Bezirk die Anstalt liegt, zu Protokoll genommen wird.

12 **Verzicht auf den Anspruch**

Siehe hierzu § 1 Rz. 36.

13 OLG Bremen in JurBüro 76.1536; OLG Nürnberg, Beschl. v. 2. 10. 1989 – 4 U 3454/82 – in Juris/ZSEG.

III. Anspruch des Sachverständigen

Anspruchsfrist 13

Der Sachverständige ist, solange ihm nicht vom Gericht nach Absatz 3 eine Frist 13.1
zur Bezifferung seines Anspruchs gesetzt ist, in der Geltendmachung seines Entschädigungsanspruchs **nicht an eine Frist gebunden.** Er kann daher durch eine Nachtragsliquidation jederzeit – ggfls. noch im Beschwerdeverfahren – weitere Entschädigungsbeträge nachfordern; an seine frühere Kostenrechnung ist er nicht gebunden[14].

Der Anspruch verjährt jedoch nach § 196 Abs. 1 Nr. 17 BGB in zwei Jahren 13.2
– s. a. Rz. 30. –.

Aufforderung zur Geltendmachung des Anspruchs 14

Reicht der Sachverständige seine Liquidation nicht alsbald ein, so kann das Gericht, um eine Abrechnung der Staatskasse mit dem Kostenschuldner zu ermöglichen, den Sachverständigen auffordern, innerhalb einer bestimmten Frist, die mindestens zwei Monate betragen muß, seinen Anspruch zu beziffern. Nach Ablauf der Frist erlischt der Anspruch. Hierauf muß der Sachverständige bei der Fristsetzung hingewiesen werden. Fehlt dieser Hinweis, so ist die Fristsetzung unwirksam.

Das Gericht wird im Interesse einer baldigen abschließenden Kostenberechnung und Einziehung immer dann von der Möglichkeit der Fristsetzung nach Absatz 3 Gebrauch machen, wenn der Sachverständige nicht in angemessener Frist nach Beendigung seiner Sachverständigentätigkeit seine Liquidation einreicht. Auf jeden Fall muß vermieden werden, daß die Wiedereinziehung der Sachverständigenschädigung daran scheitert, daß wegen der verspäteten Anforderung der Sachverständigenentschädigung bei deren Festsetzung die Nachforderungsfrist des § 7 GKG (§ 15 KostO) bereits verstrichen ist.

Die Aufforderung muß von dem nach § 16 Abs. 1 für die Festsetzung der Entschädigung zuständigen Gericht, d. h. dem Gericht, von dem der Sachverständige herangezogen worden ist, erfolgen.

Einem von der Staatsanwaltschaft vernommenen Sachverständigen kann nicht von der Staatsanwaltschaft, von der er herangezogen worden ist, eine Frist mit der in Abs. 3 vorgesehenen Rechtswirkung gesetzt werden. Die Fristsetzung muß von dem Gericht erfolgen, bei dem die Staatsanwaltschaft errichtet ist. Für die Staatsanwaltschaft beim Landgericht und auch für die auswärtige Zweigstelle einer solchen Staatsanwaltschaft ist stets das Landgericht, für die Staatsanwaltschaft beim Oberlandesgericht das Oberlandesgericht zuständig. Welche Kammer oder welcher Senat für die Fristsetzung zuständig ist, wird durch die Geschäftsverteilung bestimmt.

14 OLG Düsseldorf in JMBl. NW 94.58.

15 **Form der Aufforderung**

Die Aufforderung an den Sachverständigen zur Bezifferung seines Anspruchs kann mündlich, z. B. im Anschluß an ein im Termin erstattetes Gutachten, oder schriftlich erfolgen. Auch bei mündlicher Aufforderung muß der Sachverständige auf die Folgen einer Fristversäumnis hingewiesen werden. Die Aufforderung und der Hinweis auf die Folgen der Fristversäumnis sind aktenkundig zu machen.

Bei schriftlicher Aufforderung beginnt die gesetzte Frist mit dem Eingang der Aufforderung bei dem Sachverständigen. Um den Fristbeginn zuverlässig feststellen zu können, empfiehlt es sich, die Aufforderung zuzustellen.

16 **Geltendmachung des Anspruchs**

Innerhalb der dem Sachverständigen nach Abs. 3 gesetzten Frist muß er seinen Entschädigungsanspruch aufgeschlüsselt nach den verschiedenen Ansprüchen aus den §§ 3 bis 11 vollständig geltend machen. Die Angabe der geforderten Endsumme allein genügt nicht[15].

17 **Fristverlängerung**

Anders als bei der Ausschlußfrist des Absatzes 2 kann die dem Sachverständigen nach Absatz 3 vom Gericht gesetzte Frist auf Antrag verlängert werden. Der an keine Form gebundene Antrag muß vor Fristablauf bei dem zuständigen Gericht eingehen. Nach Ablauf der Frist ist begrifflich eine Verlängerung nicht mehr möglich. Die Frist kann mehrfach verlängert werden. Gegen die Ablehnung der Verlängerung ist ein Rechtsmittel nicht gegeben.

18 **Wiedereinsetzung in den vorherigen Stand**

Dem Sachverständigen, der schuldlos die Frist versäumt hat, ist auf Antrag Wiedereinsetzung in den vorigen Stand zu gewähren, wenn er innerhalb von zwei Wochen nach Beseitigung des Hindernisses

a) glaubhaft macht, daß er ohne sein Verschulden nicht in der Lage war, die Frist einzuhalten,

b) den Anspruch beziffert.

Über den Antrag auf Wiedereinsetzung entscheidet das Gericht, das die Frist gesetzt hat[16].

15 OLG Hamm Beschl. v. 28. 10. 76 – 21 U 29/74 –.

16 A. A. *Hartmann*, Rz. 15 zu § 15 ZSEG, der den für die Festsetzung zuständigen Urkundsbeamten zur Entscheidung über den Wiedereinsetzungsantrag für zuständig hält. Dieser Auffassung kann m. E. nicht zugestimmt werden. Die Berechnung, Feststellung und Anweisung der Entschädigung durch den Urkundsbeamten sind

Gegen die Entscheidung des Gerichts ist in entsprechender Anwendung des § 16 Absatz 2 und 3 Beschwerde zulässig, wenn der Wert des Beschwerdegegenstands 100 Deutsche Mark übersteigt[17].

Nachforderungen 19

Ist der Anspruch nach Fristsetzung von dem Sachverständigen beziffert worden, so sind Ergänzungen und Nachforderungen nur bis zum Ablauf der Frist möglich. Spätere Nachforderungen setzen eine Wiedereinsetzung in den vorigen Stand voraus[18].

IV. Anspruch von Personen, die weder Zeugen noch Sachverständige sind

Geltungsbereich 20

Für die Geltendmachung des Anspruches eines **Vormundes, Betreuers oder Pflegers** auf Aufwendungsersatz nach § 1835 BGB, auf Vergütung nach § 1836 Abs. 2 BGB oder auf Aufwandsentschädigung nach § 1836 a BGB gegen die Staatskasse bei Mittellosigkeit des Betroffenen – s. § 1 Rz. 21.4.1, § 2 Rz. 6.5 – gelten die Vorschriften über das Verfahren bei der Entschädigung von Zeugen hinsichtlich ihrer baren Auslagen sinngemäß. Die Verweisung in § 1835 Abs. 4 Satz 2 BGB auf die Verfahrensvorschriften bei der Zeugenentschädigung hat zur Folge, daß die Regelungen des ZSEG auch den allgemeinen Vorschriften des FGG vorgehen. Das gilt sowohl für die Frist zur Geltendmachung des Anspruches nach § 15 Abs. 2, für den Verfahrensablauf als auch für die Beschwerderegelung des § 16 Abs. 2[19]. 20.1

Die sinngemäße Anwendung der Verfahrensregelungen bei der Entschädigung von Zeugen hat auch zur Folge, daß bei der Geltendmachung der Ansprüche die **Frist des § 15 Abs. 2 ZSEG** zu beachten ist. Das gilt auch für einen zum Verfahrenspfleger bestellten Rechtsanwalt, wenn dieser seinen Anspruch nach § 1834 Abs. 4 BGB gegen die Staatskasse geltend macht und zwar auch dann, wenn es sich bei dem Ersatzanspruch um Aufwendungen im Sinne des § 1835 Abs. 3 BGB (z. B. Gebühren und Auslagen nach der BRAGO) handelt[20].

haushaltsrechtliche Verwaltungsakte. Das ZSEG gibt dem Urkundsbeamten keine Zuständigkeit. Nach Abs. 3 Satz 5 ist der Anspruch erloschen, da der Sachverständige ihn nicht innerhalb der gesetzten Frist beziffert hat. Der Urkundsbeamte kann daher den Entschädigungsanspruch nicht anweisen, solange die Frist nicht durch Wiedereinsetzung wieder aufgelebt ist.

17 Ebenso: *Brocke/Reese* Anm. 8 Abs. 3 zu § 15; *Hartmann,* Rz. 16 zu § 15 ZSEG; a. A.: *Tschischgale* Soz. S. 90.

18 *Kamphausen* in JurBüro 81.1645.

19 KG in Rpfleger 73.357; OLG Hamm in Rpfleger 76.362.

20 A. A.: LG Hannover in Nds. Rpfl. 94.71.

Der Anspruch der Betreuungsperson gegen die Staatskasse erlischt danach, wenn er »nicht binnen drei Monaten nach Beendigung der Zuziehung« geltend gemacht wird. Als Geltendmachung gilt jede Erklärung der Betreuungsperson, aus der sich ergibt, daß eine Entschädigung begehrt wird. Sie ist an keine Form gebunden.

Der Anspruch erlischt drei Monate nach »Beendigung der Zuziehung«, d. h. drei Monate nach Beendigung der Betreuungsangelegenheit – z. B. Tod des Betroffenen, Aufhebung der Betreuungsangelegenheit – oder Entlassung der Betreuungsperson aus ihrem Amt[21]. Die Dreimonatsfrist hat daher für Ansprüche, die während einer laufenden Betreuungsangelegenheit geltend gemacht werden, keine Bedeutung. Die Frist des § 15 Abs. 2 ZSEG beginnt jedenfalls nicht mit dem Eintritt der Jahresfrist des § 1836 a Satz 3 BGB[22]. Der Zeitpunkt, zu dem die Betreuungsperson erstmals die Aufwandsentschädigung beanspruchen kann, ist für den Beginn der Frist des § 15 Abs. 2 ZSEG unrelevant. Auf den Zeitpunkt des Entstehens der Aufwendungen bzw. der Vergütung kommt es nicht an. Nicht überzeugend ist ferner die Auffassung, daß der Anspruch einer Betreuungsperson erlischt, »wenn er nicht binnen drei Monaten nach Ablauf der Jahresfrist, die mit der Bestellung beginnt, geltend gemacht wird«[23]. Die Regelung des § 15 Abs. 2 stellt den Fristbeginn auf die »Beendigung der Zuziehung« ab, und diese Voraussetzung liegt bei einer noch im Amt befindlichen Betreuungsperson nicht vor. Im übrigen sind auch die Gründe für die Frist des § 15 Abs. 2, nämlich eine zügige Abwicklung des Gerichtskostenansatzes zu erreichen, in Betreuungssachen nicht gegeben.

20.2 Auch ein Beteiligter nach § 50 Abs. 2 JGG, für den die Vorschriften über die Entschädigung eines Zeugen entsprechend gelten, muß die Frist des § 15 Abs. 2 beachten.

20.3 Die Frist des Abs. 2 gilt jedoch nicht, soweit sich nur die Höhe der Entschädigung nach den für Zeugen geltenden Bestimmungen richtet, z. B. nach § 464 a Abs. 2 StPO[24] und § 91 Abs. 1 ZPO[25].

20.4 Auch in den Fällen des § 191 SGG, in denen einem Beteiligten, dessen persönliches Erscheinen angeordnet worden ist, »auf Antrag bare Auslagen und Zeitver-

21 AG Kissingen in AnwBl. 94.144.
22 A. A.: LG Passau in JurBüro 93.733.
23 LG Mainz in JBl. Rhld. Pf. 94.24 = Rpfleger 94.111.
24 LG Lübeck in Rpfleger 78.418 = JurBüro 78.1692 = SchlHA 78.204; LG Flensburg in SchlHA 72.172; OLG Düsseldorf in Rpfleger 81.366 = JurBüro 81.1043 = KRspr. § 464 a StPO Nr. 12.
25 OLG München in NJW 71.1755.

lust wie einem Zeugen vergütet werden«, sind die Bestimmungen des § 15 entsprechend anwendbar[26].

V. Berechnung und Zahlung der Entschädigung

Haushaltsrechtlicher Verwaltungsakt 21

Die Entschädigung eines Zeugen oder Sachverständigen wird im Regelfall im Verwaltungswege berechnet und zur Zahlung angewiesen. Zuständig für die Berechnung und Anweisung ist der Urkundsbeamte der Geschäftsstelle – UdG –. Welcher Beamte für die Berechnung und Anweisung der Entschädigung für Zeugen und Sachverständige zuständig ist, wird von der Verwaltung durch die Geschäftsverteilung bestimmt. Es kann dabei auch eine gemeinsame Anweisungsstelle für mehrere Behörden (Amtsgericht, Landgericht, Staatsanwaltschaft) eingerichtet werden.

Die Berechnung (Feststellung) und Anweisung der Zeugen- und Sachverständigenentschädigung ist ein haushaltsrechtlicher Verwaltungsakt[27]. Er unterliegt der Rechnungsprüfung durch die Vorprüfungsstellen (z. B. Rechnungsämter und Rechnungshof) wie jede andere Auszahlungsanordnung über Haushaltsausgaben. Der UdG ist bei der Berechnung und Anweisung der Entschädigung gehalten, neben den Bestimmungen des ZSEG die haushaltsrechtlichen Vorschriften zu beachten.

Amtliche Vordrucke 22

Für die Feststellung und Anweisung der Entschädigung sind die dafür vorgesehenen amtlichen Vordrucke zu verwenden. Die Ausgestaltung dieser Vordrucke richtet sich nach den haushaltsrechtlichen Vorschriften der einzelnen Bundesländer und des Bundes sowie nach den Bedürfnissen der einzelnen Kassenorganisationen.

In **Nordrhein-Westfalen** sind bei den ordentlichen Gerichten und Staatsanwaltschaften Vordrucke nach den nachstehenden Mustern zu verwenden:

26 *Meyer-Ladewig*, SGG, Anm. 4, 8 zu § 191 SGG; BayLSG in KRspr. § 191 SGG Nr. 2; LSG Bad.-Württ. in Justiz 81.455;
a. A. zu § 15 *Peters/Sautter/Wolff*, III/109-13 Erl. 1 b m. w. Nachw.; LSG NW in KRspr. § 15 Nr. 13 = *Breith.* 88.880.

27 LSG Hamburg in NJW 64.1243; BGH in JVBl. 69.40 = Rpfleger 69.88 = MDR 69.216 = NJW 69.556.

22.1 Beleg für die Auszahlung von Sachverständigen-, Dolmetscher- und Übersetzerentschädigung

04 040 - 532 00 4

Buchungstag / Masch.-Lauf-Nr.

Haushaltsjahr ______

Beleg für die Auszahlung von Sachverständigen-, Dolmetscher- und Übersetzerentschädigung

ONRB

Gericht, Staatsanwaltschaft ______ Bezeichnung der Angelegenheit ______

wegen ______

Geschäfts-Nr. ______ Termin am ______

in Rechtshilfesachen: ______

(Ersuchende Behörde und Geschäfts-Nr.)

1 Name, Vorname, Beruf, Anschrift, ______
Kontonummer, Bankleitzahl, Kontoinstitut ______
Rechnungsnummer, Rechnungsdatum ______

2 **Stunde** a) des Termins ______ Uhr   c) des Antritts ______ Uhr
b) der Entlassung ______ Uhr   d) der Beendigung ______ Uhr   } der Reise

3			DM	Pf
	Berechnung der Entschädigung Stundensatz nach § 3 Abs. 2 ZSEG ______ DM, erhöht nach § 3 Abs. 3 Satz 1 Buchstabe - ☐ a) - ☐ b) ZSEG um ___ v. H. auf ______ DM.			
	a) für Vorbereitung zum Termin	______ Std. zu ______ DM		
	b) für Wahrnehmung des Termins	______ Std. zu ______ DM		
	c) für - schriftliches - Gutachten - Übersetzung - Dolmetschertätigkeit -	______ Std. zu ______ DM		
	d) Fahrtkosten - § 9 ZSEG	Eisenbahn ______ Klasse		
		Zuschlag für EC - IC - IR - FD - D - Zug		
		Bus/Straßenbahn		
		Kraftfahrzeug ______ km Hin- u. Rückweg		
	e) Aufwand, Tagegeld	______ Tage ______ Std.		
	f) Aufwendungen für Übernachtungen	______ Übernachtung		
	g) Schreibauslagen	______ Seiten Erstschrift		
		______ Seiten Durchschläge		
	h) sonstige Aufwendungen - § 11 ZSEG	______		
	i) sonstige Aufwendungen - § 8 ZSEG	______		
4	Auszuzahlender Betrag in Buchstaben: Deutsche Mark (unter 1.000 DM entbehrlich)			
5	Quittung	______		

Prozeßkosten

Prozeßkostenhilfe bewilligt
☐ Kläger ☐ Beklagten.
DM ______
Auslagenvorschuß entrichtet
☐ in Kostenmarken
☐ mit Kostenstempler
☐ eingezahlt
☐ zum Soll gestellt
nach Bl. ______
der Sachakten
Keine Verzichtserklärungen.

______
(Name, Amtsbezeichnung)

☐ - Nur bei - mündlich erstatteten Gutachten - Dolmetschertätigkeit -.
Der - Sachverständige - Dolmetscher - ist bestimmungsgemäß zu entschädigen.
Die Angaben unter Nr. 2 zu a) und b) treffen zu.
Der Stundensatz (§ 3 Abs. 2 ZSEG) wird festgestellt auf ______ DM.
☐ - Er ist zu erhöhen nach § 3 Abs. 3 Satz 1 Buchstabe a) ZSEG
um ______ v. H. auf ______ DM.
☐ - Nur bei - schriftlichen Gutachten - Übersetzungen -.
Ich halte einen - Stundensatz - Zeilensatz - von ______ DM.
für angemessen.
☐ - Er ist zu erhöhen nach § 3 Abs. 3 Satz 1 Buchstabe a) ZSEG
um ______ v. H. auf ______ DM.

______
(Ort und Tag) (Unterschrift)

Sachlich und rechnerisch richtig.
Der Sachverständige - Dolmetscher - versicherte die Höhe der Auslagen. Er erklärte auf Befragen, daß er keinen Vorschuß erhalten habe und daß er am heutigen Tage außer in dieser Sache - keine - die aus der Anlage ersichtlichen - Termine wahrnehme.

Geschäftsstelle d ______
- Anweisungsstelle -

______
(Ort und Tag)

______
(Name, Amtsbezeichnung)

HKR 174 - Beleg für die Auszahlung von Sachverständigen-, Dolmetscher- und Übersetzerentschädigung - gen. 10.1991 -
M. DuMont Schauberg, Köln

Buchungsdruck ______

Beleg für die Auszahlung von Zeugenentschädigung 22.2

Buchungstag/Masch.-Lauf-Nr.

04 040 – 532 00 3

Haushaltsjahr ______

Beleg für die Auszahlung von Zeugenentschädigung **ONRB**

Gericht, Staatsanwaltschaft ______ Bezeichnung der Angelegenheit ______

Geschäfts-Nr. ______ Termin am ______

In Rechtshilfesachen: ______

(Ersuchende Behörde und Geschäfts-Nr.)

1	Name, Vorname, Beruf, Aufenthaltsort ______ Kontonummer, Kontoinstitut, Bankleitzahl ______	
2	Stunde a) des Termins ______ Uhr; b) der Entlassung ______ Uhr; c) des Antritts der Reise ______ Uhr; d) der Beendigung der Reise ______ Uhr	

	Berechnung der Entschädigung	DM	Pf
3	a) Entschädigung – § 2 Abs. 2 ZSEG – ...... Std. zu ...... DM ...... Pf		
	– § 2 Abs. 3 ZSEG – ...... Std. zu ...... DM ...... Pf		
	b) Fahrtkosten – § 9 ZSEG – Eisenbahn		
	Zuschlag für EC - IC - IR - FD - D - Zug		
	Bus/Straßenbahn		
	Kraftfahrzeug ...... km Hin- und Rückweg		
	c) Aufwand, Tagegeld ...... Tage ...... Stunden		
	d) Aufwendungen für Übernachtungen ...... Übernachtung		
	e) sonstige Aufwendungen – § 11 ZSEG – Parkgebühren		
	–		
	Summe		
4	Betrag erhalten ______ (Unterschrift des Zeugen/der Zeugin)		

Prozeßkosten

Prozeßkostenhilfe bewilligt

☐ Kläger

☐ Beklagten.

DM ______

Auslagenvorschuß entrichtet

☐ in Kostenmarken

☐ mit Kostenstempler

☐ eingezahlt

☐ zum Soll gestellt

nach Bl. ______

der Sachakten.

Keine Verzichtserklärungen.

______

(Name, Amtsbezeichnung)

Der Zeuge/Die Zeugin ist zu Beweiszwecken herangezogen worden (§ 1 Abs. 1 ZSEG).
Die Angaben unter Nr. 2 a) und b) treffen zu.

______
(Ort und Tag)

______
(Unterschrift)

Sachlich und rechnerisch richtig.
Der Zeuge/Die Zeugin

☐ erklärte auf Befragen, keinen Vorschuß erhalten zu haben.

☐ hat keinen Vorschuß erhalten.

Geschäftsstelle d ______
– Anweisungsstelle –

______
(Ort und Tag)

______
(Name, Amtsbezeichnung)

HKR 172 – Beleg für die Auszahlung von Zeugenentschädigung – gen. 10.1991 – M. DuMont Schauberg, Köln

Buchungsdruck 17/26

23 **Auszahlung der Entschädigung**

Die Zahlung der berechneten und angewiesenen Entschädigung erfolgt durch die zuständige Kasse oder Zahlstelle. Zeugenentschädigungen werden im allgemeinen bar ausgezahlt, während für die Auszahlung der Sachverständigenentschädigung der unbare Überweisungsweg die Regel ist.

24 **Bearbeitung des Entschädigungsantrags**

Über einen Entschädigungsantrag ist im allgemeinen unverzüglich zu entscheiden. Müssen Akten wegen der Einlegung eines Rechtsmittels oder aus sonstigen Gründen für längere Zeit versandt werden, so soll über einen zu den Sachakten eingereichten Entschädigungsantrag – z. B. bei schriftlichem Gutachten – noch vor der Versendung der Akten befunden werden. Bereits im Jahre 1958 hatten die Landesjustizverwaltungen dies durch eine bundeseinheitlich beschlossene Regelung sichergestellt.

Die in Nordrhein-Westfalen[28] überarbeitete Bestimmung hat den folgenden Wortlaut:

Beschleunigung der Festsetzung und Anweisung von Vergütungen, Entschädigungen und Auslagen in Rechtssachen sowie des Kostenansatzes

AV d. JM vom 20. März 1987 (5601-I B. 3/JVV) – JMBl. NW S. 91 –, geändert durch AVd.JM vom 13. Juni 1994 (5601-I B. 3/JVV) – JMBl. NW. S. 168 –

1. Müssen Akten wegen der Einlegung von Rechtsmitteln oder aus sonstigen Gründen für längere Zeit versandt werden, so sind folgende Geschäfte möglichst noch vor der Versendung der Akten vorzunehmen:

1.1 die Festsetzung der aus der Staatskasse zu gewährenden Vergütungen der Rechtsanwälte und Steuerberater gemäß den dazu ergangenen besonderen Verwaltungsvorschriften (AV d. JM vom 10. Dezember 1980 – 5650 – I B. 20/JMBl. NW 1981 S. 31 –, zuletzt geändert durch AV d. JM vom 15. März 1982 – 5650 – I B. 20/JMBl. NW S. 90 –),

28 *Rhld.-Pfalz*: RdSchr. d. MJ vom 1. 4. 1980 (5600-3-3/87) in Jbl. 87.89; *Niedersachsen*: AV d. MJ vom 22. 10. 1987 (1400-208.24) in Nds. Rpfl. 87.246; *Berlin*: AV vom 13. 5. 1987 (Just/Bund III B 5) in ABl. S. 731; *Saarland*: AV d. JM Nr. 16/1987 vom 20. 8. 1987 (1400-2); *Hamburg*: AV der Justizbehörde Nr. 17/1987 vom 23. 9. 1987 (1400-1.8); *Bremen*: AV des Senators für Justiz und Verfassung vom 30. 10. 1987 (5600/1); *Ba.-Wü.*: AV d. JuM vom 20. 1. 1988 (5601 – II/13) in Justiz 88.82; *Schl.-H.*: AV d. JM vom 31. 3. 1988 (V 30 a/5600-69) in SchlHA 88.63; *Bayern*: Bek. des BayStsM d. J. vom 7. 7. 1988 (5600-I-455/88) in BayJMBl. 88.76; *Mecklenburg-Vorpommern*: AV d. MJ vom 15. 5. 1991 (III 360/5600-15) in AmtsBl. M-V 1991 S. 401; *Thüringen*: VV d. Thür. MJ vom 31. 7. 1991 – JMBl. Thür. S. 86 -; *Brandenburg:* AV d. MJ vom 17. 3. 1992 (5600-I.5); *LSA:* AV d. MJ vom 19. 3. 1992 (5600-201.13).

1.2 die Festsetzung der aus der Landeskasse an Betreuungspersonen zu zahlenden Entschädigungen (Ersatz von Aufwendungen, Vergütungen, Aufwandsentschädigungen),

1.3 Die Festsetzung der Entschädigungen nach dem Gesetz über die Entschädigung der ehrenamtlichen Richter,

1.4 die Festsetzung der Entschädigungen nach dem Gesetz über die Entschädigung von Zeugen und Sachverständigen,

1.5 die Anweisung sonstiger Auslagen in Rechtssachen,

1.6 der Kostenansatz nach §§ 4 ff. Kostenverfügung.

2. Kann dies nicht geschehen, insbesondere weil ein Festsetzungsantrag erst nach der Aktenversendung eingeht, so sind die Akten kurzfristig zurückzufordern.

2.1 Bei der Verweisung oder Abgabe eines Verfahrens an ein Gericht eines anderen Bundeslandes bleiben § 6 KostVfg. und Nr. 2.2.1 der in Nr. 1.1 angeführten Verwaltungsvorschriften unberührt.

3. Über Vergütungs- und Entschädigungsanträge ist im allgemeinen unverzüglich zu befinden. Werden zu Teilansprüchen der beantragten Vergütungen oder Entschädigungen längerfristige Aufklärungen oder gerichtliche Entscheidungen erforderlich, so sollen in der Regel die unstreitigen Beträge – soweit es sich hierbei nicht um verhältnismäßig niedrige Beträge handelt – schon vorab festgesetzt und zur Auszahlung angewiesen werden. Das gilt insbesondere auch für Entschädigungen nach Nr. 1.2.

4. Die AV d. JM vom 23. Mai 1958 (5601 – I B. 3) – JMBl. NRW S. 148 – wird aufgehoben.

Kürzung der beantragten Entschädigung 25

Folgt der Anweisungsbeamte dem Antrag des Zeugen oder Sachverständigen nicht, so sind die Kürzungen der beantragten Entschädigung und die Gründe dafür dem Antragsteller mitzuteilen. Ist der Zeuge oder Sachverständige mit der vom UdG vorgenommenen Berechnung nicht einverstanden, so kann er die gerichtliche Festsetzung nach § 16 beantragen.

Anweisung unstreitiger Entschädigungsbeträge 26

Bei strittigen Auffassungen zur Höhe der zu berechnenden Entschädigung zwischen der Anweisungsstelle und dem Zeugen bzw. Sachverständigen sollten, sofern die unterschiedlichen Auffassungen nur einzelne Positionen der beantragten Entschädigung betreffen, die unstreitigen Entschädigungsbeträge berechnet und angewiesen werden. Es wird nicht hingenommen werden können, daß bei Auseinandersetzungen über Teile der Entschädigung auch die Auszahlung der unstreitigen Entschädigung bis zur restlosen Klärung hinausgeschoben wird. – s. a. Rz. 24 –

27 **Änderung der Berechnung und Anweisung**

Die vom UdG vorgenommene Berechnung und Anweisung kann von ihm sowohl aus eigener Entschließung als auch aufgrund einer Beanstandung der Vorprüfungsstelle geändert werden, wenn sich nachträglich ergibt, daß die Berechnung unrichtig war.

Hilft der UdG einer Beanstandung der Vorprüfungsstelle nicht ab, so kann die Vorprüfungsstelle, wenn sie die Angelegenheit weiter verfolgen will, die Vorprüfungsniederschrift dem Vertreter der Staatskasse zur Herbeiführung einer gerichtlichen Festsetzung nach § 16 vorlegen[29]. Weder die Vorprüfungsstelle noch der Vertreter der Staatskasse haben gegenüber dem UdG eine Weisungsbefugnis. Sie können ihre Auffassungen nur im Verfahren nach § 16 geltend machen.

28 **Festsetzung des Stundensatzes**

In der Praxis ist es weithin üblich, bei Sachverständigenentschädigungen den Stundensatz der Entschädigung durch den Richter festlegen zu lassen oder zum mindesten eine Stellungnahme hierzu vor der Feststellung und Anweisung der Entschädigung einzuholen. – s. a. § 3 Rz. 59 –

Die Bestimmung des Stundensatzes durch den Richter ist keine Festsetzung nach § 16 Abs. 1. Der Richter wird hier als Organ der Justizverwaltung tätig. Seine Stellungnahme bindet ihn nicht, sofern er aufgrund eines Antrages des Sachverständigen die Entschädigung nach § 16 Abs. 1 festsetzen muß. Auch kann er wegen seiner vorhergegangenen Stellungnahme in der Regel nicht als befangen im Festsetzungsverfahren nach § 16 Abs. 1 angesehen werden[30]. – s. a. § 16 Rz. 19.2 –

Der Sachverständige wird durch die verwaltungsinterne Stellungnahme des Richters oder Staatsanwalts zur Höhe des Stundensatzes erst beschwert, wenn daraufhin die Entschädigung vom Urkundsbeamten festgesetzt wird.

Die Bestimmung des Stundensatzes durch den Richter bindet aber auch den mit der Feststellung und Anweisung beauftragten Urkundsbeamten nicht. Der Anweisungsbeamte, der die »sachliche Richtigkeit« bescheinigen muß, übernimmt damit die Verantwortung dafür, daß die von ihm festgestellte Zahlungsverpflichtung des Staates »den gesetzlichen Bestimmungen entspricht«, d. h. im vorliegenden Falle auch dafür, daß der Stundensatz nach dem ZSEG für die erbrachte Leistung angemessen ist.

Die Bestimmung des Stundensatzes durch den Richter oder Staatsanwalt hat hiernach nur die Bedeutung einer unverbindlichen Stellungnahme, nach der sich der für die Anweisung zuständige Beamte in aller Regel richten wird und

29 Vgl. Nr. 34.2 VV zu § 100 LHO-NRW.
30 BGH in JVBl. 69.40 = Rpfleger 69.88 = MDR 69.216 = NJW 69.556; a. A.: OLG Hamburg in JurBüro 92.194.

praktisch dann richten muß, wenn ihm, z. B. bei mündlich erstattetem Gutachten, jede Möglichkeit zur eigenverantwortlichen Beurteilung der von dem Sachverständigen erbrachten Leistung fehlt. In diesen Fällen muß er sich bei seiner Bescheinigung der sachlichen Richtigkeit auf die Stellungnahme des Richters oder Staatsanwalts stützen.

Eine vorherige Verständigung über die Höhe des Stundensatzes erscheint, sofern es sich nicht um häufig wiederkehrende typische Gutachten desselben Sachverständigen handelt, zweckmäßig. Bei Stundensätzen, die eine Erhöhung nach § 3 Abs. 3 voraussetzen, dürfte in der Regel sogar eine gerichtliche Festsetzung nach § 16 Abs. 1 angemessen sein.

Festsetzung bei Finanz- und Zollbehörden 29

Die von Finanz- und Zollbehörden herangezogenen Auskunftspersonen, Zeugen und Sachverständigen – s. § 1 Rzn. 5.3, 24.2 – werden auf Antrag durch die Finanz-/Zollbehörde entschädigt. Der Antrag ist formfrei; er kann mündlich, fernmündlich oder schriftlich bei der Behörde gestellt werden, die den Anspruchsberechtigten herangezogen hat. Die Entscheidung über den Entschädigungsantrag (Festsetzung oder Ablehnung) durch die Finanzbehörde im Besteuerungsverfahren oder durch die Zollbehörde ist ein nach § 349 Abs. 1 Satz 1 AO beschwerdefähiger Verwaltungsakt. Bei erfolgloser Beschwerde kann Verpflichtungsklage nach § 40 Abs. 1 FGO erhoben werden.[31].

Im Gegensatz zu dem Verfahren über eine Entschädigung im Besteuerungsverfahren (§ 107 AO) gilt im steuerstrafrechtlichen Ermittlungsverfahren (§ 405 AO) § 16 ZSEG. Eine Anfechtung der behördlichen Entscheidung nach § 349 AO kommt hier nicht in Betracht[32]. – s. a. § 16 Rz. 22 –

VI. Verjährung, Rückforderung

Verjährungsfrist 30

30.1 Der **Entschädigungsanspruch des Zeugen oder Sachverständigen** verjährt nach § 15 Abs. 4 in Verbindung mit § 196 Abs. 1 Nr. 17 BGB – sofern er nicht bereits nach Abs. 2 und 3 erloschen ist – in zwei Jahren nach Ablauf des Jahres, in dem er entstanden ist.[33] Der Anspruch des Zeugen ist entstanden mit der Beendigung seiner Zuziehung, der Entschädigungsanspruch des Sachverständi-

31 *Hübschmann/Hepp/Spitaler*, Anm. 23, 24 zu § 107 AO.

32 *Hübschmann/Hepp/Spitaler*, Anm. 34 ff. zu § 405 AO; *Müller-Brühl* in DStZ 93.289.

33 *Brocke/Reese* Anm. 7 zu § 15; *Mümmler* in JVBl. 62.34; *Jessnitzer/Frieling*, Rdn. 846; Münchener Kommentar BGB, 2. Aufl., Anm. 38 zu § 196 BGB; AG Bamberg in JurBüro 71.637; *Hartmann*, Rz. 18 zu § 15 ZSEG.

gen mit der Erledigung seines Auftrags[34], d. h. zu dem Zeitpunkt, in welchem der Anspruch erstmals geltend gemacht werden kann[35].

Die Verjährung des Entschädigungsanspruchs beginnt mit dem Schluß des Jahres, in welchem der Anspruch entstanden ist (§ 201 BGB).

Durch das von dem Zeugen oder Sachverständigen nach Abs. 1 gestellte Verlangen nach Entschädigung oder durch eine Aufforderung[36] des Gerichts nach Abs. 3 Satz 1 wird der Lauf der Verjährungsfrist unterbrochen[37].

30.2 Der **Anspruch auf Erstattung zuviel gezahlter Zeugen- oder Sachverständigenentschädigung** verjährt ebenfalls in 2 Jahren (§ 15 Abs. 5). Auf die Verjährung sind die Bestimmungen des Bürgerlichen Gesetzbuches anzuwenden (§ 15 Abs. 5 in Verb. mit § 10 Abs. 3 Satz 1 GKG), d. h. auch der Erstattungsanspruch unterliegt der Regelung des § 201 BGB. Die Verjährungsfrist beginnt mit dem Schluß des Jahres, in welchem der Erstattungsanspruch entstanden ist. Entstanden ist der Erstattungsanspruch mit der Zahlung der überhöhten Entschädigung. Auf die Kenntnis des Vertreters der Staatskasse von der »unrichtigen« Entschädigung kommt es nicht an. Der Erstattungsanspruch entsteht auch nicht erst durch eine nachträgliche gerichtliche Entscheidung nach § 16 oder durch eine gerichtliche Entscheidung im Kostenerinnerungs- oder -beschwerdeverfahren. – s. a. § 16 Rz. 30 –

31 Berücksichtigung der Verjährung

31.1 Die Verjährung des **Entschädigungsanspruchs** ist von dem Anweisungsbeamten zu berücksichtigen. Der Anweisungsbeamte hat daher, wenn Verjährung in Betracht kommen kann, die Akten dem Vertreter der Staatskasse zur Prüfung vorzulegen, ob dieser die Verjährungseinrede erheben will oder nicht.

31.2 Die durch den Vertreter der Staatskasse erhobene Verjährungseinrede kann von dem Betroffenen durch einen **Antrag auf gerichtliche Entscheidung** nach Art. XI § 1 des Gesetzes zur Änderung und Ergänzung kostenrechtlicher Vorschriften (KostÄndG) vom 26. 7. 1957 (BGBl. I S. 861), zuletzt geändert durch Ges. v. 18. 8. 1980 (BGBl. I S. 1503) angefochten werden.

34 Ebenso: *Mümmler* aaO. – Fn. 33 –; Münchener Kommentar, BGB, 2. Aufl., Anm. 38 zu § 196 BGB; *Müller*, Rz. 930; *Lappe* in Anm. zu KRspr. § 15 Nr. 12 und NJW 87.1868; *Bleutge*, Rdn. 11 zu § 15;
a. A.: OLG Celle in JVBl. 58.110; LG Hildesheim in KRspr. § 15 Nr. 1 LS; *Tschischgale* in Rpfleger 62.243; SchlHOLG in JurBüro 86.421 = SchlHA 86.35 = KRspr. § 15 Nr. 12 LS m. Anm. von *Lappe*.

35 Münchener Kommentar, BGB 2. Aufl. Anm. 1 zu § 198 BGB.

36 LG Düsseldorf in KRspr. § 15 Nr. 5 m. abl. Anm. von *Lappe; Hartmann* aaO. – Fn. 33 –;
a. A.: *Müller*, aaO. – Fn. 34.

37 *Jessnitzer/Frieling* aaO. – Fn. 33.

Über den Antrag entscheidet das Gericht, in dessen Bezirk die für die Zahlung der Zeugen- oder Sachverständigenentschädigung zuständige Kasse ihren Sitz hat.

Die Einrede der Verjährung gegen eine verspätet geltend gemachte Sachverständigenentschädigung kann nicht vom Kostenschuldner im Wege der Erinnerung gegen den Kostenansatz erhoben werden. Er kann jedoch geltend machen, daß eine unrichtige Sachbehandlung (§ 8 GKG) vorlag mit der Folge, daß die Auslagen nicht zu erheben sind[38].

Wenn an einen Zeugen oder Sachverständigen eine **Entschädigung gezahlt wird, obwohl der Anspruch bereits verjährt war**, kann, wenn dieser Betrag als Gerichtskosten wieder eingezogen wird, der Kostenschuldner beanstanden, daß eine Verpflichtung zur Zahlung der Entschädigung nicht mehr bestand – s. a. § 16 Rz. 30 –. Die Rückforderung einer verjährten Entschädigung von der Beweisperson ist im Hinblick auf § 222 Abs. 2 BGB nicht möglich. 31.3

Gegenüber dem **Erstattungsanspruch** ist die Verjährung nicht von Amts wegen zu berücksichtigen (§ 15 Abs. 5 in Verb. mit § 10 Abs. 3 Satz 1 2. Halbsatz GKG). Die Erhebung der Verjährungseinrede muß durch den Zeugen oder Sachverständigen erfolgen. 31.4

Rückforderung zuviel gezahlter Entschädigung 32

Die Änderung der Festsetzung der Entschädigung durch den anweisenden Beamten ist nicht an eine Frist gebunden, insbesondere ist es nicht erforderlich, daß das Verfahren noch anhängig ist.

Wird aufgrund einer geänderten Festsetzung ein zuviel gezahlter Betrag von dem Zeugen oder Sachverständigen zurückgefordert, so kann dieser die gerichtliche Festsetzung nach § 16 beantragen und hierbei ggfls. den Einwand der Verjährung erheben. – s. a. Rz. 30.2 –

Bis zur Einfügung des § 15 Abs. 5 durch das Gesetz zur Änderung von Kostengesetzen vom 9. 12. 1986 (BGBl. I S. 2326) fehlte eine Bestimmung darüber, ob und wann ein Anspruch der Staatskasse auf Erstattung zuviel gezahlter Entschädigung verjährt. Die in Rechtsprechung und Literatur[39] entwickelten kontroversen Auffassungen zum »Vertrauensschutz« des Zeugen oder Sachverständigen in die ihm gewährte Entschädigung dürften weitgehend ihre Bedeutung verloren haben. Durch die nunmehr gegenüber dem Erstattungsanspruch bestehende relativ kurze Verjährungsfrist von 2 Jahren gibt es keine

38 OLG Nürnberg, Beschl. v. 2. 10. 1989 – 4 U 3454/82 – in Juris/ZSEG.

39 OLG Hamm in Rpfleger 73.36 = NJW 73.574 und in Büro 80.251 = KRspr. § 16 Nr. 65 LS m. abl. Anm. von *Lappe*; OLG Frankfurt in Rpfleger 74.413 = NJW 75.705 = MDR 74.1041; OLG Köln in JVBl. 63.140; OLG Hamm in JMBl. NRW 71.215; OLG Koblenz in KRspr. § 16 Nr. 47; KG in JurBüro 81.1871; *Jessnitzer* in Rpfleger 86.214.

triftigen Gründe mehr dafür, einem Sachverständigen einen weitergehenden Vertrauensschutz einzuräumen[40]. Eine Änderung der Festsetzung und eine Geltendmachung des Erstattungsanspruchs innerhalb der Frist des § 15 Abs. 5 wird daher grundsätzlich zulässig sein[41].

33 **Beitreibung des Erstattungsanspruchs**

An Zeugen und Sachverständigen zuviel gezahlte Beträge werden, wenn sie nicht aufgrund einer Rückzahlungsaufforderung freiwillig zurückgezahlt werden, nach § 1 Nr. 8 JBeitrO im *Verwaltungszwangsverfahren* beigetrieben.

Die Vollstreckung darf nach § 5 Abs. 1 JBeitrO erst beginnen, wenn der Zahlungspflichtige von dem ihm zustehenden Rechtsbehelf zwei Wochen nach der Zahlungsaufforderung oder nach der Mitteilung einer Entscheidung über seine Einwendungen gegen die Zahlungsaufforderung keinen Gebrauch gemacht hat.

Die Gerichtskasse darf aufgrund der ihr zugegangenen Annahmeanordnung den zurückzuzahlenden Betrag erst beitreiben, wenn seit der Zahlungsaufforderung zwei Wochen verstrichen sind, ohne daß gerichtliche Festsetzung beantragt worden ist. Erfolgt nach der Zahlungsaufforderung eine gerichtliche Festsetzung, so wird, sofern diese anfechtbar ist, erneut mit dem Vollstreckungsbeginn zwei Wochen zu warten sein, um dem Rückzahlungspflichtigen Gelegenheit zur Einlegung der Beschwerde zu geben.

Nach § 8 JBeitrO sind bei Rückzahlungsansprüchen gegen Zeugen und Sachverständige Einwendungen, die den Anspruch selbst, die Haftung für den Anspruch oder die Verpflichtung zur Duldung der Zwangsvollstreckung betreffen, nach den Vorschriften über die Festsetzung des Anspruchs gerichtlich gemäß § 16 ZSEG geltend zu machen[42].

34 **Ersatzverbindlichkeit**

Die Ersatzverbindlichkeit des Urkundsbeamten der Geschäftsstelle für Überzahlungen, die aufgrund einer unrichtigen Berechnung und Anweisung geleistet worden sind, richtet sich nach den allgemeinen beamtenrechtlichen Vorschriften[43].

40 A. A.: OLG Zweibrücken in Rpfleger 91.84 = BauR 91.499; OLG Karlsruhe in Justiz 91.208; *Volze* in DS 1992 S. 9.

41 *Bleutge*, § 15 Rz. 15.

42 OLG Köln in JVBl. 63.140; LG Münster in JVBl. 61.267 = Rpfleger 61.248; OLG Hamm in JMBl. NRW 71.215; *Sußbauer* in JVBl. 59.185; OLG Koblenz in Rpfleger 81.328.

43 Vergl. *Graf/Höver* in Rpfleger 55.89 ff. und 113 ff.

§ 16 Gerichtliche Festsetzung

(1) Die einem Zeugen oder Sachverständigen zu gewährende Entschädigung wird durch gerichtlichen Beschluß festgesetzt, wenn der Zeuge oder Sachverständige oder die Staatskasse die richterliche Festsetzung beantragt oder das Gericht sie für angemessen hält. Zuständig ist das Gericht oder der Richter, von dem der Zeuge oder Sachverständige herangezogen worden ist. Ist der Zeuge oder Sachverständige von dem Staatsanwalt herangezogen worden, so ist das Gericht zuständig, bei dem die Staatsanwaltschaft errichtet ist.

(2) Gegen die richterliche Festsetzung ist die Beschwerde zulässig, wenn der Wert des Beschwerdegegenstandes einhundert Deutsche Mark übersteigt. Beschwerdeberechtigt sind nur der Zeuge oder Sachverständige und die Staatskasse. Die Beschwerde ist nicht an eine Frist gebunden. Eine Beschwerde an einen obersten Gerichtshof des Bundes ist nicht zulässig. Die Beschwerde wird bei dem Gericht eingelegt, das die angefochtene Entscheidung erlassen hat. Das Gericht kann der Beschwerde abhelfen.

(3) Anträge, Erklärungen und Beschwerden können zu Protokoll der Geschäftsstelle gegeben oder schriftlich ohne Mitwirkung eines Rechtsanwalts eingereicht werden.

(4) Entscheidungen nach Absatz 1, 2 wirken nicht zu Lasten des Kostenschuldners.

(5) Das Verfahren über die Beschwerde ist gebührenfrei. Kosten werden nicht erstattet.

Übersicht

I. Festsetzung durch das Gericht

Voraussetzungen . . . 1
Antragsform . . . 2
Antragsfrist . . . 3
Antragsberechtigte . . . 4
Vertreter der Staatskasse . . . 5
Keine Beschwer für den Festsetzungsantrag . . . 6
Festsetzung von Amts wegen . . . 7
Form der Festsetzung . . . 8
Festsetzung im Rahmen des Verlangens . . . 9
Festsetzung der gesamten Entschädigung . . . 10
Zuständiges Gericht . . . 11
Mitwirkung der Laienrichter . . . 12
Schriftliches Gutachten . . . 13
Rechtshilfe . . . 14
Festsetzung bei einer Vereinbarung nach § 13 . . . 15
Kein Anspruch auf Verzinsung . . . 16
Keine Festsetzung nach § 16 bei Zahlung an mittellose Personen . . . 17
Festsetzung durch den Urkundsbeamten . . . 18
Festsetzung durch den Richter . . . 19
Festsetzung in Verwaltungsangelegenheiten . . . 20
Festsetzung in Bußgeldverfahren . . . 21
Festsetzung im steuerstrafrechtlichen Ermittlungsverfahren . . . 22

II. Anfechtung der Festsetzung mit der Beschwerde

Beschwerdemöglichkeit . . . 23
Beschwerdefrist . . . 24
Verwirkung der Beschwerde . . . 25
Ausschließlichkeit des Beschwerdeverfahrens nach § 16 . . . 26
Keine Kostenentscheidung . . . 27
Beschwerdeberechtigte . . . 28
Kein Beschwerderecht der Verfahrensbeteiligten . . . 29
Einwände gegen den Kostenansatz . . . 30
Kein Beschwerderecht der Hilfskräfte . . . 31

Kein Beschwerderecht des Finanzamts. 32
Beschwerdesumme 33
Volle Nachprüfung im Beschwerdeverfahren . . . 34
Weitere Beschwerde 35
Keine Beschwerde in Finanzgerichtssachen 36
Einlegung der Beschwerde 37
Geltendmachung weiterer Ansprüche 38
Zuständiges Beschwerdegericht 39
Erinnerung nach § 11 RpflG 40
Beschwerdeentscheidung. 41
Gegenvorstellung. 42

I. Festsetzung durch das Gericht

1 Voraussetzungen

Die Entschädigung des Zeugen oder Sachverständigen wird nur dann durch gerichtlichen Beschluß festgesetzt, wenn
a) der Zeuge, der Sachverständige oder die Staatskasse die richterliche Festsetzung beantragt hat oder
b) das Gericht sie für angemessen hält.

2 Antragsform

Der Antrag auf gerichtliche Festsetzung ist an keine Form gebunden. Er kann mündlich oder schriftlich bei dem Gericht oder der Staatsanwaltschaft, die den Zeugen oder Sachverständigen zugezogen haben, bei deren Geschäftsstelle oder auch bei der Anweisungsstelle, soweit eine besondere Anweisungsstelle eingerichtet ist, gestellt werden.

Einwendungen gegen die Festsetzung der Entschädigung durch den Urkundsbeamten sind kein Rechtsbehelf[1]. Jede Einwendung des Zeugen oder Sachverständigen gegen die im Verwaltungswege berechnete und angewiesene Entschädigung ist, sofern sie nicht dem Urkundsbeamten Anlaß gibt, seine Berechnung und Anweisung im Sinne der Einwendungen zu ändern, als Antrag auf richterliche Festsetzung anzusehen. Eine »Beanstandung« der Rechnungsprüfungsstellen (Vorprüfungsstellen, Rechnungshof) stellt dagegen nicht ohne weiteres einen Antrag auf gerichtliche Festsetzung dar. Die »Beanstandung« ist zunächst nur eine Aufforderung an den anweisenden Beamten, seine Berechnung und Anweisung von Amts wegen zu ändern. Der anweisende Beamte ist an diese Beanstandung nicht gebunden. Wenn er der Beanstandung nicht stattgibt, kann die Rechnungsprüfungsstelle durch einen Antrag des Vertreters der Staatskasse eine gerichtliche Festsetzung herbeiführen.

1 LG Würzburg in JurBüro 77.997.

Antragsfrist 3

Der Antrag ist auch nicht an eine Frist gebunden. Er braucht insbesondere nicht innerhalb der im § 15 Abs. 2 und 3 festgesetzten Fristen gestellt zu werden, wenn nur der Anspruch des Zeugen innerhalb der Frist des § 15 Abs. 2 geltend gemacht oder der Anspruch des Sachverständigen innerhalb der nach § 15 Abs. 3 vom Gericht gesetzten Frist beziffert worden ist.

Der Antrag auf gerichtliche Festsetzung kann auch schon gestellt werden, ehe eine Berechnung und Anweisung im Verwaltungswege erfolgt ist. Wenn zugleich mit der Einreichung der Liquidation gerichtliche Festsetzung beantragt wird, unterbleibt eine vorherige Berechnung und Anweisung im Verwaltungsweg.

Antragsberechtigte 4

Einen Antrag auf gerichtliche Festsetzung können nur der Zeuge oder Sachverständige und der Vertreter der Staatskasse stellen.

Hat der Zeuge oder Sachverständige den entstandenen Erstattungsanspruch abgetreten, so kann auch der Abtretungsnehmer die Festsetzung beantragen. Die Verfahrensbeteiligten können keine gerichtliche Festsetzung beantragen. Das gilt in Strafverfahren auch für die Staatsanwaltschaft oder in Steuerstrafverfahren für das Finanzamt[2]. Der Kostenschuldner kann eine gerichtliche Überprüfung der auf Anweisung des Urkundsbeamten an Zeugen oder Sachverständige gezahlten Entschädigung nur im Verfahren über eine Erinnerung gegen den Kostenansatz nach § 5 GKG (§ 14 KostO) erreichen[3]. Auch die vom Sachverständigen zugezogene Hilfskraft kann nicht gerichtliche Festsetzung der ihr vom Sachverständigen zu erstattenden Kosten beantragen, da sie einen Anspruch nur gegen den Sachverständigen, nicht jedoch gegen die Staatskasse hat. Antragsberechtigt ist insoweit nur der Sachverständige selbst.

Der Urkundsbeamte kann eine solche gerichtliche Festsetzung nicht beantragen, da er nicht Vertreter der Staatskasse ist. Das Gericht kann aber die Festsetzung vornehmen, wenn es aufgrund der Anregung des Urkundsbeamten diese Festsetzung für angemessen hält.

2 OLG München in Rpfleger 82.317 = JurBüro 82.891.

3 OLG Frankfurt in KRspr. § 16 Nr. 2; OLG Koblenz in Rpfleger 81.37 = KRspr. § 16 Nr. 67 LS mit Anm. von *Lappe*; OLG München in Rpfleger 80.303; OLG Koblenz in Rpfleger 85.333 = ZSW 85.106 m. Anm. von K. *Müller* = KRspr. § 16 Nr. 85 LS m. w. N.

5 **Vertreter der Staatskasse**

Im Verfahren über Anträge auf Festsetzung der Entschädigung vor dem Amtsgericht oder dem Landgericht und bei der Anfechtung dieser Entscheidungen auch vor dem Oberlandesgericht wird in der Justizverwaltung die Staatskasse durch den Bezirksrevisor vertreten. Eine Ablehnung des Bezirksrevisors wegen Besorgnis der Befangenheit ist nicht statthaft[4].

6 **Keine Beschwer für den Festsetzungsantrag**

Eine Beschwer ist für den Festsetzungsantrag nicht erforderlich[5]. Der Vertreter der Staatskasse kann daher auch noch gerichtliche Festsetzung beantragen, wenn der Betrag von dem Kostenschuldner bereits erstattet ist[6].

Auch in diesen Fällen, in denen eine finanzielle Benachteiligung der Staatskasse nur noch dann eintreten könnte, wenn die dem Kostenschuldner in Rechnung gestellte, an Zeugen oder Sachverständige gezahlte Entschädigung auf Erinnerung des Kostenschuldners im Verfahren nach § 5 GKG (§ 14 KostO) herabgesetzt würde, kann ein berechtigtes Interesse der Staatskasse an einer gerichtlichen Festsetzung der Entschädigung bestehen.

7 **Festsetzung von Amts wegen**

Für das Gericht wird ein Anlaß, die Festsetzung von sich aus vorzunehmen, in der Regel nur bei Sachverständigenentschädigung und hier insbesondere in den Fällen bestehen, in denen eine Entschädigung nach § 3 Abs. 3 beansprucht wird. Wenn eine Überschreitung der Höchstsätze »nach billigem Ermessen« (§ 3 Abs. 3 Buchstabe b, § 6) beantragt wird, dürfte in der Regel eine Festsetzung durch das Gericht angemessen sein.

8 **Form der Festsetzung**

Die Festsetzung erfolgt durch Beschluß ohne mündliche Verhandlung. Im Festsetzungsverfahren ist allen Beteiligten rechtliches Gehör zu gewähren. Dazu gehört auch der Vertreter der Staatskasse[7], nicht jedoch der Kostenschuldner[8]. – s. a. Rz. 30.1 –

4 OLG Koblenz in Rpfleger 85.172 = KRspr. § 16 Nr. 82 LS m. w. N.
5 Ebenso *Brocke/Reese* S. 189.
6 OLG Zweibrücken in JVBl. 68.290; OLG Hamm in JVBl. 71.95; LG Essen in JVBl. 71.72;
a. A.: AG Hoya in Nds. Rpfl. 70.180 = KRspr. § 16 Nr. 16 m. abl. Anm. von *Lappe*; OLG Bamberg in JurBüro 78.1728 m. abl. Anm. von *Lappe*.
7 OLG Hamm in JMBl. NRW 74.56; OLG Düsseldorf in JMBl. NW 88.80 = JurBüro 88.661 = Rpfleger 88.116.
8 BayVerfGH in Bay. JMBl. 74.11; KG in Rpfleger 73.38; OLG Koblenz in Rpfleger 81.37.

Der Festsetzungsbeschluß kann dem Antragsteller und dem Vertreter der Staatskasse formlos mitgeteilt werden. Zustellung ist nicht erforderlich, da die nach Abs. 2 zulässige Beschwerde nicht an eine Frist gebunden ist. – s. a. Rz. 24 –

Festsetzung im Rahmen des Verlangens 9

Das Gericht ist bei der Festsetzung an die gestellten Anträge nur insoweit gebunden, als es nicht mehr festsetzen kann, als »verlangt« (§ 15 Abs. 1) ist[9]. Im Rahmen des allgemein gestellten Verlangens auf Entschädigung kann das Gericht auch Beträge festsetzen, deren Ablehnung durch den Urkundsbeamten bei dem Antrag auf gerichtliche Festsetzung nicht beanstandet worden ist. Ebenso kann die von dem Urkundsbeamten vorgenommene Berechnung und Anweisung sowohl in den Einzelansätzen als auch in der Gesamtsumme verschlechtert werden[10]. Das Verbot der »reformatio in peius« greift bei der gerichtlichen Festsetzung gegenüber der vom Urkundsbeamten berechneten Entschädigung nicht ein[11]. Die gerichtliche Festsetzung ist keine Abänderung der im Verwaltungswege vom Urkundsbeamten der Geschäftsstelle vorgenommenen Berechnung, sondern eine davon unabhängige, erstmalige Festsetzung nach § 16, wodurch eine vorherige Berechnung der Entschädigung durch den Urkundsbeamten gegenstandslos wird[12].

Festsetzung der gesamten Entschädigung 10

Das Gericht muß im Verfahren nach § 16 die gesamte Entschädigung festsetzen und darf sich nicht darauf beschränken, nur eine allgemeine, nicht erschöpfende Richtlinie zu geben[13].

§ 16 verlangt, daß das Gericht »die zu gewährende Entschädigung« festsetzt. Es hat deshalb die Entschädigung nach Art und Höhe insgesamt zu überprüfen

9 LG Dortmund in NJW 66.1169 = KRspr. § 16 Nr. 5 LS m. abl. Anm. von *Lappe*; OLG Düsseldorf in JurBüro 82.1229.

10 LSG Hamburg in NJW 64.1243; *Farnsteiner* in SGb. 61.611; LSG Niedersachsen in SGb. 66.327.

11 LSG Baden-Württbg. in Rpfleger 74.374 = Justiz 74.349; LAG Hamm in JurBüro 76.491; OLG Düsseldorf in JMBl. NW 83.143; OLG Karlsruhe in Justiz 87.384 = JurBüro 88.389.

12 BGH in JVBl. 69.40 = Rpfleger 69.88 = MDR 69.216 = NJW 69.556.

13 OLG Celle in Nds. Rpfl. 64.230.

und ziffernmäßig festzusetzen. Die bloße Bestimmung des Stundensatzes der Entschädigung entspricht diesen Anforderungen nicht[14].

Setzt das Gericht auf Antrag des Sachverständigen in einem mit Gründen versehenen Beschluß den Stundensatz fest, so handelt es sich zwar nicht um eine Festsetzung nach § 16 Abs. 1. Der Beschluß ist jedoch nach § 16 Abs. 2 anfechtbar[15], wenn eindeutig erkennbar ist, in welchem Umfang der Beschwerdeführer beschwert und die Beschwerdesumme erreicht wird.

11 Zuständiges Gericht

11.1 Zuständig ist das **Gericht oder der Richter** – also auch der Einzelrichter –, von dem der Zeuge oder Sachverständige zu Beweiszwecken herangezogen worden ist[16].

Der Einzelrichter, der den Sachverständigen zugezogen hat, ist auch dann noch für die Festsetzung der Entschädigung des Sachverständigen zuständig, wenn er die Sache zwischenzeitlich an die Kammer (den Senat) abgegeben hat[17]. Wenn statt des zuständigen Einzelrichters die unzuständige Kammer entschieden hat, so nötigt diese Zuständigkeitsverletzung nicht zur Aufhebung der Entscheidung[18].

In einem Verfahren, in dem der Rechtspfleger sachlich entscheidet und im Rahmen seiner Zuständigkeit Zeugen oder Sachverständige zu Beweiszwecken herangezogen hat, ist er auch für die Festsetzung der Entschädigung zuständig. Gegen die Festsetzung des Rechtspflegers ist die unbefristete Erinnerung nach § 11 RpflG zulässig[19].

11.2 Wenn der Zeuge oder Sachverständige von der **Staatsanwaltschaft** beim Landgericht herangezogen worden ist, so ist das Landgericht, wenn er von der Staatsanwaltschaft beim OLG herangezogen worden ist, das Oberlandesgericht für die richterliche Festsetzung zuständig. Ist der Zeuge oder Sachverständige

14 OLG Nürnberg in JVBl. 70.235; OLG Hamm in JMBl. NRW 72.196 = JVBl. 72.45; OLG Koblenz in KRspr. § 16 Nr. 46; OLG Stuttgart in Justiz 72.315; OLG Bamberg in JurBüro 79.1339 = KRspr. § 16 Nr. 64 LS mit Anm. von *Lappe*; KG in Rpfleger 81.126; OLG Düsseldorf in JurBüro 81.411; OLG München in JurBüro 81.1702 und in JurBüro 81.901; OLG Düsseldorf in JurBüro 85.1373 = KRspr. § 16 Nr. 84 LS m. w. N., in JurBüro 86.1688 = ZSW 86.129 mit Anm. von K. *Müller*, in JurBüro 87.258 = JMBl. NW 87.179.

15 OLG Schleswig in SchlHA 65.253 LS; OLG Stuttgart aaO. – Fn. 14 –; OLG Bamberg aaO. – Fn. 14 –; OLG Düsseldorf in Rpfleger 83.461 = KRspr. § 16 Nr. 78.

16 *Stein/Jonas* Rz. 5 zu § 401 ZPO.

17 OLG Nürnberg in JurBüro 63.348 = Rpfl. 66.291 LS; *Höver* in JVBl. 71.247; OLG Hamm in JVBl. 71.143 = JMBl. NRW 71.263.

18 *Schneider* in JurBüro 69.755; OLG Hamm aaO. – Fn. 17 –.

19 *Höver* aaO. – Fn. 17 –.

vom Amtsanwalt herangezogen worden, so ist für die Festsetzung das Landgericht und nicht das Amtsgericht zuständig[20]. Die Amtsanwaltschaft ist ein Teil der Staatsanwaltschaft beim Landgericht, der sie eingegliedert oder angegliedert ist. Sie ist nicht beim Amtsgericht errichtet. Welche Kammer des Landgerichts oder welcher Senat des Oberlandesgerichts zuständig ist, wird durch die Geschäftsverteilung bestimmt[21].

Das OLG Hamm[22] hält das Amtsgericht für zuständig zur Festsetzung der Entschädigung eines von der Staatsanwaltschaft zugezogenen Sachverständigen, wenn die Sache bei diesem durch Erhebung der Anklage oder Antrag auf Erlaß eines Strafbefehls anhängig geworden ist. Dieser – allein auf Zweckmäßigkeitserwägungen gestützten – Entscheidung **kann nicht zugestimmt** werden. Zweckmäßigkeitsgründe können nicht rechtfertigen, von dem klaren und eindeutigen Wortlaut des § 16 abzuweichen[23]. Auch trifft es nicht zu, daß immer dann, wenn die Sache beim Amtsgericht anhängig geworden ist, praktische Erwägungen für die Zuständigkeit des Amtsgerichts sprechen[24]. Wenn das Amtsgericht die bei ihm anhängig gewordene Sache nicht sachlich bearbeitet hat, entfallen auch die Zweckmäßigkeitsgründe. Für diesen Fall hält auch das OLG Hamm die Zuständigkeit des Landgerichts, bei dem die Staatsanwaltschaft errichtet ist, für gegeben[25].

Das OLG Karlsruhe[26] bejaht die Zuständigkeit des Amtsgerichts für den Fall, daß das Amtsgericht den Sachverständigen in der Hauptverhandlung zur mündlichen Vertretung und Erläuterung des von der Staatsanwaltschaft eingeholten schriftlichen Gutachtens herangezogen hat. Das AG ist allein zuständig, die Entschädigung für die Vertretung und Erläuterung des Gutachtens in der Hauptverhandlung festzusetzen. Handelt es sich bei der Erstattung des schriftlichen Gutachtens und seiner Vertretung und Erläuterung in der Hauptverhandlung um eine zusammenhängende, einheitliche Sachverständigenleistung, erscheint es für diese Fälle vertretbar, wegen des Sachzusammenhangs die Zuständigkeit des Amtsgerichts für die Gesamtentschädigung anzunehmen.

Auch wenn das Amtsgericht mit dem Gutachten eines von der Staatsanwalt-

20 *Brocke/Reese* Anm. 3 zu § 16 hält das AG für zuständig, wenn der Zeuge oder Sachverständige von der Amtsanwaltschaft herangezogen worden ist.
21 OLG Bamberg in JVBl. 62.15 = JurBüro 62.36.
22 OLG Hamm in JVBl. 71.47 = Rpfleger 71.78 = KRspr. § 16 Nr. 19 LS mit Anm. von *Lappe*.
23 Ebenso: *Lappe* aaO. – Fn. 22 –.
24 *Höver* in JVBl. 71.247.
25 OLG Hamm in JMBl. NRW 74.55.
26 OLG Karlsruhe in Rpfleger 68.333.

schaft herangezogenen Sachverständigen sachlich befaßt war, so ist es für die Festsetzung der Entschädigung jedoch nicht zuständig[27].

Der Begriff »herangezogen« kann im Rahmen des § 16 Abs. 1 nicht anders als im Rahmen des § 1 Abs. 1 verstanden werden – s. § 1 Rzn. 4.2 und 4.3 –. Die Zuständigkeit nach § 16 Abs. 1 hängt davon ab, welche Stelle den Zeugen oder Sachverständigen »unmittelbar« herangezogen hat. Es kann für die Zuständigkeit nach § 16 Abs. 1 nicht darauf abgestellt werden, welches Gericht das Beweisergebnis rechtlich gewürdigt hat. Das ist bei dem durch das Rechtshilfegericht herangezogenen Zeugen inzwischen unstreitig – s. Rz. 14 –. Dasselbe muß auch bei einer Sachverständigenleistung gelten. Für einen von der Ordnungsbehörde »herangezogenen« Sachverständigen richtet sich die Zuständigkeit nach § 62 Abs. 2 OWiG in Verbindung mit § 68 OWiG, auch wenn das Beweisergebnis im gerichtlichen Bußgeldverfahren verwertet worden ist.

Wegen der Zuständigkeit für die Festsetzung der Entschädigung der Personen, denen die Beantwortung eines Auskunftsersuchens über ausländisches Recht nach dem Gesetz zur Ausführung des Europäischen Übereinkommens vom 7. Juni 1968 betreffend **Auskünfte über ausländisches Recht** vom 5. 7. 1974 (BGBl. I S. 1433) übertragen ist, wird auf § 1 Rz. 24.1 verwiesen.

12 **Mitwirkung der Laienrichter**

Wenn bei der Vernehmung Laienrichter mitwirken, so bestimmt sich nach dem Gerichtsverfassungsgesetz oder den Verfahrensordnungen, ob die Festsetzung durch das Gericht unter Mitwirkung der Laienbeisitzer oder ohne deren Mitwirkung erfolgt.

12.1 Beim **Schöffengericht** und der **Strafkammer** wirken die Schöffen bei der Festsetzung nicht mit, weil die Festsetzung außerhalb der Hauptverhandlung erfolgt (§ 30 Abs. 2, § 76 Abs. 1 GVG).

12.2 Bei der Kammer für Handelssachen wirken auch die **Handelsrichter** bei der Festsetzung mit (§ 105 Abs. 1 GVG).

12.3 Bei den Verwaltungsgerichten wirken die **ehrenamtlichen Verwaltungsrichter** nach § 4 Abs. 3 VerwGO bei der Festsetzung nicht mit.

12.4 In Landwirtschaftssachen kann der Vorsitzende über einen Antrag auf Festsetzung der Entschädigung eines Zeugen oder Sachverständigen ohne Zuziehung **landwirtschaftlicher Beisitzer** entscheiden (§ 20 Abs. 1 LwVG).

12.5 Beim Arbeitsgericht wirken nach § 53 ArbGG die **Arbeitsrichter** bei der Festsetzung der Entschädigung für Zeugen oder Sachverständige nicht mit[28].

27 A. A.: OLG München in Rpfleger 76.113 = MDR 76.340 LS = JurBüro 76.658 LS = KRspr. § 16 Nr. 54 LS mit Anm. von *Lappe*; OLG Hamm in NStZ 89.32 = NStE Nr. 1 zu § 16 ZSEG; OLG Düsseldorf in MDR 83.290.

28 *Stein/Jonas* Rz. 17 zu § 401 ZPO.

Bei den Sozialgerichten und Landessozialgerichten entscheidet jeweils das Gericht ohne Mitwirkung der **ehrenamtlichen Beisitzer**[29]. 12.6

Schriftliches Gutachten 13

Ist aufgrund eines Beweisbeschlusses von dem Sachverständigen nur ein schriftliches Gutachten eingereicht worden, so ist für die Festsetzung das Gericht zuständig, dem das Gutachten eingereicht ist, nicht der mit der Beweisaufnahme beauftragte Berichterstatter.

Rechtshilfe 14

Wird ein Zeuge oder Sachverständiger im Wege der Rechtshilfe vernommen, so ist zur Festsetzung seiner Entschädigung nur das ersuchte Gericht zuständig[30].

Herangezogen ist der Zeuge oder Sachverständige nicht von dem Gericht, das den Beweis angeordnet hat, sondern von dem Gericht, das die Beweisaufnahme durchgeführt hat[31].

Ein Zuständigkeitsstreit zwischen dem ersuchenden und dem ersuchten Gericht über die Verpflichtung zur Festsetzung der Entschädigung ist nach § 159 GVG zu entscheiden[32].

Festsetzung bei einer Vereinbarung nach § 13 15

Bei der Festsetzung unterliegt grundsätzlich die gesamte Berechnung einschließlich der Zeitangaben des Sachverständigen der Nachprüfung durch das Gericht[33]. Wird die Festsetzung einer Entschädigung beantragt, die aufgrund einer nach § 13 geschlossenen Vereinbarung verlangt wird, so ist von dem Gericht nur zu prüfen, ob die berechnete Entschädigung der getroffenen Vereinbarung entspricht und ob die Vereinbarung die Voraussetzungen des § 13 erfüllt.

Kein Anspruch auf Verzinsung 16

Im Festsetzungsverfahren nach § 16 besteht auch bei verzögerter Auszahlung kein Anspruch auf Verzinsung des Entschädigungsanspruchs für die Zeit zwischen Antragstellung und Auszahlung.

29 LSG Niedersachsen in Breith. 59.380; LSG Baden-Württemberg in Breith. 59.862 = SGb. 59.336; *Richter* in SGb. 62.391; *Peters/Sautter/Wolff* – II/88-69; a. A.: *Tschischgale* Soz. S. 92; *Brocke* in SGb. 58.274; *Wudtke* in SGb. 58.1.
30 OLG Düsseldorf und OLG Naumburg in JVBl. 32.192; *Wieczorek*, Anm. B zu § 400 ZPO u. Anm. B 1 zu § 401 ZPO; *Stein/Jonas* Rz. 7 zu § 401 ZPO, OLG Saarbrükken in JurBüro 90.107.
31 OLG Karlsruhe in Rpfleger 56.291.
32 BGH in JVBl. 58.220 = Rpfleger 58.312.
33 KG in Rpfleger 55.85; OLG Koblenz in JurBüro 76.988 LS.

17 **Keine Festsetzung nach § 16 bei Zahlungen an mittellose Personen**

Auf die Festsetzung der Beträge, die mittellosen Parteien oder Beschuldigten für die Reise zum Terminsort gezahlt werden, findet § 16 keine Anwendung[34].

18 **Festsetzung durch den Urkundsbeamten**

Die Festsetzung der Entschädigung des Zeugen oder Sachverständigen durch den Urkundsbeamten der Geschäftsstelle ist ein Verwaltungsakt[35].

19 **Festsetzung durch den Richter**

19.1 Bei der Festsetzung der Entschädigung nach § 16 Abs. 1 wird der Richter nicht als Verwaltungsbeamter, sondern **als Richter** tätig. Diese richterliche Tätigkeit unterliegt dem Spruchrichterprivileg jedoch nur insoweit, als es sich um eine Maßnahme handelt, mit der das Gericht die Grundlagen für eine Entscheidung in der Hauptsache gewinnen will, z. B. wenn es darum geht, die Entschädigung des Sachverständigen zu versagen, weil er die Unverwertbarkeit seines Gutachtens schuldhaft verursacht hat.

Soweit das Gericht nur die Erforderlichkeit des von Sachverständigen angegebenen Zeitaufwandes zu überprüfen hat, unterliegt die richterliche Tätigkeit nicht dem Spruchrichterprivileg des § 829 Abs. 2 Satz 1 BGB[36].

19.2 Im Verfahren nach § 16 kann der für die gerichtliche Festsetzung der Sachverständigenentschädigung zuständige Richter **wegen Besorgnis der Befangenheit gemäß § 42 ZPO abgelehnt** werden. Gegen einen das Ablehnungsgesuch zurückweisenden Beschluß ist gemäß § 46 Abs. 2 ZPO die sofortige Beschwerde statthaft.

Ein Ablehnungsantrag wird nicht dadurch unzulässig, daß der abgelehnte Richter inzwischen vor der Entscheidung über die sofortige Beschwerde unter Verstoß gegen § 47 ZPO eine gerichtliche Festsetzung gemäß § 16 ZSEG vorgenommen hat.

Die Besorgnis der Befangenheit gegen den Richter ist bei objektiver Betrachtung aus der Sicht des Sachverständigen gerechtfertigt, wenn der Richter schon vor der eigentlichen Gutachtenerstattung zu erkennen gibt, daß er sich bei der Stundensatzbemessung bereits festgelegt hat und den gesetzlichen Stundensatzrahmen des § 3 ZSEG im späteren Festsetzungsverfahren nicht mehr ausschöpfen wird.[37]

34 Ebenso: *Hartmann,* Rz. 1 zu § 16 ZSEG, *Brocke/Reese* Anm. 1 zu § 16; a. A.: *Tschischgale* Soz. 77 u. 91.

35 S. § 15 Rz. 21.

36 BGH in DRiZ 84.102 = MDR 84.363 = VersR 84.77.

37 OLG Hamburg in JurBüro 92.194.

Festsetzung in Verwaltungsangelegenheiten 20

In Verwaltungsangelegenheiten, in denen für die Entschädigung der dort beigezogenen Zeugen und Sachverständigen die Bestimmungen des ZSEG entsprechend Anwendung finden – § 1 Rz. 5 –, ist die gerichtliche Festsetzung nach § 16 ZSEG in der Regel ausgeschlossen. Hier ist der Entschädigungsanspruch mit einer Leistungsklage durchsetzbar[38].

Festsetzung in Bußgeldverfahren 21

In Bußgeldverfahren nach dem OWiG ist gegen die Festsetzung der Entschädigung der herangezogenen Zeugen und Sachverständigen durch die Verwaltungsbehörde der Antrag auf gerichtliche Entscheidung nach § 62 OWiG gegeben.

Festsetzung im steuerstrafrechtlichen Ermittlungsverfahren 22

Für die gerichtliche Festsetzung einer Entschädigung von Zeugen und Sachverständigen nach § 405 AO gilt § 16 ZSEG – s. a. § 15 Rz. 29 –. Der Antrag auf Festsetzung der Entschädigung ist bei dem Landgericht einzureichen, bei dem die Staatsanwaltschaft errichtet ist, an die die Finanzbehörde sich wenden müßte, wenn sie das Ermittlungsverfahren nicht selbständig führen dürfte oder wollte[39].

II. Anfechtung der Festsetzung mit Beschwerde

Beschwerdemöglichkeit 23

Durch § 16 ist das Verfahren für die Festsetzung der Entschädigung von Zeugen und Sachverständigen abschließend und erschöpfend geregelt. Der Zeuge oder Sachverständige, der sich durch die Festsetzung oder auch durch deren Ablehnung in seinem Entschädigungsanspruch geschmälert fühlt, kann im Beschwerdegang das im Rechtszug höhere Gericht anrufen, nicht aber durch Erhebung der Klage Abhilfe suchen.

Beschwerdefrist 24

Die Beschwerde richtet sich in allen Gerichtsbarkeiten ausschließlich nach § 16 Abs. 2. Sie ist an keine Frist gebunden. Für die Beschwerde wird jedoch die gleiche Begrenzung gelten müssen wie für die Abänderungsbefugnis des

38 *Obermayer*, Kommentar zum Verwaltungsverfahrensgesetz, 2. Aufl., Rz. 125 zu § 26.

39 *Hübschmann/Hepp/Spitaler*, Anm. 37 zu § 405 AO; *Müller-Brühl* in DStZ 93.289.

Urkundsbeamten[40] – s. a. § 15 Rzn. 27,32 –. Die Vorschriften über die Beschwerdefrist in den einzelnen Verfahrensgesetzen finden keine Anwendung.

25 **Verwirkung der Beschwerde**

Die Beschwerde unterliegt jedoch wie alle unbefristeten Rechtsmittel dem allgemeinen Einwand der Verwirkung. Danach kann die Beschwerde verwirkt sein, wenn sie erst nach unangemessen langer Zeit eingelegt wird[41] und der Beschwerdegegner sich auf die durch die angefochtene Entscheidung geschaffene Rechtslage verlassen durfte[42].

26 **Ausschließlichkeit der Beschwerdeverfahren nach § 16**

Nach der Begründung des Gesetzes ist die Vorschrift so gefaßt, »daß sie aus sich heraus verständlich ist«. Die Voraussetzungen für die Beschwerde sollen hiernach sich nicht mehr nach den jeweiligen Verfahrensgesetzen, sondern für alle Gerichtsbarkeiten einheitlich nach dem in § 16 Abs. 2–4 selbständig geregelten Verfahren richten. Die Vorschriften des ZSEG gehen hiernach den in den Verfahrensgesetzen bestehenden Bestimmungen vor[43]. Im Verfahren nach § 16 Abs. 2 ist auch die Anschlußbeschwerde zulässig[44].

27 **Keine Kostenentscheidung**

Da nach Absatz 5 das Verfahren gebührenfrei ist und eine Kostenerstattung nicht stattfindet, ist für eine Kostenentscheidung kein Raum[45].

40 OLG Koblenz in KRspr. § 16 Nr. 42; OLG Nürnberg in JurBüro 80.1532; OLG Frankfurt in JurBüro 78.100; OLG Hamburg in JurBüro 81.740 = KRspr. § 16 Nr. 68 LS m. w. N.; OLG Koblenz in JurBüro 86.419.

41 OLG Frankfurt in OLG-Report-Frankfurt 92.116.

42 OLG Koblenz in JurBüro 86.419 – die Beschwerde ist verwirkt, wenn sie 18 Monate nach Zustellung der angefochtenen Entscheidung eingelegt wird –; OLG Saarbrükken in JurBüro 89.1465 – keine Verwirkung nach 9 Monaten nach Zustellung –.

43 *Reinmöller* in JVBl. 62.263; *Richter* in SGb. 62.391; *Brocke/Reese*, Anm. 1 zu § 16 ZSEG mit zahlreichen weiteren Nachweisen; OLG München in JVBl. 69.191 = Rpfleger 69.105 = JurBüro 69.319 = KRspr. § 16 Nr. 12 LS mit Anm. von *Lappe*; *Höver* in JVBl. 71.247; OLG München in JurBüro 86.1226;
a. A.: BVerwG in NJW 62.1459; *Tschischgale* in Soz. S. 79 u. 93; Hess. VerwGH in KRspr. § 16 Nr. 15 m. abl. Anm. von *Lappe*, OVG Lüneburg in KRspr. § 16 Nr. 56 m. abl. Anm. von *Lappe*, OVG Hamburg in KRspr. § 16 Nr. 62 m. zust. Anm. von *Noll*.

44 OLG Saarbrücken in KRspr. § 16 Nr. 90 LS.

45 OLG München in JurBüro 82.891 = Rpfleger 82.317.

Beschwerdeberechtigte 28

Beschwerdeberechtigt sind nach Absatz 2 Satz 2 nur der Zeuge oder Sachverständige und die Staatskasse.

Daß die festgesetzte Entschädigung durch einen von den Parteien gezahlten Auslagenvorschuß gedeckt ist, schließt die Beschwerdebefugnis der Staatskasse nicht aus[46].

Kein Beschwerderecht der Verfahrensbeteiligten 29

Die Parteien sind am Verfahren nach § 16 nicht beteiligt[47]. Durch Abs. 4 wird klargestellt, da sie das Recht haben, gegenüber dem Kostenansatz mit der Erinnerung, ggfs. mit der Beschwerde (§ 5 GKG, § 14 KostO) geltend zu machen, daß die Entschädigungen für Zeugen oder Sachverständige, die ihnen als Auslagen des Gerichts in Rechnung gestellt werden, nicht richtig berechnet worden sind[48].

Einwände gegen den Kostenansatz 30

Erst wenn die an Zeugen und Sachverständige gezahlten Beträge der **kostenpflichtigen Partei** als bare Auslagen des Verfahrens in Rechnung gestellt (Kostenverzeichnis zum GKG Nr. 9005, § 137 Nr. 4 KostG) und von ihr als Gerichtskosten eingefordert worden sind, steht dieser das Recht der Erinnerung und Beschwerde gegen den Kostenansatz (§ 5 GKG, § 14 KostO) zu. Hierbei kann sie geltend machen, daß die von ihr geforderten Entschädigungen zu Unrecht oder in zu hohem Betrage gezahlt worden seien und deshalb von ihr nicht oder nicht in dieser Höhe als bare Auslagen des Verfahrens gefordert werden dürfen. 30.1

Daran ändert nichts, daß die Entschädigung des Zeugen oder Sachverständigen bereits nach § 16 durch gerichtlichen Beschluß festgesetzt ist. Solche Entscheidungen wirken nicht zu Lasten des Kostenschuldners. Sie können deshalb im Verfahren der Erinnerung gegen den Kostenansatz nachgeprüft werden[49]. Auch im späteren Kostenfestsetzungsverfahren können die Parteien noch rügen,

46 KG in Rpfleger 71.447 = JVBl. 71.284 = KRspr. § 16 Nr. 28 LS m. w. N.; LG Berlin in JVBl. 72.116; LG Mönchengladbach in JVBl. 72.117.

47 BayVGH in BayJMBl. 74.11; OLG Koblenz in Rpfleger 85.333 = ZSW 85.106; in Rpfleger 87.341; OLG Oldenburg in NdsRpfl. 85.206 = NJW 86.265.

48 BTDrucks. IV/875; OLG Schleswig in Rpfleger 62.393; OLG Frankfurt in KRspr. § 16 Nr. 2; OLG München in Rpfleger 80.303; OLG Koblenz in Rpfleger 81.37; OLG Köln in JurBüro 82.890; BGH in Rpfleger 84.120; OLG Frankfurt in MDR 85.152.

49 BayObLG in JurBüro 82.110; OLG Koblenz in Rpfleger 87.341.

daß die Staatskasse eine zu hohe Entschädigung für den Sachverständigen gezahlt habe[50].

Haben die Parteien sich gemäß § 7 Abs. 1 dem Gericht gegenüber mit der Zahlung einer bestimmten Entschädigung an den Sachverständigen einverstanden erklärt, so können sie die Höhe dieser dem Sachverständigen entsprechend der Vereinbarung gezahlten Entschädigung nicht nach § 5 GKG (§ 14 KostO) anfechten, es sei denn, sie machen geltend, daß die Voraussetzungen des § 7 nicht vorgelegen hätten.

Auch wenn nach § 7 Abs. 2 die Zustimmung einer Partei durch das Gericht ersetzt worden ist, kann die Höhe der gezahlten Entschädigung nicht im Verfahren nach § 5 GKG (§ 14 KostO) angefochten werden. Eine solche Anfechtung wäre im Ergebnis eine Anfechtung der gerichtlichen Zustimmung, die nach § 7 Abs. 2 Satz 2 unanfechtbar ist[51].

30.2 Eine gerichtliche Entscheidung zugunsten des Kostenschuldners, durch die eine im Gerichtskostenansatz enthaltene Zeugen- oder Sachverständigenentschädigung herabgesetzt wird, wirkt sich unmittelbar **gegen den Zeugen oder Sachverständigen** nicht aus. Sie kann der Anweisungsstelle jedoch Anlaß geben, die bisherige Festsetzung der Entschädigung zu ändern – s. a. § 15 Rz. 32 –, sofern die Entschädigung nicht bereits nach § 16 ZSEG rechtskräftig festgesetzt worden ist.

Dem Erstattungsanspruch steht jedoch der Einwand der Verjährung gegenüber – s. § 15 Rz. 30.2 –. Macht der Zeuge oder Sachverständige hiervon Gebrauch oder war die Entschädigung bereits im Verfahren nach § 16 rechtskräftig festgesetzt worden, so wirkt sich die gerichtliche Entscheidung im Kostenansatzverfahren nur zu Lasten der Staatskasse aus.

31 Kein Beschwerderecht der Hilfskräfte

Die vom Sachverständigen zugezogene Hilfskraft hat wegen der ihr vom Sachverständigen für ihre Tätigkeit zustehenden Vergütung, die dem Sachverständigen als zu erstattende notwendige Auslage festgesetzt ist, kein eigenes Beschwerderecht, da ihr Anspruch sich nur gegen den Sachverständigen, nicht gegen die Staatskasse richtet. Wegen einer zu geringen Festsetzung der Auslagen für Hilfskräfte ist nur der Sachverständige beschwerdeberechtigt.

32 Kein Beschwerderecht des Finanzamts

Das Finanzamt ist am Verfahren über die Entschädigung von Zeugen und Sachverständigen nach § 16, das aus einem von ihm geführten Steuerstrafverfah-

50 OLG Koblenz aaO. – Fn. 49 –.
51 A. A.: *Tschischgale* in JVBl. 63.65.

ren erwachsen ist, nicht beteiligt und somit nicht befugt, Beschwerde einzulegen[52].

Beschwerdesumme 33

Der Zeuge oder Sachverständige kann nur wegen zu niedriger Festsetzung der Entschädigung, die Staatskasse nur wegen zu hoher Festsetzung Beschwerde einlegen. Der Unterschied zwischen der erfolgten Festsetzung und der erstrebten Entschädigung muß mehr als 100,– DM betragen. Dabei ist im Falle einer teilweisen Abhilfe durch die Vorinstanz hinsichtlich der Höhe des Beschwerdewertes nicht auf den Zeitpunkt der Einlegung des Rechtsmittels, sondern auf den der Entscheidung des Beschwerdegerichts abzustellen[53].

Die Beschwerde ist unzulässig, wenn die Beschwerdesumme nur infolge Erweiterung des in der ersten Instanz Beantragten erreicht wird[54]. Auch die Versagung rechtlichen Gehörs durch das festsetzende Gericht eröffnet nicht die Beschwerdeinstanz, wenn der Wert des Beschwerdegegenstandes 100,– DM nicht übersteigt. Etwaige Grundrechtsverstöße sind von dem Gericht selbst zu beseitigen[55].

Die Frage, ob die Umsatzsteuer für die Beschwerdesumme mitzurechnen ist, ist umstritten; mit der in Literatur und Rechtsprechung herrschenden Meinung ist sie zu bejahen[56].

Hat ein Gericht einen Dolmetscher für mehrere am selben Tage verhandelte Verfahren hinzugezogen und auf dessen Antrag die ihm zu zahlenden Entschädigungen einheitlich festgesetzt, so unterliegt die Festsetzung nicht der Beschwerde, wenn in keinem der Ausgangsverfahren eine den Mindestbeschwerdewert von 100,– DM übersteigende Entschädigung streitig bleibt[57].

Volle Nachprüfung im Beschwerdeverfahren 34

Die Beschwerde gegen die richterliche Festsetzung ist eine Tatsacheninstanz. Das Beschwerdegericht hat anstelle des Erstrichters zu entscheiden. Dem Beschwerdegericht obliegt damit die volle Nachprüfung der Festsetzung. Sie umfaßt alle die für die Bemessung der Entschädigung maßgeblichen Umstände.

52 OLG München in Rpfleger 82.317 = JurBüro 82. 891.
53 OLG Karlsruhe in Justiz 93.441 = JurBüro 94.180.
54 OLG Karlsruhe in Justiz 86.100.
55 OLG Düsseldorf in JMBl. NW 88.80 = JurBüro 88.661 = Rpfleger 88.116.
56 *Brocke/Reese*, Anm. 4 zu § 16 ZSEG; *Gerold/Schmidt/v. Eicken/Madert*, Anm. 20 zu § 128 BRAGO mit weiteren Nachweisen; *Hartmann*, Rz. 46 zu § 128 BRAGO; OLG Düsseldorf in JurBüro 64.280; OLG Koblenz in MDR 92.196; a. A.: OLG Köln in JurBüro 61.401; OLG Schleswig in SchlHA 60.60.
57 OVG NW in NWVBl 93.313.

Dies schließt notwendigerweise auch die Überprüfung des billigen Ermessens ein[58].

35 **Weitere Beschwerde**

Gegen die Entscheidung des Beschwerdegerichts ist eine weitere Beschwerde nicht zulässig[59].

Das gilt auch für Entscheidungen des Beschwerdegerichts über den Erstattungsanspruch einer Betreuungsperson nach § 1835 Abs. 4 BGB – s. a. § 1 Rz. 21 –, für den die Verfahrensvorschriften des ZSEG entsprechend anzuwenden sind[60].

Ausnahmsweise ist eine weitere Beschwerde statthaft, falls das erste Gericht willkürlich und daher unter Verstoß gegen Artikel 3 Abs. 1 Grundgesetz Rechtsnormen unberücksichtigt gelassen hat oder einer Partei rechtliches Gehör im Sinne des Artikel 103 Grundgesetz nicht gewährt wurde, wobei im übrigen unerheblich ist, ob der angefochtene Beschluß verfahrens- oder materiellrechtliche Vorschriften verletzt[61].

36 **Keine Beschwerde in Finanzgerichtssachen**

In der Finanzgerichtsbarkeit, in der unter dem BFH nur die eine Instanz der Finanzgerichte vorhanden ist, ist eine Beschwerde gegen die Festsetzung durch das Finanzgericht nach Absatz 2 Satz 4 nicht zulässig[62]. Auch die Festsetzungen der OLG, der OVG, der LAG und der LSG sind nicht anfechtbar.

37 **Einlegung der Beschwerde**

Für die Beschwerde besteht kein Anwaltszwang. Die Beschwerde ist schriftlich oder zu Protokoll der Geschäftsstelle bei dem entscheidenden Gericht einzule-

58 OLG Oldenburg in JurBüro 81.86; *Kamphausen* in JurBüro 83.415; *Mümmler* in JurBüro 83.416;
a. A.: OLG Frankfurt in JurBüro 83.413.

59 OLG Düsseldorf in JMBl. NW 83.143 = MDR 83.764; OLG Koblenz in MDR 85.257 = Rpfleger 85.172; OLG Hamburg in JurBüro 82.933; OLG Karlsruhe in Justiz 87.182.

60 KG in Rpfleger 73.357; OLG Hamm in Rpfleger 73.362 = JurBüro 76.1700; BayObLG in Rpfleger 84.270; OLG Celle in Nds. Rpfl. 91.51; BayObLG in JurBüro 93.481, in MDR 93.768; OLG Oldenburg in BtPrax 93.141 = JurBüro 93.695; OLG Karlsruhe in AnwBl. 93.532; OLG Celle in BtPrax 94.31; OLG Bremen in Juris/ZSEG DOKNR 464996; OLG Köln in MDR 94.70 = JurBüro 94.416; OLG Karlsruhe in FamRZ 94.461; BayObLG in MDR 94.380.

61 OLG Düsseldorf in JurBüro 87.1102; in JurBüro 94.182.

62 FG Düsseldorf, Kammer Köln in BB 60.1049; BFH in JVBl. 72.42 = DB 71.1997 LS = BStBl. II 71.586; BFH, Beschl. v. 22. 8. 89 – VII B 131/89 – in Juris/ZSEG.

gen. Wird sie bei dem Beschwerdegericht eingelegt, so ist sie zunächst dem entscheidenden Gericht zuzuleiten, das prüfen muß, ob es seine Entscheidung abändern will. Auch eine zu Protokoll der Geschäftsstelle eines unzuständigen Gerichts gegebene Beschwerde, die an das entscheidende Gericht weitergeleitet wird, ist gültig.

Geltendmachung weiterer Ansprüche 38

Solange dem Sachverständigen eine Frist zur Bezifferung seiner Ansprüche nach § 15 Abs. 3 noch nicht gesetzt worden oder eine ihm gesetzte Frist noch nicht abgelaufen ist, kann der Sachverständige auch im Beschwerdeverfahren noch weitere Ansprüche geltend machen[63]. Ein Zeuge kann immer noch im Beschwerdeverfahren weitere Ansprüche geltend machen.

Zuständiges Beschwerdegericht 39

Welches Gericht zur Entscheidung über eine Beschwerde nach § 16 Abs. 2 zuständig ist, richtet sich nach den für das Hauptverfahren maßgebenden Zuständigkeitsvorschriften[64]. In Kindschaftssachen hat daher über eine Beschwerde nach § 16 gegen eine Entscheidung des Amtsgerichts das Oberlandesgericht nach § 119 Nr. 2 GVG zu entscheiden[65]. Über eine Beschwerde gegen die Festsetzung durch einen ersuchten Richter entscheidet nicht das Prozeßgericht, sondern das dem ersuchten Richter übergeordnete Gericht. § 576 ZPO gilt nicht[66].

Über eine Beschwerde gegen die Festsetzung durch das Landgericht im ersten Rechtszug entscheidet in Bayern nicht das Oberlandesgericht, sondern das Bayerische Oberste Landesgericht, soweit dieses auch im Hauptsachenrechtszug zur Entscheidung über die Beschwerde zuständig wäre, also insbesondere in Angelegenheiten der freiwilligen Gerichtsbarkeit[67].

Erinnerung nach § 11 RpflG 40

Gegen die Festsetzung durch den Rechtspfleger ist nicht die Beschwerde nach § 16 ZSEG, sondern die unbefristete Erinnerung nach § 11 RpflG gegeben. Hilft der Rechtspfleger der Erinnerung nicht ab, so entscheidet der Richter, wenn er die Erinnerung für zulässig und begründet hält. Soweit der Richter nicht über die Erinnerung entscheidet, gilt sie als Beschwerde nach § 16 ZSEG.

63 OLG Düsseldorf in NJW 57.1406 = MDR 57.496; *Kamphausen* in JurBüro 81.1645.
64 BayObLG in JVBl. 66.286 = JurBüro 66.959.
65 OLG Koblenz in NJW 74.2055 = Rpfleger 74.415 = KRspr. § 16 Nr. 48.
66 *Stein/Jonas* Rz. 10 zu § 401 ZPO.
67 BayObLG aaO. – Fn. 64 –.

41 **Beschwerdeentscheidung**

Der Beschwerdeführer darf im Endergebnis nicht schlechter gestellt werden als vorher. Das Beschwerdegericht kann jedoch einzelne Rechnungspositionen herabsetzen, wenn durch Erhöhung anderer Positionen die Gesamtsumme der vom ersten Richter festgesetzten Entschädigung nicht unterschritten wird[68].

42 **Gegenvorstellung**

Eine Gegenvorstellung ist im Entschädigungsfestsetzungsverfahren nur in dem Umfang zulässig, als sie im Zivilprozeß zugelassen wird.

Diese kann sich nur gegen gerichtliche Entscheidungen richten, die

1. nicht mehr angefochten werden können,
2. auch nicht der materiellen Rechtskraft unterliegen und
3. unter Grundrechtsverstoß zustande gekommen sind[69].

Die Möglichkeit eines Gerichts, seine eigene Entscheidung auf eine Gegenvorstellung hin noch einmal zu überprüfen, hängt allein davon ab, ob eine einmal erlassene gerichtliche Entscheidung abgeändert werden darf oder nicht, wobei die Rechtskraft nicht geeignet ist, die Frage der Abänderbarkeit von Beschlüssen zu klären. Die Frage der Abänderbarkeit bzw. Nichtabänderbarkeit einer gerichtlichen Entscheidung beurteilt sich nach der Qualität des unterlaufenen Fehlers. Liegt ein Grundrechtsverstoß vor – etwa die Verletzung des rechtlichen Gehörs –, so ist die Entscheidung auf eine Gegenvorstellung hin abänderbar, sofern das Gericht nicht – wie bei rechtskräftigen Urteilen – an seine Vorentscheidung gebunden oder durch das Prozeßrecht an der selbständigen Änderung gehindert ist. Weder das ZSEG noch die – ergänzend heranzuziehende – ZPO binden in den Fällen des § 16 das Gericht an seine Entscheidung oder hindern es an einer selbständigen Änderung[70].

68 OLG Hamm in JMBl. NRW 65.105; BayObLG in NJW 71.252; a. A.: SchlHOLG in SchlHA 85.46 = MDR 85.79 = KRspr. § 16 Nr. 83 LS m. Anm. von *Lappe* = JurBüro 85.1374.

69 OLG München in JurBüro 86.1226.

70 OLG Karlsruhe in MDR 93.290 = NStZ 93.88 = Justiz 93.204.

§ 17 Dolmetscher und Übersetzer

(1) Für Dolmetscher und Übersetzer gelten die Vorschriften dieses Gesetzes sinngemäß.

(2) Für ihre Leistungen werden Dolmetscher wie Sachverständige, Übersetzer ausschließlich nach den folgenden Vorschriften entschädigt.

(3) Die Entschädigung für die Übersetzung eines Textes aus einer Sprache in eine andere Sprache beträgt 2 Deutsche Mark je Zeile. Ist die Übersetzung erschwert, insbesondere wegen der Verwendung von Fachausdrücken oder wegen schwerer Lesbarkeit des Textes, so kann die Entschädigung bis auf 5,80 Deutsche Mark, bei außergewöhnlich schwierigen Texten bis auf 8,40 Deutsche Mark je Zeile erhöht werden. Für eine oder für mehrere Übersetzungen auf Grund desselben Auftrags beträgt die Entschädigung mindestens 25 Deutsche Mark.

(4) Als Zeile gilt die Zeile der angefertigten schriftlichen Übersetzung, die durchschnittlich 50 Schriftzeichen enthält. Werden in der angefertigten Übersetzung keine lateinischen Schriftzeichen verwendet, war aber ein Text mit lateinischen Schriftzeichen zu übersetzen, so sind die Zeilen dieses Textes maßgebend. Angefangene Zeilen von mehr als 30 Schriftzeichen werden zu vollen Zeilen zusammengezogen.

Übersicht

I. Allgemeine Bemerkungen

Abgrenzung zwischen Dolmetscher und Übersetzer 1

II. Dolmetscher

Geltungsbereich des ZSEG 2
Leistungsentschädigung nach § 3 Abs. 2 3
Überschreitung des mittleren Stundensatzes nach § 3 Abs. 2 4
Entschädigung bei unterbliebener Leistung 5
Erhöhung nach § 3 Abs. 3 6
Übersetzungsbüro 7
Juristische Person als Dolmetscher 8
Justizbedienstete als Dolmetscher 9
Protokollführer als Dolmetscher 10
Dolmetschertätigkeit an mehreren Sitzungstagen 11
Kosten eines Vertreters 12
Geltendmachung des Anspruchs 13

III. Übersetzer

Sonderregelung 14
Zur Höhe der Zeilenentschädigung 15
Erschwerte Übersetzung 16
Außergewöhnlich schwierige Übertragung 17
Objektive Schwierigkeit 18
Einheitlicher Zeilensatz 19
Mindestentschädigung 20
Zeilenberechnung 21
Maßgeblicher Text für die Übersetzerentschädigung 22
Abgeltungsbereich der Übersetzerentschädigung 23
Schreibauslagen 24
Geltendmachung der Entschädigung 25
Übersetzertätigkeit durch Behördenangehörige 26
Auf Erfordern beigebrachte Übersetzungen 27
Festsetzung der Übersetzerentschädigung 28

IV. Einzelfälle in der Rechtsprechung

Dolmetscher . . . . 29 Übersetzer 30

V. Ermäßigte Entschädigung nach der Maßgaberegelung des Einigungsvertrages

Dolmetscherentschädigung. . . . . 31 Entschädigung des Übersetzers 32

I. Allgemeine Bemerkungen

1 Abgrenzung zwischen Dolmetscher und Übersetzer

Für die Frage, ob die vom Gericht oder der Staatsanwaltschaft herangezogene Person als Dolmetscher, d. h. wie ein Sachverständiger oder als Übersetzer nach Abs. 3 und 4 zu entschädigen ist, kommt es auf die erbrachte Leistung an.

1.1 Als **Dolmetscher** wird tätig, wer mündliche oder schriftliche Erklärungen durch eine mündliche Übertragung in eine andere Sprache der anderen Seite verständlich macht oder die Verständigung mit Tauben und Stummen vermittelt.

1.2 Als **Übersetzer** wird tätig, wer einen schriftlichen Text in eine andere Sprache überträgt.

Ein beeidigter Dolmetscher, der nur ein fremdsprachiges Schriftstück schriftlich übersetzt, wird als Übersetzer tätig und auch als Übersetzer, nicht als Dolmetscher entschädigt.

II. Dolmetscher

2 Geltungsbereich des ZSEG

Mit Ausnahme des § 5, der seinem Inhalt nach für Dolmetscher nicht zutrifft, gelten alle Vorschriften für Sachverständige auch für Dolmetscher. Es kann daher auch für die Leistung des Dolmetschers eine besondere Entschädigung nach § 7 vereinbart werden oder eine Vereinbarung nach § 13 mit dem Dolmetscher geschlossen werden.

3 Leistungsentschädigung nach § 3 Abs. 2

Entscheidend für die Höhe des im Rahmen des § 3 zu gewährenden Stundensatzes ist nicht, wie schwierig die Übersetzung für den einzelnen Dolmetscher ist, sondern ob objektiv die Übertragung für jeden Dolmetscher, der die betreffende Sprache durchschnittlich beherrscht, darüber hinausgehende Fachkenntnisse erfordert. Das kann insbesondere dann der Fall sein, wenn technische, medizinische oder juristische Fachausdrücke zu übersetzen sind, deren Kenntnis auch bei einem voll ausgebildeten, diese Fremdsprache an sich beherrschenden Dolmetscher nicht ohne weiteres vorauszusetzen ist. Auch die Übertragung aus einer besonders schwierigen Sprache oder dem Dialekt einer Fremdsprache kann größere Fachkenntnisse erfordern[1].

Unter Berücksichtigung der Tatsache, daß jede Sachverständigentätigkeit ohnehin Fachkenntnisse erfordert, der Gesetzgeber also davon ausgeht, daß auch der nach dem niedrigsten Stundensatz zu entschädigende Sachverständige zur Begutachtung ausreichende Fachkenntnisse besitzt, wird auch bei einem Dolmetscher in der Regel von einem Stundensatz von 75,– DM – dem Mittelwert nach § 3 Abs. 2 Satz 1 zwischen 50,– DM und 100,– DM – auszugehen sein. Das gilt auch dann, wenn sich die Tätigkeit des Dolmetschers auf eine Sprache bezieht, die nicht alle in einem modernen Kulturstaat verwendeten Begriffe enthält. Soweit »juristische Begriffe« eine Rolle spielen, lassen sie sich von einem mit der betreffenden Sprache vertrauten Dolmetscher umschreiben, ohne daß sich hieraus echte Schwierigkeiten ergeben[2].

Überschreitung des mittleren Stundensatzes nach § 3 Abs. 2 4

Die Überschreitung des mittleren Stundensatzes von 75,– DM wird immer dann zu rechtfertigen sein, wenn die Tätigkeit des Dolmetschers überdurchschnittlich schwierig ist.

Besonders schwierig ist die Tätigkeit des Dolmetschers, wenn in umfangreichen Strafverfahren der Angeklagte über lange Zeiträume hin durch Simultandolmetscher unterrichtet werden muß.

Außereuropäische Sprachen, die im Bundesgebiet nur selten vorkommen, stellen für den Dolmetscher eine schwierigere Leistung dar als die Dolmetschertätigkeit in einer gängigen europäischen Sprache[3]. Die Kenntnis der türkischen Sprache ist heute in der Bundesrepublik so weit verbreitet, daß sie nicht mehr als »besonders schwierige Sprache« angesehen werden kann, die größere Fachkenntnisse erfordert[4].

Der Höchstsatz nach § 3 Abs. 2 mit 100,– DM steht einem Dolmetscher aber nur bei schwierigsten Dolmetscherleistungen zu. – s. a. § 3 Rz. 36 –

1 OLG Celle in Nds. Rpfl. 64.243; OLG Zweibrücken in Rpfleger 86.322 = ZSW 86.103.
2 OVG Münster in JMBl. NW 83.55.
3 OLG Koblenz in MDR 86.360; VGH Bad.-Württ. in Justiz 88.173;
a. A.: OLG Düsseldorf in MDR 91.1098.
4 KG in JurBüro 84.1379.

5 **Entschädigung bei unterbliebener Leistung**

Auch wenn der Dolmetscher nicht tätig zu werden braucht, hat er Anspruch auf die erhöhte Entschädigung, wenn nach der Schwierigkeit der Aufgabe, zu der er herangezogen wurde, ein erhöhter Stundensatz gerechtfertigt ist[5].

6 **Erhöhung nach § 3 Abs. 3**

6.1 Die Voraussetzungen für eine Überschreitung der Entschädigung nach **§ 3 Absatz 3 Buchst. a** (Auseinandersetzung mit der wissenschaftlichen Lehre) sind bei einem Dolmetscher nicht gegeben.

6.2 Anzuwenden ist jedoch die Regelung des **§ 3 Absatz 3 Buchst. b** auf Dolmetscher, die Berufsdolmetscher sind oder die, ohne Berufsdolmetscher zu sein, durch die Dauer oder die Häufigkeit ihrer Heranziehung bei einer Entschädigung nach den Sätzen des § 3 Abs. 2 einen nicht zumutbaren Erwerbsverlust erleiden würden[6] – s. a. § 3 Rzn. 47 – 49 –.

Da die Regelung des § 3 Absatz 3 Buchst b **nur auf Dolmetscher** und nicht auch auf Übersetzer – s. Rz. 14 – anzuwenden ist, müssen die Voraussetzungen zur Erhöhung der Entschädigung allein in der Dolmetschertätigkeit begründet sein. Bei der Frage, ob einem zur Dolmetschertätigkeit Hinzugezogenen ein sogenannter »Berufsdolmetscherzuschlag« zusteht, kommt es daher allein darauf an, ob er seine Berufseinkünfte »zu mindestens 70 vom Hundert« aus der Dolmetschertätigkeit erzielt. Seine Einkünfte aus einer Übersetzertätigkeit sind dabei nicht zu berücksichtigen[7]. Die Übersetzereinnahmen zu den Berufseinkünften des Dolmetschers zu zählen würde bedeuten, die vom Gesetzgeber nicht gewollte Anwendung des § 3 Absatz 3 auf Übersetzer indirekt zuzulassen.

6.3 Eine **Verdienstausfallentschädigung** steht einem Dolmetscher – ebenso wie einem Sachverständigen – nicht zu. Ein eventueller Verdienstausfall kann nur im Rahmen des § 3 Abs. 3 Satz 1 Buchstabe b berücksichtigt werden[8] – s. a. § 3 Rzn. 27, 47 ff. –.

5 OLG München in Rpfleger 73.379 LS = MDR 73.1044 LS = 73.2044 LS = KRspr. § 17 Nr. 24 LS; OLG Nürnberg in JVBl. 66.142; OLG Hamm in JMBl. NRW 66.251 = NJW 66.1883 = BB 66.1125 = JurBüro 66.1045; KG in Rpfleger 71.78;
a. A.: LG Hagen in JVBl. 65.68 = KRspr. § 17 Nr. 4 LS mit Anm. v. *Lappe*.

6 OLG Frankfurt in KRspr. § 17 Nr. 59 LS mit Anm. von *Herget* = MDR 88.801 = JurBüro 88.1083; LG Hildesheim in Nds. Rpfl. 89.182; *Bleutge*, Rnr. 8 zu § 17.

7 OLG Hamm in MDR 93.697;
a. A.: *Bleutge*, Rnr. 8 zu § 17.

8 OVG Hamburg in KRspr. § 17 Nr. 60 LS.

Übersetzungsbüro 7

Wird ein selbständiger Dolmetscher durch Vermittlung eines »Übersetzungsbüros« beauftragt, so begründet dies allein noch keinen Anspruch auf eine Erhöhung nach § 3 Abs. 3 Buchst. b[9].

Juristische Person als Dolmetscher 8

Zieht das Gericht eine juristische Person (GmbH) zu Dolmetscherleistungen heran, so steht ihr und nicht den einzelnen für sie tätigen Dolmetschern der Entschädigungsanspruch zu. Für die Bemessung eines Zuschlags nach § 3 Abs. 3 Buchst. b ist auf die Verhältnisse der juristischen Person abzustellen. Der Höchstzuschlag von 50 v. H. ist jedenfalls dann nicht gerechtfertigt, wenn die juristische Person nebenberufliche Dolmetscher beschäftigt, die für sich allein nicht die Voraussetzungen des § 3 Abs. 3 Buchst. b erfüllen[10].

Justizbedienstete als Dolmetscher 9

Wegen der hauptamtlichen Dolmetscher (Dolmetscherinspektoren, Dolmetscheroberinspektoren) und der nebenamtlich als Dolmetscher oder Übersetzer bei Gerichten oder der Staatsanwaltschaft tätigen sonstigen Justizbediensteten siehe § 1 Rz. 67.

Protokollführer als Dolmetscher 10

Wird der Protokollführer zugleich als Dolmetscher tätig, so erhält er dafür eine Entschädigung nach § 17, sofern er nicht hauptamtlicher Dolmetscher ist und nicht für die Nebentätigkeit eine laufende, nicht auf den Einzelfall abgestellte Vergütung erhält. Die besondere Entschädigung der Dolmetschertätigkeit würde, wenn er bereits eine laufende Vergütung für diese Tätigkeit erhält, zu einer doppelten Bezahlung der gleichen Tätigkeit führen.

Dolmetschertätigkeit an mehreren Sitzungstagen 11

Wegen der Entschädigung der aufgrund eines einheitlichen Auftrags an mehreren Sitzungstagen erbrachten Dolmetscherleistungen siehe § 3 Rz. 29.

Kosten eines Vertreters 12

Wie der Sachverständige kann auch der Dolmetscher u. U. neben der Leistungsentschädigung eine Entschädigung für die notwendigen Kosten eines Vertreters (§ 11), nie jedoch eine Entschädigung für Verdienstausfall erhalten.

9 LG Mainz in MDR 83.515; OLG Koblenz in KRspr. § 17 Nr. 45 LS; OLG Düsseldorf in JurBüro 88.521 = MDR 88.169.

10 VGH Bad.-Württ. in Justiz 88.173 (Zuschlag: 20 v. H.).

13 **Geltendmachung des Anspruchs**

Für die Geltendmachung seiner Entschädigung gelten für den Dolmetscher ebenfalls die Bestimmungen des § 15 Abs. 3.

III. Übersetzter

14 **Sonderregelung**

14.1 Die Fassung des Absatz 2 stellt klar, daß die Vorschriften für die Leistungsentschädigung des Sachverständigen nach den **§§ 3–7 nicht für den Übersetzer** gelten. Für die Entschädigung des Übersetzers ist in den Absätzen 3 und 4 eine Sonderregelung getroffen worden.

14.2 Dem Übersetzer steht daher auch **nicht der »Berufszuschlag«** nach § 3 Absatz 3 Buchstabe b zu[11]. Dies entspricht dem eindeutigen Willen des Gesetzgebers. In der Begründung[12] des Gesetzes zur Änderung von Kostengesetzen vom 9. 12. 1986 ist hierzu ausgeführt, »durch die Neufassung von § 17 Abs. 2 soll klargestellt werden, daß insbesondere § 3 Abs. 3 für Übersetzer nicht anwendbar sein soll«. Das muß auch dann gelten, wenn eine Person sowohl Dolmetscher als auch Übersetzer ist – s. a. Rz. 6.2. –. Die Ungleichbehandlung von Dolmetscher und Übersetzer in der Leistungsentschädigung ist vom Gesetzgeber mit den in der Regel bei Dolmetschern vorliegenden höheren Gemeinkosten begründet worden. Ob dies einer ernsthaften Überprüfung standhält, darf allerdings bezweifelt werden, insbesondere dann, wenn von derselben sachverständigen Person berufsmäßig sowohl Dolmetscher- als auch Übersetzerleistungen erbracht werden und für beide Tätigkeiten ein entsprechender Bürobetrieb unterhalten werden muß. Dann ist es jedenfalls nicht nachvollziehbar, wenn der sachverständigen Person, die ganz oder nahezu ausschließlich ihre Leistungen für Gerichte oder Staatsanwaltschaften erbringt und dadurch einen Erwerbsverlust erleidet – s. § 3 Rzn. 47 und 48 –, die Erhöhung nach § 3 Absatz 3 Buchstabe b zwar für die Dolmetscherleistung, nicht aber für die Übersetzertätigkeit zugebilligt wird. Diese sich aus dem Gesetz selbst ergebende Ungleichbehandlung kann aber nur vom Gesetzgeber beseitigt werden.

14.3 Die sonstigen Vorschriften über die Entschädigung eines Sachverständigen (§§ 8 f.) gelten nach Absatz 1 sinngemäß auch für Übersetzer, da in den Absätzen 3 und 4 eine Sonderregelung nur für die Leistungsentschädigung getroffen ist. Die Entschädigungen nach § 8 Absatz 1 Nrn. 1–3, §§ 9–10 werden für Übersetzer kaum praktisch werden. Indessen wird der Übersetzer **Schreibausla-**

11 OLG Stuttgart in Rpfleger 83.416 = Justiz 83.390; OLG Düsseldorf in AnwBl. 91.272 = JurBüro 91.589; *Bleutge*, Rnr. 16 zu § 17;
a. A.: OLG Köln in JurBüro 82.1057; OLG München in MDR 87.153.

12 BT-Drucksache 10/5113, Seite 40.

gen und sonstige bare Aufwendungen nach § 11 geltend machen können. Die sonstigen Vorschriften des ZSEG, insbesondere die §§ 1, 12 bis 16 gelten für den Übersetzer ebenfalls sinngemäß.

Zur Höhe der Zeilenentschädigung 15

Während früher nur zwischen einfachen und besonders schwierigen Übertragungen unterschieden wurde, unterscheidet die geltende Regelung zwischen einfachen Übertragungen, die keine Schwierigkeiten bereiten, Übertragungen, die erschwert sind, und Übertragungen von außergewöhnlich schwierigen Texten. Damit soll klargestellt werden, daß die unterste Stufe nur für einfache Übersetzungen ohne jede Schwierigkeit, z. B. Übertragungen aus dem Französischen, Englischen, Italienischen oder Flämischen[13], die keine Fachausdrücke enthalten, bestimmt ist und immer dann, wenn die Übertragung mit Schwierigkeiten verbunden ist, die Höhe der Zeilenentschädigung innerhalb der Spanne von 2,– DM bis 5,80 DM nach dem Grad der Schwierigkeit zu bemessen ist. Die verschiedentlich vertretene Ansicht, häufig in gerichtlichen Verfahren vorkommende juristische Begriffe könnten keine von der Regelleistung abweichende besondere Fachleistung des Übersetzers bedingen, kann nicht rechtfertigen, jetzt für solche Übersetzungen eine Zeilenentschädigung von 2,– DM anzunehmen, denn die Zeilenentschädigung von 2,– DM ist kein »Regelsatz«, sondern der für einfachste Übersetzungen vorgesehene niedrigste Satz.

Erschwerte Übersetzung 16

Als Beispiel für Übertragungen, die erschwert sind, führt das Gesetz an: »insbesondere Übertragungen von Texten mit Fachausdrücken oder von schwer lesbaren Texten«. Aus der Formulierung »von Texten mit Fachausdrücken« ergibt sich, worauf auch die Gesetzesbegründung ausdrücklich hinweist, daß es sich nicht um ausgesprochene Fachtexte wie technische oder medizinische Gutachten handeln muß, sondern daß eine erschwerte Übertragung bereits dann vorliegt, wenn der zu übertragende Text Fachausdrücke, z. B. juristische Fachausdrücke, enthält, auch wenn es sich dabei um Begriffe handelt, die in gerichtlichen Verfahren häufiger vorkommen[14].

Aus dem Wort »insbesondere« ergibt sich, daß die angeführten Beispiele nicht erschöpfend sind. So führt auch die Begründung des Gesetzes noch als weiteres Beispiel Übertragungen aus Sprachen an, die im Bundesgebiet wenig gebräuchlich sind und bei denen dem Übersetzer nur unzureichende übersetzungswissenschaftliche Hilfsmittel zur Verfügung stehen. Die Schwierigkeit, die sich daraus

13 OLG Koblenz in KRspr. § 17 Nr. 48 LS.

14 Die vom OLG Koblenz in Rpfleger 74.415 = MDR 75.63 = NJW 74.2055 vertretene gegenteilige Ansicht kann m. E. nach der seit dem 1. 1. 1977 geltenden Fassung nicht mehr aufrechterhalten werden.

ergibt, daß es nur eine lückenhafte terminologische Erschließung durch Wörterbücher gibt, so daß der Übersetzer mehr Zeit aufwenden muß, wird vor allem bei außereuropäischen Sprachen vorliegen. Aber auch Übertragungen aus einer europäischen, im Bundesgebiet selten gebrauchten Sprache können für den Übersetzer schwieriger sein als Übertragungen aus Sprachen, die im Rechts- und Wirtschaftsleben in der Bundesrepublik häufig gebraucht werden und für die jedem Übersetzer ausreichende Hilfsmittel zur Verfügung stehen[15].

Auch Erschwerungen, die nicht in dem zu übersetzenden Text begründet liegen, wie z. B. besonderer Zeitdruck oder ungewöhnlich schwierige Arbeitsbedingungen rechtfertigen eine Zeilenentschädigung bis zu 5,80 DM. Zu den Erschwernissen im Sinne des Absatz 3 Satz 2 1. Halbsatz kann auch die kompliziert gestaltete graphische Darstellung des zu übersetzenden Textes (z. B. in Vordrucken zum Versorgungsausgleich), welche ebenfalls zu übertragen ist, gerechnet werden[16].

Die Entschädigung zwischen 5,80 DM und 8,40 DM je Zeile ist dagegen nur für die Übersetzung eines außergewöhnlichen Textes vorgesehen. Sonstige Erschwernisse außerhalb des Textes finden hier keine Berücksichtigung[17].

17 **Außergewöhnlich schwierige Übersetzung**

Bei außergewöhnlich schwierigen Übertragungen kann der normale Höchstsatz von 5,80 DM bis zu 8,40 DM je Zeile überschritten werden. Da eine über 5,80 DM je Zeile hinausgehende Entschädigung nur bei außergewöhnlich schwierigen Texten möglich ist und auch innerhalb der Spanne von 5,80 DM bis 8,40 DM nach dem Grad der unterschiedlichen Schwierigkeit abgestuft werden muß, kann der höchste Zeilensatz von 8,40 DM nur in ganz besonders gelagerten Ausnahmefällen von äußerster Schwierigkeit in Betracht kommen. Die Erhöhung für Übersetzungen bei »außergewöhnlich schwierigen Texten« ist nur gerechtfertigt, wenn die Schwierigkeiten unmittelbar in dem zu übersetzenden Text liegen. Erschwerende Umstände außerhalb des Textes müssen bei der Erhöhung bis zu 8,40 DM je Zeile außer Betracht bleiben[18].

18 **Objektive Schwierigkeit**

Entscheidend für die Bemessung des Entschädigungssatzes ist nicht, ob die Übertragung für den Übersetzer subjektiv schwierig ist, sondern ob sie objektiv schwierig ist, d. h. ob sie einem erfahrenen Übersetzer, der über eine durchschnittliche Kenntnis der betreffenden Fremdsprache verfügt, Schwierigkeiten bereitet.

15 OLG Stuttgart in JurBüro 84.92 = Justiz 83.391.
16 OLG Düsseldorf in Juris/ZSEG – DOKNR. 794134 –.
17 A. A.: offenbar OLG Koblenz in KRspr. § 17 Nr. 50 LS = MDR 84.780 LS.
18 OLG Bamberg in JurBüro 81.1873.

Der Ansicht des OLG Frankfurt[19], daß für die Übertragung eines juristischen Fachtextes durch einen Rechtsanwalt nicht der erhöhte Satz für eine »erschwerte« Übersetzung gewährt werden könne, vermag ich nicht zu folgen. Man kann nicht einen Übersetzer, dem die Übertragung eines Fachtextes auf Grund seines speziellen Fachwissens leichter fällt als anderen Übersetzern, die über dieses Fachwissen nicht verfügen, deswegen geringer entschädigen. Dies hieße, das größere Können geringer zu entschädigen.

Einheitlicher Zeilensatz 19

Die Entschädigung ist nach dem durchschnittlichen Schwierigkeitsgrad des gesamten Textes und somit nach einem einheitlichen Zeilensatz zu bemessen, sofern der Text nicht aus einzelnen selbständigen Teilen besteht, die sich ohne weiteres völlig trennen lassen[20]. Bei der Höhe des einheitlichen Zeilensatzes ist neben dem Grad der Schwierigkeit der Anteil der schwerer zu übersetzenden Teile zu berücksichtigen.

Auch Textwiederholungen sind – als Erleichterungen – bei der Bemessung des einheitlichen Zeilensatzes und nicht bei der Zeilenzahl zu berücksichtigen. Einem Übersetzer, der im Auftrage des Gerichts eine Mehrzahl überwiegend textgleicher Übersetzungen anzufertigen hat, steht für jede der Übersetzungen eine Zeilenentschädigung zu. Daß der Übersetzungsauftrag inhaltsgleiche Texte zum Gegenstand hat, kann nur bei der Höhe des einheitlich zu bemessenden Zeilenhonorars berücksichtigt werden[21].

Mindestentschädigung 20

Die Mindestentschädigung für eine oder mehrere Übertragungen aufgrund desselben Auftrags beträgt 25,– DM. Sie erwächst für die Erledigung des gesamten Auftrags, nicht für die Übersetzung des einzelnen Schreibens. Sind z. B. aufgrund eines Auftrages zwei Schreiben von 3 und 10 Zeilen zu übertragen, so ist, wenn es sich um eine einfache, nicht erschwerte Übersetzung handelt, für beide Schreiben zusammen der Mindestsatz von 25,– DM – nicht 2 x 25,– DM – zu gewähren.

19 OLG Frankfurt in JurBüro 77.1752 = Rpfleger 77.462 = MDR 78.238 = KRspr. § 17 Nr. 36 LS m. abl. Anm. von *Lappe*, ebenso abl. *Jessnitzer* Dolm. Fn. 330.

20 OLG Schleswig in Schl.HA. 61.296; OLG Celle in JVBl. 67.167 = Nds. Rpfl. 67.148 = KRspr. § 17 Nr. 5 LS m. krit. Anm. von *Lappe*; KG in KRspr. § 17 Nr. 7; OLG München in JVBl. 70.261 m. Anm. von *Mümmler* = KRspr. § 17 Nr. 8 LS m. krit. Anm. von *Lappe*; LSG Baden-Württbg. in Rpfleger 74.374

21 OLG Köln in JurBüro 91.1397.

21 Zeilenberechnung

Während früher eine Zeile von »durchschnittlich 15 Silben« der Entschädigungsberechnung zugrunde gelegt wurde, geht die geltende Regelung in Abs. 4 von einer Zeile aus, die »durchschnittlich 50 Schriftzeichen« enthält. Die Zeilenberechnung nach Silben ist außerhalb der Rechtspflege nicht üblich. Da die durchschnittliche Länge einer Silbe in den einzelnen Sprachen verschieden ist, führte die Berechnung nach Silben u. U. zu unbefriedigenden und unbilligen Ergebnissen. Die Berechnung nach Schriftzeichen ist zudem für die Anweisungsstellen einfacher, da die Zahl der Silben oft nur bei Kenntnis der fremden Sprache und ihrer Schriftzeichen feststellbar ist.

Eine Zeile mit 50 Schriftzeichen hat eine normale Zeilenlänge. Da die Entschädigung nach der Zahl der Zeilen mit »durchschnittlich« 50 Schriftzeichen zu berechnen ist, ist es nicht erforderlich, etwa in jeder Zeile die Zahl der Schriftzeichen zu zählen, zumal angefangene Zeilen von mehr als 30 Schriftzeichen als volle Zeilen gelten. Eine Kürzung der Zeilenzahl kommt daher nur in Betracht, wenn die Zeilen durchschnittlich weniger als 50 Schriftzeichen enthalten. Zeilen, die in normaler Schreibmaschinenschrift auf DIN-A4-Blättern mit normalem Rand geschrieben sind, enthalten durchschnittlich mindestens 50 Schriftzeichen. Nur Schreiben, deren Schriftbild auffällig vom allgemeinen Schriftbild abweicht, könnten daher Anlaß geben, die Zahl der Schriftzeichen nachzuzählen[22].

Weder die Tatsache, daß zahlreiche Wörter wiederholt vorkommen, noch Eigennamen, Ortsnamen oder sonstige Bezeichnungen, die unverändert in die Übersetzung übernommen werden, können Anlaß zu einer Kürzung der tatsächlichen Zeilenzahl geben[23].

Mit der Regelung, wie angefangene Zeilen zu berechnen sind, erledigt sich auch die früher umstrittene Frage, wie Briefkopf, Überschrift und andere Kurzzeilen zu berechnen sind.

Anmerkungen des Übersetzers, die zur Erläuterung der Übersetzung unerläßlich sind, sind als Zeichen mitzurechnen und zu entschädigen.

22 Maßgeblicher Text für die Übersetzerentschädigung

Für die Berechnung der Entschädigung ist der Text der Übersetzung, d. h. das Ergebnis der Übersetzertätigkeit maßgebend. Der zu übersetzende Text ist für die Zeilenberechnung nur dann maßgebend, wenn in der angefertigten Übersetzung keine lateinischen Schriftzeichen verwendet werden, der zu übersetzende Text aber mit lateinischen Schriftzeichen geschrieben ist.

22 Ebenso für die Zeile mit 15 Silben LG Hannover in JurBüro 71.638 = Nds. Rpfl. 71.142 = KRspr. § 17 Nr. 12 LS mit Anm. von *Lappe*.

23 OLG Celle aaO. – Fn. 20 –.

Abgeltungsbereich der Übersetzerentschädigung 23

Die Leistung des Übersetzers, die mit der Zeilenentschädigung nach den Absätzen 3 und 4 abgegolten wird, besteht, ebenso wie bei dem Sachverständigen, der ein schriftliches Gutachten erstattet, nicht im Niederschreiben der Übersetzung, das auch durch Schreibkräfte erfolgen kann, vielmehr liegt die eigentliche Tätigkeit des Übersetzers in der geistigen Leistung der Übertragung des Textes aus einer Sprache in die andere. Nur diese Leistung wird durch die in § 17 Abs. 3, 4 vorgesehene Entschädigung abgegolten.

Mit der Zeilenentschädigung nach den Absätzen 3 und 4 wird die gesamte Tätigkeit des Übersetzers abgegolten. Er kann außer Ersatz der baren Aufwendung (§§ 8 bis 11) eine weitere Entschädigung, insbesondere eine Entschädigung für Verdienstausfall, nicht beanspruchen. Auch eine »Beglaubigungsgebühr« für die Beglaubigung seiner Übersetzung, die in entsprechender Anwendung von § 410 ZPO vom Gericht verlangt wird, steht ihm nicht zu.

Schreibauslagen 24

Für die Fertigung der Urschrift der Übersetzung erhält der Übersetzer Aufwendungsersatz in sinngemäßer Anwendung des § 8 Abs. 1 Nr. 3[24].

Für die erforderlichen Durchschläge sowie für einen Durchschlag für die Handakten des Übersetzers sind neben der Zeilenentschädigung Schreibauslagen nach § 11 Abs. 2 zu erstatten.

Geltendmachung der Entschädigung 25

Der Übersetzer ist weder Zeuge noch Sachverständiger, so daß streitig sein könnte, ob für die Geltendmachung des Anspruchs § 15 Abs. 2 oder Abs. 3 anzuwenden ist. Da der Übersetzer eine dem Sachverständigen ähnliche Stellung hat, dürfte auch für den Übersetzer wie für den Dolmetscher der für den Sachverständigen geltende Absatz 3 anzuwenden sein.

Für die Anwendbarkeit von Absatz 3 spricht auch, daß ebenso wie beim Sachverständigen beim Übersetzer im Regelfall nicht davon ausgegangen werden kann, daß er seine Tätigkeit dem Gericht unentgeltlich zur Verfügung stellen wolle. Der gesetzgeberische Grundgedanke des § 15 Abs. 3 trifft daher auf den Übersetzer ebenso zu wie auf den Sachverständigen.

24 LSG Baden-Württemberg aaO. – Fn. 20 –; LG Bremen in KRspr. § 17 Nr. 18; LG Hannover in Nds. Rpfl. 71.117 = JurBüro 71.646; LG Detmold in JVBl. 72.762; OLG Bamberg in JurBüro 73.354; LG Nürnberg-Fürth in JurBüro 73.674; OLG Köln in JurBüro 91.1397;
a. A.: OLG Schleswig in Rpfleger 62.367; *Brocke/Reese* S. 200.

26 **Übersetzertätigkeit durch Behördenangehörige**

Obwohl § 1 Abs. 3 nur von »Gutachten« spricht, dürfte der Grundgedanke dieser Vorschrift, die vermeiden will, daß die gleiche Tätigkeit doppelt entschädigt wird, auch auf Übersetzungen anzuwenden sein. Behördenangehörige, zu deren Dienstaufgabe die Anfertigung von Übersetzungen gehört oder die für ihre nebenamtliche Übersetzertätigkeit eine laufende, nicht auf den Einzelfall abgestellte Vergütung erhalten, haben keinen Anspruch auf Entschädigung nach § 17. – s. a. § 1 Rzn. 58 f. –

27 **Auf Erfordern beigebrachte Übersetzungen**

Wenn das Gericht von der Befugnis des § 142 Abs. 3 ZPO anzuordnen, »daß von den in fremder Sprache abgefaßten Urkunden eine durch einen beeidigten Übersetzer angefertigte Übersetzung beigebracht werde«, Gebrauch macht, so ist die Beibringung der Übersetzung Sache der Partei. Die Bewilligung einer Entschädigung an den Übersetzer aus der Staatskasse kann in diesem Falle nicht in Frage kommen, weil es an der Voraussetzung fehlt, daß der Übersetzer von dem Gericht herangezogen ist. Dies gilt auch dann, wenn das Gericht etwa auf den Wunsch der Parteien deren Auftrag an den Übersetzer übermittelt. Denn durch eine solche Übermittlung wird der Parteiauftrag nicht zu einer an den Übersetzer gerichteten Anordnung des Gerichts. Dem Übersetzer erwächst daher aus der Annahme und Ausführung des vom Gericht nur übermittelten Parteiauftrages ein Anspruch nicht gegen die Staatskasse, sondern nur gegen die Partei.

28 **Festsetzung der Übersetzerentschädigung**

Für die gerichtliche Festsetzung der Übersetzerentschädigung gilt § 16. Festzusetzen ist die gesamte Entschädigung. Setzt das Gericht statt der Gesamtentschädigung nur den Zeilensatz fest, so liegt darin ein Verfahrensfehler, der ggfls. im Beschwerdeverfahren zu bereinigen ist[25].

IV. Einzelfälle in der Rechtsprechung

29 **Dolmetscher**

29.1 **Französische Sprache**

Die französische Sprache gehört zu den gängigen Weltsprachen und ist in der Bundesrepublik weit verbreitet. Bei ihr handelt es sich um eine Sprache, in die oder aus der zu dolmetschen nicht schwierig ist. Unter Berücksichtigung der Umstände, daß teilweise simultan gedolmetscht werden mußte und auch die Fachsprache eines medizinischen Sachverständigen zu übersetzen war, erscheint

25 OLG Hamm in JVBl. 72.261 = KRspr. § 16 Nr. 34.

eine leichte Erhöhung – um 25 v. H. – des Mindeststundensatzes nach § 3 Abs. 2 gerechtfertigt[26].

Griechische Sprache 29.2

Griechisch ist eine im EG-Raum gängige, nicht besonders schwierige Sprache, die an einen Dolmetscher nur knapp durchschnittliche Anforderungen stellt. Angemessen ist ein Stundensatz nach § 3 Abs. 2, der um 25 v. H. über dem Mindeststundensatz liegt[27].

Englische Sprache 29.3

Die Dolmetscherstunde für europäische Sprachen – hier: englisch – ist regelmäßig mit einem um 25 v. H. erhöhten Mindeststundensatz zu entschädigen[28].

Arabische Sprache 29.4

Die Sprachvermittlung zwischen der arabischen und der deutschen Sprache ist auch bei einem verhältnismäßig einfachen Sachverhalt eine schwierige Dolmetschertätigkeit, für die im Regelfall ein um 50 v. H. erhöhter Mindeststundensatz nach § 3 Abs. 2 angemessen ist[29].

Türkische Sprache 29.5

Kenntnisse der türkischen Sprache sind in der Bundesrepublik nicht mehr als außergewöhnlich anzusehen. Bei Dolmetscherleistungen zum einfachen Lebenssachverhalt ist der Mittelwert der Entschädigung nach § 3 Abs. 2 angemessen[30].

Dänische Sprache 29.6

Bei der Übersetzung der dänischen Sprache wird eine Leistung erbracht, die sich von den allgemein gängigen mitteleuropäischen Sprachen wie Englisch und Französisch abhebt. Angemessen ist eine geringfügige Erhöhung des Mindestsatzes[31].

26 OLG Celle in Nds. Rpfl. 90.48 – Stundensatz: 50,– DM a. F. –.
27 LG Hannover in Nds. Rpfl. 90.48 – Stundensatz: 50,– DM a. F. –.
28 LG Osnabrück in JurBüro 90.729 – Stundensatz: 50,– DM a. F. – (s. a. BVerfG in Nds. Rpfl. 90.176).
29 VG Berlin, Beschl. v. 27. 6. 1991 – 24 A 72.91 – in Juris/ZSEG – Stundensatz: 60,– DM a. F. –.
30 OLG Hamm in JurBüro 92.496.
31 OLG Oldenburg in Nds.Rpfl. 94.164 – Stundensatz: 45,– DM a. F. –.

30 **Übersetzer**

30.1 **Italienische Sprache**

Die Übersetzung in die italienische Sprache ist nicht durch Besonderheiten der Sprache erschwert; angemessen ist die Mindestzeilenentschädigung, wenn die Übersetzung andere Erschwernisgründe nicht aufweist[32].

30.2 **Persische Sprache**

Für die Übersetzung eines Schriftstückes mit juristischen Fachausdrücken, die durch Arabismen wiedergegeben werden mußten, in die persische Sprache ist eine deutliche Anhebung der Mindestzeilenentschädigung gerechtfertigt[33].

30.3 **Ungarische Sprache**

Eine Übersetzung in die ungarische Sprache mit einem nicht unerheblichen Anteil juristischer Fachtexte rechtfertigt eine deutliche Anhebung der Zeilenentschädigung[34].

IV. Ermäßigte Entschädigung nach der Maßgaberegelung des Einigungsvertrages

31 **Dolmetscherentschädigung**

Für die ermäßigte Entschädigung eines hinzugezogenen Dolmetschers gelten die Ausführungen zu § 3 Rzn. 61–65 entsprechend.

32 **Entschädigung der Übersetzer**

Unter denselben Voraussetzungen wie bei einem Sachverständigen – s. § 3 Rzn. 61–63 – wird auch die Entschädigung der Übersetzer um 20 v. H. ermäßigt.

Die Zeilengrundentschädigung nach § 17 Abs. 3 Satz 1 ZSEG beträgt dann 1,60 DM. Sie kann bei erschwerter Übersetzung bis auf 4,64 DM und bei außergewöhnlich schwierigen Texten bis auf 6,72 DM erhöht werden. Die Mindestentschädigung für eine oder mehrere Übersetzungen aufgrund desselben Auftrags (§ 17 Abs. 3 Satz 3 ZSEG) beträgt 20,– DM.

32 LG Hannover in Nds. Rpfl. 90.50.
33 OLG Celle in Nds. Rpfl. 93.132 = JurBüro 93.560 – Zeilensatz von 4,– DM nach § 17 Abs. 3 a. F. –.
34 OLG Celle in Nds. Rpfl. 93.187 – Zeilenentschädigung nach § 17 Abs. 3 a. F.: 3,70 DM –.

§ 17 a Entschädigung Dritter

(1) Für Dritte, die auf Grund eines Beweiszwecken dienenden Ersuchens der Strafverfolgungsbehörde

1. Gegenstände herausgeben (§ 95 Abs. 1, § 98 a der Strafprozeßordnung) oder die Pflicht zur Herausgabe entsprechend einer Anheimgabe der Strafverfolgungsbehörde abwenden,
2. Auskunft erteilen,
3. die Überwachung und Aufzeichnung des Fernmeldeverkehrs ermöglichen (§ 100 b Abs. 3 der Strafprozeßordnung) oder
4. durch fernmeldetechnische Maßnahmen die Ermittlung
   a) von solchen Telefonanschlüssen ermöglichen, von denen ein bestimmter Telefonanschluß angewählt wurde (Fangeinrichtung),
   b) der von einem Telefonanschluß hergestellten Verbindungen ermöglichen (Zählvergleichseinrichtung),

gelten die Vorschriften dieses Gesetzes sinngemäß; sie gelten nicht für die Zuführung der telefonischen Zeitansage, die betriebsfähige Bereitstellung und die Überlassung von Wählanschlüssen; sie gelten nicht für die betriebsfähige Bereitstellung von Festverbindungen, die nicht für bestimmte Überwachungsmaßnahmen eingerichtet werden. Artikel 3 § 13 des Gesetzes zur Beschränkung des Brief-, Post- und Fernmeldegeheimnisses findet keine Anwendung.

(2) Die Dritten werden wie Zeugen entschädigt.

(3) Bedient sich der Dritte eines Arbeitnehmers oder einer anderen Person, so werden ihm die Aufwendungen dafür (§ 11) im Rahmen des § 2 Abs. 2 und 5 ersetzt.

(4) Die notwendige Benutzung einer eigenen Datenverarbeitungsanlage für Zwecke der Rasterfahndung wird entschädigt, wenn die Investitionssumme für die im Einzelfall benutzte Hardware und Software zusammen mehr als 20 000 Deutsche Mark beträgt. Die Entschädigung beträgt bei einer Datenverarbeitungsanlage mit einer Investitionssumme bis zu 50 000 Deutsche Mark für jede Stunde der Benutzung 10 Deutsche Mark; die gesamte Benutzungsdauer ist auf volle Stunden aufzurunden. Bei sonstigen Datenverarbeitungsanlagen wird

1. die Benutzung der Anlage bei der Entwicklung eines für den Einzelfall erforderlichen, besonderen Anwendungsprogramms durch einen Zuschlag von 20 Deutsche Mark für jede Stunde, für die insoweit nach Absatz 2 oder 3 eine Entschädigung zu zahlen ist, abgegolten;
2. für die übrige Dauer der Benutzung einschließlich des hierbei erforderlichen Personalaufwandes eine Rechenpauschale in Höhe von einem Zehnmillionstel der Investitionssumme je Sekunde für die Zeit erstattet, in der die Zentraleinheit belegt ist (CPU-Sekunde); der Betrag je CPU-Sekunde ist auf volle 0,05 Deutsche Mark aufzurunden und beträgt höchstens 3 Deutsche Mark.

Die Höhe der Investitionssumme und die verbrauchte CPU-Zeit sind glaubhaft zu machen.

(5) Der eigenen elektronischen Datenverarbeitungsanlage steht eine fremde gleich, wenn die durch die Auskunftserteilung entstandenen direkt zurechenbaren Kosten (§ 11) nicht sicher feststellbar sind.

(6) Abweichend von den Absätzen 2 und 3 ist in den Fällen des Absatzes 1 Nr. 3 für die betriebsfähige Bereitstellung einer Festverbindung je Ende, das nicht in Einrichtungen des Betreibers der Festverbindung liegt, ein Betrag von 300 DM für eine zweiadrige und ein Betrag von 600 DM für eine vier- oder mehradrige Festverbindung zu ersetzen; für die Benutzung von Festverbindungen und die Nutzung von Wählverbindungen sind die in den allgemeinen Tarifen dafür vorgesehenen Entgelte zu ersetzen.

Übersicht

Allgemeine Bemerkungen 1
Anspruchsberechtigte 2
Strafverfolgungsbehörde 3
Ersuchen 4
Zu entschädigende Leistung 5
Entschädigung 6
Benutzung einer Datenverarbeitungsanlage 7
Amtshilfe durch Behörden 8
Betreiber von Fernmeldeanlagen 9
Keine Entschädigungsvereinbarung 10
Frist für die Geltendmachung des Entschädigungsanspruchs 11
Wiedereinziehung der Entschädigung 12
Entschädigung entsprechend der Maßgaberegelung des Einigungsvertrages 13

1 **Allgemeine Bemerkungen**

Durch den durch das Poststrukturgesetz mit Wirkung vom 1. 7. 1989 in das Gesetz aufgenommenen § 17 a hat der Gesetzgeber die Entschädigung von Dritten, die im Rahmen von Strafverfolgungsmaßnahmen von der Strafverfolgungsbehörde um Herausgabe von Gegenständen, um Auskunfterteilung oder um Überwachung des Fernmeldeverkehrs ersucht werden, auf eine gesetzliche Grundlage gestellt. Die Dritten – die weder Zeugen noch Sachverständige sind – haben einen unmittelbaren Entschädigungsanspruch nach dem ZSEG.

Mit der Einfügung der Absätze 4 und 5 in § 17 a durch das Gesetz zur Bekämpfung des illegalen Rauschgifthandels und anderer Erscheinungsformen der Organisierten Kriminalität (OrKG) vom 15. 7. 1992 (BGBl. I S. 1302) ist ergänzend die Möglichkeit geschaffen worden, den Dritten eine Entschädigung für die im Rahmen der Rasterfahndung eingesetzten eigenen oder fremden Datenverarbeitungsanlagen zu gewähren.

Schließlich ist durch die Novellierung der Absätze 1 und 6 durch das KostRÄndG 94 klargestellt worden, daß die Betreiber von Fernmeldeanlagen für ihre Mitwirkung bei der bei der Einrichtung und Durchführung von Überwachungsmaßnahmen in der Regel im Rahmen des ZSEG zu entschädigen sind.

Anspruchsberechtigte 2

Dritte im Sinn des § 17a können private Körperschaften (z. B. Kreditinstitute, Firmen pp.) oder Behörden (z. B. Deutsche Bundespost – Telekom –), aber auch Privatpersonen sein, die in strafrechtlichen Ermittlungsverfahren von der Strafverfolgungsbehörde ersucht werden, im Rahmen des § 17a Abs. 1 tätig zu werden.

Strafverfolgungsbehörde 3

Zu den Strafverfolgungsbehörden gehören alle Behörden, die aufgrund gesetzlichen Auftrags zur Ermittlung strafrechtlicher Vorgänge verpflichtet sind. Neben den Staatsanwaltschaften zählen hierzu z. B. auch die Finanzbehörden, die in steuerstrafrechtlichen Angelegenheiten ermitteln sowie die Polizeibehörden, die im Rahmen des § 163 StPO Straftaten erforschen. Beauftragt die Polizei als Strafverfolgungsbehörde die Deutsche Bundespost-TELEKOM mit der Überwachung und Aufzeichnung des Fernmeldeverkehrs, so hat die Deutsche Bundespost-TELEKOM einen unmittelbaren Anspruch auf Entschädigung gegen die Polizeibehörde aus § 17a. Hinsichtlich der zu Beweiszwecken in Anspruch genommenen Dritten geht § 17a über die Regelung des § 1 hinaus.

Ersuchen 4

Unter Ersuchen sind alle Aufforderungen der Strafverfolgungsbehörde an den Dritten zu verstehen, dem Anliegen der Strafverfolgungsbehörde nachzukommen. Hierbei ist es unbeachtlich, ob dem Ersuchen eine gerichtliche Beschlagnahmeanordnung zugrunde liegt oder nicht[1]. Damit hat auch die bisher in der Rechtsprechung äußerst umstrittene Frage, ob dem Dritten für den Fall einer gerichtlichen Beschlagnahmeanordnung mit anschließender freiwilliger Herausgabe von Unterlagen oder Kopien ein Entschädigungsanspruch zusteht oder nicht, ihre Bedeutung verloren. Worauf die Verpflichtung des Dritten zur Herausgabe oder Auskunftserteilung beruht, ist für den Entschädigungsanspruch ohne Bedeutung; entscheidend ist nur, daß der Dritte einem Ersuchen der Strafverfolgungsbehörde nachkommt.

Zu entschädigende Leistung 5

Die Palette der von dem Dritten zu erbringenden und im Rahmen des § 17a zu entschädigenden Leistungen ist vielseitig. Neben der Herausgabe körperlicher Gegenstände (z. B. Geschäfts- oder Kontounterlagen) werden zu den zu entschädigenden Leistungen auch die Fertigung von Kopien oder Abdrucken der Unterlagen oder die Ausdrucke von gespeicherten Daten zu rechnen sein.

1 OLG Schleswig in SchlHA 91.170.

Auch die bei einer angeordneten Überwachung oder Aufzeichnung des Fernmeldeverkehrs von dem Betreiber einer für den öffentlichen Verkehr bestimmten Fernmeldeanlage zu erbringenden Leistungen sind im wesentlichen im Rahmen des ZSEG zu entschädigen.

6 **Entschädigung**

6.1 Die Dritten – **Privatpersonen, private oder öffentlich-rechtliche Körperschaften** – werden wie Zeugen entschädigt. Nur insoweit sind die Bestimmungen des ZSEG sinngemäß anzuwenden. Es gelten mithin für die Entschädigung der Dritten die Regelungen der §§ 2, 4, 6, 9-12, 14-16 entsprechend.

6.2 Eine **Verdienstausfallentschädigung** nach § 2 wird für Körperschaften (z. B. Banken, Sparkassen, Behörden) in der Regel nicht in Betracht kommen, da ihnen durch die Tätigkeit im Zuge des Ersuchens der Strafverfolgungsbehörde ein »Verdienstausfall« nicht entstehen dürfte.

Ist der Dritte jedoch eine Privatperson, z. B. ein Steuerberater, der infolge des Heraussuchens, Zusammenstellens, Kopierens und der Weiterleitung der herauszugebenden Unterlagen an die Strafverfolgungsbehörde seiner sonstigen beruflichen Tätigkeit nicht nachgehen kann, so wird ihm eine Verdienstausfallentschädigung zu gewähren sein.

6.3 Betraut der Dritte mit den durch das Ersuchen der Strafverfolgungsbehörde erforderlichen Arbeiten einen seiner **Arbeitnehmer** oder eine **andere Person**, so werden ihm die Aufwendungen dafür nach § 11 ersetzt. Die Höhe der Aufwendungen ist jedoch auf die Höchstbeträge nach § 2 Abs. 2 und 5 begrenzt (§ 17 a Abs. 3). Die einschränkende Regelung des § 2 Abs. 3 findet keine Anwendung[2].

Die »Hilfskräfte« des Dritten werden für die Dauer ihrer Tätigkeit mit den durch das Ersuchen der Strafverfolgungsbehörde bedingten Arbeiten als »Zeugen« angesehen. Hinsichtlich der erstattungsfähigen Aufwendungen werden sie wie Zeugen behandelt, die von einem Gericht zu Beweiszwecken herangezogen und entschädigt werden. Der Berechnung des Aufwendungsanspruchs ist daher der dem Arbeitnehmer von dem Dritten gezahlte Bruttoarbeitslohn zugrunde zu legen. – s. a. § 2 Rz. 13 –

Der Höchstsatz des § 2 Abs. 2 kann bei der Entschädigungsberechnung auch dann nicht überschritten werden, wenn der Dritte seinem Bediensteten einen höheren Bruttostundenlohn zahlt oder der sonst hinzugezogenen Person eine höhere Vergütung als 25,– DM je Arbeitsstunde gewährt. Dasselbe gilt für den Höchstbetrag der Tagesentschädigung nach § 2 Abs. 5.

Die »Hilfskräfte« haben keinen eigenen Entschädigungsanspruch nach § 17 a. Die Entschädigung kann nur durch den Dritten als Aufwendungsersatz geltend gemacht werden.

2 OLG Frankfurt in WM 91.160; KG in WM 91.1546.

Neben den Aufwendungen für »Hilfskräfte« können dem Dritten im Rahmen des § 11 seine **sonstigen baren Aufwendungen** erstattet werden. Hierzu zählen insbesondere Portoauslagen und notwendige Ausgaben für Ferngespräche. Unter Umständen kann auch Fahrtkostenersatz nach § 9 in Betracht kommen, z. B. wenn der Dritte die herauszugebenden Unterlagen der ersuchenden Behörde überbringt oder überbringen läßt und ihm hierdurch Aufwendungen erwachsen. **6.4**

Für die von dem Dritten durch die Strafverfolgungsbehörde geforderten Mehrfertigungen (Abdrucke, Ablichtungen) werden dem Dritten wie einem Zeugen die **Schreibauslagen** im Rahmen des § 11 Abs. 2 ersetzt. Insoweit wird auf die Anmerkungen in Rz. 5 zu § 11 verwiesen. **6.5**

Nach § 11 sind dem Dritten auch die notwendigen Aufwendungen für die **Fertigung von Kopien von Mikrofilmen** zu erstatten. Allerdings hat der Dritte die Mehrkosten selbst zu tragen, die dadurch entstanden sind, daß er die Unterlagen statt im Original auf Mikrofilm archiviert hat. Der Dritte ist nach § 261 HGB verpflichtet, wenn er Unterlagen nicht im Original bereithält, auf seine Kosten Hilfsmittel zur Lesbarmachung zur Verfügung zustellen und, soweit erforderlich, Unterlagen auszudrucken oder Reproduktionen beizubringen, die ohne Hilfsmittel lesbar sind. Zu erstatten sind lediglich die Schreibauslagen nach § 11 Abs. 2, die entstanden wären, wenn der Dritte die Unterlagen nicht mikroverfilmt, sondern im Original aufbewahrt hätte[3]. **6.6**

Benutzung einer Datenverarbeitungsanlage **7**

Verwendet der Dritte für das Heraussuchen von Unterlagen, für das Aufbereiten und die Zusammenstellung der Unterlagen oder zur Erteilung einer Auskunft eine Datenverarbeitungsanlage, so kann hierfür **in der Regel eine Entschädigung nicht gewährt werden.** Das ZSEG sieht für einen Zeugen – als solche sind die Dritten anzusehen – eine derartige Entschädigung nicht vor. Lediglich für die im Rahmen des Ersuchens der Strafverfolgungsbehörde an der Rechenanlage eingesetzten Bediensteten kann der Dritte den Aufwendungsersatz nach § 17 a Abs. 3 erhalten. **7.1**

Eine Entschädigung für die Benutzung einer eigenen oder einer fremden Datenverarbeitungsanlage kann dem Dritten nur gewährt werden, wenn die Verwendung der Anlage im Rahmen der **Rasterfahndung** (§ 98 a StPO) erfolgt, die nur unter Einsatz elektronischer Datenverarbeitungsanlagen möglich ist. **7.2**

Für den Einsatz einer Datenverarbeitungsanlage, deren **Investitionssumme** für im Einzelfall benutzte Hard- und Software **bis zu 20 000,– DM** beträgt, kommt eine Entschädigung auch im Rahmen der Rasterfahndung nicht in Betracht. Der Gesetzgeber ist offensichtlich davon ausgegangen, daß es sich bei den betreffen- **7.3**

3 OLG Schleswig, Beschl. v. 14. 2. 1990 – 1 Ws 23/90.

den Anlagen zumeist um weniger aufwendige Personalcomputer handeln dürfte, die als Einzelplatzsysteme nicht ständig im Einsatz sind. Ein unmittelbarer entschädigungspflichtiger Schaden werde hier auch im Rahmen der Rasterfahndung nicht eintreten.

7.4 Bei dem Einsatz einer Datenverarbeitungsanlage mit einer **Investitionssumme** für die verwendete Hard- und Software **von mehr als 20 000,– DM bis zu 50 000,– DM** beträgt die Entschädigung für jede angefangene Stunde der Benutzung 10,– DM (Abs. 4 Satz 1 und 2).

Bei diesen »mittleren« Datenverarbeitungsanlagen handelt es sich in der Regel um höherwertige Personalcomputer, bei denen sich die Rechenzeit von der Einschaltzeit nicht trennen läßt. Deshalb ist hier die Entschädigung nach einer Stundenpauschale für die Dauer der Benutzung im Rahmen der Rasterfahndung zu bemessen.

Die Entschädigung nach Absatz 4 Satz 2 wird neben der Entschädigung nach den Absätzen 2 und 3 gewährt.

7.5 Bei Datenverarbeitungsanlagen mit einer **Investitionssumme von mehr als 50 000,– DM** ist zu unterscheiden zwischen dem Einsatz des Systems bei der Entwicklung eines für den Einzelfall erforderlichen besonderen Programms (Absatz 4 Satz 3 Ziff. 1) und der Benutzung der Anlage, d. h. der Laufzeit, unter Einsatz des speziell entwickelten Programms (Absatz 4 Satz 3 Zif. 2).

7.5.1 Für die Verwendung der Anlage zur **Entwicklung eines** zur Rasterfahndung erforderlichen **besonderen Anwendungsprogramms** wird zu der Entschädigung nach Absatz 2 oder 3 ein **Zuschlag von 20,– DM je Stunde** gewährt.

Die Zuschlagsregelung wurde gewählt, weil der Umfang der Benutzung der Datenverarbeitungsanlage bei der Programmentwicklung je nach Arbeitsweise des Programmierers sehr unterschiedlich ist und weil die genaue Nutzungszeit häufig nicht gesondert gemessen werden kann.

Die Entschädigung des Dritten für den Einsatz eines Programmierers an der eigenen Datenverarbeitungsanlage zur Entwicklung des besonderen Anwendungsprogramms beträgt höchstens 45,– DM je Stunde (Absatz 4 Satz 3 Zif. 1 in Verb. mit Absatz 3 und § 2 Abs. 2 Satz 1).

7.5.2 Für die **Laufzeit der Datenverarbeitungsanlage** unter Einsatz des speziell hierfür entwickelten oder eines evtl. bereits vorhandenen Programms berechnet sich die Entschädigung nach dem Zeitfaktor »CPU-Sekunde«. Die CPU-Zeit (Central Processing Unit = Zentraleinheit) ist im Bereich der Datenverarbeitung ein feststehender Begriff.

Die Rechenpauschale für jede CPU-Sekunde der Laufzeit beträgt ein Zehnmillionstel der Investitionssumme von 0,05 bis höchstens 3 Deutsche Mark.

Beispiele:

a) Bei einer Datenverarbeitungsanlage mit einer Investitionssumme von 250 000,– DM beträgt die Rechenpauschale 0,05 DM (250 000 : 10 000 000 = 0,03, aufgerundet: 0,05 DM);

b) bei einer Investitionssumme von 2,5 Mill. DM beläuft sich die Rechenpauschale auf 0,25 DM (2 500 000 : 10 000 000 = 0,25);

c) bei einer Investitionssumme von 75 Mill. DM beträgt die Rechenpauschale 3,– DM (75 000 000 : 10 000 000 = 7,5, höchstens: 3,– DM).

Durch die Entschädigung für die Laufzeit der Datenverarbeitungsanlage sind auch die **Personalkosten abgegolten** (Absatz 4 Satz 3 Zif. 2). Für die während der Laufzeit an der Datenverarbeitungsanlage eingesetzte Kraft kann neben der nach Abs. 4 Satz 3 Zif. 2 berechneten Entschädigung nicht noch eine Entschädigung nach Absatz 3 gewährt werden. 7.5.3

Die Höhe der Investitionssumme und die verbrauchte CPU-Zeit sind glaubhaft zu machen. Wie dies zu geschehen hat, läßt der Gesetzgeber offen. Die verbrauchte CPU-Zeit wird in der Regel durch ein von der Datenverarbeitungsanlage zu erstellendes Protokoll nachgewiesen werden können, aus dem sich der durchgeführte Rechenvorgang und die verbrauchte CPU-Zeit ergeben. 7.5.4

Schwieriger wird der Nachweis – wenn auch in Form der Glaubhaftmachung – über die Höhe der Investitionssumme zu führen sein[4].

Verwendet der Dritte im Zuge der Rasterfahndung eine **fremde** – z. B. angemietete – **Datenverarbeitungsanlage,** so sind die Aufwendungen hierfür, sofern sie ausscheidbar festzustellen sind, über § 11 zu erstatten. 7.6

Sind ausscheidbare Auslagen nicht sicher feststellbar, weil der Dritte über die fremde Anlage auch andere Rechenvorgänge ablaufen läßt, ist die Entschädigung wie bei einer eigenen Datenverarbeitungsanlage zu bestimmen (Absatz 5).

Amtshilfe durch Behörden 8

Auch Behörden, die von der Strafverfolgungsbehörde zu Beweiszwecken im Wege der Amtshilfe um Herausgabe von Unterlagen oder um Auskünfte nach § 17 a ZSEG ersucht werden, haben nur im Rahmen des ZSEG einen Entschädigungsanspruch gegenüber der ersuchenden Stelle. Aufwendungen der Behörde können nur in dem Umfang und in der Höhe erstattet werden, wie dies bei einem Zeugen möglich ist. Eigene Gebührenordnungen der ersuchten Behörde können der Entschädigungsberechnung nicht zugrundegelegt werden.

4 S. a. *Hartmann*, Rzn. 10 und 11 zu § 17 a ZSEG.

9 **Betreiber von Fernmeldeanlagen**

9.1 Die Deutsche Bundespost-TELEKOM und andere Betreiber einer für den öffentlichen Verkehr bestimmten Fernmeldeanlage, die auf Ersuchen der Strafverfolgungsbehörde die Überwachung und Aufzeichnung des Fernmeldeverkehrs ermöglichen, können ebenfalls **nur im Rahmen der in § 17 a vorgesehenen Regelungen** entschädigt werden[5]. Die in allgemeinen Tarifen – etwa der Telekommunikationsordnung – TKO – enthaltenen Entgelte können – abgesehen von den Fällen des Absatz 6 – keine Berücksichtigung finden[6]. Das ist insbesondere durch die im Rahmen des KostRÄndG 94 erfolgte Novellierung der Absätze 1 und 6 klargestellt worden. Danach sind die Betreiber von Fernmeldeanlagen zum Zweck der Überwachung des Fernmeldeverkehrs gehalten,
- die erforderlichen fernmeldetechnischen Schaltungen an dem zu überwachenden Anschluß durchzuführen,
- sicherzustellen, daß die Überwachung nur für den Zeitraum ermöglicht wird, für den die Anordnung gilt,
- einen Wechsel des Anschlußinhabers während der Durchführung der Überwachungsmaßnahmen unverzüglich zu erkennen und die Überwachung zu beenden, wenn deren Fortsetzung durch die Anordnung nicht mehr abgedeckt ist,

ohne daß ihnen dafür Entgelte nach ihren eigenen allgemeinen Tarifen erstattet werden.

Sie werden wie Zeugen nach diesem Gesetz entschädigt und erhalten insoweit über Absatz 3 Aufwendungsersatz in den Grenzen des § 2 Abs. 2 und 5 für die von ihnen im Rahmen des Ersuchens eingesetzten Bediensteten und die Entschädigung für bare Aufwendungen nach § 11.

Diese Regelung entspricht der Systematik des ZSEG, das für alle Berechtigten, ob Zeugen, Sachverständige oder Dritte, nur die gesetzliche bestimmte Entschädigung vorsieht, die im Einzelfall hinter der Vergütung zurückbleiben kann, die sonst nach allgemeinen Tarifen oder aus anderen Gründen für eine gleiche Leistung gewährt wird.

9.2 Im Hinblick auf die mit der **mechanischen und elektrischen Installation der Fang- und Zählvergleichseinrichtungen** einschließlich deren Verbindung mit der Festverbindung verbundenen nicht unerheblichen Aufgaben ist durch Absatz 1 Satz 1 Nr. 4 die Anwendung der Entschädigungsregelung ausdrücklich auf diese Maßnahmen erstreckt.

9.2.1 Gleichzeitig stellt Absatz 1 Satz 1 zweiter Halbsatz aber klar, daß die Zuführung der telefonischen Zeitansage und die betriebsfähige Überlassung von **Wählanschlüssen** nicht über § 17 a zu entschädigen ist, auch wenn ein Zusammenhang

5 LG Stuttgart in Justiz 91.209.

6 OLG Celle in Nds. Rpfl. 93.330; OLG Karlsruhe in Justiz 94.68.

mit den Überwachungsmaßnahmen besteht. Dasselbe gilt für die Bereitstellung von Festverbindungen, die zwischen größeren Überwachungsstellen und einem bestimmten Netzknoten auf Dauer für Überwachungszwecke eingerichtet werden, die aber nicht einer bestimmten Überwachungsmaßnahme zugeordnet werden können. Die Aufwendungen hierfür können als Allgemeinkosten der Strafverfolgungsbehörde ebenfalls nicht nach dem ZSEG entschädigt werden[7].

Geht die Leistung eines Telekommitarbeiters **über die in § 17 a erfaßte Tätigkeit (Einrichtung, Überwachung und Aufzeichnung) hinaus,** z. B. in der Auswertung bereits aufgezeichneter Daten, so kann es sich um eine Sachverständigenleistung handeln, die nach § 3 zu entschädigen ist[8]. 9.3

Abweichend von den Regelungen in den Absätzen 2 und 3 sieht Absatz 6 für bestimmte Leistungen des Dritten bei den angeordneten Überwachungsmaßnahmen **»besondere Entschädigungen«** vor. 9.4

Für die **betriebsfähige Bereitstellung einer Festverbindung** je Ende, das nicht in den Einrichtungen des Betreibers liegt, beträgt die Entschädigung 9.4.1

– für eine zweiadrige Festverbindung 300,– DM,
– für eine vier- und mehradrige Festverbindung 600,– DM.

Für die Übermittlung der aus den technischen Überwachungsmaßnahmen resultierenden Informationen an die von der Strafverfolgungsbehörde bestimmte Überwachungsstelle werden im allgemeinen Festverbindungen, bei neueren Telekommunikationssystemen aber auch kostengünstigere Wählverbindungen mit einem entsprechenden Wählanschluß genutzt. Die o. a. Entschädigung umfaßt nur die Aufwendungen für die Bereitstellung der Festverbindungen, nicht jedoch die Kosten für die Bereitstellung und Überlassung von Wählanschlüssen (Absatz 1 Satz 1 2. Halbsatz).

Werden für die Informationsübermittlung Festverbindungen benutzt, so ist für jede Überwachungsmaßnahme eine separate Festverbindung erforderlich, deren betriebsfähige Bereitstellung umfangreiche Arbeiten sowohl im Fernmeldenetz als auch an den Endstellen notwendig macht. Die Aufwendungen dafür sollen durch die o. a. Entschädigungsbeträge ersetzt werden. Diese Entschädigungsbeträge fallen grundsätzlich für jedes Ende einer Festverbindung an, das sich nicht in den technischen Einrichtungen des Betreibers der Festverbindung befindet.

Derzeit können Festverbindungen wegen des bestehenden Netzmonopols ausschließlich von der Deutschen Bundespost TELEKOM bereitgestellt werden. Stellt die DBP TELEKOM eine Festverbindung zwischen dem Netzknoten eines privaten Funknetzbetreibers und der Überwachungsstelle her, so liegen zwei Endpunkte außerhalb von Einrichtungen der DBP TELEKOM, so daß für

7 s. a. *Otto* in JurBüro 94.385.
8 OLG Celle in Juris/ZSEG – DOKNR. 830020 – = JurBüro 93.118.

die betriebsfähige Bereitstellung der Festverbindung die Entschädigungsbeträge zweimal anfallen.

Wird dagegen eine bereits auf Dauer eingerichtete Festverbindung zwischen Einrichtungen der DBP TELEKOM und der Überwachungsstelle wegen der angeordneten Überwachungsmaßnahmen zum Netzknoten eines anderen Funknetzbetreibers verlängert, so sind die erforderlichen Arbeiten nur an einem Endpunkt außerhalb von Einrichtungen des DBP TELEKOM erforderlich mit der Folge, daß der entsprechende Entschädigungsbetrag nur einmal zu erstatten ist.

9.4.2 Für die **Benutzung einer** – bereits eingerichteten – **Festverbindung oder von Wählverbindungen** können nach Absatz 6 die Entgelte nach den allgemeinen Tarifen erstattet werden[9].

10 **Keine Entschädigungsvereinbarung**

Die Vereinbarung einer Entschädigung mit dem Dritten ist weder im Rahmen des § 7 noch des § 13 möglich, da diese Bestimmungen nur für Sachverständige, nicht auch für Zeugen gelten.

11 **Frist für die Geltendmachung des Entschädigungsanspruchs**

Der Entschädigungsanspruch nach § 17 a muß innerhalb der Dreimonatsfrist des § 15 Abs. 2 durch den Dritten bei der Strafverfolgungsbehörde geltend gemacht werden. Die Frist beginnt mit der Übergabe der herauszugebenden Gegenstände an die ersuchende Stelle, mit der Abgabe der erbetenen Auskunft oder mit der Beendigung der Überwachung des Fernmeldeverkehrs[10] – s. a. § 15 Rz. 8 –. Der Dritte kann nach § 16 die Festsetzung seines Entschädigungsanspruchs bei dem zuständigen Gericht beantragen. – s. § 16 Rz. 11 –

12 **Wiedereinziehung der Entschädigung**

Die nach § 17 a an den Dritten gezahlte Entschädigung kann nach Nr. 9005 KV-GKG von dem in die Kosten des Verfahrens verurteilten Kostenschuldner als Gerichtskosten wieder eingezogen werden.

13 **Entschädigung entsprechend der Maßgaberegelung des Einigungsvertrages**

Dritte, die aufgrund eines Beweiszwecken dienenden Ersuchens der Strafverfolgungsbehörde tätig werden und im Rahmen des § 17 a wie Zeugen zu entschädigen sind, erhalten die um 20 v. H. ermäßigte Entschädigung, wenn sie ihren Wohnsitz oder Sitz in den in Art. 3 des Einigungsvertrages genannten Gebieten haben. Insoweit wird auf die Erläuterungen zu § 2 Rzn. 40–45 hingewiesen.

9 OLG Celle in Nds. Rpfl. 93.330.
10 LG Osnabrück in Nds. Rpfl. 94.22.

Für seine Tätigkeit aufgrund des Ersuchens der Strafverfolgungsbehörde erhält der Dritte eine Verdienstausfallentschädigung wie ein Zeuge im Rahmen von 4,– DM bis 20,– DM je Stunde. Evtl. sonstige Aufwendungen werden ihm nach den sonst für Zeugen geltenden Bestimmungen ersetzt. – s. a. Rzn. 6.4–6.6 –

Läßt der Dritte die erforderlichen Tätigkeiten durch einen Arbeitnehmer oder eine andere Person ausführen, so werden ihm die Aufwendungen für diese Personen ersetzt mit der Maßgabe, daß die Aufwendungen auf den Entschädigungsrahmen von 4,– DM bis 20,– DM je Stunde begrenzt sind.

Die Entschädigung nach § 17 a Abs. 4 bis 6 ist auch in den neuen Ländern ungekürzt zu gewähren; die Regelung des Einigungsvertrages erstreckt sich nur auf die Entschädigungen nach § 17 a Abs. 1 bis 3.

§ 18 Übergangsvorschrift

Bei einer Änderung dieses Gesetzes richtet sich die Entschädigung für Sachverständige und Übersetzer für die gesamte Zeit nach dem bisherigen Recht, wenn der Auftrag vor dem Inkrafttreten einer Gesetzesänderung erteilt wurde. Dies gilt auch, wenn Vorschriften geändert werden, auf die dieses Gesetz verweist.

Übersicht

Allgemeine Bemerkungen	1	Hinzuziehung zur Hauptverhandlung	4
Auftragserteilung	2	Maßgaberegelung	5
Nachtragsgutachten	3	Betreuungspersonen	6

1 Allgemeine Bemerkungen

Mit § 18 ist eine allgemeine Übergangsvorschrift eingefügt worden, die auch für künftige Änderungsgesetze gelten soll.

Eine Übergangsvorschrift wird lediglich für die Sachverständigen und Übersetzer für erforderlich gehalten, um eine einheitliche Entschädigung auch dann sicherzustellen, wenn der Sachverständige oder Übersetzer in einer Angelegenheit teils vor und teils nach dem Inkrafttreten eines Änderungsgesetzes Leistungen erbringt. Eine entsprechende Regelung für Zeugen und Dolmetscher erscheint nicht notwendig, weil diese nur in wenigen Fällen einheitlich über den Zeitpunkt des Inkrafttretens eines Änderungsgesetzes hinaus zu entschädigen sein werden. In den wenigen in Betracht kommenden Fällen ist eine unterschiedliche Berechnung ohne Schwierigkeiten möglich. Durch Satz 2 wird erreicht, daß diese Übergangsvorschrift auch dann anwendbar ist, wenn Vorschriften der GOÄ geändert werden, auf die in § 5 Abs. 2 verwiesen wird[1].

Die Übergangsregelung des § 18 gilt nicht für die nach § 17 a zu entschädigenden Dritten, da diese wie Zeugen behandelt werden. Das bedeutet, daß der Dritte, der über einen längeren Zeitraum, der teils vor und teils nach dem Inkrafttreten einer Gesetzesänderung liegt, einem Ersuchen der Strafverfolgungsbehörde nachkommt, für seine Tätigkeit vor dem Inkrafttreten nach bisherigem Recht und für die Tätigkeit danach nach den neuen Bestimmungen zu entschädigen ist.

1 Amtl. Begr., BTDrucks. 10/5113.

Auftragserteilung 2

Ist ein Auftrag an einen Sachverständigen vor dem Inkrafttreten der Gesetzesänderung erteilt worden, so ist für die Bemessung der Leistungsentschädigung des Sachverständigen ausschließlich das frühere Recht maßgebend, auch wenn die Leistung erst nach dem Inkrafttreten erbracht worden ist[2]. Der Auftrag ist erteilt mit seinem Zugang bei dem Sachverständigen[3].

Nachtragsgutachten 3

War der Sachverständige vor Inkrafttreten der Gesetzesänderung mit der Erstellung eines schriftlichen Gutachtens beauftragt und erhält er nach diesem Zeitpunkt einen Auftrag des Gerichts, das Gutachten mündlich zu erläutern oder ein Nachtragsgutachten abzugeben, werden in der Regel voneinander unabhängige Aufträge vorliegen, so daß die Entschädigung für das schriftliche Gutachten nach bisherigem, die Entschädigung für die mündliche Erläuterung oder das Nachtragsgutachten nach neuem Recht zu berechnen ist[4].

Entspricht dagegen das zunächst erstellte schriftliche Gutachten nicht in vollem Umfang dem erteilten Auftrag und beauftragt das Gericht daher den Sachverständigen, das Gutachten zu ergänzen oder ein Zusatzgutachten abzugeben, so werden beide Aufträge als ein Auftrag im Sinne des § 18 anzusehen sein. Die Entschädigung für die Ergänzung des ursprünglichen Gutachtens ist auch dann nach dem bisherigen Recht zu bestimmen, wenn der Ergänzungsauftrag erst nach dem Inkrafttreten der Gesetzesänderung erteilt worden ist[5].

Hinzuziehung zur Hauptverhandlung 4

Für einen nach § 185 Abs. 1 Satz 1 GVG hinzugezogenen Dolmetscher ist als Zeitpunkt der Auftragserteilung der Tag seiner Hinzuziehung in der Verhandlung zu verstehen. Hierbei ist es ohne Bedeutung, daß der Dolmetscher bereits vor dem Inkrafttreten der Gesetzesänderung zur Hauptverhandlung geladen wurde[6].

2 LG Coburg in JurBüro 87.1580; OLG Bamberg in JurBüro 89.702.

3 OLG Düsseldorf in JurBüro 87.1856; *Müller* Rz. 716 d.

4 *Mümmler* in JurBüro 87.1856; OLG Bamberg in Rpfleger 87.339 = JurBüro 87.1820 = KRspr. § 3 Nr. 335 LS m. w. N.; LG Zweibrücken in KRspr. § 18 Nr. 1 LS mit Anm. von *Herget*; FG München in JurBüro 88.246 = KRspr. § 18 Nr. 6 LS mit Anm. von *Herget*; OLG Karlsruhe in JurBüro 88.661; KG in JurBüro 89.698 mit Anm. von *Mümmler*; OLG Hamm in JurBüro 89.1175 = AnwBl. 90.102;
a. A.: LG Gießen in KRspr. § 18 Nr. 3 LS; SchlHOLG in SchlHA 88.145 = Jur Büro 89.258 mit Anm. von *Mümmler* = KRspr. § 18 Nr. 7 LS mit Anm. von *Herget*; OLG Hamburg in MDR 90.64 = JurBüro 90.256 mit Anm. von *Mümmler*.

5 *Herget* aaO. – Fn. 4 –.

6 OLG Hamburg in KRspr. § 18 Nr. 2 LS.

Dasselbe muß für einen Sachverständigen gelten, der in Strafsachen ein Gutachten »unter Berücksichtigung des Ergebnisses der mündlichen Verhandlung« erstatten soll. Die Ladung des Sachverständigen zur Hauptverhandlung ist dann nicht als Gutachtenauftrag anzusehen, wenn der Sachverständige erst in der Hauptverhandlung das genaue Beweisthema und die erforderlichen Beurteilungsgrundlagen erfährt, seine Gutachtertätigkeit mithin erst vom Zeitpunkt der Hauptverhandlung an ausführen kann[7].

5 **Maßgaberegelung**

Für die Maßgaberegelungen des Einigungsvertrages[8] gilt die Übergangsvorschrift des § 18.

6 **Betreuungspersonen**

Die Übergangsregelung des § 18 wird auf die Entschädigung und Vergütung von Betreuungspersonen nicht anzuwenden sein.

§ 18 ZSEG gilt für die Entschädigung von Zeugen und Dritten im Sinne des § 17a ZSEG nicht und die Betreuungspersonen sind hinsichtlich ihrer Entschädigung und Vergütung den »Zeugen« vergleichbar. Eine Anwendung der Übergangsregelung des § 18 ZSEG für Sachverständige auf die Betreuungspersonen hätte im übrigen zur Folge, daß vor dem 1. 7. 1994 bestellte Dauerbetreuer ständig mit den vor dem 1. 7. 1994 liegenden Entschädigungssätzen abgefunden werden müßten.

Das KostRÄndG 1994 enthält hinsichtlich der Änderungen für das ZSEG keine weitere Übergangsregelung. Für die Entschädigung und die Vergütung der Betreuungspersonen, die sich nach den Bestimmungen des ZSEG richten, kommt es mithin auf den Zeitpunkt der zu entschädigenden Tätigkeit an. Für Aufwendungen und Zeiträume, die vor dem Inkrafttreten des KostRÄndG 1994 liegen, werden die Berechnungsmerkmale des ZSEG a. F. zugrunde zu legen sein; Aufwendungen und Vergütungen für die Zeit nach dem 1. 7. 1994 sind nach den dann geltenden Sätzen des ZSEG abzurechnen.

Für die jährlich nachträglich geltend zu machende pauschalierte Aufwandsentschädigung nach § 1836a BGB wird es darauf abzustellen sein, ob der Anspruch vor oder nach dem 1. 7. 1994 »fällig« geworden ist.

7 OLG Karlsruhe in Justiz 88.73 = JurBüro 87.1853 = NStE Nr. 1 zu § 18 ZSEG.
8 S. Abschnitt I Nr. 1.1.1.

Anlage zu § 5

Nr.	Bezeichnung der Leistung	Entschädigung in Deutsche Mark	um 20 v. H. ermäßigte Entschädigung in Deutsche Mark
1	Der Arzt, der eine Leiche, Teile einer Leiche oder eine Leibesfrucht besichtigt oder bei einer richterlichen Leichenschau mitwirkt, erhält hierfür und für seinen zur Niederschrift gegebenen Bericht.	75	60
	Für mehrere solcher Verrichtungen bei derselben Gelegenheit erhält der Arzt höchstens	185	148
	Sind Berichte schriftlich zu erstatten oder nachträglich zur Niederschrift zu geben, so erhält der Arzt für jeden Bericht	40	32
	höchstens.	130	104

Übersicht

Voraussetzungen für die Entschädigung 1
Diktat des Berichts 2
Mehrere Verrichtungen. 3

Voraussetzungen für die Entschädigung 1

Die Entschädigung nach der lfd. Nr. 1 wird sowohl für die Mitwirkung bei einer Leichenschau (§ 87 StPO) als auch bei einer anderen auf Anordnung des Gerichts oder der Staatsanwaltschaft durchgeführten Besichtigung einer Leiche, von Leichenteilen oder einer Leibesfrucht, bei der ein Richter oder Staatsanwalt nicht mitwirkt, gewährt.

Diktat des Berichts 2

Das Diktat des Berichts im Termin oder im unmittelbaren Anschluß an den Termin wird durch die Entschädigung mit abgegolten. Daß der Bericht schriftlich erstattet oder nachträglich zur Niederschrift gegeben wird, rechtfertigt noch nicht die Gewährung einer zusätzlichen Entschädigung von 40,– DM bis 130,– DM.

Diese Entschädigung erhält der Arzt nur, wenn Berichte schriftlich *»zu erstatten«* oder nachträglich zur Niederschrift *»zu geben«* sind, d. h. wenn dies notwendig ist und das Diktat im Termin nicht möglich war. Zur Vermeidung von Rückfragen bei der Rechnungsprüfung wird es daher zweckmäßig sein, bei Anwendung dieser Zusatzentschädigung die Gründe kurz auf dem Beleg zu vermerken.

3 **Mehrere Verrichtungen**

Mehrere solcher Verrichtungen »bei derselben Gelegenheit«, die eine Erhöhung der Entschädigung bis auf 185,– DM zulassen, nimmt der Sachverständige dann vor, wenn er im zeitlichen Zusammenhang aufgrund eines Auftrages in derselben Sache mehrere Leichen, Teile mehrerer Leichen oder eine Leiche und eine Leibesfrucht besichtigt.

Die Besichtigung mehrerer Teile einer Leiche ist nur eine Verrichtung und löst daher nur eine Entschädigung von 75,– DM aus. Die Besichtigung mehrerer Leichen im zeitlichen Zusammenhang, jedoch in verschiedenen Verfahren, sind selbständige Verrichtungen bei verschiedenen Gelegenheiten, für die jeweils eine Entschädigung von 75,– DM anfällt.

Für mehrere Verrichtungen bei derselben Gelegenheit beträgt die Entschädigung bis zu 185,– DM. Sie kann jedoch bei zwei Verrichtungen höchstens 150,– DM betragen. Die Entschädigung für zwei bei derselben Gelegenheit durchgeführte Besichtigungen kann nicht höher sein als die für zwei, bei verschiedenen Gelegenheiten durchgeführten Besichtigungen, da der Sinn des Absatzes 2 darin besteht, für die bei derselben Gelegenheit durchgeführten Verrichtungen die Entschädigung zu ermäßigen.

Entsprechend der Ermäßigungsabsicht des Absatz 2 dürfte im Regelfall bei zwei, bei derselben Gelegenheit vorgenommenen Verrichtungen eine niedrigere Entschädigung als 150,– DM angemessen sein[1].

1 A. A. *Brocke/Reese* S. 207.

Anlage zu § 5

Nr.	Bezeichnung der Leistung	Entschädigung in Deutsche Mark	um 20 v. H. ermäßigte Entschädigung in Deutsche Mark
2	Jeder Obduzent erhält		
	a) für die Leichenöffnung	305	244
	Bei einer Obduktion unter besonders ungünstigen äußeren Bedingungen beträgt die Entschädigung	430	344
	Bei einer Obduktion unter anderen besonders ungünstigen Bedingungen (Zustand der Leiche etc.) beträgt die Entschädigung	620	496
	b) für die Sektion von Teilen einer Leiche oder die Öffnung einer nicht lebensfähigen Leibesfrucht	130	104
	Bei einer Sektion oder Obduktion unter besonders ungünstigen Bedingungen beträgt die Entschädigung	185	148
	Die Entschädigung umfaßt auch den zur Niederschrift gegebenen Bericht einschließlich des vorläufigen Gutachtens.		

Übersicht

Gerichtsarzt . . . 1
Gerichtsärztlicher Dienst in Bayern . . . 2
Entschädigung des Gerichtsarztes . . . 3
Ärzte der Gesundheitsämter . . . 4
Ärzte der Hochschulinstitute in NRW . . . 5
Zweiter Obduzent . . . 6
Vorläufiges Gutachten, begründetes Gutachten . . 7
Teilnahme an der Leichenausgrabung . . . 8
Mikroskopische oder chemische Untersuchungen . 9
Teilobduktion . . . 10
Fahrtkosten- und Auslagenersatz . . . 11
Besonders ungünstige Bedingungen . . . 12
Entschädigung des Sektionsgehilfen . . . 13

Gerichtsarzt 1

Nach § 87 StPO muß einer der beiden zur richterlichen Leichenöffnung hinzugezogenen Ärzte ein Gerichtsarzt oder Leiter eines öffentlichen gerichtsmedizinischen oder pathologischen Instituts oder ein von diesem beauftragter Arzt des Instituts mit gerichtsmedizinischen Fachkenntnissen sein. Wer Gerichtsarzt ist, bestimmt sich nach Landesrecht.

2 **Gerichtsärztlicher Dienst in Bayern**

In Bayern wird nach dem Gesetz über den gerichtsärztlichen Dienst vom 27. 7. 1950 (GVBl. 110) in Verbindung mit der VO über den gerichtsärztlichen Dienst vom 6. 10. 1950 (GVBl. 213) in der Fassung der VO vom 26. 9. 1951 (GVBl. 199) der gerichtsärztliche Dienst bei den Landgerichten und den am Sitz des Landgerichts bestehenden Amtsgerichten von Landgerichtsärzten versehen. Der gerichtsärztliche Dienst bei den übrigen Amtsgerichten wird je nach den dienstlichen Erfordernissen durch die Landgerichtsärzte, die Ärzte der Gesundheitsämter oder hierfür besonders bestellte Privatärzte besorgt. Mit der Wahrnehmung der Aufgaben eines Landgerichtsarztes können die Leiter der Gerichtsmedizinischen Institute der Landesuniversitäten betraut werden. – s. a. § 1 Rzn. 60, 63.14 –

3 **Entschädigung des Gerichtsarztes**

Der als Gerichtsarzt zugezogene Landgerichtsarzt oder der Arzt des örtlich zuständigen Gesundheitsamtes führt die Leichenöffnung in Erfüllung seiner Dienstaufgaben durch. Er hat dann nach § 1 Abs. 3 keinen persönlichen Entschädigungsanspruch[1]. Seine Dienststelle hat jedoch, sofern nicht durch Verwaltungsvereinbarung auf die Gebührenerstattung verzichtet ist[2], nach § 1 Abs. 2 einen Anspruch auf Entschädigung nach den Vorschriften des ZSEG.

Auch die zu Gerichtsärzten im Nebenamt bestellten Gerichtsmediziner oder Pathologen haben keinen *unmittelbaren* persönlichen Entschädigungsanspruch, wenn sie die Obduktion als Gerichtsarzt vornehmen. Die Entschädigung steht diesen Obduzenten nur insoweit persönlich zu, als ihnen der Entschädigungsanspruch von ihrer Dienstbehörde (Kreis oder kreisfreie Stadt) abgetreten worden ist.

3.1 Für NRW ist hierzu der nachstehend abgedruckte RdErl. d. Min. f. Arbeit, Gesundheit und Soziales v. 6. 2. 1987, geändert durch RdErl. v. 7. 7. 1987 (SMBL. NW 2120) ergangen[3].

Durchführung von gerichtlich oder staatsanwaltschaftlich angeordneten Leichenöffnungen

RdErl. d. Ministers für Arbeit, Gesundheit und Soziales v. 6. 2. 1987 – VB 3 – 1028.3, geändert durch RdErl. v. 7. 7. 1987 (VB 3 – 1028.3)

1 LG Mainz in Rpfleger 76.264.

2 Für die Dienststellen der Landgerichtsärzte in Bayern s. Bek. d. Bayer. StMin d. J. (JM Bek.) v. 5. 7. 1974 (MABl. S. 464).

3 Für die Justizverwaltung NRW bekanntgemacht durch RV des JM vom 7. 9. 1987 (4103 – III A. 1.1/JVV).

1. Nach § 87 Abs. 2 der Strafprozeßordnung in der Fassung der Bekanntmachung vom 7. April 1987 (BGBl. I S. 1074) wird die Leichenöffnung von zwei Ärzten vorgenommen. Einer der Ärzte muß Gerichtsarzt oder Leiter eines öffentlichen gerichtsmedizinischen oder pathologischen Instituts oder ein von diesem beauftragter Arzt des Instituts mit gerichtsmedizinischen Fachkenntnissen sein. Die Staatsanwaltschaft kann an der Leichenöffnung teilnehmen. Auf ihren Antrag findet die Leichenöffnung im Beisein des Richters statt.

1.1 Damit ist die gerichtlich oder staatsanwaltschaftlich angeordnete Leichenöffnung nicht mehr ausschließlich Aufgabe des Gesundheitsamtes (vgl. § 3 Abs. 1 Nr. IV des Gesetzes über die Vereinheitlichung des Gesundheitswesens vom 3. Juli 1934 – RGS. NW. S. 3 –, geändert durch Gesetz vom 18. Dezember 1984 – GV. NW. S. 806 –, – SGV. NW. 2120 –).

1.2 Aus dieser Rechtslage ergibt sich, daß die gerichtsärztlichen Aufgaben der Gesundheitsämter bei gerichtlich oder staatsanwaltlich angeordneten Leichenöffnungen nicht mehr den Leitern der Hochschul-Institute für Gerichtliche Medizin und den Leitern der kommunalen Gerichtsärztlichen Untersuchungsstellen, letzteren für die Tätigkeit außerhalb ihres Gesundheitsamtsbereichs, im Nebenamt übertragen zu werden brauchen.

1.3 Um eine geordnete Durchführung der gerichtlich oder staatsanwaltschaftlich angeordneten Leichenöffnungen zu gewährleisten, werden Bezirke nach Maßgabe der Anlage 1[4] gebildet.

2. *Anspruch auf Entschädigung*

2.1 Soweit Ärzte der Gesundheitsämter *innerhalb* ihres Gesundheitsamtsbereichs als Gerichtsärzte tätig werden, steht die nach dem Gesetz über die Entschädigung von Zeugen und Sachverständigen (ZSEG) zu zahlende Entschädigung dem Dienstherrn des Arztes zu.

2.2 Soweit Ärzte der Gesundheitsämter *außerhalb* ihres Amtsbereichs als im Nebenamt bestellte Gerichtsärzte Leichenöffnungen nach § 87 StPO vornehmen – Muster der Bestellungsschreiben s. Anlagen 2 und 3[5] –, steht die Entschädigung dem Träger des Gesundheitsamtes, für dessen Bezirk die Obduktion durchgeführt wurde, zu. Der Träger des Gesundheitsamtes soll in diesen Fällen seinen Entschädigungsanspruch wie folgt abtreten:

2.2.1 *an den bestellten Gerichtsarzt*

2.2.1.1 die Zeitaufwandsentschädigung nach § 5 Abs. 3 Satz 1 ZSEG,

4 Hier nicht abgedruckt.
5 Hier nicht abgedruckt.

2.2.1.2 den nach Nr. 2 der Anlage zu § 5 ZSEG für die Obduktion zu zahlenden Betrag, soweit er den Grundbetrag übersteigt,

2.2.1.3 den Ersatz von Aufwendungen nach § 8 ZSEG, soweit der Obduzent sie aus privaten Mitteln bestreitet,

2.2.1.4 den Ersatz von Fahrtkosten nach § 9 ZSEG,

2.2.1.5 die Aufwandsentschädigung nach § 10 ZSEG sowie

2.2.1.6 den Anspruch auf Ersatz sonstiger Aufwendungen nach § 11 ZSEG, soweit sie dem Obduzenten persönlich entstanden sind;

2.2.2 *an den Dienstherrn des bestellten Gerichtsarztes*
(Kreiskasse oder Stadtkasse) die Grundentschädigung für die Vornahme der Obduktion.

2.3 Soweit die Obduktion von einem Leiter eines Gerichtsmedizinischen Hochschul-Institutes oder einem von diesem beauftragten Arzt des Hochschul-Institutes als Sachverständiger im Nebenamt durchgeführt wird, gilt die Entschädigungsregelung der Nummer 2.2.1 und 2.2.2 entsprechend.

2.4 Soweit die Obduktion von einem Arzt durchgeführt wird, der weder als Gerichtsarzt noch als Sachverständiger im Nebenamt tätig geworden ist, steht die Entschädigung nach dem ZSEG dem Arzt insoweit persönlich zu, als die Obduktion ihm nicht als Dienstaufgabe obliegt.

3. *Zahlungsweise*

3.1 Die Entschädigung ist nach dem Gem. RdErl. d. Ministerpräsidenten u. aller Landesminister v. 14. 12. 1964 (SMBl. NW. 346) grundsätzlich an die Kreiskasse oder Stadtkasse zu zahlen.

3.2 Versichert der Arzt dienstlich, daß er die Obduktion nicht in Erfüllung seiner Dienstaufgaben durchgeführt hat, ist die Entschädigung an den Arzt unmittelbar zu zahlen.

3.3 Versichert der Arzt dienstlich, daß die Entschädigung zu einem Teil von dem Dienstherrn an ihn abgetreten ist, so ist die Entschädigung in Höhe des abgetretenen Teiles an den Arzt, im übrigen an die zuständige Amtskasse des Dienstherrn zu zahlen. Dies gilt entsprechend, wenn die Obduktion von einem Leiter eines Gerichtsmedizinischen Hochschul-Institutes oder einem von diesem beauftragten Arzt des Hochschul-Institutes als Sachverständiger im Nebenamt durchgeführt wird.

4. Mein RdErl. v. 14. 5. 1976 (SMBl. NW. 2120) wird aufgehoben.

Dieser RdErl. ergeht im Einvernehmen mit dem Innenminister, dem Finanzminister, dem Justizminister und dem Minister für Wissenschaft und Forschung.

Ärzte der Gesundheitsämter 4

Ärzten der Gesundheitsämter, die außerhalb ihres Gesundheitsamtsbereichs tätig werden, steht, soweit sie nicht als Gerichtsarzt im Nebenamt bestellt sind, die Entschädigung persönlich zu[6]. – S. a. § 1 Rz. 62 –

Ärzte der Hochschul-Institute in NRW 5

Ärzte der Hochschul-Institute in NRW erhalten die Entschädigung, soweit es sich bei der Obduktion um eine genehmigte Nebentätigkeit handelt, persönlich. Soweit es sich bei der Obduktion um eine Tätigkeit im Rahmen der Dienstaufgaben handelt (z. B. Obduktionen, die im Interesse von Lehre und Forschung liegen – Demonstrationen –) steht die Entschädigung der Hochschulkasse zu.

Zweiter Obduzent 6

Der als zweiter Obduzent zugezogene Arzt ist nicht »Gerichtsarzt« und übt daher diese Tätigkeit nur dann als Dienstaufgabe aus, wenn ihm die Tätigkeit als zweiter Obduzent ausdrücklich als Dienstaufgabe übertragen worden ist.

Vorläufiges Gutachten, begründetes Gutachten 7

Am Schluß der Leichenöffnung haben die Gerichtsärzte ihr vorläufiges Gutachten über den Fall zusammengefaßt und ohne Angabe von Gründen zu Protokoll zu geben. Wird darüber hinaus von dem Sachverständigen ein begründetes Gutachten gefordert, so wird dieses Gutachten nach § 3 entschädigt.

Teilnahme an der Leichenausgrabung 8

Für die Teilnahme an einer der Leichenöffnung unmittelbar vorangehenden Leichenausgrabung kann eine besondere Entschädigung nicht beansprucht werden. Sie wird durch die Entschädigung für die Leichenöffnung, die in diesen Fällen 620,– DM beträgt, mit abgegolten.

Mikroskopische oder chemische Untersuchungen 9

Im Zusammenhang mit der Leichenöffnung etwa notwendig werdende mikroskopische oder chemische Untersuchungen werden nach der lfd. Nr. 6 besonders entschädigt.

Teilobduktion 10

Hat das Gericht oder die Staatsanwaltschaft nur den Auftrag auf Teilobduktion erteilt, so ist der Sachverständige nach Nr. 2b der Anlage zu § 5 zu entschädi-

6 Für NRW siehe jedoch vorstehende Rz. 3.1.

gen, wenn er über den Auftrag hinausgeht, weil er eine Teilobduktion wissenschaftlich nicht verantworten kann[7]. – s. a. § 3 Rz. 14 –

11 **Fahrtkosten- und Auslagenersatz**

Neben der Pauschalentschädigung nach Nr. 2 werden nach § 5 noch die Kosten des Sektionsgehilfen nach § 8, Fahrtkosten nach § 9, Aufwand nach § 10 und Auslagen nach § 11 erstattet und wird für die notwendige Reisezeit eine Entschädigung von 50,– DM je Stunde gewährt. – s. a. § 5 Rz. 12 –

12 **Besonders ungünstige Bedingungen**

12.1 Muß die Obduktion unter ungenügenden räumlichen Verhältnissen ausgeführt werden oder machen sonstige Umstände die Leichenöffnung besonders zeitraubend und schwierig, so kann die erhöhte Entschädigung von 430,– DM gerechtfertigt sein. Die Erhöhung setzt jedoch voraus, daß die Erschwerungen merklich ins Gewicht fallen, da nur **besonders ungünstige äußere Bedingungen** den höheren Entschädigungssatz rechtfertigen.

Eine Obduktion an einem Sonntag oder einem gesetzlichen Feiertag rechtfertigt nicht die erhöhte Entschädigung bei »besonders ungünstigen Bedingungen«[8].

Wenn die Voraussetzungen zur Erhöhung der Entschädigung gegeben sind, gilt das für beide Obduzenten, da nur äußere nicht in der Person des Obduzenten liegende Umstände eine Erhöhung rechtfertigen.

12.2 Der Höchstsatz von 620,– DM ist dann gerechtfertigt, wenn die Obduktion unter **anderen besonders ungünstigen Bedingungen,** die z. B. auf dem Zustand der Leiche beruhen, ausgeführt werden mußte. Diese Voraussetzungen liegen insbesondere vor, wenn die Leiche schon beerdigt war oder erst nach längerer Zeit aufgefunden wurde, aber auch bei der Obduktion oder Sektion von Wasser- und Brandleichen[9].

Wann die Voraussetzung, daß die Leiche »erst nach längerer Zeit aufgefunden« wurde, erfüllt ist, läßt sich nicht nach einer bestimmten Anzahl von Tagen oder Wochen festlegen. Die Zeit zwischen dem Tod und dem Auffinden der Leiche muß mindestens den Zeitraum übersteigen, der unter gewöhnlichen Umständen zwischen dem Tode und der Beerdigung liegt. Die Erschwernisse bei der Obduktion müssen infolge der zwischen Tod und Auffinden der Leiche

7 OLG Schleswig in JurBüro 85.1374 = KRspr. § 16 Nr. 83 LS mit Anm. v. *Lappe* = SchlHA 85.46 = MDR 85.79.

8 OLG Düsseldorf in KRspr. § 5 Nr. 41 LS mit Anm. von *Lappe*.

9 BR-Drucksache 796/93 Seite 257.

liegenden Zeit den Erschwernissen vergleichbar sein, die bei der Obduktion einer Leiche auftreten, die schon beerdigt war[10].

Entschädigung des Sektionsgehilfen 13

Das ZSEG enthält für die einem von dem Obduzenten hinzugezogenen Sektionsgehilfen zu gewährende Entschädigung keine Regelung. Insoweit wird zunächst auf die Anmerkungen zu § 8 Rz. 21 verwiesen.

Die notwendigen Aufwendungen des Obduzenten für den Sektionsgehilfen sind nach §§ 5, 8 Abs. 1 Nr. 1 zu erstatten. Nach einer im Jahre 1987 zwischen den Landesjustizverwaltungen durchgeführten Umfrage zur Höhe der Entschädigung für Sektionsgehilfen werden Entschädigungsbeträge zwischen 30,– DM und 150,– DM je Obduktion gewährt. Sie liegen damit im Durchschnitt bei etwa 30 v. H. der dem Obduzenten nach Nr. 2 der Anlage zu § 5 a. F. zu zahlenden Entschädigung[11].

Gehört die Mitwirkung an Leichenöffnungen zu den hauptberuflichen Dienstaufgaben eines von einem Leiter eines Gerichtsmedizinischen Hochschul-Institutes hinzugezogenen Sektionsgehilfen[12], so kann der Obduzent für die Hinzuziehung des Sektionsgehilfen eine Entschädigung nach § 8 Abs. 1 Nr. 1 nicht beanspruchen. Dem Sektionsgehilfen steht in diesem Fall neben seinen Dienstbezügen eine zusätzliche Entschädigung nicht zu. Hat der Obduzent diesem gleichwohl eine Entschädigung gezahlt, so können die Aufwendungen hierfür nicht als notwendig im Sinne des § 8 Abs. 1 Nr. 1 angesehen werden.

Der mit der Leichenöffnung beauftragte Sachverständige (Institut für Rechtsmedizin) kann jedoch für den bei ihm in einem festen Arbeitsverhältnis stehenden Sektionsgehilfen einen entsprechenden Anteil der an diesen gezahlten Bruttobezüge einschließlich Sonderzahlungen und Arbeitgeberanteile zur Sozialversicherung nach § 8 Abs. 1 Ziff. 1 geltend machen – s. a. § 8 Rz. 20 –. Maßgebend für die Berechnung der Aufwandsentschädigung ist die von dem Sektionsgehilfen aufgewendete Arbeitszeit für die Dauer der Obduktion und für notwendige Vor- und Nachbereitungsarbeiten[13].

Hat dagegen ein im Nebenamt tätiger Obduzent für die Obduktion Einrichtungen und Personal (z. B. den Sektionsgehilfen) seines Dienstherrn in Anspruch genommen und muß er diesem dafür ein Nutzungsentgelt entrichten, so kann er den auf den Personaleinsatz entfallenden Anteil des Nutzungsentgelts als notwendige Kosten nach § 8 Abs. 1 Nr. 1 geltend machen. – s. a. § 8 Rz. 9 –

10 OLG Hamm in KRspr. § 5 Nr. 45.

11 OLG Hamm in Rpfleger 89.525 = JMBl. NW 90.11 = NStE Nr. 3 zu § 8 ZSEG – hält die Hälfte der dem Obduzenten gewährten Entschädigung für angemessen.

12 NRW: RdErl. des MWF vom 14. 11. 1986 (I B.3 – 3846.6.6).

13 OLG Hamm, Beschl. v. 24. 11. 1988 – 2 Ws 84, 129 u. 269/88 – notwendiger Zeitaufwand 4 Stunden und Stundensatz von 40,– DM.

Anlage zu § 5

Nr.	Bezeichnung der Leistung	Entschädigung in Deutsche Mark	um 20 v. H. ermäßigte Entschädigung in Deutsche Mark
3	Der Arzt erhält für die Ausstellung des Befundscheins oder die Erteilung einer schriftlichen Auskunft ohne nähere gutachtliche Äußerung	20 bis 40	16 bis 32
	Bei einer außergewöhnlich umfangreichen Tätigkeit erhält der Arzt bis zu	70	56

Übersicht

Umfang der Abgeltung 1
Ersatz von Aufwendungen 2
Erläuterungen in der mündlichen Verhandlung . . 3
Außergewöhnlich umfangreiche Tätigkeit 4

1 Umfang der Abgeltung

1.1 Die **Entschädigung nach Nr. 3** tritt an die Stelle der sonst für die ärztliche Sachverständigentätigkeit zu gewährenden Leistungsentschädigung nach § 3. Daneben werden dem Arzt die notwendigen Aufwendungen im Rahmen der §§ 9 bis 11 ersetzt; für evtl. erforderliche Reisezeiten erhält er eine Entschädigung nach § 5 Abs. 3 Satz 1 in Höhe von 50,– DM je Stunde.

1.2 Die unter Nr. 3 erfaßte ärztliche Tätigkeit geht in **Umfang und Aufwand** über die sonst in der ärztlichen Praxis übliche Tätigkeit für die Erstellung von schriftlichen Befund- und Krankheitsberichten hinaus und umfaßt in der Regel eine ins einzelne gehende Darstellung der Krankheitsgeschichte mit detaillierten Angaben zu den erhobenen Befunden und die Zusammenstellung der Untersuchungsberichte wie Röntgenaufnahmen, EEG-, EKG- und sonstige Laborbefunde[1].

1.3 Mit der Entschädigung nach Nr. 3 sind auch abgegolten notwendige körperliche **Untersuchungen der zu beurteilenden Person und die Absetzung des Befundscheins oder der schriftlichen Auskunft.** Eine Zerlegung der Entschädigung nach der bei der Untersuchung und der Absetzung des Befundscheins ausgeübten Tätigkeit ist nicht möglich. In der Anlage zu § 5 ist eine Entschädigung für

1 BR-Drucksache 796/93 Seite 258.

ein Befundattest »ohne vorgängige Untersuchung« nicht vorgesehen und wohl auch nicht denkbar. Sind jedoch Untersuchungen erforderlich, für die in der Anlage zu § 5 oder nach § 5 Abs. 2 eine besondere Entschädigung vorgesehen ist (z. B. in den Nrn. 5 und 6 der Anlage oder in Abschnitt O des Gebührenverzeichnisses zur GOÄ), so ist diese Entschädigung neben der Entschädigung nach Nr. 3 zu gewähren[2].

Für die Frage, ob eine **Entschädigung nach Nr. 3 oder nach Nr. 4** beansprucht 1.4
werden kann, kommt es auf den Auftrag an. Hierbei ist von dem Rechtsgrundsatz, daß behördliche Verlautbarungen grundsätzlich immer so zu verstehen sind, wie dies verständliche Empfänger unter Würdigung aller ihnen bekannten Umständen aufzufassen pflegen. Dadurch, daß sich ein formularmäßiges Auftragsschreiben nur auf bereits aktenkundige Tatsachen aus vorliegenden Unterlagen bezieht, ist eindeutig erklärt, daß der Arzt als sachverständiger Zeuge – das entspricht der Nr. 3 – und nicht als Gutachter – das entspricht der Nr. 4 – in Anspruch genommen wird[3]. Notwendige Aufwendungen sind dem Arzt in den Fällen der Nr. 3 dann auch nicht nach § 8, sondern ggfls. nach § 11 zu erstatten[4].

Werden in einem Schriftstück **über mehrere Personen** Befundscheine oder 1.5
schriftliche Auskünfte erteilt, so ist für jede Person die Entschädigung nach Nr. 3 zu gewähren.

Ersatz von Aufwendungen 2

Ein Arzt, der als sachverständiger Zeuge einen pauschal zu entschädigenden 2.1
Befundbericht erstattet, kann nicht neben der Pauschale nach Nr. 3 **Aufwendungen für eine Hilfskraft** nach § 8 Abs. 1 Nr. 1 ersetzt verlangen, da diese Vorschrift auf ihn nicht anwendbar ist.

Soweit er das technische Vorbereiten des Befundscheins, z. B. das Formulieren seiner Wahrnehmungen, einer Arzthelferin überträgt, statt es selbst zu besorgen, besonders von ihr Karteiunterlagen des Patienten heraussuchen und nachher wieder einordnen sowie den Befundbericht und die Anlagen postfertig machen läßt, nimmt er keine Hilfe in Anspruch, wie sie ein Sachverständiger bei dem Erstatten eines Gutachtens im Sinne des § 8 Abs. 1 Nr. 1 benötigt. Die geringfügige Belastung seiner Angestellten durch eine mit dem Praxisbetrieb verflochtenen Verrichtung gehört zu den allgemeinen Praxisunkosten und wird durch die Pauschale nach Nr. 3 abgegolten[5].

Stellt der Arzt auf Verlangen des Gerichts **Mehrfertigungen** des Befundberichts 2.2
oder der schriftlichen Auskunft zur Verfügung, so erhält er hierfür die **Schreib-**

2 OLG Celle in JVBl. 62.15.
3 BSG, Beschl. v. 4. 7. 89 – 9 VRs 5/88 – in Juris/ZSEG.
4 BSG, Beschl. v. 26. 11. 1991 – 9 a RV 25/90 – in Juris/ZSEG.
5 LSG NRW in SGb 87.199 LS; BSG in Breith. 88.700.

auslagen nach § 11 Abs. 2. Für die Urschrift des Befundberichts fallen keine Schreibauslagen an.

3 **Erläuterungen in der mündlichen Verhandlung**

Die Entschädigung nach Nr. 3 umfaßt nicht die Erläuterung des jeweiligen Befundes in der mündlichen Verhandlung. Erläutert ein sachverständiger Zeuge, der als Arzt einen Befundschein oder eine schriftliche Auskunft ohne nähere gutachtliche Äußerung erteilt hat, in der mündlichen Verhandlung seinen erhobenen Befund, so ist er für die Teilnahme an der mündlichen Verhandlung als Zeuge nach § 2 zu entschädigen.

4 **Außergewöhnlich umfangreiche Tätigkeit**

Daß Befundscheine eine außergewöhnlich umfangreiche Tätigkeit erfordern, wird verhältnismäßig selten sein. Müssen diese Leistungen zu ungewöhnlicher Zeit oder unter außergewöhnlichen Umständen erbracht werden, so kann die Gesamtentschädigung um bis zu 65,– DM erhöht werden (§ 5 Abs. 3).

Werden mehrere Befundscheine oder Zeugnisse mit kurzer gutachtlicher Äußerung im Zusammenhang während der ungewöhnlichen Zeit oder unter außergewöhnlichen Umständen ausgestellt, so kann die Gesamtentschädigung für die mehreren Leistungen nur einmal bis zu 65,– DM erhöht werden.

Wegen der Tätigkeit zu außergewöhnlicher Zeit vgl. § 3 Rz. 42.4.

Anlage zu § 5

Nr.	Bezeichnung der Leistung	Entschädigung in Deutsche Mark	um 20 v. H. ermäßigte Entschädigung in Deutsche Mark
4	Der Arzt erhält für das Zeugnis über einen ärztlichen Befund mit kurzer gutachtlicher Äußerung oder für ein Formbogengutachten, wenn sich die Fragen auf Vorgeschichte, Angaben und Befund beschränken und nur ein kurzes Gutachten erfordern	60	48
	Bei einer außergewöhnlich umfangreichen Tätigkeit erhält der Arzt bis zu	115	92

Übersicht

Umfang der Abgeltung 1
Aufwendungsersatz 2
Erläuterung in der mündlichen Verhandlung ... 3
Abgrenzung zwischen Gutachten und gutachtliche Äußerung 4
Zur Höhe der Entschädigung 5
Außergewöhnlich umfangreiche Tätigkeit 6
Kurzgutachten im Anhörungstermin nach dem Bayer. Verwahrungsgesetz 7

Umfang der Abgeltung 1

Auch die Entschädigung nach Nr. 4 tritt an die Stelle der Leistungsentschädigung nach § 3. Daneben können die im ZSEG vorgesehenen Entschädigungen für bare Aufwendungen nach den §§ 8 und 11 sowie bei notwendigen Reisen für Fahrtkosten und Aufwand (§§ 9, 10) und für die erforderliche Reisezeit eine Entschädigung von 50,– DM je Stunde erstattet werden. Im übrigen wird auf die Anmerkungen Rzn. 1.2 bis 1.5 zu Nr. 3 der Anlage zu § 5 verwiesen, die entsprechend gelten.

Aufwendungsersatz 2

Die Tätigkeit des Arztes nach Nr. 4 ist eine Sachverständigenleistung – s. Rz. 1.4 zu Nr. 3 der Anlage – mit der Folge, daß dem Arzt neben der Leistungsentschädigung auch der Aufwendungsersatzanspruch aus § 8 zusteht. Betraut der Arzt mit der Erstellung des Zeugnisses oder des Formbogengutachtens mit kurzer gutachtlicher Stellungnahme eine Hilfskraft, so hat er Anspruch auf die Aufwendungspauschale nach § 8 Abs. 1 Nr. 3 – s. a. Rz. 29 zu § 8 –.

Die Tätigkeit des Arztes ist durch die Leistungsentschädigung nach Nr. 3 abgegolten.

3 **Erläuterung in der mündlichen Verhandlung**

Wird ein Arzt in der mündlichen Verhandlung zu seiner gutachtlichen Äußerung im Befundzeugnis vernommen, so übt er eine Sachverständigenleistung aus und ist insoweit nach § 3 zu entschädigen[1]. Die Entschädigung nach Nr. 4 erfaßt nicht die Erläuterung des Befundes in der mündlichen Verhandlung.

4 **Abgrenzung zwischen Gutachten und gutachterlicher Äußerung**

Die Beantwortung der Frage, ob ein ausführlich begründetes Gutachten oder lediglich ein Befundzeugnis mit näherer gutachterlicher Äußerung vorliegt, kann nicht nur auf den Umfang der schriftlichen Äußerung abgestellt werden, sondern in erster Linie auf den Inhalt der Beweisfragen, die einen Rückschluß auf die von dem Sachverständigen geleistete Arbeit gestatten.

Um einen Befundschein ohne nähere gutachtliche Äußerung (Nr. 3) handelt es sich, wenn der Arzt sich auf die Mitteilung des festgestellten Befundes beschränkt. Nimmt er darüber hinaus Stellung zu den Ursachen oder den Auswirkungen des festgestellten Befundes (z. B. Umfang der Erwerbsbeschränkungen), ohne diese Stellungnahme ausführlich zu begründen und sich mit der wissenschaftlichen Lehrmeinung auseinanderzusetzen, so liegt darin eine gutachtliche Äußerung, und es handelt sich um ein Zeugnis über einen ärztlichen Befund mit kurzer gutachtlicher Äußerung (Nr. 4)[2].

Ersucht das Gericht oder die Staatsanwaltschaft einen Arzt um »Erstattung eines Gutachtens«, ohne ihm nähere Anweisung über den notwendigen Umfang des Gutachtens zu geben, dann ist damit dem Arzt überlassen, ob er sich auf ein Befundzeugnis mit kurzer gutachtlicher Äußerung oder ein Formbogengutachten beschränken oder ob er ein ausführlich begründetes Gutachten abgeben will. Aus der vorgelegten Frage wird der Arzt nicht immer erkennen können, ob ein umfassendes Gutachten mit eingehender Begründung nötig ist oder nicht. Oft wird dem Gericht oder der Staatsanwaltschaft ein Befundzeugnis mit kurzer gutachtlicher Äußerung oder ein Formbogengutachten genügen. Erstattet trotzdem der Arzt ein ausführliches Gutachten, dann wird ihm ein entsprechender Entschädigungsanspruch nicht versagt werden können[3]. Es dürfte sich deshalb empfehlen, bei allen Ersuchen um Erstattung eines ärztlichen Gutachtens anzugeben, ob ein Befundzeugnis mit kurzer gutachtlicher Äußerung, ein Formbogengutachten oder ein ausführlich begründetes Gutachten gefordert wird.

1 A. A.: LG Berlin in JurBüro 92.566 mit abl. Anm. von *Bach in JurBüro 92.764.*
2 LSG NRW in SGb 87.199 LS.
3 BSG in Breith. 88.696.

Zweckmäßig ist, dabei den Wortlaut der Nr. 4 zu wählen, falls nicht ein ausführlich begründetes Gutachten gefordert wird. Es können dann auch keine Zweifel mehr über die Höhe des Entschädigungsanspruchs entstehen, wie sie sonst sehr häufig sind.

Zur Höhe der Entschädigung 5

Für die Frage, welche Entschädigung zu zahlen ist, ist entscheidend, welche Leistung vom Sachverständigen gefordert wird. Wenn ein Befundzeugnis mit kurzer gutachtlicher Äußerung oder ein Formbogengutachten (Nr. 4) gefordert ist, aber ein Gutachten erstattet wird, so kann doch nur die Entschädigung nach Nr. 4, nicht eine Entschädigung nach § 3 gewährt werden[4].

Stellt jedoch das Gericht nach Eingang des Gutachtens fest, daß eine kurze gutachtliche Äußerung oder ein Formbogengutachten nicht ausgereicht hätte, und hat es das Gutachten auch verwertet, so wäre es unbillig, dem Sachverständigen die Entschädigung für ein Gutachten nach § 3 zu versagen und ihn auf die Entschädigung nach Nr. 4 zu beschränken. Das gleiche muß auch gelten, wenn der Arzt statt des angeforderten Befundscheins oder der schriftlichen Auskunft ohne gutachtliche Äußerung (Nr. 3) ein Befundzeugnis mit kurzer gutachtlicher Äußerung (Nr. 4) einreicht und die kurze gutachtliche Äußerung sich nachträglich als notwendig erweist.

Außergewöhnlich umfangreiche Tätigkeit 6

Daß kurze gutachtliche Äußerungen oder Formbogengutachten eine außergewöhnlich umfangreiche Tätigkeit erfordern, wird ebenfalls verhältnismäßig selten sein. Insoweit wird auf die Anmerkungen in Rz. 4 zu Nr. 3 der Anlage verwiesen.

Kurzgutachten im Anhörungstermin nach dem Bayer. Verwahrungsgesetz 7

Wenn ein Sachverständiger im Anhörungstermin nach dem Bayer. Verwahrungsgesetz ein Kurzgutachten zu Protokoll gibt, kann er nur nach Nr. 4 der Anl. zu § 5 entschädigt werden[5].

4 LSG Bad.-Württ. in Justiz 86.150; s. a. § 3 Rz. 14.
5 LG Regensburg in JurBüro 80.416.

Anlage zu § 5

Nr.	Bezeichnung der Leistung	Entschädigung in Deutsche Mark	um 20 v. H. ermäßigte Entschädigung in Deutsche Mark
5	Für die Untersuchung eines Lebensmittels, Bedarfsgegenstandes, Arzneimittels, von Luft, Gasen, Böden, Klärschlämmen, Wässern oder Abwässern und dgl. und eine kurze schriftliche gutachtliche Äußerung beträgt die Entschädigung für jede Einzelbestimmung je Probe	5 bis 80	4 bis 64
	Bei außergewöhnlich umfangreichen oder schwierigen Untersuchungen beträgt die Entschädigung bis zu	2000	1600

Übersicht

Anwendungsbereich 1
Entschädigung für jede Einzelbestimmung 2
Verbrauchte Stoffe 3
Durchführung der Untersuchung durch den Sachverständigen 4
Untersuchung durch eine andere Stelle. 5
Untersuchung zur Vorbereitung eines Gutachtens 6
Sonstige Leistungen 7
Abgeltung der gutachtlichen Äußerung 8
Außergewöhnlich umfangreiche und schwierige Untersuchungen 9

1 Anwendungsbereich

Durch das KostRÄndG 94 ist der Entschädigungstatbestand der fortgeschrittenen technischen Entwicklung angepaßt und hinsichtlich der zu untersuchenden Gegenstände »Luft, Gase, Böden, Klärschlämme« erweitert worden.

Die Aufzählung des zu untersuchenden Materials in Nr. 5 ist nur beispielhaft, wie sich aus den Worten »und dgl.« ergibt. Auch aus dem Begriff »Bedarfsgegenstand« ergibt sich schon ein weiter Anwendungsbereich. Nr. 5 findet dabei praktisch auf die Untersuchung aller Gegenstände Anwendung, deren Untersuchung nicht nach Nr. 6 oder nach Abschnitt 0 des Gebührenverzeichnisses zur GOÄ zu entschädigen ist. Unter Nr. 5 fällt auch die Untersuchung von Mineralölproben zur Bestimmung von Dichte und Flammpunkt[1].

1 OLG Hamm, Beschl. v. 9. 8. 1990 – 2 WS 435/89 – in Juris/ZSEG.

Entschädigung für jede Einzelbestimmung 2

Durch die zum 1. 7. 1994 in Kraft getretene Neufassung dieser Bestimmung ist der bisherige Entschädigungstatbestand »für jede Probe« ersetzt worden durch die Regelung »für jede Einzelbestimmung je Probe«. Damit ist die Entschädigungsregelung an die außergerichtliche Praxis angeglichen worden. Wegen der verfeinerten und aufwendigeren Untersuchungsmethoden hatte die bisherige Regelung in Einzelfällen zu unzureichenden Entschädigungen geführt.

Die Entschädigung nach Nr. 5 wird für jede in sich abgeschlossene Einzeluntersuchung gewährt, z. B. bei den Untersuchungen einer Abwasserprobe nach verschiedenen Schadstoffen. Je nach Umfang und Schwierigkeit der Einzeluntersuchung ist die Höhe der Entschädigung innerhalb des vorgegebenen Rahmens von 5,– DM bis 80,– DM zu bestimmen.

Verbrauchte Stoffe 3

Bei der Untersuchung verbrauchte Stoffe sind nach § 8 zusätzlich zu erstatten.

Durchführung der Untersuchung durch den Sachverständigen 4

Die Entschädigung richtet sich nur dann nach der Anlage zu § 5, wenn der Sachverständige die Untersuchungen selbst durchführt.

Es ist jedoch nicht erforderlich, daß er alle vorzunehmenden technischen Arbeiten selbst ausführt. Er kann sich für die vorbereitenden Tätigkeiten qualifizierter Hilfskräfte bedienen, die seiner Weisung und Aufsicht unterstehen.

Eine Entschädigung nach der Anlage zu § 5 setzt aber voraus, daß der Sachverständige neben der Auswertung der in Nr. 5 (auch in Nrn. 6 und 7) der Anlage bezeichneten Untersuchungen eine kurze gutachtliche Äußerung abgibt, die auch, wenn sie innerhalb der Beurteilung des Gutachtens abgegeben wird, eindeutig als gutachtliche Äußerung zu erkennen sein muß[2].

Untersuchung durch eine andere Stelle 5

Läßt der Sachverständige zur Vorbereitung eines ausführlichen Gutachtens die Untersuchungen durch eine andere Stelle durchführen, so werden ihm die notwendigen Auslagen nach § 8 ersetzt. Die Höhe dieser Auslagen ist nicht durch die Sätze der Anlage zu § 5 begrenzt[3]. Zu erstatten sind die tatsächlichen Auslagen, soweit sie notwendig waren. Entschädigungen nach den Sätzen der Anlage zu § 5 oder der für die in Anspruch genommene Stelle geltenden Gebührenordnung werden in der Regel in ihrer Höhe als notwendig anzuerkennen sein. – s. a. § 8 Rz. 21 –

2 LSG Stuttgart in NJW 67.694 = Breith. 67.172.
3 LG Koblenz in NJW 68.204.

6 **Untersuchungen zur Vorbereitung eines Gutachtens**

Wenn die Untersuchungen zur Vorbereitung eines nach § 3 zu entschädigenden Gutachtens erforderlich sind, können die Entschädigungen nach Nrn. 5 bis 7 neben der Entschädigung nach § 3 gewährt werden. Die für die Untersuchungen benötigte Zeit darf aber in die nach § 3 zu entschädigende erforderliche Zeit nicht eingerechnet werden, weil sonst diese Tätigkeit doppelt entschädigt würde[4].

7 **Sonstige Leistungen**

Für Leistungen, die weder in der Anlage zu § 5 noch in Abschnitt 0 des Gebührenverzeichnisses zur GOÄ aufgeführt sind, kann nur eine Entschädigung nach dem Zeitaufwand (§ 3) gewährt werden.

8 **Abgeltung der gutachtlichen Äußerung**

Die Entschädigung für eine Untersuchung nach Nr. 5 (auch Nrn. 6 und 7) umfaßt auch eine kurze gutachtliche Äußerung. Eine besondere Entschädigung für den Zeitaufwand, der für die gutachtliche Äußerung benötigt wird, kann daher neben der Entschädigung für die Untersuchung nicht gewährt werden[5].

9 **Außergewöhnlich umfangreiche und schwierige Untersuchungen**

Während nach der bisherigen Entschädigungsregelung nur bei außergewöhnlich umfangreichen Untersuchungen eine Erhöhung der Entschädigung möglich war, ist durch das KostRÄndG 94 auch für außergewöhnlich schwierige Untersuchungen die Erhöhung der Entschädigung bis 2000 DM ermöglicht worden, um auch technisch äußerst aufwendige und kostspielige Untersuchungen – z. B. auf Dioxine und Furane – angemessen entschädigen zu können[6].

Das Vorliegen einer außergewöhnlich umfangreichen Untersuchung wird angenommen werden können, wenn eine nach der GOÄ vorgenommene Vergleichsberechnung den Regelhöchstsatz von 80,– DM um 50 v. H. übersteigt[7].

Die Höhe der im Einzelfall zu gewährenden Entschädigung bis zu 2000,– DM ist nach dem notwendigen Umfang oder der Schwierigkeit der Untersu-

4 LSG Hessen in JVBl. 71.119; LSG Baden-Württemberg in JVBl. 71.140; VGH München in NJW 73.1429.

5 OLG Düsseldorf in Rpfleger 80.406;
a. A.: LSG Baden-Württemberg in SGb. 59.336.

6 BR-Drucksache 796/93 Seite 259.

7 LSG Hessen in Justiz 71.119; OLG Karlsruhe in Justiz 93.234.

chung abzustufen. Die höchstmögliche Entschädigung von 2000,– DM wird auch nur bei einem höchstmöglichen Umfang oder bei äußerster Schwierigkeit, d. h. nur in ganz besonderen Ausnahmefällen gerechtfertigt sein. Eine Überschreitung des Höchstsatzes läßt die gesetzliche Regelung nicht zu[8].

Auch eine den normalen Höchstsatz von 80,– DM überschreitende Entschädigung ist bei einer Untersuchung nach Nr. 5 für »jede Einzelbestimmung« zu gewähren und kann daher bei mehreren Untersuchungsgängen sowie umfangreichen und schwierigen Untersuchungen mehrfach erwachsen[9].

8 OLG Celle in Nds. Rpfl. 93.167.
9 SG Hannover in JVBl. 71.287 = Nds. Rpfl. 72.71.

Anlage zu § 5

Nr.	Bezeichnung der Leistung	Entschädigung in Deutsche Mark	um 20 v. H. ermäßigte Entschädigung in Deutsche Mark
6	a) Für die mikroskopische, physikalische, chemische, toxikologische, bakteriologische, serologische Untersuchung, wenn das Untersuchungsmaterial von Menschen oder Tieren stammt, beträgt die Entschädigung je Organ oder Körperflüssigkeit	8 bis 80	6,40 bis 64
	Bei außergewöhnlich umfangreichen oder schwierigen Untersuchungen beträgt die Entschädigung bis zu	2000	1600
	b) Herstellung einer DNA-Probe und ihre Überprüfung auf Geeignetheit (z. B Hochmolekularität, humane Herkunft, Ausmaß der Degradation, Kontrolle des Verdaus) bis zu	320	256
	Die Entschädigung umfaßt das verbrauchte Material, soweit es sich um geringwertige Stoffe handelt, und eine kurze gutachtliche Äußerung.		

Übersicht

Anwendungsbereich 1
Entschädigungsrahmen 2
Verbrauchte Stoffe 3
Außergewöhnlich umfangreiche und schwierige Untersuchungen 4
Abgeltung der gutachtlichen Äußerung 5
Hilfskräfte 6

1 Anwendungsbereich

1.1 Die Entschädigung nach Nr. 6 a wird für die Untersuchung je eines Organs oder einer Körperflüssigkeit gewährt. Danach erwächst für die Untersuchung eines Organs oder einer Körperflüssigkeit die Entschädigung nach Nr. 6 unabhängig von der Zahl der notwendigen Untersuchungsgänge nur einmal. Die Zahl der notwendigen Untersuchungsgänge und der von dem Organ oder der Körperflüssigkeit durchgeführten Probeuntersuchungen ist bei der Bemessung der Entschädigung innerhalb des Rahmens zu berücksichtigen.

Untersuchungen, die nach Nr. 6a zu entschädigen sind, sind z. B. Blutalkoholuntersuchungen, Lumbalpunktion, Encephalographie, Gewebeuntersuchungen, Harnuntersuchungen.

Durch das KostRÄndG 94 ist in Nr. 6 unter Buchstabe b die Entschädigung für die Herstellung einer DNA-Probe eingeführt worden. Damit wurde der wachsenden Bedeutung von molekulargenetischen Untersuchungen in gerichtlichen Verfahren Rechnung getragen. Wegen der u. U. sehr umfangreichen Aufbereitung des zu untersuchenden Materials (Blut, Liquor und anderer Körperzellen) wurde hier die Höchstentschädigungsgrenze gegenüber Nr. 6a deutlich höher bemessen[1]. 1.2

Entschädigungsrahmen 2

Anders als bei der Entschädigung nach Nr. 5 der Anl., die für »jede Einzelbestimmung je Probe« gewährt wird, gilt die Entschädigung nach Nr. 6 Buchstabe a die Untersuchung **»je Organ oder Körperflüssigkeit«** ab und zwar unabhängig davon, wieviel Einzeluntersuchungen je Organ oder Körperflüssigkeit anfallen[2]. 2.1

So sind für eine **Blutalkoholuntersuchung** in der Regel mehrere Einzelanalysen erforderlich. Diese Einzelanalysen lösen nicht jeweils die Entschädigung nach Nr. 6a aus, sondern sind lediglich von Einfluß auf die Höhe der innerhalb des Rahmens zu bemessenden Entschädigung. 2.2

Zur Feststellung von Alkohol im Blut bei Straftaten und Ordnungswidrigkeiten sind in den einzelnen Ländern Verwaltungsvorschriften ergangen, die inhaltlich weitgehend übereinstimmen[3].

Muß z. B. ein Mageninhalt nach Giftstoffen untersucht werden, so ist eine **Vielzahl von Untersuchungen** nach den verschiedensten Stoffen notwendig. Dadurch kann die Gesamtuntersuchung einen außergewöhnlich großen Umfang annehmen, der eine Überschreitung des Normal-Höchstsatzes rechtfertigt. 2.3

Erstreckt sich die Untersuchung des Mageninhalts nur auf die Feststellung eines bestimmten Giftstoffes (z. B. Arsen), so wird in der Regel die Untersuchung nicht so außergewöhnlich umfangreich sein, daß die Voraussetzungen zur Überschreitung des Regelhöchstsatzes von 80,– DM gegeben sind.

Bei der Ausfüllung des Rahmens der Regelentschädigung sind auch der Zeitaufwand und die Kosten des Geräteeinsatzes zu berücksichtigen[4]. 2.4

1 BR-Drucksache 796/93 Seite 259/260.

2 OLG Karlsruhe in MDR 94.314.

3 *Ba.-Wü.:* in Justiz 78.249; *Bay.:* BayJMBl. 77.265; *Hess.:* JMBl. 77.205; *NRW:* JMBl. NW 77.205; JMBl. NW 88.61; JMBl. NW 94.5 – SMBl. NW. 3214 –.

4 SchHOLG in SchlHA 86.47.

3 **Verbrauchte Stoffe**

Anders als bei Nr. 5 werden bei Untersuchungen nach Nr. 6 die Kosten für das verbrauchte Material an Farbstoffen und anderen geringwertigen Stoffen durch die Entschädigung mit abgegolten. Materialien, die größere Aufwendungen erfordern, sind nach § 8 besonders zu entschädigen.

4 **Außergewöhnlich umfangreiche und schwierige Untersuchungen**

Hierzu wird auf die Anmerkungen zu Nr. 5 der Anlage zu § 5 Rz. 9 verwiesen. Auch im Rahmen der Entschädigung nach Nr. 6 kann der Höchstsatz von 80,– DM ggfls. mehrfach überschritten werden.

So kann z. B. für die Untersuchung mehrerer Blutspuren oder Hautspuren, wenn diese Untersuchungen jeweils außergewöhnlich umfangreich sind, eine 80,– DM übersteigende Entschädigung so oft gewährt werden, wie verschiedene Hautspuren oder Blutspuren untersucht worden sind.

5 **Abgeltung der gutachtlichen Äußerung**

Die Entschädigung nach Nr. 6 umfaßt auch die Abgabe einer gutachtlichen Äußerung. – s. a. Nr. 5 der Anlage zu § 5 Rz. 8 –

6 **Hilfskräfte**

Notwendige Aufwendungen für wissenschaftlich tätige Hilfskräfte werden durch die pauschalierte Entschädigung nach Nr. 6 der Anlage zu § 5 nicht abgegolten; sie sind dem Sachverständigen nach § 8 Abs. 1 Nr. 1 zu ersetzen[5]. – s. a. § 8 Rz. 17 –

5 OLG Karlsruhe in Justiz 91.204 = JurBüro 91.997 und Justiz 91.206.

Anlage zu § 5

Nr.	Bezeichnung der Leistung	Entschädigung in Deutsche Mark	um 20 v. H. ermäßigte Entschädigung in Deutsche Mark
7	Die Entschädigung beträgt für		
	a) jede elektrophysiologische Untersuchung eines Menschen	20 bis 180	16 bis 144
	b) die raster-elektronische Untersuchung eines Menschen oder einer Leiche, auch mit Analysenzusatz	20 bis 470	16 bis 376
	Die Entschädigung umfaßt auch eine kurze gutachtliche Äußerung und den mit der Untersuchung verbundenen Aufwand		

Übersicht

Anwendungsbereich 1
Abgeltungsbereich der Entschädigung 2
Entschädigungsrahmen 3

Anwendungsbereich 1

Die Nr. 7 regelt die Entschädigung für elektrophysiologische und rasterelektronische Untersuchungen. Die Entschädigung für röntgenologische Untersuchungen richtet sich nach Abschnitt 0 des Gebührenverzeichnisses für ärztliche Leistungen – s. Abschnitt III –.

Abgeltungsbereich der Entschädigung 2

Die Entschädigung nach Nr. 7 umfaßt jeweils die Untersuchung und eine kurze gutachtliche Äußerung, d. h. eine über die kurze Darstellung des Untersuchungsergebnisses hinausgehende Wertung des Befundes. Ein aufgrund der Untersuchung erstattetes ausführliches Gutachten ist jedoch, wenn es vom Gericht verlangt oder verwertet worden ist, daneben nach § 3 zu entschädigen. Bei elektrophysiologischen und rasterelektronischen Untersuchungen wird ausdrücklich bestimmt, daß die Entschädigung den mit der Untersuchung verbundene Aufwand umfaßt.

Zu dem mit der Untersuchung verbundene Aufwand, der durch die Entschädigung nach Nr. 7 abgegolten ist, gehört neben den verbrauchten Stoffen insbesondere das Entgelt, das der Sachverständige etwa für die Benutzung der Räume und Geräte eines Krankenhauses zahlt[1].

3 **Entschädigungsrahmen**

Bei den Untersuchungen (Nr. 7) richtet sich die Entschädigung innerhalb des vorgegebenen Rahmens nach den sich aus Bedeutung, Umfang und Schwierigkeit ergebenden Besonderheiten des Falles. Die Sätze des GOÄ und die Sätze des Krankenhaustarifs der Deutschen Krankenhausgesellschaft sind nicht entsprechend anzuwenden[2].

1 Begr. BT-Drucks. 7/4599.
2 SG Schleswig in NJW 79.1952 LS = KRspr. § 5 Nr. 34 LS.

Anlage zu § 5

Nr.	Bezeichnung der Leistung	Entschädigung in Deutsche Mark	um 20 v. H. ermäßigte Entschädigung in Deutsche Mark
8	Bei Blutgruppengutachten beträgt die Entschädigung für jede zu untersuchende Person		
	a) für die Bestimmung der AB0-Blutgruppe	20	16
	für die Bestimmung der Untergruppe	15	12
	b) für die MN-Bestimmung.	15	12
	c) für die Bestimmung der Merkmale des Rh-Komplexes (C, C^w, c, D, E, e und weitere) je Merkmal.	20	16
	insgesamt höchstens	110	88
	d) für die Bestimung der Blutgruppenmerkmale P, K, S und weitere, falls direkt bestimmbar, je Merkmal	20	16
	insgesamt höchstens	110	88
	e) für die Bestimmung indirekt nachweisbarer Merkmale (D^u, s, Fy und weitere) je Merkmal . . .	35	28
	insgesamt höchstens	135	108
	f) für die Gesamttypisierung der HLA-Antigene der Klasse I mittels Lymphozytotoxizitätstests mit mindestens 180 Antiseren	560	448
	g) für den zusätzlich erforderlichen Titrationsversuch	40	32
	h) für den zusätzlich erforderlichen Spezialversuch (Absättigung, Bestimmung des Dosiseffekts usw.)	45	36
	i) für die Bestimmung der Typen der sauren Erythrozyten-Phosphatase, der Phosphoglucomutase, der Adenylatkinase, der Adenosindesaminase, der Glutamat-Pyruvat-Transaminase, der Esterase D, der 6-Phosphogluconat-Dehydrogenase und weiterer Enzymsysteme	45	36
	k) für die Bestimmung der Merkmale des Gm-Systems oder des Inv-Systems je Merkmal	45	36
	insgesamt höchstens	145	116
	l) für die Bestimmung eines Systems mit Proteinfärbung oder vergleichbarer Färbung nach Elektrophorese oder Fokussierung (Hp, Pi, Tf, C 3 und weitere) je Merkmal	45	36

Nr.	Bezeichnung der Leistung	Entschädigung in Deutsche Mark	um 20 v. H. ermäßigte Entschädigung in Deutsche Mark
	m) für die Bestimmung eines Systems mit Immunfixation oder Immunoblot nach Elektrophorese oder Fokussierung (Gc, PLG, ORM, F XIII und weitere) je Merkmal	60	48
	n) für die Bestimmung eines VNTR-DNA-Systems oder eines vergleichbar effizienten Systems für jede Person und jede verwendete Sonde	220	176
	je Person höchstens.	1250	1000
	Die Entschädigung umfaßt auch die Aufbereitung des Materials (z. B. die Isolierung, den Verdau und die Trennung von humanen Nukleinsäuren).		
	o) Eine in den Buchstaben a bis n nicht genannte Merkmalbestimmung wird wie eine an Arbeitsaufwand vergleichbare Bestimmung entschädigt.		
	p) Für das schriftliche Gutachten beträgt die Entschädigung für jede untersuchte Person	25	20
	Die Entschädigung umfaßt das verbrauchte Material, soweit es sich um geringwertige Stoffe handelt; im Falle des Buchstaben f umfaßt die Entschädigung das Material einschließlich höherwertiger Stoffe und Testseren.		

Übersicht

Allgemeine Bemerkungen 1
Entschädigungen zu a bis o nebeneinander. 2
Blutgruppenmerkmale, die nicht in der Nr. 8 der Anlage aufgeführt sind 3
Höchstsätze je untersuchter Person 4
Bestimmung von Merkmalen des HLA-Systems . 5
Bestimmung eines VNTR-DNA-Systems 6
Blutindentifizierungsuntersuchungen 7
Aufwendungsersatz 8
Richtlinien für die Erstattung von Blutgruppengutachten 9

1 Allgemeine Bemerkungen

Mit Wirkung vom 1. 7. 1994 sind die Entschädigungstatbestände für die Bestimmung von Blutgruppenmerkmalen durch das KostRÄndG 94 an die neuesten technischen Entwicklungen angepaßt worden. Sie knüpfen insoweit an die Richtlinien des Bundesgesundheitsamtes für die Erstattung von Blutgruppengutachten – s. Rz. 9 – und an die Richtlinien des Bundesgesundheitsamtes für die Erstattung von DNA-Abstammungsgutachten vom 1. 7. 1992 (Bundesgesundheitsblatt 1992 S. 592/593) – s. Rz. 5.3 – an.

Die redaktionelle Änderung gegenüber der früheren Fassung von »Blutgruppenbestimmung« in »Blutgruppengutachten« trägt dem Umstand Rechnung, daß nicht alle der in Nr. 8 aufgeführten Untersuchungen der Bestimmung von Blutgruppen dienen[1].

Entschädigungen zu a bis o nebeneinander 2

Die Entschädigungen der Nr. 8 Buchst. a bis o können nebeneinander entstehen. Die Entschädigung nach Nr. 8 p wird regelmäßig neben Entschädigungen nach Nr. 8 Buchst. a bis o entstehen.

Die Entschädigungen sind für jede Einzelperson besonders anzusetzen. Für jede der unter a bis o vorgesehenen Bestimmungen ist die entsprechende Entschädigung zu gewähren ohne Rücksicht, wieviel Untersuchungen für diese Bestimmung im Einzelfall erforderlich sind, wobei für die Bestimmung mehrerer unter einem Buchstaben aufgeführter Merkmale je Person Höchstbeträge vorgesehen sind.

Blutgruppenmerkmale, die nicht in Nr. 8 der Anlage aufgeführt sind 3

Hat der Sachverständige bei seiner Untersuchung im Rahmen des Gutachterauftrags Blutgruppenmerkmale bestimmt, die in Nr. 8 Buchst. a bis n nicht aufgeführt sind, so ist nach Buchst. o die Entschädigung nach dem Satz zu gewähren, der für eine »im Arbeitsaufwand vergleichbare Bestimmung« vorgesehen ist. Für den Anweisungsbeamten wird es oft kaum möglich sein, zu beurteilen, welcher der unter den Buchstaben a bis n aufgeführten Blutgruppenbestimmungen die von dem Sachverständigen ausgeführten an Arbeitsaufwand vergleichbar ist.

Hinweise der Sachverständigen zur Methode und zum Umfang der jeweiligen Untersuchung werden oft ein Einordnen in die Analogie zu den Systemen und Merkmalen der Nr. 8 a bis n ermöglichen.

Höchstsätze je untersuchter Person 4

Die **Blutgruppenbestimmung nach den Buchstaben c und d** beträgt für jede zu untersuchende Person höchstens 110,– DM und bei Buchstabe e 135,– DM, auch wenn mehr als fünf Merkmale bestimmt worden sind. 4.1

Bei den **Blutgruppenbestimmungen nach Buchst. k** kann dagegen für jede untersuchte Person sowohl für die Bestimmung der Merkmale des Gm-Systems als auch für die Bestimmung der Merkmale des Inv-Systems die Entschädigung jeweils höchstens 145,– DM betragen. 4.2

1 BR-Drucksache 796/93 Seite 260.

Bei der Berechnung sind die Untersuchungen nach den beiden Systemen getrennt zu berücksichtigen. Dies folgt aus dem Vergleich mit den Buchstaben c, d, e und i der Nr. 8, in denen die Aufzählung der Merkmale durch das Wort »und« verbunden wird, wobei auch hier Höchstbeträge festgesetzt sind. Aus der unterschiedlichen Wortwahl ist auf eine unterschiedliche Regelung zu schließen[2].

5 **Bestimmung von Merkmalen des HLA-Systems**

Der Entschädigungstatbestand für die Bestimmung von Merkmalen des HLA-Systems – Buchstabe f – ist durch das KostRÄndG 94 sprachlich neugefaßt und um die in den Richtlinien des BGA – s. Rz. 9 – erwähnten allgemein üblichen Untersuchungsmethoden ergänzt worden. Hierbei ist zur Sicherung der Qualität der Untersuchungen festgeschrieben worden, daß mindestens 180 Antiseren für die Bestimmung der Merkmale verwendet werden müssen. Durch die deutlich angehobene Entschädigung ist hier das verwendete Material einschließlich der höherwertigen Stoffe – insbesondere der Testseren – mitabgegolten.

6 **Bestimmung eines VNTR-DNA-Systems**

6.1 Der Entschädigungskatalog in Nr. 8 ist unter Buchstabe n durch das KostRÄndG 94 um die Entschädigung für die Bestimmung eines VNTR-DNA-Systems oder eines vergleichbar effizienten Systems erweitert worden. Damit hat der Gesetzgeber der **Bestimmung von Blutgruppenmerkmalen auf der Ebene der Erbsubstanz (DNA-Merkmale),** die seit mehreren Jahren in zunehmenden Maße angewendet wird, auch in entschädigungsrechtlicher Hinsicht Rechnung getragen. Zugleich wird die unterschiedliche Auffassung in der Rechtsprechung, ob die Bestimmung von DNA-Merkmalen nach Nr. 8 Anl. Buchstabe n a. F. oder nach § 3 zu entschädigen sei, gesetzlich geklärt.

6.2 Die **Entschädigung für jede Person und jede verwendete Sonde** – s. Rz. 5.3 unter Nr. 2.2 der Richtlinien – beträgt 220,– DM, höchstens jedoch 1250,– DM je untersuchter Person. Die Beschränkung auf den Höchstsatz ist im Hinblick auf die große Zahl der angebotenen Sonden für die Bestimmung für erforderlich angesehen worden[3]. Mit dem Entschädigungsbetrag ist auch die gesamte Aufbereitung des Materials abgegolten. Die hierzu erforderlichen Arbeitsgänge sind in Satz 2 des Buchstaben n der Entschädigungsregelung nur beispielhaft aufgeführt, so daß auch andere notwendige Abläufe durch die Entschädigung erfaßt sind. Auch eine gesonderte Entschädigung für die Herstellung einer DNA-Probe nach Nr. 6 Buchstabe b kommt neben einer Entschädigung nach Nr. 8 Buchstabe n nicht in Betracht[4].

2 OLG Frankfurt v. 29. 4. 1975 – 2 Ws 48/75 –; OLG München in JurBüro 91.1551 = MDR 92.83.

3 BR-Drucksache 796/93 Seite 261.

4 BR-Drucksache aaO. – Fn. 3 –.

Die **Richtlinien des Bundesgesundheitsamtes für die Erstattung von DNA-Abstammungsgutachten** vom 1. 7. 1992 (Bundesgesundheitsblatt 1992 Seite 592) haben den folgenden Wortlaut: 6.3

1 Präambel

Gemäß den Richtlinien des BGA für die Erstattung von Abstammungsgutachten (15. 3. 1990, Bundesgesundhbl. 33, 6 (1990) 264–268) werden Blutgruppenmerkmale in die Begutachtung einbezogen, die mit Hilfe von immunologischen, biochemischen und biophysikalischen Methoden erfaßt werden. Mit molekularbiologischen Methoden können individuelle Merkmale auf der Ebene der Erbsubstanz (DNA-Merkmale) bestimmt und für die Abstammungsbegutachtung verwendet werden. Im folgenden werden die bisherigen Richtlinien im Hinblick auf die DNA-Analyse erweitert. Auf die Anforderungen an den Sachverständigen und die an sein Laboratorium wurde bereits in den vorgenannten Richtlinien verwiesen; sie erfahren in den vorliegenden Richtlinien einige notwendige Ergänzungen.

2 DNA-Polymorphismen

2.1 Genetische Variabilität entsteht durch:

- Nukleotid(Basen)-Austausch,
- Insertion/Deletion (Einfügung/Verlust) einzelner oder mehrerer Nukleotide,
- Insertion/Deletion einzelner oder mehrerer repetitiver Sequenzblöcke.

2.2 Definition der Systeme

DNA-Polymorphismen werden unter praktischen Gesichtspunkten in zwei Gruppen eingeteilt: Einzel-Locus-Systeme (SLS = single locus system) und Multi-Locus-Systeme (MLS = multi locus system).

2.2.1 Ein Einzel-Locus-System ist definiert durch die Beschreibung eines Ortes im Genom sowie durch die Nachweismethode.

Restriktions-Fragment-Längen-Polymorphismen (RFLP-Systeme) werden durch die jeweils verwendeten Sonden sowie die Restriktionsenzyme definiert. Systeme, die auf Amplifikation von DNA-Sequenzen durch Polymerase-Ketten-Reaktion (PCR) beruhen, sind durch die Sequenzen der Primer und die zum Nachweis der Polymorphismen verwendeten Methode definiert.

2.2.2 Multi-Locus-Systeme sind durch Sonden charakterisiert, die über das gesamte Genom (oder breite Anteile des Genoms) verteilte DNA-Sequenzen erkennen. Die Multi-Locus-Typisierung führt zu einem komplexen Bandenmuster, welches durch die Überlagerung einer Vielzahl von Einzel-Locus-Systemen entsteht. Die einzelnen Banden des Multi-Locus-Systems können mit den üblichen Untersuchungsmethoden nicht bestimmten Genorten zugeordnet werden.

3 Voraussetzungen

Die folgenden Kriterien für die Anwendung eines DNA-Systems sollen erfüllt sein; sofern sie nicht oder nur unvollständig zu erfüllen sind, ist dies zu erläutern.

3.1 Voraussetzung für die Anwendung eines Polymorphismus zur Abstammungsbegutachtung ist die Untersuchung von wenigstens 500 systemunabhängig gesicherten Eltern-Kind-Kombinationen sowie ausreichend großer Populationsstichproben und ihre Dokumentation.

3.2 Die chromosomale Lokalisation und eventuell vorhandene Kopplungsbeziehungen zu anderen Polymorphismen sollten bekannt sein. Bei eng gekoppelten Systemen (Rekombinationsfrequenz < 5 cM) können die Einzelergebnisse nur unter Berücksichtigung des Kopplungsungleichgewichtes angewendet werden.

3.3 Mutationsraten

Die Mutationsraten der verwendeten DNA-Systeme müssen bekannt sein und dürfen eine Häufigkeit von 1 % pro Meiose nicht überschreiten. Bei einer isolierten Ausschlußkonstellation muß eine mögliche Mutation in Betracht gezogen werden.

3.4 Hardy-Weinberg-Gleichgewicht

Das Hardy-Weinberg-Gleichgewicht ist zu überprüfen. Abweichungen vom Gleichgewicht weisen häufiger auf Typisierungsprobleme denn auf Mutations- oder Selektions-Mechanismen hin.

3.5 Populationsstichproben

Jedes Labor soll die Frequenzen für relevante lokale Populationen selbst bestimmen. Solche Frequenztabellen sollen auf der Testung von wenigstens 200 Individuen beruhen.

Die Populationsstichprobe soll die relevante(n) lokale(n) Population(en) repräsentieren. Frequenztabellen für verschiedene lokale Populationen sollen so lange nicht vereinigt werden, bis statistisch erwiesen ist, daß sie sich vereinigen lassen. Rohwerte über RFLP-Fragmentlängen sollen die Bandenlängen mit bestmöglicher Auflösung erfassen.

4 Anforderungen an die Nachweistechnik

4.1 Bei RFLP-Systemen müssen die Intaktheit (Hochmolekularität) der DNA vor der enzymatischen Spaltung (Restriktionsenzym-Verdau) sowie die vollständige Spaltung kontrolliert werden.

4.2 Ein Kalibrator mit Fragmenten bekannter Länge soll den zu testenden Fragmentlängenbereich hinreichend untergliedern und flankieren, bevorzugt aus definierten Allelen des zu untersuchenden Polymorphismus.

4.3 Eine humane Kontroll-DNA muß auf jedem Gel mitgeführt werden. Zu empfehlen ist die Mischung dieser DNA mit DNA aus einer allgemein verfügbaren Zellinie (z. B. K 562).

4.4 Fragment-(Banden-)Längenbestimmung

Es gibt keine allgemein verbindliche Methode der Fragmentlängen-Messung. Nach dem derzeitigen Erkenntnisstand sind Berechnungsmethoden anzuwenden, denen der lokale Meßbereich zugrunde liegt (lokal-reziproke Methode). Die Automatisierung der Auswertung ist wegen ihrer besseren Reproduzierbarkeit und höheren Auflösung anzustreben.

4.5 Alle Proben eines Falles sollen nebeneinander auf einem Gel aufgetrennt werden.

4.6 Laboratorien, die DNA-Analytik in Abstammungsgutachten einsetzen, müssen neben der internen Qualitätskontrolle für jede verwendete Sonde ihre regelmäßige, erfolgreiche Teilnahme an einer externen Qualitätskontrolle gem. Abschnitt 8 nachweisen. In einer Übergangsphase bis zur endgültigen Einrichtung solcher Qualitätskontrollen soll das Laboratorium die Durchführung intensiver interner Qualitätskontrollen und die Teilnahme an anerkannten kollaborativen Studien belegen können.

5 Auswertung

5.1 Qualitative Aussagen

Eine Übereinstimmung von DNA-Fragmenten liegt dann vor, wenn deren Positionen im Seit-zu-Seit-Vergleich visuell nicht unterschieden werden können. Bei Nichtübereinstimmung handelt es sich um eine Ausschlußkonstellation oder Mutation.

5.2 Quantiative Aussagen

Im Falle eines Nichtausschlusses müssen die Befunde im Hinblick auf ihren Beweiswert durch geeignete statistische Maßzahlen quantifiziert werden. Die Basis aller biostatistischen Berechnungen sind die phänotypischen bzw. allelischen Frequenzen.

5.2.1 Einzel-Locus-Systeme

Einzel-Locus-Systeme mit diskreter Verteilung der Fragmente folgen den Kriterien einfacher kodominanter Systeme. Ist der Meßfehler größer als der Abstand zweier benachbarter Fragmente, so handelt es sich um stetige Verteilungen. Bei stetiger Verteilung ist bei der Bestimmung der Allel-Frequenzen das dreifache Sigma des Meßfehlers zu berücksichtigen.

5.2.2 Multi-Locus-Systeme

Eine formalgenetische Analyse ist bei Multi-Locus-Systemen nicht möglich (vgl. 2.2.2). Daher ist die Quantifizierung des Informationsgehaltes von MLS-Profilen im Vergleich zu Systemen mit bekannten Allel- und Kopplungsverhältnissen derzeit nur eingeschränkt möglich. Die Häufigkeit der Bandenübereinstimmung (»band-sharing«) ist ein statistisches Maß aus MLS-Profilen, das für die Entscheidungsfindung bezüglich eines postulierten Verwandtschaftsgrades geeignet ist. Die Trennschärfe ist abhängig vom Grad der postulierten Verwandtschaft im Vergleich zu unverwandten Individuen. Die Rate der Bandenübereinstimmung läßt sich nicht mit den sonst üblichen Likelihood-Aussagen anderer Systeme vergleichen. Ansätze zur Likelihood-Berechnung auf der Basis festgestellter positiver und negativer Besetzung beobachteter bzw. postulierter Bandenpositionen gehen von vollständiger Unabhängigkeit aus, welche nicht gegeben ist (2.2.2). Das Ausmaß der Überschätzung der Vaterschaftswahrscheinlichkeit ist bei den zur Zeit vorgeschlagenen Methoden unterschiedlich und hängt von der zu überprüfenden Verwandtschaftsbeziehung ab. Statistische Verfahren zur Quantifizierung von Likelihood-Aussagen müssen gesondert erläutert werden.

6 Beweiswert des DNA-Gutachtens

Da die vorgenannten Voraussetzungen für das DNA-Gutachten noch nicht im vollen Umfang erfüllt sind, ist dessen voller Beweiswert bisher noch nicht erreicht. Bei isolierten Ausschlußkonstellationen ist zu beachten, daß diese wegen der vergleichsweise hohen Mutationsraten nur vorgetäuscht sein können. In solchen Fällen sind eine erneute Untersuchung, möglichst anhand neu entnommener Proben, eine Erweiterung der Untersuchungen sowie eine adäquate statistische Berücksichtigung erforderlich.

7 Anwendung von DNA-Gutachten

7.1 Das DNA-Gutachten als erweiterte Begutachtung

Die DNA-Analyse gehört grundsätzlich in den Bereich der erweiterten Begutachtung. Sie ist dann angezeigt, wenn

a) das/die vorangegangene/n Gutachten ein zuverlässiges Ergebnis erbracht hat/haben, z. B. zu niedrige Hinweiswahrscheinlichkeit, nicht voll beweiskräftige Ausschlußkonstellationen,

b) die Beurteilungsbasis nicht ausreichend ist, weil wichtige formal- und populationsgenetische Fakten unbekannt sind, z. B. bei Einschluß von Fremdstämmigen, Blutsverwandten oder wenn Kindesmutter oder -vater für die Untersuchung auf Dauer nicht zur Verfügung stehen.

7.2 Das DNA-Gutachten ohne vorhergehendes Blutgruppengutachten

Sogenannte isolierte DNA-Gutachten kommen in Betracht, wenn die Untersuchung auf Blutgruppenmerkmale grundsätzlich nicht oder nur eingeschränkt möglich sind. Dies ist insbesondere der Fall, wenn entweder zu wenig oder für herkömmliche Systeme ungeeignetes Material zu Verfügung steht. Über die hierzu bestehenden Möglichkeiten und Grenzen muß der Sachverständige den Auftraggeber pflichtgemäß unterrichten.

In den Fällen eines isolierten DNA-Gutachtens ist grundsätzlich eine Zweit- bzw. weiterführende Begutachtung zu empfehlen. Dabei ist nach Möglichkeit sicherzustellen, daß eine hierfür erforderliche Menge an Untersuchungsmaterial vom Gutachter zurückbehalten wird.

8 Grundlagen der Qualitätssicherung

Die Qualitätssicherung erfolgt durch laborinterne und externe Kontrollmaßnahmen. Die laborinterne Qualitätskontrolle erfolgt in jeder Untersuchungsserie im Labor des Sachverständigen.

8.1 Proben für die Qualitätskontrolle

Die Qualitätskontrolle erfolgt an zwei Substraten:

- Humane DNA-Fragmente mit durch Sequenzierung bekannter oder empirisch bestimmter Länge. Hierzu kann eine allgemein verfügbare menschliche Zellinie (z. B. K 562) dienen, die mit einer laborinternen, langfristig verfügbaren Blutproben-DNA vermischt ist. Auch Mischungen von mehreren bekannten Allelen des zu untersuchenden Polymorphismus (sog. allelische Leitern) erfüllen diese Voraussetzung. Die vorstehenden Kontrollproben dienen der internen Qualitätskontrolle, können aber auch in jeder externen Qualitätskontrolle eingesetzt werden.
- Humane Kontroll-Blutproben.

8.2 Interne Qualitätskontrolle

8.2.1 Laborinterne Richtigkeitskontrolle

Die Zielwerte der laborinternen Richtigkeitskontrolle können nach quantitativen oder qualitativen Kriterien etabliert werden. Die Einhaltung einer einheitlichen Untersuchungsmethode ist hierbei erforderlich. Sie umfaßt bei RFLP-Systemen u. a. das Restriktionsenzym, die DNA-Sonde, ggf. den Längenstandard, definierte Kernparameter der Elektrophorese sowie ein definiertes Methodenspektrum zur Fragmentlängenbestimmung. Sie umfaßt bei PCR-abhängigen Systemen u. a. die Kennzeichnung der Primer und der Amplifikationsprofils sowie ggf. die Kennzeichnung der systemspezifischen allelischen Leiter und der Elektrophorese-Parameter. Variationsbereiche definierter Sollwerte sind einzuhalten.

Liegen die ermittelten Fragmentlängen außerhalb des Variationsbereiches, so ist der Versuch zu wiederholen. Liegen die ermittelten Fragmentlängen innerhalb des Variationsbereiches, jedoch außerhalb des laborinternen Streubereiches (dreifaches Sigma), so sind laborinterne Korrekturen erforderlich (ggf. muß die Populationsdatenbank den neuen Verhältnissen angeglichen werden).

8.2.2 Laborinterne Präzisionskontrolle

Nach jeweils 20 unabhängigen Analysen eines quantitativen Merkmals sollen

Mittelwert, Standardabweichung und Variationskoeffizient berechnet werden. Aus diesen Parametern wird ein laborinterner Bewertungsbereich konstruiert. Die maximale laborinterne Abweichung beträgt Mittelwert plus/minus dreifache Standardabweichung.

8.3 Externe Qualitätskontrollen

Die externe Qualitätskontrolle (Ringversuch) erfolgt mindestens zweimal im Jahr an jeweils zwei Blutproben. Sie ist nach ihrer Art eine Richtigkeitskontrolle. Die Zielwerte für die Richtigkeitskontrolle werden durch Sollwert- bzw. Referenz-Laboratorien ermittelt.

7 **Blutidentifizierungsuntersuchungen**

Dem Sachverständigen, der zum Zwecke der Feststellung, ob eine asservierte Blutprobe von dem Beschuldigten herrührt, die Blutgruppe für einen neu entnommene Blutprobe und für die asservierte Blutprobe bestimmt, steht die Entschädigung nach Nr. 8 für jede der beiden untersuchten Proben zu[5].

8 **Aufwendungsersatz**

8.1 Eine notwendige **Akteneinsicht** wird durch die Entschädigung nach Nr. 8 abgegolten.

8.2 Nur soweit es sich bei dem verbrauchten Material um **geringwertige Stoffe** handelt, sind die dafür erforderlichen Aufwendungen durch die Entschädigung nach Nr. 8 – ausgenommen Buchstabe f (s. Rz. 5) – abgegolten. Der Begriff »geringwertige Stoffe« ist im Gesetz nicht definiert. Als geringwertig wird man solche Stoffe ansehen können, deren Wert nur einen geringen Bruchteil der für die einzelne Untersuchung vorgesehenen Sachverständigenentschädigung ausmacht[6].

8.3 **Aufwendungen für höherwertige Stoffe** werden in der Regel neben den Entschädigungen nach Nr. 8 über § 8 Abs. 1 Nr. 1 ersetzt. Nur bei der Entschädigung nach Buchstabe f kommt ein Aufwendungsersatz für höherwertige Stoffe neben der Entschädigung nicht in Betracht – s. Rz. 5. –.

8.4 Durch die Entschädigungsbeträge nach Nr. 8 wird auch der **Personalaufwand** abgegolten. Läßt der Sachverständige die erforderlichen Leistungen durch Hilfs-

5 OLG Karlsruhe in Rpfleger 80.165 = JurBüro 80.743 = Justiz 80.159 = KRspr. § 5 Nr. 36.

6 OLG München in JurBüro 88.923 = MDR 88.592 = KRspr. § 5 Nr. 53 LS mit Anm. von *Herget* (25 v. H. der Sachverständigenentschädigung); OLG Stuttgart in Justiz 88.395 = JurBüro 88.1248; OLG Karlsruhe in Justiz 90.21; OLG Celle in Nds. Rpfl. 90.200, in Nds. Rpfl. 91.56 (wie OLG München).

kräfte (z. B. medizinisch-technische Assistentinnen) erbringen, so können die dafür entstehenden Kosten nicht nach § 8 Abs. 1 Nr. 1 erstattet werden[7].

Dasselbe gilt für ein vom Sachverständigen abzuführendes **Nutzungsentgelt** für die Benutzung von Einrichtungen eines Universitätsinstituts[8] – s. a. § 8 Rz. 9 –. 8.5

Die Entschädigung nach Nr. 8 Buchstabe p für das **schriftliche Gutachten** stellt eine Ausnahmeregelung zu § 8 Abs. 1 Nr. 3 dar. Sie deckt den gesamten Aufwand des Sachverständigen bei der Erstellung des schriftlichen Gutachtens ab. Die Entschädigung richtet sich nach der Anzahl der aus Anlaß des Gutachtens untersuchten Personen und nicht danach, ob Untersuchungsbefunde weiterer Personen in das Gutachten einbezogen wurden[9]. 8.6

Für **Mehrfertigungen** des schriftlichen Gutachtens stehen dem Sachverständigen die Schreibauslagen nach § 11 Abs. 2 zu.

Richtlinien für die Erstattung von Blutgruppengutachten 9

Das Bundesgesundheitsamt hat die »Richtlinien für die Erstattung von Blutgruppengutachten« (Bundesgesundheitsblatt Nr. 6/90) wie folgt neu gefaßt:

»Neufassung der Richtlinien des Bundesgesundheitsamtes für die Erstattung von Blutgruppengutachten (Stand 15. 3. 1990)

1 Allgemeines

1.1 Diese Richtlinien treten an die Stelle der »Richtlinien für die Erstattung von Blutgruppengutachten« vom 28. September 1977.

Sie wenden sich an den in einem gerichtlichen Verfahren gem. § 372 a ZPO bzw. § 81 a bis c StPO beauftragten Sachverständigen.

Die Richtlinien stellen Mindestanforderungen dar.

1.1.1 Im allgemeinen soll ein Blutgruppengutachten mindestens folgende Systeme berücksichtigen:

1. ABO
2. MNSs
3. Rhesus (Rh)
4. Kell (K)
5. Duffy (Fy)
6. Haptoglobin (Hp)
7. Gruppenspezifische Komponente (Gc)

7 SchlHOLG in SchlHA 85.163; OLG Stuttgart in Justiz 87.154 = JurBüro 87.1581; OLG Karlsruhe in Rpfleger 89.173 = Justiz 89.87.

8 OLG Stuttgart in JurBüro 87.1892 = Justiz 88.67.

9 OLG Celle in Nds. Rpfl. 90.200; in Nds. Rpfl. 91.56.

8. Gammaglobulin Gm (Gm)
9. Gammaglobulin Inv (Inv)
10. Saure Phosphatase der Erythrozyten (ACP)
11. Phosphoglukomutase (PGM_1)
12. Adenosindesaminase (ADA)
13. Adenylatkinase (AK)
14. Phosphoglukonatdehydrogenase (PGD)
15. Esterase D (ESD)
16. Glyoxalase I (GLO)

(Spezielle Nomenklatur, Einzelbefunde und Beweiswert: siehe Ziff. 6.2 und 6.3).

1.1.2 Das Ziel jeder wissenschaftlichen Blutgruppenbegutachtung muß es sein, sowohl bei Ausschließung als auch beim positiven Vaterschaftshinweis eine möglichst hohe Sicherheit zu erzielen. Soweit also weitere Merkmale und Systeme berücksichtigt werden, gelten die Ausführungen von Ziffer 4.2.5.

1.2 Die Anwendung der Richtlinien wird auch für die Ausführung nichtforensischer Abstammungsuntersuchungen, die von den Beteiligten in Auftrag gegeben werden, empfohlen.

1.3 Erteilung des Auftrages

1.3.1 Der Sachverständige wird auf Auftrag tätig. Dieser kann entweder auf einem Gerichtsbeschluß oder auf freiwilliger Übereinkunft der Beteiligten beruhen. Der Sachverständige soll auf schriftliche persönliche Auftragserteilung bedacht sein.

1.3.2 In dem Auftrag müssen die zu untersuchenden Personen mit Familien- und Vornamen und mit ihrer ladungsfähigen Anschrift bezeichnet sein.

1.4 Anforderungen an den Sachverständigen und sein Laboratorium

1.4.1 Blutgruppengutachten soll nur ein ärztlicher Sachverständiger erstatten, der mit der Blutgruppenwissenschaft vertraut und entsprechend qualifiziert ist. Er muß die erforderlichen theoretischen Spezialkenntnisse besitzen und die notwendigen methodischen Erfahrungen in mehrjähriger, nicht wesentlich unterbrochener, praktischer Arbeit im Laboratorium eines Sachverständigen erworben haben. Erforderlichenfalls muß er in der Lage sein, durch entsprechende Unterlagen seine wissenschaftliche Qualifikation auf diesem Gebiet nachzuweisen. Es dient der Zuverlässigkeit der Gutachtenerstattung, wenn in der Tätigkeit als Sachverständiger keine wesentliche Unterbrechung eingetreten ist.

1.4.2 Der Sachverständige hat sich mit dem Fortschritt der Wissenschaft vertraut zu halten, um die Begutachtung diesem Fortschritt anpassen zu können.

1.4.3 Im Laboratorium müssen alle Geräte zur Verfügung stehen, die zur Untersuchung der im Gutachten verwerteten Systeme notwendig sind (Ziff. 4.2 ff.).

1.4.4 Medizinisches Assistenzpersonal darf nur unter Anleitung und Verantwortung sowie auf Weisung des Sachverständigen tätig werden.

1.4.5 Kontroll- und Vergleichsproben von Blutkörperchen und Seren mit bekannten Merkmalen müssen zur Verfügung stehen.

2 Einleitende Maßnahmen

2.1 Entnahme und Einsendung von Blutproben

2.1.1 Blutgruppenuntersuchungen sollten bei Kindern im allgemeinen erst dann erfolgen, wenn sie ein Alter von acht Monaten erreicht haben (s. auch 4.2.2.5).

2.1.2 Vor Ablauf von drei Monaten nach prophylaktischer oder therapeutischer Anwendung von Substanzen menschlichen Ursprungs ist im Regelfall ein Blut für forensische Blutgruppenuntersuchungen ungeeignet. Über Ausnahmen entscheidet der Sachverständige.

2.1.3 Der Sachverständige hat nicht nur selbst dafür zu sorgen, sondern auch den mit der Blutentnahme betrauten Arzt darauf hinzuweisen, daß die Blutprobenröhrchen in Gegenwart der zu untersuchenden Personen mit einem festhaftenden und mit dem richtigen Namen unverwechselbar beschrifteten Klebezettel zu versehen sind. Die Blutproben sind unverzüglich an den Sachverständigen abzusenden.

2.1.4 Die offenkundige Zugehörigkeit zu einer fremden Rasse ist, soweit dies für die Bewertung der Befunde erforderlich ist, in der Niederschrift zu vermerken.

2.2 Identitätsprüfung

2.2.1 Vor der Blutentnahme sind die Personalien der erschienenen Personen durch den Sachverständigen oder den von ihm beauftragten Arzt durch Einsichtnahme in einen amtlichen Ausweis festzustellen. Die zu untersuchenden Personen sind, soweit es sich nicht um ein einvernehmlich gewünschtes Tätigwerden des Gutachters handelt, auf die gesetzliche Duldungspflicht hinzuweisen. Die Identitätsprüfung ist in der Niederschrift über die Blutentnahme zu dokumentieren (Muster s. Anlage)[10], die der Blutprobe beizufügen ist. Durch Fingerabdruck bzw. Fußabdruck auf dem Niederschriftsbogen und durch Lichtbild, die dem Gutachten beigefügt werden, wird auch dem Auftraggeber die Prüfung ermöglicht, ob tatsächlich die zu untersuchenden Personen untersucht wurden. Ergeben sich anläßlich der Blutentnahme oder später Zweifel an der Identität, so muß der Auftraggeber unterrichtet werden.

2.2.2 Die Durchführung dieser Maßnahmen dient dazu, spätere Überprüfungen zu ermöglichen. Ist im Einzelfall eine Person nicht bereit, die notwendigen Maßnahmen zur Identitätssicherung durchführen zu lassen, so ist auf die mögli-

10 Vom Abdruck wurde abgesehen.

chen Folgen (z. B. Mitteilung an das Gericht, Notwendigkeit der Wiederholung der Untersuchungen) hinzuweisen.

2.2.3 Bei zugesandten Blutproben muß sich der Sachverständige oder eine zuverlässige Hilfskraft beim Auspacken der Blutproben von deren einwandfreier Kennzeichnung und von der vollständigen Ausfüllung der zugehörigen Niederschriften überzeugen. Dabei sind Eingangsdatum, Blutmenge und -beschaffenheit sowie etwaige Besonderheiten zu Protokoll zu nehmen und, wenn nötig, dem Gericht mitzuteilen.

2.2.4 Das Gutachten und die Niederschrift erhält das Gericht oder bei nichtforensischen Gutachten der Auftraggeber. Die beim Sachverständigen verbleibenden Niederschriften und sonstige Unterlagen sind dort in sorgfältiger Weise verschlossen aufzubewahren.

3 Anforderungen an die Testreagenzien

3.1 Der Sachverständige ist verpflichtet, für seine Untersuchungen nur solche Reagenzien zu verwenden, die von ihm auf ihre Qualität geprüft und als geeignet befunden worden sind. Ohne zwingenden Grund sollte nicht von den Gebrauchsanleitungen abgewichen werden, die den Testreagenzien beigefügt werden.

3.2 Alle Prüfungen müssen mit der gleichen Methode und unter den gleichen Bedingungen wie die Untersuchungen für das Gutachten erfolgen.

3.3 Voraussetzung für die Prüfung der Testreagenzien ist die einwandfreie Beschaffenheit aller Reaktionspartner (z. B. Testerythrozyten, Hämolysate, Koenzyme, Hilfsenzyme, Pufferlösungen, Gele usw., aber auch destilliertes bzw. vollentsalztes Wasser).

3.4 Testseren, die nur im Antiglobulin-Test anzeigen, sind darauf zu prüfen, ob sie eine ausreichende Beladung der Erythrozyten bewirken. Antiglobulinseren dürfen mit unbeladenen Erythrozyten keine Reaktion zeigen. Sie müssen qualitativ und quantitativ besonders geprüft und als für das jeweilige System bzw. Merkmal geeignet befunden werden, bevor sie Verwendung finden.

4 Die Untersuchungen für das Gutachten

4.1 Allgemeine Maßnahmen

4.1.1 Reste der Blutproben sollten sachgemäß aufbewahrt werden, damit Untersuchungen wiederholt werden können.

4.1.2 Für jedes serologisch nachzuweisende Merkmal sind mindestens zwei Testseren verschiedener Herkunft zu verwenden.

4.1.3 Über alle Bestimmungen ist ein Protokoll zu führen, aus dem auch das Untersuchungsdatum und der Name der an der Untersuchung Beteiligten hervorgehen. Aus dem Untersuchungsprotokoll muß auch die Herkunft und

Charge der Testseren ersichtlich sein. Es empfiehlt sich, auch einen Vermerk über die Herkunft der Kontrollblutkörperchen bzw. Kontrollseren in das Protokoll aufzunehmen.

4.1.4 Bei der Ablesung von durch Antikörper bewirkten Reaktionen (z. B. Agglutination, zytotoxische Reaktion) ist grundsätzlich als Ergebnis das Resultat der einzelnen Reaktionen in das Untersuchungsprotokoll einzutragen.

4.1.5 Bei allen Untersuchungen an Erythrozytenmembranen, die auf Ag/Ak-Reaktionen beruhen, sind positive (heterozygote) und negative Kontrollen mitzuführen. Bei komplexen Systemen, in denen Merkmale zu berücksichtigen sind, die von verschiedenen Loci kontrolliert werden, ist zusätzlich der Positionseffekt zu beachten, um – falls erforderlich – sogenannte kritische Kontrollen hinzuzuziehen. Ebenso sollen in allen anderen Systemen bei den Merkmalsbestimmungen die jeweils erforderlichen Kontrollproben mituntersucht werden.

4.1.6 Die Alterungs- und Lagerungsempfindlichkeit von Merkmalen aller Systeme ist in Betracht zu ziehen (5.4).

4.1.7 Für Titrationsversuche ist die Verwendung geeigneter Seren und einer angemessenen Technik eine unerläßliche Voraussetzung. Wie bei allen quantitativen Tests sind mehrfache (mindestens je drei) homozygote und heterozygote Kontrollen erforderlich, bei denen durch Familienuntersuchung der Genotyp soweit wie möglich abgesichert sein sollte. Bei komplexen Systemen ist auf Positionseffekte zu achten. Zur Erkennung technisch bedingter Unterschiede sollte die zu untersuchende Probe ebenfalls mindestens dreimal im Titrationsversuch angesetzt werden. Die Ablesung erfolgt im Blindversuch. Nur falls die Ergebnisse der homozygoten und heterozygoten Kontrollen Unterschiede über die dreifache Standardabweichung hinaus erkennen lassen und sich der Proband eindeutig in eine der zwei Klassen einordnen läßt, kann das Ergebnis als sicher betrachtet werden. Ergibt sich bei der Konstellation einer möglichen entgegengesetzten Reinerbigkeit eindeutig eine doppelte Dosis bei Kind und Eventualvater, so sind dennoch störende Regulatorgene denkbar, die sich im Titrationsversuch nicht manifestieren, so daß die sogenannten Reinerbigkeitsausschlüsse nicht volle Beweiskraft erreichen (s. auch 6.3.2).

4.2 Spezielle Untersuchungen

4.2.1 Membranantigene der Erythrozyten

4.2.1.1 ABO-System

Die Untersuchung erfolgt durch Feststellung der Blutgruppenmerkmale an den Erythrozyten und der Iso-Agglutinine im Serum. Ein hochwirksames Anti-A+B-Serum ist mitzuführen, damit auch schwach ausgeprägte Merkmale nach Möglichkeit erfaßt werden können.

4.2.1.2 Das Merkmal (die Antigendeterminante) A_1 wird durch direkte Agglutination mit Anti-A_1-Reagenzien bestimmt. In besonders gelagerten Fällen kann die zusätzliche Untersuchung auf H-Substanz zur Bestätigung der A-Untergruppenbefunde von Nutzen sein. Als Kontrollen sind bei der Gruppe A A_1- und A_2-Testerythrozyten, bei der Gruppe AB A_1B- und A_2B-Testerythrozyten mitzuführen. Bleiben Zweifel, so hat der Sachverständige zusätzliche Untersuchungen vorzunehmen und dies im Gutachten zu erörtern.

4.2.1.3 MNSs-System

Bei isolierten MN-Ausschlüssen auf Grund entgegengesetzter Reinerbigkeit sind die entscheidenden Befunde durch zusätzliche Untersuchungen zu sichern (z. B. Untersuchungen mit Anti-M^g-Seren oder Titrationen unter Verwendung geeigneter, humaner Testseren (Anti-M- und Anti-N-Seren).

4.2.1.4 Rhesus (Rh)-System

Eines der beiden je Merkmal zu benutzenden Testseren muß inkomplette Antikörper enthalten. Um abgeschwächte Merkmale einschließlich des Merkmals D^u zu erkennen, sind dafür die nach dem jeweiligen Wissensstand erprobten Methoden zusätzlich heranzuziehen.

4.2.2 Serumproteine

4.2.2.1 Haptoglobin-System

Das Puffer-System ist so zu wählen, daß zwischen dem Phänotypus Hp 1 und einer Ahaptoglobinämie sicher unterschieden werden kann, wenn Stärke als Trennmedium verwendet wird.

4.2.2.2 Gc-System

Wird eine isoelektrische Fokussierung durchgeführt, so ist eine Kontrolle durch Immunfixation nach elektrophoretischer Auftrennung erforderlich.

4.2.2.3 Gammaglobulin-System Gm und Inv

Der Agglutinationshemmtest soll pro Merkmal mit zwei Reaktionssystemen durchgeführt werden. Außerdem sind die Probandenseren auf vorhandene Gm- und Inv-Antikörper zu prüfen. Bei Auftreten einer dadurch bedingten Agglutination kann das Bestimmungsergebnis nicht gewertet werden. Die Probanden eines Gutachtenfalles sollen nach Möglichkeit mit denselben Reaktionssystemen untersucht werden.

4.2.2.4 Die zu verwendenden Testerythrozyten sollen möglichst frisch sein. Die beladenen Erythrozyten sind nicht lange verwendbar. Ihre ausreichende Beladung ist am Ausfall der Agglutinationskontrolle zu erkennen, die durch den Ansatz mit dem negativen Kontrollserum vorzunehmen ist.

4.2.2.5 In Ergänzung zu 2.1.1 wird darauf hingewiesen, daß bei der Untersuchung der Serumproteine auch bei über acht Monate alten Kindern gelegentlich mit unsicheren Befunden zu rechnen ist.

4.2.3 Enzyme

4.2.3.1 Für die Bestimmung gelten in allen Systemen analoge Empfehlungen:

Die Wahl einer geeigneten Methode zur elektrophoretischen Auftrennung sowie die Wahl eines geeigneten Trägermediums bleiben dem Sachverständigen überlassen. Zur Untersuchung von intrazellulären Enzymen müssen frisch hergestellte Hämolysate verwendet werden. Die Ergebnisse sollten in einer zweiten Elektrophorese bzw. isoelektrischen Fokussierung mit einem weiterem Hämolysat bestätigt werden. Auf eine einwandfreie Auftrennung der Enzymfraktionen ist zu achten. Nur regelhafte Zymogramme dürfen verwertet werden. Besondere Aufmerksamkeit ist den Varianten zu widmen.

4.2.4 HLA-System
Die Bestimmung der serologisch definierten HLA-Merkmale erfordert die genaue Kenntnis der Reaktionsweise der vom Sachverständigen verwendeten Antiseren. Im Hinblick auf eine größtmögliche Sicherheit der Befunde sollen bevorzugt solche Antigendeterminanten herangezogen werden, zu deren Bestimmung ausreichende Mengen spezifischer und besonders kräftiger Antiseren leicht erhältlich sind. Die Bestimmung der gut definierten breiten Spezifitäten des A- und B-Locus reicht im Regelfall aus. In Problemfällen, insbesondere bei Beteiligung fremdrassischer Personen, sollten nach Möglichkeit zusätzliche Merkmale bzw. Splits am A- und B-Locus berücksichtigt werden. In Ausnahmefällen (z. B. wenn die Vaterschaft nur über ein Blank am A- oder B-Locus möglich ist) kann darüber hinaus die zusätzliche Untersuchung der Merkmale des C- und insbesondere des DR-Locus sowie die Einbeziehung von Familienmitgliedern von Bedeutung sein. Die Terminologie richtet sich nach dem jeweils letzten Bericht des WHO-Nomenklatur-Komitees. Im HLA-System können jedoch nicht für jedes Merkmal Kontrollen mitgeführt werden, so daß im allgemeinen jedes HLA-Merkmal mit mindestens drei unterschiedlichen, gut definierten Antiseren bestimmt werden sollte. Als Standardmethode gilt der Mikrolymphozytotoxizitätstest. Bei jedem HLA-Gutachten sind diejenigen Merkmale aufzuführen, die der Sachverständige sicher erfassen kann.

4.2.5 Weitere Merkmale und Systeme

4.2.5.1 Wenn in diesen Richtlinien nicht erwähnte Systeme bzw. Merkmale des Blutes in das Gutachten einbezogen werden, sollen sie unter Beachtung der bisher aufgeführten Grundsätze untersucht werden.

4.2.5.2 Unter diesen Umständen verstößt eine Erweiterung des Gutachtens dann nicht gegen die Richtlinien, wenn die Untersuchung im Einvernehmen mit dem Auftraggeber erfolgt, wenn es sich um Systeme handelt, für die der Erbgang von der Fachwissenschaft hinreichend geklärt ist und wenn die Phänotypen mit verfügbaren Reagenzien reproduzierbar sind (s. auch Ziff. 1.3).

5 Fehlermöglichkeiten

5.1 Der Sachverständige muß mit den Fehlermöglichkeiten aller von ihm verwendeten Methoden vertraut sein.

5.2 Der Sachverständige sollte sich in einem an der Probandenzahl gemessenen Zeitraum über die Phänotypenhäufigkeit in seinem Beobachtungsgut wiederholt einen Überblick verschaffen. Deutliche Abweichungen von Frequenzen, die an einem vergleichbaren Material erhoben wurden, weisen auf einen systematischen (gerichteten) Fehler hin.

5.3 Auf die Möglichkeit von Fehlern und Fehlbegutachtungen, die durch Verwechslung von Blutproben und ungenügende Sicherung der Identität (Ziffer 2.2) oder durch Unzulänglichkeiten der Testreagenzien (Ziff. 3 ff.) oder durch nicht ausreichende Beachtung des bei den Untersuchungen für das Gutachten notwendige Vorgehens (Ziff. 4 ff.) verursacht werden können, sei nochmals hingewiesen.

5.4 Alle Blutmerkmale können gelegentlich quantitativ oder qualitativ verändert vorkommen; manche können besonders lagerungsempfindlich sein. Außerdem kann die Reaktionsfähigkeit aller Merkmale durch sekundäre Einflüsse wie z. B. Überalterung der Genprodukte und deren Nachweisreagenzien, beginnende Hämolyse, ungeeignetes Milieu oder bakterielle Einwirkung eingeschränkt sein. Trockenseren können nach ihrer Auflösung sehr bald an Wirksamkeit verlieren.

5.5 Bei der Bestimmung der HLA-Merkmale ist darauf zu achten, daß die verwendeten Zellen intakt sind. Da durch Lagerung und Transport die Bestimmungssicherheit abnimmt, sollte die Blutentnahme möglichst am Orte des Gutachters vorgenommen werden. Das Probandenblut sollte bei Testbeginn nicht älter als 24 Stunden sein und in der Zwischenzeit möglichst bei 20° C gehalten werden. Werden die Lymphozyten unmittelbar nach der Entnahme isoliert und in einem geeigneten Medium, z. B. Hank'scher Lösung, suspendiert (20° C), können unter Umständen noch nach Tagen sichere Befunde erzielt werden. Der Qualität der verwendeten Testseren und dem Auftreten von Kreuzreaktionen ist besondere Aufmerksamkeit zu widmen. Der Sachverständige soll bei den Merkmalen, deren endgültige Definition noch aussteht, bei der Interpretation – falls erforderlich – einen entsprechenden Hinweis geben.

5.6 Antiglobulin-Seren zum indirekten Nachweis vom Membran-Antigenen der Erythrozyten sind für die verschiedenen Systeme nicht immer gleich gut geeignet. Die Antigen-Antikörper-Reaktionen im Antiglobulintest müssen bei Anwendung der Zentrifugiertechnik sofort abgelesen werden.

5.7 Bei den Gc-Merkmalen kann bei stark hämolytischen Blutproben je nach der verwendeten Bestimmungstechnik unter Umständen eine Phänotypenbestimmung nicht möglich sein.

5.8 Einwandfreie Bestimmungen der Genprodukte hängen von deren Menge und Beschaffenheit ab. Bei Kindern unter einem Jahr kann die Bildung von Proteinen herabgesetzt sein, auch bei Erwachsenen kommt es in Ausnahmefällen zu einem vorübergehenden Mangel an einzelnen Serumproteinen (s. Haptoglobine, Gammaglobuline). Pathologisch veränderte Proteine sind gegebenenfalls in Betracht zu ziehen. Eine unterschiedliche Expressivität einzelner Genprodukte kann in verschiedenen Kombinationen vorkommen.

5.9 Die häufigsten Fehler sind Hör-, Diktier-, Schreib- und Übertragungsfehler. Solche Fehler können weitgehend vermieden werden durch doppelten Ansatz, mehrfache Ablesung, den Einsatz von Computern und vergleichende Überprüfung von Inhalt und Interpretation des schriftlichen Gutachtens.

6 Das Gutachten

6.1 Allgemeines
Bei der Abfassung des Gutachtens sind die Sache und der erteilte Auftrag genau zu bezeichnen. Auf die dem Gutachten beizufügenden Niederschriften ist hinzuweisen. Mängel oder Unklarheiten der Identitätssicherung, die nicht beseitigt werden konnten, sind anzumerken. Die Daten der Blutentnahme und/oder die Daten des Eingangs zugesandter Blutproben sind festzuhalten (z. B. auf der Niederschrift) (s. Ziff. 2.2.3).

6.2 Untersuchungsergebnisse
Die erhobenen Befunde sind in einer Tabelle übersichtlich zusammenzustellen. Hierbei ist eine Anordnung der Befunde für alle Beteiligten eines Falles zu wählen, die eine gute Übersichtlichkeit gewährt. Im Interesse der Übersichtlichkeit wird als übliche Reihenfolge für die Personen empfohlen: Kind, Mutter, Beklagter oder Kläger und Zeugen.

Für die Phänotypen/Reaktionstypen sollen folgende Bezeichnungen verwendet werden:

1. A_1, A_2, B, O, A_1B, A_1B
2. MMSS, MMSs, MMss, MNSS, MNSs, MNss, NNSS, NNSs, NNss
3. CCD.ee, CcD.Ee, CcD.ee, C^wD.ee, C^wcD.Ee, C^wcD.ee, ccD.EE, ccD.Ee, ccD.ee, Ccddee, ccddEe, ccddee
4. K+, K−
5. Fy(a+), Fy(a−)
6. Hp 1, Hp 2-1, Hp 2
7. Gc 1, Gc 2-1, Gc 2
8. Gm(1,2), Gm(1,-2), Gm(-1,-2)
9. Inv(1), Inv(-1)
10. ACP A, ACP AB, ACP AC, ACP B, ACP BC, ACP C
11. $PGM_1$1, PGM_1 2-1, PGM_1 2
12. ADA 1, ADA 2-1, ADA 2
13. AK 1, AK 2-1, AK 2
14. PGD A, PGD AB, PGD B
15. ESD 1, ESD 2-1, ESD 2
16. GLO 1, GLO 2-1, GLO 2

Phänotypen mit einer Häufigkeit unter 0,1% und D_u-Phänotypen des Rh-Systems sind hier nicht aufgeführt. Diese und die Phänotypen weiterer Systeme sind analog zu schreiben.

6.3 Beweiswert und weiterführendes Gutachten

6.3.1 Der sichere Ausschluß ist dadurch gekennzeichnet, daß das Kind ein Merkmal besitzt, welches der Mutter und dem Eventualvater fehlt (»klassischer« Ausschluß).

6.3.2 Ausschlüsse auf Grund der Konstellation entgegengesetzter Reinerbigkeit zwischen Kind und Eventualvater (sog. Reinerbigkeitsausschlüsse) sind im Regelfall keine sicheren Ausschlüsse. Wird ein solcher Befund nur in einem einzigen System erhoben, muß der Gutachter dem Auftraggeber begründete Vorschläge zur weiteren Aufklärung der zweifelhaften Feststellung unterbreiten (weiterführende serologische Begutachtung, anthropologisches Gutachten).

Eine entgegengesetzte Reinerbigkeit darf insbesondere dann nicht ohne zusätzliche Untersuchungen wie Familiengutachten oder quantitative Tests unterstellt werden, wenn die Summe stummer Gene und solcher mit reduzierter Aktivität in einem System möglicherweise größer als 0,01 ist (z. B. Duffy-System). Selbst wenn solche phänotypischen Konstellationen in mehreren solcher Systeme auftreten sollten, ergibt sich daraus kein voll beweiskräftiger Ausschluß.

Isolierte klassische Ausschlüsse erfordern eine weiterführende Begutachtung, wenn sie in einem noch nicht voll beweiskräftigen Merkmalssystem (unter Ziff. 1.1.1 nicht aufgeführt) auftreten oder durch seltene Merkmale (Allelfrequenz 0,01) bedingt sind.

In all diesen Fällen muß das Indiz gegen die Vaterschaft bei der statistischen Auswertung (s. 7.1) angemessen berücksichtigt werden.

6.3.3 Der Sachverständige muß außerdem die Einholung eines weiterführenden Gutachtens in folgenden Fällen empfehlen: bei isolierten Ausschlüssen in den Systemen bzw. mit den Merkmalen A 1/A 2, Gm, Inv(1), ferner bei isolierten Ausschlüssen, die mit Hilfe der Antiglobulin-(Coombs-)Technik zustande gekommen sind.

6.3.4 Auch aus anderen Gründen kann der Sachverständige ein weiterführendes Gutachten empfehlen; z. B. wenn der entscheidende positive oder negative Hinweis, der bei der statistischen Befundauswertung nach Ziffer 7 ermittelt wird, überwiegend auf einer seltenen Konstellation oder auf Merkmalen eines noch nicht voll beweiskräftig anerkannten Systems basiert.

6.3.5 Ein weiterführendes Gutachten nach diesen Richtlinien soll neben dem zum Ausschluß führenden System und den zusätzlich untersuchten Systemen lediglich noch drei weitere Systeme umfassen, die eine möglichst weitgehende Identifizierung der Blutproben erlauben.

6.4 Zweitgutachten

6.4.1 Der Sachverständige sollte ein Zweitgutachten durch einen weiteren Sachverständigen vorschlagen, wenn er die Bestätigung bestimmter Untersuchungsergebnisse für notwendig erachtet. Ein weiterer Sachverständiger ist auch dann vorzuschlagen, wenn eine weiterführende Begutachtung nicht durch den Erstsachverständigen vorgenommen werden kann.

6.4.2 Ergeben sich durch ein Zweitgutachten Differenzen der Ergebnisse oder Unklarheiten in der Deutung der Befunde, so sollen diese durch Zusammenarbeit der beiden Sachverständigen geklärt werden. Sollte eine Einigung unter den beiden Sachverständigen ausnahmsweise nicht möglich sein, so sollten sie sich auf einen dritten Gutachter einigen, den sie gemeinsam dem Gericht empfehlen.

6.5 Auswertung der Befunde

6.5.1 Der Sachverständige muß für jedes untersuchte System seine Schlußfolgerungen aus den Befunden verständlich ableiten.

6.5.2 In dafür geeigneten, jedoch seltenen Fällen ist dem Auftraggeber zu empfehlen, zur Gewinnung einer zusätzlichen Information die Ausdehnung der Untersuchung auf Familienmitglieder des betreffenden Probanden anzuordnen. Wird dabei ein indirekter Vaterschaftsausschluß festgestellt, so muß darauf hingewiesen werden, daß dieser Ausschluß nur dann vollen Beweiswert besitzt, wenn die Abstammung der in Frage stehenden Personen nicht bezweifelt wird.

6.5.3 Nach der Darstellung und Erläuterung der Einzelbefunde sind die wesentlichen Schlußfolgerungen zusammenzufassen. Vor seiner eigenhändigen Unterschrift gibt der Sachverständige eine Erklärung ab, ob er bei den durchgeführten Untersuchungen und der Abfassung des Gutachtens diese Richtlinien eingehalten hat.

7 Statistische Auswertung der Blutgruppenbefunde

7.1 Mit Hilfe der statistischen Auswertung von Blutgruppenbefunden ist der absolute Beweis einer biologischen Vaterschaft auch bei hohen Hinweiswerten (hoher Wert für A, niedriger Wert für L und hohe Werte für PI und W) nicht möglich. Niedrige Plausibilitäten beweisen für sich allein nicht die Nichtvaterschaft; sie sind nur Indizien, die der weiteren Erhärtung durch Untersuchung mit anderen Methoden bedürfen (insbesondere Ausdehnung auf weitere Merkmale und Systeme sowie ggf. Hinzunahme von Familienmitgliedern, s. 6.3.2).

7.2 Als hinreichend hohe Wahrscheinlichkeit (»an Sicherheit grenzende Wahrscheinlichkeit«, verbales Prädikat »Vaterschaft praktisch erwiesen«) kann im Regelfall die Überschreitung analog zur 3 δ-Vertrauensgrenze angesehen werden (entspricht A bzw. W – 99,73%, L = 0,0027, PI = 400).

7.3 Verwandtschaftsbeziehungen unter den Beteiligten sind bei der statistischen Auswertung in adäquater Weise zu berücksichtigen. Bei Verwandtschaft zwischen der Kindesmutter und dem Putativvater können Verwandtschaftsverhältnisse unberücksichtigt bleiben, die entfernter sind als diejenigen zwischen

Geschwistern oder zwischen Vater und Tochter, da diese sich in der Regel nicht auf das Endergebnis auswirken.

7.4 Bei der statistischen Analyse werden verschiedene Parameter verwendet. Gebräuchlich sind:

1. Die Berechnung der Vaterschaftsausschlußchance A für Nichtväter; sie berücksichtigt die Merkmale von Mutter und Kind, fragt nach der Häufigkeit der unerläßlichen väterlichen Erbanlagen und ist dabei von den Merkmalen des Präsumptivvaters unabhängig.
2. Die Berechnung des Likelihood-Quotienten

$L = \frac{Y}{X}$ oder $PI = \frac{X}{Y}$ bzw. die Transformierung nach W im

Sinne von Essen Möller (W = 1/1 + L bzw. W = PI/PI + 1 bei einer nomierten a-priori-Wahrscheinlichkeit von q = 0,5), Y gibt die Häufigkeit von Männern des beurteilten Phänotyps in der Bevölkerung an. X die Häufigkeit des betreffenden Phänotyps unter wahren Vätern zur gegebenen Mutter-Kind-Konstellation. Der Likelihood-Quotient berücksichtigt die Merkmale von Mutter und Kind in der Kombination mit den Merkmalen des Eventualvaters.

Bei ausreichend großem Untersuchungsumfang und sehr hohen Hinweiswerten konvergieren die Ergebnisse für die beiden Kenngrößen A und L (PI, W). Erreicht oder überschreitet A die in 7.2 genannte Grenze, erübrigt sich im Regelfall die Berechnung des Likelihood-Quotienten.

Weichen beide Ergebnisse erheblich voneinander ab, so ist eine zusätzliche Erläuterung zu geben.

Bei der Angabe von W-Werten muß die der Berechnung zugrunde liegende a-priori-Wahrscheinlichkeit angegeben werden.

7.5 Für die Berechnungen werden üblicherweise die durchschnittlichen mitteleuropäischen Genfrequenzen verwendet.

Bei anderen europiden Populationen können die Genfrequenzen von den mitteleuropäischen mehr oder weniger abweichen. Wesentlich ausgeprägter als zwischen den Völkern innerhalb eines Großrassekreises (z. B. Europide) sind die Unterschiede in den Genhäufigkeiten zwischen den Großrassekreisen. Bei Beteiligung von Personen, die nicht aus Mitteleuropa stammen, aber zu den Europiden gehören, sollte der Untersuchungsumfang möglichst groß sein, um mögliche Fehler durch abweichende Genfrequenzen weitgehend auszuschalten. Es empfiehlt sich in derartigen Fällen, mit Hilfe der Vaterschaftsausschlußchance zu definieren, was die Befunde für Beteiligte aus dem mitteleuropäischen Raum bedeuten. Es kann davon ausgegangen werden, daß bei genügend großem Untersuchungsumfang (etwa 25 möglichst informative Systeme einschließlich HLA) mögliche Fehler minimal sind und im Regelfall vernachlässigt werden können.

Bei Beteiligung von Personen anderer Großrassekreise (Nicht-Europide) sollen, wenn möglich, die entsprechenden Genfrequenzen den Berechnungen zugrunde gelegt werden.

Der Gutachter hat das rechnerische Ergebnis in Worten zu erklären und in seiner Tragweite zu erläutern, so daß bei Bejahung der Vaterschaft das Irrtumsrisiko erkennbar wird. Die Irrtumsrisiken entsprechen dabei nicht den komplementären W-Werten«.

Anlage zu § 5

Nr.	Bezeichnung der Leistung	Entschädigung in Deutsche Mark	um 20 v. H. ermäßigte Entschädigung in Deutsche Mark
9	Für jede Blutentnahme beträgt die Entschädigung . . . Die Entschädigung umfaßt auch eine Niederschrift über die Feststellung der Identität.	13	10,40

Übersicht

Abgeltungsbereich 1
Außergewöhnliche Zeit, ungewöhnliche Umstände . 2
Blutentnahme durch einen anderen Arzt oder eine Hilfskraft 3
Blutentnahme durch den Sachverständigen selbst. . 4
Keine Entschädigung für Identitätsnachweis 5

1 Abgeltungsbereich

Die Entschädigung nach Nr. 9 umfaßt das Aufsuchen, An- bzw. Einstechen der Kanüle in das Blutgefäß und die darauf folgende Blutentnahme. Diese ist eine einheitliche Leistung und unabhängig von der entnommenen Blutmenge. Ein Wechsel der Entnahmespritze unterbricht die Blutentnahme nicht.[1]

Durch die Entschädigung wird auch die Feststellung der Identität und die Niederschrift über die Feststellung mit abgegolten. Die Kosten der Venüle sind nach §§ 5, 8 besonders zu ersetzen.

Wird – z. B. zur Feststellung von Alkohol im Blut – nach einer Wartezeit die Entnahme einer weiteren Blutprobe erforderlich, so fällt hierfür die Entschädigung nach Nr. 9 erneut an.

Die Entschädigung nach Nr. 9 erfaßt nur den mit der Blutentnahme erforderlichen Zeitaufwand. Für die mit der Blutentnahme zusammenhängende zusätzliche erforderliche Zeit (Reise- und Wartezeit) ist der Sachverständige mit dem Mindeststundensatz des § 3 Abs. 2 in Höhe von 50,– DM zu entschädigen (§ 5 Abs. 3 Satz 1).

Ist der Sachverständige beauftragt, den Betroffenen anläßlich der Blutentnahme

1 Dr. *G. Brück*, Kommentar zur GOÄ, Anm. 1 zu Nrn. 250–251.

auch ärztlich zu untersuchen[2], so steht ihm für die ärztliche Untersuchung neben der Entschädigung nach Nr. 9 eine Entschädigung nach § 3 Abs. 2 zu und zwar einheitlich für die gesamte erforderliche Zeit – mit Ausnahme der Zeit für die Blutentnahme –. Der einheitliche Stundensatz wird dann auch für Reise- und Wartezeiten zu gewähren sein.

Außergewöhnliche Zeit, ungewöhnliche Umstände 2

Für Blutentnahmen, die zu außergewöhnlicher Zeit oder unter ungewöhnlichen Umständen durchgeführt werden müssen, kann nach § 5 Abs. 3 die Gesamtentschädigung um bis zu 65,– DM erhöht werden, wobei jedoch der Höchstsatz der Gebühr für die Blutentnahme nach Nr. 250 des Gebührenverzeichnisses für ärztliche Leistungen – Anlage zur GOÄ – die obere Grenze der Erhöhung bilden dürfte. Der Höchstsatz der Gebühr nach Nr. 250 Anlage GOÄ für *eine* Blutentnahme beträgt 11,– DM (2,5fache des Vergütungssatzes). Außergewöhnliche Umstände, die eine Erhöhung der Entschädigung rechtfertigen, wären z. B. bei der Blutentnahme an einer Leiche gegeben. Auch die Blutentnahme bei Kleinstkindern, wie sie in Unterhalts- oder Statusprozessen häufig sind, erfordert nicht selten viel Zeit. Blutentnahmen zu außergewöhnlicher Zeit können z. B. bei einem nächtlichen Verkehrsunfall notwendig werden. – s. a. § 3 Rz. 42.4 –

Blutentnahme durch einen anderen Arzt oder eine Hilfskraft 3

Wird die Blutentnahme durch einen anderen Arzt als den Sachverständigen oder durch eine Hilfskraft vorgenommen, so sind die dem Sachverständigen dafür entstandenen Kosten gemäß § 8 als Auslagen zu erstatten. Die Kosten sind nicht durch den in Nr. 9 festgelegten Satz von 13,– DM begrenzt. – s. a. § 8 Rz. 26 und Nr. 5 der Anlage zu § 5 Rz. 5 –

Blutentnahme durch den Sachverständigen selbst 4

Eine Entschädigung des Sachverständigen nach Nr. 9 setzt aber voraus, daß er die Blutentnahme selbst vorgenommen hat und nicht durch Hilfskräfte hat durchführen lassen[3].

2 NRW: Gem.RdErl. d. Justizministers (4103-III A. 29), d. Innenministers (IV A 2-2015/1), d. Ministers für Wirtschaft, Mittelstand und Verkehr (IV/A 2-22-62) u. d. Ministers für Wissenschaft und Forschung (III B.4.7202 Nr. 1766/77) betr. Feststellung von Alkohol im Blut bei Straftaten und Ordnungswidrigkeiten vom 15. 8. 1977 – JMBl. NW S. 205 – JVV –, zuletzt geändert durch Gem.RdErl vom 4. 3. 1992 – MBl. NW S. 677 –.

3 LSG Stuttgart in NJW 67.694 = Breith. 67.172 = SGb 67.228 m. Anm. von *Tschischgale.*

5 **Keine Entschädigung für Identitätsnachweis**

Neben der Entschädigung für die Blutentnahme nach Nr. 9 kann nicht noch eine Gebühr nach der GOÄ für den Identitätsnachweis durch Fingerabdruck oder Fußabdruck gewährt werden[4].

4 OLG Hamm in JVBl. 62.115 = Rpfleger 62.110; LG Berlin in Rpfleger 65.156.

Anlage zu § 5

Nr.	Bezeichnung der Leistung	Entschädigung in Deutsche Mark	um 20 v. H. ermäßigte Entschädigung in Deutsche Mark
10	Bei erbbiologischen Abstammungsgutachten nach den anerkannten erbbiologischen Methoden beträgt die Entschädigung		
	a) für die Leistung des Sachverständigen		
	aa) wenn bis zu drei Personen untersucht werden	1115	892
	bb) für die Untersuchung jeder weiteren Person	275	220
	b) für die bei der Vorbereitung und Erstattung des Gutachtens aufgewendeten Kosten		
	aa) wenn bis zu drei Personen untersucht werden	335	268
	bb) für die Untersuchung jeder weiteren Person	85	68
	Hat der Sachverständige Einrichtungen einer Körperschaft, Anstalt oder Stiftung des öffentlichen Rechts benutzt, so erhält er die Entschädigung nach Buchstabe b nur bis zur Höhe der tatsächlich aufgewendeten Kosten, höchstens jedoch die Beträge nach Buchstabe b.		
	Die Entschädigung nach den Buchstaben a und b umfaßt die gesamte Tätigkeit des Sachverständigen und etwaiger Hilfspersonen, insbesondere die Untersuchung, die Herstellung der Lichtbilder einschließlich der erforderlichen Abzüge, die Herstellung von Abdrücken, etwa notwendige Abformungen und dgl. sowie die Auswertung und Beurteilung des gesamten Materials; sie umfaßt ferner die Entgelte für Post- und Telekommunikationsdienstleistungen sowie die Kosten für die Anfertigung des schriftlichen Gutachtens in drei Stücken und für einen Durchschlag für die Handakten des Sachverständigen. Die Entschädigung umfaßt nicht die Leistungen nach den Nummern 6, 7, 8 und 9 dieser Anlage, dem Abschnitt O des Gebührenverzeichnisses für ärztliche Leistungen (Anlage zur Gebührenordnung für Ärzte) und die Begutachtung etwa vorhandener erbpathologischer Befunde durch Fachärzte.		

Übersicht

Kostenpauschale	1	Ausgefallener Untersuchungstermin	7
Zwei Gutachten über dieselben Personen	2	Ergänzungsgutachten	8
Zusätzliche Entschädigungen	3	Trennlogarithmus-Verfahren	9
Besonders zeitraubende Untersuchungen	4	Obergutachten	10
Schreibauslagen	5	Zweitgutachten	11
Begutachtung erbpathologischer Befunde	6		

1 Kostenpauschale

Mit der zur Abgeltung der aufgewendeten Kosten bestimmten Pauschale nach Nr. 10 Buchst. b, die bei der Untersuchung von drei Personen 335,– DM und für jede weitere untersuchte Person 85,– DM beträgt, werden nicht nur die aus Anlaß der Erstattung des Gutachtens im Einzelfall entstehenden Kosten (Schreibkosten, Fotomaterial, Hilfskräfte, Postgebühren), sondern auch die Kosten abgegolten, die dem Sachverständigen für seine Einrichtung und deren laufende Unterhaltung entstehen.

Wenn der Sachverständige Einrichtungen einer Körperschaft, Anstalt oder Stiftung des öffentlichen Rechts, insbesondere einer wissenschaftlichen Hochschule, benutzt, werden seine Nebenkosten in der Regel geringer sein als bei den Sachverständigen, die als Privatgutachter hauptberuflich tätig sind. Satz 2 sieht daher vor, daß die Nebenkosten in diesen Fällen nur bis zur Höhe der – nachzuweisenden – tatsächlich aufgewandten Kosten erstattet werden. Sind die nachgewiesenen Nebenkosten, zu denen auch etwaige an Hilfspersonen gezahlte Beträge, Post- und Fernsprechgebühren und Schreibkosten gehören, höher als die Pauschsätze von 335,– DM und 85,– DM, so werden nur diese Pauschentschädigungen erstattet.

Ein Sachverständiger, der für die Inanspruchnahme der Einrichtungen des Institutes, an dem er tätig ist, einen bestimmten Prozentsatz seines Honorars zur Abgeltung der Raumbenutzung, der Material- und Personalkosten an seinen Dienstherrn abführen muß, kann diesen Betrag neben der Leistungspauschale nach Nr. 10 Buchstabe a erstattet verlangen, wenn sie nicht höher ist als die Unkostenpauschale.

Ein Sachverständiger, der 20% seines Honorars von 1115,– DM als Benutzungsentgelt abführen muß, kann für das Gutachten 1338,– DM erstattet verlangen.

Zwei Gutachten über dieselben Personen 2

Sind bei der Erstattung zweier erbbiologischer Gutachten die Vergleichspersonen dieselben, so daß die körperlichen Befunde bei diesen Personen nur einmal erhoben zu werden brauchten, so ändert das nichts daran, daß die Merkmalsbildungen jeweils der beiden Kinder, deren Abstammung zu beurteilen war, auf Grund eines Vergleichs mit den Merkmalen aller weiteren Personen zu begutachten war. Da der geringere Arbeitsaufwand auf die Höhe der Pauschalentschädigung keinen Einfluß hat, ist für beide Gutachten die volle Entschädigung zu zahlen[1].

Zusätzliche Entschädigungen 3

Neben der Pauschalentschädigung können zusätzliche Entschädigungen nur im Rahmen des Absatzes 3 gewährt werden. Danach sind Untersuchungen nach den Nrn. 6 und 7 sowie Blutgruppenbestimmungen (Nr. 8) und Blutentnahme (Nr. 9) sowie Strahlendiagnostik, Anwendung radioaktiver Stoffe und Strahlentherapie (Abschnitt O des Gebührenverzeichnisses zur GOÄ) besonders zu entschädigen. Auch die Kosten für notwendige Reisen außerhalb des Aufenthaltsortes des Sachverständigen sind zu erstatten. Zu den Kosten für Reisen gehören nicht nur die reinen Fahrtkosten (§ 9), sondern auch die Aufwandsentschädigung (§ 10) und die Entschädigung für die Reisezeit mit 50,– DM je Stunde (§ 5). – s. a. § 5 Rz. 12 –

Muß der Sachverständige für eine auswärts vorzunehmende Untersuchung eine Hilfskraft mitnehmen, so sind auch die Reisekosten der Hilfskraft neben der Pauschale zu ersetzen[2].

Durch die Pauschalentschädigung abgegolten und daher nicht besonders zu erstatten sind die Aufwendungen für Hilfskräfte, die Herstellung der Lichtbilder einschließlich der erforderlichen Abzüge, die Herstellung von Abdrücken, etwa notwendigen Abformungen, desgleichen die Post- und Fernmeldegebühren.

Besonders zeitraubende Untersuchungen 4

Ist die Untersuchung besonders zeitraubend oder müssen einzelne Personen mehrmals untersucht werden, so hat dies auf die Höhe der Entschädigung keinen Einfluß.

1 KG in JVBl. 62.235 = Rpfleger 63.59.
2 LG Regensburg in KRspr. § 8 Nr. 14. Die Ansicht des LG Regensburg, daß in diesen Fällen die gesamten Kosten der Hilfskraft neben der Pauschale zu erstatten seien, findet im Gesetz keine Stütze.

5 **Schreibauslagen**

Schreibauslagen können nur für die vierte und jede weitere Ausfertigung des Gutachtens erstattet werden, da die ersten drei Ausfertigungen durch die Pauschgebühr abgegolten werden. Voraussetzung für die Erstattung von Schreibauslagen ist, daß mehr als drei Ausfertigungen des Gutachtens ausdrücklich vom Gericht verlangt worden sind. Für diese weiteren Ausfertigungen wird die Entschädigung nach § 11 Abs. 2 erstattet.

Für den Durchschlag für die Handakten des Sachverständigen werden keine Schreibauslagen erstattet.

6 **Begutachtung erbpathologischer Befunde**

Die Kosten für die Begutachtung etwa vorhandener erbpathologischer Befunde werden in der tatsächlich entstandenen Höhe, soweit sie notwendig waren, ersetzt.

7 **Ausgefallener Untersuchungstermin**

Sind zu dem vom Sachverständigen angesetzten Untersuchungstermin nicht alle geladenen Personen erschienen und kann deshalb die Untersuchung nicht durchgeführt werden, so entstehen für den Sachverständigen zusätzliche Kosten für erneute Ladung und ein zusätzlicher Zeitaufwand für die Zeit, während der er seiner gewöhnlichen Tätigkeit nicht nachgehen kann, weil er auf das Erscheinen der Beteiligten warten muß[3].

Durch die Pauschalentschädigung nach Nr. 10 wird die gesamte Tätigkeit des Sachverständigen, die bei ordnungsgemäßer Durchführung der erbbiologischen Untersuchung erforderlich ist, abgegolten. Mehrkosten, die dadurch entstehen, daß der Sachverständige einen Untersuchungstermin nicht durchführen kann, weil nicht alle Geladenen erschienen sind, sind nicht bei der ordnungsgemäßen Durchführung der Untersuchung entstanden. Sie sind nicht durch die Pauschale abgegolten und zusätzlich zu entschädigen. Hierzu gehören Schreibauslagen für die erneuten Ladungen, Beträge, die der Sachverständige einer Hilfskraft zahlen muß und eine Entschädigung nach § 4 in Verbindung mit § 3 für die Wartezeit. Als Wartezeit wird nur die Zeit entschädigt werden können, in der der Sachverständige seiner gewöhnlichen Beschäftigung nicht nachgehen konnte. Wenn der Sachverständige eine Stunde vergeblich auf das Erscheinen der Beteiligten gewartet hat, muß er in der Regel damit rechnen, daß sie nicht mehr erscheinen und kann dann wieder seiner sonstigen Tätigkeit nachgehen. Eine längere Wartezeit,

3 OLG Hamm in JVBl. 64.170 = Rpfleger 65.155 und in JurBüro 81.1869 *Brocke/Reese* Anm. 3 zu Nr. 10 der Anl. zu § 5.

etwa mit Rücksicht auf die bestehenden Verkehrsverbindungen, wird besonders zu begründen sein[4].

Bei der Höhe des Stundensatzes wird zu berücksichtigen sein, daß der Sachverständige während der Zeit, in der er auf das Erscheinen des Geladenen warten muß, zwar nur solche Arbeiten verrichten kann, die er jederzeit unterbrechen kann, aber sich doch in der Regel auch in der Wartezeit nutzbringend beschäftigt.

Ergänzungsgutachten 8

Wird ein Sachverständiger, der ein erbbiologisches Gutachten erstattet hat, im Laufe des Verfahrens beauftragt, ein Ergänzungsgutachten auf Grund der Untersuchung einer weiteren Person zu erstatten, so kann er hierfür nicht die Entschädigung nach Nr. 10 a aa und b aa, sondern nur die Entschädigung nach Nr. 10 a bb und b bb für die Untersuchung einer weiteren Person in Höhe von 275,– DM und 85,– DM erhalten. Das Gesetz macht keinen Unterschied, ob die Untersuchung der weiteren Person zugleich mit der Untersuchung der ersten drei Personen oder nachträglich anläßlich der Erstellung eines Ergänzungsgutachtens erfolgt.

Auch wenn der Sachverständige das neue Ergebnis in Beziehung zu den früheren Feststellungen setzen muß, so ist es doch nicht erforderlich, die auf Grund der früheren Erkenntnis gewonnenen Ergebnisse aus Anlaß des Ergänzungsgutachtens zu überprüfen und die Untersuchungen zu wiederholen. Das Ergänzungsgutachten kann daher nur die Entschädigung für die Untersuchung einer weiteren und nicht die für die Untersuchung mehrerer Personen bestimmte Entschädigung auslösen[5].

Trennlogarithmus-Verfahren 9

Die Entschädigung wird für erbbiologische Abstammungsgutachten nach den anerkannten erbbiologischen Methoden gewährt. Die biomathematische Methode nach dem sogenannten Trennlogarithmus-Verfahren zählt nicht hierzu. Wird neben einem anthropologisch-erbbiologischen Gutachten von dem Sachverständigen zusätzlich ein biomathematisches Gutachten erstattet, so wird dieses zusätzliche Gutachten, dessen Methode bisher in der Wissenschaft noch

4 OLG Hamm aaO. – Fn. 3 – hält 2 Stunden; *Brocke/Reese* halten 1–2 Stunden für angemessen.

5 LG Itzehoe in JVBl. 59.151; OLG Koblenz in JVBl. 60.141;
a. A.: OLG Bamberg in JVBl. 62.15 = JurBüro 62.36 = KRspr. § 5 Nr. 3.

keine allgemeine Anerkennung gefunden hat, nicht bereits durch die Pauschalentschädigung abgegolten[6].

Einen Anspruch auf Entschädigung nach § 3 für dieses zusätzliche Gutachten hat der Sachverständige aber nur, wenn dieses zusätzliche Gutachten entweder vom Gericht ausdrücklich verlangt oder nachträglich als notwendig erkannt und im Urteil verwertet worden ist.

10 **Obergutachten**

Durch die Entschädigung nach Nr. 10 wird die gesamte Tätigkeit des Sachverständigen für das erbbiologische Abstammungsgutachten abgegolten. Hat der Sachverständige sich darüber hinaus auf Grund eines dahingehenden ausdrücklichen Auftrages des Gerichtes in einem sogenannten Obergutachten kritisch mit vorhandenen Vorgutachten auseinandergesetzt, so ist dies eine zusätzliche Arbeit, die nicht mehr die Anfertigung des Abstammungsgutachtens betrifft, sondern eine davon trennbare, selbständige Leistung darstellt. Diese zusätzliche Leistung wird nicht durch die Pauschalentschädigung abgegolten, sondern ist daneben nach § 3 zu entschädigen[7].

11 **Zweitgutachten**

Zum Begriff des »Obergutachtens« gehört, daß bereits zwei sich widersprechende Gutachten vorliegen. Ein sogenanntes Zweit- oder Kontrollgutachten ist auch dann kein Obergutachten, wenn es vom Gericht im Beweisbeschluß so bezeichnet worden ist[8].

Für das Zweitgutachten kann neben der Pauschalentschädigung der Nr. 10 in der Regel eine zusätzliche Entschädigung nicht gewährt werden, auch dann nicht, wenn es sich zu dem ersten Gutachten äußert[9].

Wenn der Sachverständige jedoch vom Gericht ausdrücklich beauftragt worden ist, sich in einem Zweitgutachten kritisch mit dem Erstgutachten auseinan-

6 OLG Schleswig in SchlHA. 62.105 = KRspr. § 5 Nr. 5; OLG Hamm in JVBl. 62.235 = Rpfleger 62.421 = JurBüro 62.478;
a. A.: OLG Hamburg in Rpfleger 58.191.

7 OLG Hamm in Rpfleger 54.327 mit zust. Anm. von *Höver;* OLG Frankfurt in Rpfleger 60.313; *Mümmler* in JVBl. 62.32; *Hartmann,* Rz. 23 zu § 5 ZSEG;
a. A.: OLG Köln in Rpfleger 58.131 = NJW 59.821 = JurBüro 58. Übers. B 9 Nr. 177 I S = JMBl. NRW 58.106; *Brocke/Reese* Anm. 3 Abs. 4 zu Nr. 10 der Anl. zu § 5.

8 OLG Nürnberg in JVBl. 58.246; *Schade* in Zentralblatt f. Jugendrecht und Jugendwohlfahrt 57.193; KG in JVBl. 62.37; *Bremer* S. 130; s. hierzu auch *Friedrichs* in SGb. Beil. 64.37 und in DRiZ 71.312.

9 OLG Nürnberg aaO. – Fn. 8 –.

derzusetzen, so wird man auch für diese kritische wissenschaftliche Auseinandersetzung mit dem Erstgutachten, wenn sie klar und eindeutig über den Rahmen des Abstammungsgutachtens alleine hinausgeht, eine besondere Entschädigung nach § 3 gewähren müssen[10].

10 OLG Frankfurt in Rpfleger 60.313; *Mümmler* in JVBl. 62.32.

Teil III Abschnitt O der Anlage zur GOÄ

Gebührenverzeichnis für ärztliche Leistungen

Der nach § 5 Abs. 2 Satz 1 anzuwendende Abschnitt O des Gebührenverzeichnisses für ärztliche Leistungen (Anlage zur GOÄ) hat den nachstehenden Wortlaut; dem Gebührenverzeichnis ist die Spalte mit den 1,1fachen Gebührensätzen angefügt.

Gebührenverzeichnis für ärztliche Leistungen

– Anlage zur GOÄ –

– Auszug –

O. Strahlendiagnostik, Anwendung radioaktiver Stoffe (Radionuklide) und Strahlentherapie

Allgemeine Bestimmungen

a) Die Beurteilung von Röntgenaufnahmen oder von Szintigrammen, auch Fremdaufnahmen oder Fremdszintigrammen, als selbständige Leistung, ist nicht gesondert berechnungsfähig.

b) Der Befundbericht ist Bestandteil der jeweiligen Leistung.

c) Wird eine Strahlenbehandlung unter Anwendung verschiedener Bestrahlungsverfahren nach den Abschnitten II B und III durchgeführt, so kann für diese kombinierte Behandlung nur die jeweils höherbewertete Leistung aus diesen Abschnitten berechnet werden.

d) Die Gebühr für die Berechnung von Leistungen der Strahlendiagnostik, die unter Anwendung von Verfahren der elektronischen Bildverstärkung erbracht werden, bestimmt sich entsprechend dem Leistungsziel der Verrichtung nach der jeweiligen Nummer des Abschnitts O.

I. Strahlendiagnostik

Allgemeine Bestimmungen

a) Mit den Gebühren für die berechnungsfähigen Leistungen sind außer den Kosten auch die Beurteilung und die obligatorische schriftliche Befunddokumentation abgegolten.

b) Die Leistungen für die Strahlendiagnostik (ausgenommen die Leistung nach Nummer 5143) sind nur berechnungsfähig bei Verwendung von Röntgenfilmen oder bei Anfertigung von Röntgenbildern mittels elektrostatischen Trockenkopierverfahren (Xeroradiographie) oder wenn Mittelformataufnahmen des Bildverstärkungsausganges bei den Leistungen nach den Nummern 5080 bis 5082, 5150, 5155 bis 5166, 5170 bis 5174, 5180 bis 5183, 5235, 5236, 5250, 5251, 5260, 5261, 5290 bis 5293 mit einem Auflösungsvermögen von mindestens einer Periode pro Millimeter angefertigt werden. Diese Bildqualität bei Mittelformataufnahmen muß auf einem Raster von 100 μ Bleidicke bei einem Millimeter Kupfervorfilterung erreicht werden.

c) Die Kosten für Kontrastmittel auf Bariumbasis und etwaige Zusatzmittel für die Doppelkontrastuntersuchung sind in den Gebühren für die berechnungsfähigen Leistungen enthalten.

d) Probatorische Injektionen zum Test auf Verträglichkeit eines Kontastmittels sind neben Leistungen der Strahlendiagnostik nicht gesondert berechnungsfähig.

Nummer	Leistung	Punktzahl	Gebühr in DM	1,1fache Gebühr in DM	um 20 v. H. ermäßigte Entschädigung in DM
Zähne					
5000	bis zu zwei Aufnahmen	89	9,79	10,77	8.62
5001	bis zu fünf Aufnahmen	207	22,77	25,05	20,04
5002	bis zu acht Aufnahmen	325	35,75	39,33	31,46
5003	Status bei mehr als acht Aufnahmen	444	48,84	53,72	42,98
5004	Panoramaaufnahme eines Kiefers	300	33,00	36,30	29,04
5006	Panoramaaufnahme beider Kiefer, auch im Schichtbildverfahren	450	49,50	54,45	43,56
Finger oder Zehen					
5010	eine Aufnahme	119	13,09	14,40	11,52
5011	zwei Aufnahmen	178	19,58	21,54	17,23
5012	mehr als zwei Aufnahmen	237	26,07	28,68	22,94
Handgelenk, Mittelhand, alle Finger einer Hand, Sprunggelenk, Fußwurzel und/oder Mittelfuß – gegebenenfalls einschließlich Durchleuchtung –					
5015	eine Aufnahme	148	16,28	17,91	14,73
5016	zwei Aufnahmen	222	24,42	26,86	21,49
5017	mehr als zwei Aufnahmen	296	32,56	35,82	28,66
Oberarm, Unterarm, Ellenbogengelenk, Oberschenkel, Unterschenkel, Kniegelenk, ganze Hand oder ganzer Fuß – gegebenenfalls einschließlich Durchleuchtung –					
5020	eine Aufnahme	222	24,42	26,86	21,49
5021	zwei Aufnahmen	325	35,75	39,33	31,46
5022	mehr als zwei Aufnahmen	414	45,54	50,09	40,07

Nummer	Leistung	Punktzahl	Gebühr in DM	1,1fache Gebühr in DM	um 20 v. H. ermäßigte Entschädigung in DM
	Kniescheibe in Spezialprojektion – gegebenenfalls einschließlich Durchleuchtung –				
5025	eine Aufnahme	148	16,28	17,91	14,33
5026	zwei Aufnahmen	222	24,42	26,86	21,49
5027	mehr als zwei Aufnahmen	296	32,56	35,82	28,66
5030	Durchleuchtung(en) zur Einrichtung und/oder Kontrolle von Stellungskorrekturen gebrochener Knochen	148	16,28	17,91	14,33
	Schultergelenk, Schlüsselbein, Beckenteilaufnahme, Kreuzbein oder Hüftgelenk – gegebenenfalls einschließlich Durchleuchtung –				
5035	eine Aufnahme	222	24,42	26,86	21,49
5036	jede weitere Aufnahme	119	13,09	14,40	11,52
5040	Beckenübersichtsaufnahme beim Erwachsenen – gegebenenfalls einschließlich Durchleuchtung – (Erforderliches Filmformat größer als 24 x 30 cm)	355	39,05	42,96	34,37
5041	Beckenübersichtsaufnahme beim Kind – gegebenenfalls einschließlich Durchleuchtung	266	29,26	32,19	25,75
	Kontrastuntersuchung eines Finger- oder Zehengelenks einschließlich Punktion und Kontrastmitteleinbringung – gegebenenfalls einschließlich Durchleuchtung –				
5050	zwei Aufnahmen	296	32,56	35,82	28,66
5051	vier und mehr Aufnahmen	370	40,70	44,77	35,82
	Kontrastuntersuchung eines Ellenbogen-, Hand- oder Sprunggelenks einschließlich Punktion und Kontrastmitteleinbringung – gegebenenfalls einschließlich Durchleuchtung –				
5055	zwei Aufnahmen	370	40,70	44,77	35,82
5056	vier und mehr Aufnahmen	473	52,03	57,23	45,78
	Kontrastuntersuchung eines Schultergelenks einschließlich Punktion und Konstrastmitteleinbringung, auch als Doppelkontrastmethode – gegebenenfalls einschließlich Durchleuchtung –				
5060	zwei Aufnahmen	577	63,47	69,82	55,86
5061	vier Aufnahmen	739	81,29	89,42	71,54
5062	mehr als vier Aufnahmen	858	94,38	103,82	83,06

Nummer	Leistung	Punktzahl	Gebühr in DM	1,1fache Gebühr in DM	um 20 v. H. ermäßigte Entschädigung in DM
	Kontrastuntersuchung eines Akromioklavikulargelenks einschließlich Punktion und Kontrastmitteleinbringung – gegebenenfalls einschließlich Durchleuchtung –				
5065	zwei Aufnahmen	458	50,38	55,42	44,34
	Kontrastuntersuchung eines Kiefergelenks einschließlich Punktion und Kontrastmitteleinbringung – gegebenenfalls einschließlich Durchleuchtung –				
5070	zwei Aufnahmen	488	53,68	59,05	47,24
5071	mehr als zwei Aufnahmen	592	65,12	71,63	57,30
	Kontrastuntersuchung eines Hüftgelenks einschließlich Punktion und Kontrastmitteleinbringung, auch als Doppelkontrastmethode – gegebenenfalls einschließlich Durchleuchtung –				
5075	zwei Aufnahmen	577	63,47	69,82	55,86
5076	vier und mehr Aufnahmen	813	89,43	98,37	78,70
	Kontrastuntersuchung eines Kniegelenks einschließlich Punktion und Kontrastmitteleinbringung, auch als Doppelkontrastmethode – gegebenenfalls einschließlich Durchleuchtung –				
5080	vier Aufnahmen	518	56,98	62,68	50,14
5081	acht Aufnahmen	798	87,78	96,56	77,25
5082	zwölf und mehr Aufnahmen	1080	118,80	130,68	104,54
	Schädel-Übersichtsaufnahme – gegebenenfalls einschließlich Durchleuchtung –				
5090	eine Aufnahme	266	29,26	32,19	25,75
5091	zwei Aufnahmen	444	48,84	53,72	42,98
5092	mehr als zwei Aufnahmen	592	65,12	71,63	57,30
	Schädel-Teilaufnahme (z. B. Nebenhöhlen, Unterkiefer) oder Spezialprojektion des Schläfenbeins (z. B. des Felsenbeins und/oder des Warzenfortsatzes einer Seite) – gegebenenfalls einschließlich Durchleuchtung –, je Region				
5095	eine Aufnahme	266	29,26	32,19	25,75
5096	zwei Aufnahmen	370	40,70	44,77	35,82
5097	mehr als zwei Aufnahmen	473	52,03	57,23	45,78

Nummer	Leistung	Punktzahl	Gebühr in DM	1,1fache Gebühr in DM	um 20 v. H. ermäßigte Entschädigung in DM
	Halswirbelsäule, auch in Spezialprojektion – gegebenenfalls einschließlich Durchleuchtung –				
5100	eine Aufnahme	266	29,26	32,19	25,75
5101	zwei Aufnahmen	370	40,70	44,77	35,82
5102	drei Aufnahmen	473	52,03	57,23	45,78
5103	mehr als drei Aufnahmen	577	63,47	69,82	55,86
	Brust- oder Lendenwirbelsäule oder Wirbelsäulenabschnitt – gegebenenfalls einschließlich Durchleuchtung –				
5105	eine Aufnahme	296	32,56	35,82	25,75
5106	zwei Aufnahmen	473	52,03	57,23	45,78
5107	drei Aufnahmen	621	68,31	75,14	60,11
5108	mehr als drei Aufnahmen	769	84,59	93,05	74,44
	Sind auf einer Aufnahme der Lendenwirbelsäule die unteren Brustwirbel und/oder das Kreuzbein oder auf einer Aufnahme der Brustwirbelsäule die angrenzenden Lendenwirbel mit dargestellt, so ist diese Aufnahme nur einmal berechnungsfähig.				
	Wirbelsäule, Ganzaufnahme (Fernaufnahme in einer Einstellung)				
5110	eine Aufnahme	739	81,29	89,42	71,54
5111	zwei Aufnahmen	1110	122,10	134,31	107,45
	Rippen einer Thoraxhälfte				
5115	eine Aufnahme	266	29,26	32,19	25,75
5516	zwei Aufnahmen	370	40,70	44,77	35,82
5517	mehr als zwei Aufnahmen	473	52,03	57,23	45,78
5518	zusätzliche Durchleuchtung des Thorax zu den Nummern 5115, 5116 oder 5117	148	16,28	17,91	14,33
	Die Nummer 5118 ist auch bei doppelseitigen Aufnahmen nur einmal berechnungsfähig.				
	Brustbein oder Schulterblatt – gegebenenfalls einschließlich Durchleuchtung –				
5120	eine Aufnahme	266	29,26	32,19	25,75
5121	zwei Aufnahmen	370	40,70	44,77	35,82
5122	mehr als zwei Aufnahmen	473	52,03	57,26	45,78
	Vergrößerungsaufnahme vom Skelett				
5125	eine Aufnahme	266	29,26	32,19	25,75

Nummer	Leistung	Punktzahl	Gebühr in DM	1,1fache Gebühr in DM	um 20 v. H. ermäßigte Entschädigung in DM
5126	mehr als eine Aufnahme	385	42,35	46,59	37,27
	Vergrößerungsaufnahmen vom Skelett sind zugleich Feinstrukturaufnahmen. Das Leistungserfordernis ist daher nur dann erfüllt, wenn in Abweichung von der üblichen Aufnahmetechnik durch Veränderung des Verhältnisses Objekt/Filmabstand zu Röhrenfokus/Filmabstand das Aufnahmeobjekt um mehr als 1,5fach vergrößert auf dem Röntgenbild wiedergegeben wird.				
	Die erforderliche Zeichenschärfe ist gewährleistet, wenn der Brennfleck der Aufnahmeröhre eine Kantenlänge von 0,6 Millimeter oder darunter hat. bei Verwendung von Röntgenröhren mit einem größeren Brennfleck können sogenannte Vergrößerungsaufnahmen nicht berechnet werden.				
Halsorgane (z. B. Schilddrüse)					
5130	eine Aufnahme	237	26,07	28,68	22,94
5131	zwei Aufnahmen	355	39,05	42,96	34,37
5132	mehr als zwei Aufnahmen	473	52,03	57,23	45,78
5133	zusätzliche Durchleuchtung(en) zu den Nummern 5130, 5131 oder 5132 – auch mit Darstellung der Speiseröhre durch Kontrastmittelschluck –	119	13,09	14,40	11,52
Brustorgane					
5135	Übersichtsaufnahme	300	33,00	36,30	29,04
5136	Übersichtsaufnahme und Durchleuchtung – auch mit Darstellung der Speiseröhre durch Kontrastmittelschluck –	450	49,50	54,45	43,56
5137	jede weitere Übersichtsaufnahme	217	23,87	26,26	21,01
5138	Teilaufnahme	148	16,28	17,91	14,83
5139	Teilaufnahme und Durchleuchtung – auch mit Darstellung der Speiseröhre durch Kontrastmittelschluck –	296	32,56	35,82	25,75
5140	jede weitere Teilaufnahme	95	10,45	11,50	9,20
	Neben der Leistung nach Nummer 5136 ist die Leistung nach Nummer 5139 nicht berechnungsfähig.				
5143	Mittelformataufnahme vom Schirmbild (Einzelaufnahme)	50	5,50	6,05	4,84

Nummer	Leistung	Punktzahl	Gebühr in DM	1,1fache Gebühr in DM	um 20 v. H. ermäßigte Entschädigung in DM
	Speiseröhren-Kontrastuntersuchung einschließlich Durchleuchtung(en) – auch als Doppelkontrastuntersuchung –, als selbständige Leistung				
5150	zwei Aufnahmen	592	65,12	71,63	57,30
5151	mehr als zwei Aufnahmen	739	81,29	89,42	71,54
5155	Kontrastuntersuchung des Magens mit Übersichtsaufnahme einschließlich Durchleuchtung (en), auch als Doppelkontrastuntersuchung	414	45,54	50,09	40,07
5156	Kontrastuntersuchung des Magens und Zwölffingerdarms mit Serienaufnahmen einschließlich Durchleuchtung(en), auch als Doppelkontrastuntersuchung	473	52,03	57,23	45,78
5157	Magen-Zwölffingerdarm-Kontrastuntersuchung mit Übersichts- und Serienaufnahmen einschließlich Durchleuchtung(en), auch als Doppelkontrastuntersuchung	666	73,26	80,56	64,47
5158	Kontrastuntersuchung des Magens, des Zwölffingerdarms und des Dünndarms mit Übersichts- und Serienaufnahmen einschließlich Durchleuchtung(en), auch als Doppelkontrastuntersuchung	739	81,29	89,42	71,54
5159	Kontrastuntersuchung des Magens, des Zwölffingerdarms und des Dünndarms einschließlich Ileozökalgebiet mit Übersichts- und Serienaufnahmen einschließlich Durchleuchtung(en), auch als Doppelkontrastuntersuchung	813	89,43	98,37	78,70
5160	Kontrastuntersuchung des ganzen Verdauungstraktes mit Übersichts- und Serienaufnahmen, auch Spätaufnahmen, einschließlich Durchleuchtung(en), auch als Doppelkontrastuntersuchung	961	105,71	116,28	93,02
5161	Kontrastuntersuchung des Ileozökalgebiets – gegebenenfalls einschließlich des Wurmfortsatzes – mit Serienaufnahmen einschließlich Durchleuchtung(en), auch als Doppelkontrastuntersuchung, als selbständige Leistung	473	52,03	57,23	45,78

Nummer	Leistung	Punktzahl	Gebühr in DM	1,1fache Gebühr in DM	um 20 v. H. ermäßigte Entschädigung in DM
5162	Kontrastuntersuchung des Ileozökalgebiets – gegebenenfalls einschließlich des Wurmfortsatzes – mit Übersichts- und Serienaufnahmen einschließlich Durchleuchtung(en), auch als Doppelkontrastuntersuchung, als selbständige Leistung	666	73,26	80,59	64,47
5163	Hypotone Duodenographie als Kontrast- und Doppelkontrastuntersuchung und/oder Jejunographie als Doppelkontrastuntersuchung mit Übersichts- und Serienaufnahmen einschließlich duodenaler oder jejunaler Applikation mittels Sonde und einschließlich Durchleuchtung(en), als selbständige Leistung	1080	118,80	130,68	104,54
5164	Kontrolle der Darmpassage nach Kontrastmahlzeit mit Durchleuchtungen und Aufnahmen, als selbständige Leistung	296	32,56	35,82	25,75
5165	Dickdarmuntersuchung mit rektaler Kontrastmitteleinbringung, Durchleuchtungen und Aufnahmen	813	89,43	98,37	78,70
5166	Dickdarmuntersuchung mit rektaler Kontrastmitteleinbringung und zusätzlicher Luftfüllung (Doppelkontrastverfahren) sowie Durchleuchtungen und Aufnahmen	1220	134,20	147,62	118,10
	Untersuchung der Gallenblase, Gallen- oder Pankreaswege, ohne oder mit oraler oder parenteraler Kontrastmittelgabe, auch im Verlauf einer Operation – gegebenenfalls einschließlich Durchleuchtung(en) –				
5170	eine Aufnahme	266	29,26	32,19	25,75
5171	zwei Aufnahmen	370	40,70	44,77	35,82
5172	drei Aufnahmen	488	53,68	59,05	47,24
5173	vier Aufnahmen	607	66,77	73,45	58,76
5174	fünf und mehr Aufnahmen	725	79,75	87,73	70,18
	Untersuchung der Gallenblase, Gallen- oder Pankreaswege nach parenteraler Applikation des Kontrastmittels im Anschluß an ein negatives perorales Cholegramm – gegebenenfalls einschließlich Durchleuchtung(en) –				
5180	eine Aufnahme	266	29,26	32,19	25,75

Nummer	Leistung	Punktzahl	Gebühr in DM	1,1fache Gebühr in DM	um 20 v. H. ermäßigte Entschädigung in DM
5181	zwei Aufnahmen	370	40,70	44,77	35,82
5182	drei Aufnahmen	488	53,68	59,05	47,24
5183	vier und mehr Aufnahmen	607	66,77	73,45	58,76
5185	Milz, Übersichtsaufnahme – gegebenenfalls einschließlich Durchleuchtung(en) –	266	29,26	32,19	25,75
	Bauchübersicht – gegebenenfalls einschließlich Durchleuchtung(en) –				
5190	eine Aufnahme	296	32,56	35,82	25,75
5191	zwei Aufnahmen	444	48,84	53,72	42,98
5192	drei und mehr Aufnahmen	570	62,70	68,97	55,18
5195	Harntrakt-Übersichtsaufnahme ohne Kontrastmittelfüllung – gegebenenfalls einschließlich Durchleuchtung(en) –, einseitig	222	24,42	26,86	21,49
5196	Harntrakt-Übersichtsaufnahme ohne Kontrastmittelfüllung – gegebenenfalls einschließlich Durchleuchtung(en) –, doppelseitig	296	32,56	35,82	25,75
	Ausscheidungsurographie – einschließlich Kontrastmitteleinbringung und gegebenenfalls einschließlich Durchleuchtung(en) –, einseitig				
5200	eine Aufnahme	281	30,91	34,00	27,20
5201	zwei Aufnahmen	370	40,70	44,77	35,82
5202	drei und mehr Aufnahmen	458	50,38	55,42	44,34
	Ausscheidungsurographie – einschließlich Kontrastmitteleinbringung und gegebenenfalls einschließlich Durchleuchtung(en) –, doppelseitig				
5205	eine Aufnahme	355	39,05	42,96	34,37
5206	zwei Aufnahmen	518	56,98	62,68	50,14
5207	drei und mehr Aufnahmen	680	74,80	81,73	65,38
	Infusionsurographie – einschließlich Kontrastmitteleinbringung und gegebenenfalls einschließlich Durchleuchtung(en) –, einseitig				
5210	eine Aufnahme	385	42,35	46,59	37,27
5211	zwei Aufnahmen	473	52,03	57,23	45,78
5212	drei und mehr Aufnahmen	562	62,82	68,00	54,40
	Infusionsurographie – einschließlich Kontrastmitteleinbringung und gegebenenfalls einschließlich Durchleuchtung(en) –, doppelseitig				
5215	eine Aufnahme	458	50,38	55,42	44,34

Nummer	Leistung	Punktzahl	Gebühr in DM	1,1fache Gebühr in DM	um 20 v. H. ermäßigte Entschädigung in DM
5216	zwei Aufnahmen	621	68,31	75,14	60,11
5217	drei und mehr Aufnahmen	784	86,24	94,86	75,89
	Retrograde Urographie – gegebenenfalls einschließlich Durchleuchtung(en) –, einseitig				
5220	eine Aufnahme	222	24,42	26,86	21,49
5221	zwei Aufnahmen	296	32,56	35,82	25,75
5222	drei und mehr Aufnahmen	370	40,70	44,77	35,82
	Retrograde Urographie – gegebenenfalls einschließlich Durchleuchtung(en) –, doppelseitig				
5225	eine Aufnahme	281	30,91	34,00	37,20
5226	zwei Aufnahmen	370	40,70	44,77	35,82
5227	drei und mehr Aufnahmen	458	50,38	55,42	44,34
5230	Gezielte Serienaufnahmen bei Urographie – einschließlich Durchleuchtung(en) –	296	32,56	35,82	25,75
5231	Harnblasen- und/oder Harnröhrenkontrastaufnahme(n) – einschließlich Kontrastmitteleinbringung sowie gegebenenfalls einschließlich Durchleuchtung(en) –	296	32,56	35,82	25,75
	Refluxzystogramm mit oder ohne Miktionsaufnahme(n) – einschließlich Durchleuchtung(en) und Kontrastmitteleinbringung –				
5235	zwei Aufnahmen	385	42,35	46,59	37,27
5236	mehr als zwei Aufnahmen	518	56,98	62,68	50,14
	Vesikulographie – gegebenenfalls einschließlich Durchleuchtung(en) –				
5240	eine Aufnahme	148	16,28	17,91	14,83
5241	zwei Aufnahmen	222	24,42	26,86	21,49
5242	mehr als zwei Aufnahmen	296	32,56	35,82	25,75
	Gebärmutter- und Eileiter-Kontrastuntersuchung – gegebenenfalls einschließlich Durchleuchtung(en) –				
5250	eine Aufnahme	370	40,70	44,77	35,82
5251	mehr als eine Aufnahme	518	56,98	62,68	50,14
5255	Durchleuchtung(en) zur Kontrolle der Lage einer flexiblen Sonde	119	13,09	14,40	11,52
5256	Durchleuchtung(en) von Körperhöhlen – auch mit oraler Verabreichung von Kontrastmitteln –, als selbständige Leistung	150	16,50	18,15	14,52

Nummer	Leistung	Punktzahl	Gebühr in DM	1,1fache Gebühr in DM	um 20 v. H. ermäßigte Entschädigung in DM
5257	Durchleuchtung(en) zur Suche und/oder Lokalisation von Fremdkörpern – gegebenenfalls auch bei Verwendung von Kontrastmitteln –, als selbständige Leistung	200	22,–	24,20	19,36
	Kontrastuntersuchung natürlicher oder fehlerhaft oder krankhaft entstandener Gänge, Gangsysteme, Höhlungen oder Fisteln – gegebenenfalls einschließlich Durchleuchtung(en) –				
5260	zwei Aufnahmen	370	40,70	44,77	35,82
5261	drei Aufnahmen	488	53,68	59,05	47,24
5262	vier und mehr Aufnahmen	607	66,77	73,45	58,76
	Die Leistungen nach den Nummern 5260 bis 5262 sind nicht neben den Leistungen nach den Nummern 5170 bis 5174, 5180 bis 5183, 5240 bis 5242, 5250 und 5251 berechnungsfähig.				
	Röntgenuntersuchung der Brustdrüse (Mammographie und/oder Galaktographie)				
5265	zwei Aufnahmen	414	45,54	50,09	40,07
5266	jede weitere Aufnahme	104	11,44	12,58	10,06
	Neben den Leistungen nach den Nummern 5265 und 5266 sind die Leistungen nach den Nummern 5260 bis 5262 nicht berechnungsfähig.				
	Enzephalographie – gegebenenfalls einschließlich Durchleuchtung(en) –				
5275	vier Aufnahmen	688	75,68	83,25	66,60
5276	mehr als vier Aufnahmen	887	97,57	107,33	85,86
	Myelographie – gegebenenfalls einschließlich Durchleuchtung(en) –				
5280	vier Aufnahmen	688	75,68	83,25	66,60
5281	bis zu sechs Aufnahmen	887	97,57	107,33	85,86
5282	mehr als sechs Aufnahmen	1090	119,90	131,89	105,51
5285	Bronchographie einschließlich Durchleuchtung(en)	798	87,78	96,56	77,25
	Schichtaufnahmen, je Strahlengang/Projektionsrichtung – gegebenenfalls einschließlich Durchleuchtung(en) –				
5290	bis zu vier Aufnahmen	444	48,84	53,72	42,98
5291	bis zu sechs Aufnahmen	592	65,12	71,63	57,30

Nummer	Leistung	Punktzahl	Gebühr in DM	1,1fache Gebühr in DM	um 20 v. H. ermäßigte Entschädigung in DM
5292	bis zu acht Aufnahmen	739	81,29	89,42	71,54
5293	mehr als acht Aufnahmen	887	97,57	107,33	85,86
	Arteriographie im Bereich von Schädel, Brust- oder Bauchraum (ohne Darstellung von Herzhöhlen oder Herzkranzgefäßen)				
5300	bis zu fünf Aufnahmen	1650	181,50	199,65	159,72
5301	bis zu zehn Aufnahmen	2000	229,00	242,00	193,60
5302	jede weitere Aufnahme	69	7,59	8,35	6,68
	Venographie im Bereich von Schädel, Brust- oder Bauchraum				
5305	bis zu fünf Aufnahmen	1650	181,50	199,65	159,72
5306	bis zu zehn Aufnahmen	2000	220,00	242,00	193,60
5307	jede weitere Aufnahme	69	7,59	8,35	6,68
	Jede weitere Filmserie bei fortlaufender Arteriographie oder Venographie auch anderer Körperregionen nach erneuter Kontrastmittelinjektion, auch zur selektiven Angiographie, zur Anfertigung eines Stereoangiogramms, einer Angiotomographie oder eines Pharmakoangiogramms, zusätzlich zur Bewertung nach den Nummern 5300 bis 5302 oder 5305 bis 5307				
5310	bis zu fünf Aufnahmen	825	90,75	99,83	79,86
5311	bis zu zehn Aufnahmen	1170	128,70	141,57	113,26
5312	jede weitere Aufnahme	69	7,59	8,35	6,68
	Arteriographie im Bereich des Beckens und beider Beine in einer Sitzung				
5315	bis zu fünf Aufnahmen	1650	181,50	199,65	159,72
5316	bis zu zehn Aufnahmen	2000	220,00	242,00	193,60
5317	jede weitere Aufnahme	69	7,59	8,35	6,68
	Arteriographie einer Extremität				
5320	bis zu fünf Aufnahmen	1650	181,50	199,65	159,72
5321	jede weitere Aufname	69	7,59	8,35	6,68
	Venographie einer Extremität				
5325	bis zu fünf Aufnahmen	825	90,75	99,83	79,86
5326	jede weitere Aufnahme	69	7,59	8,35	6,68

Nummer	Leistung	Punktzahl	Gebühr in DM	1,1fache Gebühr in DM	um 20 v. H. ermäßigte Entschädigung in DM
	Lymphographie, Aufnahmen während der Injektions-, Füllungs- und Speicherphase – gegebenenfalls einschließlich Vergrößerungs- und Zielaufnahmen, auch mit Durchleuchtung(en) –, innerhalb von sieben Tagen ab Untersuchungsbeginn				
5330	bis zu fünf Aufnahmen	1240	136,40	150,04	120,03
5331	bis zu zehn Aufnahmen	1580	173,80	191,18	152,94
5332	jede weitere Aufnahme	69	7,59	8,35	6,68
5335	Selektive Dextro- oder Laevokardiographie, monoplan	2500	275,00	302,50	242,00
5336	Selektive Dextro- oder Laevokardiographie, biplan, Aufnahmen und/oder Cineangiographie	4000	440,00	484,00	387,20
5340	Angiokardiographie einschließlich der großen abführenden Gefäße, Aufnahmen und/oder Cineangiographie	2750	302,50	332,75	266,20
5341	Selektive Koronarangiographie, einseitig, Aufnahmen und/oder Cineangiographie	3000	330,00	363,–	290,40
5342	Selektive Koronarangiographie, beidseitig, Aufnahmen und/oder Cineangiographie	5500	605,00	665,50	532,40
5343	Computergesteuerte Tomographie des Kopfes, auch in mehreren Untersuchungsgängen – gegebenenfalls mit Spezialeinstellung(en) sowie gegebenenfalls einschließlich intravenöser Applikation des Kontrastmittels –	2700	297,00	326,70	261,36
5344	Computergesteuerte Tomographie des Körpers mit Ausnahme des Kopfes, auch in mehreren Untersuchungsgängen – gegebenenfalls mit Spezialeinstellung(en) sowie gegebenenfalls einschließlich intravenöser Applikation des Kontrastmittels	3200	352,00	387,20	309,76
5345	Computergesteuerte Tomographie des Körpers – einschließlich des Kopfes, auch in mehreren Untersuchungsgängen – gegebenenfalls mit Spezialeinstellung(en) sowie gegebenenfalls einschließlich intravenöser Applikation des Kontrastmittels –	4200	462,00	508,20	406,56

II. Anwendung radioaktiver Stoffe (Radionuklide)

1. Allgemeine Bestimmungen

a) Mit den Gebühren für die berechnungsfähigen Leistungen der Diagnostik mit Radionukliden sind auch die Beurteilung und die obligatorische schriftliche Befunddokumentation abgegolten.

b) Die Kosten für die Beschaffung und gegebenenfalls die Aufbereitung solcher radioaktiver Stoffe, die mit ihrer Anwendung verbraucht sind, sowie die Kosten dieser Stoffe selbst sind in den Gebühren für die berechnungsfähigen Leistungen nicht enthalten.

c) Die Applikation von zur Diagnostik erforderlichen Stoffen – mit Ausnahme durch Herzkatheter, Arterienkatheter, Subokzipitalpunktion, Lumbalpunktion – sowie die etwa danach erforderlichen Entnahmen von Blut oder Urin sind mit den Gebühren für die berechnungsfähigen Leistungen abgegolten, soweit nichts anderes bestimmt ist.

d) Bei der szintigraphischen Darstellung von Organen darf in der Berechnung kein Unterschied zwischen einem Schwarzweiß-, Farb-, Photoszintigramm (beweglicher Detektor) oder einem Szintiphoto (stehender Detektor) gemacht werden.

e) Die Applikation von zur Therapie erforderlichen radioaktiven Stoffen, mit Ausnahme der interartikulären, intralymphatischen, endoskopischen oder operativen Applikation des Strahlenträgers oder von Radionukliden, ist mit den Gebühren für die berechnungsfähigen Leistungen abgegolten, soweit nichts anderes bestimmt ist.

2. Rechnungsbestimmungen

a) Der Arzt darf nur die für den Patienten verbrauchte Menge an radioaktiven Stoffen berechnen.

b) Bei der Berechnung von Leistungen nach Abschnitt O II sind die Untersuchungs- und Behandlungsdaten der jeweils applizierten Stoffe sowie die Art der ausgeführten Maßnahmen anzugeben, sofern nicht durch die Leistungsnummer eine eindeutige Definition gegeben ist.

c) Sofern die Durchführung von diagnostischen oder therapeutischen Maßnahmen sich aus methodischen Gründen über einen längeren Zeitraum erstreckt, dürfen Leistungen nach den Nummern 5400 bis 5540, ausgenommen nach den Nummern 5520 und 5521, erst nach Abschluß der Untersuchung oder Behandlung berechnet werden.

d) Die rechnerische Ermittlung von Ergebnissen aus vorliegenden Einzelparametern ist nicht gesondert berechnungsfähig (z. B. FT_4-Index oder T_4/TBG-Quotient).

e) Maßnahmen zur Qualitätssicherung bei der in-vitro-Diagnostik sind Bestandteil der einzelnen Untersuchungen.

Nummer	Leistung	Punktzahl	Gebühr in DM	1,1fache Gebühr in DM	um 20 v. H. ermäßigte Entschädigung in DM
A. Diagnostische Leistungen					
1. In-vivo-Untersuchungen					
5400	Messung der Durchblutung einzelner Organe oder von Organsystemen mittels radioaktiver Edelgase	592	65,12	71,63	57,30
	Das untersuchte Organ oder Organsystem ist anzugeben.				
5401	Darstellung eines Profils der Aktivitätsverteilung über den gesamten Körper	518	56,98	62,68	50,14
Szintigraphische Suche nach aktivitätsspeichernden Geschwülsten und/oder Metastasen, soweit nicht in anderen Leistungsnummern erfaßt.					
	Das untersuchte Organ oder Organsystem ist anzugeben				
5402	bis zu drei Abbildungen	592	65,12	71,63	57,30
5403	mehr als drei Abbildungen	887	97,57	107,33	85,86
	Neben den Leistungen nach den Nummern 5402 und 5403 ist die Leistung nach Nummer 5460 nicht berechnungsfähig. *Neben der Leistung nach Nummer 5461 sind die Leistungen nach den Nummern 5402 und 5403 nicht berechnungsfähig.*				
5404	Ganzkörperszintigraphie von zwei Seiten mit mehr als sieben Abbildungen oder mittels Ganzkörperscanners	1330	146,30	160,93	128,74
	Neben der Leistung nach Nummer 5404 sind die Leistungen nach den Nummern 5401 bis 5403, 5460 und 5461 nicht berechnungsfähig.				
5405	Szintigraphisiche Untersuchung des Gehirns in mindestens vier verschiedenen Projektionen zum Nachweis oder Ausschluß intrakranialer Prozesse einschließlich Gefäßveränderungen	887	97,57	107,33	85,86
5406	Sequenzszintigraphie des Gehirns in einer Projektion, mindestens acht Bilder	887	97,57	107,33	85,86
5407	Funktionsszintigraphie des Gehirns (Sequenzszintigraphie und zusätzlich Zeitaktivitätskurven)	1330	146,30	160,93	128,74
	Neben der Leistung nach Nummer 5407 ist die Leistung nach Nummer 5406 nicht berechnungsfähig.				

Nummer	Leistung	Punktzahl	Gebühr in DM	1,1fache Gebühr in DM	um 20 v. H. ermäßigte Entschädigung in DM
5408	Szintigraphische Untersuchung der spinalen Liquorräume – gegebenenfalls einschließlich szintigraphischer Nachkontrollen –	592	65,12	71,63	57,30
5409	Szintigraphische Untersuchung der intrakranialen Liquorräume – gegebenenfalls einschließlich szintigraphischer Nachkontrollen –, in mindestens zwei Projektionen	651	71,61	78,77	63,02
5410	Szintigraphische Untersuchung der intrakranialen Liquorräume in mindestens zwei Projektionen mit Nachweis oder Ausschluß einer Liquorfistel – gegebenenfalls einschließlich szintigraphischer Nachkontrollen	739	81,29	89,42	71,54
5412	Nachweis von unbekannten inkorporierten Radionukliden	651	71,61	78,77	63,02
5413	Ganzkörperretentions- und/oder -eliminationsstudien	739	81,29	89,42	71,54
5415	Untersuchung der Schilddrüse mit einem radioaktiven Stoff durch mehrfache Messung der Aktivitätsspeicherung in der Schilddrüse während eines Zeitraumes von mindestens 32 Stunden sowie Bestimmung der Serumaktivität und gegebenenfalls des eiweißgebundenen Radiojods – auch Bestimmung der Jodid-Clearance durch Ermittlung des Aktivitätsanstiegs über der Schilddrüse und Messung des Radiojods im Serum –	560	61,60	67,76	54,21
5416	Schilddrüsenfunktionsprüfung mit einem radioaktiven Stoff durch mehrfache Messung der Aktivitätsspeicherung in der Schilddrüse ohne Bestimmung der Serumaktivität (z. B. als Kurztest oder Kontrollmessung nach Suppression oder Stimulation) – auch Clearance-Äquivalent –	370	40,70	44,77	35,82
5417	Untersuchung der Schilddrüse mit einem radioaktiven Stoff einschließlich Feststellung unzureichender Speicherung	222	24,42	26,86	21,49
	Die Leistung nach den Nummern 5415 bis 5417 sind nebeneinander nicht berechnungsfähig.				
5418	Szintigraphische Untersuchung der Schilddrüse – gegebenenfalls einschließlich dystoper Anteile –	560	61,60	67,76	54,21

Nummer	Leistung	Punktzahl	Gebühr in DM	1,1fache Gebühr in DM	um 20 v. H. ermäßigte Entschädigung in DM
5419	Szintigraphische Untersuchung der Speicheldrüsen – einschließlich Wiederholung nach Reiz – oder der Nebenschilddrüsen oder Tränengänge . . . . *Das untersuchte Organ oder Organsystem ist anzugeben.*	592	65,12	71,63	57,30
5420	Sequenzszintigraphie der Speicheldrüsen in einer Projektion, mindestens acht Bilder . . .	887	97,57	107,33	85,86
5421	Funktionsszintigraphie der Speicheldrüsen (Sequenzszintigraphie und zusätzliche Zeitaktivitätskurven) . . . . *Neben der Leistung nach Nummer 5421 ist die Leistung nach Nummer 5420 nicht berechnungsfähig.*	1330	146,30	160,93	128,74
5422	Szintigraphische Untersuchung der Lungen in verschiedenen Projektionen (Perfusionsszintigraphie)	813	89,43	98,37	78,70
5423	Sequenzszintigraphie der Lungen mittels radioaktiven Gases in einer Projektion (Exhalations- und/oder Inhalationsszintigraphie), mindestens acht Bilder.	887	97,57	107,33	85,86
5424	Funktionsszintigraphie der Lungen (Sequenzszintigraphie und zusätzlich Zeitaktivitätskurven) mittels radioaktiven Gases . . . . *Neben der Leistung nach Nummer 5424 ist die Leistung nach Nummer 5423 nicht berechnungsfähig.*	1330	146,30	160,93	128,74
5425	Bestimmung der Durchflußzeit(en) durch Herz und gegebenenfalls Lunge mittels radioaktiver Substanzen (Transitzeit(en))	592	65,12	71,63	57,30
5426	Bestimmung der Auswurffraktion des Herzens mittels radioaktiver Substanzen in Ruhe und/oder nach körperlicher Belastung und/oder Gabe von Pharmaka	887	97,57	107,33	85,86
5427	Funktionsszintigraphie des Herzens (Radionuklid-Angio-Kardiographie, First-pass-Methode) und/oder Radionuklid-Ventrikulo-Kardiographie nach Gleichverteilung (steady state) – einschließlich EKG-Kontrolle –	1200	132,–	145,20	116,16
5428	Funktionsszintigraphie des Herzens (Radionuklid-Angio-Kardiographie, First-pass-Methode) und/oder Radionuklid-Ventrikulo-Kardiographie nach Gleichverteilung (steady state) nach körperlicher Belastung und/oder Gabe				

Nummer	Leistung	Punktzahl	Gebühr in DM	1,1fache Gebühr in DM	um 20 v. H. ermäßigte Entschädigung in DM
	von Pharmaka und/oder in Ruhe – einschließlich EKG-Kontrolle –	1500	165,–	181,50	145,20
	Neben den Leistungen nach den Nummern 5427 und 5428 ist die Leistung nach Nummer 5426 nicht berechnungsfähig.				
5429	Statische szintigraphische Untersuchung der Herzbinnenräume	592	65,12	71,63	57,30
5430	Sequenzszintigraphie der Herzbinnenräume in einer Projektion – gegebenenfalls einschließlich fortlaufender EKG-Kontrolle – mindestens acht Bilder –	887	97,57	107,33	85,86
5431	Szintigraphische Untersuchung des Herzmuskels mittels radioaktiver Substanzen – gegebenenfalls einschließlich EKG-Kontrolle –. . . .	1200	132,00	145,20	116,16
5432	Szintigraphische Untersuchung des Herzmuskels mittels radioaktiver Substanzen in Ruhe und/oder nach körperlicher Belastung und/oder Gabe von Pharmaka – gegebenenfalls einschließlich EKG-Kontrolle –	1500	165,00	181,50	145,20
5435	Szintigraphische Untersuchung der Leber in mehreren Projektionen – gegebenenfalls einschließlich extrahepatischer Indikatorspeicherung –	739	81,29	89,42	71,54
	Die Nebeneinanderberechnung der Nummern 5434 und 5441 bedarf einer besonderen Begründung.				
Bestimmung der Elimination eines radioaktiven Stoffes durch die Leber					
5436	Bestimmung(en) im Blut	275	30,25	33,28	26,62
5437	Bestimmung(en) im Blut und Oberflächenmessung	444	48,84	53,72	42,98
	Neben der Leistung nach Nummer 5437 ist die Leistung nach Nummer 5436 nicht berechnungsfähig.				
5438	Sequenzszintigraphie der Leber und gegebenenfalls der Gallenwege in einer Projektion, mindestens acht Bilder.	887	97,57	107,33	85,86
5439	Funktionsszintigraphie der Leber und gegebenenfalls der Gallenwege (Sequenzszintigraphie und zusätzlich Zeitaktivitätskurven)	1330	146,30	160,93	128,74
	Neben der Leistung nach Nummer 5439 ist die Leistung nach Nummer 5438 nicht berechnungsfähig.				

Nummer	Leistung	Punkt-zahl	Gebühr in DM	1,1fache Gebühr in DM	um 20 v. H. ermäßigte Entschädigung in DM
5440	Szintigraphische Untersuchung des Pankreas mit mindestens zwei verschiedenen Radionukliden (Doppel-Radionuklidszintigraphie zur Darstellung von Leber und Pankreas).	1330	146,30	160,93	128,74
	Neben der Leistung nach Nummer 5440 ist die Leistung nach Nummer 5435 nicht berechnungsfähig.				
5441	Szintigraphische Untersuchung der Milz – gegebenenfalls einschließlich dystoper Anteile –, in mehreren Projektionen	592	65,12	71,63	57,30
5442	Szintigraphische Untersuchung eines regionären Lymphstromgebietes	444	48,84	53,72	42,98
5444	Nachweis eines zystoureteralen Refluxes mittels radioaktiver Stoffe einschließlich Katheterisierung, auch beidseitig	725	79,75	87,73	70,18
5445	Szintigraphische Untersuchung der Nebennieren	592	65,12	71,63	57,30
5446	Szintigraphische Untersuchung der Nieren. . .	592	65,12	71,63	57,30
5447	Sequenzszintigraphie der Nieren in einer Projektion, mindestens acht Bilder	887	97,57	107,33	85,86
5448	Funktionsszintigraphie der Nieren (Sequenzszintigraphie und zusätzlich Zeitaktivitätskurven).	1330	146,30	160,93	128,74
	Neben der Leistung nach Nummer 5448 ist die Leistung nach Nummer 5447 nicht berechnungsfähig.				
5449	Nierenfunktionsprüfung mittels radioaktiv markierter harnpflichtiger Stoffe durch fortlaufende Messung des Aktivitätsverlaufs über beiden Nieren (Radionephrographie) – gegebenenfalls auch mit Aktivitätsbestimmung über der Blase sowie gegebenenfalls einschließlich Restharnbestimmung –	444	48,84	53,72	42,98
5450	Restharnbestimmung mittels radioaktiver Stoffe	148	16,28	17,91	14,33
5451	Clearance-Untersuchung der Nieren durch Aktivitätsmessungen an Blut und Harnproben aus mindestens zwei Sammelperioden bei konstantem Blutspiegel	605	66,55	73,21	58,57
5452	Quantitative Nierenfunktionsprüfung (Ganzkörper-Clearance) mittels radioaktiver Stoffe durch fortlaufende Radioaktivitätsbestimmungen über dem Körper und im Blut/oder im Harn	739	81,29	89,42	71,54

Nummer	Leistung	Punktzahl	Gebühr in DM	1,1fache Gebühr in DM	um 20 v. H. ermäßigte Entschädigung in DM
	Die Nebeneinanderberechnung der Nummern 5451 und 5452 bedarf einer besonderen Begründung.				
5453	Szintigraphische Untersuchung der Plazenta in mindestens zwei Projektionen.	592	65,12	71,63	57,30
5454	Ösophagus-, Magen- oder Intestinalszintographie.	740	81,40	89,54	71,63
5455	Sequenzszintigraphie des Ösophagus oder des Magens	690	97,90	107,69	86,15
5456	Funktionsszintigraphie des Ösophagus oder des Magens (Sequenzszintigraphie und zusätzlich Zeitaktivitätskurven)	1330	146,30	160,93	128,74
	Neben der Leistung nach Nummer 5456 ist die Leistung nach Nummer 5455 nicht berechnungsfähig.				
	Szintigraphische Untersuchung der Knochen				
5460	an Schädel und/oder Extremitäten	592	65,12	71,63	57,30
5461	am Körperstamm	887	97,57	107,33	85,86
	Neben der Leistung nach Nummer 5461 sind die Leistungen nach den Nummern 5402 und 5403 nicht berechnungsfähig.				
	Neben den Leistungen nach den Nummern 5402 und 5403 ist die Leistung nach Nummer 5460 nicht berechnungsfähig.				
5462	Szintigraphische Untersuchung der Gelenke, der Füße und Hände – gegebenenfalls auch der Knie- und Ellenbogengelenke – zum Nachweis oder Ausschluß entzündlicher Veränderungen	739	81,29	89,42	71,54
5463	Resorptionstest mittels radioaktiv markiertem Vitamin B_{12} oder Fett oder Eisen	296	32,56	35,82	25,75
5464	Bestimmung des intestinalen Eiweiß-, Fett- oder Blutverlustes mittels radioaktiver Substanzen	296	32,56	35,82	25,75
5465	Bestimmung des Blutvolumens mittels radioaktiver Substanzen nach der Verdünnungsmethode	296	32,56	35,82	25,75
5466	Bestimmung des Blutvolumens mittels radioaktiver Markierung von patienteneigenen Erythrozyten.	444	48,84	53,72	42,98
	Neben der Leistung nach Nummer 5466 ist die Leistung nach Nummer 5465 nicht berechnungsfähig.				

Nummer	Leistung	Punktzahl	Gebühr in DM	1,1fache Gebühr in DM	um 20 v. H. ermäßigte Entschädigung in DM
5467	Bestimmung der Erythrozytenlebensdauer mittels radioaktiver Markierung.	700	77,00	84,70	67,76
5468	Bestimmung der Erythrozytenlebensdauer mittels radioaktiver Markierung und Nachweis des Abbauortes mittels Oberflächenmessung zu verschiedenen Zeiten	1030	113,30	124,63	99,70
5469	Bestimmung der Thrombozytenüberlebenszeit mittels radioaktiver Markierung und Oberflächenmessung zu verschiedenen Zeiten	1030	113,30	124,63	99,70
5470	Bestimmung der Eisenkinetik mittels radioaktiver Stoffe.	1030	113,30	124,63	99,70
5471	Szintigraphische Untersuchung des Knochenmarks.	739	81,29	89,42	71,54
5472	Bestimmung der Verteilung eines radioaktiven Indikators innerhalb eines oder mehrerer Körperkompartimente	444	48,84	53,72	42,98
5476	Nachweis von Thromben mittels radioaktiver Substanzen	592	65,12	71,63	57,30
5477	Szintigraphische Darstellung von Gefäßabschnitten	592	65,12	71,63	57,30
5478	Sequenzszintigraphie von Gefäßabschnitten in einer Projektion	887	97,57	107,33	85,86
5479	Funktionsszintigraphie von Gefäßabschnitten (Sequenzszintigraphie und zusätzlich Zeitaktivitätskurven)	1330	146,30	160,93	128,74
	Neben der Leistung nach Nummer 5479 ist die Leistung nach Nummer 5478 nicht berechnungsfähig.				
5480	Szintigraphische Abszeßdiagnostik mit markierten Zellen	590	64,90	71,39	57,11
5490	Single-Photonen-Emissions-Computertomographie (SPECT).	1330	146,30	160,93	128,74

2. In-vitro-Untersuchungen

Nummer	Leistung	Punktzahl	Gebühr in DM	1,1fache Gebühr in DM	um 20 v. H. ermäßigte Entschädigung in DM
5500	Indirekte Schilddrüsenhormonbindungsteste mit Radionukliden unter Angabe der Art der Untersuchung (z. B. T_3-uptake, ETR/NTR) . .	119	13,09	14,40	11,52
5501	direkte Schilddrüsenhormonbindungsteste mit Radionukliden unter Angabe der Art der Untersuchung (z. B. TBG-RIA)	180	19,80	21,78	17,42
	Neben der Leistung nach Nummer 5501 ist die Leistung nach Nummer 5500 nicht berechnungsfähig.				

Nummer	Leistung	Punktzahl	Gebühr in DM	1,1fache Gebühr in DM	um 20 v. H. ermäßigte Entschädigung in DM
5502	Bestimmung von Antikörpern gegen körpereigene Antigene mit Radionukliden, je Bestimmung unter Angabe der Art der Untersuchung, z. B. Anti-Insulin Anti-Thyreoglobulin Anti-Schilddrüsenmikrosomen Anti-nDNS IgE, allergen-spezifisch (z. B. RAST oder PRIST-Test)	119	13,09	14,40	11,52
5503	Höchstwert für Bestimmungen nach Nummer 5502	1190	130,90	143,99	115,19
5504	Andere Bindungsteste mit Radionukliden, je Bestimmung unter Angabe der Art der Untersuchung, z. B. Tyroxin-Bestimmung als kompetitive Proteinbindungsanalyse Cortisol-Bestimmung als kompetitive Proteinbindungsanalyse Vitamin B_{12} als Bindungsanalyse Folsäure als Bindungsanalyse Gesamte und/oder latente Eisenbindungskapazität	180	19,80	21,78	17,42
5505	Radioimmunologischer Nachweis einer Substanz eines Körpermaterials einschließlich dessen Aufbereitung, je Bestimmung unter Angabe der Art der Untersuchung, z. B. Australia-Antigen (HBS-Ag)	119	13,09	14,40	11,52
5506	Einfache quantitative radioimmunologische Bestimmung ohne Extraktion oder andere Aufbereitung, je Bestimmung unter Angabe der Art der Untersuchung, z. B. Digoxin Digitoxin Gentamycin Tobramycin Amikacin Phenytoin/Diphenylhydantoin Methotrexat Gesamt-Oestriol im Harn Plazentares Lactogen (HPL/HCS)	236	25,96	28,56	22,85
5507	Quantitative radioimmunologische Bestimmung von Schilddrüsenhormonen mit Aufbereitung, je Bestimmung unter Angabe der Art der Untersuchung, z. B.				

Nummer	Leistung	Punkt-zahl	Gebühr in DM	1,1fache Gebühr in DM	um 20 v. H. ermäßigte Entschädigung in DM
	Trijodthyronin (T_3-RIA) Thyroxin (T_4-RIA) Freies Thyroxin (FT_4-RIA)	288	31,68	34,85	27,88
	Neben der Gesamtthyroxinbestimmung (T_4-RIA) ist eine gleichzeitige Bestimmung des freien Thyroxins (FT_4-RIA) nicht berechnungsfähig.				
5508	Quantitative radioimmunologische Bestimmung des thyreoideastimulierenden Hormons (TSH)	288	31,68	34,85	27,88
5509	Aufwendige quantitative radioimmunologische Bestimmung mit Aufbereitung (Hormone, Vitamine, Proteine, Pharmaka, Gifte und sonstige Stoffe), je Bestimmung unter Angabe der Art der Untersuchung, z. B. Prolactin (PRL) Wachstumshormon (GH) Follikelstimulierendes Hormon (FSH) Luteinisierendes Hormon (LH) Choriongonadotropin (HCG) Cortisol Testosteron Oestriol (^{125}J-Tracer) Oestradion 17 β (^{125}J-Tracer) Progesteron (^{125}J-Tracer) Aldosteron (^{125}J-Tracer) Insulin Gastrin β-Choriongonadotropin (β-HCG) Vitamin B_{12} Folsäure Gesamt-IgE (z. B. PRIST-Test) β_2-Mikroglobulin α_1-Feto-Protein (AFP) Carcino-Embryonales Antigen (CEA) Myoglobulin Ferritin Transferrin Morphin Amphetamin Barbiturat Gallensäure Trypsin Cyclisches Adenosin-Monophosphat (cAMP)	355	39,05	42,96	34,37

Nummer	Leistung	Punktzahl	Gebühr in DM	1,1fache Gebühr in DM	um 20 v. H. ermäßigte Entschädigung in DM
5510	Besonders aufwendige quantitative radioimmunologische Bestimmung (z. B. mit schwieriger Aufbereitung, Extraktion, chromatographischer Trennung, Abtrennung des Analyts), je Bestimmung unter Angabe der Art der Untersuchung, z. B. Parathormon Vasopression (ADH) Corticotropin (ACTH) Glukagon C-Peptid Calcitonin Dihydroepiandostendion (DHEA) Desoxycorticosteron (DOC) Oestadiol-17 β (^{3}H-Tracer) Oestron Androstendion 11-Desoxycortisol Progesteron (^{3}H-Tracer) Testosteron (^{3}H-Tracer) Freies Testosteron Freies Oestriol (^{3}H-Tracer) Gesamt-Oestriol (^{3}H-Tracer) 17-α-OH-Progesteron (^{3}H-Tracer) Dihydrotestosteron Aldosteron (^{3}H-Tracer) Renin, Angiotensin Cortikosteron	592	65,12	71,63	57,30
	Sofern aus methodischen Gründen (auch nach Stimulation oder Suppression) die Bestimmung eines Stoffes innerhalb von 24 Stunden aus wiederholt entnommenem Körpermaterial mehrmals durchgeführt werden muß, so können die Leistungen nach den Nummern 5504 bis 5510 höchstens zweimal berechnet werden.				
5511	Mindestens dreimalige radioimmunologische Bestimmung von z. B. Cortisol oder Wachstumshormon (GH), Insulin oder C-Peptid, Gastrin im Rahmen der Funktionsprüfung mit Lysin-Vasopressin oder Arginin, Tolbutamid, Glukagon, Sekretin/Pankreozymin, Glukose .	864	95,04	104,54	83,63
5512	Mindestens viermalige radioimmunologische Bestimmung von z. B. Wachstumshormon				

Nummer	Leistung	Punktzahl	Gebühr in DM	1,1fache Gebühr in DM	um 20 v. H. ermäßigte Entschädigung in DM
	(GH) oder Cortisol, Insulin im Rahmen des Insulin-Hypoglykämietestes oder des Hungerversuches	1112	122,32	134,55	107,64
	B. Therapeutische Leistungen				
	1. Anwendung offener Radionuklide				
	Behandlung gutartiger Veränderungen der Haut oder Schleimhaut mit				
5520	224-Radium (Thorium X), je Sitzung	119	13,09	14,40	11,52
5521	32-P (Radiophosphor), je Sitzung	178	19,58	21,54	17,23
5522	Behandlung der blutbildenden Organe – einschließlich der erforderlichen Kontrollmessungen –	739	81,29	89,42	71,54
	Für die Behandlung nach Nummer 5522 kann die Gebühr innerhalb eines Behandlungszeitraums von vier Monaten nur einmal berechnet werden.				
5523	Behandlung von Knochenmetastasen – einschließlich der erforderlichen Kontrollmessungen –	739	81,29	89,42	71,54
5524	Behandlung von gutartigen Schilddrüsenerkrankungen – einschließlich der erforderlichen Kontrollmessungen –	1480	162,80	179,08	143,26
	Für die Behandlung nach Nummer 5524 kann die Gebühr innerhalb eines Behandlungszeitraumes von drei Monaten nur einmal und innerhalb eines Behandlungszeitraumes von zwölf Monaten insgesamt nicht mehr als zweimal berechnet werden.				
5525	Ausschaltung einer Schilddrüse oder Behandlung bösartiger Schilddrüsenerkrankungen – einschließlich der erforderlichen Kontrollmessungen –	1480	162,80	179,08	143,26
5526	Behandlung von Geschwülsten und/oder Geschwulstmetastasen in einer Körperhöhle oder einem Hohlorgan – einschließlich der erforderlichen Kontrollmessungen –	1850	203,50	223,85	179,08
5527	Endolymphatische Radionuklidtherapie – einschließlich der erforderlichen Kontrollmessungen –	1850	203,50	223,85	179,08
5528	Radiosynoviorthese – einschließlich der erforderlichen Kontrollmessungen –	1850	203,50	223,85	179,08

Nummer	Leistung	Punktzahl	Gebühr in DM	1,1fache Gebühr in DM	um 20 v. H. ermäßigte Entschädigung in DM
2. Kontaktbestrahlung mit umschlossenen Radionukliden					
5530	Bestrahlung einer gutartigen Veränderung (z. B. Hämangiom) der Körperoberfläche oder der Mundhöhle	739	81,29	89,42	71,54
	Bei der Behandlung eines Hämangioms nach Nummer 5530 kann die Gebühr innerhalb eines Behandlungszeitraumes von sechs Monaten nur einmal und innerhalb eines Behandlungszeitraumes von zwölf Monaten insgesamt nur zweimal berechnet werden.				
5531	Bestrahlung einer bösartigen Geschwulst der Körperoberfläche oder der Mundhöhle	1030	113,30	124,63	99,70
5532	Bestrahlung der Hyperplasie der Uterusschleimhaut und/oder Radio-Kastration	887	97,57	107,33	85,86
5533	Intrakavitäre Bestrahlung einer bösartigen Geschwulst der Gebärmutter und/oder des Eierstockes oder eines postoperativen Resttumors oder Rezidivs	1850	203,50	223,85	179,08
5534	Einzeitige intrakavitäre Bestrahlung nach operativer Entfernung einer bösartigen Geschwulst der Gebärmutter und/oder des Eierstockes	1030	113,30	124,63	99,70
5535	Bestrahlung in einer sonstigen natürlichen oder operativ geschaffenen Körperhöhle	1180	129,80	142,78	114,22
	Bei der Behandlung nach den Nummern 5531 bis 5535 kann die Gebühr innerhalb eines Behandlungszeitraumes von vier Monaten nur einmal und innerhalb eines Behandlungszeitraumes von zwölf Monaten insgesamt nur zweimal berechnet werden.				
3. Sonstige Anwendungen von Radionukliden					
5540	Interstitielle Bestrahlung mit offenen oder umschlossenen Radionukliden	1180	129,80	142,78	114,22
	Bei der Behandlung nach Nummer 5540 kann die Gebühr innerhalb eines Behandlungszeitraumes von vier Monaten nur einmal und innerhalb eines Behandlungszeitraumes von zwölf Monaten insgesamt nur zweimal berechnet werden.				
	In den berechnungsfähigen Leistungen sind notwendige ärztliche Verrichtungen oder operative Maßnahmen zur Applikation des Strahlungsträgers nicht enthalten.				

III. Strahlentherapie

1. Allgemeine Bestimmungen

a) Das Leistungserfordernis der Gebührensätze für die Strahlenbehandlung ist als erfüllt anzusehen, wenn

aa) bei der Behandlung nach den Nummern 5640 bis 5645, 5660 bis 5665, 5680 bis 5685, 5700 bis 5705, 5720 bis 5725 und 5740 bis 5745 unbeschadet der Zahl der Strahleneintrittsfelder Geschwulst und gegebenenfalls regionäres Lymphstromgebiet in fraktionierter Bestrahlungsserie eine Gesamtdosis erhalten haben, mit der die Belastbarkeit des durchstrahlten Gewebes soweit ausgesetzt ist, daß eine weitere kontinuierliche Erhöhung dieser Gesamtdosis erfahrungsgemäß die Gefahr einer bleibenden Gewebeschädigung außerhalb der Geschwulst bedeuten würde, die auch angesichts des Behandlungszieles nicht hingenommen werden kann.

bb) bei anderen Anzeigen zur Strahlenbehandlung unbeschadet der Zahl der Strahleneintrittsfelder am Sitz der Krankheit eine Dosis erreicht wurde, die geeignet ist, den angestrebten Heilerfolg zu erzielen.

b) Wird der zu einer Strahlenbehandlung üblicherweise notwendige Behandlungsumfang nicht erreicht – wird z. B. die Strahlenbehandlung vorzeitig abgebrochen oder aus strahlenbiologischen Gründen der Behandlungsumfang reduziert (palliative Behandlung) –, so kann nur der dem kurativen Bestrahlungsmodus entsprechende Anteil des jeweiligen vollen Leistungswertes berechnet werden.

c) aa) Wird erneut eine Strahlenbehandlung nach den Nummern 5550 bis 5595 (unter Berücksichtigung der Bestimmung nach Buchstabe e) oder nach den Nummern 5760 bis 5845 erforderlich, so können innerhalb eines Zeitraumes von zwölf Monaten nicht mehr als drei Leistungswerte der entsprechenden Leistungsnummer berechnet werden.

bb) Bei den Leistungen nach den Nummern 5600 bis 5756 kann aus strahlenbiologischen Gründen innerhalb von zwölf Monaten vom Behandlungsbeginn für die Behandlung desselben Krankheitsprozesses die entsprechende Leistungsnummer nicht mehr als zweimal in Ansatz gebracht werden.

cc) Bei Anwendung des Teilchenbeschleunigers zur Elektronentiefentherapie (sogenannte Elektronenschleuder) (E) oder ultraharter Röntgenstrahlen ab 4 MeV (U) oder bei Telekobalttherapie (C) gelten die unter den Nummern 5650 bis 5656, 5670 bis 5676, 5690 bis 5696, 5710 bis 5716, 5730 bis 5736 und 5750 bis 5756 aufgeführten Leistungsansätze. In der Rechnung des Arztes ist das angewandte Verfahren durch die Angabe der entsprechenden Bezeichnung (E) oder (U) oder (C) zu kennzeichnen.

Wird bei Anwendung der Verfahren nach Buchstabe cc) Abs. 1 eine Methode gewählt, durch die in fortlaufender Strahlenbehandlung die strahlentherapeutische Einwirkung so weitgehend ausgeschöpft wird, daß eine erneute Bestrahlung desselben Krankheitsherdes innerhalb eines Zeitraumes von zwölf Monaten seit Beginn der Strahlenbehandlung aus strahlenbiologischen Gründen nicht mehr möglich ist, so kann für die durchgeführte Strahlenbehandlung der eineinhalbfache Leistungsansatz der betreffenden Leistungsnummer dann in Anrechnung gebracht werden, wenn eine Herddosis von 4500 r überschritten wurde.

Eine weitere Berechnung der Strahlenbehandlung desselben Herdes ist dann aber im Zeitraum von zwölf Monaten seit Beginn der Strahlenbehandlung nicht zulässig.

dd) Wird eine Strahlenbehandlung nach den Nummern 5550 bis 5845 unter Anwendung verschiedener Bestrahlungsverfahren durchgeführt, so kann für diese kombinierte Behandlung nur die jeweils höhere der in Frage kommenden Leistungen, nicht aber ein eineinhalbfacher Leistungsansatz nach Buchstabe cc) Abs. 2 berechnet werden.

ee) Bei der Strahlenbehandlung eines Hämangioms können die Leistungsansätze nach den Nummern 5590 bis 5595 innerhalb eines Behandlungszeitraumes von sechs Monaten nur einmal und innerhalb eines Behandlungszeitraumes von zwölf Monaten insgesamt nur zweimal berechnet werden.

d) aa) Bei Bestrahlung von Dermatosen sind alle zu bestrahlenden Hautflächen, die sich in einem Feld bis zu 17 mal 17 Zentimeter Größe vereinigen lassen, als ein Bestrahlungsfeld zu berechnen. Bei Sitz der Krankheit an mehreren Stellen zwischen den Fingern oder den Zehen können für jede Hand oder für jeden Fuß bis zu zwei Felder berechnet werden, wenn nicht die Bestrahlung der Innenfläche oder der Rückenfläche der Hand oder des Fußes berechnet wird.

In der Regel können im Rahmen einer Strahlenbehandlung von Dermatosen nicht mehr als sechs verschiedene Bestrahlungsfelder als einmalige oder mehrmalige Bestrahlung (Serie) – auch bei verschiedenen Krankheitsherden – berechnet werden. Ausnahmen bedürfen der besonderen Begründung.

bb) Bei Sitz der Krankheit in folgenden Körpergegenden darf nur ein Feld berechnet werden:

eine Gesichtshälfte,
Gesicht von vorne,
eine Halsseite oder Hals von vorne oder Nacken,
eine Achselhöhle,
eine Oberarmstreckseite einschließlich einer Kante, wenn der Krankheitsherd nicht länger als 17 Zentimeter ist,

eine Oberarmbeugeseite einschließlich einer Kante, wenn der Krankheitsherd nicht länger als 17 Zentimeter ist,
eine Ellenbogenstreckseite einschließlich einer Kante,
eine Ellenbogenbeugeseite einschließlich einer Kante,
eine Unterarmstreckseite einschließlich einer Kante, wenn der Krankheitsherd nicht länger als 17 Zentimeter ist,
eine Unterarmbeugeseite einschließlich einer Kante, wenn der Krankheitsherd nicht länger als 17 Zentimeter ist,
eine Rücken- oder Beugefläche einer Hand,
eine Leistenbeuge,
Aftergegend,
Geschlechtsteile,
beide Kniescheiben,
beide Kniekehlen,
Innenseite des einen Knies zusammen mit der Außenseite des anderen Knies,
ein Oberschenkel, Streck- oder Beugeseite oder Außen- oder Innenseite, wenn der Krankheitsherd nicht länger als 17 Zentimeter ist,
die Schienbeinflächen beider Unterschenkel, wenn der Krankheitsherd nicht länger als 17 Zentimeter ist,
die Wadenflächen beider Unterschenkel, wenn der Krankheitsherd nicht länger als 17 Zentimeter ist,
die Außenflächen des einen Unterschenkels zusammen mit der Innenfläche des anderen Unterschenkels, wenn der Krankheitsherd nicht länger als 17 Zentimeter ist,
die Innenseite des einen Fußes zusammen mit der Außenseite des anderen Fußes.

e) Auch wenn die Durchführung der Behandlung sich aus methodischen Gründen über einen längeren Zeitraum mit größeren Intervallen zwischen den Einzelbestrahlungen erstreckt, ist das Leistungserfordernis nach den Nummern 5650 bis 5656, 5670 bis 5676, 5690 bis 5696, 5710 bis 5716, 5730 bis 5736, 5750 bis 5756 in der Modifikation nach Buchstabe c) cc) Abs. 2 erst nach Abschluß der Strahlenbehandlung, in den übrigen Fällen nach Beendigung einer Bestrahlungsserie als erfüllt anzusehen.

f) Lokalisationsaufnahmen zur Feststellung oder Kontrolle von Bestrahlungseinstellungen sind Bestandteil der jeweiligen Leistung.

2. Rechnungsbestimmungen

In der Rechnung des Arztes sind anzugeben für die Leistungen nach den Nummern

5550 bis 5585 Beginn und Ende der Strahlenbehandlung, die Bestrahlungsfelder und die Gesamteinfalldosis;

5590 bis 5635	Beginn und Ende der Strahlenbehandlung, die Gesamtzahl der Bestrahlungen und die Gesamteinfalldosis;
5640 bis 5645 5660 bis 5665 5680 bis 5685 5700 bis 5705 5720 bis 5725 5740 bis 5745 5760 bis 5845	Beginn und Ende der Strahlenbehandlung, die Zahl der Strahleneintrittsfelder und die Gesamteinfalldosis;
5650 bis 5656 5670 bis 5676 5690 bis 5696 5710 bis 5716 5730 bis 5736 5750 bis 5756	Beginn und Ende der Strahlenbehandlung, die Gesamteinfalldosis sowie die Herddosis.

Nummer	Leistung	Punktzahl	Gebühr in DM	1,1fache Gebühr in DM	um 20 v. H. ermäßigte Entschädigung in DM
Strahlenbehandlung von Dermatosen					
5550	ein Feld, einmalige Bestrahlung	240	26,40	29,04	23,23
5551	ein Feld, mehrmalige Bestrahlung (Serie)	303	33,33	36,66	29,33
5552	jedes weitere Feld, einmalige Bestrahlung	194	21,34	23,47	18,78
5553	jedes weitere Feld, mehrmalige Bestrahlung (Serie)	240	26,40	29,04	23,23
5555	Strahlenbehandlung eines akut entzündlichen Weichteilprozesses mittels Weichstrahlentherapie oder Nahbestrahlungstherapie	303	33,33	36,66	29,33
Strahlenbehandlung der Haut mittels Fernbestrahlung, auch in mehreren Sitzungen					
5560	Vorder- oder Rückseite des Körpers	605	66,55	73,21	58,57
5561	Vorder- und Rückseite des Körpers	908	99,88	109,87	87,90
Epilation					
5565	der ganzen Kopffläche	758	83,83	91,72	73,38
5566	des Bartes	605	66,55	73,21	58,57
5567	eines Hautbezirkes	303	33,33	36,66	29,33
5570	Strahlenbehandlung von Hyperkeratosen oder plantaren, ungualen und/oder periungualen Warzen, bis zu drei Einstellungen	605	66,55	73,21	58,57
5571	bei Abbruch nach fünf Sechstel des üblicherweise notwendigen Behandlungsumfangs	504	55,44	60,98	48,78

Nummer	Leistung	Punktzahl	Gebühr in DM	1,1fache Gebühr in DM	um 20 v. H. ermäßigte Entschädigung in DM
5572	bei Abbruch nach vier Sechstel	403	44,33	48,76	39,01
5573	bei Abbruch nach drei Sechstel	303	33,33	36,66	29,33
5574	bei Abbruch nach zwei Sechstel	202	22,22	24,44	19,55
5575	bei Abbruch nach einem Sechstel	101	11,11	12,22	9,78
5580	Strahlenbehandlung von Hyperkeratosen oder plantaren, ungualen und/oder periungualen Warzen, mehr als drei Einstellungen	908	99,88	109,87	87,90
5581	bei Abbruch nach fünf Sechstel des üblicherweise notwendigen Behandlungsumfangs nach Nr. 1 Buchstabe b)	756	83,16	91,48	73,18
5582	bei Abbruch nach vier Sechstel	605	66,55	73,21	58,57
5583	bei Abbruch nach drei Sechstel	454	49,94	54,93	43,94
5584	bei Abbruch nach zwei Sechstel	303	33,33	36,66	29,33
5585	bei Abbruch nach einem Sechstel	151	16,61	18,27	14,62
5590	Strahlenbehandlung eines Hämangioms, der Induratio penis plastica, eines Keloids oder der Dupuytren'schen Kontraktur	908	99,88	109,87	87,90
5591	bei Abbruch nach fünf Sechstel des üblicherweise notwendigen Behandlungsumfangs nach Nr. 1 Buchstabe b)	756	83,16	91,48	73,18
5592	bei Abbruch nach vier Sechstel	605	66,55	73,21	58,57
5593	bei Abbruch nach drei Sechstel	454	49,94	54,93	43,94
5594	bei Abbruch nach zwei Sechstel	303	33,33	36,66	29,33
5595	bei Abbruch nach einem Sechstel	151	16,61	18,27	14,62
5600	Strahlenbehandlung einer bösartigen Geschwulst oder einer Prakanzerose der Haut	1210	133,10	146,41	117,13
5601	bei Abbruch nach fünf Sechstel des üblicherweise notwendigen Behandlungsumfangs nach Nr. 1 Buchstabe b)	1010	111,10	122,20	97,76
5602	bei Abbruch nach vier Sechstel	807	88,77	97,65	78,12
5603	bei Abbruch nach drei Sechstel	605	66,55	73,21	58,57
5604	bei Abbruch nach zwei Sechstel	404	44,44	48,88	39,10
5605	bei Abbruch nach einem Sechstel	202	22,22	24,44	19,55
5610	Strahlenbehandlung von unter oder in der Haut gelegenen Geschwulstmetastasen, bis zu drei Einstellungen	1510	166,10	182,71	146,17
5611	bei Abbruch nach fünf Sechstel des üblicherweise notwendigen Behandlungsumfangs nach Nr. 1 Buchstabe b)	1260	138,60	152,46	121,97

Nummer	Leistung	Punktzahl	Gebühr in DM	1,1fache Gebühr in DM	um 20 v. H. ermäßigte Entschädigung in DM
5612	bei Abbruch nach vier Sechstel	1010	111,10	122,20	97,76
5613	bei Abbruch nach drei Sechstel	756	83,16	91,48	73,18
5614	bei Abbruch nach zwei Sechstel	504	55,44	60,98	48,78
5615	bei Abbruch nach einem Sechstel	252	27,72	30,49	24,39
	Als eine Einstellung im Sinne der Nummern 5610 bis 5615 gilt die Strahlenbehandlung von Metastasen, die in einem Bestrahlungsfeld erfaßt werden können.				
5620	Strahlenbehandlung von unter oder in der Haut gelegenen Geschwulstmetastasen, mehr als drei Einstellungen	1970	216,70	238,37	190,70
5621	bei Abbruch nach fünf Sechstel des üblicherweise notwendigen Behandlungsumfangs nach Nr. 1 Buchstabe b).	1640	180,40	198,44	158,75
5622	bei Abbruch nach vier Sechstel	1310	144,10	158,51	126,81
5623	bei Abbruch nach drei Sechstel	985	108,35	119,19	95,35
5624	bei Abbruch nach zwei Sechstel	657	72,27	79,50	63,60
5625	bei Abbruch nach einem Sechstel	328	36,08	39,69	31,75
	Als eine Einstellung im Sinne der Nummern 5620 bis 5625 gilt die Strahlenbehandlung von Metastasen, die in einem Bestrahlungsfeld erfaßt werden können.				
5630	Strahlenbehandlung eines Melanoblastoms der Haut	2270	249,70	274,67	219,74
5631	bei Abbruch nach fünf Sechstel des üblicherweise notwendigen Behandlungsumfangs nach Nr. 1 Buchstabe b).	1890	207,90	228,69	182,95
5632	bei Abbruch nach vier Sechstel	1510	166,10	182,71	146,17
5633	bei Abbruch nach drei Sechstel	1130	124,30	136,73	109,38
5634	bei Abbruch nach zwei Sechstel	757	83,27	91,60	73,28
5635	bei Abbruch nach einem Sechstel	378	41,58	45,74	36,59
5640	Strahlenbehandlung einer bösartigen Geschwulst der Brusthöhle, der Speiseröhre, der Brustwand, des Magen-Darm-Kanals, der Gebärmutter, des Eierstockes, der Prostata – einschließlich des jeweiligen regionären Lymphstromgebietes oder einer Erstgeschwulst der Knochen –	5670	623,70	686,07	548,66
5641	bei Abbruch nach fünf Sechstel des üblicherweise notwendigen Behandlungsumfangs nach Nr. 1 Buchstabe b).	4730	520,30	572,33	457,86
5642	bei Abbruch nach vier Sechstel	3780	415,80	457,38	365,90
5643	bei Abbruch nach drei Sechstel	2840	312,40	343,64	274,91

Nummer	Leistung	Punktzahl	Gebühr in DM	1,1fache Gebühr in DM	um 20 v. H. ermäßigte Entschädigung in DM
5644	bei Abbruch nach zwei Sechstel	1890	207,90	228,69	182,95
5645	bei Abbruch nach einem Sechstel	946	104,06	114,47	91,58
5650	Strahlenbehandlung einer bösartigen Geschwulst der Brusthöhle, der Speiseröhre, der Brustwand, des Magen-Darm-Kanals, der Gebärmutter, des Eierstockes, der Prostata – einschließlich des jeweiligen regionären Lymphstromgebietes oder einer Erstgeschwulst der Knochen –, bei Anwendung von Verfahren nach Nr. 1 Buchstabe c) cc)	6810	749,10	824,01	659,21
5651	bei Abbruch nach fünf Sechstel des üblicherweise notwendigen Behandlungsumfangs nach Nr. 1 Buchstabe b)	5670	623,70	686,07	548,86
5652	bei Abbruch nach vier Sechstel	4540	499,40	549,34	439,47
5653	bei Abbruch nach drei Sechstel	3400	374,00	411,40	329,12
5654	bei Abbruch nach zwei Sechstel	2270	249,70	274,67	219,74
5655	bei Abbruch nach einem Sechstel	1130	124,30	136,73	109,38
5656	bei Zutreffen von Nr. 1 Buchstabe c) cc) Absatz 2	10210	1123,10	1235,41	988,33
5660	Strahlenbehandlung einer bösartigen Geschwulst des Gehirns, im Bereich des Gesichtsschädels, des Hypopharynx, des Kehlkopfes, der Niere, des Hodens, der Vulva, der Scheide, der Harnblase oder einer Erstgeschwulst der Weichteile an Körperstamm und Extremitäten – einschließlich des jeweiligen regionären Lymphstromgebietes –	5290	581,90	640,09	512,07
5661	bei Abbruch nach fünf Sechstel des üblicherweise notwendigen Behandlungsumfangs nach Nr. 1 Buchstabe b)	4410	485,10	533,61	426,89
5662	bei Abbruch nach vier Sechstel	3530	388,30	427,13	341,70
5663	bei Abbruch nach drei Sechstel	2650	291,50	320,65	256,52
5664	bei Abbruch nach zwei Sechstel	1760	193,60	212,96	170,37
5665	bei Abbruch nach einem Sechstel	883	97,13	106,84	85,47
5670	Strahlenbehandlung einer bösartigen Geschwulst des Gehirns, im Bereich des Gesichtsschädels, des Hypopharynx, des Kehlkopfes, der Niere, des Hodens, der Vulva, der Scheide, der Harnblase oder einer Erstgeschwulst der Weichteile an Körperstamm und Extremitäten – einschließlich des jeweiligen regionären Lymphstromgebietes –, bei Anwendung von Verfahren nach Nr. 1 Buchstabe c) cc)	6350	698,50	768,35	614,68

Nummer	Leistung	Punktzahl	Gebühr in DM	1,1fache Gebühr in DM	um 20 v. H. ermäßigte Entschädigung in DM
5671	bei Abbruch nach fünf Sechstel des üblicherweise notwendigen Behandlungsumfangs nach Nr. 1 Buchstabe b)	5290	581,90	640,09	512,07
5672	bei Abbruch nach vier Sechstel	4240	466,40	513,04	410,43
5673	bei Abbruch nach drei Sechstel	3180	349,80	384,78	307,82
5674	bei Abbruch nach zwei Sechstel	2120	233,20	256,52	205,22
5675	bei Abbruch nach einem Sechstel	1060	116,60	128,26	102,61
5676	bei Zutreffen von Nr. 1 Buchstabe c) cc) Absatz 2	9530	1048,30	1153,13	922,50
5680	Strahlenbehandlung einer bösartigen Geschwulst der Hypophyse, der Schleimhaut von Wange oder Lippe, der Zunge, einer Tonsille, der Schilddrüse oder des Penis – einschließlich des jeweiligen regionären Lymphstromgebietes –	4270	469,70	516,67	413,34
5681	bei Abbruch nach fünf Sechstel des üblicherweise notwendigen Behandlungsumfangs nach Nr. 1 Buchstabe b)	3550	390,50	429,55	343,64
5682	bei Abbruch nach vier Sechstel	2840	312,40	343,64	274,91
5683	bei Abbruch nach drei Sechstel	2130	234,30	257,73	206,18
5684	bei Abbruch nach zwei Sechstel	1420	156,20	171,82	137,46
5685	bei Abbruch nach einem Sechstel	711	78,21	86,03	68,82
5690	Strahlenbehandlung einer bösartigen Geschwulst der Hypophyse, der Schleimhaut von Wange oder Lippe, der Zunge, einer Tonsille, der Schilddrüse oder des Penis – einschließlich des jeweiligen regionären Lymphstromgebietes –, bei Anwendung von Verfahren nach Nr. 1 Buchstabe c) cc)	5120	563,20	619,52	495,62
5691	bei Abbruch nach fünf Sechstel des üblicherweise notwendigen Behandlungsumfangs nach Nr. 1 Buchstabe b)	4270	469,70	516,67	413,34
5692	bei Abbruch nach vier Sechstel	3410	375,10	412,61	330,09
5693	bei Abbruch nach drei Sechstel	2560	281,60	309,76	247,81
5694	bei Abbruch nach zwei Sechstel	1710	188,10	206,91	165,53
5695	bei Abbruch nach einem Sechstel	853	93,83	103,21	82,57
5696	bei Zutreffen von Nr. 1 Buchstabe c) cc) Absatz 2	7680	844,80	929,28	743,42
5700	Strahlenbehandlung des Mediastinums bei Lymphogranulomatose	2370	260,70	286,77	229,42
5701	bei Abbruch nach fünf Sechstel des üblicherweise notwendigen Behandlungsumfangs nach Nr. 1 Buchstabe b)	1970	216,70	238,37	190,70
5702	bei Abbruch nach vier Sechstel	1580	173,80	191,18	152,94

Nummer	Leistung	Punktzahl	Gebühr in DM	1,1fache Gebühr in DM	um 20 v. H. ermäßigte Entschädigung in DM
5703	bei Abbruch nach drei Sechstel	1180	129,80	142,78	114,22
5704	bei Abbruch nach zwei Sechstel	789	86,79	95,47	76,38
5705	bei Abbruch nach einem Sechstel	395	43,45	47,80	38,24
5710	Strahlenbehandlung des Mediastinums bei Lymphogranulomatose bei Anwendung von Verfahren nach Nr. 1 Buchstabe c) cc)	2830	311,30	342,43	273,84
5711	bei Abbruch nach fünf Sechstel des üblicherweise notwendigen Behandlungsumfangs nach Nr. 1 Buchstabe b)	2360	259,60	285,56	228,45
5712	bei Abbruch nach vier Sechstel	1890	207,90	228,69	182,95
5713	bei Abbruch nach drei Sechstel	1420	156,20	171,82	137,46
5714	bei Abbruch nach zwei Sechstel	944	103,84	114,22	91,38
6715	bei Abbruch nach einem Sechstel	472	51,92	57,11	45,69
5716	bei Zutreffen von Nr. 1 Buchstabe c) cc) Absatz 2	4250	467,50	514,25	411,40
5720	Strahlenbehandlung von Absiedelungen bösartiger Geschwülste in Skelett, Lymphknoten oder Weichteilen, bis zu drei Krankheitsherden, ferner von disseminierten oder flächenhaft konfluierenden Absiedelungen einer bösartigen Geschwulst in oder unter der Haut, einer bösartigen Geschwulst des Auges	3300	363,00	399,30	319,44
5721	bei Abbruch nach fünf Sechstel des üblicherweise notwendigen Behandlungsumfangs nach Nr. 1 Buchstabe b)	2750	302,50	332,75	266,20
5722	bei Abbruch nach vier Sechstel	2200	242,00	266,20	212,96
5723	bei Abbruch nach drei Sechstel	1650	181,50	199,65	159,72
5724	bei Abbruch nach zwei Sechstel	1100	121,00	133,10	106,48
5725	bei Abbruch nach einem Sechstel	551	60,61	66,67	53,34
5730	Strahlenbehandlung von Absiedelungen bösartiger Geschwülste in Skelett, Lymphknoten oder Weichteilen, bis zu drei Krankheitsherden, ferner von disseminierten oder flächenhaft konfluierenden Absiedelungen einer bösartigen Geschwulst in oder unter der Haut, einer bösartigen Geschwulst des Auges, bei Anwendung von Verfahren nach Nr. 1 Buchstabe c) cc)	3940	433,40	476,74	381,39
5731	bei Abbruch nach fünf Sechstel des üblicherweise notwendigen Behandlungsumfangs nach Nr. 1 Buchstabe b)	3290	361,90	398,09	318,47
5732	bei Abbruch nach vier Sechstel	2630	289,30	318,23	254,58
5733	bei Abbruch nach drei Sechstel	1970	216,70	238,37	190,70
5734	bei Abbruch nach zwei Sechstel	1320	145,20	159,72	127,78
5735	bei Abbruch nach einem Sechstel	658	72,38	79,62	63,70

Nummer	Leistung	Punktzahl	Gebühr in DM	1,1fache Gebühr in DM	um 20 v. H. ermäßigte Entschädigung in DM
5736	bei Zutreffen von Nr. 1 Buchstabe c) cc) Absatz 2	5920	651,20	716,32	573,06
5740	Strahlenbehandlung von Absiedelungen bösartiger Geschwülste im Bereich der Schädel-, Brust- oder Bauchhöhle bis zu drei Krankheitsherden	3300	363,00	399,30	319,44
5741	bei Abbruch nach fünf Sechstel des üblicherweise notwendigen Behandlungsumfangs nach Nr. 1 Buchstabe b)	2750	302,50	332,75	266,20
5742	bei Abbruch nach vier Sechstel	2200	242,00	266,20	212,96
5743	bei Abbruch nach drei Sechstel	1650	181,50	199,65	159,72
5744	bei Abbruch nach zwei Sechstel	1100	121,00	133,10	106,48
5745	bei Abbruch nach einem Sechstel	551	60,61	66,67	53,34
5750	Strahlenbehandlung von Absiedelungen bösartiger Geschwülste im Bereich der Schädel-, Brust- oder Bauchhöhle, bis zu drei Krankheitsherden, bei Anwendung von Verfahren nach Nr. 1 Buchstabe c) cc)	3940	433,40	476,74	381,39
5751	bei Abbruch nach fünf Sechstel des üblicherweise notwendigen Behandlungsumfangs nach Nr. 1 Buchstabe b)	3290	361,90	398,09	318,47
5752	bei Abbruch nach vier Sechstel	2630	289,30	318,23	254,58
5753	bei Abbruch nach drei Sechstel	1970	216,70	238,37	190,70
5754	bei Abbruch nach zwei Sechstel	1320	145,20	159,72	127,78
5755	bei Abbruch nach einem Sechstel	658	72,38	79,62	63,70
5756	bei Zutreffen von Nr. 1 Buchstabe c) cc) Absatz 2	5920	651,20	716,32	573,06
5760	Strahlenbehandlung der Tuberkulose des Schädels, des Körperstammes, des Hüftgelenkes oder des Genitales	908	99,88	109,87	87,90
5761	bei Abbruch nach fünf Sechstel des üblicherweise notwendigen Behandlungsumfangs nach Nr. 1 Buchstabe b)	757	83,27	91,60	73,28
5762	bei Abbruch nach vier Sechstel	605	66,55	73,21	58,57
5763	bei Abbruch nach drei Sechstel	454	49,94	54,93	43,94
5764	bei Abbruch nach zwei Sechstel	303	33,33	36,66	29,33
5765	bei Abbruch nach einem Sechstel	151	16,61	18,27	14,62
5770	Strahlenbehandlung der Milz, eines Röhrenknochens oder eines Lymphknotengebietes wegen Blutkrankheiten oder Lymphogranulomatose	1510	166,10	182,70	146,16
5771	bei Abbruch nach fünf Sechstel des üblicherweise notwendigen Behandlungsumfangs nach Nr. 1 Buchstabe b)	1260	138,60	152,46	121,97

Nummer	Leistung	Punktzahl	Gebühr in DM	1,1fache Gebühr in DM	um 20 v. H. ermäßigte Entschädigung in DM
5772	bei Abbruch nach vier Sechstel	1010	111,10	122,21	97,77
5773	bei Abbruch nach drei Sechstel	757	83,27	91,60	73,28
5774	bei Abbruch nach zwei Sechstel	504	55,44	60,98	48,78
5775	bei Abbruch nach einem Sechstel	252	27,72	30,49	24,39
5780	Strahlenbehandlung der Tuberkulose des Bauchfells, der Mesenterialdrüsen, des Darmes, eines Extremitätenknochens, eines Gelenkes (mit Ausnahme des Hüftgelenks), des Augapfels, des Kehlkopfes und eines subkutanen tuberkulösen Lymphknotengebietes	605	66,55	73,21	58,57
5781	bei Abbruch nach fünf Sechstel des üblicherweise notwendigen Behandlungsumfangs nach Nr. 1 Buchstabe b).	504	55,44	60,98	48,78
5782	bei Abbruch nach vier Sechstel	403	44,33	48,76	39,01
5783	bei Abbruch nach drei Sechstel	303	33,33	36,66	29,33
5784	bei Abbruch nach zwei Sechstel	202	22,22	24,44	19,55
5785	bei Abbruch nach einem Sechstel	101	11,11	12,22	9,78
5790	Strahlenbehandlung der Prostatahypertrophie, eines Herdes bei Strahlenpilzkrankheit oder der Eierstöcke zwecks Röntgenkastration . . .	1210	133,10	146,41	117,13
5791	bei Abbruch nach fünf Sechstel des üblicherweise notwendigen Behandlungsumfangs nach Nr. 1 Buchstabe b).	1010	111,10	122,20	97,76
5792	bei Abbruch nach vier Sechstel	807	88,77	97,65	78,12
5793	bei Abbruch nach drei Sechstel	605	66,55	73,21	58,57
5794	bei Abbruch nach zwei Sechstel	404	44,44	48,88	39,10
5795	bei Abbruch nach einem Sechstel	202	22,22	24,44	19,55
5800	Strahlenbehandlung einer gutartigen Schilddrüsenerkrankung oder des Rückenmarks bei Tabes oder Syringomyelie	757	83,27	91,60	73,28
5801	bei Abbruch nach fünf Sechstel des üblicherweise notwendigen Behandlungsumfangs nach Nr. 1 Buchstabe b).	631	69,41	76,35	61,08
5802	bei Abbruch nach vier Sechstel	505	55,55	61,11	48,89
5803	bei Abbruch nach drei Sechstel	379	41,69	45,86	36,69
5804	bei Abbruch nach zwei Sechstel	252	27,72	30,49	24,39
5805	bei Abbruch nach einem Sechstel	126	13,86	15,25	12,20
5810	Strahlenbehandlung bei einer Neuralgie als selbständige Leistung oder einer chronischen Gelenkentzündung oder der Achselhöhle bei Schweißdrüsenerkrankungen	757	83,27	91,60	73,28
5811	bei Abbruch nach fünf Sechstel des üblicherweise notwendigen Behandlungsumfangs nach Nr. 1 Buchstabe b).	631	69,41	76,35	61,08

Nummer	Leistung	Punktzahl	Gebühr in DM	1,1fache Gebühr in DM	um 20 v. H. ermäßigte Entschädigung in DM
5812	bei Abbruch nach vier Sechstel	505	55,55	61,11	48,89
5813	bei Abbruch nach drei Sechstel	379	41,69	45,86	36,69
5814	bei Abbruch nach zwei Sechstel	252	27,72	30,49	24,39
5815	bei Abbruch nach einem Sechstel	126	13,86	15,25	12,20
5820	Strahlenbehandlung des lymphatischen Rachenringes, der Hypophyse (Reizbestrahlung), des Grenzstranges, der Orbita bei endokriner Ophthalmopathie oder der Brustdrüse des Mannes bei Hormontherapie eines metastasierenden Prostatakarzinoms	605	66,55	73,21	58,57
5821	bei Abbruch nach fünf Sechstel des üblicherweise notwendigen Behandlungsumfangs nach Nr. 1 Buchstabe b)	504	55,44	60,98	48,78
5822	bei Abbruch nach vier Sechstel	403	44,33	48,76	39,01
5823	bei Abbruch nach drei Sechstel	303	33,33	36,66	29,33
5824	bei Abbruch nach zwei Sechstel	202	22,22	24,44	19,55
5825	bei Abbruch nach einem Sechstel	101	11,11	12,22	9,78
5830	Strahlenbehandlung der Milz (Reizbestrahlung)	379	41,69	45,86	36,69
5831	bei Abbruch nach fünf Sechstel des üblicherweise notwendigen Behandlungsumfangs nach Nr. 1 Buchstabe b)	316	34,76	38,24	30,59
5832	bei Abbruch nach vier Sechstel	253	27,83	30,61	24,49
5833	bei Abbruch nach drei Sechstel	190	20,90	22,99	18,39
5834	bei Abbruch nach zwei Sechstel	126	13,86	15,25	12,20
5835	bei Abbruch nach einem Sechstel	63	6,93	7,62	6,10
5840	Strahlenbehandlung eines akut entzündlichen Weichteilprozesses mittels Tiefentherapie	454	49,94	54,93	43,94
5841	bei Abbruch nach fünf Sechstel des üblicherweise notwendigen Behandlungsumfangs nach Nr. 1 Buchstabe b)	379	41,69	45,86	36,69
5842	bei Abbruch nach vier Sechstel	303	33,33	36,66	29,33
5843	bei Abbruch nach drei Sechstel	227	24,97	27,47	21,98
5844	bei Abbruch nach zwei Sechstel	152	16,72	18,39	14,71
5845	bei Abbruch nach einem Sechstel	76	8,36	9,20	7,36

Stichwortverzeichnis

Die Hinweise erfolgen zu den einzelnen Bestimmungen des ZSEG und den Randziffern

Stichwort	§ oder Nr. der Anlage zu § 5	Randziffer – Rz. –
A		
Abbestellung		
– von Z und S	1	31
Ablehnung		
– des S	3	14
– des Richters wegen Befangenheit	16	19.2
Ablehnungsgesuch		
– Stellungnahme zu einem –	3	44.7
Ablichtungen		
– Schreibauslagen für –	11	5
Abnutzung		
– von Werkzeugen und Geräten	8	22
Abschriften		
– Schreibauslagen für –	11	5
Abstammungsgutachten		
– Entschädigung der untersuchten Person	1	44.1
– Entschädigung des S	5	4.2
	Nr. 10 Anl.	1
– Hilfkräfte bei	8	15.3
	Nr. 10 Anl.	7
Abtretung		
– des Entschädigungsanspruchs	2	15
	15	4
Abwasseruntersuchung		
– Entschädigung für	Nr. 5 Anl.	1
Änderung		
– der Festsetzung und Anweisung	15	27
Ärztekammer		
– Gutachterstelle	1	5.21
Ärztliche(s)		
– Gutachten	3	60.4
– Hilfskraft	8	10 f.
– Untersuchung des Klägers	1	18.7
– Stellungnahme des Amtsarztes	1	48,62
– Zeugnis für Z oder S	1	35
	11	1.1

Stichwort	§ oder Nr. der Anlage zu § 5	Randziffer – Rz. –
Äußerung		
– gutachtliche	5	4.3
	Nr. 4 Anl.	4
	Nr. 6 Anl.	5
Aktenauszug		
– Zeitaufwand für Fertigung	3	44.8
– Schreibauslagen für	11	5
Akteneinsicht		
– Zeitaufwand für	3	22, 44.3
	Nr. 8 Anl.	8.1
Akteninhalt		
– Wiedergabe des	11	5.6
Amtsanwalt		
– Z vor dem	1	3
Amtsarzt		
– Stellungnahme des	1	48, 62
Amtshilfe	1	47.2, 57
	17 a	8
Anderweitig		
– anwesende Person	1	40
Angefangene		
– Stunde	2	12.3, 21
	3	29
Angeklagter		
– gestellter oder geladener Z	1	37, 38
– in anderer Sache als Z	1	39, 40
Angestellte		
– als Z	2	14.1, 19, 27
– Vertretungskosten	11	2,3
Anhörung		
– einer Behörde	1	55
– des S	3	4.3
Anspruch siehe »Entschädigung«		
Anstaltsarzt	1	61
Anwaltskosten siehe »Rechtsanwalt«		
Anweisung		
– der Entschädigung	15	21
– unstreitiger Beträge	15	26
Anwesenheitsprämie		
– Entschädigung für Verlust der	2	37
Arbeiten		
– zeitraubende und umfangreiche	3	40
– vorbereitende	3	44.1

Stichwort	§ oder Nr. der Anlage zu § 5	Randziffer – Rz. –
Arbeiter		
– des öffentl. Dienstes als Z	2	27
Arbeitgeber		
– eines Z.	2	14.2, 15
– als Partei	2	16.2
Arbeitgeberanteil		
– zur Sozialversicherung	2	14.2
Arbeitnehmer		
– Vertretung eines	11	2, 3
Arbeitnehmeranteil		
– zur Sozialversicherung	2	13.1
Arbeitsbelohnung		
– eines Gefangenen	2	33
Arbeitsgerichte		
– Anwendung des ZSEG	1	2
– Vereinbarung nach § 7	7	2.5, 7.4
– Festsetzung der Entschädigung	15	21
	16	1
– Vorschußzahlung	14	13
Arbeitsloser		
– als Z	2	20
Arbeitsweise		
– zeitraubende	3	24
Arbeitszeitversäumnis	2	12
Arzneimittel		
– Untersuchung eines –	Nr. 5 Anl.	1
Arzt		
– freipraktizierender	8	20
– an der Universität	1	66.2
– in einer Heil- und Pflegeanstalt	1	61, 66.3
– an einem Hochschulinstitut	Nr. 2 Anl.	5
– bei dem Gesundheitsamt	1	48.2, 62
	Nr. 2 Anl.	4
– im Landeskrankenhaus	1	61
Aufenthaltsort		
– Begriff des –	10	2
– Wechsel des –	4	4
	9	14
– im Ausland	6	2
– vorübergehender – in Deutschland	6	4
– Termin am –	10	17
Aufrundung		
– der Entschädigung	12	1

Stichwort	§ oder Nr. der Anlage zu § 5	Randziffer – Rz. –
– der zu entschädigenden Zeit	2	12.3, 21
	3	29, 30
	3	30
Aufteilung		
– der Entschädigung	3	31
Auftrag		
– Vorprüfung des	3	4, 44.9
Auftragsüberschreitung		
– durch den S	3	13
Aufwandsentschädigung		
– im allgemeinen	10	1
– Höchstsätze	10	4
– am Aufenthaltsort	10	17
– bei Z und S aus dem Ausland	6	5
	10	9
– im Ausland	10	9
– für Betreuungspersonen	2	6.6
	11	7
Aufwendungen		
– des S	5	9
	8	1 f.
	Nr. 5 Anl.	3
	Nr. 8 Anl.	7
	Nr. 10 Anl.	3
– des Z	11	1
– Nachweis der	8	21
	10	10
	14	8
– bei Pauschalentschädigung	5	9
	8	23
Auseinandersetzung		
– mit der wissenschaftlichen Lehre	3	46
Ausfallzeit	3	26
Auskunft		
– behördliche	1	47
– über Europäisches Recht	1	5.4, 24
– aufgrund Auskunftsersuchen	17 a	1
Auslagen siehe »Aufwendungen«		
Auslagenvorschuß	3	6
	14	1

Stichwort	§ oder Nr. der Anlage zu § 5	Randziffer – Rz. –
Ausland		
– Z und S aus dem –	1	14.2
	6	1
	10	9
– Vernehmung im –	1	2.2
	6	7
Ausschluß		
– des Erstattungsanspruchs	1	29
	8	15, 23
– frist	15	7
Ausschuß	1	5.19
Außergewöhnlich(e)		
– Zeit	3	42.4
	5	6
	Nr. 9 Anl.	2
– Umstände	5	6
	Nr. 9 Anl.	2
– schwierige Übersetzung	17	17
– umfangreiche Tätigkeit	Nr. 3 Anl.	4
	Nr. 4 Anl.	6
	Nr. 5 Anl.	10
	Nr. 6 Anl.	6
Auswärtiger		
– Termin	4	7.3
Auswärtiges Amt	1	5.16
Auswahl		
– des S	1	34
Auszahlung		
– der Entschädigung	15	23
Auszubildende	2	35

B

Stichwort	§ oder Nr. der Anlage zu § 5	Randziffer – Rz. –
Bahn-Card	9	5.5
Bakteriologische		
– Untersuchungen	1	63.2
Banken		
– als Auskunftsperson	17 a	1 f.
Beamte		
– als Z	2	19, 24
– teilzeitbeschäftigte –	2	24.9
– als S	1	47

Stichwort	§ oder Nr. der Anlage zu § 5	Randziffer – Rz. –
– Nebentätigkeit	1	65
	2	24.5, 24.6
	3	49.4
– als Berufs-S	3	52
Beanstandung		
– der Rechnungsprüfungsstellen	15	21, 27
Bearbeitung		
– des Entschädigungsantrags	15	24
Beauftragung		
– eines anderen S	1	34
Bedarfsgegenstand		
– Untersuchung eines	Nr. 5 Anl.	1 f.
Beförderungsmittel		
– Wahl des –	9	2
– öffentliches	9	4
Befundschein	5	4.4
	Nr. 3 Anl.	1 f.
Befundzeugnis	5	4.4
	Nr. 4 Anl.	4
Begleitung		
– Kosten einer –	11	4
Begrenzung		
– der Verdienstausfallentschädigung	2	17
– der Leistungsentschädigung	3	25
Behörde(n)		
– Entschädigung einer	1	47, 55
	17 a	1
– Angehörige als Z	2	26
als S	1	58
als Übersetzer	17	26
– Dienstfahrzeugbenutzung	9	15
– Ausgleichsverzicht	1	54
Behördenbetreuer siehe »Betreuungspersonen«		
Beitreibung		
– zuviel gezahlter Entschädigung	15	33, 34
Benutzung		
– notwendige – technischer Einrichtungen	3	41
Bergarbeiter	4	6.2
Beruf(s)		
– des S	3	33
– Einkünfte des S	3	49.1
– Versorgungsbezüge	3	52
– genossenschaftsbeiträge	2	16.1

Stichwort	§ oder Nr. der Anlage zu § 5	Randziffer – Rz. –
– Sachverständiger	3	49, 57
– Vormund, Pfleger – siehe »Betreuungsperson« –		
– Bildung	1	5.25
Beschlagnahmeanordnung	1	45.3
Beschleunigung		
– der Festsetzung	15	24
Beschuldigter		
– Entschädigung des freigesprochenen –	1	22
	2	7.4
Beschwerde		
– gegen die Festsetzung	16	23
– Berechtigte	16	28
– Frist	16	24
– Summe	16	33
– Verwirkung der –	16	25
– Umsatzsteuer	16	33
– Form der –	16	37
– keine weitere –	16	35
– Zuständigkeit	16	39
Besichtigung		
– des Ortes	3	16
– des Gegenstandes	3	44.1
Besondere		
– Sachverständigenentschädigung	7	1 f.
– Umstände	3	42
	5	6
	9	8.5, 14.8
	Nr. 10 Anl.	4
– Verrichtungen	5	1
Bestattungskosten		
– eines Mündels	11	7.3
Beteiligter		
– im Sozialgerichtsverfahren	1	23
	2	7.1
	15	7.2, 20.2
Betreuungsperson	1	21
	2	6
	11	7
	14	14
	15	20.1
	16	35
	18	6

Stichwort	§ oder Nr. der Anlage zu § 5	Randziffer – Rz. –
Beurkundungszeuge	1	13
Bewährungs-		
– Auflage – Nachbetreuung durch einen Arzt –	1	22 a
– Helfer	1	25
Beweisfrage		
– Abweichen von der –	3	13
Bezirksplanungsräte	1	5.15
Bezirksrevisor		
– Vertreter der Staatskasse	16	5
Blutalkohol		
– Proben	1	60
– Untersuchung.	Nr. 6 Anl.	3
Blutentnahme		
– Entschädigung der untersuchten Person –	1	44
– Entschädigung des S	Nr. 9 Anl.	1
Blutgruppengutachten	1	63.20, 63.21
	Nr. 8 Anl.	1
– Richtlinien	Nr. 8 Anl.	9
Blutidentifizierungsuntersuchung	Nr. 8 Anl.	7
Bodendenkmal		
– Sachverständigenkommission	1	5.18
Buchsachverständiger		
– der Finanzgerichte	1	63.22
Bürgermeister		
– Z vor dem	1	13.2
Büro		
– Einrichtung des	3	41.5
– Kraft	8	17
– Unkosten	8	2
– Unkosten für Hilfskräfte	8	30
Braunkohleausschuß	1	5.14
Bruttoverdienstausfall	2	13
Bußgeldverfahren		
– nach dem OWiG	1	5.4

C

Stichwort	§ oder Nr. der Anlage zu § 5	Randziffer – Rz. –
Chemische		
– Untersuchungen	Nr. 2 Anl.	9
	Nr. 6 Anl.	1
– Untersuchungsämter	1	63.7, 63.8

Stichwort	§ oder Nr. der Anlage zu § 5	Randziffer – Rz. –
D		
Daktyloskopische Gutachten	1	63.17, 63.18
Datenbank		
– Benutzung einer	3	44.3
	8	6.3
Datenverarbeitungsanlage		
– Benutzung einer	17 a	7
Deutscher Kraftfahrzeug-Überwachungs-Verein	3	53, 60.2
– Vereinbarung mit der Polizei	13	10
Dienstaufgaben		
– Gutachten in Erfüllung der	1	58, 59, 60
Dienstfahrzeug		
– Fahrtkostenerstattung	9	15
Dienstreisen		
– Reiskostenerstattung bei	1	69
– Zeugenentschädigung bei	2	24.8
Dienststunden		
– Gutachtertätigkeit außerhalb der	1	59.3
– Inanspruchnahme als Z außerhalb der	2	24.2
Diktat		
– des Gutachtens	3	44.6
– Berichts	Nr. 1 Anl.	2
Dolmetscher	1	5.3, 5.13, 8.2, 16, 17
	17	2 f.
– vom Notar zugezogene	1	13.1
Durchschläge		
– des Gutachtens	11	5
Durchsicht		
– des Schrifttums, der Akten	3	44.3, 44.4
E		
EDV-Anlage		
– Benutzung durch S	3	41.5
– durch Dritte	17 a	7
Ehrenamtliche		
– Tätigkeit – Entschädigung –	1	68
Einberufung		
– einer Kommission durch S	3	17

Stichwort	§ oder Nr. der Anlage zu § 5	Randziffer – Rz. –
Einheitlicher		
– Stundensatz	3	43
Einigungsstelle(n)	1	5.9
– Mitglieder	1	27
Einigungsvertrag		
– Maßgaberegelung des	1	2.1
	2	40 f.
	3	61 f.
	5	10
	17	31 f.
	17 a	13
Einrichtungen		
– Benutzung technischer	3	41 f.
Einverständnis		
– mit einer besonderen Entschädigung	7	1 f.
– mit einem bestimmten Stundensatz	7	1.2
Einwendungen		
– gegen einen Vorschuß	14	10
– gegen die Entschädigung	15	25
– gegen die gerichtliche Entscheidung	16	23 f.
Einziehung		
– der Entschädigung als Gerichtskosten –	1	46
– zuviel gezahlter Entschädigung	1	46.2
	15	33, 34
Eisenbahn		
– Wagenklasse	9	5
– Freifahrschein	9	5.4
– Zeit- und Netzkarten	9	5.5
– Zuschläge	9	5.7
– Platzkarten	9	5.8
– Schlafwagen	9	5.9
	10	15
– Reisegepäck	9	6
Elektrophysiologische		
– Untersuchung	Nr. 7 Anl.	1 f.
Eltern	1	20
	11	4.3
Entschädigung		
– von Behörden	1	47
– von Dritten	17 a	1 f.
– vor der Polizei	1	4
– in Verwaltungsverfahren	1	5
– Aufteilung	3	31

Stichwort	§ oder Nr. der Anlage zu § 5	Randziffer – Rz. –
– für Aufwand	10	1 f.
– bei Abbestellung	1	31
– bei Verspätung	1	32
– bei Zeugnisverweigerung	1	33
– bei Ablehnung	3	15
– bei Unverwertbarkeit des Gutachtens	3	12
– bei unfertigem Gutachten	3	11
– bei Abweichen vom Auftrag	3	13
– beim Tod des S	15	3
– Abtretung, Pfändung	15	4
– der Hilfskräfte	8	19
Entschuldigung		
– eines Z.	1	35
	11	1.4
Erbbiologisches		
– Abstammungsgutachten	1	44.1
	5	4.2
	Nr. 10 Anl.	1 f.
Erbpathologische		
– Befunde	Nr. 10 Anl.	6
Erforderliche		
– Zeit	3	21
	4	7
– Fachkenntnisse	3	37
Ergänzungsgutachten	Nr. 10 Anl.	11
	18	3
Erhöhung		
– der Entschädigung	3	46 f., 54 f.
– der Aufwandsentschädigung	6	5
Erinnerung		
– nach § 11 RpflG	16	40
– gegen den Kostenansatz	16	30
Erläuterung		
– eines Gutachtens	18	3
Erlöschen		
– des Anspruchs	15	6
Ersatz		
– von Aufwendungen	5	9
	8	1 f.
Ersatzverbindlichkeit	15	34
Erschwerniszulage		
– entgangene	2	26.3

Stichwort	§ oder Nr. der Anlage zu § 5	Randziffer – Rz. –
Erwerblose		
– als Z	2	19 f.
Erwerbsverlust		
– Dritter	2	38
– des S	3	47, 48
Erziehungsberechtigter	1	19
	2	7.3
Europäisches		
– Recht, Auskunft über	1	24.1
F		
Fachkenntnisse		
– erforderliche	3	37
– Verwertung der	3	38
Fachliteratur		
– Studium der	3	44.4
– Kosten der Beschaffung von	8	6
	11	1.7
Fahrlässigkeit		
– bei Gutachtenerstellung	3	13
Fahrpersonal	4	6.2
Fahrrad		
– Benutzung eines	9	1.2
Fahrtkosten	9	1 f.
Fahrtstrecke	9	3
Feiertage		
– Tätigkeit des S an	3	25
	4	6, 12
– Reisen an	4	6
Fernfahrer		
– als Z	2	34
	4	6.2
Ferngespräche	8	9
	11	1.1, 1.5
Fernmeldeverkehr		
– Überwachung des	17 a	1 f.
Fernschreiber		
– Diagrammauswertung	3	60.5
Fernsprecheinrichtung	8	9
Fertigstellung		
– des Gutachtens unterbleibt	3	11
Festbesoldete		
– als Z	2	20, 24

Stichwort	§ oder Nr. der Anlage zu § 5	Randziffer – Rz. –
Festsetzung		
– der Entschädigung im Verwaltungsweg	15	21 f.
– der Entschädigung durch das Gericht	16	1 f., 19
– des Vorschusses	14	9 f.
– des Stundensatzes	3	59
	6	8
	7	1.2, 4.3
	15	28
Filmmaterial		
– Kosten für	8	24.2
Finanzbehörde		
– Beschlagnahme von Unterlagen	1	45.3
– kein Beschwerderecht	16	32
– Anwendung des ZSEG	1	5.3, 24.2
		45.2
– Festsetzung bei der	15	29
Finanzgerichte		
– kein Beschwerdeverfahren	16	36
– Buchsachverständiger	1	63.22
Flugscheine		
– Beschaffung von	14	12.2
Flugzeug		
– Kosten der Benutzung	9	7
Fortzahlung		
– der Bezüge	2	14
Fotokopien		
– Kosten für	11	5.2
Freifahrschein		
– Inanspruchnahme eines	9	5.4
Freizeit		
– Nebentätigkeit des S	3	42.6
– Inanspruchnahme als Z	2	20.2, 24.2 f.
Fremduntersuchung		
– Kosten einer	8	5
Frist		
– für Anspruch des Z	15	7
– für Anspruch des S	15	13, 14
– Verlängerung	15	17
– für Festsetzungsantrag	16	3
Frühstück		
– Kosten des	10	13
Fußweg		
– keine Entschädigung für	9	1.2

Stichwort	§ oder Nr. der Anlage zu § 5	Randziffer – Rz. –
G		
Gebührenordnung		
– für Ärzte (GOÄ)	5	1 f.
Gebrechliche(n)		
– Begleitung von	11	4.4
Gefangene(n)		
– als Z	2	33
– Begleitung eines	11	4.8
Gegenvorstellung		
– im Festsetzungsverfahren	16	42
Geldentwertung		
– keine Berücksichtigung der	3	42.3
Geltendmachung		
– des Entschädigungsanspruchs	15	1 f.
– durch Dolmetscher	17	13
– durch Übersetzer	17	25
– durch Dritte	17 a	11
Gemeinkosten		
– Abgeltung der	3	41.5
	8	2
– für Hilfskräfte	8	30
Geologisches		
– Landesamt	1	11
Gepäckbeförderung		
– Kosten einer	9	6
Gerichtliche		
– Festsetzung	16	1 f.
Gerichtsarzt	1	62, 63.15
	Nr. 2 Anl.	1, 2, 3
Gerichtskosten		
– Entschädigung als	1	46.1
– Betrag nach § 7 als	7	10
Gerichtsvollzieher		
– herangezogene Z und S	1	8
– als Z	2	25
Geringwertige		
– Stoffe	Nr. 8 Anl.	7
Geschäftsleute		
– Vertretung von	11	2, 3
Geschäftsunkosten siehe »Gemeinkosten«		
Gesetzlicher		
– Vertreter	1	19
	2	7.3

Stichwort	§ oder Nr. der Anlage zu § 5	Randziffer – Rz. –
Gestellter		
– Zeuge	1	38
Gesundheitsamt		
– Gutachten des	1	48, 62
	Nr. 2 Anl.	4
Gewerbeaufsichtsamt		
– als S	1	63.4
Gutachterausschuß	1	5.11
– nach dem BBauG	1	49
– Umsatzsteuer	8	28
Gutachtliche		
– Äußerung	5	4.3
	Nr. 4 Anl.	2
	Nr. 5 Anl.	8
	Nr. 6 Anl.	8
– Stellungnahme einer Behörde	1	47.3

H

Stichwort	§ oder Nr. der Anlage zu § 5	Randziffer – Rz. –
Handwerker		
– als Z	2	30
Hauptberuf		
– des S	3	49.3
Hauptverhandlung		
– Vertretung des Gutachtens in der	1	58, 60
	7	11
	18	3, 4
Hausfrau/Hausmann		
– Entschädigung als Z	2	21
– Vertretungskosten	2	22, 23
	11	2.3
Heilberufe		
– Umsatzsteuer	8	27
Heil- und Pflegeanstalt		
– Anfrage nach § 42 StGB	1	61 f.
Heimfahrt		
– während der Terminsdauer	9	13.2
Heranziehung		
– häufige	3	47, 56
Herausgabe		
– von Unterlagen durch S	3	44.11
durch Dritte	17 a	1 f.

Stichwort	§ oder Nr. der Anlage zu § 5	Randziffer – Rz. –
Hilfskraft		
– des S	3	45
	5	3
	8	10 f.
	Nr. 3 Anl.	2.1
	Nr. 4 Anl.	2
– kein Beschwerderecht der	16	31
Hochschullehrer		
– als S	1	66.1
Höchstsätze		
– der Entschädigung des Z	2	17
des S	3	36, 41.4, 57.3
	Nr. 2 Anl.	12
	Nr. 5 Anl.	9
	Nr. 6 Anl.	5
	Nr. 8 Anl.	3
– der Aufwandsentschädigung	6	5
	10	4
– des Zuschlags für Berufs-S	3	57.3
– des Tagegeldes	10	6

I

Identitätsnachweis		
– keine Entschädigung für	Nr. 9 Anl.	5
Inter-City-Expreß (ICE)		
– Mehrkosten bei Benutzung des	9	5.7.2
Immissionsschutz	1	53
Inhaltliche		
– Mängel eines Gutachtens	3	12.4
Irrtümlich		
– geladener Sachverständiger	1	30

J

Jugendlicher		
– Begleitung	11	4.2
Juristische Person		
– als S	1	50
– als Partei	1	18.6
– als Dolmetscher	17	8
Justizbediensteter		
– als Dolmetscher	17	9

Stichwort	§ oder Nr. der Anlage zu § 5	Randziffer – Rz. –
Justizverwaltungsangelegenheit		
– Z und S in	1	7
K		
Kartellbehörde		
– Verfahren vor der	1	9
Kastration		
– Gutachterstelle	1	5.23
Kaufleute		
– als Z	2	30
Kilometergeld		
– als Verdienstausfall	2	31
Kind		
– Begleitung eines	11	4.3
Kommission		
– Einberufung durch S	3	17
Kommunalbehörde		
– Anwendung des ZSEG	1	58 f.
Konkursverwalter	1	36
	3	47
Körperschaft		
– als S	3	53
Kosten		
– Schätzung	3	6 f., 44.9
– Ermittlung	3	6 f.
– Ansatz	16	30
– Festsetzung	1	18.3
– Rechnung des S	3	44.7
	8	3
Kraftfahrzeug		
– eigenes	9	8
– eines Dritten	9	9,10
Krankenbezüge		
– eines Z	2	36
Kreditinstitut		
– Entschädigung eines	17 a	1 f.
Kriegsopferversorgung		
– Verwaltungsverfahren	1	5
Kriminal		
– Beamte	1	63.17
– Polizeiamt	1	63.3

Stichwort	§ oder Nr. der Anlage zu § 5	Randziffer – Rz. –
Kürzung		
– des Entschädigungsanspruchs	15	25
Kurzgutachten	Nr. 4 Anl.	2

L

Stichwort	§ oder Nr. der Anlage zu § 5	Randziffer – Rz. –
Laboratoriumsversuch		
– durch Dritte	8	5
Ladung		
– irrtümliche	1	30
Laienrichter		
– Mitwirkung der	16	12
Landes		
– Anstalt für Immissionsschutz	1	53
– Gewerbeanstalt	1	63.13
– Krankenhaus	1	61 f.
– Kriminalamt	1	63.2
– Veterinäruntersuchungsamt	1	63.6
Landgerichtsarzt	1	63.14
	Nr. 2 Anl.	2
Landwirt		
– als Z	2	29
Lebensmittel		
– Überwachung	1	47.3
– Untersuchung	Nr. 5 Anl.	1 f.
Leichen		
– Öffnung	Nr. 2 Anl.	1 f.
– Schau	Nr. 1 Anl.	1 f.
Leistung		
– Entschädigung des S	3	1 f.
– Schwierigkeit der	3	39
– zeitraubende, umfangreiche	3	40
Lichtbilder		
– Kosten der	8	24
Literatur		
– Beschaffung der	11	1.7
	8	6
– Studium	3	44.4

Stichwort	§ oder Nr. der Anlage zu § 5	Randziffer – Rz. –
M		
Mängel		
– des Gutachtens	3	12
Material		
– verbrauchtes	8	22 f.
	Nr. 8 Anl.	7
	Nr. 10 Anl.	1
Medienbeirat	1	5.24
Mehraufwand		
– Entschädigung	10	3
	11	5.9
Mietwagen	9	9
Mikrofilm		
– Kopien von	17 a	6.7
Mikroskopische		
– Untersuchungen	Nr. 2 Anl.	9
	Nr. 6 Anl.	1 f.
Mindestsatz		
– der Entschädigung	3	35
	17	20
Mitnahme		
– im fremden Kraftfahrzeug	9	11
Mittagspause		
– keine Entschädigung für	4	7.4
Mitteilung		
– des Reiseantritts	9	14
– der Kosten	3	6 f.
Mittelbarer		
– Verdienstausfall	2	38
Mittellose		
– Partei	1	44.2
	14	12.1
	16	17
Mittelwert		
– Verdienstausfall	2	13.4
– Entschädigung	3	34
Montagearbeiter		
– als Z	2	32

Stichwort	§ oder Nr. der Anlage zu § 5	Randziffer – Rz. –
N		
Nachforderung		
– der Entschädigung	15	19
Nachlaßpfleger		
– Entschädigung	1	21.3
	2	6
– Aufwendungen	11	7.4
Nachtdienstzulage		
– Erstattung der	2	13.3
– entgangene	2	26.3
Nachteilsentschädigung	2	19 f.
– bei Gerichtsvollziehern	2	25
– bei Rechtsanwälten	2	28
Nachtragsgutachten		
– vereinbarte Entschädigung	7	11
– nach Gesetzesänderung	18	3
Nachuntersuchung	1	61.5
Nachtschicht		
– Entschädigung bei	4	6.1
Nachtzeit		
– Begriff	3	42.5
Nachweis		
– des Verdienstausfalls	2	11
– der Aufwendungen für Hilfskräfte	8	21
– der Fahrtkosten	9	4.4
– der Übernachtungskosten	10	14
– der Vertretungskosten	11	2.6
– der Begleiterkosten	11	4.6
– sonstiger Aufwendungen	10	10
	14	8
Nationalität		
– des Z oder S	6	3
Nebentätigkeit		
– der Beamten	1	65
	2	24.6
	3	49.4
– des S	3	42.6, 49.4
Netzkarte		
– Benutzung der	9	5.5
Notar		
– zugezogene Dolmetscher oder Z	1	13
– Kosten	11	1.8

Stichwort	§ oder Nr. der Anlage zu § 5	Randziffer – Rz. –
Notwendige(r)		
– Arbeitszeitversäumis	2	12.1
– Reisezeiten	2	12.2
– Zeitaufwand	3	22
– Vertretung	11	2.4
Nutzungsentgelt	5	7.2
	8	8

O

Stichwort	§ oder Nr. der Anlage zu § 5	Randziffer – Rz. –
Obduktion	Nr. 2 Anl.	1 f.
Obduzent		
– zweiter	Nr. 2 Anl.	6
Obergutachten	Nr. 10 Anl.	10
Ordnungsbehörde		
– Anwendung des ZSEG	1	6
Ortsbesichtigung		
– durch S	3	16

P

Stichwort	§ oder Nr. der Anlage zu § 5	Randziffer – Rz. –
Parkgebühren	9	8.3
Partei		
– Entschädigung	1	18
	2	7.2
– Mittellosigkeit	1	44.2
	14	12.1
	16	17
– Untersuchung der	1	44.1
– Beschwerderecht	16	29
– Arbeitgeber als	2	16.2
Patentakten		
– Studium der	3	44.3
Patentamt		
– Anwendung des ZSEG	1	5.5
Patienten		
– schwierige	3	42.2
Pauschalentschädigung	5	4, 9
	11	6
	Nr. 2 Anl.	11
	Nr. 10 Anl.	1, 3
Personalaufwand	8	10 f.
	Nr. 8 Anl.	6

Stichwort	§ oder Nr. der Anlage zu § 5	Randziffer – Rz. –
Persönliche		
– Gutachterleistung	3	5
Petitionsausschuß	1	5.20
Pfändbarkeit		
– des Entschädigungsanspruchs	15	4
Pfleger siehe »Betreuungsperson«		
Physikalische		
– Untersuchung	Nr. 6 Anl.	1 f.
Platzkarte	9	5.8
Polizei		
– Anwendung des ZSEG	1	4
– Vereinbarung nach § 13	13	10
– Beamte als Z	2	26
Portoauslagen		
– des S	8	3
– des Z	11	1.1
Preissteigerungen		
– kein Ausgleich für	3	42.3, 48
Privatgutachten	1	18.3
Privatkläger		
– notwendige Auslagen	1	18.5
– geladener Z	1	37
Probe		
– Begriff	Nr. 5 Anl.	2
Protokollführer		
– als Dolmetscher	17	10
Provision		
– Entschädigung	2	31
Prozeßbevollmächtigter		
– als Z	1	41
	2	28
Prozeßgegner		
– Entschädigung	1	18.5
	2	7
Prozeßkostenhilfe		
– für Z	11	24
– Vereinbarung nach § 7	7	7.3, 8.2
Prüfungsbeamter		
– als S	1	66.4

Stichwort	§ oder Nr. der Anlage zu § 5	Randziffer – Rz. –
R		
Räumungskosten		
– als Aufwendungen	11	7.4
Rahmensätze	5	8
Raster-elektronische		
– Untersuchung	Nr. 7 Anl.	1 f.
Rasterfahndung	17 a	7.2
Rechtliches Gehör		
– im Festsetzungsverfahren	16	33
Rechtsanwalt		
– als Z	1	41.2
	2	28
– als Beistand eines Z	11	1.4
– als Konkursverwalter	1	26
– als Gutachter	3	47
– als Pfleger siehe »Betreuungsperson«		
Rechtsanwaltskammer		
– Gutachten der	1	56
Rechtshilfe		
– Zeugenvernehmung	1	36
	9	14.6
	16	14
Reiseantritt		
– Zeitpunkt	2	12.2
– Ort	4	8
	9	14
Reisegepäck		
– Kosten für	9	6
– Versicherung	9	6.2
Reisekosten		
– des Z und S	9	1 f.
– eines Beamten	1	69
– Vorschuß	14	1 f.
Reiserücktritt		
– Kosten	11	1.6
Reiseweg	9	2
Reisezeit	2	12.2
	3	44,2
	4	2
Rentner		
– als Z	2	20
– als S	3	52

Stichwort	§ oder Nr. der Anlage zu § 5	Randziffer – Rz. –
Rückforderung		
– zuviel gezahlter Entschädigung	1	36
	15	32
Rückzahlungsanspruch	15	33
Ruhepause	4	3.2, 7.9
S		
Sachkosten		
– Erstattung der	8	3 f.
	11	1 f.
Sachverständiger		
– Entschädigung	3	1 f.
– Zeuge	2	2, 3
	3	2
	5	3
– Sozietät	3	51
Schätzung		
– der Kosten	3	6, 44.9
Schichtarbeiter		
– als Z	2	12.3
	4	6.1
Schiedsamt (-stelle)	1	5.6, 5.7
		5.10, 5.15
Schiedsperson (-mann/-frau)	1	12
Schlafwagen	9	5.9
	10	15
Schlichtungsstelle	1	5.12
Schmutzzulage	2	13.3
Schreibauslagen		
– für Z und S	11	5
– für Dritte	17 a	6.5
– für Übersetzer	17	24
– bei erbbiologischem Gutachten	Nr. 10 Anl.	5
Schreibkraft		
– Aufwendungsersatz	8	16
Schriftliche(s)		
– Zeugenaussage	1	43
	2	4
– Gutachten	8	25
Schrifttum		
– Durchsicht des	3	44.4
Sektionsgehilfe	8	19.4
	Nr. 2 Anl.	13

Stichwort	§ oder Nr. der Anlage zu § 5	Randziffer – Rz. –
Sequester	1	26
Serologische		
– Untersuchungen	Nr. 8 Anl.	1 f.
Sonntag (Feiertag)	3	25
	4	2.6, 7.2
Sozialabgaben		
– des Z	2	13
– für Hilfskräfte	8	18
Sozialgerichtsverfahren		
– Beteiligter	1	23
	15	7.2, 20.2
– Vereinbarung nach § 7	7	2.6
§ 13	13	7
– Vorschußzahlung	14	13
Sozialgesetzbuch		
– Verfahren nach dem	1	5.2
Sozietät		
– von S	3	51
Sparkasse		
– Entschädigung	17 a	1 f.
Spesen		
– als Verdienstausfall	2	31
Sprechstundenhilfe	8	20
Staatliche Einrichtungen		
– Benutzung durch S	8	8
Staatsanwaltschaft		
– Z und S vor der	1	3
Staatskasse		
– Vertreter der	9	14.8
	16	5
– Zahlung an die	7	7
Stadtpolizei		
– in Bayern	1	63.18
Stationäre		
– Behandlung	8	7
Stellvertreter		
– für Z	11	2
– für S	11	3
– für Beamten	2	24.7
Stenogramm		
– Aufnahme	8	16
Steuerpflicht		
– der Verdienstausfallentschädigung	2	26.4

Stichwort	§ oder Nr. der Anlage zu § 5	Randziffer – Rz. –
Stoffe	5	9.3
– verbrauchte	Nr. 5 Anl.	3
	Nr. 6 Anl.	2
	Nr. 8 Anl.	7, 8
Strafgefangene siehe »Gefangene«		
Stundensatz		
– Festlegung durch den Richter	3	59
	6	8
– einheitlicher	3	43
– Vereinbarung des	7	1.2, 4.3
	13	6
– Festsetzung des	15	28
Stundenzahl		
– volle	2	12.3
	3	29

T

Stichwort	§ oder Nr. der Anlage zu § 5	Randziffer – Rz. –
Tätigkeit		
– des S in verschiedenen Rechtssachen	3	30
– ausschließlich für Gerichte	3	57.5
Tagegeld		
– Höhe des	10	5
– bei Auslandsreisen	10	9
Taxi		
– Benutzung eines	9	9
Technische(r)		
– Einrichtungen (Einsatz)	3	41
– Überwachungsverein (TÜV)	1	51
	3	60.1
Teilleistung		
– Entschädigung bei	3	11
	Nr. 2 Anl.	10
Teilzeitbeschäftigte		
– als Z	2	19 f., 24.9
Termin(e)		
– versäumter	3	18
– auswärtiger	4	7.3
– mehrere	9	13.1
– Reise während des	9	13.2
– am Wohnort	10	8
– am Aufenthaltsort	10	17
Text		
– maßgeblicher	17	22

Stichwort	§ oder Nr. der Anlage zu § 5	Randziffer – Rz. –
Tod		
– des S.	15	3
Tonbandprotokoll	8	16
Toxikologische		
– Untersuchung.	Nr. 6 Anl.	1 f.
Trennlogarithmus		
– Verfahren	Nr. 10 Anl.	9
U		
Übergangsvorschrift	18	1 f.
Übernachtung		
– Zeitaufwand	4	2.7, 7.5
– Aufwand	10	11 f.
– Notwendigkeit der	4	4
Überprüfung		
– der Erhöhung	3	58
– der Ermessensentscheidung	6	9
Überschreiten		
– des Auftrags.	3	13
– des Vorschusses	3	8
Übersendung		
– des Gutachtens	8	3
– der Kostenrechnung	3	44.7
Übersetzer	1	5.3, 5.14, 17, 67
– Entschädigung	17	14 f.
Übersetzung		
– Schwierigkeit	17	16 f.
Übersetzungsbüro	17	7
Überstunden		
– Entschädigung	2	24.4, 39.3
Überwachung		
– des Fernmeldeverkehrs	17 a	8
Überzahlung		
– Wiedereinziehung	1 15	46.2 32
– Beitreibung	15	33
– Haftung	15	34
Umfang		
– der Dienstaufgaben	1	60 f.

Stichwort	§ oder Nr. der Anlage zu § 5	Randziffer – Rz. –
Umsatzsteuer		
– des S	8	26 f.
– bei der Beschwerdesumme	16	33
– bei Gutachterausschuß	1	49
	8	28
– bei Betreuungspersonen	11	7.10
Umstände		
– besondere	3	42
	5	14
	9	21, 34
Umweg		
– Zeitversäumnis durch	2	12.2
	4	2.3
	9	3.2
Universität(s)		
– Institut	1	63.19
– Klinik	1	66.2
Unkostenzuschlag	8	2
– bei Hilfskräften	8	34
Unterbringung(s)		
– Verfahren	1	61 f.
Unterlagen		
– Herausgabe durch S	3	44.11
– Dritte	17 a	1 f.
Unternehmensberatung	3	60.3
Untersuchung		
– des Klägers	1	18.7
– der Partei	1	44.1
– sonstige	Nr. 2 Anl.	1 f.
	Nr. 5 Anl.	1 f.
	Nr. 6 Anl.	1 f.
	Nr. 7 Anl.	1 f.
	Nr. 10 Anl.	4
	5	4.1, 4.3
Untersuchungsausschuß		
– des Landtags	1	5.19
Untersuchungsgefangener		
– Überwachung	1	5.14
Unverwertbarkeit		
– des Gutachtens	3	12
Unzulänglichkeit		
– des S	3	15

Stichwort	§ oder Nr. der Anlage zu § 5	Randziffer – Rz. –
Urkundsbeamter		
– der Geschäftsstelle	15	21 f.
	16	18
	14	1 f.
Urlaub(s)		
– Vernehmung des Z	2	39
	9	14
– Tätigkeit des S	1	59.3
– Ort – Anreise, Rückreise –	9	14
V		
Verbrauchte		
– Stoffe und Werkzeuge	8	22 ff.
	Nr. 5 Anl.	3
	Nr. 6 Anl.	2
Verdienstausfall		
– Entschädigung für	2	9 f.
– bei Sachverständigen	3	27, 47
	17	6
– Spesen als	2	31
– Entschädigung ohne	2	19 f.
– bei Z aus dem Ausland	6	1 f.
– neben Vertreterkosten	11	2.7, 3.3
Vereinbarung		
– einer Entschädigung mit S	1	18.2
	3	3
	7	1 f.
	13	1 f.
– eines Stundensatzes	7	1.2, 4.3
	13	6
– mit einem Dritten	17 a	10
Vereinsbetreuer siehe »Betreuungsperson«		
Verfahrenbeteiligte	2	7
Verfahrenspfleger siehe »Betreuungsperson«		
Vergleichsbemühung		
– durch S	3	14
Verjährung(s)	15	30 f.
– Frist	15	30, 32
Verlangen		
– der Entschädigung	15	1, 2
– Entschädigung ohne	15	5
– vor der Vernehmung	15	9

Stichwort	§ oder Nr. der Anlage zu § 5	Randziffer – Rz. –
Verlust		
– des Entschädigungsanspruchs	3	10 f.
Vernehmung		
– im Ausland	6	7
Verrichtungen		
– besondere	5	1 f.
	Nr. 1 Anl.	3
Versäumte(r)		
– Arbeitszeit	2	13
	4	2.1, 6
– Termin durch S	3	19
Verschulden		
– des S	3	11.1, 11.2
Versehentliche		
– Ladung	1	30
Versorgungsbezüge		
– keine Berufseinkünfte	3	52
Verspätung	1	31, 32
Verteilung		
– der Entschädigung	3	31
– des Aufwandes	1	41.2
Vertrauensschutz		
– des S	7	12
Vertreter		
– des Z	2	23, 24.7
	11	2
– des S	11	3
	17	12
Verwaltungsabkommen	14	11 f.
Verwaltungsverfahren		
– Anwendung des ZSEG	1	5
Verwaltungsvorschriften		
– zur Festsetzung	3	59
	15	21 f.
– zum Vorschuß	14	11
Verweigerung		
– der Aussage, des Gutachtens	1	33 f.
Verwirkung		
– der Beschwerde	16	25
Verzicht		
– auf Entschädigung	1	36
	15	12
– auf Länderausgleich	1	54

Stichwort	§ oder Nr. der Anlage zu § 5	Randziffer – Rz. –
Verzinsung		
– keine	16	16
Vorbereitung		
– des S	3	44.1
	8	3 f.
	11	1 f.
	Nr. 5 Anl.	6
– des Z	2	18
Vordruck		
– für Verdienstausfallbescheinigung	2	10
– für die Anweisung	15	22
Vorführung		
– des Z	1	42
Vormund siehe »Betreuungsperson«		
Vorprüfung		
– des Auftrags durch S	3	4, 44.9
– der Entschädigung	15	21
Vorschuß		
– auf die Entschädigung	7	1 f.
	14	1 f.

W

Stichwort	§ oder Nr. der Anlage zu § 5	Randziffer – Rz. –
Währungsverfall		
– keine Berücksichtigung	3	42.4
Wagenklasse	9	4
Wartezeit	2	12.2
	3	44.2
Wasser		
– Untersuchung	Nr. 5 Anl.	1 f.
– Wirtschaftsbehörde	1	52
Wechsel		
– des Aufenthaltsortes	4	4
	9	14
Wegezeit		
– Berücksichtigung	3	44.2
	4	7
Weinkontrolleur		
– als S	1	63.12, 63.13
Weiterzahlung		
– der Bezüge	2	14.2, 15

Stichwort	§ oder Nr. der Anlage zu § 5	Randziffer – Rz. –
Werkzeug		
– verbrauchtes	8	22
– zerstörtes	8	22.2
Wetterdienst		
– als S	1	10, 59.16
Wiedereinsetzung		
– in den vorherigen Stand	15	18
Wiedereinziehung		
– der Entschädigung	1	46.1
	17 a	12
– überzahlter Entschädigung	1	46.2
	15	33
Wiederholung		
– eines Ortstermins	3	17
Wirtschaftliche		
– Verhältnisse	3	42.3, 57.4
Wirtschafts		
– Fachkraft	1	64
– Prüfer	3	50
Wissenschaftliche		
– Lehre, Auseinandersetzung mit	3	46, 55
Wohnort		
– Termin am	10	8
– Anreise vom	9	14

Z

Stichwort	§ oder Nr. der Anlage zu § 5	Randziffer – Rz. –
Zahlung		
– der Entschädigung	15	23
Zehrkosten		
– am Terminsort	10	17
– Nachweis	10	10
Zeilenentschädigung	17	15, 19, 21
Zeit		
– erforderliche	3	21
	4	7
	5	5
– benötigte	3	22
– zu berücksichtigende	3	28
	4	1 f.
– versäumte	2	12
	4	2.1, 6
– Angabe	3	21

Stichwort	§ oder Nr. der Anlage zu § 5	Randziffer – Rz. –
– Aufwand	3	44
– Guthaben	2	24.4, 39.3
– Karte	9	5.5
Zeuge		
– aus dem Ausland	1	14.2
	6	1 f.
– sachverständiger	2	2, 3
– besondere Fälle	1	30 f.
– Entschädigung	2	1 f.
– Beamter als	2	24, 25
– Rechtsanwalt als	1	41.2
	2	28
– Beistand eines	11	1.1
Zeugnis		
– ärztliches	11	1.1
– Verweigerung	1	33
Zinsen		
– keine für Entschädigung	16	16
Zollbehörde		
– Anwendung des ZSEG	1	5.3
– Mitarbeiter als Z	1	63.11
– Festsetzung	15	29
Zulage		
– zum Arbeitslohn	2	13.3
– für Nachtdienst	2	26.3
Zusätzlich		
– erforderliche Zeit	5	5
Zusage		
– der Partei zur Entschädigung	1	18.1
	7	3
– des Gerichts	3	3
Zuschlag		
– zum Arbeitslohn	2	13.3
– zu den Kosten der Hilfskraft	8	30
– für Berufssachverständige	3	37
– zu den Fahrtkosten	9	5.7
Zustimmung		
– nach § 7	7	4
Zwangsvorführung		
– eines Z.	1	42
Zweitgutachten	18	3
	Nr. 10 Anl.	11